現代家族ペディア

比較家族史学会 編

弘文堂

まえがき

　本書『現代家族ペディア』は，追補版『事典　家族』という形で比較家族史学会の新たな企画としてスタートし，髙木侃前会長の就任とともに展開した。
　この企画が相談されたのは2011年で，『事典　家族』の刊行から15年という時間が経過していた。この間に，家族を取り巻く環境も大きく変化し，家族自体も大きな変貌を遂げており，『事典　家族』が現在の家族状況を反映していないことを誰もが感じていた。
　1993年，『事典　家族』の編集委員を中心とする関係者によって都内のあるホテルで二泊三日の編集会議がもたれ，項目の決定や執筆者の選定等のために長丁場の議論が展開された。この議論を聞きながら，『事典　家族』の編集は学際的な家族研究を目的とした比較家族史学会ならではの仕事であることを痛感し，事典編纂を提案した故大竹秀男元会長の慧眼に頭が下がる思いがした。もちろん，大竹先生は『事典　家族』の緒言のなかで，「最近の半世紀間にわが国は随分と激しい変化を経験したものです。民主化・産業化・高齢化の波が社会変動の大きなうねりを起こして，それが家族変貌の要因となりました」と述べておられる。この時期においても家族変動のうねりを私たちは経験していた。ただ，家族変動のうねりを，この頃は「あるべき家族像」から見た一つの病理現象であると考えていたように思う。そこには「家族」は普遍的であることを前提として，例えば離婚の増加，家庭内暴力の問題，子どもの非行，高齢化や少子化の問題などなど，「あるべき家族像」に対して多くの歪みが生じてきていると理解する人が多かったのではなかろうか。
　当時は，誰もが個々人の背後には〈家族〉があると信じてきた。世のお父さんたちは，「私は家族のために働いている」と思い込みながら会社人間として暮らし，子育てや家事全般をお母さん（妻）に委ねていても，それでも「私は家族のために生きている」という思いを持ち続けていた。このような男たちの自己中心的な思い込みは，女性学の台頭とともに，徹頭徹尾批判されることになるにしても，「個」の存在の背後には家族があるということには，多くの人は疑いをもたなかった。
　しかし，今，個々人の背後に家族があると言えるであろうか。また，生物学的な〈父〉と〈母〉が存在していたとしても，彼らとの親密な関係がずっと維持されてい

るのだろうか。また，非婚化が進む社会のなかで，誰もが家族を構築できるのであろうか。つまり，皆婚社会が崩壊し，個々人が家族を選択する時代になっていくようにも思えるのではないだろうか。

　これからの家族を展望することは難しい。ただ，家族の変化は，私たちの予想をはるかに超えて展開している。産業化に伴い近代化され個人化が進む社会のなかで，さらにはグローバル化が進む社会のなかで，家族だけではなく，社会全体が大きな変化のうねりのなかにおかれるようになった。

　この大きな変化のうねりは，世界的に見ても先進諸国のなかで早くから展開し，近年では東南アジアや韓国や中国でも急速に展開するようになった。〈第2の近代〉（再帰的近代あるいはポストモダンとも呼ばれる）の議論にも対応し，人口学で議論されている「第2の人口転換論」，つまり近代の多産少死の時代から少産少死の時代へ展開するという大きな人口転換の議論とも対応することになる。

　また，この兆候は，文化人類学の領域でも早くから見出すことができた。文化人類学では，核家族普遍説の動揺とともに，ことに欧米社会において血縁にもとづいた家族親族の役割が低下するなかで，家族親族研究が停滞した。そのような状況のもと，近年の文化人類学では，多文化主義やジェンダー論，グローバリゼーションを背景とした家族親族の比較の試み，さらに生殖医療を媒介にした新たな親族関係の展開や同性カップルに見られるような多様で新たな親密関係の発見に取り組みながら家族親族研究の復活に結びつけようとする試みも展開している。ただ，家族親族研究の復活を宣言するまでには至っていない。

　かつてヘーゲルが論じたように，私たちの世界は国家・市民社会・家族というそれぞれが独自の構成原理をもつ社会によって構築されていたが，この社会全体の枠組みそのものが解体・再構成され始めたのである。またエンゲルスは，〈生活〉を維持する装置としての「二種類の生産」を説いた。近代になると，「ものの生産」は市民社会のなかに統合され，「人の生産」は家族集団がそれを担った。しかし，生殖医療が発展するなかでエンゲルスの「二種類の生産」の命題も妥当性をもたなくなっている。生殖を基礎にした夫婦関係も，血縁関係を基礎にした親子関係も，「自然的な存在」として揺るぎないものと考えられてきたが，この「自然」としての家族の「神話」も終わりを告げようとしているのかも知れない。すなわち，家族あるいは家族関係を社会全体のなかにどのように位置づけるか，その方法論に揺らぎが生じて

いるのである。かつての家族・親族の一般的・普遍的な議論が成立しなくなってきたのである。いわば「家族」概念が揺らいでいるのである。

　今、家族は大海原のなかに投げ出され、漂流しているように見える。どこに漂流していくのか、その流れ着く先はまだ見えていない。私たちのなかで「あるべき家族像」についての社会的合意はなくなった。ある人は「あるべき家族像」など必要ではなく、家族の多様性を容認すべきあると考える。また家族の親密な関係に期待をもち、「家族の絆」こそが私たちの生活の基本であると考える人も多い。

　このような時にこそ、家族やその周辺で何が起こっているのか、その現象を客観的にとらえる必要があるだろう。その意味では、本書は、1996年に刊行された『事典　家族』を補完するものであり、現代家族のデータブックでもある。本書は変貌する現在の家族をめぐる状況を、大きく俯瞰して眺めることに役立つであろう。特に、本書第12章「家族への新たなまなざし」は、最近の家族周辺で起こっている現象を扱っている。ここで登場する多くの関係は、伝統的な夫婦関係・親子関係を超えた、擬制された夫婦関係・擬制された家族関係としてとらえるべきものかも知れない。あるいは、このような関係を現状の家族を補完する新たな親密性の多様な展開としてとらえることもできるかも知れない。しかし、他方においては、生殖医療をめぐる親子関係の問題を含めて、私たちにあらためて「自然と倫理性」の問題を突きつけているように思う。

　本書の執筆は、できるだけ若い研究者に依頼することを基本的な方針とした。そこには若い感性のなかで家族研究に新たな地平を拓くという期待もこめられていた。そして、何よりも、本書の刊行は、多様化する家族についての現状を俯瞰するという、家族の学際的研究を目標とする比較家族史学会ならでは事業であると自負している。このような現代家族のデータブックを踏まえて、家族についての新しい議論が、研究者だけではなく、広く社会全体で展開することに期待したい。

2015年9月5日

比較家族史学会会長

森　謙二

編集委員・執筆者一覧

【編集委員】（＊は委員長，＊＊は副委員長）

八木　透＊	國方敬司	小谷眞男	椎野若菜	米村千代
大野　啓＊＊	久保田裕之	小谷みどり	田渕六郎	
岡田あおい	小池　誠	小玉亮子	堀田幸義	
加賀谷真梨	小口恵巳子	坂田　聡	三成美保	

【執筆者】

安里和晃	柿本雅美	才村眞理	出口　顯	松木洋人
安藤　藍	加藤彰彦	阪井裕一郎	戸邉優美	松崎瑠美
李璟媛	門口実代	坂口幸弘	長坂　格	三成美保
井口高志	金沢佳子	坂田　聡	中筋由紀子	美馬達哉
石田健太郎	嘉本伊都子	沢山美果子	野沢慎司	村上あかね
石原　理	河合　務	三部倫子	野々村淑子	八木　透
伊藤　眞	姜恩和	椎野若菜	野辺陽子	山崎吾郎
稲見直子	木戸　功	志田哲之	林　圭史	山下幸子
犬塚協太	工藤　豪	柴田賢一	平井伸治	山田慎也
岩本由輝	工藤正子	島野裕子	開内文乃	山田千香子
宇野文重	國方敬司	白水浩信	広井多鶴子	山田昌弘
梅澤　彩	國弘暁子	杉井潤子	深海菊絵	山根純佳
梅津綾子	久保明教	鈴木江理子	福嶋由里子	山本薫子
大河原知樹	久保田裕之	鈴木伸枝	福永憲子	山本起世子
大木直子	小池司朗	須長史生	藤崎宏子	山本雅代
太田素子	小池　誠	瀬川　大	古家晴美	横田祥子
大野聖良	洪郁如	高畑　幸	堀田幸義	吉田俊文
大野　啓	小口恵巳子	立石直子	ボレー・ペンメレン・セバスチャン	吉長真子
岡田あおい	小谷眞男	田渕六郎		米村千代
岡田真帆	小谷みどり	田村和彦	前川智子	渡部圭一
小川真理子	小玉亮子	陳天璽	前田拓也	
戒能民江	小山静子	辻上奈美江	政岡伸洋	
加賀谷真梨	賽漢卓娜	土屋　葉	松尾瑞穂	

【編集事務局】

平原園子

構成順項目目次

第1章　学説史 …………………… 1
- 日本古代・中世史 ……………… 2
- 日本近世史 ……………………… 4
- 歴史人口学 ……………………… 6
- 民俗学 …………………………… 8
- 人類学 …………………………… 10
- 社会学 …………………………… 12
- 法学 ……………………………… 14
- 日本法制史 ……………………… 16
- ヨーロッパ家族史①　イギリス・北欧・ドイツ …………………… 18
- ヨーロッパ家族史②　南欧・フランス … 20
- イスラーム家族史 ……………… 23
- ジェンダー研究 ………………… 25

第2章　家族の変容 ……………… 28
- 家族の個人化 …………………… 29
- 地域と人口 ……………………… 31
- 民法改正 ………………………… 33
- 中国の家族の変容 ……………… 35
- 台湾の家族の変容 ……………… 37
- 韓国の家族の変容 ……………… 40
- 災害と家族 ……………………… 42

第3章　暮らしと家族 …………… 45
- 人の一生 ………………………… 46
- 出産 ……………………………… 48
- 名付け …………………………… 48
- 初宮参り ………………………… 49
- 七五三 …………………………… 49
- 成人式 …………………………… 49
- 結婚式 …………………………… 50
- 結納と仲人 ……………………… 50
- 厄年 ……………………………… 50
- 定年退職 ………………………… 51
- 歳祝 ……………………………… 51
- 年中行事 ………………………… 52
- 正月 ……………………………… 54
- 節供 ……………………………… 54
- 七夕 ……………………………… 55
- 中元と歳暮 ……………………… 55
- 盆と彼岸 ………………………… 55
- バレンタインデー ……………… 56
- クリスマス ……………………… 56
- 休日 ……………………………… 56
- 誕生日 …………………………… 57
- 衣食住 …………………………… 57
- 普段着 …………………………… 59
- 晴れ着 …………………………… 60
- 衣類の管理 ……………………… 60
- 洗濯 ……………………………… 60
- 雑煮 ……………………………… 61
- 台所 ……………………………… 61
- 風呂 ……………………………… 61
- 便所 ……………………………… 62
- 子ども部屋 ……………………… 62
- 二世帯住宅 ……………………… 62

第4章　ジェンダーと家族 ……… 64
- ジェンダーと文化 ……………… 65
- ミソジニー ……………………… 67
- 女権宣言 ………………………… 67
- コロニアリズム（植民地主義） … 68
- グローバル・フェミニズム …… 69
- イスラーム世界におけるジェンダー … 69
- 一夫多妻［イスラーム・アフリカ］ … 70
- 女性ノーベル賞受賞者 ………… 70
- 国際社会におけるジェンダー平等とジェンダー主流化 …………………… 71
- 世界女性会議 …………………… 73
- 北京会議 ………………………… 74
- ジェンダー主流化 ……………… 74

ジェンダー平等［EU］……………75
女性差別撤廃委員会（CEDAW）……75
女性差別撤廃条約選択議定書………76
ポジティブ・アクション……………76
ジェンダー統計………………………77
国際刑事裁判所………………………77
アジア女性基金………………………78
セクシュアリティと生殖……………78
リプロダクティブ・ヘルス／ライツ……80
自己決定権／プライバシーの権利……81
性の二重基準…………………………82
LGBTI（性的マイノリティ）［歴史］……83
マスキュリニティ……………………84
性器切除………………………………84
トランスジェンダー…………………85
名誉殺人［イスラーム］……………86
サティー（インド寡婦殉死）………86
ヒジュラ………………………………86
日本における家族法システムの変容とジェンダー……………………………87
憲法24条起草…………………………89
男女共同参画社会基本法……………89
性的指向………………………………90
母体保護法……………………………90
性同一性障害者特例法………………91
性別適合手術…………………………91
面会交流（面接交渉）………………92
年金分割………………………………92
家事事件手続法………………………92
ジェンダーから見たアフリカの家・家族……………………………93
シングルと家族………………………95
ジェンダーと学校教育………………95
ジェンダーと空間利用………………96
ダウリー（持参金）…………………96
交叉イトコ婚…………………………96
女性婚…………………………………97
レヴィレート…………………………97
契約結婚［イスラーム］……………97
子どもの労働…………………………98
子ども兵士……………………………98

幼年結婚………………………………99
産婆［アフリカ］……………………99
離婚［アフリカ］……………………99
養取・養育［アフリカ］…………100

第5章　家族の形成　101

結婚と家族…………………………102
結婚の多様性………………………104
非婚…………………………………104
パラサイト・シングル……………105
婚活…………………………………105
事実婚………………………………106
離婚…………………………………106
再婚…………………………………107
生殖と家族…………………………108
避妊…………………………………110
生殖革命……………………………110
生殖補助医療………………………111
人工授精と体外受精………………111
出生前診断…………………………111
配偶子・胚提供……………………112
代理母出産…………………………112
ベビーM事件………………………113
男女産み分け………………………113
デザイナーベビー…………………113
出自を知る権利……………………114
LGBTと生殖補助医療……………114
養取・養育と家族…………………115
養取（養子縁組）の諸形態………117
特別養子縁組………………………118
赤ちゃんポスト……………………118
開放養取……………………………119
LGBTと共同養取…………………119
国際養子縁組………………………120
里親里子制度………………………121
育児放棄……………………………121

第6章　教育と家族　123

出産と育児…………………………124
胎毒／胎教…………………………126
授乳…………………………………126

子育て／育児…126
産育習俗…127
子ども組／若者組／娘組…127
育児書／育児雑誌…128
乳幼児死亡率…129
少子高齢化社会…129
育児不安…130
育児サークル…130
家庭教育…130
家庭の教育力…133
父性／父親…133
母性／母親…134
家族コンプレックス（エディプス・コンプレックス）…134
家庭教師…135
家政論（全き家）…135
家訓…136
聖家族／マリア信仰…136
教育家族／子ども中心家族…136
教師と親（親代わり）…137
徒弟制度／徒弟奉公…137
子ども部屋…138
家族と学校教育…138
就学前教育…140
義務教育…141
PTA…141
良妻賢母主義…142
性教育…143
不登校…143
いじめ…143
教育権…144
ホームスクール…144
学校給食…144
家族と啓蒙（家族への教育）…145
生活改善運動…147
民生委員…147
親教育…148
予防接種…148
乳幼児健診…149
家族ドラマ…149
家族計画運動／出産奨励運動…150

家庭訪問…150
治安と家族…150

第7章　労働と家族…152

労働／社会／家族…153
ワークシェアリング…155
男性単独稼得モデル…155
家族的責任…156
企業社会…156
日本型福祉社会…157
過労死／過労自殺裁判…157
児童労働…158
徒弟制…158
近代家族と労働…159
M字型就労…161
家族戦略…161
新性別役割分業…162
選好理論…163
労働の非正規化と家族…163
雇用流動化…165
非正規雇用（雇用劣化／雇用崩壊）…166
ニート／フリーター…166
在宅勤務…167
1.5稼ぎモデル…167
短時間勤務制度…167
労働とジェンダー…168
ワーク・ライフ・バランス…170
ポジティブ・アクション［雇用・労働］…170
アンペイド・ワーク（無償労働）…171
同一価値労働同一賃金の原則…172
均等法改正…172
セックス・ワーク…173
パートタイム労働…174
セクシュアル・ハラスメント…174
逸失利益の男女格差…175
ケアと家族…175
普遍的ケア提供者モデル…177
介護とジェンダー…178
ケアをめぐる国際労働移動…179
保育所政策…180

子の看護休暇……180
パパの月……181
パパ・ママ育休プラス……181
イクメン……181

第8章　福祉と家族……182

福祉と社会政策……183
ベヴァリッジ報告……185
社会保障改革……185
シティズンシップ……186
社会保険……186
年金制度改革……187
公的扶助……187
ソーシャルインクルージョン……187
家族政策……188
福祉国家……189
福祉ガバナンス……189
ケア労働……190
少子化をめぐる福祉……190
少子化／超少子化……192
少子化対策……193
人口政策……193
家族手当（児童手当）……194
子育て支援（少子化と子育て支援）……195
幼保一元化（認定こども園）……195
ひとり親家庭……196
待機児童問題……196
学童保育……196
若年者雇用対策……197
障害者福祉と家族……197
障害者の家族……199
自立生活……200
障害者総合支援法……200
障害の社会モデル……201
障害者と介助……201
障害者のセクシュアリティ……201
ノーマライゼーション……202
インクルーシブな社会……202
障害者雇用促進法……202
障害者の所得保障……203
障害者福祉施設……203

「谷間」の障害……203
高齢者福祉と家族……204
社会問題化する高齢化社会……206
家族介護……206
介護保険法……207
ケアワーカー……207
家族介護者への支援活動……208
高齢者のセクシュアリティ……208
高齢者福祉施設……208
認知症……209
地域福祉……209
高齢者福祉の地域差……210

第9章　暴力と家族……211

家族をめぐる暴力……212
「法は家庭に入らず」……214
女性に対する暴力……215
レイプ・シールド法……215
児童買春……216
児童ポルノ……216
トラフィッキング（人身売買）……216
難民と家族……217
パートナー関係と暴力……218
配偶者間暴力（DV）……220
デートDV……221
DV殺人事件……221
夫婦間強姦……221
配偶者暴力防止法……222
ストーカー規制法……222
保護命令制度……222
DV支援制度……223
支援格差［DV被害者］……223
国際結婚とDV……224
子どもと暴力……224
児童虐待……227
子殺し……227
子捨て……228
家庭内暴力……228
親権（失権制度）……229
児童虐待防止法……229
児童福祉法と親権……230

児童相談所……………………… 230	国際結婚と宗教……………………… 260
高齢者と暴力…………………… 231	日比結婚……………………………… 261
高齢者虐待……………………… 234	農村花嫁……………………………… 262
認知症と高齢者虐待…………… 234	台湾における国際結婚……………… 262
高齢者虐待防止法……………… 235	韓国における国際結婚……………… 263
成年後見制度…………………… 235	在留特別許可………………………… 264
介護殺人………………………… 236	出入国管理政策……………………… 264
高齢者の心中…………………… 236	国際結婚の商業化…………………… 265
介護殺人・心中の実態………… 236	偽装結婚……………………………… 266
高齢者の孤立死………………… 237	グローバル・ハイパガミー………… 266
	結婚と国籍…………………………… 267
第10章　死と家族　…………… 238	地域社会における結婚移住者のネットワーク……………………………… 267
さまざまな死…………………… 239	グローバルに展開する結婚移住者のネットワーク…………………………… 268
法的死…………………………… 241	国際結婚による子どもたち………… 269
自殺……………………………… 241	国際結婚と二言語使用……………… 269
孤立死…………………………… 242	国籍法改正…………………………… 270
看取り…………………………… 243	国際婚外子…………………………… 271
死の自己決定…………………… 243	国際離婚……………………………… 271
自分らしい最後………………… 244	ハーグ条約…………………………… 272
PPK（ぽっくり信仰）………… 244	国境を越える家族…………………… 273
葬送と家族……………………… 245	華人の家族…………………………… 275
家族葬と直葬…………………… 247	難民の家族…………………………… 275
葬送の個性化…………………… 247	アメリカにおける家族呼び寄せ…… 276
葬儀社…………………………… 248	帰還移民……………………………… 277
エンバーミングと納棺………… 249	海外の日系人………………………… 277
グリーフワーク………………… 249	日本で働く日系人…………………… 278
形見分けと遺品整理…………… 250	退職者の海外移住…………………… 278
死者をまつる…………………… 250	アメリカの移民政策………………… 279
墓守……………………………… 252	移動する人と留まる家族…………… 280
無縁墳墓………………………… 252	トランスナショナル家族…………… 282
合葬墓…………………………… 253	グローバル世帯保持………………… 282
散骨と樹木葬…………………… 253	EPA（経済連携協定）と看護師・介護福祉士…………………………… 283
手元供養………………………… 254	移住家事・介護労働者……………… 284
生前契約………………………… 254	海外送金……………………………… 285
菩提寺…………………………… 255	非正規滞在者………………………… 285
仏壇と位牌……………………… 255	遠距離養育…………………………… 286
	アストロノート家族………………… 287
第11章　グローバリゼーションと家族　……………………………… 257	
国際結婚………………………… 258	
写真花嫁………………………… 260	

第 12 章　家族への新たなまなざし

　………………………………… 288
セクシュアリティの多様性………… 289
親密性の変容………………………… 291
異性愛規範性………………………… 291
同性婚とドメスティック・パートナー
　………………………………… 292
ストーンウォール事件……………… 292
三人婚………………………………… 293
バイセクシュアリティ……………… 293
モノセクシュアリティ……………… 293
オープン・マリッジ………………… 294
ポリアモリー………………………… 294
クィア家族論………………………… 295
家族と親密圏………………………… 295
親密圏………………………………… 297
家族の友人化／友人の家族化……… 297

対抗的公共圏………………………… 298
セルフヘルプ・グループ…………… 298
病の共同体…………………………… 299
家畜・ペットと家族………………… 300
ロボットと家族……………………… 300
オンラインの親密性………………… 301
家族を超える共同生活……………… 301
ルームシェア………………………… 303
シェアハウス………………………… 303
コーポラティブ・ハウジング……… 304
コレクティブハウス………………… 304
グループホーム……………………… 305
ホームシェア………………………… 305
エコハウジング……………………… 305
ゲーテッド・コミュニティ………… 306
ホームレスネス／アットホームネス… 306
ハウジング・スタディーズ………… 307

五十音順項目目次

あ　行

赤ちゃんポスト……………………… 118
アジア女性基金……………………… 78
アストロノート家族………………… 287
アメリカにおける家族呼び寄せ…… 276
アメリカの移民政策………………… 279
アンペイド・ワーク（無償労働）… 171
育児サークル………………………… 130
育児書／育児雑誌…………………… 128
育児不安……………………………… 130
育児放棄……………………………… 121
イクメン……………………………… 181
いじめ………………………………… 143
移住家事・介護労働者……………… 284
衣食住………………………………… 57
イスラーム家族史…………………… 23
イスラーム世界におけるジェンダー… 69
異性愛規範性………………………… 291
1.5 稼ぎモデル……………………… 167

逸失利益の男女格差………………… 175
一夫多妻［イスラーム・アフリカ］… 70
移動する人と留まる家族…………… 280
EPA（経済連携協定）と看護師・介護福祉
士……………………………………… 283
衣類の管理…………………………… 60
インクルーシブな社会……………… 202
エコハウジング……………………… 305
M 字型就労…………………………… 161
LGBTI（性的マイノリティ）［歴史］… 83
LGBT と共同養取…………………… 119
LGBT と生殖補助医療……………… 114
遠距離養育…………………………… 286
エンバーミングと納棺……………… 249
オープン・マリッジ………………… 294
親教育………………………………… 148
オンラインの親密性………………… 301

か 行

- 海外送金…………………………285
- 海外の日系人………………………277
- 介護殺人……………………………236
- 介護殺人・心中の実態……………236
- 介護とジェンダー…………………178
- 介護保険法…………………………207
- 開放養取……………………………119
- 学童保育……………………………196
- 家訓…………………………………136
- 家事事件手続法………………………92
- 華人の家族…………………………275
- 家政論（全き家）…………………135
- 家族介護……………………………206
- 家族介護者への支援活動…………208
- 家族計画運動／出産奨励運動……150
- 家族コンプレックス（エディプス・コンプレックス）……………………134
- 家族政策……………………………188
- 家族戦略……………………………161
- 家族葬と直葬………………………247
- 家族手当（児童手当）……………194
- 家族的責任…………………………156
- 家族と学校教育……………………138
- 家族と啓蒙（家族への教育）……145
- 家族と親密圏………………………295
- 家族ドラマ…………………………149
- 家族の個人化…………………………29
- 家族の友人化／友人の家族化……297
- 家族を超える共同生活……………301
- 家族をめぐる暴力…………………212
- 形見分けと遺品整理………………250
- 家畜・ペットと家族………………300
- 学校給食……………………………144
- 合葬墓………………………………253
- 家庭教育……………………………130
- 家庭教師……………………………135
- 家庭内暴力…………………………228
- 家庭の教育力………………………133
- 家庭訪問……………………………150
- 過労死／過労自殺裁判……………157
- 韓国における国際結婚……………263
- 韓国の家族の変容……………………40
- 帰還移民……………………………277
- 企業社会……………………………156
- 偽装結婚……………………………266
- 義務教育……………………………141
- 休日……………………………………56
- 教育家族／子ども中心家族………136
- 教育権………………………………144
- 教師と親（親代わり）……………137
- 近代家族と労働……………………159
- 均等法改正…………………………172
- クィア家族論………………………295
- クリスマス……………………………56
- グリーフワーク……………………249
- グループホーム……………………305
- グローバル世帯保持………………282
- グローバルに展開する結婚移住者のネットワーク………………………268
- グローバル・ハイパガミー………266
- グローバル・フェミニズム…………69
- ケアと家族…………………………175
- ケア労働……………………………190
- ケアワーカー………………………207
- ケアをめぐる国際労働移動………179
- 契約結婚［イスラーム］……………97
- 結婚式…………………………………50
- 結婚と家族…………………………102
- 結婚と国籍…………………………267
- 結婚の多様性………………………104
- ゲーテッド・コミュニティ………306
- 憲法24条起草…………………………89
- 交叉イトコ婚…………………………96
- 公的扶助……………………………187
- 高齢者の孤立死……………………237
- 高齢者虐待…………………………234
- 高齢者虐待防止法…………………235
- 高齢者と暴力………………………231
- 高齢者の心中………………………236
- 高齢者のセクシュアリティ………208
- 高齢者福祉施設……………………208

高齢者福祉と家族	204
高齢者福祉の地域差	210
国際刑事裁判所	77
国際結婚	258
国際結婚と宗教	260
国際結婚とDV	224
国際結婚と二言語使用	269
国際結婚による子どもたち	269
国際結婚の商業化	265
国際婚外子	271
国際社会におけるジェンダー平等とジェンダー主流化	71
国際養子縁組	120
国際離婚	271
国籍法改正	270
子殺し	227
子捨て	228
子育て／育児	126
子育て支援（少子化と子育て支援）	195
国境を越える家族	273
子ども組／若者組／娘組	127
子どもと暴力	224
子どもの労働	98
子ども兵士	98
子ども部屋［家屋］	62
子ども部屋［家庭教育］	138
子の看護休暇	180
コーポラティブ・ハウジング	304
雇用流動化	165
孤立死	242
コレクティブハウス	304
コロニアリズム（植民地主義）	68
婚活	105

さ　行

災害と家族	42
再婚	107
在宅勤務	167
在留特別許可	264
サティー（インド寡婦殉死）	86
里親里子制度	121
さまざまな死	239
産育習俗	127
散骨と樹木葬	253
三人婚	293
産婆［アフリカ］	99
シェアハウス	303
支援格差［DV被害者］	223
ジェンダーから見たアフリカの家・家族	93
ジェンダー研究	25
ジェンダー主流化	74
ジェンダー統計	77
ジェンダーと学校教育	95
ジェンダーと空間利用	96
ジェンダーと文化	65
ジェンダー平等［EU］	75
自己決定権／プライバシーの権利	81
自殺	241
事実婚	106
死者をまつる	250
七五三	49
シティズンシップ	186
児童買春	216
児童虐待	227
児童虐待防止法	229
児童相談所	230
児童福祉法と親権	230
児童ポルノ	216
児童労働	158
死の自己決定	243
自分らしい最後	244
社会学	12
社会保険	186
社会保障改革	185
社会問題化する高齢化社会	206
若年者雇用対策	197
写真花嫁	260
就学前教育	140
出産	48
出産と育児	124
出生前診断	111

出自を知る権利	114
出入国管理政策	264
授乳	126
障害者雇用促進法	202
障害者総合支援法	200
障害者と介助	201
障害者の家族	199
障害者の所得保障	203
障害者のセクシュアリティ	201
障害者福祉施設	203
障害者福祉と家族	197
障害の社会モデル	201
正月	54
少子化／超少子化	192
少子化対策	193
少子化をめぐる福祉	190
少子高齢化社会	129
女権宣言	67
女性婚	97
女性差別撤廃委員会（CEDAW）	75
女性差別撤廃条約選択議定書	76
女性に対する暴力	215
女性ノーベル賞受賞者	70
自立生活	200
シングルと家族	95
親権（失権制度）	229
人工授精と体外受精	111
人口政策	193
新性別役割分業	162
親密圏	297
親密性の変容	291
人類学	10
ストーカー規制法	222
ストーンウォール事件	292
聖家族／マリア信仰	136
生活改善運動	147
性器切除	84
性教育	143
生殖革命	110
生殖と家族	108
生殖補助医療	111

成人式	49
生前契約	254
性的指向	90
性同一性障害者特例法	91
成年後見制度	235
性の二重基準	82
性別適合手術	91
世界女性会議	73
セクシュアリティと生殖	78
セクシュアリティの多様性	289
セクシュアル・ハラスメント	174
節供	54
セックス・ワーク	173
セルフヘルプ・グループ	298
選好理論	163
洗濯	60
葬儀社	248
葬送と家族	245
葬送の個性化	247
雑煮	61
ソーシャルインクルージョン	187

た　行

待機児童問題	196
対抗的公共圏	298
退職者の海外移住	278
胎毒／胎教	126
台所	61
代理母出産	112
台湾における国際結婚	262
台湾の家族の変容	37
ダウリー（持参金）	96
七夕	55
「谷間」の障害	203
短時間勤務制度	167
誕生日	57
男女産み分け	113
男女共同参画社会基本法	89
男性単独稼得モデル	155
治安と家族	150
地域社会における結婚移住者のネットワー	

ク	267	年金分割	92
地域と人口	31	年中行事	52
地域福祉	209	農村花嫁	262
中元と歳暮	55	ノーマライゼーション	202
中国の家族の変容	35		
DV殺人事件	221	**は　行**	
DV支援制度	223	配偶子・胚提供	112
定年退職	51	配偶者間暴力（DV）	220
デザイナーベビー	113	配偶者暴力防止法	222
デートDV	221	バイセクシュアリティ	293
手元供養	254	ハウジング・スタディーズ	307
同一価値労働同一賃金の原則	172	墓守	252
同性婚とドメスティック・パートナー	292	ハーグ条約	272
		初宮参り	49
特別養子縁組	118	パートタイム労働	174
歳祝	51	パートナー関係と暴力	218
徒弟制	158	パパの月	181
徒弟制度／徒弟奉公	137	パパ・ママ育休プラス	181
トラフィッキング（人身売買）	216	パラサイト・シングル	105
トランスジェンダー	85	晴れ着	60
トランスナショナル家族	282	バレンタインデー	56
		非婚	104
な　行		ヒジュラ	86
名付け	48	非正規雇用（雇用劣化／雇用崩壊）	166
難民と家族	217	非正規滞在者	285
難民の家族	275	PTA	141
二世帯住宅	62	人の一生	46
日比結婚	261	ひとり親家庭	196
ニート／フリーター	166	避妊	110
日本型福祉社会	157	PPK（ぽっくり信仰）	244
日本近世史	4	夫婦間強姦	221
日本古代・中世史	2	福祉ガバナンス	189
日本で働く日系人	278	福祉国家	189
日本における家族法システムの変容とジェンダー	87	福祉と社会政策	183
		父性／父親	133
日本法制史	16	普段着	59
乳幼児健診	149	仏壇と位牌	255
乳幼児死亡率	129	不登校	143
認知症	209	普遍的ケア提供者モデル	177
認知症と高齢者虐待	234	風呂	61
年金制度改革	187	ベヴァリッジ報告	185

北京会議	74
ベビーM事件	113
便所	62
保育所政策	180
法学	14
法的死	241
「法は家庭に入らず」	214
保護命令制度	222
ポジティブ・アクション［ジェンダー］	76
ポジティブ・アクション［雇用・労働］	170
母性／母親	134
菩提寺	255
母体保護法	90
ホームシェア	305
ホームスクール	144
ホームレスネス／アットホームネス	306
ポリアモリー	294
盆と彼岸	55

ま 行

マスキュリニティ	84
ミソジニー	67
看取り	243
民生委員	147
民俗学	8
民法改正	33
無縁墳墓	252
名誉殺人［イスラーム］	86
面会交流（面接交渉）	92

モノセクシュアリティ	293

や 行

厄年	50
病の共同体	299
結納と仲人	50
養取・養育［アフリカ］	100
養取・養育と家族	115
養取（養子縁組）の諸形態	117
幼年結婚	99
幼保一元化（認定こども園）	195
予防接種	148
ヨーロッパ家族史①　イギリス・北欧・ドイツ	18
ヨーロッパ家族史②　南欧・フランス	20

ら 行・わ

離婚	106
離婚［アフリカ］	99
リプロダクティブ・ヘルス／ライツ	80
良妻賢母主義	142
ルームシェア	303
レイプ・シールド法	215
レヴィレート	97
歴史人口学	6
労働／社会／家族	153
労働とジェンダー	168
労働の非正規化と家族	163
ロボットと家族	300
ワークシェアリング	155
ワーク・ライフ・バランス	170

文献について

本書各項目の末尾に当該項目の内容についてさらに詳しく知るための参考文献を掲げた。複数の文献をあげる場合は邦語文献，欧語文献の順とし，それぞれ編著者名の五十音順，アルファベット順に並べてある。文献の詳細書誌は巻末（310頁以下）の「参考文献一覧」に掲載した。

第1章
学説史

日本古代・中世史

I 概観

1970年代以前における日本古代・中世史の家族研究は，エンゲルス（F. Engels）の『家族・私有財産・国家の起源』に示された家族の進化論的な図式を，実際の歴史過程のなかに当てはめるという形で進められてきた。それは，大きく見れば，階級社会の成立とともに一般化した父系制的かつ家父長制的な大家族が，しだいに「単婚小家族」化していく過程として，家族の歴史的な変遷をとらえたものであった。

もう少し詳しく述べると，古代史の分野では律令制下の公民支配の基本台帳である戸籍・計帳（「籍帳」）に記載された郷戸をもって，家族の実態と見なせるか否かという論点をめぐり議論が展開された。この議論は郷戸実態説と郷戸擬制説との対立として把握できるが，前者は郷戸を家父長制的な大家族として把握した。

一方中世史の分野では，家父長制的な大家族の存在を自明の前提として議論がなされたが，その際，家族そのものの実態解明には関心が向かわず，家父長制なる概念を在地領主（武士）や名主クラスの上層百姓による，非血縁の隷属民（下人・所従）支配と結びつけてとらえる傾向が顕著であった。

こうした状況が転換するのは1980年前後のことである。その頃，古代史においては社会人類学の双系制（bilateral system）社会論にヒントを得た家族・親族研究が注目を集め，父系制一辺倒で家族や親族のあり方をとらえる従来の見解は修正を迫られることとなった。

中世史においては家の特質や内部構造に関する研究，婚姻関係や親族関係をめぐる研究などがクローズアップされるようになり，また，女性史の視点からの家族研究もあらわれてきた。

だが，高橋秀樹も指摘するように，1990年代後半になると古代・中世の家族史研究はしだいに停滞状況に陥り，その状況は今日に至るも変わっていない［高橋2014］。そこで，以下，1980年代の転換を受けて，古代史・中世史各々の分野でどういった研究がクローズアップされてきたかということを論じることにする。

II 古代史

(1) 双系制社会論の登場　Iで触れた「籍帳」をめぐる議論において，安良城盛昭が唱えた「編戸説」，すなわち，律令制国家は実態家族を「籍帳」に登録する意図など端からなく，あくまでも課税対象者としての成人男性を確保するために，また，過重な租税負担により零落した共同体成員に対する相互扶助の実をあげるために，一定数の成人男性を含む形で郷戸を編成したと見なす見解［安良城1967］を踏まえ，1980年前後に至ると「籍帳」から古代家族の実像を復元することはできないと考える研究が登場した。これらの説は，①古代の民衆レベルでは，双系制的な親族関係に規定されて，父系または母系の出自集団が存在しなかったこと［吉田孝1983；明石一紀1990］，②当時の婚姻は，非固定的・非閉鎖的で離婚と再婚が頻繁に起こる対偶婚の段階にあったこと［関口裕子1993］——の2点より，律令国家はきわめて不安定かつ流動的な家族の実態を恒常的に把握することなどできなかったと結論づけた。

さらに，双系制社会論にもとづく親族関係の研究が活発化したことで，古代の支配階級

が形成した政治的組織としての氏（うじ）に関する研究も進み，双系制社会に規定された氏人の両属性の問題や，氏がしだいに父系出自集団化をとげる問題，氏と一般的なクランとの異同の問題などについて論じられるようになった［義江明子 1986］。

(2) 氏から家へ　1990年代以降になると，氏のなかから家が登場する過程も問題視されるようになる［服藤早苗 1991 等］。そして，9世紀後半には氏の父系出自集団化が進行し，10世紀にはこの二次的氏のなかに，門流・一家等と呼ばれる分節リニージが形成されたこと，門流・一家こそが，中世的な家の原初形態にあたることなど，支配階級レベルでの家形成の問題をめぐって検討が加えられた。そして，おおむね11世紀後半から12世紀の院政期頃には家父長制的な家が確立したとの結論が一般化した。

III 中世史

(1) 女性史を踏まえた家族史研究　1980年代に入り女性史研究がクローズアップされてくると，中世史においても家族や親族をテーマとする研究が活発化してくる［鈴木国弘 1981；飯沼賢司 1982・1983］。この傾向は1990年代になっても続き，女性史に代わり目につくようになってきたジェンダー史研究の影響も受けつつ，①家の内部における夫と妻の性別役割分担の問題，②男女各々のライフサイクルをめぐる問題，③女性の財産相続権をめぐる問題，④婚姻形態をめぐる問題などが論じられた［脇田晴子 1992；田端泰子 1998；後藤みち子 2002］。だが，これらの研究はあくまでも女性史・ジェンダー史的な研究であり，家族や家について正面から扱ったものではないため，家族史の停滞状況を打ち破るまでには至らなかった。

(2) 家の成立期をめぐって　1980年代から1990年代にかけて，公家や武家の家の成立期をめぐる議論も表面化してくる。すなわち，1980年代には家の成立期を11～12世紀に求める見解が有力だったが，1990年代に至ると家の成立を二段階でとらえ，11～12世紀に出現した家父長制的な経営体としての家（第1段階の家）が，14世紀の南北朝内乱期に至って父系直系のラインで継承されるようになり，近世につながる永続性をもった家（第2段階の家）が確立したとする高橋秀樹や明石一紀の見解［高橋 1996, 2014；明石 2006］，さらに進んで家の成立期を14世紀に求める西谷正浩の見解［西谷 2006］などが提示されるようになる。それらを踏まえて，中世後期の公家や武家の家レベルでの家産，家業，家格，家紋をめぐる問題や，家内部における女性の役割（主婦権等）の問題なども，具体的に論じられるようになった［後藤 2002；菅原正子 2007］。

民衆の家の成立期についても，古代・中世史の分野では11～12世紀頃に求める研究が一般的であるが［飯沼 1982・1983］，一方で近世史の分野では，それを17世紀中頃以降のことと考えており，両者の間には500～600年にも及ぶ開きが存在している。

換言すれば，分割相続が支配的であった中世前期にも家の存在を想定する前者は，家・在家・家督・家室といった語句が史料上に登場したり，特定の役職の父子継承が一般化したりすることをもって，家の成立と見なす傾向が強いのに対し，後者は嫡男単独相続制度の普遍化（分割相続から単独相続への移行）による家産の形成や，家産を用いて営まれる家業の成立，そして家に固有の名前（家名）の登場をもって，さらには，それらが父から嫡男へと父系直系のラインで代々継承されることをもって，家の成立と理解するのである。

両者の議論は噛み合わない状況にあるが，古代・中世史の側でも，民衆レベルで近世的な意味での家が成立したのは戦国期（16世紀中頃）だったとする坂田聡の見解［坂田 2011］なども見受けられるようになってきた。

（坂田　聡）

[文献] 明石一紀 1990，2006；安良城盛昭 1967；飯沼賢司 1982・1983；後藤みち子 2002；坂田聡 2011；菅原正子 2007；鈴木国弘 1981；関口裕子 1993；高橋秀樹 1996，2014；田端泰子 1998；西谷正浩 2006；服藤早苗 1991；義江明子 1986；吉田孝 1983；脇田晴子 1992

日本近世史

I 概観（1990年代以降の研究動向）

近世社会の家族に関わる研究を1990年代以降に絞って概観してみると，次のような新たな潮流を見いだすことができる。

まず，女性史研究者たちにより新しい分析概念としてジェンダー概念が導入され，ジェンダーの視点からの研究が増加してきたことがあげられる。分析概念としてのジェンダーはあらゆる分野に影響を与えたが，そうしたなかから近世社会における家内部の構造をジェンダー概念をもとに読み解く研究が出されている。

また，現代社会における急速な少子高齢化を背景に，近世に生きた個々人の生・老・死への関心が高まり，人びとの「いのち」を対象とする研究が行われるようになってきたのも特徴の一つである。そこでは女性の身体観や胎児の生命観へも目配りしながら出産・堕胎・間引き・捨て子や子どもといったテーマが議論され，現代的課題でもある老いと扶養・介護の問題を近世社会に遡って考究する研究が生まれてきた。

一方，近世史分野にあっては1990年代より「身分的周縁」をキーワードとした研究が盛んに行われているが，こうした社会集団論にもとづき人びとを集団として把握する視角とは対照的に，最近では「人」に着目した身分論も提唱され，ライフサイクルやライフコースという観点から家に包摂された「個」としての人びとの一生を探る研究も行われつつある。

以下，三つのテーマにわけ，先行研究による通説的な理解や学説にもふれつつ1990年代以降の新しい研究について紹介していく。

II 家と女性の捉え方

(1) 小農自立と女性　17世紀後半から18世紀にかけて小農経営が一般化していき，主人に使役されていた下男・下女や傍系親も一家の主人・主婦となることができるようになる。階級史の観点からは進歩と評価されるこの現象であるが，こうした社会変動のなかで女性の地位がどう変化したのかについては評価が分かれている。一般には，小農経営における労働のあり方は「夫婦かけむかい」であり，小家族的な家内部での女性の地位も武家の女性に比べ相対的に高いと見る傾向にあるが，ジェンダー概念をもとにこの問題を分析した長野ひろ子は，所有と経営，そして労働をめぐるジェンダーの非対称性を指摘し，男女の平等性を込めた従来の「夫婦かけむかい」幻想は払拭されねばならないとする［長野2003］。確かに小農の家にも家父長制的な差別構造が存在したことを否定することはできないが，大藤修は家長中心の弱者差別のみを強調することには疑問を呈しており，家長であっても家の規範に縛られることを指摘している。また，大藤は，究極においてはジェンダー原理が貫徹し得ない点に日本の家の特質を見ている［大藤2005］。

(2) 女性の役割　ジェンダー史の観点に立てば近世は家や社会における男性優位の原則が確立した時代で，女性の地位低下の表れと

されるのが家の相続からの女性の排除であり，政治運営がなされる公的領域からの女性の排除である。しかるに，家や地域の崩壊が進む近世後期の村には長期間にわたり家長の地位に居続けた女性当主が出現し，大口勇次郎はこれを「自立的女性相続人の出現」と位置づけた。こうした女性相続人をどう評価するかについては見解が分かれており［大口1995；藪田貫1996］，村社会にあっては女性相続人が発生することはあり得るが一人前とは見なされず，村政の場である村の寄合にも参加できなかったという見方が強い。ところが，最近，青木美智子によって近世後期の関東甲信地方の村社会で男性同様に寄合に参加し村政運営に関与していた女性当主たちの姿が発掘され，当該時期の政治的活動に関わる女性の多さや男性と遜色ない女性の政治的意識が指摘されるに至っている［青木2011］。なお，武家女性に関しては，1990年代より将軍や大名らの妻女が奥向で担っていた役割について探るジェンダー研究が行われている。

Ⅲ 「いのち」への眼差し

(1) 産む身体と子ども　1980年代までの女性史研究においても女性の性や身体が分析の対象となっていたが，90年代にジェンダー概念が導入され問題がより鮮明化し，出産や間引きに対する態度を論ずる際には当時の人びとの身体観や生命観を明らかにすべきだとの提言がなされるようになる［落合恵美子1994b］。こうした提言をうけ，沢山美果子は諸藩の出産管理政策が強まる近世後期を対象に史料を分析し，妊娠5ヵ月を境に「物」から「人」へと線引きする当時の人びとの胎児観を読み取っており［沢山1998］，「七歳までは神のうち」という生命観・身体観を前提に堕胎や間引きの問題を論じてきたこれまでの研究の是非を問うている。民俗学をはじめ歴史学でも通説となっている「七つ前は神のうち」という前近代社会の子ども観については，最近，柴田純がその存在を否定し，子どもに対する眼差しや取り扱いについて古代からの変遷を辿ることで，このフレーズが近代以降にごく一部の地域で語られた俗説に過ぎないと結論づけている［柴田2013］。なお，沢山は，従来は嬰児殺し同様の行為と見なされ十分に研究されてこなかった捨て子についても，その具体像を描き出している［沢山2008］。

(2) 老いと扶養・介護　塚本学は，生類憐み政策が捨て子の命を救うことに繋がったという事実を明らかにしたが［塚本1983］，この政策は将来の労働人口の確保に結びつかない老人の「いのち」を救うものではなかった。近世後期には養老扶持を支給した藩も多いが，大竹秀男が指摘したように当時の老人扶養は私的扶養が原則であり［大竹1990］，扶養と介護に関わる家族役割の具体像については，これまでに『孝義録』を素材に研究がなされている［菅野則子1999；柳谷慶子2007；妻鹿淳子2008］。こうした研究は，江戸時代には当主たる男性の責任において介護がなされ，家族が共同で介護に当たったこと，小経営の家族にとっては長期にわたる看取りが生活難の原因となったこと，単身で親の面倒をみる者は結婚難や離婚，再婚の困難を余儀なくされたことを明らかにしている。また，相互扶助の血縁的・地縁的なネットワークを築くことが困難な都市下層民にあっては，貧困や病気による老人の自殺が多かったとも言われている［菅原憲二1994］。

Ⅳ 「個」への着目

(1) 広がる身分論　1990年代以降に広まった「身分的周縁」なる概念とそれにもとづく研究は，大藤が指摘するように，社会集団論をベースに論を展開しているため「個」に対する視点を欠く傾向にある［大藤2005］。これに対し，最近では，それぞれの「人」（個人）にとっての身分を問い，「人」を起点に人間関係を重層的に捉え，「人」が同時に複数の身分をもち，ライフコースの上で身分の選択・変更が可能だという着想のもと［藪田

2011]，身分を「個」の問題として議論しようとする流れが生まれつつある。

(2) ライフサイクルとライフコース　歴史上の個人に視点をすえた研究は，例えば大藤修が以前から行ってきたことであるが，大藤はまた，近世社会に生きた人びとの生と死に関わる多様な問題を相互に関連づけ総合的に考えようとするとき，ライフサイクル論が有効な機軸の一つとなり得るとしている[大藤 2003]。これに対し落合恵美子は，社会の変化や歴史，異なる社会の比較，社会内部の多様性の分析には「ライフコース」という概念が有効だとしており，家の相続からあぶれた次三男のライフコースを探る研究も見られる[落合編著 2006]。近年では民衆だけではなく武家や公家の庶子・次三男にスポットを当てた研究も行われている。　　　　　　（堀田幸義）

[文献] 青木美智子 2011；大口勇次郎 1995；大竹秀男 1990；大藤修 2003, 2005；落合恵美子 1994b；落合恵美子編著 2006；沢山美果子 1998, 2008；柴田純 2013；菅野則子 1999；菅原憲二 1994；塚本学 1983；長野ひろ子 2003；妻鹿淳子 2008；柳谷慶子 2007；藪田貫 1996, 2011

歴史人口学

I　歴史人口学の誕生

歴史人口学は，1950 年代末フランスで誕生した。ルイ・アンリ（L. Henry）は，「家族復元法」という整理方法を生み出し，それまでほとんど無視されてきた小教区帳簿（[仏] registre paroissial，[英] parish register）を史料として，一組の夫婦の結婚，出産行動を個票（家族カード）にとり，ここから結婚と出産に関する人口指標を求めた。1956 年ミッシェル・フルリ（M. Fleury）との共著で刊行した『小教区帳簿から人口の歴史へ——前近代戸籍の調査・利用マニュアル』以後，歴史人口学は「アンリの方法」に従い研究成果を蓄積していくことになる。フランスにおける研究の展開に関しては，藤田苑子[1992]を参照。

歴史人口学は 1960 年代大きなうねりとして展開する。イギリスでは，社会思想史家ピーター・ラスレット（P. Laslett）と経済史家リグリィ（E. A. Wrigley）が，1965 年，人口と社会構造の歴史に関するケンブリッジ・グループ（Cambridge Group for the History of Population and Social Structure）を立ち上げる。イギリスにおける研究の展開に関しては，安元稔[1982]，斎藤修編[1988]，速水融[1997]を参照。

日本では，留学先でアンリの影響を受けた速水融が歴史人口学を創設する。速水は，歴史人口学を，「人口の大部分を占める一般庶民の日常生活の集合」を研究の対象とし，「価値の高い無数の素材を経済史あるいは社会史に提供すること」を目的とする総合科学と位置づける[速水 1973]。日本の歴史人口学は宗門改帳を主な史料とし，江戸時代庶民の生から死にいたる人口指標の分析と庶民の生活の基盤である世帯の分析を行う。速水は，宗門改帳の整理方法として基礎シート（BDS）を考案し，アンリの方法に従って家族復元フォーム（Family Reconstitution Form）を作成し，1973 年『近世農村の歴史人口学的研究』を刊行した。その後，史料収集と史料分析が進められ，江戸時代の農民の結婚，出生，死亡といった人口指標と世帯規模や世帯構造といった家族に関わる指標が徐々に明らかに

されていった［鬼頭宏 1996］。

II 新たな展開

1995年，日本の歴史人口学は新たな局面を迎えた。速水融を代表者とし，内外の研究者50人余りを集め，5年間にわたる文部省創成的基礎研究「ユーラシア社会の人口・家族構造比較史研究（以下，EAPと略す）」が立ち上がった。国際共同研究は，住民台帳型資料を利用した日本・中国・イタリア・ベルギー・スウェーデンの人口指標の比較研究を，国内共同研究は歴史人口学と隣接する家族社会学，家族史，歴史地理学，そして人口学の学際的研究を目的とした［速水 1997］。EAPは，アナール学派の日本版と称せよう。それまで，社会経済史の色彩が強かった日本の歴史人口学は，家族社会学をはじめとする隣接諸学問領域と積極的に学際的研究を試みることとなった。このプロジェクトは，研究の基礎固めに力が入れられた。国際共同研究は，イベントヒストリー分析を用いた厳密な国際比較の準備が始まった。国内共同研究では，史料収集の徹底が図られ，コンピューターによる入力，データベースの作成が準備された。その結果，それまで東北と中央日本に偏っていた研究対象地域は，天草，野母をはじめとする西日本，さらに手薄であった大坂菊屋町・京都といった都市，郡山上町といった在郷町にも拡大した。研究方法についても，人口学の手法であるイベントヒストリー分析が導入され，高度な多変量解析による厳密な実証研究が始動した［津谷典子 2007］。

研究成果としては，歴史人口学が誕生して以来課題とされていた，乳幼児死亡率を正確に推計する方法が検討され，これまで 200‰と仮定されてきた近世の乳児死亡率は下方修正された［木下太志 2002］。また，出生パターンに関するイベントヒストリー分析の結果，徳川期東北農村の夫婦は，子ども数とその性別構成をコントロールするために出生力制限を行っていた，という結論を得た［Tsuya, Noriko and Kurosu, Satomi 2010］。家族社会学・家族史との学際研究も展開を見せた。歴史人口学では，それまでハメル・ラスレット分類が用いられてきたが，これを近世日本の農民世帯の分析に適応するよう修正モデルが提示され，世帯構造とサイクル，世帯の継承，さらに農民のライフコースの分析などが試みられた［岡田あおい 2006］。その結果，近世農民社会の世帯構造は直系家族世帯を典型とするが，家督の継承や相続には統一的なルールは見出されず，むしろその多様性が強調された。さらに，民俗学や社会学では東北型と西日本型という家族形態の類型が通説化しているが，人口と家族形態をリンクさせた結果，日本には東北日本型，中央日本型，西南日本型の三つのパターンが存在するという仮説が提示された［速水 2001］。

III EAP以後の研究動向

EAP終了後，研究の成果は，モノグラフとして次々に刊行された。これまで農民が中心だった研究に武士が登場し，系図をもとにした継承や出生率の研究が発表された。また，都市や在郷町の研究では，町単位の分析から人口増加，あるいは人口減少のメカニズムの研究が刊行された［高橋美由紀 2005；浜野潔 2007］。家族社会学や家族史との学際研究領域では，世帯構造，養子，継承，ライフコース，婚姻，檀家制度といった幅広いテーマの論文や著書が続々と発表されている［平井晶子 2008；黒須里美編 2012］。また，疾病，子育てなどの研究も近世の人口との関連のなかで展開している［浜野潔 2011］。EAP終了後も歴史人口学の学問的特徴である共同研究は，国内では規模は縮小したもののテーマ別に進められている［落合恵美子編著 2006］。特記すべきは，EAPプロジェクト終了後も継続して進められてきた国際共同研究に関してである。20年の歳月をかけて共同研究が行われ，死亡，出生，結婚をテーマに3冊の著書が出版された。これらの著書は，マルサス理論お

よび人口転換論という人口学の2大理論の前提を問い直す共同研究として現在世界的評価を得ている。　　　　　　　　（岡田あおい）

[文献] 岡田あおい 2006；落合恵美子編著 2006；鬼頭宏 1996；木下太志 2002；黒須里美編著 2012；斎藤修編著 1988；高橋美由紀 2005；津谷典子 2007；浜野潔 2007, 2011；速水融 1973, 1997, 2001；平井晶子 2008；藤田苑子 1992；安元稔 1982；Bengtsson, T., Campbell, C., Lee, J., et al. 2004；Lundh, C., Kurosu, S., et al. 2014；Tsuya, N. and Kurosu, S. 2010；Tsuya, N.O., Wang, F., et al. 2010

民俗学

I　概観

　日本民俗学会では機関誌の『日本民俗学』で，おおよそ3年に1度，研究動向が特集されており，家族に関わる分野も取り上げられてきた。直近の研究動向の冒頭で中込睦子は「この分野の研究状況は一変した，というよりも家族・親族の現実そのものが大きく変貌を遂げたというべきなのかもしれない」と指摘している。このことから，少なくとも，民俗学において家族・親族の研究が必ずしも盛んであるとは言えない状況にあることがわかる。

　民俗学分野における家族・親族研究の低調は，現実の家族・親族の変貌に民俗学が対応しきれていないことに一因があることは否めない。しかし，1980年代から「族制」分野の研究動向では沈滞というような表現で評価されており，家族のあり方の変貌のみが研究の低調の要因となったと言い切れないのではないか。

　1980年代から90年代前半までの民俗学では，民俗社会内部における構造を把握し，その構造を類型化した上で地域性を析出しようとする類型論的な家族・親族論が主流となった。類型論が流通する以前の民俗学では，多様な日本の家・親族の実態を歴史的な変遷の結果として見る傾向が強く，地域性の問題として把握することができなかったことを考えると，類型論的な家族・親族論が民俗学にもたらした影響は大きい。民俗学内部で行われた類型論では，婚姻や相続などの家族・親族に関わる現象のみを分析対象としたため，家族・親族を取り囲む社会の状況から切り離された議論となってしまい，就業構造の変容，生涯婚姻率の低下や生殖医療の技術の発展に伴う家族そのものの揺らぎといった現象を射程に組み込むことができなくなったのであろう。1998年に岩本通弥が『日本民俗学』の研究動向において類型論は方法論的な限界に達しているとした指摘は，直接的には家族・親族の構造は不変であり，超歴史的な前提をもつという姿勢に対する疑問であるとともに，現代の社会で生起している現象を民俗学の家族・親族研究の主流が，捨象してきたことに対する問題提起だったとも言えよう。

　90年代後半以降，家族のあり方そのものが変貌を遂げ，さらには「伝統」の概念そのものに疑義が呈されたこともあり，伝統的な家族・親族を対象とした類型論的な研究は次第に退潮していった。以降，2010年代となった今も類型論にとって代わるような，大きな研究の流れは生まれていない。ただし，民俗学においても，家族・親族に関わる新たな研究が生まれ始めており，家族・親族の分野では周縁的な事実として捨象されてきた現象や近現代に生起した現象を丹念に検証することに

よって，これまで民俗学で自明視されていた理論や視角に対しての疑問を呈するような研究などが産み出されている。このような動きは，いま一度，眼前の事実に対して問題意識をもつという民俗学が本来有していた特色を再生するものとして評価できる。以下，1990年代以降，民俗学のなかで，家族・親族を分析するためにとられたアプローチについて紹介する。

II 個人からのアプローチ

民俗学では個人の生活上の営みを通じた分析手法が増え，個々人の語りやライフ・ヒストリーからの家族の実態に迫ろうとする傾向が強くなってきている。これらのアプローチは，民俗学のなかで作り上げられていた家族像の再検討を促すとともに，90年代前半までは民俗学で主流であった集団論的なアプローチでは見えてこなかった家族や親族のなかでの個々人の関係性や認識に対する葛藤，誰から誰までが家や親族集団の成員なのかといった帰属に対する認識のズレを表面化させることになった。従来，民俗学のなかでは家や同族といった成員が固定しているとされてきた集団もこのような視点から分析を行うことによって，実際には状況に応じて，成員とされる範囲が変わり得ることが明らかになってきたのである。さらに，個人の営みを中心として家族・親族にアプローチするためには，直近の過去から現在にかけての家族・親族との関わりを動態的に捉える必要があり，その結果，変貌を遂げつつある現在の家族・親族を対象化することが可能になった。

III モノ・コトからのアプローチ

IIで述べたアプローチとも関連するが，90年代半ば以降，モノやコトを通して，対象としている社会における生活文化を多様な社会的・文化的な関係性で読み解いていき，その生活文化が中央で形成された生活意識や規範が広がる過程のなかで，いかに再構築されているのかについて検討する研究が生まれている。矢野敬一は新潟県の山村を事例として，「主婦」が家庭のなかでどのような過程で構築されてきたのかを具体的な事例の叙述を行うことによって明らかにしている［矢野2007］。矢野は，民俗学において「伝統」とされてきた事象が，丹念な聞き書きや資料調査によって，新たに生成，再構築されたものであることを明らかにしたのである。

ジェンダー研究の立場から従来の民俗学が現実の女性の姿を描いているのか，従来のような捉え方で女性の実態を捉えられるのかといった問いかけがなされるようになった。そして，女性の生活全体を対象として家庭内をはじめとするさまざまな場面での女性個々人の営みを分析することによって，実態に即した形で女性を捉えようとする研究者も現れた。そのなかで，靏理恵子は第2次世界大戦後から現在の農村における女性の労働の変化を捉え，女性の労働が単なる無償の労働力としての「テマ」から，自らの判断によって労働を行う存在へと移行していく様相を明らかにした［靏2003］。靏は第2次世界大戦後から昭和30年代にかけて女性の労働がテマとして扱われ，農村で大きな問題となっていたことを新聞記事などによって明らかにし，これまでの民俗学が描いてきた女性像に大きな偏りがあることを指摘した。

IV 家からのアプローチ

民俗学では伝統的に家族という枠組みよりも，非親族や奉公人までを成員に含む家を重要な社会単位として研究対象としてきた。90年代以降も民俗学において家は重要な研究対象であり続けているが，家を日本社会の本質に関わる存在としてではなく，歴史的に構築されてきたものとして分析を行う研究が多くなっている。民俗社会に存在する家が，近代の家制度に規定された家族観に強い影響を受けているなど，現在の家意識や家族意識は単純に民俗社会からの延長線上にはない可能性を示唆している。また近代の家制度の影響を

踏まえると，家産をもたず共同体から離脱したような家や，血縁や婚姻関係に無い人びとが生活を共同することによって家族意識をもつような存在にまで分析の可能性を広げたと言えよう。　　　　　　　　　（大野　啓）

[文献] 岩本通弥 1998, 2002；大本憲夫・中込睦子 1985；靍理恵子 2003, 2007；中込睦子 2014；中野泰 2006；政岡伸洋 2001；松崎かおり 2004；八木透 1992；矢野敬一 2007；和田健 2010

人類学

I　人類学における家族研究の位置づけ

　文化人類学または社会人類学は，その誕生時より家族というよりも家族を含んだ親族を研究の対象としてきた。人類学はおもにアフリカとアジア・オセアニアの諸社会で調査を進め，親族関係（kinship）と出自（descent）に関して多くの研究成果をあげてきたが，1970年代以降，親族研究は行き詰まり，マイナーな研究分野と見なされるようになった。その理由は，おもに次の2点にまとめることができる。第1に，人類学がその出発点より親族関係を特別視してきたことが指摘できる。多くの非西欧社会で親族原理が中心的な役割を果たすという人類学のパラダイム自体が，今日では批判の対象となっている。第2に，家族・親族・婚姻などの基本的概念の定義の問題がある。世界中に存在する多様な民俗概念と，人類学者が編み出した分析概念との乖離はつねに人類学者を悩ませてきた。また，アメリカの人類学者シュナイダー（D. M. Schneider）は，1980年代に親族という概念自体に西欧的なバイアスがかかっていることを明らかにして，従来の親族研究を厳しく批判した。

　1990年代以降，新しいテーマの研究が活発に行われるようになり，人類学における家族・親族研究は「復活」を遂げた。その背景には，人類学自体のパラダイムの転換がある。従来の人類学では男性中心的な研究が主流で，女性の視点が欠如していると批判するフェミニスト人類学が1970年代以降，台頭してきた。ジェンダーに焦点を当てた研究が登場し，さらに生殖医療技術の発展など社会の変化に伴い，フェミニスト人類学の研究領域は拡大した。一方，人類学全体で，機能主義と構造主義というパラダイムを脱し，規範または構造が人間の行為を一義的に決定するという見方に代わって，構造よりも過程を，集団よりも個人を，また静態よりも動態を重視する研究が主流になってきた。

II　家族研究の現代的テーマ

　新しいタイプの家族・親族研究に関して，1990年代以降ストラザーン（M. Strathern）とカーステン（J. Carsten）というイギリスの女性人類学者が進めた研究は特筆に値する［河合利光編著 2012］。ストラザーンは，20世紀後半のイギリスの親族関係について研究を進め，自然と文化の二元論を見直す議論を展開し，後で述べる生殖医療技術の研究に影響を与えた。一方，カーステンはマレーシアの漁村で調査を行い，共住と共食を通して同じ身体構成要素（substance）を共有し，「つながり」（relatedness）が生まれると主張する。カーステンの研究は，たとえ養子でも実子と同然になるというように，可変的な「になる」関係性を明確にした点において，古いタイプの親族研究の見直しにつながるものである。その影響を受け，日本でも「つながり」をキー

ワードとする論文や論集などが発表された。

　新しいタイプの家族研究の特徴を明らかにするために，「家」(house)，生殖医療技術，家族のグローバル化という三つのテーマに焦点を当てて論じる。「家」を除く二つのテーマは，自らの社会で生起するさまざまな現象に人類学者が取り組んだ成果である。

(1)「家」　日本において民俗概念であるイエは単なる建築物を指すだけでなく，家屋に住む人びととの集団を指す語であり，さらに祖先も含み込むような超世代的存在でもある。レヴィ＝ストロース (C. Lévi-Strauss) が1970年代末に提唱した「家」論と，1990年代以降，その影響を受けたカーステンなど，おもに欧米の人類学者による「家」または「家社会」の研究は，日本のイエに類似する「家」の概念が世界各地に存在することを明らかにした［小池誠・信田敏宏編2013］。「家」とは，伝えられるべき財産（日本で言えば家産）をもつ法人であり，その連続性は必ずしも父系とか母系という出自に限定したものではなく，要は親族のイディオムで正当化されれば十分なのである。このような「家」は，出自規則とは異なり，帰属という点では融通性に富む概念であり，「家」の構成員が主体性を発揮する余地が大きい。

(2) 生殖医療技術　1978年に世界初の体外受精児が誕生した「生殖革命」以来，従来は「自然なもの」と見なされていた親子関係のあり方は医療技術の影響を受けるようになり，その進歩とともに家族の在り方を大きく変貌させた。生殖医療の場合は，「依頼者である母」と「卵子の母」（卵子提供者），「子宮の母」（代理母）などというように，親の多元化が格段に進んだ。親子関係という人類学にとって出発点から存在する問題が，まったく新しい形で人類学者に突きつけられた。医療技術の進歩とそれに頼ろうとする人びととの関係性は個々の社会ごとに大きく異なり，人類学の重要な研究テーマとなっている［上杉富之編2005］。韓国では継承者である男子を必要とする「伝統的」家族観が生殖医療に関係している。一方，アメリカ社会では「生殖革命」がまさに家族の姿に革命的な影響を与え，ゲイやレズビアンのカップル（同性婚）が生殖医療技術を利用して子どもをもち，古いタイプの人類学が想定しなかった「家族」を形成する事例が報告されている。さらにタイやインドなど開発途上国に代理母を求める生殖ツーリズムは，次に取り上げるグローバル化の進展と複雑に絡み合う問題となっている。

(3) 家族のグローバル化　北欧諸国で盛んに行われている国際養子縁組の事例は，生殖医療技術と同様に，親子関係に関わる根本的な問題を提起している。例えば，スウェーデン人の親は，外見上まったく異なるアジアや南米出身の養子を「私たちは本当の親子」と見なす一方，その子どもを出身国に連れて行こうとするなど，子のルーツに配慮を払って育てている［出口顯2005］。一方，グローバル化の進展とともに増えてきた移住労働者や国際結婚も人類学の重要なテーマとなっている。近年，東南アジア諸国から中東や東アジア諸国に家事・介護労働者として働きに出る女性が増加し，グローバル化はまさにジェンダーの問題そのものになっている。例えば台湾で働くインドネシア女性は，実子に代わって高齢者の介護をすると同時に，母国に残した子どもの養育を送金によって支えている。また国際結婚の研究では，おもに日本男性とフィリピンなど開発途上国の女性との結婚が対象とされてきたが，その反対に，働きに来たパキスタン男性と日本女性との結婚も注目されるようになった［工藤正子2008］。家族の生活圏は二国に限定されず，夫が日本でビジネスに従事する一方，妻子が第三国に移り住む事例もあり，個々の夫婦の生存戦略にもとづき，国境を越えて広がる家族（tansnational families）が形成されている。

III 国家のなかの家族

　生殖医療技術と移住労働や国際結婚の問題について言えば、まさに国家と国家が定める法律が直截的に家族のなかに介入している。例えば、日本では代理出産に関わる法律が制定されていないため、不妊治療を目的としてアメリカに渡る夫婦がいる。人類学者は、フィールドのなかで家族にまつわる多様かつ微細な意味づけを調査するだけでなく、国家による政策と規制そして場合によっては国家権力の介入に目を向けて調査を進めるようになっている。このことは、先進国の都市部で生活する家族を研究するだけでなく、開発途上国の村落社会の研究にも当てはまる。例えばバリ島の家族の研究において、インドネシアという国民国家が押し付ける開発政策と家族像、特にそのなかでの「妻＝母親」の役割と、地域社会の慣習が規定する「女の仕事」との関係が重要になっている［中谷文美 2003］。

(小池　誠)

［文献］上杉富之編 2005；河合利光編著 2012；工藤正子 2008；小池誠・信田敏宏編 2013；出口顯 2005；中谷文美 2003；比較家族史学会編 2002

社会学

I 概観：1990年代以降

　社会学領域における1990年代以降の家族研究では、集団ではなく個人を単位として家族を分析する方法が定着し、ライフコースやジェンダーの視点からの研究が増加した。また、家族史研究から発展した近代家族論が学界における一つのスタンダードな家族論となった。近代家族論や主観的家族論、構築主義的家族論は、個々人の主観や家族認識に焦点をあて、その多元性や多様性を抽出することを特徴とした。そのことにより、集団を単位として機能や役割を問う従来の視点では捉えられなかった家族認識の多様性に焦点があてられることになった。計量研究の領域においては、全国家族調査（NFRJ）をはじめとして、大規模調査のデータ公開が進められ、国際比較を視野に含んだ共通利用が促進された［藤見純子・西野理子編 2009］。

　1980年代まで主流であった標準家族／問題家族という二項図式への批判から、家族の多様性や個人化、脱標準化へと視点が移行した。加えて、ジェンダー・セクシュアリティ研究との問題意識の共有、脱近代家族やオルターナティブの模索へと関心が集まっているのが現状である。これまで家族で担われてきたケア領域の社会化の必要性が指摘される一方で、再家族化の概念のもと、家族を志向する人々が決して少なくないことも指摘されている。今後も単一の家族定義、単線的な変動図式ではなく、地域差や世代差、個別性を射程に含んだ家族研究の概念や方法をいっそう深化させることが求められる。それにより、家族研究が、現在、福祉や政治など他領域において積極的に議論されている親密圏や福祉国家の動向といったテーマともより有機的に接合されるだろう。

II 家族の問われ方

(1) 個人を分析単位とすることの定着

　1990年以降の家族社会学においては、個人を分析単位として家族を捉えるというコンセンサスが、手法の違いを超えて得られたと言ってよい。例えばライフサイクル論からライフコース論への展開や、核家族を標準モデルとする一般理論への批判、個人の語りに着目す

るナラティブ・アプローチやライフストーリー論，個々人の主観に定位する家族論（主観的家族論，構築主義的家族論，レトリカル・アプローチなど）への注目などがあげられる。分析単位を個人とすることは，個人単位の調査設計をすることや，使用可能なデータがあれば対処することができる。それだけではなく，この傾向は，標準家族／問題家族という二項図式を見直し，家族という関係性を生きる個々人の認識や関係性の齟齬・葛藤へと多くの問題意識が向けられていったことと連動していた。

個人の主観に定位して家族とは何かを問うアプローチは，誰が家族か，家族だと思う範囲を問うことから，個々人にとって家族として意味づけられている関係性や観念を捉える。例えば，「ペットも家族」という意識は，従来の集団目的家族論からは描き出せない家族意識であり，現代人の家族意識や親密性の感覚を象徴している。

(2) ジェンダーとライフコース　1980年代半ばから見られた傾向の延長として，ジェンダーとライフコースの視点で家族を問う研究も引き続き進展した。子育て不安や専業主婦の閉塞感などのテーマが，家族内の個人，特に女性，主婦に焦点を当てた研究に見られた。また，少子高齢化の進行やワークライフバランス政策等の社会状況のもとで，男性の家事・育児参加，ケアの社会化，子育て支援に関する研究が増加している。これらの研究は，低成長期，少子高齢化の進行する状況下にあって，より緊要な課題として，関心を集めている。

ライフコース研究からは，ライフコースの脱標準化が指摘されている。人びとが同じようなタイミングで同じような経験をすることを想定できた時代から，それらが多様化・分散し，その多様性に関心が集まる時期への変化，1990年代以降はそうした時期だと特徴づけることができる。

III 近代家族論

(1) 批判理論からスタンダードへ　社会学領域における1990年代以降の大きな特徴は，1980年代より落合恵美子［1989, 1994a］，山田昌弘［1994］らによって展開された近代家族論が，家族理論のスタンダードとして定着したことである。近代家族論は，家族社会学が前提としてきた家族モデルの歴史拘束性（＝近代性）を示し，われわれ近代人が抱く家族像を相対化する契機をもたらした。それまでの家族社会学が解明するべく取り組んできた家族の普遍性，一般性について，その議論の前提や政治性が問い直されたのである。そして，1990年代後半以降は，既存研究に対するアンチテーゼとして出発した近代家族論が，若い世代を中心に家族社会学のスタンダードになっていった時期でもある。

(2) 展開　近代家族論を牽引してきた論者間では概念化に関する議論や内在的批判が積極的に提起された。落合と西川祐子との間で，近代家族の定義をめぐる論争が展開され，「家は近代家族である」という上野千鶴子の指摘をめぐって多くの議論が交わされた（西川，落合らの議論は井上俊・上野千鶴子ほか編［1996］所収）。近代家族に関する理論的研究は，個人化論や階層論，ジェンダー・セクシュアリティ研究と接点をもち，現実の家族変容を伴いながら進行した。

落合は，近代家族論が浸透，定着したことに評価を示しつつも，現実としての近代家族と，枠組みとしての近代家族論双方が「曲がり角」にあると指摘する［落合2000］。「他のアプローチへの目配り不足や近代家族万能主義というべき枠組の強引な適用」について批判しながら，近代家族論がいわば家族社会学の主流になってしまったことが孕む問題を指摘し，整理，検討を行っている。近代家族概念は，その多義性や包括性ゆえに論争や批判を呼びつつも，他面では後続の世代に柔軟な適用を可能にしたのだと言える。

近代家族論の発端となった家族史研究の認識論上のインパクトは，われわれが抱く'家族'の歴史拘束性を明らかにし，われわれの'家族'を相対化する必要を迫ったことだった。その示唆と困難さを再認識しながら，脱近代家族の動向を探ることが現在，そしてこれからの家族研究の一つの課題である。近代家族に関する国際比較研究はこの課題に迫る試みと位置づけることができる。

IV 家族の多様性・オルタナティブの模索

近代家族論は，われわれが自明視する「家族」（＝近代家族）を批判し，脱近代家族の方向性を模索した。その一つが家族の個人化の議論である。個人化概念は，家族に関する選択可能性の増大がもたらす自律性とリスクに注目する概念である。個人化した社会で，しかし個人がどのような家族的，あるいは家族にかわる共同性をもつのかは，個人化概念のみからだけでは明らかではない。個人化よりもむしろ共同性に注目し，近代家族批判の先に，家族にかわる（あるいは補完する）別の共同性（家族のオルタナティブ）を模索する展開も見られる［牟田和恵編 2009］。とりわけケアや居住の領域において議論が進んでいる。これらの視点は，親密圏や福祉国家の議論とも多くの関心を共有している。(米村千代)

[文献] 井上俊・上野千鶴子ほか編 1996；落合恵美子 1989, 1994a, 2000；藤見純子・西野理子編 2009；牟田和恵編 2009；山田昌弘 1994.

法　学

I 概　論

家族にまつわる日本の法制度は，家族法を中心に構成される。日本の家族法は独立した法ではなく，財産の所有や契約などを定める財産法と並び，民法典の一部として定められている。1898年，日本で初めて民法が施行され，そこでは戸主が家族の長として構成員に対し強い統率権をもつ「家」制度が定められていた。戦後，この明治民法は全面的に改正され「家」は解体されたが，社会に広く根づいた「家」意識が即座に払拭されたわけではなかった。また，親族の扶け合い義務（民法第730条）など，「家」制度の残滓と指摘されるような規定も残された。

星野英一は，日本の家族法学における家族観・家族法観について，①古くからの「家」的意識，②啓蒙主義的家族観，③最近の「新しい」家族観，④西欧の家族法・家族観を見直し，それを意識的・無意識的に存在する伝統的家族観と対比して，今後の家族法を考える基礎を確立しようとするもの，と四つに整理したが［星野1994］，現在は①に拠る学説を展開する民法学者はほぼ見られない。むしろ以下の中川理論のように②にもとづく論が展開され，今もなお日本家族法の主流であることは，戦後の家族法学が「家」制度や「家」意識から独立した法理論の確立を目指したことと深い関わりがあるだろう。

II 中川理論——身分行為論

日本の家族法学における学説史は，「日本家族法学の父」と呼ばれる中川善之助による身分行為論と，それをめぐる学説の展開を抜きにして語ることができない。中川は，戦後の民法改正の過程において我妻栄とともに法制調査会の委員を務め，「家」制度廃止に尽力した。中川が説いた身分行為概念とは，婚姻や離婚など，家族法上の法律効果を発生させる法律行為として定義され，同じく民法に定

められる財産法上の法律行為とは対立する概念とされる。このように身分行為と財産法上の法律行為を区別する根本にあるのは、家族関係は財産関係とは違い、愛情や感情を基礎とする非合理的、非計算的な関係であると捉える視点である。また、中川理論の大きな特色は、事実主義、習俗主義であるとも言われる。以下、中川の身分行為論にもとづく解釈法学について一部紹介する。

(1) 内縁準婚理論　わが国では、身分行為について届出主義を採用するため、婚姻についてもその効果は届出によって生じる。しかしながら戦前は、届出の慣行が徹底されない地域があったり、「家」制度のもとで試婚が行われたりするなど、婚姻の届出を行わない内縁関係も多く見られた。中川はこのような内縁関係に対し、「婚姻に準じる」関係として法律上の婚姻の効果を認める準婚理論を唱えた。裁判所は、内縁を「婚姻予約」とする理論を採用していたが、1958 年（昭和33）には準婚理論を採用するに至った［最判昭和33・4・11民集12巻5号789頁］。内縁に関する準婚理論は今日においても通説的地位であると言える。

(2) 親子関係における事実主義　中川理論の事実主義の姿勢は、親子関係に関する法解釈にも見られる。実親子関係は嫡出か非嫡出であるかを問わず、純粋な血縁のつながりという事実によって決まり、そこに法律効果を見出す。中川の解釈においては、嫡出親子関係についても、血液型鑑定などの科学的証拠にもとづき嫡出推定を排除する。

(3) 扶養義務における生活保持義務の理論　中川理論では、親族扶養について、生活保持義務と生活扶助義務を峻別する理論を打ち立てた。すなわち、夫婦間の扶養義務と未成熟子に対する親の扶養義務を「生活保持義務」として、その他の親族に対する扶養義務である「生活扶助義務」よりも重い程度の扶養義務であるとした。この解釈は、夫婦や親子の実態にもとづく「あるべき家族法」の姿として、広く学説上の支持を得た。戦後は裁判所においても採用され今日まで定着している。このような中川の解釈論は、家族実態に関する単なる先行事実重視の視点だけではなく、「あるべき」方向性を踏まえた解釈であると評される。

以上のように、中川理論においては、家族法上の行為として身分行為独自の性質に着目し、財産法とは区別して身分行為概念を構築した（「中川哲学」とも呼ばれる）。そのうえで、身分行為概念にもとづく解釈論が展開されてきたのである。しかしながら、同じ民法に規定される財産法上の行為と家族法上の行為を、別の論理で捉える法概念や法解釈に対しては、以下のように批判も見られた。

III　中川理論に対する批判

中川理論に対し、最初に批判的見解を展開したのは川島武宜である。川島は、法社会学および民法学の立場から家族法を財産法とは別に捉える視点を否定し、家族法はむしろ財産的権利義務を中心に定められていると主張した。中川理論への批判は、戦後の一時期にとどまらず1980 年代以降も続く。鈴木禄弥は、日本では財産法と家族法が揃って民法典を構成し、財産法も家族法も私人間の権利義務関係を定める点で共通するのであるから、家族関係においても法的紛争である限り、愛情や人情といった非合理的・非計算的な面を過度に強調すべきではないとして中川理論を批判した。また平井宜雄も、中川理論における身分行為概念は、実質的には婚姻や離婚、養子縁組・離縁などの形成的身分行為だけを対象としており、そこからは相続法が排除され、その結果、身分行為には親族法上の効果を生じる法律行為としての意味しかないと批判した。

さらに水野紀子は、90 年代、中川理論に対して広範な批判を展開した。中川理論では家族法領域において「法規よりも条理を優先さ

せる」傾向があると批判する。そして，そこでの「条理」は中川自身の「良識」であったと主張する。さらに，「事実の先行性」を重視する事実主義にもとづく解釈に対しても，法律上の婚姻制度を空洞化させかねず，子の安全な成長を確保するための法的親子関係の安定性を軽視するものと指摘する。水野は，内縁準婚理論や生活保持義務理論についても，その目的が妻や子どもの救済であったとしてもなお，条文や制度にもとづいた解釈論ではない点に対し，否定的である。

このように中川理論は時として痛烈な批判や補正を加えられたが，根本的な有用性については否定されず，これにもとづく解釈論は通説的地位であり続けている。それは，中川理論が日本国民の常識や法意識に馴染みやすいものであり，実務においても支持が得られたことによると言われる。

IV　90年代以降の展開

90年代以降の家族法学は，個人の人権に配慮する流れがあるように思われる。特に90年代においては，選択的夫婦別氏制度の導入をはじめとする家族法改正の議論が展開され，男女平等，個人の尊重といった日本国憲法に定める理念の徹底を求めるさまざまな学説が展開された。家族法学の立場からこれらの学説に影響を与えたのは，自己決定権やジェンダーの視座から自由・平等を家族法学において追究する二宮周平の法理論であろう。二宮の理論は，先述の星野の分類によると③「新しい」家族観の代表的存在であり，法律婚とそれを尊重する社会制度が性役割にもとづく男女不平等や夫婦の非対称性を支えていることを批判する。またその延長として，法律婚の「特権」を疑問視すると同時に，自己決定にもとづく個人の家族観に対し法の相対化を志向する。

一方，水野は，現実的な家族内の弱者の存在に注目し，夫婦における実質的平等の確保や子の保護を，比較法の見地から説く。水野は，母法であるフランス民法との比較のなかで，日本家族法学における解釈学の確立を目指す。その意味で，星野の分類による④の代表的な存在と言えるだろう。　　　〔立石直子〕

[文献] 梶村太市 2008；中川善之助 1941；二宮周平 2007；法学セミナー 1976；星野英一 1994；水野紀子 1998

日本法制史

I　全般的傾向

1990年以降の日本家族法史研究で指摘すべきことは，第1に「法社会史」と題した通史・論文集の刊行，第2に女性史／ジェンダー研究の影響の2点である。

「法社会史」という研究視角・手法それ自体は新しい傾向ではなく，そもそも法規範と社会の実態との関係を問う視点は，法制史研究全般において伝統的に共有されており，家族法史領域でも，近接諸学問の影響を受けつつ個別研究が豊富に蓄積されてきた。その上で，近年の動向として，例えば「新体系日本史」の第2巻として2001年に刊行された「法の通史」が，同シリーズの前身である「体系日本史叢書」では『法制史』（石井良助著）と題されていたのに対して『法社会史』（水林彪ほか編著）と名づけられ，井ケ田良治の身分的差別・家をめぐる論考が収められた論文集が『法社会史を拓く』と題されていることがあげられる。このことは，法制度とその歴史は

「法の理論」の展開によってのみあとづけられるのではなく,「ダイナミックな社会的諸矛盾の展開」[井ケ田2002]を通じて変転するという認識が, 日本法制史・家族法史研究に広く共有されたことを示している。

また近年, 女性史／ジェンダー研究の領域で論文集や叢書が次々に刊行され, 共通の研究基盤が整ったことでこの領域からの影響が増している。殊に近代法制史研究者によるジェンダー研究が進展を見せており, 2010年刊行の教科書『日本近現代法史』(山中永之佑監修) は第24章に「現代法史におけるジェンダー法学」(白石玲子) を配している。

II 個別的傾向

(1) 古代　古代においては, まず, 1980年代に吉田孝, 関口裕子, 義江明子, 明石一紀などが牽引した古代家族・親族論が受容されつつ, その批判的検証がなされている。これらの学説でとりわけ重要なのは, 家族・親族構造について, 従来の〈父系的・家父長制的〉把握に対し, それぞれ〈母系的〉[関口],〈双系／双方的〉[吉田, 明石, 義江]な構造であると主張した上で, いずれの論者も家父長制を未成立・未成熟とする認識を共有している点である。家父長制に対するこうした認識は, 次の三つの学説動向につながった。第1に, 上記学説を受容しつつ, 律令を文献史学的に批判・検証する個別研究が深化した。小林宏の妾の研究, 吉井敏子や成清弘和の応分条研究などである。第2に, 考古学の墓制研究において父系系譜的要素が確認され, 母系制説, 双系制説との離齬が大きな課題となっている。第3に, 古代社会において家父長制が未成立であったとすれば, 家父長制ないし「イエ」の成立時期が問題となるが, これは中世家族法史との共通の課題である[後述II(2)]。

次に, 1999年に中国・寧波の「天一閣」所蔵の宋代「天聖令」(1029年) が発見されたことがあげられる。この新史料を素材に大津透や池田温らによる令の復元や日唐の比較検討が進んでおり, 稲田奈津子の喪葬令, 丸山由紀子の仮寧令, 榎本淳一の奴婢研究などの個別研究も発表され, 今後の進展が期待される。

(2) 中世　中世では,「イエ」の成立に関する議論と, ジェンダー概念の受容と浸透があげられる。

「イエ」の成立については, 10世紀以降に貴族層から成立し院政期に一般化したとする服藤早苗, 10世紀末〜11世紀の職の継承による「イエ」の成立を主張する飯沼賢司, 12世紀末の嫁取婚の一般化に家父長制成立を見る脇田晴子, 戦国期の百姓の家名・家産の永続的父子継承の成立を画期とする坂田聡の議論がある[飯沼2004]。「イエ」の成立は, 従来, 職や官職・田地請負を媒介とした家産形成, 家業, 領主制との関連で論じられてきたが, 近年は「家長」に対する「家妻」の位置づけや権限を重要なファクターとして「イエ」の内部構造が分析される傾向にある。

また, 近年では服藤早苗が平安王朝社会の権力関係をジェンダー秩序として読み解くなど, ジェンダー研究としての進展を見せている。相続や女性の財産権についても, 永原慶二や田端泰子の研究を継承する久留島典子, 菅原正子, 後藤みち子らの諸研究のいずれにも, ジェンダーの視点が盛り込まれている。他方, これらの研究で引用される中世法制史の文献は, 中田薫, 石井良助の業績にとどまっており, 法制史と家族史との間に問題関心や研究手法の懸隔も見出せる。

(3) 近世　近世では, 近世家族における家(父)長権と国制に対する認識の共有, 個別研究と女性史／ジェンダー研究との関連性の2点があげられる。

近世家族の家(父)長権はかつて中田薫がその存在を否定したが, 石井良助や山中永之佑の研究, 1960末〜70年代の鎌田浩・石井紫郎・大竹秀男による家父長制論争を経て, 武士・庶民の「家」いずれにも家(父)長権の

存在が肯定された。90年代以降には，近世の国制は，領主の「イエ」を頂点として，各階層の「イエ」という中間団体を媒介にして構成された重畳的な構造であるとの認識が支持され［水林彪1987］，第39回法制史学会では，近世・近代の家長権と家父長権の概念規定や，社会の構成単位としての「イエ」と家族的共同生活との関係などが議論されるに至った［山中永之佑ほか1992］。

各領域の個別研究については，大名家の婚姻・養子縁組について稲垣知子，敵討・妻敵討を素材とする神保文夫や谷口眞子，刑事法制の運用実態を検証する山中至の研究などがあげられる。

また，女性史／ジェンダー研究の専門家が法秩序・法規範にも言及する業績が増加している。従来の法制史研究においても，林由紀子の服忌令や尊属殺傷規定の研究は，「家」における妻（嫁）・母・女子の地位を分析するなどジェンダー的視点を有しており，鎌田浩・高木侃の夫専権離婚制説批判は，伝統的な学説のジェンダーバイアスを覆した業績としても位置づけられる。今後の法制史研究にも女性史／ジェンダー研究との相互影響が期待される。

(4) 近代　近代では，まず三成美保や白石玲子が牽引する「ジェンダー法史学」の提唱があげられよう。元来，近代家族法史研究においては，研究素材に対するジェンダー的な関心は強く，戦前・終戦直後から「家」制度批判や女性の法的地位を論じる優れた先行研究が蓄積されてきた。三成はこの点を踏まえた上で，個々の素材への関心を超えた，法学研究の手法として「ジェンダー・パースペクティブ」を用いることで，法史学も含めた法学と他の学問領域との架橋が可能であると主張する。他方で，川口由彦が指摘するように，ジェンダー研究専門家において法制史の先行研究に対する関心が相対的に低いため，両者の議論には齟齬が生じ，生産的な対話の実現が今後の課題である。

こうした課題に対して，三成はフェミニズム，女性史，ジェンダー研究の学問史を丁寧に敷衍し，キー概念となる〈公／私〉〈家父長制〉などを詳細に定義している［三成編著2006］。また白石は「母性」や「女戸主」に着目し，西欧近代法由来のジェンダーに対して日本特有の〈「嫁」ジェンダー〉の概念を提示し，村上一博は，近代日本の親権の史料を網羅的に分析し，〈前近代／フランス民法／近代日本の「家」制度型〉の3種のジェンダー秩序を丁寧に腑分けした。

個別研究については，明治前期の裁判例研究を起点にした業績が進展した。明治民法施行後の判例法理を検証する山中至の離婚法研究，村上一博の婚姻法研究および司法官・法律家の法思想研究，戸主権・親権の裁判分析から法典起草者の家族観を検証する宇野文重の研究などがある。また広井多鶴子，小口恵巳子の親権法研究もあげられる。　（宇野文重）

［文献］ 飯沼賢司2004；井ケ田良治2002；水林彪1987；三成美保編2006；村上一博2003；山中永之佑・山中至・藪田貫・白石玲子1992

ヨーロッパ家族史① イギリス・北欧・ドイツ

I 従来の研究の総括

家族について叙述することの困難は，時系列的な変化と国・地域的な差異と階層・階級的な相違という，3次元的な構造をもつ現象

について説明しなければならない点にある。一つの国のある時代に限定しても、階層が異なれば、家族の在り方が異なる。ヨーロッパの家族は、国の相違よりも階層的な相違の方が顕著だとも言われている。また、特定の地域の特定の時代における特定の階層の家族像についても、研究の進展によってつぎつぎと塗り替えられており、特に最近の研究の深化によってますます流動化し、全体像は描きにくくなっている。

そうしたなかで、姫岡とし子が、1990年代までの北西ヨーロッパの家族研究について簡潔に総括している。19世紀フランスのル・プレー (F. Le Play) 以来、北西ヨーロッパにおいても複合的な大規模世帯から、工業化を契機とする小規模で単純な世帯へと変化するというのが通説となっていた。しかし実際は、工業化以前のイギリスにおいて平均世帯規模が約4.75人で安定していたことや2世代の単純家族世帯が支配的だったことがケンブリッジ・グループ創立者のラスレット (P. Laslett) によって明らかにされ、「工業化以前は大家族」という神話は、1960年代以降突き崩されていった。しかし、工業化以前の家族は大家族でなかったものの、それは生産と消費が結合した「伝統家族」であり、情愛と親密さを特徴とする血縁家族、すなわち「近代家族」は、近代になってはじめて誕生した。この「近代家族」の生成からその特性やヴィクトリア期の家族、労働者の家族までを簡明に描出し、家族研究の有益な出発点を提供している。

また、ミッテラウアー (M. Mitterauer) は、ヘイナル (J. Hajnal) やラスレットの研究を継承しながら、東欧・南東欧の家族構造と西欧・中欧のそれとの比較を推し進め、前者が父系性をその構造原理として多核化ないし傍系への拡大傾向を示すのに対して、後者はキリスト教の受容に伴い祖先祭祀が破砕され男性親族の連帯が緩み、親族分裂傾向が顕著に現れることを示した。

II　ジェンダー視点と女性労働研究

1990年以降の家族史研究で顕著なのは、ジェンダー視点を包摂する研究の隆盛である。このジェンダーの視点は家族史研究を豊かにし、男性同性愛の実証研究といった従来触れられることが少なかった問題群が探究されるようになった。このような潮流のなかで、工業化時代の女性労働の研究が大きな成果をあげ、従来の労働者家族像を塗り替えつつある。

19世紀イギリスでは、既婚女性の労働力率は地域別に大差があるが、繊維産業では、低年齢の（仕事に就いてない）児童を抱える女性の方が、仕事に就いている子どもを抱えている女性よりも就業率が高い。これは、いわゆるM字カーブとは異なる現象であり、これらの出産後も働きつづける女性たちの夫は低賃金労働者であったことから、彼女たちの稼得は世帯経済に欠かせないものであったと見られる。しかし、陶磁器製造業で働く女性の場合は、子どもの入職後も働きつづけたというし、手織工の場合は結婚・出産のために離職したとの指摘もあることから、この問題については検討の余地がある。陶磁器製造業について言えば、児童労働の禁止が女性の雇用比率を高めたとも指摘されている。

繊維工業について言えば、機械化がかなり早い段階で手工業を駆逐したというのが通説であったが、19世紀半ば近くでも力織機と手織は共存していた。繊維工業における女性労働者は、補助的な役割を果たすにすぎないと見なされてきたが、イングランド北部ランカシャのプレストン市で綿業に従事する手織工の約半数は女性であり、力織機織布工では約60％以上が女性だったと推計されている。また、その稼得は男性に遜色なく、労働者世帯にとって男性が主たる稼ぎ手であったとは必ずしも断定できない。

この女性労働者の稼得の高さからその技能

の高さが推測されるが，その背景には19世紀前半の職業教育に関する制度的変化があった。教育については，社会階層の観点からは，貧しい家庭の子どもは幼いころから世帯家計に寄与するために労働に従事し教育を受ける機会を失していたと見なされ，他方ジェンダーの観点からは，女性には針仕事あるいは淑女のたしなみとしてのピアノの練習など主婦（あるいは奉公人）という女性としての役割に必要な知識・技能の習得で十分であると考えられ，将来の職業を念頭においた男性の教育とは異なるもであったと主張されてきた。しかし，19世紀前半の教育制度の変化のなかで，女子も技能教育を享受していたこと，手織工地帯では女子の就学に対して男子と同様に関心が高いことなどが確認される。

III 地域的多様性

Ⅰで述べたように，1990年代までのヨーロッパ家族の研究では，東欧・南東欧の家族構造と西欧・中欧のそれとの対比が中核的な課題として検討され大きな成果をあげた。しかし一方で，1990年に，トッド（E. Todd）による親子関係と兄弟関係を基準とする，平等主義核家族，絶対核家族，直系家族，共同体家族という4類型の家族モデルが，ヨーロッパの歴史事象を読み解く枠組みとして提唱され反響をよんだ。親子関係については，自由主義的か権威主義的かという基準であり，兄弟関係については，平等な関係か非平等な関係かという基準で，その組み合わせから4類型の家族モデルが導出される。トッドの解釈では，ヨーロッパの民族・地域による多元的な発展の根底にそれぞれの家族制度の相違があったとされ，例えば，親子関係が自由主義で兄弟関係は非平等な「絶対核家族」のイギリスでは，個人的自由の原理を明確化する一方，平等原理を体現する普通選挙の確立が遅滞することになる，と説明する。この歴史解釈は，複雑多様な歴史事象を超歴史的家族類型に還元する傾向にあり，宗教なども考慮しているにしても，いわば図式的な解釈に陥る傾向にあるのは否定できない。しかしながら，このトッドの家族類型モデルは，姫岡が国・地域の相違よりも階層的な相違を強調するのに対して，西欧・中欧における家族の地域的・民族的相違に比重をおくものであり，北西ヨーロッパの家族が一つの鋳型にはめ込み得ないことを明示した点では一定程度評価し得る。

こうした地域的な多様性という観点からすると，17世紀から19世紀初頭の東エルベ農村における農民生活について農業や領主制を含めて総合的に検討した飯田恭の業績，あるいは西北ドイツの農村社会に関する包括的な研究のなかで下層民狩りの問題を検討した平井進の業績などは，家族史に焦点を合わせたものではないが，北西ヨーロッパの家族の多様性を浮き彫りにする。　　　　（國方敬司）

[文献] エーマー, J. 2008（2004）；大賀紀代子 2011；トッド, E. 1993（1990）；姫岡とし子 2008；平井進 2007；ミッテラウアー, M. 1994（1990）；米山秀 2008；若尾祐司編著 1998；Bailey, J. 2012；Goose, N. 2007；Gottlieb, B. 1993；Iida, T. 2010；Pfeister, C. 1994；Vanhaute, E., Devos, I & Lambrecht, T.（eds.）2011

ヨーロッパ家族史②　南欧・フランス

Ⅰ 概観およびフランス

欧米各国の研究者30人が参画した『ヨーロッパ家族史』（全3巻）が，21世紀初頭に英語とイタリア語で共同出版された。経済と家

族，国家・教会・法と家族，歴史人口学，家族関係史の各テーマに即して，比較史の巨視的な見取り図が描かれ，網羅的な文献リストも具備する。同時代の家族が歴史的変容を遂げ始めた1960年代に，ラスレット（P. Laslett）らを中心とする「ケンブリッジ・グループ」およびいわゆる「アナール学派第3世代」［二宮宏之ほか編訳 1983；Burguière, A. et al. (dirs.) 1986 など］によって切り開かれた本格的なヨーロッパ家族史研究は，その後さまざまな学術的アプローチにもとづく多彩な知見を生み出してきた。その膨大な蓄積を展望し，500年間にわたる近現代ヨーロッパ家族史の全体像を広い読者層に提供するこの1200ページを統括したのは，イタリアを専門的フィールドとする米国人人類学者のカーツァー（D. I. Kertzer, ブラウン大学）とイタリア人社会学者のバルバリ（M. Barbagli, ボローニャ大学）という，代表的な二人の「イタリア家族史」研究者であった。この事実は，外国人研究者たちの貢献，人類学・社会学がもたらしたインパクト，ヨーロッパ全体の同時代史的文脈のなかで自地域の家族史研究を位置づけようとする問題意識，さらに近年の研究発信媒体の国際化，そしてヨーロッパ家族史学界における地位の確立など，南欧家族史研究の学説史的特徴をよく表している。

フランス家族史は，アナール学派の内外において，宗教と国家，ジェンダー，性・身体・医療，出産と捨て子，教育，親密圏と公共圏，政治文化と理想的家族像など，多彩なテーマを発展させている。日本人による研究成果も多いが，紙幅の制約上，本項では，岡田あおい［1990］，若尾祐司編著［1998］，速水融編訳［2003］，若尾祐司ほか［2006］など邦語による研究動向関連情報が比較的豊富なフランス家族史については最小限にとどめ，以下南欧を中心に述べる。なお中世のフランス・南欧家族史の研究動向については，山辺規子ほか［2005］を参照。

II イタリア

早い時期から法制史や歴史人口学が取り組んでいたイタリアにおける家族史研究は，離婚法の成立した1970年以降俄然活況を呈し始め，80年代に稔り豊かな収穫の季節を迎える。その多彩な展開を貫く基本軸は，モデルや図式を志向する社会科学的な家族類型論・構造論と，ミクロな事実関係や行動パターンの分析，その背景に潜む価値観・エートスの解釈，史料との対話を通して家族という現象を見透かそうとする社会史的な事例研究との間の対抗関係であった。類型論的系譜に属する研究［Barbagli, M. 1984；Da Molin, G. 2008 など］が世帯や婚姻行動・相続に関する各地域ごとの差異を明らかにし，ラスレットらが示したヨーロッパ家族類型に関する分布仮説の理論的更新に貢献しようとしたのに対し，類型論を棚上げして各地域の多様な家族（特に農家）の歴史をさまざまな手法でリアルに追究するモノグラフ（最も先鋭的な研究事例として［Ramella, F. 1984］）も多く現れた。その対立のベースには，米国の人類学者バンフィールド［Banfield, E. 1958］が唱えた「非道徳的家族主義（amoral familism）」概念をめぐる50年間の論争，すなわち現代イタリア市民社会の「南北差」と家族史との関係をどう考えるべきか，というアクチュアルな問題意識が関わっている（論争史につき［Ferragina, E. 2009］など参照）。

ナポリ大学の社会経済史家マックリー（P. Macry）は，80年代における「ミクロストーリア」の代表的作品の一つ『19世紀——ナポリの家族・エリート・家産』の2002年増補版において，「バンフィールドの亡霊」を追い払い，かつ個別の歴史研究群の諸成果にもとづきつつ，なお南部市民社会の問題と比較家族史を関連づけて分析する方法論的パースペクティブを模索している。家族は，近代化プロセスの従属変数であると同時に内在化された文化的規範の粘り強い担い手でもある。

モザイク状をなすイタリアの多様な家族は，産業化の波によってそれぞれ異なる変容を遂げつつ，同時に産業化を複雑に条件づけた。イタリア家族史研究は粗雑な「地中海家族」神話など到底支持し得ないが，多様でありながらも，核家族，長子相続，モラルエコノミーなどの面で緩やかに共通するイタリア南部の家族文化は，その市民社会形成を制約し，結局は市場の圧力に屈服したのだという。

最近のイタリア家族史研究は，いわゆる「歴史学の言語学的転回」に照応するかたちで，統計や外形的行動から，記憶，イメージ，言説，レトリック，そして歴史学そのものへと分析の焦点をシフトさせてきている。ネーションやファシズムと家族表象，専門職や職人層の家族，移民や犯罪と家族，「名誉」言説と法文化，救貧システムや社会政策と家族，捨て子，家父権・奉公人，ジェンダーとセクシュアリティなど，テーマもいっそう多様化し，家族現象とその変容は高度に分析的なプリズムにかけられ，解像度は大幅に上がった。しかし，近現代イタリア社会の歴史的プロセスと関連づけられた比較家族史の全体像は，今後なお書かれるべき歴史と言えるだろう。

III　イベリア半島

1981年の離婚法から2005年の同性婚法までの間に，民事婚が宗教婚を上回り，婚外子も2％から30％近くに増加するなど，スペインの家族は急速に変貌した。イベリア半島の家族史研究が活性化し始めたのは，その80年代である。当初は，本国の歴史家よりも英米の人類学者による英語の作品が目立ち，またラスレットの直接的影響下で歴史人口学が中心だった。その後はアプローチも多様化し，ジェンダー，エリート，労働，家庭経済，相続，ライフサイクル，家族戦略，世代間ダイナミクス，ネーションと母性など新しいテーマ群が出現，スペイン語・ポルトガル語の研究成果が続々発表されている（ポルトガル家族史の例として［Rowland, R. 1997］）。2011年には，中世末以来のスペイン家族史を各地域の多様な社会的文脈に関連づけながら総括する壮大な通史『家族――スペイン社会の歴史（中世末期から現代まで）』（原題の「家族」は複数形の *Familias*）が出現した。

しかし，イベリア家族史を牽引してきた米国人レーア（D. S. Reher，マドリード大学）は，イベリア半島における多様な家族システム類型（地域別／階層別）の全貌把握，特に核家族エリアの研究が遅れていることを指摘する。また数量的データに比して歴史学的なモノグラフが少なく，行動決定の背景にある価値空間や，制度としての家族が社会の歴史的変遷に果たしてきた役割が等閑視されてきたこと，総じてイベリア家族史研究の多くが依然社会科学系であり非／反歴史学的であることを批判している。　　　　　　（小谷眞男）

［文献］岡田あおい 1990；二宮宏之ほか編訳 1983；速水融編訳 2003；山辺規子ほか 2005；若尾祐司編著 1998；若尾祐司ほか 2006；Banfield, E. 1958；Barbagli, M. 1984；Burguière, A. et al.（dirs.）1986；Chacón Jiménez, F. y Bestard-Camps, J.（dirs.）2011；Da Molin, G. 2008；Ferragina, E. 2009；Kertzer, D. I. & Barbagli, M.（eds.）2001-2003；Macry, P. 2002；Ramella, F. 1984；Reher, D. S. 2006；Rowland, R. 1997

イスラーム家族史

I はじめに

　欧米において家族史は華々しい成果を収め，過去の家族について数多くの「発見」をした。しかしながら，ムスリム（イスラーム教徒）が住民の多数を占めるイスラーム世界はもちろん，その中核たる中東（西アジアおよび北アフリカ）においても，家族史が分野としていまだ確立せず，方法論も研究蓄積も発展途上にある。そもそも，宗教と家族形態の関連を過度に重視するイスラーム家族史やムスリム家族という定義すら自明視はできない。ただし，イスラーム法（シャリーア）に規定される婚姻や遺産相続など，家族形成に特定の影響を及ぼす要素が存在することも事実である。ここでは（留保付ではあるが）「ムスリム家族」に関する研究がいかに行われ，そこにいかなる問題が存在するかを，中東に焦点を絞りつつ概観する。

II 系譜研究から分節リネージ論へ

　イスラームという宗教を生みだしたアラブ人は，9世紀頃には自らの系譜を体系化していた。19世紀，西洋の東洋学者たちは，こうした系譜文献を読み解いて，アラビア半島に存在した社会集団を「互いに拮抗する恒常的・排他的な生活集団」と定義し，「部族（Stamm/tribe）」という，個人を超越する絶対的で固定的な枠組みとしてとらえた。しかしながら，その根拠となる系譜文献の史料批判はほとんどなされなかった。

　19世紀の中東ムスリム家族研究をリードしたのは民族誌学であり，その代表的研究者たるスミス（W. R. Smith）は，膨大なアラビア語文献にアラビア半島のベドウィン調査を組み合わせた研究を発表した。進化論に大きな影響を受けるなど，現在では批判すべき点も少なからずあるものの，彼の研究には，アラブ部族の分節リネージ論，内婚制，特に父方平行イトコ婚（ビント・アンム婚：父方オジの娘との結婚），シャリーアにもとづく婚姻や遺産相続など，親族と社会組織の重要な基本原理がほぼ網羅されており，批判するにせよ，今日でも参照すべき基本文献である。

　20世紀に入ると，社会学的手法である機能論を用いた人類学的家族研究が中東ムスリム家族研究の主流となった。リビアの部族社会の政治関係を，分節リネージによって規定された「秩序ある無政府状態」と「説明」した，エヴァンズ＝プリチャード（E. E. Evans-Pritchard）の研究はその一例である。ただし，こうした機能論的研究は，村落や部族といった小規模の社会を，孤立した閉鎖世界として扱い，そこにおける出来事および社会形態の調和を理論的に「説明」することに主眼を置くため，社会的状況の変化や集団間の分裂，不平等をうまく説明できないという問題があり，この方法論による研究は次第に姿を消していった。

　こうした反省を踏まえ，ヒルドレッド・ギアツ（H. Geertz）が，1960年代にモロッコの都市セフルーで実施したフィールドワークにもとづいて発表した人類学的な研究は，親族関係を，分節リネージ論にとらわれない，友人関係や保護＝被保護関係観念を含む，より広い文脈のなかに位置づける試みであり，研究の新たな方向性を示したものと言える。家族が社会の「絶対的な」基層ではないという認識はそれ自体が衝撃的であり，その後の中東における人類学の新たな出発点となった。

III 歴史人口学の成立と中東ムスリム家族研究

　1960年代，新石器革命以後の環地中海世界

において，父系親族と内婚制を重視した社会が成立した結果として，家族における女性の地位が悪化したという仮説が，ティヨン（G. Tillion）によって発表された。この頃から，地中海という地域が家族史研究においても注目されるようになり，1980年代には，「人口と社会構造の歴史に関するケンブリッジ・グループ」が「地中海型家族世帯」という分析概念を提唱するに至った。このタイプの家族世帯では，イトコ婚の多さを始めとする濃厚な親族ネットワークの存在，女性の処女性と家族の「名誉」の関連づけといった価値観など，共通する要素が観察されると指摘されている。ただし，地中海の南北を包括する概念としての地中海型家族世帯の有効性に関する議論はさほど盛んではない。

　中東各国で公文書館の整備が進んだことにより，1980年代から中東ムスリム家族研究においても，歴史人口学的な研究が本格的に開始された。その嚆矢はドゥーベン（A. Duben）とベハール（C. Behar）によるイスタンブルのムスリム家族世帯研究である。19世紀後半と20世紀初頭の住民台帳をもとに各種の文献史料やインタビューを組み合わせて，家族と世帯，婚姻と出生を分析したこの研究は，イスタンブルの家族世帯が地中海型家族世帯に分類されることを確認したのみならず，西洋との接触によって変化を遂げつつあるムスリム家族世帯の実態を見事に浮かび上がらせることに成功した。この研究は，それまで民族誌学や人類学，社会学，経済学の手法に偏っていた中東ムスリム家族研究に新たな一歩を刻んだ。この後，19世紀中頃から20世紀初頭のエジプト，シリアの都市や農村を対象とした歴史人口学的な家族研究が発表されるようになった。しかしながら，これらの研究は住民台帳や人口調査を用いたものであり，こうした史料は1820年代以前には存在しない。そのようななかで，イスラーム法廷史料に依拠して，シリアの都市アレッポの18, 19世紀の家族と世帯を分析したメリウェザー（M. L. Meriwether）の研究は注目に値する。この研究は，ケンブリッジ・グループの手法を援用しつつ名士家族と世帯の実態に迫ったのみならず，中東の家族と世帯の規模や構成，形成や分割のプロセスがきわめて複雑であること，研究結果の安易な一般化の危険性を明示して，研究の難しさを浮き彫りにした。また，家族における女性に対する関心は高いものの，研究の多くは現代を扱う。このように，われわれは過去の中東ムスリム家族についていまだ多くを知り得ない状態にある。

IV 中東以外のムスリム家族研究

　中東以外のイスラーム世界の家族については，さらに研究が遅れている。これについては，われわれはほとんど触れることはできないが，近年のトッド（E. Todd）とクルバージュ（Y. Courbage）による現代の比較家族研究がある程度参考になる。彼らはムスリム家族の類型を①アラブ圏，②アラブ圏以外の大中東圏，③東南アジア，④サハラ以南のアフリカの四つの地域に大別し，それぞれの傾向を人口統計データで示した。前2地域の家族は父系的で内婚制，③は双系かつ妻方居住という特徴をもつことを強調し，識字化と出生率の低下の関連性などを示すことによって，イスラームという宗教を人口動態の変数として安易に用いることに警鐘を鳴らした。このように，イスラーム家族史やムスリム家族という枠組み設定の有効性と限界について，われわれは今もこれからも，つねに細心の注意を払いつつ，研究を進めてゆかなければならない。

（大河原知樹）

[文献] アイケルマン, D. F. 1988（1981）；大河原知樹 2009；大塚和夫 2003；高野太輔 2008；トッド, E.・クルバージュ, Y. 2008（2007）；村上薫 2008；Doumani, B.(ed.) 2003；Green, A. H. 1981；Meriwether, M. L. 1999

ジェンダー研究

I ジェンダー——概念と用法

(1) 「ジェンダー（gender）」は、「フェミニズムの第2の波」を特徴づけるもっとも重要なキーワードであり、日本では1990年代半ば以降に定着した。もともと文法用語として名詞の性を意味した「ジェンダー」は、1960年代に新たな意味を獲得した。「自然的・身体的性差（生物学的性差）」という意味の「セックス（sex）」と対比して、「文化的・社会的性差」という意味で用いられるようになったのである。しかし、セックスとジェンダーは、決して二項対立的な概念ではない。今日の国際的定義が示すように、ジェンダーは、「生物学的性差に対して付与される社会的な意味」（1999年国連「開発と女性の役割に関する世界調査報告書」／2004年女性差別撤廃委員会一般勧告第25号）である。

(2) 第4回世界女性会議で「ジェンダー主流化」が提唱され（1995年）、国連経済社会理事会は「〔ジェンダー〕主流化の最終の目標は、ジェンダー平等を達成することである」と謳った（1997年）。このような国際社会の流れを受け、日本でもBasic Act for Gender-Equal Society（ジェンダー平等社会基本法）と公式英訳される男女共同参画社会基本法が成立した（1995年）。世界経済フォーラムが公表しているジェンダー・ギャップ指数（GGI）における日本の順位はきわめて低く、しかも低下傾向にある（2014年104位）。このように、「ジェンダー主流化」「ジェンダー平等」「ジェンダー・ギャップ」は国際社会の一般用語であるが、主に教育学で用いられる「ジェンダー・フリー」は和製英語であり、法学や社会学では必ずしも用いられない。

(3) 日本で最初に「ジェンダー」という語が翻訳導入されたのは、1984年、イリイチ（I. Illich）の著作を通じてである。しかし、「概して男は、女のやるしごとをやれるものではない」として性別役割分担を理想化するようなイリイチのジェンダー理解は、フェミニズムのジェンダー理解とは逆である。このため、日本ではジェンダー概念をめぐって、その後多くの誤解が生じることになった。また、研究の進展とともに、ジェンダー概念は変化しているが、これもジェンダー概念の曖昧さを示すものとして批判された。しかし、ジェンダー概念の変化は、「ジェンダー概念の深化・発展」として積極的に評価されるべきである。

(4) ジェンダーは、①身体（セックスとしての身体）、②セクシュアリティ（性的指向・性自認）、③ふるまい（性別役割・性別特性など「狭義のジェンダー」）のすべてにわたって「知（知識）」として構築される（「広義のジェンダー」）。その際、「身体（広義のセックス）」には、「事実としての身体（経験としてのセックス）」と「身体への意味付与（認識としてのセックス）」という二面があり、後者がジェンダーとしての考察対象となる。前者は、人間身体に性差（セックスとしての男女）があるという事実、にもかかわらず人間身体のすべてが男女に二分されるわけではないという事実をさし、これらの事実は認識によって左右されるものではない。「知」として構築されるジェンダーは、現実の社会生活のなかで再生産され、法政策や社会規範に決定的な影響を及ぼす。日常経験のなかで無意識に身体化されるという意味で、ジェンダーは、ブルデュー（P. Bourdieu）の言う「ハビトゥス（habitus）」にほかならない。

II 欧米におけるジェンダー研究の展開

(1) フェミニズムの第2の波の主流はリベラル・フェミニズムであった。しかし，「ジェンダー研究（ジェンダー・スタディーズ gender studies）」に不可欠な重要概念を多数生み出したのは，ジュディス・バトラー（J. P. Butler）やキャサリン・マッキノン（C. MacKinnon）に代表されるラディカル・フェミニズムである。ラディカル・フェミニズムは，「個人的なことは政治的である」というスローガンをかかげ，家父長制などの既存概念を組み替え，身体やセクシュアリティを研究対象とし，女性に対する暴力やリプロダクションといった実践的な問題解決のための理論を打ち立てた。これらの成果はやがてリベラル・フェミニズムにも受け入れられて司法や立法の改革を促し，ジェンダー研究の発展を支えていく。

(2) 1970〜80年代に「男性学」と「レズビアン・ゲイ・スタディーズ」が登場した。同性愛を個人的病理ととらえる立場から同性愛を抑圧・差別する社会を問題視するようになったという意味で，パラダイム転換が起こったのである。「同性愛嫌悪（ホモフォビア）」「異性愛主義」「強制的異性愛」などの概念も新たに生み出された。1980年代には，社会構築主義がジェンダー研究全体に大きな転換をもたらした。ジェンダーの社会構築性が明確に意識されるようになり，自明視されていた男性の存在が「ジェンダーとしての男性」として再定位され，「男性性（マスキュリニティ）」の社会構築性が問い直されるようになった。イブ・セジウィック（E. K. Sedgwick）は，性的関係を排除した男性同士の強固な結合を「ホモソーシャル」と呼んだ。1990年代には「クィア研究」が成立する。「クィア」は元来「変態」を意味するが，あえてこの語を用いることにより異性愛に対して同性愛を周縁化する規範体系の「意味転換」をはかったのである。

III 日本におけるジェンダー研究の展開

(1) 女性学・フェミニズム研究・ジェンダー研究は，日本では伝統的アカデミズムの枠外に位置する研究活動として発展した。三者は，隣接諸科学として併存するのであり，必ずしも「女性学→フェミニズム研究→ジェンダー研究」という発展段階を通るものではない。しかし，それぞれ欧米から導入された時期が異なり，同一研究者が3研究領域間での比重を移していることも事実である。

(2) ジェンダー研究に先行して，日本には戦前から女性史の長い伝統があった。日本女性史研究の第3の高揚期が1970年代初頭である。1970年代末以降，外来の学問として女性学とフェミニズム研究が導入された。日本で「女性学研究元年」とされるのは1978年（国際女性学会東京会議の開催）であり，女性学4団体が成立した。日本女性史は外来の女性学に距離を置きがちであったが，西洋史では思想史（水田珠枝など）を中心にフェミニズム史の端緒が開かれた。また，法学でも法女性学が提起された（1983年）。

(3) 日本では，ウーマン・リブ（高揚期は1969/70〜75年）と必ずしも直接的な連続性をもたないまま，1970年代末に「フェミニズムの第2の波」が学問（女性学）として継受された。社会学では1974年の女性社会学研究会発足を皮切りに，性役割に関する実証研究が蓄積された。主婦論争（1950〜60年代）の再評価もはじまる。1980年代には，「フェミニズム」という語とともに，多様なフェミニズム理論が導入された。特に1987年以降，フェミニズムに関する著作が急速に流通しはじめ，江原由美子や上野千鶴子らによる精力的なフェミニズム研究が開始された。また，1980年代後半以降，落合恵美子や山田昌弘らによって「近代家族」論が展開され，人文社会科学の諸分野に大きな影響を与えた。

(4) 日本社会学会では，いち早く大会テーマの一つにジェンダーを取り入れていた

(1986～88年)。また，歴史学では，スコット(J. W. Scott)『ジェンダーと歴史学』の翻訳(1992年)を皮切りに，女性史研究者グループが『ジェンダーの日本史』(1994～95年)を刊行した。しかし，1990年代前半は女性学／フェミニズム研究からジェンダー研究への移行期であり，書物のタイトルも変転した。例えば，比較家族史学会シンポジウム「女性史・女性学の成果と課題」(1994～95年)は，『ジェンダーと女性』(1997年)として刊行された。ジェンダー研究が人文社会科学で定着する重要な契機となったのは，1995年北京会議の「ジェンダー主流化」提言であった。国会図書館雑誌検索によれば，1990～95年にジェンダーをタイトルにかかげた論文は年間10～40件余りであったが，1996年以降100件を越えるようになり，1998年以降は300件を越える［三成美保2008］。男性学（伊藤公雄）を中心に，男性のジェンダー研究者も登場した。

(5) 男女共同参画社会基本法制定 (1999年) 以降，複数分野でジェンダー系学会が成立し(1997年日本ジェンダー学会，2003年ジェンダー法学会，2004年ジェンダー史学会など)，叢書や講座の刊行が相次いでいる。ジェンダー系科目を新設する大学も増えた。ジェンダー研究の射程は学際的であり，いまやそのインパクトは無視できないものとなりつつあるが，その一方で，日本社会におけるジェンダー主流化の停滞を反映して，ジェンダー研究のある種のゲットー化も懸念されている。あらゆる学術研究において，ジェンダーが人種や身分，階層といった他の差異化要因と密接に関わっていることに着目するジェンダー視点の共有が求められる。　　（三成美保）

[文献] 河口和也2003；ジェンダー法学会編2012；竹中恵美子・久場嬉子監修2001-04；田端泰子・上野千鶴子・服藤早苗編1997；辻村みよ子監修2004-08；服藤早苗・三成美保・石川照子・高橋裕子ほか編著2009-11；三成美保2005, 2008, 2012；三成美保・姫岡とし子・小浜正子編2014

第2章

家族の変容

家族の個人化

I 「家族の個人化」概念の多義性と変容

(1) 「家族の個人化」概念の登場　家族の個人化は, ポスト近代家族の動向を捉えるための鍵概念の一つであった。日本においては, 目黒依子による『個人化する家族』[1987] を端緒として, 90年前後より活発な議論が展開された。当時はセンセーショナルなタイトルから, 家族解体と誤解されることもあったというが, 目黒の著書の主旨は, 性別分業型家族の先に個人の自律性や選択性の増大, ジェンダー平等な関係性を提示することにあった。「個人化」概念は, したがって, 日本においては, まず性別分業型家族モデルからの脱却を目指す家族や個人の理想像として提示されたと言ってよい。

今日の家族の個人化をめぐる議論は, しかし, 家族の理想像とは別の意味合いをもっている。家族論の文脈を少し離れてみると, 今日の個人化の議論の中心は, ベック (U. Beck), ギデンズ (A. Giddens), バウマン (Z. Bauman) らの個人化やリスク社会の議論である。山田昌弘は自身の著書において, リスクとしての個人化の問題を家族論の文脈に接合する。そこでは個人の自律性だけではなく, 個人化によってリスクが増大する現状に目が向けられている [山田 2005]。「家族の個人化」は, 「家から家族へ」,「制度から友愛へ」といった単線的な家族変動論や集団としての家族を前提とする標準家族モデルに批判が集まる 80 年代後半以降に, 個人を単位として, 家族の多様性, 個別性を捉えようとした概念であったと, まずは位置づけることができる。

(2) 個人化の進行　個人化の議論は, したがって個人の自律性の確立と, それゆえの脆弱性の双方を内包しつつ展開した。山田昌弘は, これを 2 段階のプロセスに分けて説明する [山田 2004a]。第 1 は, 「家族の枠内での個人化」である。これは家族関係が, 選択不可能, 解消困難という性質を保持したまま, 家族形態や規範, 行動等の選択可能性を増大させるプロセスである。家族以外のシステムからの家族の自由化や, 家族を維持するという枠内での家族成員の行動の自由化の段階を指す。家族社会学における「家からの解放と家族からの解放」[落合恵美子 1994a] や「私事化」と「個別化」[磯田朋子・清水新二 1991] の区分などの議論に対応する段階とする。

第 2 の個人化は, 「家族の本質的個人化」である。家族関係自体を選択したり, 解消したりする可能性が増大するプロセスであり, 家族のリスク化や階層化が進むと山田はまとめている。家族関係自体の選択とは, 結婚するかしないか, どのようなパートナーシップを形成するかについて, またそれらの解消に際して人々がより選択的になることであり, リスクや二極化に関する議論と対応する。そしてこの問題は, 脆弱な立場にある子どもの問題をめぐってより深刻化する。

家族の個人化の議論は, 経験的研究よりも枠組みや理念が先行した傾向が強い。したがって, 家族のどのような要素がどれほど個人化したのかについての論証に関して, 必ずしも統一的な尺度があるわけではない。家族における, または家族からの「解放」の指標として論じられることもあれば, 近年は特に, 「リスク」の指標として個人化が論じられている。前者は, ジェンダー平等という理念の反映であり, 後者は, 無縁社会や格差に関わる孤立の議論と連動していた。このような多

義性については以下のような指摘を呼び起こすこととなった。

II 「家族の個人化」概念が提起したもの
(1) 議論の展開　森謙二は，個人化（やネットワーク化）が現実の家族の表現というよりも，研究者の期待像として提起されているのではないか，流動化とネットワーク化は異なると指摘する［森 2004a］。確かに家族の個人化概念には，理想モデル（あるべき家族像）と危機モデル（流動化，リスク化）が両方含まれており，それらは議論のなかでしばしば混在する。また，現実には家族は個人化していないという指摘や，人びとは「再家族化」しているとの経験的研究もある。加えて，パートナー関係と親子関係を同じに扱ってよいのかという難点もある。家族の選択可能性という議論が提起するもう一つの問題は，親子関係の解消不可能性である。パートナー同士の関係ならば，大人同士の契約や合意として解消することができる。しかし，親子という関係性が個人化概念でどのように捉えられるのかは，再考する余地がある。

　個人の自律性から，孤立，脆弱性へと議論の重心が移行していった背景には，日本社会の社会経済的時代背景（「失われた 20 年」）や少子高齢化の進行がある。さらに，標準家族モデル批判の先に，オルターナティブな共同性の規範を探ろうとする家族研究の問題関心の推移がある。

　不況下の日本社会にあっては，家族が個人のリスクの緩衝材になってきた。より脆弱な立場にある子どもや若者は，資源としての家族を保持しているかどうかが大きな意味をもち，そこに不平等が生じる。家族が選択の一つになるということは，山田昌弘が指摘するように，家族形成できる人とできない人の格差が生じることでもある。家族以外のセーフティネットが脆弱な社会では，家族を選択しない個人が自律することは容易ではなく，むしろ孤立や格差を帰結する。他方で，未婚のまま親元にとどまるパラサイト・シングルの存在が，そうした若者の受け皿に家族がなっていることを示している。家族がセーフティネットになり得ない個人化した社会には，別のセーフティネットが必要である。個人化の議論は，家族が担ってきた機能を社会化する議論とも繋がっている。

(2) 理論的展望と経験的研究　このような批判を含みながらも個人化概念が多くの示唆をもったことは確実である。個人化概念は，選択可能性という観点から家族を捉え，そのことを通して，個人が家族集団に埋め込まれていた時代から家族を選択肢の一つとする時代への移行を捉えた。そして，家族を選択しない，あるいはできない人びとの孤立という現象を捉える一つの重要な鍵概念であった。

　家族の個人化に関する議論は，自律した個人であることと他者と生存や生活を保持するための共同性の関係をどのように構築するかという問題を提起している。個人化概念を通して見えてくる理論面における課題は，自律性と共同性にかかわる議論の深化である。そして，経験的研究が，そこにある家族の（あるいは家族的なる）共同性の現実を捉え，理論研究と重ね合わされることである。

　家族が選択肢の一つとなったその先の議論に個人化概念は答えることができるのか。家族を選択した結果として生じ得る不条理性や拘束性を個人化概念はすくい上げることができるのか。個々人は生きていく過程において他者による保護やケアを必要とする。自律した個人の集まりであるという理論的前提で，果たして，時に不合理性や選択不可能性を内包する共同性を捉えることができるのか。そして個人化の二つの局面，自律と孤立の境界をどこに引くのか。これは，「個人化」概念固有の問題ではなく，個人化の議論を通して見えてくる現代家族研究の根源的な課題である。
　　　　　　　　　　　　　　　（米村千代）
［文献］磯田朋子・清水新二 1991；落合恵美子 1994a；

目黒依子 1987；森謙二 2004a；山田昌弘 2004a, 2005.

地域と人口

　地域にとって人口は，地域経済や労働力，自治体の財政力等に直結しており，あらゆる活動の源と捉えられるものである．特に近年では，人口減少や少子高齢化の進展などにより，地域人口の動向はいっそう大きな関心を集めるようになっており，地域計画を立案するうえでも将来人口の見通しは不可欠な要素となっている．

I　地域人口の変動要因

　人口変動を規定する構成要素は，人口構造（男女・年齢等）と人口動態に大別され，このうち直接的な変動要因である人口動態は，自然増減（出生・死亡）と社会増減（流入・流出）に区分される［濱英彦・山口喜一編著 1997］．人口動態に関しては，一般に国全体を単位とすれば自然増減の影響が大きい一方で，国内の地域別に見れば主たる人口変動要因は社会増減，すなわち人口移動であり［石川義孝編著 2007］，今日まで地域の人口分布は主に人口移動によって変化してきた．人口移動は，国際人口移動と国内人口移動に分けて論じられることが多いが，地域間の人口分布変動をもたらすのは主に国内人口移動である．

　以下ではまず，今日に至るまでの日本国内の地域間人口移動傾向について概観することとする．ここで，地域の空間的単位にはさまざまなスケールが考えられ，その設定如何によって人口移動パターンも多様となるが，以下ではいわゆる大都市圏・非大都市圏の2分類を中心として，地域ブロックや都道府県の単位を念頭に述べる．

II　今日までの地域間人口移動

　近世国家が確立した江戸時代以降，都市商業の発展や貨幣経済の浸透等に伴って，都市部への人口移動は盛んになり，大都市を中心として人口集中が進んだ．しかし，近世の時代においては「都市蟻地獄説」に象徴されるように，都市部においては転入超過であっても死亡率が相対的に高水準であり［速水融 1997］，また出生率は低水準であったことから，農村と都市部の人口増加率の差は大きくなかった．近代に入り，明治～大正期においては，産業革命の進展等により大都市圏における転入超過がさらに増大したが，大都市圏への転出が見られる地域の範囲は限定的であり，各府県の農業地域等においても転入超過が観察されるなど，多様な動きが見られた［高橋眞一・中川聡史編著 2010］．

　大都市圏への人口集中が顕著となり農村との人口増減率の差が拡大したのは，第2次世界大戦後になってからである．高度経済成長期の到来とともに，増大する労働力需要を満たすために，中学・高校を中心とする新卒者が集団就職により大量に非大都市圏から大都市圏へと移動した結果，特に三大都市圏において人口が大幅に増加した．一方で，1947～1949年の第一次ベビーブーム以降，わが国の出生率はほぼ一貫して低下傾向をたどったことから，非大都市圏においては自然増加によって社会減少を補いきれなくなり，1960年代頃から次第に人口減少に転じる地域が目立つようになるなど，地域人口分布は大きく変化した．いわゆる過疎過密問題がクローズアップされるようになったのもこの時代である．

　高度経済成長が終息した1970年代後半に

おいては，一時，大都市圏から非大都市圏に向かう人口移動が優勢となった。1950年代における出生率の急速な低下によって大都市圏への流出率が高い若年層の人口が減少したことに加え，先行して大都市圏に移動していた人々が非大都市圏へUターンする傾向が強まったことが主因と考えられている。しかしその後は，バブル崩壊後の一時期を除いて再び大都市圏に向かう移動が優勢となり，特に東京圏への一極集中化が進行して今日に至っている。総務省統計局の「住民基本台帳人口移動報告」によれば，バブル期に相当する1980年代後半と都心回帰傾向が顕著となった2000年代以降において，東京圏の転入超過数が際立っている。

III 人口移動（社会増減）が自然増減に及ぼす影響

非大都市圏における人口減少のこれまでの主因は，若年層の流出を中心とする社会減少であったが，今日では自然減少の方が大きな要因となりつつある。全国的に見れば，2000年代後半において自然増加から自然減少に転じたが，出生率の水準としては全国よりも高い非大都市圏では，それ以前から自然減少となっている地域が多く見られる。

この点についても，人口移動による影響が指摘できる。すなわち非大都市圏では，若年層の継続的な大都市圏への流出により，子育て世代の人口規模が小さい人口構造となっているため，出生率が相対的に高い場合でも出生数の減少率は高くなる。これに対して大都市圏では，出生率は相対的に低いものの，若年層の流入によって子育て世代の人口規模が維持され，出生数の減少も緩やかとなる。近年まで大都市圏に属する都府県の多くが自然増加となっているのも，この点が主たる理由である。

IV 地域別の将来推計人口

都道府県別および市区町村別に将来人口の推計を行った国立社会保障・人口問題研究所の「日本の地域別将来推計人口（平成25年3月推計）」によれば，2020年以降は全都道府県で人口が減少し，その結果，本推計の最終時点である2040年の総人口はすべての都道府県において2010年の総人口を下回ることになる［国立社会保障・人口問題研究所2013］。地域別に見れば，大都市圏における人口減少率は相対的に低くとどまるものの，長年にわたる出生率の低迷によって若年人口は減少の一途をたどるため，大都市圏では転入超過数が減少し，将来の低出生率と相俟って次第に自然減少が優勢となっていく。このように本推計の結果からは，今後は地域を問わず自然減少が人口減少の主因となっていくことが窺える。

人口減少と同時に，少子高齢化もさらに進行する。地域別に見れば，一般に老年人口と言われる65歳以上人口の増加は，大都市圏において特に顕著となる。高度経済成長期以降の人口移動の結果として，「団塊の世代」以降，今後65歳以上となる世代の人口シェアが大都市圏で高くなっていることがその主な要因である。2040年には大都市圏での出生割合が高い「団塊ジュニア世代」も65歳を迎えるようになることなどから，推計期間別に見ても大都市圏では65歳以上人口がほぼ一貫して増加する。これに対し，既に高齢化が相当程度進行している非大都市圏においては，今後65歳以上となる世代の人口規模が小さいことに加えて，「高齢者の高齢化」によって死亡数が増加することにより，65歳以上人口の増加は限定的となり，推計期間中に減少に転じる自治体も多く現れる。ただし，総人口の減少がそれ以上のスピードで進行することから，総人口に占める65歳以上人口の割合は増加を続ける。一方，年少人口と言われる0～14歳人口は，全国的な出生率の低迷を受けて，大半の地域において今後も一貫して減少することになるが，上述の若年層の人口流出の影響を受け，減少率は非大都市圏の方で

より大きくなる。その結果，全国的な少子高齢化のなかでも，とりわけ「大都市圏の高齢化」・「非大都市圏の少子化」という傾向が，より明瞭に現れることになる。

以上のように，長引く低出生率の影響により，今後は全域的に自然減少が人口減少の主因となっていくが，その程度は，主に過去の人口移動の結果として築き上げられた今日の人口構造によって大きく異なり，将来の地域別人口変化のパターンもまた多様である。中長期的には未曾有の人口減少時代を迎えるなかで，各地域の将来を見据えた計画を立案するためには，地域人口の動きを的確に把握することが，これまで以上に求められていると言える。 〈小池司朗〉

[文献] 石川義孝編著 2007；国立社会保障・人口問題研究所 2013；髙橋眞一・中川聡史編著 2010；濱英彦・山口喜一編著 1997；速水融 1997

民法改正

I 民法改正と家族法

(1) 明治民法における家族法　日本における最初の近代民法典は，明治 23 年（1890）に公布されたボワソナード民法である。同法は，自由と平等を基本理念としていたが，当時の日本の国体と相容れない思想であったことから，いわゆる法典論争が起こり，施行されなかった。その後，穂積陳重らによる編纂を経て，明治 31 年（1898）に公布・施行されたのが明治民法（以下，旧法という）である。

旧法は，封建的・家父長的な思想にもとづく家制度を基本とし，ここでは直系家族が想定された。「家」では戸主が頂点に位置し，戸主権により家族を保護・統率した。戸主権とは，戸主が家族に対して有する権利義務である。例えば，戸主は，家族の居所指定権を有し，家族がこれに服しない場合，戸主は扶養義務を免れるとされ（旧法 747 条，749 条），家族の婚姻に対する同意権等も有していた（旧法 750 条）。戸主の地位と「家」の財産は，家督相続により，長男子が一括・単独相続した（旧法 964 条）。このほか，旧法には，妻の無能力制度や離婚原因における夫婦の差異，父の親権，相続における女性の後順位など，個人の尊厳や男女平等の思想に欠ける規定が多数存在していた。

第 2 次世界大戦後，昭和 21 年（1946）の日本国憲法の制定に伴い，民法の民主化が要請された。このため，旧法の家族法（親族編・相続編）は全面的な改正を余儀なくされ，家制度をはじめ憲法の基本原理に抵触する規定等は廃止された。

(2) 現行民法（昭和 22 年〔1947〕改正）における家族法　現行民法（以下，民法という）は，旧法下における家制度の残存規定を有するものの，婚姻制度にもとづく家族を基本とし，個人の尊厳と男女平等を基本理念とする法に転換した。ここでは，妻の無能力制度の廃止，夫婦財産制度の新設，離婚原因における夫婦の平等化，財産分与制度の新設，父母の共同親権，相続における男女平等，妻の相続上の地位の向上などが実現した。

昭和 29 年（1954），包括的な民法改正について審議するため，法制審議会民法部会が設置された。同部会では，昭和 22 年の改正について，従来さらなる改正の必要性が指摘されていたこと，朝鮮戦争が勃発した頃に家制度の復活に関する議論が生じたことなどを受けて審議を行い，「仮決定及び留保事項（その 1）・（その 2）」（昭和 30 年〔1955〕，昭和 34 年

〔1959〕）を公表した。ここでは，民法における基本理念は変更せず，むしろ推進するという観点から，特別養子制度や夫婦異姓に関する提言がなされたが，実現には至らなかった。

その後，時代の要請を受け，部分的な民法改正がなされてきた。例えば，昭和37年（1962）の相続に関する法改正（危難失踪，同時死亡の推定，代襲相続，相続放棄，特別縁故者への相続財産の分与に関する規定の整備・新設），昭和51年（1976）の婚氏続称制度の導入，昭和55年（1980）の相続法改正（配偶者相続分の引上げ，寄与分制度の新設，代襲相続の改定，遺産分割基準の明確化，遺留分の改定等），昭和62年（1987）の特別養子制度の創設がある（近時の改正については，後述Ⅲ(1) 参照）。

Ⅱ 「民法の一部を改正する法律案要綱」（平成8年〔1996〕）

(1) 社会の変容と「民法の一部を改正する法律案要綱」　戦後の民法改正後，約半世紀の間に，社会情勢・個人の価値観は大きく変化した。晩婚化・非婚化，少子高齢化の進展，生殖補助医療の普及，グローバル化時代のもとでの家族形成の変化である。とりわけ，日本が昭和60年（1985）に批准した女子差別撤廃条約および同年に制定した男女雇用機会均等法が社会に与えたインパクトは大きく，夫婦の氏をはじめとする家族法の見直しに対する議論も高まりを見せた。このような社会の変容を受けて，平成3年（1991）には法制審議会民法部会による婚姻・離婚法制の見直し審議が開始した。同部会は，平成6年（1994）の「婚姻制度等に関する民法改正要綱試案」，翌年の「婚姻制度等の見直し審議に関する中間報告」を経て，平成8年（1996）に「民法の一部を改正する法律案要綱」を法務大臣に答申し，同要綱案が了承された。

(2) 「民法の一部を改正する法律案要綱」　要綱では，婚姻適齢を男女ともに満18歳とすること，再婚禁止期間を現行の6ヵ月から100日に短縮すること，選択的夫婦別氏制度の導入，夫婦間の契約取消権の規定の削除，裁判上の離婚原因における5年別居条項の導入，相続における非嫡出子差別の撤廃などが提言され，個人の尊厳・男女平等に配慮した内容となっていた。

しかしながら，婚姻適齢の男女平等化，別氏制度の導入，非嫡出子の相続分差別の撤廃については，とりわけさまざまな議論が展開され，国民の合意を得るにはさらなる検討が必要だとして，法案の提出は見送られた。

Ⅲ 民法および家族に関する法の現在

(1) 近時の民法および家族に関する法の改正
①民法　高齢化の進展を受け，平成11年（1999）に成年後見制度が創設された。これに伴い，遺言制度についても，口がきけない者，耳が聞こえない者が公正証書遺言を利用することが可能になるなどの民法改正がなされた。また，平成16年（2004）には，現代語化がなされるとともに，従前の学説の理解に応じた法律用語の使用方法の変更がなされている。最近の改正である平成23年（2011）改正では，離婚および児童虐待の増加を受け，離婚後の子との面会交流に関する規定や親権停止制度，未成年後見における複数後見制度の導入など，子の利益とその福祉に配慮した改正がなされた。さらに，前記非嫡出子の相続分差別については，最大決平成25年9月4日民集67巻6号1320頁が違憲としたことから，平成25年（2013）に民法が改正され，前記差別は撤廃された。

②その他家族に関する法の制定・改正等
平成12年（2000）の「児童虐待の防止等に関する法律」の制定とその改正（最終改正平成26年〔2014〕），平成13年（2001）の「配偶者からの暴力の防止及び被害者の保護等に関する法律」（最終改正同上），平成15年（2003）の「性同一性障害者の性別の取扱いの特例に関する法律」（最終改正平成23年〔2011〕），平成17年（2005）の「高齢者虐待の防止，高

齢者の養護者に対する支援等に関する法律」（最終改正平成 26 年〔2014〕），平成 19 年（2007）の戸籍法改正（最終改正同上）のほか，平成 23 年（2011）の家事事件手続法（最終改正同上）の制定などがある。

なお，近時の生殖補助医療技術の進展とその普及を受けて，平成 13 年（2001）に法制審議会生殖補助医療関連親子法制部会が発足したが，立法作業は頓挫しており，生殖補助医療による親子関係の構築は，判例に委ねられている。その他，婚姻・離婚における渉外事例の増加，国際的な議論の動向に配慮し，平成 25 年（2013）6 月には，「国際的な子の奪取の民事上の側面に関するハーグ条約」の締結を受け，「国際的な子の奪取の民事上の側面に関するハーグ条約の実施に関する法律」が公布され，平成 26 年（2014）4 月 1 日から施行されている。

(2) 家族法改正に向けての議論　　民法の婚姻規定や非嫡出子の差別的取扱いについては，日本が批准している国際人権 B 規約（昭和 54 年〔1979〕批准），女子差別撤廃条約，児童の権利に関する条約（子どもの権利条約，平成 6 年〔1994〕批准）に関する各国連委員会から改善勧告がなされている。

しかし，家族法改正は遅々として進まず，変容する国民の家族観と法の実態が乖離している。他方，債権法領域については，改正作業が進行中（平成 27 年（2015）2 月現在）であることから，家族法領域においても前記要綱および近時の諸外国の動向を踏まえ，民法・家族法改正に関する学会・研究会などによる検討作業が継続して行われている。

〈梅澤　彩〉

[文献] 内田亜也子 2010；大村敦志 2011；中田裕康編 2010；二宮周平 1993；野村豊弘ほか 2007

中国の家族の変容

I　漢民族の家族観

中国における家族は，「家」「家庭」「戸」などと呼ばれ，漢民族のあいだでは，「同住」「同財」とともに「同竈（どうそう）」，すなわち，財産を共有し食事を同じくする点が重視されてきた。理念的には，この集団は，厳格な「父系血縁」原理にもとづいて編成される外婚的父系出自集団の末端に位置づけられる。近年では，職業や所在地の多様化により，上述の原則が崩れつつも，「父系血縁」に由来する家族観は一定のリアリティを保持している。この父系出自的要素に注目すれば，家族と，より上位の親族との境界は曖昧になり，世代を遡ることによって「宗族」と記述される大集団にまで発展する可能性を秘めている。大規模な宗族を形成する場合には，「族産」とよばれる共有財産や，共通の祖先を祭祀する「宗祠」をもつことがあるが，すべての家族が宗族活動の一部を構成するとは限らず，また，大宗族内部の分節間では経済力，政治力の格差が大きく開くこともある。

しかし，こうした理念的家族の像のみから実際の中国における家族を考察することは有用ではない。早い段階では，中国を代表する社会学者の一人である費孝通（フェイシャオトン）が，中国における「家」という言葉の伸縮自在性を指摘し，中国における基本的な人間関係を「差序格局」，すなわち個人を中心とする，伸縮性ある関係性のネットワークとして理解する枠組みを提出している［費 1998（1947）］。東アジアで広く実地調査を行う末成道男も，漢民族社会の結合の特色として，父系出自集団内にあっ

ても，過去に分枝した集団を選択することである程度の結合の自由度を得ることが可能な点，そして姻戚を含めた場合には個人からの選択範囲がより広い点を指摘し，「状況に応じて自在に紐帯を選択操作して自らに必要なネットワークをつくりあげてゆく」ことをあげている［末成 1983］。近年，中国の家族をめぐって影響力のある議論を展開しているイエン・ユンシャン（Yan Yunxiang）もまた，個人を起点に中国における家族の変化を論じているが，こうした方向性も上述の延長にあると言える［Yan 2009］。このように，厳格な父系出自原理にもとづく家族理解に対して，実際の人間関係の考察から出発した家族論は，家族を固定的で均一な団体というよりも，関係の束として捉えるものであり，家族を関係概念として考察する必要性を提起している。また，「父系血縁」原理にもとづく理念とその活動は，漢民族にとって強く意識されるものではあるが，それを過大評価することで，実際の生活で重要な役割を果たしている女性のネットワークの重要性を見落とす点も指摘されている［Judd, E. R. 1989］。

II 中華人民共和国時期の家族の変容

中華人民共和国時期における一連の政策は，都市の家族であれ，農村の家族であれ，従来の家族観に大きな影響を及ぼすものであった。都市においては，1950 年代以降，生産と生活を一体化させた「単位」制度を導入し家族生活に大きな変更を迫ったが，市場経済導入以降は，この「単位」制度自体が弱体化し，再び「社区」と呼ばれるコミュニティが重視されるようになった。農村部では，建国以来，「互助組」から人民公社へと段階的に行われた労働，生活の集体化が 1980 年代から徐々に解体され，生産請負制普及のなかで，再び，家族が生産の主要単位として焦点化されるに至った。いずれの場合も，社会主義革命のなかで，人の社会的位置づけが再布置され，かつて家族が担っていた機能の一部を新たな社会組織が担当したが，改革開放期以降の中国では，その社会組織による機能分担が部分的に崩壊したことで，個人と家族の関係が再び編成される必要に迫られていると言える。

こうした状況のなかで，都市であれば，職業選択の可能性の拡大と生業や居住形態の多様化，流動化によって，行政的な各家族の把握と管理は以前より困難となった。その結果，社会格差の増大のなかで貧困化した家族が見過ごされる問題も起こりつつある。若い父母世代においては，市場経済社会のなかで職業と家庭生活を両立するため，平日は子育てを父母に委託し週末のみ夫婦が合流する家庭もあらわれている。農村では，農業の集体化は解体されたものの，戸籍制度制定以来の都市への従属は大幅に改変されることなく，「農民工」と呼ばれる，仕事と現金収入を求めて都市へ出稼ぎにゆく人々が大量に発生した。その結果，長期にわたる家族の分居や，両親あるいは一方の親が出稼ぎにより自宅を離れる「留守児童」家庭を生み出すなど，戸籍制度の緩和に伴う人的流動性の拡大を背景とした家族生活維持の困難に直面する事例が見られる。

社会主義化以降の中国では，婚姻をめぐる運動や法改正のたびに幾度かの離婚ブームが発生したが，『中国統計年鑑 2011』によれば，こうした一過性の現象とは別に，改革開放以降，離婚率はほぼ毎年上昇を続け，1985 年当時 0.44％であった粗離婚率は，2010 年には 2.00％まで増加している。その結果，家庭と離婚を題材とした小説を原作とするドラマ『中国式離婚』が社会現象になるなど，多くの人々に家族の自明性があらためて問われることとなった。

計画出産政策との関係で言えば，5 年ごとの世帯サンプル抽出調査によると，1990 年当時 3.5 人であった世帯構成員が，2010 年時には 2.88 人にまでに減少し，年々世帯規模が

縮小している（2010年第6次センサスによれば、全国各世帯の平均人口は3.10人。ともに［中華人民共和国国家統計局編 2011］）。その結果、老人のみからなる「空巣家庭」の増加や、「四、二、一」と呼ばれる、上位世代の人数が多くなる逆ピラミッド型家族の形成に見られるように、人口の高齢化が進むなかで、高齢者扶養が大きな問題となっている。公的福祉や年金制度の導入による扶養問題の緩和が図られてはいるものの、十分に成果をあげているとは言い難く、家族による扶養が期待されている。

これらの家族をめぐる諸現象は、核家族化や都市化の影響として捉えがちであるが、家族のありかたに大きな変更を与えた中華人民共和国の諸政策、および、その影響下での個人と家族の関係の変化を見逃すべきではない。また、実際の社会生活には、世帯規模や居住形態の変化といった量的把握のみからは捉えられない、社会状況への対応と選択の結果としての生き方の集積によるさまざまな関係性の構築が見られる［首藤明和・落合恵美子・小林一穂編著 2008］。具体的には、親子別居と世帯構成員の減少が進む都市部であっても、家族が近隣に住居を求めることで各世代の交流を維持する例や、父系母系を問わず、祖父母がそれぞれ子どもたちの必要や自らの好みに応じて、選択的に子どもたちと同居し孫を養育する例などがそれにあたる。居住地や同居人の選択については父系出自原理の影響を受ける傾向が認められるものの、養育や扶養といった相互扶助については、父系出自原理のみに傾倒することなく、個別の事情により多様な関係の形成が見られるという点では、費のいう個人を中心とする伸縮的な関係性を生かした家族の再構成という側面があらわれている。人々は、急激に変化した近過去の家族政策のなかで、一方では父系出自的理念を運用しつつも、他方でより柔軟な人的結合の原理を用いつつ、多様な家族関係を形成している。

（田村和彦）

[文献] 首藤明和・落合恵美子・小林一穂編著 2008；末成道男 1983；中華人民共和国国家統計局編 2011；費孝通 1998（1947）；Judd, E. R. 1994；Yan, Yunxiang 2009

台湾の家族の変容

台湾では1960年代から工業化と都市化が進み、社会構造に大きな変革がもたらされるとともに、アメリカを主とする西洋思潮の洗礼を受けることになった。この過程は、従来の家族、婚姻をめぐる意識と実態レベルの双方に影響を与えた。1980年代以降、継続的に実施されている「台湾社会変遷基本調査」が示すように、家族制度自体の存続や婚姻の必要性など伝統的な価値観は依然として台湾社会で共有されているが、仕事と家庭の間でいかにバランスをとるかについて、性別および世代間の相違が顕著であった。また、ジェンダー意識の変化、平均教育年数の増加、経済不況など時代の変化を受け、「男は外、女は内」、「親不孝の最たるものは、跡継ぎを作らないこと」、「嫁に出した娘は、撒き散らした水である」などの伝統的な家庭規範への共感は薄くなりつつあるものの、「親孝行」は依然として、台湾社会において最も重要視されている価値規範である。以下では、このような特徴ある台湾家族の変容を四つの側面から説明する。

I　現代型の三世代世帯

核家族世帯と三世代世帯は台湾の最も普遍的な家族形態である。1980年代以来，核家族世帯は約5割，三世代世帯は約3割程度で安定的に推移している。特に三世代世帯は，80年代以前に一時に減少したものの，近年，ふたたび増加する傾向が見られる。

「三代同堂」と称される三世代世帯の居住形態は，親孝行を実践するための華人社会の伝統規範の反映であるとされる。しかし近年におけるその増加傾向を，単に伝統的規範の復活の側面から説明するのでは不十分であろう。子世代が親世代を養う従来の「一方通行型」は少なくなり，「助け合い型」の三世代同居が大多数となっている。助け合い型の生成要因としては，第1に，仕事と家庭の両立が求められる既婚の子世代にとって，とりわけ子育て時期には両親の援助が貴重なものである点があげられる。第2に，親世代にとっては，自らの精神的支えの必要性と身体的な面での老化が同居を選択する重要な動機となる。子女との同居は，台湾の高齢者が最も理想とする居住形態であり，現実にも高齢者の主な居住形態となっている。2009年の調査によれば，65歳以上の高齢者のうち68.5％が子女との同居を理想的な居住形態とし，その他は配偶者やパートナーとの同居（15.6％），一人暮らし（6.9％）と続き，老人ホームや介護施設を希望する者は僅か2.6％であった。興味深いのは，実際の居住形態も高齢者の期待とほぼ一致していることである。実際に子女と同居している高齢者は67.7％，配偶者やパートナーとの同居は18.8％，一人暮らし9.2％，老人ホームや介護施設への入所者は2.8％であった。つまり親世代は，労働世代の子ども夫婦を子育てと家事労働面において支援する代わりに，子・孫世代は高齢者に精神的あるいは生活面，経済面での支えを提供するのである。

II　在宅介護という親孝行

父母を自ら養うという親孝行の価値観が根強いことが三世代世帯存続の重要な原因であるが，老親の健康状態が良くない場合でも，子世代は可能な限り自宅で面倒を見ることを選択する。外国籍の介護労働者を雇用しての在宅介護も一般的な選択肢の一つとなっている。外国人介護労働の斡旋業者によれば，外国人労働者の助けによって老親が家族と生活をともにすることができ，帰宅後に毎日顔を合わせられるので，「年寄りに申し訳が立つ」という。実際，6ヵ月以上の長期要介護の状態になっても，2010年の統計では85.8％は家族と同居しており，介護施設などに入所する者は14.1％にすぎなかった。2009年の統計では，高齢者のうち日常的な生活を送るにも障害のある者が16.8％おり，これら高齢者の主たる介助者が子女（嫁を含む）である場合が48.5％，外国籍または台湾籍介護労働者が16.6％，介護施設や訪問員は3.9％，介助者なく自力で生活するのが12.1％であった。ただしここで注意すべき点は，外国籍介護労働者の比率がかなり低く表れている点である。ここには，回答者の調査時における心理も考慮に入れるべきであろう。当然，子女が主たる介助者であると回答したほうが自身のメンツが立つのである。介護の必要な高齢者を抱える家族にとり，外国籍介護労働者が不可欠となっていることは，台湾社会では既に常識となっている。

また，父母と同居していない成人子女との間にも緊密な交流が見られるのが台湾家族の重要な特徴であろう。1996〜2006年の統計によれば，3割以上の成人子女は，「ほとんど毎日」父母と連絡している。

III　女性の高い就業率と家事分担

2012年，台湾の15歳以上人口の労働参加率は58.4％（男性66.8％，女性50.2％）であった。未婚男女の就業率は男性61.3％，女性60.6％であり，ほぼ同じ水準を呈している

にもかかわらず，既婚男性の就業率が72.1%まで増加したのに，女性は49.1%まで大幅に下落した。結婚と出産による女性の離職率は，大卒以上は低く，高卒以下が高いというように，学歴の高さと反比例している。いったん離職した後の女性も，学歴が高いほど復職は容易である。いずれにせよ，5割の台湾女性が婚姻状態と関係なく，就業を継続していることは注目に値する。

夫婦が協力する形の家事分担方式は，女性の高い就業率とも無関係ではない。家事分担についての2000年の調査によれば，「食料品の購入」，「料理」，「洗濯」を誰が担当するかについて，「妻のみ」はいずれの項目においても6割程度であった。ただし「日用品の購入」については，「妻のみ」は45.8%に止まり，「夫婦共同で」が30.7%のやや高い比率を呈している。

さらに家事のなかで大きな比重を占める料理担当について女性の回答は，「夫」4.6%，「妻」61.5%，「夫婦共同で」11.3%，「その他」22.6%であった。注目したいのは，第1に，妻が料理を担当する比率は1991年の74.4%から10ポイント以上減少したこと，第2に，夫が参与する比率が合わせて15.9%となることである。第3に，「その他」という選択項が2割近く高い比率を占めている。それは夫婦の父母が担当する場合を除き，外食，またはお惣菜を持ち帰る形式も一般家庭で多く見られるためである。こうした家事形態も既婚女性の就業率の上昇を支えている重要条件の一つである。

IV 母親の就業と育児

台湾家庭における育児の主体は，乳幼児期には母親が半数近くを占めたが，3歳以上になると3割以下に減少している。女性の高い就業率により，子どもの面倒を母親だけで担うことが困難になるからである。そこで祖父母（特に祖母）の協力が重要となる。それは実のところ，50歳以上の女性の低い就業率と無関係ではない。3歳未満の子どもは，母親が自分で面倒を見るのが54.9%，祖父母が33.6%，ベビーシッターが9.4%，託児所（保育園と幼稚園を含む）が1%未満である。3歳から6歳未満の子どもの世話は，私立託児所が43.1%，母親自身が26.3%，公立託児所が14.1%，祖父母が13.6%であった。

保育所も幼稚園も台湾では私立が主流である。従来からの公的施設の不備も一因ではあるが，民間施設の方が共稼ぎ家庭のニーズ，生活形態に合わせたよりきめの細かい対応ができるからである。朝食を含む三度の食事の用意，夕食後の入浴，衣類の洗濯もオプションとして提供する民間幼稚園や保育園は数多くある。子どもにかかる費用は決して廉価ではない。2010年の統計によれば，3歳未満の子どもの保育費用は平均毎月14,752台湾ドル（44,256円），3歳から6歳未満は平均毎月7,792台湾ドル（23,376円）であった。母親の収入の大部分を保育費用に充てなければならない場合は，やむを得ず仕事を辞めて育児に専念するケースが少なくない。既婚女性の就業率は未婚女性より低いが，幼児をもつ母親の就業率は2000年の51.2%から2010年の59.1%まで上昇している。

以上のように，台湾の家族は高齢化，少子化，晩婚化など日本にも共通する社会問題に直面している。そこで従来の親孝行の価値観は，現代家族の需要に適応可能な様式へと転化してきた。さらに台湾では家事労働，子育てと保育，介護は，女性の高い就業率によって家庭内の女性のみに負わせることがほとんど不可能であるため，世代間・夫婦間の助け合いが現実的な要請となり，実際に機能している。その一方で，外食産業，民間保育，外国人労働力を含む市場サービスに大きく依存している点も一つの特徴であろう。　（洪郁如）

[文献] 伊慶春・章英華編2012；大野俊2010；洪郁如2003；張晋芬2010

韓国の家族の変容

　韓国において家族形態が大きく変容しはじめたのは、1960年代後半からの高度経済成長期以降である。産業化や都市化という社会変動による向都離村型の人口移動の結果、農村部における3世代家族の減少、都市部における「夫婦と未婚の子ども」による核家族化の進行、農村部・都市部ともに家族の小規模化がもたらされた。1997年末のIMF経済危機以降はさらに急激な変容を見せ、少子高齢化や未婚化、晩婚化が進み、離婚率や再婚率が上昇した。国際結婚の増加も著しい。その一方で、長い間父系中心の家族制度が維持されてきた経緯があり、そのなかで形作られた家族主義、すなわち、個人の行為が相当部分家族の維持と繁栄という目標によって規制される価値体系、行動様式が今もなお健在である。ここでは家族形態や機能の変容とそれを取り巻く家族政策について、さらに家族主義の模様を紹介する。

I 家族形態

　1980年から2010年の30年間で、単独世帯は4.8%から23.9%へと急激に増加し、核家族世帯のなかで夫婦のみの世帯が8.3%から17.5%へと増加したのに対して、親と未成年の子どもからなる核家族の割合は53.0%から37.0%へと減少し、三世代世帯も16.5%から6.1%に減少した。最も注目されているのは単独世帯の増加であり、一人暮らし高齢者世帯や、都市部での未婚男女の一人暮らしが増えていることが背景にある。

　未婚化と晩婚化についてもう少し詳しく見てみると、婚姻件数は1980年から1995年まで年間約40万件を維持してきたが、2000年代に入って約32万件へと減少し、未婚率は1980年の0.4%から2010年には5%へと増加した。それと同時に初婚年齢も男性は1987年の27.3歳から2010年には31.8歳へ、女性は24.5歳から28.9歳となった。晩婚化はさらに少子化をもたらしている。合計特殊出生率は1970年の4.53人から1985年には1.66人へと急激に落ち、政府の人口抑制策が廃止された後の1990年代半ば以降も減り続けた。2005年には1.08人と過去最低を記録し、2011年には1.24人とやや回復したものの、深刻な社会問題として捉えられている。

　婚外子出生率は2.0%程度と低い状況が続いており、婚姻制度を重視し、婚姻関係のなかで子どもを産むべきとする家族観を支持する人が大多数であることに変化はない。しかし、意識の面では離婚や再婚、制度的枠組みに縛られない男女関係への許容度は少しずつ高まってきている。特に離婚率に関しては1985年の11.0%から2010年には46.8%へと上昇し、それに比例して再婚率も13.1%から33.9%へと上昇しており、多くの人が離婚という形で婚姻関係を解消するが、同様に多くの人が再婚を通して新しい家族を形成しているのである。もう一つの大きな変化は、2000年代に入ってから国際結婚が急増した点である。外国人労働者の増加や農業・漁業に従事する韓国男性の結婚奨励政策などの影響により、特に韓国人夫と外国人妻の組み合わせが増え、「多文化家庭」ということばが広まるようになった。2010年の統計庁の調査によると、全国の多文化家庭は全世帯の2.2%に当たる386,977世帯で、年間の婚姻件数のうち10件に1件が国際結婚という状況になっている。一方で、多文化家庭はコミュニケーションの難しさやDV被害、経済的な問題による葛藤などのさまざまな課題を抱えて

おり，これに対する総合支援策として2008年3月に「多文化家族支援法」が制定された。

II 役割分担

男女の役割分担に関しては，ここ最近で大きく変化している。1998年の調査では，家事を全面的に妻の役割であると考える人が44.9％であったが，2010年には6.4％に減っており，公平に分担すべきであるという意見が5.7％から36.8％に増加した。しかし，実際の家事時間については，既婚者の場合，女性は4時間台であるのに対し，男性は40分台と著しい違いが見られる。さらに共働きの場合，女性は3時間半であるのに対し，男性は30分，専業主婦家庭の場合は女性が6時間半であるのに対し，男性は35分という結果となり，男性の家事時間においては妻の就業形態による差はほとんど見られない。女性の高学歴化や社会進出が増え，男女平等へと意識が変わってきた一方で，実際の家族生活においては男女不平等が続いているのである。

このような家族の形態変化に重要な影響を及ぼしている原因をあげてみると，教育期間の長期化およびより安定した職場を求める意識が高まるなか，結婚に対する規範性が弱まり，結婚を後回しにする傾向が生まれたこと，養育費や教育費の負担，女性の経済活動への参加，雇用不安定，結婚と出産を忌避する傾向などによる家族の再生産機能の低下などがある。また，韓国の高齢化率は，1980年は3.8％であったが2011年には11.4％に上昇しており，子どもと同居する比率が減る一方で，高齢者のみの世帯や一人暮らしの世帯が年々上昇している。それと同時に扶養における長男と他の兄弟との差が縮まり，老後の生活を子どもに頼るのではなく，社会保障制度や自分自身で解決しようとする傾向が強まっている。

III 家族政策

このように家族が急速に変容しているなか，2005年3月に大々的な家族法改正が行われた。父系中心的な家族規範の根幹をなしていた戸主制度・戸籍制度の廃止とともに父姓主義の原則が修正され，戸籍の代わりに個人を単位とする家族関係登録簿が導入された。家族政策の面でも，2000年代半ばから動きが活発になってきており，2004年にはIMFの経済危機後の離婚の急増やDV，子ども虐待などの家族問題の顕在化を受けて，「健康家庭基本法」が制定された。この法律では家族の範囲を結婚・血縁・養子縁組に限定しており，多様化する家族の実態を反映していないという批判がある一方，健康な家庭生活の営為のために国および自治体の責任が明示されていることや，法律にもとづいて「健康家庭支援センター」が設置され支援を行うなど，初めての総合的な家族政策として評価されている。さらに急激な少子化の進行を受け，2006年には少子高齢化対策が打ち出されるなど，家族に関する政策が矢継ぎ早に打ち出されている。

IV 家族主義の動向

最後に，韓国家族の特徴として家族主義について述べておく。家族主義の骨格をなしてきたのは，男児を通して家を継承するという父系中心の直系家族制であるが，これは戸主制度の廃止と，母系を中心とした育児や家族形態の変化などの影響により，かなり弱まってきた。その一方，子どもの成功と家族地位の維持および上昇を望む成就志向性という意味では，家族主義はむしろ強化されている。既婚の女性が出産に対して否定的な見解をもつようになった背景には，育児と仕事の両立へのハードルが高いという現状とともに，競争の激しい韓国社会において，子どもを産むだけでなく立派に育てなければならないという精神的な負担と，そのための費用と時間という投資が重くのしかかる点がある。子どもの成功は家族全体で共有して成し遂げるべき「家族事業」として位置づけられており，この

ような状況のなかで，家族からの支援を受けられる人とそうでない人との差が広がってきている．

韓国の家族は形態が大きく変化し，意識の面でも伝統的な家族制度にとらわれない多様性を認める方向に変わってきている．しかし，その一方で，子どもの成功と家族地位の上昇を求める家族主義は衰えず，子どもが親に依存する期間も長期化している．今後も韓国の家族の変容を論じる際に，この家族主義の行方を注視する必要がある． （姜恩和）

[文献] 伊藤公雄・金香男・春木育美編著 2011；後藤澄江・小松理佐子・野口定久編著 2011；손승영（ソンスンヨン）2011；장혜경・김영란외（張ヘキョン・金ヨンランほか）2012

災害と家族

I 災害の軽減のための心掛け

"地震・雷・火事・親父"とは人口に膾炙された世の中の恐ろしいものを順に並べた謂であるが，親父は別として地震・雷・火事は災害であり，地震は恐ろしいものの筆頭で，それに伴う津波も含まれるし，雷は風水害につながろう．1923年9月1日の関東大震災，1995年1月17日の阪神淡路大震災，2011年3月11日の東日本大震災は激甚な人的物的な被害を広域的に引き起している．地球物理学者寺田寅彦は，1935年に「地震の研究に関係してゐる人間の眼からみると，日本の国土全体が一つの吊橋の上にかかつてゐるやうなもので，しかも，その吊橋の鋼索が明日にも断れるかもしれないといふ可なりな可能性を前に控へてゐるやうな気がしない訳には行かない」と大変恐ろしいことを言っている．そして「吊橋は大勢でのつからなければ落ちないであらうし，又断えず補強工事を怠らなければ落ちないであらう」が，「地震の方は人間の注意不注意には無関係に起るものなら起るであらう」とたたみかけたうえで，「『地震の現象』と『地震による災害』とは区別して考へなければならない」とし，「『現象』の方は人間の力でどうにもならなくても『災害』の方は注意次第でどんなにでも軽減され得る可能性がある」と述べ，「さういふ見地から見ると大地震が来たら潰れるにきまつて居るやうな学校や工場の屋根の下に大勢の人の子を集団させて居る（がごときことはすべきでない）」とまで言い切っている．寺田は，そのさい関東大震災後間もない時点で，「地震の予報は可能であるか」と問かれたら，「星学者が日蝕を予報すると同じやうな決定的な意味」ならば，「私は不可能と答へたい」と断じたことを前提にしている．

寺田が予測不可能な「地震の現象」を避けることはできないとしても，「地震による災害」は注意次第で軽減できるという見識を有していたことは地震研究者として謙虚であったからであり，感銘深い．こうした見識はシミュレーションなる虚仮を科学的と称してひけらかせばこと足れりとしている現在の地震津波学者には欠如している．東日本大震災後，1年を過ぎた頃から，にわかに首都直下で震度7の激震が起きればとか，南海トラフで震度7の激震が起き，それに東海や東南海での地震が連動すればとか，理論的にはマグニチュード10もあり得るといった言説が堰を切ったように言い出されていることは，それまで行政受けのいい，内輪のシミュレーションを示していたことを告白しているようなも

のである。

　地震に伴う津波の襲来頻度の高い岩手県沿岸では，"津波てんでんこ"ということばを子どもの頃から教えこまれている。強い地震があったら，とにかく自分の判断で海岸を離れ，高いところに逃げろという警句であるが，家族や地域であらかじめ決めてある場所にてんでんに自分の足で向かい，そこで家族に落ち合うことにしているから役に立つのである。陽暦1611年12月2日／陰暦慶長16年10月28日に仙台藩領気仙郡越喜来村（現岩手県大船渡市三陸町）に上陸しようとしていたイスパニア人セバスチャン・ビスカイノはその光景を目撃し，『金銀島探検報告』に「（我々の乗った船が）此処に着く前住民は男も女も村を捨て，山に逃げて行くを見たり。是まで他の村々に於ては住民我等を見ん為め海岸に出でしが故に，我等は之を異とし，我等より遁れんとするものと考へ待つべしと叫びしが，忽ち其原因は此地に於て一時間継続せし大地震の為め海水は一ピカ（3.89ｍ）余の高さをなして其場を超え，異常なる力を以て流出し，村を浸し，家及び薬の山は水上を流れ，甚しき混乱を生じたり」と記している。

II 災害時の家族の安否

　ところで東日本大震災に遭遇して多くの人びとはまず家族の安否を気遣った。現代においては同居している家族でも日中は別々の職場や学校に行っている場合が多い。互いに連絡をとろうとしても電話や携帯は錯綜してつながらず，いらいらが増すばかりである。そうしたとき「地震や火山の噴火，豪雨などによる災害が発生し，電話がつながりにくくなった状況」のもとNTTが開設する"局番なしの171・災害用伝言ダイヤル"（電話帳の最初のページ〈緊急ダイヤル〉の項に説明あり）にメッセージを託すことを勧めたい。今回の私の経験では，仙台にいて家族全員の安否の確認ができた当日午後9時頃に公衆電話を使って171の音声サービスに従って市外局番つきで自宅電話番号と伝言を入れたところ，その夜のうちに何人かの親戚知人がそれを確認し，他に伝えてくれていたことがあとになってわかった。

　ここで震災時の家族の状況について福島県相馬郡新地町立尚英中学校が震災後1年の2012年3月に発行した256人の同校在校生全員の震災体験記録『尚英中学校256の軌跡』（現在，日本YMCAの手で電子化・英文化されている）から見ていこう。256人は震災当時，1年生，2年生であったのが進級して2年生，3年生となり，1年生は当時，同町立駒ヶ嶺小学校・新地小学校・福田小学校の6年生であったが，各学年に南相馬市小高区や双葉郡浪江町・大熊町・双葉町・富岡町などからの転校生が数人ずつ見られる。

　生徒たちは一様に被災後，同居している祖父母・両親・兄弟姉妹が全員顔を揃えたところで安心できたと言っている。無事であることがわかってからも実際に顔を合わせるまでは不安でならなかったらしい。それとペットが無事であったことを喜んでいるのが多いのはペットの家族化が進んでいるのであろう。また同居家族以外では母方の祖父母といとこたちの安否が心配であったという表現が多く，伯叔父母があまり出て来ないのは興味深かった。ただ，こうしたことを書くこと，あるいは書かせることができたのは256人の生徒の家族に犠牲者が出なかったからと，同町教育長は言っている。ちなみに2013年3月1日現在の人口が8,387人の同町は高さ12ｍから16ｍの津波に襲われたが，犠牲者は116名であった。津波で家を流された生徒はけっこう見られる。

　生徒の体験記を読むうちに，地震のさい一緒に家にいた父が「家族を気づかいながら，私たちを逃がしてくれた」とき，それまで「父をあまり尊敬していなかった……自分……は父を心から尊敬した」とか，たまたま父と一緒に不幸のあった親戚を訪ね，大揺れのおさ

まったあと，通夜の相談中，外を見ていた父がいきなり「津波がそこまで来ているから速く逃げろ」と叫び，皆が逃げることができたとき，「はじめて父」が「かっこよく見えた」とかいう文言を発見し，"地震"が"親父"の威厳を見せつける機会になったことのアイロニーに苦笑を禁じ得なかった。

III 震災に原発事故がからむと

東日本大震災が従来の震災と大きく異なるのは東京電力福島第一原発の炉心溶融や水素爆発による放射性物質の大量飛散という業務上過失が明白な人災をひき起したことであり，当該原発北方 50～58 km 圏に位置する新地町でも実は同居家族全員が顔を合わせる以前にその危険からの避難を家族単位に考えなければならない事態が生じたのである。正確な情報は，政府が SPEEDI（Sytem for Prediction Environmental Emergency Dose Information，緊急時迅速放射能影響予測ネットワーク）の測定した飛散放射線値の分布状況の公表をいたずらに人心を混乱させないためであったと称して"隠蔽"した犯罪的行為のゆえに何も得られなかった。新地町からも福島県中通りや会津，宮城県，山形県，新潟県へと避難した家族が少なからずいたことが生徒の作文からわかるが，福島県中通りの方が新地町よりも放射線値が高いことを知ってあわてて戻って来た家族もあるし，親戚に避難した生徒がそこで客として扱われなくなった変わり目を敏感に感じとっているあたりは戦時中に縁故疎開を経験した私には生々しく実感させられるものがあった。なお，政府がいくら飛散放射線値を"隠蔽"しても，CS$_2$（354）の CNN ニュースで，米軍の無人偵察機が収集したものによるのであろうが，日本で原発事故が発生し，大量の放射性物質が飛散して危険な状況になっていると報じられているのを見ているうちに，飛散状況の色分けで私の住む原発北方 48 km あたりの放射線値が意外に低いことに気づき，私の家族は右往左往しないですますことができた。こういうのを"非常時に頼りになるのは近くの日本の政府より遠くの他人"とでも言っておこう。

生徒たちの作文から震災直後の避難所暮らしでの家族，あるいは仮設住宅での家族の置かれた状況がわかるが，仮設住宅には第一原発に近い危険地域とされたところからの転校生が，町内の津波で家を流された生徒たちと軒を連ねて不自由な日々を送っている。そのようななかで避難所から自宅に戻り，地震でひどく壊れていても，とにかく家族水いらずの生活を再開できたことで，"わが家"を実感し，家を失って仮設住宅に住む人たちにくらべれば……としてささやかな幸せを味わっているあたりが私には印象的であった。

東日本大震災による犠牲者（死亡・行方不明）は 18,000 名を超えているが，それぞれの家族があったはずである。しかし，彼らの最期にあたっての家族への思いは今は知るべくもない。

（岩本由輝）

[文献] 岩本由輝編 2013；寺田寅彦 1950a，1950b；福島原発事故記録チーム編 2013

第3章

暮らしと家族

人の一生

人生には多くの節目があり、その節目ごとにさまざまな儀礼が行われる。これらの諸儀礼は「通過儀礼」「人生儀礼」「人の一生」「冠婚葬祭」などと称されてきた。子どもの誕生儀礼、子どもの成長儀礼、成人式、結婚、厄年、葬式などがその代表例である。これらの多くは、個人的な儀礼として行われるため、必然的に家族とのつながりのなかで営まれることがもっぱらである。近年、家族をはじめとする種々の人間関係のあり方が大きな変容を示していることにより、それに連動するように、これらの儀礼にもかつてと比べて大きな変化が見られる。

1 出産・誕生から成人まで

まず、出産と子どもの成長に伴って行われる儀礼について考えてみたい。くらしのすべてにおいて合理化が蔓延る現代社会のなかで、家族が揃って神仏に祈りを捧げる例は一昔前と比べると著しく減少したといえる。そのようななかでも、安産や新生児の無事なる発育への願いは、まさに現代人がもっとも謙虚な心情で神仏の加護を求める機会ではないだろうか。近年、出産はほぼすべてが病院で医師の管理のもとに行われるようになったため、出産に関わる伝統的な儀礼はほとんど見られなくなった。ところが母子が病院から家へ戻って来ると、そこからは乳児の無事なる成長を願う儀礼が、基本的には昔とさほど変わることなく行われている。例えば、生後30日目前後に行われる初宮参りでは、家族が揃って氏神へ参拝する光景をよく見かけることができる。かつては母親が初宮参りに同行することはなかったが、出産に関するケガレ観念が失われたためか、近年では家族全員で参拝するようになったり、共同体の儀礼としての側面が後退したためか、家族以外の関与が見られなくなったりしたことなどが大きな変化であるといえるだろう。また子どもの生後100日目はモモカ（百日）などと称し、この時期に食い初めを行うことも広く分布している。

かつては「七つ前は神のうち」という表現が日本の各地で聞かれた。子どもは7歳になるまでは神の領域にいて、まだ人間の世界には片足しか踏み込んでいないと考えられていたのである。今日でもあまり廃れることなく行われている通過儀礼の象徴ともいえる七五三の祝いは、子どもの健やかなる成長を願う親たちにとって大切な節目である。また京都とその周辺地域では、数え13歳になった男女が嵯峨嵐山の法輪寺に参詣し、本尊である虚空蔵菩薩から知恵を授かるという慣習が今も広く行われている。これが「十三参り」である。七五三の慣習が希薄であった関西地域では、十三参りはそれに替わる子どもの歳祝いとして、また一種の成人儀礼として古くから親しまれてきた。

このように、乳児から幼児へそして大人へと成長してゆく子どもをめぐる諸儀礼は、その形や意味はずいぶん変容しながらも、今日でもなお必要な通過儀礼として継承されてきていることがわかる。しかしそのなかでかつてともっとも異なるのは、これらの儀礼を契機として形成される、親族や近隣などの共同体あるいは同世代の仲間との結びつきではないだろうか。一昔前の社会においては、子どもや若者たちは種々の儀礼を契機として同性の仲間を結成したり、あるいはさまざまな人たちとの間で「絆」を結んだりしていた。これらの「群れ」や「絆」のなかで、集団生活

の基本や大人としての常識を学んだのである。さらに異性へのまなざしや付き合い方を体得するのも同性の仲間からであった。

近年では成人儀礼は他の儀礼と比べると、さほど重要視される儀礼ではなくなりつつある。そのような傾向は特に都市部において顕著に見られる。その背景には、都市では広域を対象とした大規模な成人式が行政主導によって行われ、その結果個人と地域社会との関わりが極端に希薄化していることがあげられよう。また成人儀礼では、男女とも友人たちとの繋がりやその紐帯を再確認する意味は有せども、そこにおける家族との繋がりはきわめて希薄化しているといわざるを得ない。

しかし一方で、地域社会との繋がりが比較的保たれ、また同世代の仲間たちの紐帯が機能しているような村落社会においては、成人儀礼は今日でも大きな意義を有する通過儀礼として生きている例も多い。

II 結婚をめぐる儀礼の変化

結婚をめぐる諸儀礼に目を向けてみると、かつての結婚式や披露への出席者は家族と親族で占められていたのが、近年ではどちらかというと友人や仕事仲間を重視する形式が増加しつつあるように感じられる。なかには家族や親族を一切招待しない結婚披露宴もあるようだが、まだまだこのような例は少数に過ぎず、結婚ではやはり親子や兄弟姉妹、および親族をある程度大切にする慣習が残っている。とはいえども、結婚式や披露宴の場所が、家からホテルや総合結婚式場へと変化するに伴い、結婚をめぐる儀礼も質的な変化を遂げたことも事実である。もっとも大きな変化は、結婚が家と家を繋ぐ営みであるとする認識の希薄化であろう。今日では、結婚はあくまでも個人と個人の関係としてとらえられている。また少し前までは、結婚と言えば仲人の依頼、親族の顔合わせなどを経て、その後に結納が行われるのが一般的だった。結納には何百万円もの費用を費やしたという話をよく聞いたものである。しかし今日の結婚において、一番省略されつつあるのが結納である。現代の若者たちにとって、結納は必要な儀礼であるとは認識されていない。さらに「座り仲人」等と称された、いわゆる形式的な仲人役も不必要だと認識されているようだ。一方で最近の傾向としては、双方の家族だけで会食をするのみという簡素な結婚のあり方が増えつつあると聞く。そこでは、結婚に際して家族の絆を再確認するという意味合いが強く作用していることがうかがえる。

III 厄年から長寿の祝い、葬送の変化

厄年には、社寺に参詣する、川や海に入って禊をする、櫛や手ぬぐいなどの身につけるものをわざと落として人に拾ってもらう、親類縁者を大勢招待してごちそうを振る舞うあるいは贈り物をする、祭りで神輿を担いだり神社の神役を積極的に受ける、厄年の者が集まって飲食したり社寺に鳥居や灯籠などを寄進するなど、各地域でさまざまな伝承が聞かれる。これらはすべて厄祓いを意図した行為であると考えられるが、そこには厄年の者に降りかかる災厄をできるだけ多くの人たちに分け与えて、分散させようとする意識がうかがえる。広い地域で厄年に贈答慣行が見られるのはそのためである。また近年では、厄年に家族で海外旅行へ行くという例も聞くことができる。

還暦・古稀・喜寿・米寿・白寿と、日本には古くからたくさん歳を重ねることを祝う習俗がさまざまにある。還暦といえば会社員ならもう定年という歳で、ひと昔前ならば長寿と言えなくもなかったであろう。しかし今日では、還暦は人生の一通過点に過ぎなくなった。奈良県や三重県の伊賀地方などでは、米寿の祝いをしたお年寄りの手形をいただき、それを家の門口に貼り付けて護符とするという事例が聞かれる。やはり長生きをするということは、村のなかで特別な意味を持っていたようだ。

葬送儀礼は，本人の与りしらぬところで行われる儀礼ではあるが，近年の都市における葬儀の傾向を見る限り，従来の告別式の方式に代わって，直葬や家族葬等と称する，家族だけの小規模な葬儀が増えつつある。寿命が伸びたことによって死者と直接の知り合いが減り，大規模な告別式を催す必要性がなくなってきたことが背景にある大きな要因であろうと思われる。さらに葬儀にかける経費を節約しようとする積極的な意識が作用しているとも考えられよう。

このように，人生の節目に行われてきた諸儀礼は今日まで基本的なあり方はさほど変化せずに継続されてきたといえるだろう。しかし，諸儀礼を契機として結ばれてきたさまざまな人びととの絆や繋がりは薄れ，各儀礼がきわめて個人化したように見うけられる。また共同体や親族等の関わりのなかで営まれる儀礼は減少し，親子や兄弟姉妹を中心とした家族単位でこぢんまりと行われる傾向を顕著に見ることができる。　　　　　（八木　透）

[文献] 石井研士 2005a；板橋春夫 2007；板橋春夫・谷口貢編 2014；宮田登・小松和彦・倉石あつ子編 2000；森謙二 2000；八木透 2001；八木透編 2001；安井眞奈美編 2014；山田慎也 2007

出　産

出産は 1960 年を境として急速に自宅分娩から施設分娩へと移行し，医療の介入が進むことになる。自宅分娩の時代，妊娠・出産には家族とともに地域の人々が関わり，さまざまな場面で妊産婦を助けた。出産に際し，産婆が間に合わない場合は家族が取り上げることもあり，姑をはじめとした家族の支えによって助産が行われていた。また，産後には産婦や新生児の世話を行うなど，産後のケアもまた家族によって行われた。一方，施設分娩では，帝王切開や陣痛促進剤の投与など医療処置が施され，出産はよりいっそう医療化される。そのため，出産は産科医や助産師に委ねられ，妊婦以外は出産の場から閉め出されることになった。核家族が主流である現代では，かつて三世代同居家族に見られたような産後のケアは少なくなり，夫婦間の支えのみに変化している。2000 年以降，晩婚化・晩産化がさらに進み，産科医の減少によって出産できる医療施設が減少したことから出産場所の見つからない妊婦を"出産難民"と呼ぶなど出産に関する課題は多い。　　（柿本雅美）

[文献] 板橋春夫 2012；安井眞奈美編 2009

名付け

現在では，生まれた子どもの名前を記載した出生届を 14 日以内に提出することで，名付けが完了となる。かつては，名付け祝いとして生後 7 日目前後に名付けが行われることが多かった。子どもに名前を付けないでおくと災難を受けると考えられ，名付け前に仮名を付けたり，長寿の人などにあやかって名付けるあやかり名やこれ以上子どもが産まれないように願った止め名などの習俗があった。名前は両親や家族が命名者となる場合が多く，なかにはいくつかの候補を立て，神社で名付けをしてもらう場合もある。2000 年ごろから名前に当て字が多く用いられるなど，ふりがなが無いと読むことが困難な名前が一般化してきた。多くは両親によって名付けられ，近年の流行となっている。また，両親や祖父母の名前の一部を受け継ぐ祖名継承が今なお行われている。祖名継承を行うよう姑や舅から指示された場合であっても，受け継ぐ名前の字をうまく取り入れた名付けが行われている。　　　　　　　　　　　　（柿本雅美）

[文献] 上野和男・森謙二編 2006；小林康正 2009

初宮参り

　子どもが生後1ヵ月頃に初めて氏神に参拝する産育儀礼で，一般的にお宮参りと呼ばれる。氏神に子どもの無事な誕生を報告するとともに将来の加護を願うもので，室町時代の中頃に武家社会で行われたのが起源と考えられている。従来は産の忌明けと日常生活への復帰，氏子入りによる神や社会からの承認，生児の魂をこの世に繋ぎ止める鎮魂という意義があった。現代でも神に子どもの存在を認めてもらい加護を得る意味をもち，産婦が日常生活に戻る節目となっている。しかし氏神や氏子に対する認知度や関心の低さから，参拝先は氏神社とは限らず，自宅から近い神社や著名な神社を選ぶこともあり，地域社会からの承認を受けるという意識はない。また三世代で参加するのが一般的で，会食を伴うことが多く，祖父母を含めた家族において新たな家族編成を確認する機会となっている。一方，妊娠や出産が医療的に管理される現代では，産の忌明けや鎮魂の意義は失われている。

（松崎瑠美）

[文献] 田口祐子 2007, 2009

七五三

　3歳，5歳，7歳の子どもの成長を祈り，神社に参拝する通過儀礼。起源は氏子入りの習慣や，幼児儀礼の髪置・袴着・帯解の儀式が原型とされ，七五三の名称は江戸時代後期から現れ，明治時代以降に定着した。本来は幼児の成長段階に，氏神に参拝して子どもの成長を祈るとともに，神と地域社会から承認される儀礼であった。しかし現代では，氏神離れや氏子意識の希薄化により，参拝先は氏神社のほか，著名な大社に参拝することもある。また共同体全体の儀礼から，家族を中心とした儀礼へと変化し，社会的承認の要素は失われている。かつては11月15日に行われるものであったが，近年は11月15日前後の週末のほか，文化の日や勤労感謝の日，10月や12月に行われることもある。最近は男児は5歳，女児は3歳と7歳で祝うのが一般的で，レンタル業界や写真館の商業戦略もあって，子どもの服装は着物が主流となり，記念撮影や家族での会食を伴うことが多い。

（松崎瑠美）

[文献] 石井研士 2005b；田口祐子 2011

成人式

　大人としての社会的承認を得る通過儀礼。江戸時代では13歳から15歳前後に，服装や髪型，名前などの外形的変化を伴う儀礼を家族や親族で済ませた後，若者組や娘組，宮座への加入などにより，共同体の一員として行動することを通じて，一人前として社会的に認知された。近代以降は，明治9年の太政官布告で満20歳が成年と規定され，昭和21年に埼玉県蕨市の青年団が開催した成年式をきっかけに，昭和23年に国民の祝日として1月15日が成人の日と規定され，国民的行事として定着が進んだ。現在では1月の第2月曜日に，市町村が主催者となり満20歳に達した若者を成年として祝う式典が一般的であるが，帰省の時期に合わせて8月のお盆に行う地域もある。新成人が騒ぎを起こして荒れる成人式が社会問題となってからは，時代の変化に合わない画一的な形式を改め，地域住民を巻き込む形式や，新成人が企画運営するなど，新たな成人式のあり方が現れている。

（松崎瑠美）

[文献] 石井研士 2005b；林猛 2006

結婚式

　日本の結婚式は，かつては「祝言」「婚礼」等とよばれ，すべての儀礼が家で行われていた。またそこへの出席者は家族と親族で占められていた。ひと昔前の祝言では，一番膳といわれる主宴には婿と嫁双方の濃い親類の男性だけが出席し，双方の母親も含めた女性は別の日にあらためて招待されるということもあった。しかし近年の若者たちの間では，仲人を立てずに友人や仕事仲間たちの前で夫婦の契りを誓う「人前結婚」という形式が増加している。なかには双方の両親や親族をいっさい招待しない結婚披露宴も多くなりつつあると聞く。

　かつての結婚式には，神前結婚やチャペル婚のような宗教的な色彩はきわめて希薄で，家で行われる夫婦の杯・親子の杯・親類の杯が今日の結婚式にあたる重要な儀礼であった。そこでは仲人と数人の親族が世話をするだけで，今日の形式から考えるときわめて簡素なものであった。それが結婚式や披露宴の場所が，家からホテルや総合結婚式場へと変化するに伴い，披露宴の出席者の数も増加し，また昭和30年代までは親類と近隣の人たちのみとする例がほとんどであったのが，高度経済成長以後は，親類や近所の人よりもどちらかといえば勤め先の人や友人を重視するようになっていった。このような変化の背景には，人びとの就業構造の変化が大きく影響していると考えられる。さらにかつての結婚はあくまで家と家との結びつきであったのに対し，家意識が希薄となり，結婚が個人と個人の関係としてとらえられるようになったこととも関連があると思われる。しかし最近の傾向として，婿と嫁双方の家族だけが集って会食をするのみで，友人や親族をいっさい招待しないような簡素な結婚のあり方が増えつつあるともいわれている。そこでは，結婚に際して双方の両親や兄弟姉妹を中心とした，家族の絆を再確認するという意味合いが強く作用していることがうかがえる。　　　（八木　透）

[文献] 石井研士2005a；八木透2001

結納と仲人

　ひと昔前の日本の婚姻においては，仲人の差配による親族の顔合わせを経て，結納が取り行われるのが一般的であった。しかし最近の若者たちの間では，仲人のいない結婚式や，両親や親族がまったく関与しない披露宴など，伝統的な婚姻儀礼と比べて略式の婚礼が圧倒的に多い。なかでも一番省略されるのが，仲人と結納である。現代の若者たちにとって，新郎新婦を引き合わせ，結婚の仲介役を担う仲人という存在は不要だと考えられているようだ。

　また新たに結ばれる家結合の確認を目的とした結納は，今日では必要な儀礼ではなくなった。このような変化の背景には，婚姻という営みが，かつては個人同士というよりも家相互の結びつきを意味する行為であったものが，近年はあくまでも個人の男女間で取り結ぶものとする認識が一般化したことがあげられる。つまり家意識の極端な希薄化と，家族の紐帯の質的な構造変化によるものと考えることができるだろう。　　　（八木　透）

[文献] 石井研士2005a；八木透編2001

厄　年

　特定の数え年の年齢に，災厄や不幸が降り掛かるとする俗信。男性は25・42歳，女性は19歳・33歳を厄年年齢とする場合が多いが，

時代・地域や寺社によってさらに多くの年齢を設ける場合もある。都市の男性の42歳は，統計的にも交通事故死や世帯収支の不安定さが増していく時期にあたるとする見解もある。民俗的には，厄年を迎えると，近隣や親戚の者を招いて盛大な宴会をする，ものを配ったり撒いたりする，身につけていたものを辻や橋に落としてくる，などの対応がとられる。これは贈りものや共同の飲食という付き合いを通じて「厄」の分散が図られているとする見解が有力である。今日では，昭和40年代以降に著名になった「佐野厄よけ大師」（栃木県佐野市）をはじめ，ご利益があるとされる有力な寺社への厄除け参りが活発化しており，若い女性たちの間でも広く実践されている。ここには厄年がもつ商業化された俗信としての性格を窺うことができる。

(渡部圭一)

[文献] 井之口章次 1975；佐々木勝 1988

定年退職

企業等で，特定の年齢に達したことで雇用関係が一律終了することをいう。明治8〜9年（1875〜76）に陸海軍で定められた現役定限年齢に由来する。戦前に大企業に普及し，戦後には年金制度の充実とあいまって中小企業でも一般化した。定年年齢は，もとは55歳が多かったが，1970年代を境に60歳とする企業が増加した。今日では労働継続意思の強い定年退職者に対する定年延長や再雇用が課題とされている。また数え年の61歳は，干支が一巡して生まれ年に戻るという考え方にもとづいて還暦とよばれるが，還暦の祝いと退職の祝いがほぼ重なることから，今日では人生の折り目としてイメージされる機会が多くなっている。一方，伝統的な村落社会では，10年刻みの年齢感覚にもとづき，数え年の60歳を隠居の基準とする地域も少なくない。その場合でも寺院・神社の運営や行事への参加といった点で，高齢者に重要な役割をもたせるケースが見られ，労働者の退職とは性格が異なる面もある。

(渡部圭一)

[文献] 関沢まゆみ 2003

歳祝

生涯のなかで，特定の年齢に達した際に息災を祝う風習。数え年の61歳の還暦に始まり，70歳の古稀，77歳の喜寿，80歳の傘寿，88歳の米寿，90歳の卒寿，99歳の白寿など，一連の長寿の祝いを指すことが多い。一般に男性の25歳・42歳，女性の19歳・33歳は厄年とされるが，厄払いとして賑やかな饗宴を張る地域も多いため，厄年を含めて広義の歳祝と見なす考え方もある。還暦に赤色のチャンチャンコや頭巾を贈られる習慣は今日でも盛んで，赤いセーターやベスト，マフラー，帽子，靴下など幅広いプレゼント用品が販売されている。戦後の企業社会では55〜60歳が定年年齢とされてきたこともあって，還暦の前後は人生の節目と見なされやすい。古稀以降の祝いでも，親戚や知人を招いて祝宴がもたれるほか，地方によって縁起の良いとされる品物が本人から周囲に贈られることもある。このような老年期の歳祝には，厄年に比べて長寿にあやかるという発想が色濃く見られる。

(渡部圭一)

[文献] 板橋春夫 2009

年中行事

I 伝統的な行事への注目

(1) 年中行事とは 毎年同じ日もしくは暦によって決められた日に，一定の様式をもって繰り返される行事をいう。そもそも，この言葉は漢語にはなく，仁和元年（885）の「年中行事御障子文」が初見とされる。本来は，宮廷行事のみであったが，やがて民間の行事や祭礼も指すようになり，現在では年間に予定している行事計画に対しても使用されている。なお，中国では，これに相当するものを，歳時・歳事・月令・時令という。

近年まで年中行事研究の中心は，民俗学であった。ゆえに，個人的なものよりも，家族や村落など，集団ごとにしきたりとして共通に行われる行事に注目し，そこから「本来」の形や意味，特徴を明らかにしようとしてきた。

例えば，人びとの1年間の暮らしを見てみると，仕事をしてはいけない日とか，特定の儀礼等を行う日がある。民俗学では，日常を指すケ（褻）に対し，ハレ（晴）の日と呼んで特別な行為を行い，両者の繰り返しによって年間の暮らしのリズムが形作られ，みなが同じように行うことで，社会生活の統一が図られてきたとする。

また，この日のなかには，休み日や遊び日と称して，何もしないという例もあるが，セツ（節）やオリメ（折目），モンビ（物日）という呼称が示すように，本来は仕事を休み，神を祀る日であったとし，民俗学では「節句」ではなく「節供」と表記する。このリズムの背景には労働のサイクルがあり，特に農業の生産過程との関連が指摘されている。

さらに，年中行事を総体的に見てみると，正月と7月の盆に行事が集中し，前者は神を，後者は祖霊を祀るという違いがある半面，両者には対応するかのように類似したものも見られる。これを「年中行事の両分性」と言い，1年を二分して同様の行事を繰り返す特徴があるとされたこともあった。

(2) 暦の受容と民間暦 日本における暦の最初は，持統天皇6年（692）の元嘉暦とされるが，貞観4年（862）に唐の宣明暦が採用されると，約800年にわたり用いられてきた。江戸時代に入ると，貞享2年（1685）に貞享暦が作られ，宝暦暦，寛政暦，弘化元年（1844）には天保暦といった改暦が行われた。

一方，統一的な暦は，自然環境の地域的な差異が顕著な日本において，各地の現状に必ずしも一致せず，中世以降，三島暦や鹿島暦，大宮暦，会津暦といった地方暦が作られ，伊勢神宮の御師たちが全国に広めた伊勢暦や，絵暦と知られる南部田山の盲暦などもある。

明治5年（1872）に太陽暦が採用されると，これを新暦と称し，それ以前の天保暦を旧暦と呼ぶようになる。両者の間には1ヵ月のずれがあるが，仙台の七夕が8月7日に行われるように，旧来の行事を新暦の日取りから1ヵ月遅らせる「月遅れ」を採用するなど，人びとの暮らしのリズムに大きな混乱を招いた。

その他，月の満ち欠けや季節の移ろい，作物の生育に合わせた行事や儀礼もある。例えば，旧暦の15日は満月の日であり，上弦の7日や8日，下弦の22日や23日に行事が集中することは全国的に共通している。各地で聞かれる駒ヶ岳や白馬岳といった名称は，山肌の残雪や雪解けの形状を馬にたとえ，季節を知ろうとするもので，奥羽地方の一部にある種まき桜の伝承も同様のものである。民俗学

では，これを民間暦や自然暦と称し，暦導入以前の暮らしのリズムを示すものとして，農業の生育過程における諸作業との関連に注目してきた。

このように，従来の年中行事研究は，伝統的で変わりにくいとされるような面を中心に進められてきた点が指摘できる。

II 年中行事研究の新たな展開

(1) 伝統イメージの問い直し　1990年代に入り，従来の学問的自明性の問い直しが盛んとなり，正月行事に関する歴史学からの成果のように，異なる視点からの研究が現れる。

例えば，初詣の場合，近世の正月は家のなかに籠って恵方からくる歳徳神を迎えて祀るというのが一般的で，有名寺社への参拝も初午や初寅などの祭日に行われ，元旦を中心とする今日の姿とは大きく異なっていた。それが今日の姿になるのは明治から大正時代にかけてで，背景には小学校祝日大祭日儀式規定にもとづく教育現場での新年拝賀式の定着や，官国幣社以下神社祭祀令による歳旦祭の普及といった国家の宗教政策，そして有名寺社への移動手段たる公共交通機関の成立と展開があった。新年を迎えるに際し，日本的な雰囲気に彩られた著名な寺社に着物姿で参拝するという，無意識のうちに日本人を演じることで，日本国民であることを再認識する，国民的アイデンティティと密接に関連する行事として誕生した点も押さえておく必要がある。

初日の出も，18世紀に江戸庶民の物見遊山から始まったものだったが，日清・日露戦争に勝利し旭日昇天の勢いの国家という自負の影響もあって，国家繁栄を祈願する行事として定着することになる。伊勢二見が浦の夫婦岩も，本来は月の名所であり，初日の出に人が集まるようになったのは，鉄道が二見まで開通した明治末以降のことであった。

(2) 現代社会と年中行事　今日，伝統的な部分にのみ注目する研究は衰退の一途をたどる一方，クリスマスやバレンタインデー，誕生日，母の日など，新たに定着した行事のほか，正月や盆，節分など従来からあった行事も対象としつつ，現代社会における意味を考えようとする研究が現れている。1990年代に実施された調査の成果をもとに現代人と年中行事の関わりを検討した石井研士によれば，実施率の高い行事として，正月，クリスマス，お盆，節分のほか，バレンタインデーや母の日・父の日，誕生日などがあげられるという。また，井上忠司も現代家庭の年中行事を検討する際，以上の行事のほか，花見や七夕，月見とともに，家族旅行や結婚記念日などを取り上げている。

例えば，年越しや正月でも，子どもや家族の写真を入れた年賀状や，紅白歌合戦と年越しそば，おせち料理の購入，初詣など，また節分ではスーパーで売られる豆まきセットや今日で言う恵方巻きが取り上げられ，盆では帰省により兄弟や親戚が集まり，出自を軸とした関係性の再確認に注目する。

さて，これらの行事の特徴としては，消費，流通，情報に規定されるとともに，夫婦の年齢や子どもの有無といった世代や家族構成，ライフスタイルの志向性の相違によって，個々の意味づけが異なる点があげられる。個人や家族を軸としつつ，そこからひろがる結びつきが強調され，特定の日にともに時間を過ごすことで，その関係性を再確認する場ともなっている。家族で行う場合，子どもの存在が目立つ点も注目される。

なお，これら現代社会の年中行事であるが，従来は伝統との対比で変化の問題として理解されることが多かったが，それほど単純ではない。強弱はあっても両者はつねに併存しており，今後はどちらかに偏ることなく，総体的に見ていく必要がある点が課題として指摘できよう。

(政岡伸洋)

[文献] 石井研士1994；井上忠司・サントリー不易流行研究所1993；岩本通弥1997；折口信夫1964；

新谷尚紀・波平恵美子・湯川洋司 2003；高木博志 1997；田中宣一 1992；柳田國男 1949

正月

一年の初めの月であり、また、その期間に行われる行事をさして言う。正月の行事は元旦を中心として正月7日ごろまで行われる大正月と正月15日を中心とした日々に営まれる小正月に分けられており、前者は正月の神である年神（歳神）を迎え年取りを行う儀礼が中心で、後者は豊作祈願のための予祝儀礼を中心としていた。12月の暮れに行う煤払いや門松の準備から大正月は始まるが、これは年神を迎える場所を浄化し依代を確保する目的でなされたものである。正月の行事食としての御節は雑煮や神酒・屠蘇、重箱の料理などであるが、その準備も年末に行われ、正月中に食べ続けることができるよう調理された。元旦には、若水汲み、竈の火の焚き付け、雑煮の煮炊き、年神への供え物などが行われ、女性の関与を拒んで年男がこれらを取り仕切る地域が多かった。初詣は元旦の朝に鎮守や氏神に詣でるのが本来の姿である。小正月にはダンゴサシ・マユダマ・サイノカミ・成木責めなど農耕に関わる多様な行事が実施されており、予祝と豊作祈願、年占、火による除災招福という三つの意味をもつ儀礼からなっていたことがわかる。数ある年中行事のなかで現在でも家庭での実施率が非常に高い正月であるが、正月と言えば大正月をさすのが一般的で、ドンド・左義長などと呼ばれる火祭を執り行う地域は今でも見られるものの、小正月の行事が広く行われているとは言い難い。行事の内容も様変わりしており、かつての正月準備の煤払いは年末の大掃除以上のことを意味していたが、現在では寺社で行われる煤払いを報道で目にする程度となっている。また、年神を迎えるためのものだった門松や注連縄といった正月飾りも近年では簡素化が進んでおり、行事食としての御節料理を手作りする家庭が減る一方で、デパートやホテルなどの御節料理を購入する家庭が増えている。初詣は鎮守や氏神ではなく川崎大師や明治神宮など有名寺社へ参詣することが多くなっている。

（堀田幸義）

[文献] 石井研士 1994；加藤友康・高埜利彦・長沢利明・山田邦明編 2009；新谷尚紀 2007；福田アジオ・菊池健策・山崎祐子・常光徹・福原敏男 2012

節供

元来は年中行事の行われる特別な日である節日に神仏へ献じた供物や供御のことであったが、食物を供える行事日や祭り日そのものをさすようになった。特に正月7日・3月3日・5月5日・7月7日・9月9日を五節供と呼ぶが、江戸時代には幕府がこれら五つの日をそれぞれ人日・上巳・端午・七夕・重陽の式日と定め公的な行事を行っており、民間にも浸透していったと考えられている。現在では、3月3日に雛人形を飾って女児の成長を祝う桃の節供（雛祭り）と、5月5日に男児の初節供の祝いとして鯉幟をあげ五月人形を飾って祝う端午の節供をさすのが一般的である。近年ではスーパーマーケットで七草がセット販売され入手しやすくなったこともあり、かつて正月7日に食された七草粥が各家庭での行事食として広がりを見せている。また、七夕については学校や幼稚園などでのイベントが行事の実施を促しており、現在でも就学前後の子どものいる家庭で行われている。

（堀田幸義）

[文献] 井上忠司・サントリー不易流行研究所 1993；加藤友康・高埜利彦・長沢利明・山田邦明編 2009

七夕

　五節供の一つで，7月7日の年中行事。古代の中国で，織女・牽牛の二星が天の川で会うとする伝説にもとづいて星祭を行い，女性が裁縫や針仕事の上達を願う風習（乞巧奠）があったことに由来する。日本では特に平安時代の貴族社会で受容された。一方，民俗行事としても，7月7日には織女・牽牛の説話に関係のない多彩な風習が存在する。その多くが水に関連する性格をもつことから，七夕はもともと水神を迎えてまつる行事であったとする見解もある。江戸時代には七夕は大衆化し，笹竹に詩歌や願い事を書いた五色の短冊・色紙をつけ戸ごとに立てたり，手習い塾の子どもが飾り物を師匠のもとに持ち寄って遊んだりする風習が広がった。今日でも習字やピアノといった習い事の上達を願う光景は変わらず，家庭や幼稚園などの行事として広く行われている。東日本を中心に，商店街や市街地の集客を狙った「七夕まつり」も盛んで，多くの観光客を集めるイベントもある。

（渡部圭一）

[文献]　平山敏治郎 1984

中元と歳暮

　旧暦7月15日の盂蘭盆会を中元といい，その贈答を伴う習俗を御中元という。中国では天を祀る1月15日を上元，地を祀る7月15日を中元，水を祀る10月15日を下元とした三元があり，日本では盆の行事と結びついて中元が行われるようになった。東北や関西など8月に行うところもある。世話になった本家や嫁の実家など付き合いのある家のほか，近年は職場の上司などへの挨拶として行われる。贈答は，第二次世界大戦以前は麦の収穫時期もあって麦製品が多かったが，現在は商品が流通してビールや菓子などの嗜好品も主流化している。対して年末の挨拶は歳暮であり，親や一年間世話になった人へ歳暮の品を贈る御歳暮がある。米などの食料品，反物や手拭いなどの日用品，正月用品が贈られた。また中元と歳暮にそれぞれサバや新巻鮭などの魚を贈る習俗が各地でみられ，盆に生きている親へ魚などを贈答して互いの魂を強化する，仏教以前のイキミタマの習俗にも通じている。

（岡田真帆）

[文献]　伊藤幹治 1995；宮田登 1981

盆と彼岸

　旧暦7月15日の盂蘭盆会を中心に，祖霊や精霊を迎えて祀り，送る一連の行事を盆という。13日は盆花採り，墓参，迎え火，盆棚の設置をして精霊を迎え，14日と15日は供養，15日や16日に送り火と精霊送り，この間に盆踊りをするところが多い。新暦は8月に行い，故郷へ墓参のために帰省する習慣が一般化した。対して彼岸は，春分・秋分の日を中日として，その前後三日にわたる七日間をいう。寺では彼岸会の法要を行い，説法を聞いた檀家が墓参りをする。これは仏教的でありながら，日本独自のものである。彼岸は悟りの境地を意味する到彼岸の略語でもある。平安時代に浄土教が盛んになったことで成立した日想観など，太陽や日にちにちなむ民俗的な行事も見られる。いずれも祖先祭祀の行事として定着しているが，近年は盆に帰省するよりも海外旅行を利用する家族も増え，スーパーでは既成品の盆棚が量販されるなど，都市部を中心に行事の簡略化や，家族の過ごし方に多様化が見られる。

（岡田真帆）

[文献]　伊藤唯真編 1986；田中久夫 1978

バレンタインデー

女性から男性へ愛や感謝を伝え，贈り物をする日。2月14日。この日がバレンタインデーと呼ばれるのは，3世紀のローマ帝国で兵士の結婚に反対し，ひそかに恋人たちを結婚させ処刑された聖バレンティヌスの殉教の日とされているからだが，この逸話の真偽は定かではない。日本社会での定着を見ると，1950年代後半から60年代にかけて，デパートなどの流通業界が宣伝しはじめるが，当時は香水や電気カミソリ等さまざまで，贈り物の中心がチョコレートになっていくのは，1970年代以降のことである。1980年代前半には，「義理チョコ」が登場，80年代後半には主婦層にも広がり，バブル期には宣伝効果も相まって高級化していった。特に「義理チョコ」の出現は，もらったチョコレートの数で男性の人気の差が明確化した点は注目される。結果として女性が男性を評価することになったわけで，当時の女性の地位の変化との関連が指摘できよう。このように，バレンタインデーは，流通や情報の影響のもと，女性の社会進出という背景のなかで，日本社会に定着して今日に至っているのである。

（政岡伸洋）

[文献] 石井研士 1994；井上忠司・サントリー不易流行研究所 1993

クリスマス

12月25日のキリストの生誕を祝う日。ただし，日本では宗教的な意味よりも，娯楽の日として定着している。今日のようなスタイルはアメリカの影響のもと明治後半に見られ，デパートの華やかなデコレーションとイルミネーションは歳末の風物詩となり，サンタクロースも登場するなど，人びとの注目を集めた。家族で過ごし，サンタクロースが子どもにおもちゃを授けてくれる日というイメージは，既に大正期にも見られるが，当時は繁華街等でのパーティが主流で，一般化するのは戦後，特に高度経済成長期以降のことである。1980年代以降，雑誌等で恋人や友人と過ごすスタイルも提示され，今日に至っている。このように，日本におけるクリスマスの定着には，流通，消費，情報，また子どもを軸とした中間層の家族モデルの出現，個人を軸とした特別な関係の重視，そしてその再確認の機会として位置づけられている点は，押さえておく必要があろう。

（政岡伸洋）

[文献] 石井研士 1994；井上忠司・サントリー不易流行研究所 1993

休 日

仕事を休む日。特に地域で一斉に労働を休むことになっている日を休み日という。この日に労働を行うものには罰則が与えられるなど，かつて休日は地域のなかで秩序づけられていた。休日は労働を休むための休養日であり，また元来は地域で神祭りを行うハレの日でもあった。近世中期以降，若者組の要求によって休日は増加していくが，必ずしも祭事を伴わない休み日の増加は，労働の休養日として休日を捉えるようになったことを表している。明治国家が祝祭日を制定すると，休日は国家によって管理されるようになり，戦後は七曜制による日曜日や祝日がしだいに定着していった。さらに1960年代以降，産業構造が変化して一般企業の就労者が増えると，家庭や個人のライフスタイルにあわせた近年の過ごし方へと変化していった。農業等を兼業することで，休日を利用して家業に従事した

り、大型連休など休日の長期化により、レジャー産業も進出したりして、さまざまな休日の過ごし方が進められている。　（岡田真帆）
[文献] 田中宣一 1992；平山敏治郎 1984

誕生日

　その人の生まれた日。現在は毎年訪れる誕生日を記念日として親族や知人などと祝う習慣が一般的であるが、明治以前の日本は初誕生だけを祝った。初誕生は子の生後満1年の誕生日に行われ、ムカレ・ムカイドキ・テイジョウ・タンカヨイなど地方によって呼び名が異なる。
　産婆や親戚、近隣を招いて赤飯や餅を作って祝宴を開く。この頃は生児が立ち歩きを始める時期でもあり、初歩きを中心にした儀礼もある。初誕生より前に歩きだした子は、親をしのいで足を掬うとか、家を離れるなどといって嫌った。このため、風呂敷に包んだ一升餅を背負わせてわざと転ばせたり、力餅などといって、子の尻やすねに餅をぶつけて倒したりする儀礼がなされた。しかし一方では歩けたほうがよいとするところもある。
　九州一帯では餅踏といい、草履をはかせて紅白の餅の上を歩く真似をさせて、餅の宿す生命力によって、子の健康を祈る儀礼が行われた。親族や知人へ配られるこの餅は、生食であり、焼くと子どもが火難に遭うとされた。ほかにも筆や硯、そろばん、物差し、針や鋏などを子の前に並べて選ばせ、子の将来を占うエラビドリと呼ばれる儀礼が全国的に行われた。また初誕生には里方から祝い着が贈られる。
　初誕生だけを祝うのは、個々人の誕生日をもって加齢するという考えに馴染みが薄く、正月をもって一斉に年をとるとしていたからである。近代以降に西洋の思想が影響を与え、第二次世界大戦後の占領下を経て、誕生日の習慣が庶民に一般化した。ただし一部の江戸時代の将軍は、誕生日に祝宴を催していたことが知られている。現在、誕生日は子どもだけでなく、夫婦やその両親など大人へ向けたものでもある。会食が伴い、かつての餅や赤飯に代わり、ケーキや好物が用意されるようになった。友人や知人を招き、ケーキに年齢の数だけ蠟燭をたて、当人が一息で吹き消したりする。記念日として重視され、家庭のなかでも大きな位置を占める行事となっている。　（岡田真帆）
[文献] 井上忠司・サントリー不易流行研究所 1993；大藤ゆき 1968

衣食住

　「家族生活の変容と衣食住の関わり」について考えるに際し、「高度経済成長」は重要な役割を果たした。1960〜70年代に生活全般に亘り、従来、家族が担ってきた衣食住に関わる機能が大幅に家庭外に流失し、工業化され、生活材の「大量生産・大量消費」の時代が到来したからである。

I　衣——短かくなった服の寿命
　それまで一家の主婦が自ら手を動かし、非血縁者も含む家族の着物を仕立て、洗い張り等の定期的管理に携わって来た。また、羽織・袴・紋付を初めとする晴れ着は、何代にも亘って着用し受け継がれる「財産」であった。
　主婦にとってはかなりの重労働であった

「汚れた」物の洗濯は，ある程度溜めておき，天気を見て一気に大量に片付し，多少濡れた程度のオムツはそのまま乾かして再利用することも珍しくはなかった。「オムツ」や「下着」は，「不浄なもの」として，別に洗濯され，使用した川を塩で浄める，干す際にお日様（日光）に当てないなどの扱いをされることもあった。

高度経済成長期に当たる1960年代に爆発的に普及した「電気洗濯機」（1961年：50％，1970年：90％）の使用により，主婦の家庭内労働は大幅に軽減され，戦後，既製服が普及するまでの期間，家庭洋裁が手縫いからミシンへ〈機械化〉された。

1970年代における「既製服」の普及は，服を〈消耗品化〉〈非財産化〉すると同時に，家族が生産・管理してきた機能を〈外部化〉し根本的に変えた。現在では，安価な流行の服が，2, 3年後にごみ袋に詰められ廃棄されるのは，驚くべきことではなくなってしまった。

電気洗濯機の導入は，やがて，一度着たら洗濯機へ投げ込まれた「毎日洗濯」という〈衣服衛生観念〉をもたらした。「使い捨て」紙おむつの登場によりおむつは〈消耗品化〉された。他方，思春期の娘による父親の「おやじパンツ」嫌悪に始まる下着の「分別洗濯」についての報告もある。これは洗濯に止まらず，父親の入浴後，新たに湯を張り直す，という行為にまで及ぶことがある，と言われる。歯磨き粉を家族が皆個人持ちという家庭もある。極端な例かもしれないが，現代家族の身体観を考える手がかりの一つとして示しておきたい。

II 食——見えにくくなった作り手たち

次に「食」に注目すると，高度経済成長による食生活の変化は，「近代家族」誕生以降，主婦が担ってきた「食」の調達・調理・加工の役目を家族の外部に拡散させた。流通網の拡大により，1950年代に登場したスーパーマーケットが60年代に，コンビニエンスストアは1970年代に急成長した。また，1958年のチキンラーメンの発明を皮切りにインスタント食品・冷凍食品・惣菜・弁当が安価で世の中に出回り，いわゆる「中食（なかしょく）」が浸透した。と同時に，1970年代には，外国資本のファストフードやファミリーレストランが上陸し，誰もが気軽に「外食」するようになった。地域によっては，死ぬまでに3度食べられないこともあったと言われた白米飯が日々の主食となり，さまざまな食品の登場により副食の種類と量が増え，「ハレ食が日常化」したと言える。

このような〈食の外部化〉とともに，家族の食卓のあり方も大きく変化した。1980年代に指摘された家族内での子どもの〈孤食〉（一人食べ）や家族の〈個食〉（同席しながら各自，別種の料理を食べる）もその特徴の一つとして挙げられる。一つの火で調理したものを「共食」することにより，火の神の庇護の下，家族の連帯感を再認識するという食のあり方は，近代の「火の神信仰の衰退」とともに「食物の個人自由」という形で崩れ始めた。また，食卓が「銘々膳」から一家団欒を象徴する「ちゃぶ台」へ，そして高度経済成長期に仕事に追われる父親が不在の「ダイニングテーブル」へと移行し，そのなれの果てが，「家族の共食機能の破綻」「近代家族崩壊の象徴」なのではないかという指摘もある。

では，「食」をめぐる家族の連帯は，〈食の外部化〉や〈孤食〉によって破綻の一途を辿る運命にあるのだろうか。食生活の実態に目を向けるならば，確かに現代家族は，〈外部化〉によってもたらされた「食の簡便化」を採用している。が同時に，「カリスマ料理研究家」や「料理情報サイト」が紹介するさまざまなレシピや，ネットでもしばしば披露される「手の込んだ弁当写真」にも見られるように，家庭においては「食の精緻化」が進行している。家族が〈食の二極化〉を文脈によって適宜，使い分けている点も指摘しておきたい。

また，現代社会における行事食としての正月の「雑煮」も示唆に富む。「雑煮」は，高度経済成長期以降の激しい人口移動により，「ふるさとの味」「わが家の味」として新たな要素を取り込みながら進化し続けている。転出先での調達が困難なことから食材を他のもので代用した実家の雑煮，転出先の土地の雑煮の採用など社会的移動に伴う新たな現象が発生している。家の行事食の継承という意識以上に，〈行事食の個性化〉がより浮き彫りになり，それが現存している「家族の絆」を生み出す契機をもたらす例も少なからず見受けられる。

Ⅲ　住——変化する家族の脱け殻としての子ども部屋

最後に「住」と家族の関わりについて見たい。「住」も「衣」や「食」同様，〈外部化〉の傾向にある。地元の建材（材木・茅・藁・草など）を用いた在来工法に替わり，高度経済成長期に輸入材を使用し工場で大量生産し，現場で組み立てる「プレハブ工法」が，都市および近郊への流入者の深刻な住宅不足解消に貢献するものとして大きな支持を得た。

この時期に，日本住宅公団は，「職住分離」と夫婦の「性別役割」を前提とした「近代家族」を想定し「51C型（2DK）」を設計した。学齢期に達した我が子に優先的に「子ども部屋」を与えたマイホームの獲得は，「近代家族」にとって一種のステータスシンボルであると同時に，約束された将来へのパスポートを手にすることを意味した。

では，51C型を祖形とし，現在でも大半の不動産物件の取引において用いられている「nLDK（家族員数－1の個室と居間・ダイニングキッチン）」の間取りは，現代社会でどのように位置づけられているであろうか。1970年代の「個室群住居」の提案は，在宅時間が最も長いと考えられていた「主婦」に対して，半世紀に亘り，独自の部屋を割り当てて来なかった問題点を鋭く批判した。また，家族の

「拡大期」に合わせて設計されたマイホームは，30年ローンを完済する前に，子どもが他出・独立して「夫婦のみ」の「縮小期」を迎え，かつての「子ども部屋」は雨戸を閉めたままの空き部屋や納戸と化し，持て余されているのが現状だ。〈nLDK型の矛盾〉が半世紀を経て表出したと言えよう。

平成22年の国勢調査によれば，「単独（一人）世帯」が一般世帯全体の32.4%を占め，「夫婦と子どもから成る世帯」27.4%を上回った。再生産の単位としての「家族」と呼ばれる世帯が3割を切ったことになる。「衣」「食」「住」以外に，家族が果たしてきた「育児」や「介護」などの機能が，現在，「近代家族」内部では支えきれないのが実情だ。〈二世帯住宅〉や地域・公的支援などを受け入れやすい家族の住まいのあり方を真剣に検討する必要に迫られているのではなかろうか。

（古家晴美）

[文献] 上野千鶴子 2002；新谷尚紀・岩本通弥編 2006；日本生活学会編 2003；松平誠 1997；山尾美香 2004

普段着

ハレの日に着用する晴れ着に対し，日常生活で着る衣服の総称。普段着は，仕事着と家着に大きく分けられる。かつては，古くなってきた晴れ着を普段着に転用したり，外で労働をするときも家にいるときも同じ衣服を着たりすることが多かったが，後にノラギやヤマギ，オキギモンなどと呼ばれる仕事着が定着すると，労働のための衣服と家で着る衣服が区別されるようになる。仕事着は本来，地域の自然環境や生業を背景に製作され，労働に際した機能性だけでなく，作り手の美意識や個性なども表されるものであった。今では普段着を製作する機会が減り，数多くある既

製品のなかから自分に合ったものを選択し，それらを組み合わせて着用するため，仕事着を特徴づけていた素材や形についての地域的な差異は，ほとんど見られなくなった。

（門口実代）

[文献] 神奈川大学日本常民文化研究所 1986；宮本八惠子 1996

晴れ着

日常生活で着る普段着に対し，ハレの日に着用する衣服の総称。晴れ着は，年中行事や祭り，結婚式や葬式をはじめとする人生儀礼などの特別な場で着用され，晴れ着を着ることで，日常とは異なる時間・空間が作り出された。本来，晴れ着の多くは手作りであったが，近年は既製品やレンタルの晴れ着が多くなり，晴れ着の素材や形などの地域的な特色が見られなくなってきた。また，かつては結婚式と葬式で同一の着物を着用する例も全国的に見られたが，次第に儀礼に応じた専用の晴れ着が用意されるようになった。色に対する意識も変化し，産着・婚礼衣装・喪服とも白が正装の色であったのが，喪服は黒に，花嫁衣装は黒の留袖・振袖を経て，ホテルや式場での挙式が多い現在は，白のウェディングドレスが主流となっている。儀礼の場における洋装が増える一方，お宮参りや成人式，大学の卒業式などでは和装が好まれる傾向にある。

（門口実代）

[文献] 瀬川清子 1958；宮本八惠子 1996

衣類の管理

衣類の管理は主婦や嫁の重要な仕事として行われた。家々の女性が麻，木綿などの繊維から糸を紡ぎ，布地を織り，色を染め，家族の衣類を縫い上げた。和服は縫目を解き，布地の摩耗を避けることで，再度衣類を仕立てることができるため，和服の布地も糸も素材が使用できる限界まで活用された。このような衣類の管理と活用は合理的であるが，家々の女性の仕事のなかで膨大な時間と労力を要した。一方で，服装が洋装化し，繊維から衣類への生産は工業化され，衣類の品質が向上した。衣類の製作という家々の女性の仕事が専門家の手によるようになった。現代生活における衣類の管理は有史以来女性が行ってきたものと比較して，その範囲は限定されている。現在の衣類の管理は多様な商品から家族の生活に合わせた衣類を購入し，日常の洗濯と仕上げ，補修のための衣類の縫製，また年2回の衣替えと着用シーズン後の保管が主になっている。

（前川智子）

[文献] 瀬川清子 1962

洗　濯

中世までの洗濯は井戸端などで衣類を平らな石の上に置き，柄杓で水をかけ，両足で踏んで汚れを落とす踏み洗いをしていた。生地が硬い麻や科は踏み洗いをすることで生地が痛むことが多かった。絹製の衣類は盥で解き洗いをし，伸子張りで仕上げた。近世には木綿が一般庶民に浸透した。木綿は麻や科より汚れやすく，繊維が弱いため，踏み洗いではなく，灰汁などの洗剤に浸して浅い盥で手もみ洗いをした。江戸時代後期では木綿物の洗濯法として，張板を用いた板張りが広まった。明治末から大正時代には洗濯板と石鹸が使われるようになり，洗濯の清潔度は高くなったが，洗う時に力を入れるため家事労働の負担は重くなった。一般庶民への電気洗濯機の普及は昭和30年代から始まった。電気洗濯機

は冷蔵庫・テレビとともに電化製品の「三種の神器」とされ，昭和45年には9割の家庭に普及した。これにより，家々の女性が洗濯にかける労働時間が短縮されることとなった。

(前川智子)

[文献] 落合茂1984；小泉和子1989

雑煮

新年を迎える祝いとして，主に正月三が日に食べる，餅を中心とした汁料理をいう。雑煮の餅の主な形態には，搗きあがった餅を一つずつ手で丸めて作る丸餅と，平たく伸ばしたものを切って作る角餅があり，前者は西日本，後者は東日本に多い。中世～近世の記録では，年頭の料理にかぎらず，折々の来客のもてなしなどに雑煮が供されていたことも知られている。雑煮の作り方には家庭ごとの差が大きく，家風や家例と称して，芋や野菜など特定の具材を用いる（用いない），あるいは三が日には餅入りの雑煮を食さないといった規範が見られる。また雑煮には多彩な地域差があるため，今日ではマスメディアやインターネットを介して，全国の雑煮のレシピの情報が盛んに交換されている。例えば香川県では，白味噌で仕立て，餡入りの丸餅を入れた雑煮が知られているが，ほかにも海産物や肉類の具材の用い方にはユニークなものが多く，ご当地雑煮として好んで紹介されている。

(渡部圭一)

[文献] 安室知1999

台所

火を使う空間である台所には，秋葉・愛宕・荒神といった火伏せや火除けの神仏がかつては多く祀られていた。火が可視的に確認される存在であった囲炉裏や竈の時代から電磁調理器の時代へと移るなかで，人びとの火に対する感覚や意識がどのように変わっていくかは，今後注目してよいテーマの一つであろう。いわゆるシステムキッチンと称される台所の形態が一般化したのは1970年代以降のことで，この間の調理台や流し台等の設備の変遷は，用具，燃料事情，家電製品，その利用者である人間の衛生観や嗜好の歴史としても捉え得る。家事労働における役割分担の変化や使用者の高齢化に対応した作業台の高さや動線等，設備に求められる機能も多様化している。台所は単に食物の調理場であるだけでなく，家族や客人とのコミュニケーションや家庭教育の場としても機能するが，近年多く見かけるようになった対面式の形態もそうした考え方に根差すものと言えよう。

(林　圭史)

[文献] 小菅桂子1998；山口昌伴2000

風呂

入浴や蒸気浴の設備である風呂の今日もっとも一般的な形態は温浴であるが，語源は岩窟等を利用した蒸気浴の設備「ムロ」で，元来は蒸し風呂を指していたとされる。風呂にまつわる習慣は，その時代における生活者の衛生観念や羞恥に対する認識とも結びついており，入浴習慣の移り変わりを通してそれらの歴史を辿ることができる。西洋的衛生観の受容により明治以降に日本人のあいだで日常的な入浴が習慣化したが，1950～60年代頃を境とする内風呂の一般家庭への普及がその行為の意味を大きく変えた。銭湯や貰い風呂のようにかつては社会的な空間でもあった風呂は，今日までのあいだに，より個人的な空間へと変わってきたと言える。さらに近年では美容や健康意識の高まりによって，また，浴

室用テレビが販売されるなどして，浴室の個人的な娯楽空間化と呼べる現象も見られる。

(林　圭史)

[文献] 白石太良 2009；山内昶・山内彰 2011

便所

　大小便を排泄する場である便所は，厠・雪隠・手水場・閑所等，多くの呼称をもつ。便所に纏わる怪談や便所神を祀る行為に見られるように，便所は糞尿を排泄する不浄な空間であると同時に，異界とつながる特殊な空間と考えられていた。これらは視覚や嗅覚と結びついて形成された旧式の便所に対する暗い・怖い・危険等の印象と関わるところが大きい。下水道と浄化槽の整備が進むまで一般的であった汲み取り式便所（いわゆるボットン便所）に替り，温水洗浄や暖房機能を備えた洋式便器が普及した現在では便所のもつ語感も大きく異なる。洋式便所の普及は，例えば立位姿勢で小用を足せない男児が増えていると言われるように排泄行為における人間の身体の使い方にも変化を及ぼしている。本質的には不衛生や不浄の感覚を想起させる空間であるに変わりはなく，抗菌や消臭を謳ったさまざまな製品の登場も相俟って，良くも悪くも現代日本人の快適・安心志向は強まる傾向にある。

(林　圭史)

[文献] 飯島吉晴 1986；礫川全次編 2003

子ども部屋

　19世紀初頭のヨーロッパにおいて，夫婦と子どもから成る近代家族の形成とともに子どもへの教育的関心が高まり，子どもの遊び場・学習室・寝室として設けられるようになった。日本では，明治30年代に欧米の近代的子ども観が流入したことによって知られるようになったが，一般家庭には浸透しなかった。背景として，襖や障子で仕切られた日本家屋において，個人が占有する空間として部屋を設けにくいことや，親子が同じ部屋で寝る習慣が挙げられる。第二次世界大戦後，食寝分離と親子の隔離就寝をコンセプトとした標準設計51C型（2DKの原型）が公営住宅の間取りとして提案され，さらにnLDKが一般化したことにより，日本の家屋においても子ども部屋が確保されるようになった。

　子ども部屋は，子どもの人数や年齢，性別によって，部屋の利用法や配置が変化する。子どもに個室を与えることは，親からの自立を促すことが期待される一方で，家族との没交渉に陥る可能性もあるため，家庭における教育方針も反映される。

(戸邉優美)

[文献] ケラーマン，J. 1996（1991）

二世帯住宅

　親子二世帯が一棟に居住する生活形態で，特に住空間や生活を分け，核家族として生活できるように工夫された住宅。協力や交流を保ちつつ，プライバシーを確保し，互いに独立した生活を送ることができる。

　「二世帯住宅」という呼び名は，1975年に旭化成のヘーベルハウスのカタログに使われた「二世帯シリーズ」に始まるとされる［松本2013］。初期の二世帯住宅は，長屋のように外部から行き来する独立性の高いものが中心だったが，家事や育児に関する世帯間の相互協力などのニーズに応じて，台所・風呂等の水回りや玄関等を共用にするなど，幅広いバリエーションが生じた。二世帯住宅における独立性と共同性のバランスは，両世帯の志向のほか，経済性や土地の確保等の条件によっ

ても左右される。より独立性を重視し，かつ敷地に余裕がある場合は，敷地内の別棟に住む隣居や，近所に住む近居の形態が選択される。親世帯と子世帯の距離を保ちつつ，介護や育児の点で相互支援が可能であり，経済性も考慮できる住まいの在り方は，現代社会においていっそう重要性を増していくと見られる。

日本における伝統的な二世帯住宅あるいは隣居の例として，隠居慣行が挙げられる。その一つである別居隠居は，親夫婦が隠居すると隠居屋に移り住む形態で，同居隠居に比べ，日常生活や生計が世帯間で独立している。夫婦ごとの生活が重視される別居隠居の根幹には，親から子への連綿とした系譜意識があるが，家屋や設備の老朽化や家族観の変化により，隠居屋を建て替えて子世帯の住まいとするなど慣行の内容が変容しつつある。また，1980年代以降増加した二世帯住宅も世代交代が進んでおり，親世帯が亡くなった後の空き部屋に孫世帯が入るなど，入居者に合わせて間取りや内装をリフォームし，世代を越えて活用していこうとする傾向が生まれている。

(戸邉優美)

[文献] 船越正啓・上和田茂・青木正夫 2007；松本吉彦 2013

第4章
ジェンダーと家族

ジェンダーと文化

I ジェンダー秩序とジェンダー規範

権力や資源の配分，意思決定過程への参与，財産継承ルール，身分制や階級・階層との関係，共同体や家・家族あるいは市場における性別役割分担のあり方，身体やセクシュアリティの説明方法などは，時代と文化に応じて異なる。ジェンダーやセクシュアリティに関するこれらの規範をジェンダー規範と言い，ジェンダー規範によって維持されている秩序をジェンダー秩序という。

西洋近代のジェンダー秩序は，公私二元論に立脚している。公私二元論とは，国家・市場・公共圏を公的領域，家族を含む親密圏およびプライバシーを私的領域として二分する考え方をさす。このような公私二元論は西洋近代市民社会で典型的な形で成立し，「公＝男／私＝女」という性別役割分担を正当化した（公私二元型ジェンダー秩序）。しかし，西洋でも前近代の身分制社会では公私は分離していない。また，日本を含む非西洋社会では，公私のあり方が西洋社会とは異なる。

II 文化説明概念としての家父長制

(1) ジェンダー研究で提起された家父長制概念は，さまざまな議論を呼び起こした。日本の伝統的な社会科学で用いられてきた家父長制概念と大きく異なる内容をもっていたからである。「家父長制」概念は，17世紀以降に欧米で成立し，大きく二つの用法があった。①特定の支配形態や家族形態を示すものとしての「家父長制」（patriarchalism），②権力の所在が男性（家父長）にあることを示す「家父長制／父権制」（patriarchy）である。①は，17世紀にフィルマー（R. Filmer）により，王権神授説を正当化するための政治学用語として導入された。20世紀初頭，ウェーバー（M. Weber）は，①の家父長制を「伝統的支配」の純粋型とした。②は，19世紀に主に文化人類学の親族理論で用いられた。patriarchyの対義語がmatriarchy（母権制）である。今日，母系制（財産や地位を母系で継承する）は各地で確認されているが，バッハオーフェン（J. J. Bachofen）『母権制』（1861年）が想定したような原始母権制は実証されていない。戦後日本の社会科学は「いえ」制度の分析概念として①を用い，1970年代以降のジェンダー研究は②を用いる。概念の混乱が生じたのはこのためである。

(2) ②の意味の「家父長制」（patriarchy）は1970～80年代半ばにおけるジェンダー研究の中心テーマとされた。ミレット（K. Millet）『性の政治学』（1970年）は，家父長制を普遍的・非歴史的な「性支配」（「あらゆる領域で生じている，男による女の支配一般」）を表す概念として再定義した。ファイアストーン（S. Firestone）『性の弁証法』（1970年）は，エンゲルス（F. Engels）『家族，私有財産，国家の起源』を援用し，再生産（生殖）が社会編成の土台であるとした。彼女は，家父長制は生物学的性（生殖関係）の不平等に由来すると見なし，女性が生殖コントロール権を握ることと家族の消滅が必要と説いた。

1980年代半ば以降，「知は構築される」と考えるポスト構造主義がジェンダー研究に大きな影響を与えた。「肉体的差異に意味を付与する知としてのジェンダー概念，さらに社会編成原則としてのジェンダー概念」［Scott, J. W. 1988］，「すべての社会関係はジェンダー化されている」［Acker, J. 1990］などの理論が登場する。その結果，家父長制概念も根本的に見直されるようになった。①家父長制の歴

史構築性が認識され，それぞれの社会や文化における具体的な家父長制のありようが考察されるようになった。②ジェンダー・人種・セクシュアリティ・階級などの差異化要因を重層的・連関的に分析しようとするアプローチが登場し，家父長制を複合的にとらえるようになった。③家父長制や資本主義を所与の社会構造ととらえ，それによって文化や意識が規定されるという考え方が相対化されはじめた。

III 近代市民文化と市民的価値観

(1) 貴族に対抗して，近世末に登場してきた財産と教養をもつ市民層（教養市民）は，贅沢で放蕩な貴族とも，「怠惰で野卑」な下層民とも異なる独自の市民的価値観を形成した。市民的価値観の重要な柱をなしたのがジェンダー役割（性別役割分担）である。「男らしさ／女らしさ」の規範は，社会生活全般を貫いた。もはや「家」という生産単位でなく，「愛の共同体」となった市民家族（いわゆる「近代家族」）では，男性（夫）単独稼得モデルが成立し，妻は専業主婦となり，家事労働を行う女中を差配した。ただし，19世紀を通じてこのような主婦婚はごく一部の上層エリートに限られ，人口の大半を占める労働者や農民層では子どもも含めた家族全員が働いた。市民家族の内部では夫婦は不平等であり，妻は夫の決定に従うものとされた（近代的家父長制）。

(2) 身分制社会では，性差よりも身分差が優先された。貴族女性は，自分の財産や領地・城をもち，しばしば政治にも介入した。これに対して，近代市民社会は，女性を政治や経済活動から排除し，男性の自由と平等を保障する社会として成立した。オランプ・ドゥ・グージュ（Olympe de Gouges）『女権宣言』（1791年）は，フランス人権宣言（1789年）は男性市民と男性の権利しか保障していないと批判した。近代市民法の代表的法典であるフランス民法典（ナポレオン法典1804年）は，国家の単位を市民家族におき，家族の長である夫（家父長）に妻子に対する監督・懲戒権を認めた。また，妻の無能力を定め，妻の財産は夫の管理下に入るとした。フランス刑法典（1810年）には性の二重基準が顕著であった。姦通罪の場合，妻の姦通に対しては厳しかったが，夫の姦通は家庭を壊さない限りで（姦通相手を自宅に引き込まない限りで）非処罰とされたのである。

(3) 市民男性を主体とする近代市民文化は，学校（寄宿舎）や社交を通じてホモソーシャルな男性文化として発展した。華美を避け，勤勉な市民男性は，自らの富を誇示するために妻を着飾らせた。市民の結婚では夫婦の年齢差が大きく，妻は人生経験がないほうが望ましいとされた。19世紀末には，フェミニズムの第1の波として市民女性団体が多数成立する。これらの団体は女性参政権と高等教育を受ける権利を求めたが，他方で，労働者女性に市民的美徳を教える役割も果たした。やがて，中間層が上層市民の市民的価値観を受け入れ，公私二元的なジェンダー規範もまた国民に浸透していったのである。

IV 文化表象としてのジェンダー

(1) 公私二元的なジェンダー規範は，「良妻賢母」規範としてアジア・アフリカ諸国にも受容された。植民地主義では，「西洋＝文明的（進歩的）＝男性的／東洋＝自然的（停滞的）＝女性的」という対比が好んでなされた。「西洋化」は「近代化」とほぼ同義とされ，女性のあり方が「文明」の高低をはかる尺度とされた。例えば，19世紀インドでは，インド知識人層による社会改革運動の中心は，サティーや幼児婚の廃止，女子教育の普及など「女性の地位」の改善におかれたが，その運動に女性自身はほとんど関与していない。他方で，インド民族運動では，インドはイギリス支配のもとで囚われの身となっている女性（「母なるインド」）として表象され，サティーはインド女性の醇風美俗だと称えられた。

(2)　文化相対主義とは，すべての文化に優劣が無く，平等に尊ばれるべきという考え方であり，おもに文化人類学で発展した。今日，ジェンダーに関して，文化相対主義とジェンダー平等との衝突が問題とされている。その典型が，イスラーム文化における女性のヴェール着用とアフリカ社会で慣習化している女性性器切除（女子割礼）である。欧米社会では，イスラーム社会におけるヴェール着用や女性隔離の習慣，一夫多妻制の許容などを女性抑圧の悪弊と見なす傾向が強い。20世紀初頭より，西洋的教育やイスラーム改革主義の影響で，女性のヴェールは後進性の象徴と見なされるようになり，ヴェール着用は減っていった。しかし，1970年代以降，イスラーム復興運動が台頭し，イスラーム教育の再評価や女性たちによるヴェール復権が強まっている。これに対し，フランスやベルギーではブルカ禁止法が施行されており，ヴェール着用の自由を求めるムスリム女性から反対の声があがっている。また，女性性器切除については，これを文化的伝統と見なす立場は女子割礼という呼称を用い，反対する立場は「女性に対する暴力」の一つにあげてその撲滅を謳っている。地域の経済構造に根ざした性別役割分業を「文化」というべきか，ジェンダー平等に反する「差別」というべきか，判断には慎重を要する。それぞれの文化の独自性は尊重されるべきであるが，「文化」の名の下に女性に対する差別的取り扱いが正当化されていることも事実である。女性の地位や女性の身体が，守旧派からも批判派からも「文明」のレベルをはかる指標として利用されるのは，女性が客体視されているからである。文化創造のすべての局面において，女性が男性と対等な能動的主体になることが先決である。

（三成美保）

[文献]　木村涼子・伊田久美子・熊安喜美江編 2013；ジェンダー法学会編 2012；服藤早苗・三成美保・石川照子・高橋裕子ほか編著 2009-11；三成美保 2005；三成美保・笹沼朋子・立石直子・谷田川知恵 2015；三成美保編 2006；三成美保・姫岡とし子・小浜正子編 2014

ミソジニー

女性や女性性に対する強い嫌悪感や敵意・蔑視，および，それらにもとづく言動・暴力などを意味する（女性嫌悪・[英] misogyny）。フェミニズム理論では，ミソジニーは家父長制的な社会構造の原因かつ結果であるとされる。ミソジニーは，古代ギリシア哲学に既に顕著であり，その後もしばしば文学作品や日常言語，暴力的行為等を通じて表現されてきた。いくつかの宗教にもミソジニーが強い。例えば，中世カトリック教会の教父たちは，しばしば原罪の元凶を女性（エヴァ）に求め，女性を「悪魔への入り口」などとよんだ。一部のイスラーム社会に残る性的逸脱女性に対する制裁としての「名誉の殺人」やインドの「持参金殺人」「寡婦殉死」，アフリカ社会の一部に見られる「女性性器切除」，レイプや強制売春などの戦時性暴力などもミソジニーの一形態である。今日では，これらは「女性に対する暴力」（violence against women）とよばれ，国際社会で廃絶に向けた取り組みが進められている。

（三成美保）

[文献]　クマラスワミ，R. 2000（1996, 97, 98），2003（2003）

女権宣言

正式名称を「女性および女性市民の権利宣言」（[仏] Déclaration des droits de la femme et de la citoyenne）といい，フランス人の女性劇作家オランプ・ドゥ・グージュ（Olympe de Gouges 1748-93）が1791年に執筆した。「女権宣言」は、「人および市民の権利宣言（フランス人権宣言）」（1789年）のジェンダー・バイアスを批判して、男女平等を訴えている。「女権宣言」全17条は、①「人権宣言」とほぼ同じ条文（3、5、8条）、②「人／市民」を「女性／女性市民」に置き換えている条文（6、12、14、15条）、③加筆修正によって女性の権利が明確に主張されている条文（1、4、10、11、13-15、17条）、④「人権宣言」の枠をこえた条文（16条）に大別できる。グージュは、初期フェミニズムを代表する人物としてリベラル・フェミニズムに位置づけられるが、家族や性の領域でも権利主張を展開しており、きわめて現代的な課題を先取りしていたと評価することができる。しかし、その先進性ゆえに、彼女の主張は当時の女性たちにも受け入れられなかった。　　　　　　（三成美保）

[文献] 辻村みよ子2008；ブラン, O. 2010（2003）

コロニアリズム（植民地主義）

　国外のある地域を征服し、その土地に居住していた人びとを服従させ本国の利益にむすびつく事業を行う行為、その思想である（[英] Colonialism）。しばしば帝国主義（Imperialism）とはほぼ同義で使われることもあるが語源は異なる。古くは古代フェニキアや古代ギリシア時代から交易や征服の拠点づくりとして植民地化が進められてきた。とりわけ羅針盤や航海術の発展により15世紀から始まった大航海時代以降、ヨーロッパ諸国が香辛料を求め外の世界に繰り出し世界各地で交易、そして征服統治を始め大きな転換期を迎える。理性と啓蒙の時代とよばれる18世紀にはモンテスキュー（Montesquieu）、ヒューム（D. Hume）といった一流の知識人が「アフリカ人は同じ人間ではない」とするアフリカ＝野蛮観を確立、植民地主義を正当化し人類史上、最悪の奴隷売買の世紀にもなった。ヨーロッパ国内での産業革命から資本主義にむかう社会変化を背景に、19世紀には原料を輸入し製品を売りつける市場が求められた。例えばアフリカに対しては本土への好奇心（Curiosity）、文明化（Civilization）、キリスト教化（Christianization）、商業化（Commerce）、植民地化（Colonization）の五つのCが動機となり探検家たちが進出、追って白人の没落貴族・農民らが入植した。また、ダーウィン（C. Darwin）の進化学説『種の起源』（1859年）の「自然淘汰」概念が注目され、ハーバート・スペンサー（H. Spencer）によって「社会的ダーウィニズム」（社会進化論）が展開された。それは植民地の非ヨーロッパ人（「野蛮人」）とヨーロッパ人は進化の段階が異なるため、大英帝国は植民地支配によって「野蛮人」をヨーロッパ人の水準に引き上げねばならないとする非科学的な論で、「人種」主義、そして植民地主義の合法化に利用された。近代に入りヨーロッパは資本主義の発展のために安価な賃金労働者、商品市場、原料の獲得、さらに軍事的・戦略的要地獲得を目的に海外の植民地の拡大を競い合った。ダイヤモンドや金などの埋蔵資源を得る鉱山や大規模なプランテーションのために先住民の土地を暴力で奪い、そこで安い賃労働に従事させた。植民地政策としては、宗主国国民と植民地先住民の差別化を基点として先住民の間にもアメとムチの統治を行い、政治的、文化・経済的格差を生みそれを利用し、現代世界における紛争の火種の多くが植民地時代につくられた。独立後も圧倒的な経済格差を前提に表面上は植民地主義を批判しつつも元宗主国である先進諸国から経済援助、ときに軍事援助という形で支配・従属関係を構築する政策、すなわち新植民地主義が見られる。（椎野若菜）

[文献] オースタハメル, J. 2005（1995）；栗本英世・井野瀬久美惠編1999；永原陽子編2009；平野千果子

2002；宮本正興・松田素二編1997；山路勝彦・田中雅一編2002

グローバル・フェミニズム

「女性の権利は人権である」というスローガンのもとで生まれたフェミニズム思想および運動。女性に対する暴力は普遍的であるとの認識にもとづき，世界中の女性が「グローバル・シスターフッド」として国際的に連帯することを呼びかけた運動で，「国連女性の10年」の最終年である1985年にナイロビで開催された第3回世界女性会議を機に高揚した。1975年にメキシコ・シティで開催された第1回世界女性会議と，それに続いてコペンハーゲンで開催された第2回世界女性会議では，国籍，人種や階級に対する欧米側の認識が強調されたため欧米諸国の女性と第三世界の女性との対立が深まっていたが，アフリカからの参加者が多かったナイロビ会議を通じて国際的な連帯が推進された。

グローバル・フェミニズムは，北米やヨーロッパなどの先進諸国で問題となっているDVや強姦の問題と，北アフリカで実践されてきた女性性器切除（FGM）やインドのサティー（寡婦殉死）などの問題を一括して女性に対する暴力と捉え共闘することで，国際社会における暴力の廃絶を目指した。しかしグローバル・フェミニズムは北米を中心とするフェミニストによって主導された経緯もあり，帝国主義的認識から脱却できないことがしばしば批判の対象となった。例えば，欧米のフェミニストが女性性器切除を人権侵害として一律に廃絶すべきだと訴えたことで，固有の文化に対する理解不足とエスノセントリズムを突きつけられる結果となった。9.11同時多発テロ後の米国によるアフガニスタン侵攻の際にも，同様の問題が浮上した。アフガニスタン侵攻は，ターリバーン政権によって抑圧されてきた女性を「救済」するための闘いとして変換され，女性がブルカを脱ぐことが解放のメルクマールと位置づけられた。このように，フェミニズムは総じて男性支配の近代的主権国家に対抗することを目的としていたはずであったが，グローバル・フェミニズムはしばしば男性的な正義に女性が同化する問題を引き起こしてしまうことが指摘されている。

(辻上奈美江)

[文献] 土佐弘之2000

イスラーム世界におけるジェンダー

エドワード・サイード（E. Said）は『オリエンタリズム』において「東洋人は非合理的で，下劣で（堕落していて），幼稚で，『異常』である」とヨーロッパ世界でオリエントが異質な他者として繰り返し表象されてきたことを批判した。サイードがオリエントとよぶイスラーム世界は，異質で異常であるがゆえに人びとの関心や興味を引きつけ，幻想にもとづく言説が生産され，蓄積されることによって「現実」が創造された。イスラーム世界のジェンダー関係は，このようなヨーロッパ的視点に，もとづきしばしば非難と矯正の対象となってきた。このような批判のなかには，イングルハート＝ノリス（Inglehart and Norris）命題のように，イスラームがジェンダー平等を妨げていると論じる研究もある。同命題の問題点の一つは，イスラーム世界を一括りにしたために，それらがあたかも同質であるかのように論じた点であろう。

イスラーム世界のジェンダー関係は，宗派や宗教解釈と実践に加えて，各国の法律や政治体制，部族などの社会的紐帯に加えて経済水準によっても異なる。例えばチュニジアでは，1956年に制定された家族法によって複婚

が禁止されたほか，強制結婚や夫からの一方的な離婚通告も禁止された。さらに1993年の法改正では，夫の扶養義務，妻の服従義務が廃止された。他方で，厳格な宗教解釈で知られるスンニー派ハンバル学派を採用するサウディアラビアでは，明文化された法律とはなっていないが，女性の自動車運転が禁止されるなどの行動の自由への制約がある。だが，運転が禁止となる現地の論理を理解する必要もあるだろう。女性たちのなかには運転が解禁になることによって家事負担が増えることを懸念する人もいる。デニズ・カンディヨティ（D. Kandiyoti）は中東地域の女性が自らの安全と生活の最適化のために，戦略的に家父長制を支持することを「家父長制との交渉」と表現して説明したが，ジェンダー平等のみでは捉えられない現地の論理が戦略性を形成していることを示している。　　　　（辻上奈美江）

[文献] サイード，E. W. 1993（1978）；Inglehart, R. and Norris, P. 2003；Kandiyoti, D. 1998

一夫多妻［イスラーム・アフリカ］

　結婚にはさまざまな形態があるが，配偶者の数が二人以上である複婚（polygyny）のうち，夫が複数の妻をもつことができる結婚の形を一夫多妻（polygamy）という。イスラーム教徒の聖典クルアーンには，「あなたがよいと思う二人，三人または四人の女を娶れ」［婦人章4：3］という一節があり，同じ章に「だが公平にしてやれそうにもないならば，只一人だけ（娶るか），またはあなたがたの右手が所有する者（奴隷の女）で我慢しておきなさい」というくだりがある。これを根拠にチュニジア等を除く多くのムスリム国家（または社会）では一夫多妻を認めている。伝統的アフリカ社会では妻の数に制限はない。西アフリカのティヴ社会を調査したボハナン夫妻（P. Bohannan, L. Bohannan）は，コンパウンド（屋敷地あるいは家囲い）を形成する一夫多妻による拡大家族は共に暮らし，農作業を行い生産率を高くし，経済・労働システムの核のような単位となっていると指摘した。また一夫多妻社会では同時期に夫が複数の妻をもつことができるとはいえすべての男がそうする訳でなく，妻を複数迎える財力がある他に，妻が男子を出産しない，もしくは亡くした，出稼ぎ先にも家を守る妻が必要，夫婦の関係性に不都合があるなど複婚者になる理由はさまざまである。夫を共有する妻（僚妻：co-wife）たちの関係性も過酷な環境で暮らすうえで協力関係にある場合もあれば，険悪な場合もある。また一夫多妻社会では一人の既婚男性の死により複数の寡婦が生まれることもしばしばだが，ケニア・ルオ社会のようにレヴィレートが結婚制度を補完している場合は，夫の死後に妻はそれぞれ別の代理夫をもち，女性の生涯もつ（慣習）法的パートナーは男性より多い場合もある。このように伝統的アフリカ社会では慣習法で一夫多妻を行ってきたが，ケニアは2014年3月，女性議員が反対するなか議会が一夫多妻を認める議案を通し，4月末には大統領がサインしケニア法においても一夫多妻が合法となった。アフリカ諸国やイスラーム国家がとるアフリカ，イスラーム的思考と近代的思考との葛藤や方針決定はこれからも見逃せない。　　　（椎野若菜）

[文献] 椎野若菜 2014a；Bohannan, P. and Bohannan, L. 1968

女性ノーベル賞受賞者

　女性で初のノーベル賞は1903年に夫とともに受賞したマリ・キュリーであり，2度目は単身で受賞（1911年）しているが，その後も女性の受賞者は未だ少なく，全受賞者の

5％ほどである。女性の平和賞受賞者には，マザー・テレサ（1979年），アウン・サン・スー・チー（1991年），そして2004年に初めてのアフリカ人女性，ワンガリ・マータイが受賞。続いてアフリカ・中東から女性の人権，平和構築に貢献したエレン・ジョンソン・サーリーフ，レイマ・ボウィ，とりわけ中東の民主化運動に関わるタワックル・カルマンが2011年に，2014年は女子教育の権利を訴えるマララ・ユスフザイが史上初の10代，17歳の若さで受賞し大きな話題となった。近年は女性や子どもの権利に対し現役で活動している人に，それを後押しする狙いがある授賞が多い。それには欧米の価値観，政治性が反映していることも否めない。また日本からのノーベル受賞者が近年増加しているとはいえ女性はおらず，アカデミズムではそもそも女性の博士過程修了者が他国に比べ著しく少ない。継続性が重要である社会的活動，研究に女性が携わりにくい日本社会の環境，ワークライフバランスや意識の改善が男女ともに大きな課題として背景にあろう。

（椎野若菜）

[文献] 小川眞里子 2014

国際社会におけるジェンダー平等とジェンダー主流化

I　UN Women の設置

2011年，「ジェンダー平等と女性のエンパワーメントのための国連機関（UN Women）」が発足した。同機関は，既存の国連ジェンダー関連4機関を統合したものであり，国連改革の一環として実現された。ジェンダー平等と女性のエンパワーメントを最優先事項と位置づけてきたパン・ギムン国連事務総長は，「UN Women は，世界でのジェンダー平等の促進，機会の拡大等に関する国連の取り組みを大いに高めるだろう」と述べている。

II　ジェンダー主流化

「ジェンダー主流化（gender mainstreaming）」は，1990年代に登場した新しい潮流である。その起点は，ウィーン世界人権会議（1993年）と北京会議（1995年）とされる。ジェンダー主流化の最終目標は，「ジェンダー平等（gender equality）」の達成にある。「ジェンダー観点を主流化するということは，あらゆる領域とレベルにおいて，法律，政策もしくはプログラムを含むすべての活動が，男性と女性に対して及ぼす影響を評価するプロセスなのである。これは，女性の関心と経験を，男性のそれと同じく，あらゆる政治，経済，社会の分野における政策とプログラムをデザインし，実施し，モニターし，評価するにあたっての不可欠な部分にするための戦略であり，その結果，男女は平等に利益を受けるようになり，不平等は永続しなくなる。主流化の最終目標は，ジェンダー平等を達成することである」（1997年国連経済社会理事会）。2005年世界サミットの成果文書もまた，「ジェンダー平等を実現するためのツールとしてジェンダー主流化の重要性を認識する」とし，「ジェンダー分野において国連システムの対応能力を強化することを約束する」とした。これが UN Women の設立につながる。

III　国際人権法の展開とジェンダー主流化

ジェンダー平等の視点から国際人権法をとらえると，その展開は3期に分けることができる。(1)「法律上の平等」が求められた1945～1967年（第1期），(2)「事実上の平等」が意識された1968～1994年（第2期），(3)「ジェンダー主流化」が確立した1995年以降

(第3期)である。

(1) 第1期 国際人権法の中核をなすのが、世界人権宣言(1948年)である。しかし、同宣言もまたジェンダー・バイアスを免れていない。想定された個人(ひと)は、「健常な成人の(白人)男性」であった。男性モデルにのっとった男女平等は「形式的平等」の枠を超えていない。「法律上の平等」は、公的領域における女性の地位を男性並みに引き上げることをめざしたのである。1960年代になると、「法律上の平等」と「事実上の平等」が一致しないことが認識されるようになる。女性差別撤廃宣言(1967年)は差別的な慣習や慣行の撤廃を求めたが、女性が家庭責任を果たすことを前提とした上での女性保護を求め、性別役割分業規範を免れていない。

(2) 第2期 女性差別撤廃条約(1979年、日本批准1985年)は性別役割分業を否定した。「事実上の平等」を求める動きはますます強まる。国際労働機関(ILO)第156号条約(1981年)では、男女双方の家庭責任を前提にした労働条件の改善がめざされた。ウィーン世界人権会議は「女性の権利は人権である」をスローガンとし、女性に対する暴力撤廃宣言(1993年)は私的領域での暴力の撤廃を課題として掲げた。

(3) 第3期 北京会議でジェンダー主流化が宣言され、組織的性暴力を「人道に対する罪」として裁く国際刑事裁判所(ICC)が成立した(1998年)。1999年、個人通報制度を定めた女性差別撤廃条約選択議定書(2015年時点で日本未批准)が採択され、国内法の不備によって救済されない被害者を国際法が救済する道がひらかれる。人身取引(トラフィッキング)については、人身売買禁止条約(1949年、日本批准1958年)が存在したが、同条約は国内における人身売買を禁じたもので、グローバル社会での人身取引に対する取り組みは1990年代に始まった。2000年には、人身取引防止議定書(2015年時点で日本未批准)が成立した。

IV 国際人道法とジェンダー

上記の第2期末から第3期にかけてジェンダー視点からあらためてその役割が問われたのが、国際人道法である。国際人道法は、戦時・平時を問わず、「人間の尊厳」を保護するための国際法規範をさし、国際人権法と武力紛争法を含む。戦後長く、武力紛争法の中核をなしたのは、四つのジュネーブ条約(1949年)と二つの追加議定書(1977年)であった。これら6条約の基本的な保護対象は、男性が98%を占める戦闘員である。第4ジュネーブ条約(文民保護条約)も追加議定書も女性に対する性暴力を禁じていたが、性暴力を「重大な違反行為」とは位置づけていない。1989年の冷戦終結後、各地で深刻な内戦(民族・部族紛争)が相次いだが、国際人道法は内戦には適用されず、抑止力とはならなかった。その結果、旧ユーゴのボスニア紛争(1991〜95年)やルワンダ紛争(1990〜94年)では、ジェノサイドの一環として集団強姦・強制妊娠・強制売春などの性暴力が組織的に行われた。二つの内戦について、国際安保理は、臨時の国際刑事法廷(旧ユーゴ1993年、ルワンダ1994年)を設置し、性暴力加害者に有罪判決を出した。

こうした経験が、常設の国際刑事裁判所(ICC)の設置(1998年)につながる。ICC設置規程(1998年、日本批准2007年)は、国際条約としては初めて「ジェンダー」という語を用い、広範・組織的な性暴力(強姦・性的奴隷・強制売春・強制妊娠・強制断種など)を「人道に対する罪」の一つと定めた(第7条)。また、司法関係者(裁判官・検察官・書記局など)に性暴力についての専門的知識を求め、裁判官のジェンダー平等(男女比率の公平)を明記した(第36, 43, 54条)。

V 21世紀のグローバル社会と日本

21世紀のグローバル社会におけるジェンダー平等課題としては、(1)女性に対する暴

力の廃絶，(2) 意思決定過程への対等な参画，(3) ディーセント・ワークの保障，(4) LGBTIの権利保障などがある。
(1) テロ活動が過激化するなか，少数民族女性や宗教的に敵対する集団の少女たちが拉致されたり，強制結婚・強制売春・強姦などの性暴力にさらされたりする危険はなくなっていない。
(2) 国会議員に関するポジティブ・アクションは，ヨーロッパ諸国では政党の自発的クォータ制によって，アジア・アフリカ諸国では法律によるクォータ制（議席割当制）によって推進されている。クォータ制を導入する国は，いまや世界の45％に達する（2011年現在）。他方，グローバルな経済社会では，女性登用が急務とされている。2006年以降，世界経済フォーラムがジェンダー・ギャップ指数を公表している。リーマンショックのときに取締役会に女性がいる企業のダメージが小さかったことが実証され，「ボード・ダイバーシティ」の取り組みが進みはじめた。取締役クォータ法を制定する国も現れた（2007年スペイン，2009年オランダ，2011年フランスなど）。日本では，国会議員の女性議員比率は10％以下できわめて低く，企業取締役の女性比率は1％と世界最低レベルである。女性活躍推進法（2015年）は強制力に乏しい。
(3) 2008年，ILOは，「公正なグローバル化のための社会正義宣言」を採択した。「ディーセント・ワーク」（働きがいのある人間らしい仕事）の実現は，1998年にILOの目標として設定されたが（「新宣言」），それが達成されていないとして「社会正義宣言」が出されたのである。日本はILOの八つの基本条約のうち二つを批准しておらず，相次ぐ派遣法改正による雇用崩壊やワーク・ライフ・バランスの停滞を受け，女性労働力は公正な評価を受けないままである。
(4) LGBTIの権利保障については，イスラーム諸国の反対が強いため，国連総会での決議は実現していない。しかし，国連人権理事会では何度も決議がなされ，取り組みが進んでいる。EUでは基本権憲章（2000年）に性的指向による差別を明文で禁じ，これを受け，ヨーロッパ諸国では同性婚容認が進んだ。他方，アメリカでは2015年6月に連邦最高裁が同性婚を禁止する州法を違憲と判断した。日本では，同性カップルの権利保障に向けていくつかの自治体が取り組みを始めたが，法的効力はない。

以上のように，国際社会におけるジェンダー平等の取り組みに比べ，日本は条約批准が遅れがちであり，あるいは未批准のものも少なくない。また，法制度も不十分であり，今後の対策が急務である。
(三成美保)

[文献] 国際女性の地位協会編 2010；ジェンダー法学会編 2012；辻村みよ子監修 2004-08；三成美保・笹沼朋子・立石直子・谷田川知恵 2015

世界女性会議

国際連合が女性の地位向上を目的として主催する政府間の国際会議。国連憲章の前文には，国際文書としてはじめて基本的人権とともに男女の同権への信念を確認する文面が示され，経済社会理事会内の女性の地位委員会を中心に女性問題への取り組みが行われた［鹿野政直 2004］。1972年になると国連は，1975年を「国際女性年」とすることを決定し，メキシコ・シティで国際女性年世界会議（第1回世界女性会議）を開催した。この会議では，1976〜85年までの10年間を「国連女性の10年」とし，その間に各国が女性差別撤廃のために国内行動計画を策定し実施することを義務づける「世界行動計画」を策定した。また，政府間会議とは別に，民間の女性たちによるNGOフォーラムが同時に開催され，第1回世界女性会議には約6千人の民間女性

が参加した．回を追うごとに参加者が増え，1995年の第4回会議では3万人を超える民間女性（NGO，NPOの活動家，学者等）が参加した．

1980年には「国連女性の10年」の中間年として，コペンハーゲンで第2回世界女性会議が開催され，女性差別撤廃条約の各国による署名式を開催し，日本政府代表も式に参加した．1985年にナイロビで開催された第3回世界女性会議は，「国連女性の10年」の最終年にあたり，行動計画の実施年限が2000年まで延長された．各国の実施上のガイドラインとなる「ナイロビ将来戦略」が採択され，女性のエンパワーメントの推進が女性の地位向上に結び付くとの合意がなされた．1995年には北京で第4回世界女性会議が開催され，各国のガイドラインの評価と見直しが行われた．この会議では新たに，各国による女性のエンパワーメントの推進を表明した「北京宣言」とその実施に向けた戦略目標と取り組むべき行動を示した「北京行動綱領」が採択された．2000年には，国連特別総会にて「女性2000年会議」がニューヨークの国連本部で開催され，北京宣言と北京行動綱領の見直しが行われた．　　　　　　　　　　（大木直子）

[文献] 鹿野政直 2004；進藤久美子 2004

北京会議

1995年9月4日〜15日に北京で開催された第4回国連世界女性会議．日本からも約5千人が参加し，この会議の前後に多数のNGO団体が誕生した．北京会議では第3回の「ナイロビ将来戦略」および1990年の「ナイロビ将来戦略勧告」を受け，女性のエンパワーメントの促進に各国が取り組むことを表明した「北京宣言」と，その実施に向けた12の項目（「女性に対する暴力」「女性と人権」「権力及び意思決定における女性」等）にわたる戦略目標と行動を示した「北京行動綱領」が採択された．この会議を契機に，政府や援助機関で「女性の権利は人権である」とするジェンダー平等の考え方が強調されるようになり，特に開発の分野では政策立案や意思決定過程などにジェンダー平等視点を導入する「ジェンダー主流化」への認識が強まっている[田中由美子ほか2002]．日本でも北京行動綱領等に関する国内外の圧力を受け，改正男女雇用機会均等法や男女共同参画社会基本法などが制定された．　　　　　　　　　　（大木直子）

[文献] 鹿野政直 2004；田中由美子・大沢真理・伊藤るり 2002

ジェンダー主流化

ジェンダー主流化（gender main-streaming）とは，あらゆる政策，事業計画等にジェンダー平等の視点を組み入れることであり，第4回世界女性会議で採択された北京行動綱領においてはじめて明記された．北京行動綱領では，「女性の地位向上のための制度的な仕組み」として，政府は，男女それぞれに与える影響の分析が行われるように，すべての政策，計画の中心にジェンダーの視点を据え，積極的で目に見える政策を促進することが求められており（パラグラフ202），その戦略目標として，①国内本部機構その他の政府機関を創設・強化すること，②法律，公共政策，計画およびプロジェクトにジェンダーの視点を組み込むこと，③立案および評価のための男女別のデータおよび情報を作成・普及することがあげられている（同203〜209）．さらに，開発の分野においては，すべての開発課題において，男女ともに意思決定過程に参加できるようにすることが強調されている．

また，ヨーロッパ評議会（Council of Europe) では，ジェンダー主流化は「(再)組織化，改良，政策プロセスの開発と評価であり，そのためジェンダー平等の視点 (gender equality perspective) が通常，政策立案に関与する行為者によって，すべてのレベルにおいて，そしてすべての段階においてすべての政策に組み入れられるものである」(ジェンダー主流化に関する専門家グループの最終レポート，1998年) と定義され，欧州委員会 (European Commission) では「政策立案の段階で男女それぞれの状況に及ぼし得る影響を積極的にかつオープンに考慮することによって，特に平等達成の目的のためにあらゆる一般的な政策と手段を動員すること」(1996年) と定義されている。日本においては，ジェンダー主流化の定義に関する議論が活発ではないものの，施策の策定等にあたっての配慮を記した男女共同参画社会基本法第15条がジェンダー主流化の概念を示しており，主に民間企業での事例が内閣府男女共同参画局のホームページ等で公開されている。(大木直子)

[文献] 田中由美子・大沢真理・伊藤るり 2002；ベーニング，U．，セラーノ・パスキュアル，A．編著 2003 (2001)

ジェンダー平等 [EU]

欧州連合 (EU) は，1993年のマーストリヒト条約によって欧州統合の包括的組織体として発足した。1997年には，アムステルダム首脳会議において，同条約とその前身のローマ条約の見直しが行われ，アムステルダム条約が成立した。欧州統合の一連のプロセスにおいて，ジェンダー主流化は EU の主要な政策テーマの一つとして位置づけられるようになり，EU では，労働市場における男女均等処遇と，法の下の平等にもとづいたジェンダーを含む非差別原則の徹底の二つの側面からジェンダー平等政策がルール化された [中田瑞穂 2011]。欧州委員会 (European Commission) 内には，1991年に男女の機会均等の促進を担当する部署として「機会均等課」が設置され，1988年に策定された第1次ポジティブ・アクション・プログラム (男女均等推進のための行動計画，1988～90年) の成果報告を行った。現在は，「非差別と機会均等課」が欧州委員会内に設置されており，現行の同プログラムの成果を監視している [柴山恵美子・中曽根佐織 2004]。 (大木直子)

[文献] 柴山恵美子・中曽根佐織 2004；中田瑞穂 2011

女性差別撤廃委員会（CEDAW）

女性に対するあらゆる形態の差別の撤廃に関する条約（女性差別撤廃条約）の実施状況を監視するために設置された国連機関であり，CEDAW（セダウ；Committee on the Elimination of Discrimination against Women の略称）とも表記される。日本政府の公式文書では「女子差別撤廃委員会」が使われている。毎年会合が開かれ，締約国から提出された報告をもとに，国連総会への報告や締約国への勧告が行われる。同委員会は，23人の専門家から構成され，2年ごとに半数を選挙で選出する。

1985年に締約国となった日本は，1987年から2014年までに計8回の報告書を提出し，1988年から2009年にかけて計4回の審議を受けている。2003年の第4回・第5回報告書に対する審議（第29回女性差別撤廃委員会）では，男女共同参画社会基本法の制定（1999年）および男女共同参画社会基本計画の策定（2000年），雇用機会均等法の改正（事業主によるセクシュアル・ハラスメント対策の義務づけ），女性に対する暴力に関する法律の制

定(「配偶者からの暴力の防止及び被害者の保護に関する法律」〔2001年〕,「ストーカー行為等の規制等に関する法律」〔2000年〕)などに対する評価を受けた。しかし,同時に,民法の差別的な法規(最低婚姻年齢の男女差,女性のみに課せられる再婚禁止期間,選択的夫婦別姓など)の是正や,暫定的特別措置を通じた女性の政治的,公的活動への参加の促進,男女の賃金格差や出産・育児等を理由とする違法な解雇の解決,男女の役割に関する大規模な調査の実施,男女平等についての教育等の教育システムにおける包括的なプログラムの策定・実施などさまざまな分野にわたる勧告が通達された。2009年の第6回報告書審議(第44回女性差別撤廃委員会)においても,前回の同委員会による最終見解で示された課題の多くを実施しておらず,女性差別撤廃条約が法的拘束力をもつ重要な国際人権法であると認識していないとしてあらためて同条約に対する日本政府の根本的な姿勢が問われている。　　　　　　　　　　　　(大木直子)

[文献]　林陽子 2011；山下泰子 2006

女性差別撤廃条約選択議定書

女性に対するあらゆる形態の差別の撤廃に関する条約の選択的議定書(Optional Protocol to the Convention on the Elimination of All Forms of Discrimination against Women)の略称。1999年10月の国連総会において,同条約選択議定書が採択された。この議定書では,女性差別撤廃条約の締約国で,同議定書を採択する国の個人または集団が国内の利用可能なすべての救済措置を尽くしても性差別による人権侵害から救済されなかった場合に,女性差別撤廃委員会に直接通報し,同委員会が調査して該当締約国に解決策を要請できる「個人通報制度」が認められている。また,重大で組織的な権利の侵害があるという情報が同委員会に寄せられた場合に,その該当締約国に対し,情報の検討,協力,その目的のための情報提供を促すことができる制度も想定されている。女性差別撤廃条約締約国188国のうち105ヵ国が批准しているが,日本は同選択書による司法権独立の侵害を懸念する反対意見があるため,批准していない(2014年12月時点)。

(大木直子)

[文献]　米田眞澄・堀口悦子 2002

ポジティブ・アクション

ポジティブ・アクション(positive action)とは,積極的改善措置と訳され,「社会的・構造的な差別によって,不利益を被っている者に対して,一定の範囲で特別な機会を提供することなどにより,実質的な機会均等を実現することを目的とし講じる暫定的な措置」(内閣府男女共同参画局)のことである。主にヨーロッパ諸国で用いられている言葉で,アメリカやオーストラリアなどではアファーマティブ・アクション(affirmative action 積極的差別是正措置),女性差別撤廃条約第4条では暫定的特別措置(temporary special measures)が用いられている。

日本では,男女共同参画社会基本法,改正男女雇用機会均等法において,積極的改善措置の記載がある。しかし,女性差別撤廃委員会(CEDAW)による日本の報告への最終見解(2003年,2009年)ではポジティブ・アクションについての勧告がなされ,特に2009年の勧告では「学界の女性を含め,女性の雇用及び政治的・公的活動への女性の参画に関する分野に重点を置き,かつあらゆるレベルでの意思決定過程への女性の参画を拡大するための数値目標とスケジュールを設定した暫定的特別措置を導入する」ことが要請された。

この後，2010年の第3次男女共同参画基本計画に向けた中間整理（内閣府発表）において，「政策・方策決定過程への女性の参画状況は不十分である」との反省から，今後5年間で取り組むべき「喫緊の課題」の筆頭に，「実効性あるポジティブ・アクションの推進」があげられ，第3次基本計画（2011年）において，数値目標（社会のあらゆる分野で「2020年30％」）が掲げられ，クオータ制（性別を基準に一定の人数や比率を割り当てる）やゴール・アンド・タイムテーブル方式（指導的地位に就く女性等の数値に関して，達成すべき目標と達成までの期間の目安を示してその実現に努力する），仕事と生活の調和（ワーク・ライフ・バランス）の推進や両立支援，女性のロールモデルの発掘・提示などの多種多様な方法が示された。　　　　　　（大木直子）

[文献] 市川房枝記念会1997；辻村みよ子2011

ジェンダー統計

男女格差の状況を正確に把握するための性区分による統計データ。女性の状況を改善する国際的な動きは1975年以降，国連を中心に展開され，1995年北京女性会議の行動要綱において「ジェンダー統計」が重視されるようになった。人口，労働，教育，家族，アンペイド・ワーク，健康，リプロダクティブ・ヘルスライツ，生活時間，貧困，女性に対する暴力，意思決定機関への参加などの指標がある。90年代以降，国連『世界の女性』，国連国際女性問題調査訓練研究所（INSTRAW インストロー）の報告書のほか，国連開発計画のGEM（ジェンダーエンパワーメント指数，2009年まで）およびGII（男女不平等指数，2010年以降），世界経済フォーラムによるGGGI（世界男女格差指数，2006年以降）などの国際的な指標が用いられている。日本は政治，経済分野での意思決定過程への女性の参加を主要な指標とした統計において特に低い順位となっている（GEMで109ヵ国中57位〔2009年〕，GGGIで142ヵ国中104位〔2014年〕）。　　　　　　　　　　（大木直子）

[文献] 伊藤陽一編著1994

国際刑事裁判所

1998年に採択された国際刑事裁判所ローマ規程（ICC規程）にもとづいて，2003年，オランダのハーグに設置された史上初の常設の国際刑事裁判機関である（The International Criminal Court；ICC）。日本は2007年にこれに加入した。ICCの管轄は個人の刑事責任に限られており，国際人道法上の重大犯罪（集団殺害犯罪，人道に対する犯罪，戦争犯罪，侵略犯罪）を犯した個人を国際法にもとづいて訴追・処罰する。補完性の原則に立ち，関係国に被疑者の捜査・訴追を真に行う能力や意思がない場合等にのみ，ICCの管轄権が認められる。ICC設置の契機となったのは，国連安保理によって設置された旧ユーゴ国際刑事法廷（1993年設置）とルワンダ国際刑事法廷（1994年設置）である。これらの内戦では，ジェノサイドの一環として集団強姦・強制妊娠が組織的に行われた。両法廷では，性暴力加害者たちが訴追され，有罪判決が出された。こうした経緯を受け，ICC規程は，国際条約としてはじめて「ジェンダー」という語を用い，ジェンダーにもとづく配慮を随所で求めている。「女性に対する暴力」も詳細に規定されており，性暴力は「人道に対する罪」として明記された。　　（三成美保）

[文献] 吉岡睦子・林陽子編2007

アジア女性基金

「財団法人女性のためのアジア平和国民基金」の略称である（[英] Asian women's fund）。同基金は，1995年7月，元「慰安婦」への「償い金」を民間から募ることを目的として，日本政府（自社さ連立政権の村山内閣）主導で発足し，2007年3月に解散した。基金発足の前提となったのは，1993年8月のいわゆる河野談話における政府としてのお詫びと反省の表明，1994年8月の村山談話における国民参加の呼びかけである。1995年6月，衆議院で「歴史を教訓に平和への決意を新たにする決議」（いわゆる戦後50年国会決議）が議決され，翌95年，基金が発足した。方針は以下の四つであった。①「償い金」は国内外からの募金（総額5億7千万円）から支出する。②日本政府予算で医療・福祉支援事業（総額5億1千万円）を行う。③総理大臣名でお詫びの手紙を送る。④慰安婦問題に関する歴史資料を整え歴史の教訓とする。その結果，フィリピン・韓国・台湾の計285名に対し，一人あたり200万円の「償い金」が贈られた。しかし，国家補償を求める元「慰安婦」や支援団体は，日本政府の責任逃れだとして反発を強めた。1998年，韓国政府は国家補償を主張する立場から「償い金」の受け取りを認めない方針を出し，代わりに元「慰安婦」142名に生活支援金を支給した。 （三成美保）

[文献] アジア女性基金webサイト（http://www.awf.or.jp/）

セクシュアリティと生殖

I セクシュアリティと身体の多様性

(1) ヒト（人間）は，有性生殖の生物である。生物学的には，遺伝情報と栄養分を備えた大きな生殖細胞（卵子）をもつものがメス，遺伝情報しかない小さな生殖細胞（精子）をもつものがオスと定義される。ヒトが有性生殖によって種を存続させる以上，「メス／オス」という性別の二元構造（生物学的性差）がなくなることはない。しかし，じつは，生物学的性差をつくりだそうとする発生の仕組みそのものが，ヒトの身体を多様にする。性は，受精にはじまる発生過程で分化する。その際，性染色体・性腺・内性器・外性器の組み合わせにはさまざまなヴァリエーションが生じる。ましてや，性自認や性的指向（異性愛・同性愛・両性愛）などの精神的・心理的要因を加えると，人間存在はじつに多様な「性」のスペクトラムをもつ。男女を二元的にとらえる考え方自体が，歴史的産物なのである。

(2) 18世紀半ばまで，西洋社会で流布していたのは精子理論であった。それには，妊娠を男性精子が女性の経血を効果的に搾取することだと考える男性精子論（アリストテレス Aristoteles）と，子宮で男女の精子が闘い，勝った方の精子が子の性を決めるとする男女二精子論（ヒポクラテス Hippokrates，ガレノス Galenos）があり，後者のほうが普及していた。男女の生殖器官は相似形で語られ，女性身体は男性身体の内向型であるとされた。したがって，男女の中間型も想定されていた。16世紀に輸卵管が発見されてもなお，男女身体の相似形論はゆるがず，ようやく卵子理論が登場したのは1672年であった。卵子理論は強い抵抗にあったが，18世紀には

徐々に広まっていく。男女身体の相違が明確になるにつれ、身体の多様性も否定されていった。同時に、妊娠メカニズムが明らかになったことで、生殖は神の領域から科学の範疇に移った。女性身体は妊娠・出産役割に特化したものとされ、女性は子宮の支配を受ける「弱き性」と位置づけられた。このような身体観が、啓蒙期以降、性別役割論を根拠づけていく。

II 1970年代以前の生殖

(1) 避妊知識が乏しく、堕胎が危険であった古代・中世には、嬰児の遺棄や殺害は安全な生殖コントロール手段とされた。アリストテレスは障害児の遺棄を唱え、ローマの十二表法も障害児の殺害を認めている。古代ローマでは嬰児遺棄は頻繁に行われており、奴隷の供給源となっていた。ただし、嬰児殺や嬰児遺棄は家父長の権限であり、女性に生殖コントロール権はなかった。一方、カトリック教会はいっさいの生殖コントロールを認めなかった。ヨーロッパ社会で嬰児殺が犯罪として処罰されはじめるのは16世紀以降である。カロリナ刑法典（1532年）によれば、嬰児殺女性には、女性に対する極刑である溺殺刑・心臓杭刺し刑が科せられた。

(2) 近代社会では、出産は産婆から産科医の手に移る。進化論や遺伝学の発展を受けて、19世紀末に優生学が誕生した。優生学には、「不良な子孫」の抑制を図る消極的優生学と「優良な子孫」の繁栄・創出をめざす積極的優生学がある。20世紀初頭の優生学の拠点はアメリカであった。アメリカの先駆的立法を模倣して、ナチスの断種法が成立する（1933年）。ナチスは徹底した生殖管理国家となり、消極的優生学に属する非人道的な優生政策を展開した。特に精神障害者に断種を強制した。被害者は男女あわせて40万と言われる。

(3) 優生学の時代は、フェミニズムの第1の波とも重なる時代であった。特に1910～20年代には、欧米で女性がはじめて公然と生殖コントロールを主張した。当時の欧米フェミニズムの重要な課題は、母体危険時以外の中絶を認めない刑法堕胎罪の改正であった。ヤミ堕胎が横行し、命を落とす女性が少なくなかったからである。アメリカ人マーガレット・サンガー（M. H. Sanger）は避妊による産児制限を唱え、欧米でも日本でも産児制限運動が展開した。既に男性避妊具（コンドーム）は開発されていたが、販売はわいせつ物頒布にあたるとして禁じられていた。

(4) 日本では、生殖コントロールは江戸期に目立つようになる。江戸期には、間引き（嬰児殺）は禁じられながらも、飢饉時の農村では黙認された。通常は、多子夫婦の意を受けて、産婆が嬰児を殺した。江戸では中条流という堕胎術が行われていた。しかし、明治期にフランス刑法典の影響を受けて、刑法に堕胎罪が規定され、間引きも堕胎も犯罪となる。大正期日本では、産児制限運動は労働運動と結びついた結果、弾圧されてしまう。1930～40年代には大政翼賛体制が確立し、「産めよ、増やせよ」がスローガンとされ、個人や家族による生殖コントロールは国家により否定された。

III 1970年代以降の生殖

(1) 一人の女性が一生のあいだに生む子どもの平均数を示す合計特殊出生率は、国によって大きく異なる。同出生率が極端に高い国では、しばしば安全な妊娠・出産も保障されていない。人口爆発を懸念する中国では、1970年代以降はじまった計画産育（いわゆる一人っ子政策）により中絶を強制される女性も少なくない。男児選好が強いインドや中国では、男女比のバランスがくずれている。いわゆる先進国のほとんどでは、合計特殊出生率が人口再生産を可能とする率（2.08）を下回っている。20世紀初頭以来ずっと少子化に悩んできたEU諸国では、近年、ジェンダー平等の視点に立つ育児支援策が奏功し、出生率が上向きはじめた。一方、日本では少子化

は戦後急速に進み，いまなおとどまるところを知らない。女性の社会進出を少子化の原因と見なし，育児支援が進まないことがかえって少子化を進めている。

(2) 1970年代前半のアメリカでは，ケネディ時代の宇宙科学政策（アポロ計画）からニクソン時代のバイオテクノロジー政策へと科学政策が大きく転換した。DNA発見（1953年）を受けて，遺伝病研究・診断方法が飛躍的に発展していく。出生前診断の普及はこのような遺伝病対策と連動していた。1970年代の欧米社会で展開したフェミニズムの第2の波のなかで，女性たちは生殖に関する自己決定権（プライバシー権）を求めた。避妊は1960年代のピル解禁で可能となっており，1970年代には「中絶の権利（合法化）」がスローガンとされたのである。「生殖の自律性」要求は，出生前診断の低廉化・簡便化要求とも重なっており，選択的中絶の道も開かれていく。「性と生殖の健康／権利（リプロダクティブ・ヘルス／ライツ）」は，カイロ宣言（1993年）以降，国際社会で広く普及した。今日，欧米諸国では，妊娠初期には女性の自己決定権としての中絶を認め，その後は胎児の生命を保護するというタイプの法が主流となっている（期限規制型）。

(3) 体外受精の成功（1979年）は，「生殖革命」をもたらした。胚レベルでの遺伝子操作（着床前診断）が可能になったからである。アメリカでは積極的優生学たる「リベラル優生学」が「自己決定」の文脈で正当化されているが，ヨーロッパ諸国では「種」としての人類に影響を及ぼすとして遺伝子操作は原則として禁じられている。生殖補助医療に関する法制（代理母・体外受精条件など）も各国多様である。

(4) 1970年代の日本では，「性と生殖」をめぐる議論や運動が欧米ほど「国民化」しなかった。優生保護法（1948～96年）によって中絶が事実上自由化された日本では，「中絶の権利」を求める必要がなかった。1953～61年には毎年100万件以上の中絶が行われた。一方で，ピル解禁は1999年まで遅れた。生殖コントロールはコンドームと中絶に頼る状態が続いたのである。日本では，避妊については男性主体（73％）が圧倒的に優越し（女性主体16％），妊娠・出産を女性の権利として肯定するのは16％（スウェーデン82％，フランス52％）にとどまる（2005年調査）。他方，1970年代半ば～80年代半ばの国際社会では，「生命の始期と終期」が問題にされたが，日本では「終期（脳死）」に焦点があてられ，「始期（中絶）」はほとんど論じられなかった。むしろ，優生保護法のもとで1970年代に優生的措置の必要がさかんに論じられた。「遺伝による先天異常を防ごう」[71年『厚生白書』]，「不幸な子どもを生まないための運動」（兵庫県）などがその例である。1996年，優生保護法から優生規定を削除して，母体保護法が成立する。しかし，同法は「適応規制型」（中絶要件を定める）にとどまり，女性の自己決定権を認めるものではない。また，生殖補助医療に関しても法制化が遅れている。（三成美保）

[文献] 太田素子・森謙二編2006；服藤早苗・三成美保編2011；三成美保編2015；三成美保・姫岡とし子・小浜正子編2014

> リプロダクティブ・ヘルス／ライツ

性と生殖の健康／権利のことで，すべての個人とカップルに保障されるべき人権の一つである（[英] Reproductive Health and Rights）。妊娠・出産には限定されず，性と生殖に関する包括的な権利（①安全な性生活，②生殖能力，③家族計画など）を内容とする。①は性感染症やHIV感染の予防，②は強制的不妊化の否定，③は安全な妊娠・出産・出生調節を含む。リプロダクティブ・ヘルス／

ライツは，国連の国際人口開発会議（カイロ会議1994年）で関心を集め，カイロ行動計画（1994年）で明文化された。リプロダクティブ・ヘルスRHとリプロダクティブ・ライツRRは諸権利の複合体であり，両者は密接不可分であるが，同じ概念ではない。RHとRRの淵源は異なる。RHという語は，1970年代にWHO（世界保健機構）が用いはじめた。ここでの「ヘルス」は「良好な状態」をさし，障害者を差別する意図はないとされる。1979年の女性差別撤廃条約第12条もまた，「保健サービス」や「妊娠，分娩及び産後の期間中の適当なサービス」の保障をうたっている。カイロ行動計画の定義（パラグラフ7.2）によれば，RHは「生涯を通じた性と生殖に関わる健康」と「リプロダクティブ・ヘルスケア・サービスを適切に利用できる権利」の二つを要点とする。他方，RRが登場した背景には，第2波フェミニズムによる中絶容認運動と，発展途上国での妊産婦死亡率の高さに対する懸念や優生学的な人口管理政策に対する反対運動があった。カイロ行動計画の定義（パラグラフ7.3）によれば，「生殖の自己決定権（産む自由・産まない自由を自己選択できる権利）」と「リプロダクティブ・ヘルスケアへの権利」がRRの中心をなす。RRについては，「中絶の権利」を包含するために，政治的・宗教的に激しい議論の的となりやすい。北京宣言及び行動綱領（1995年）は，カイロ行動計画の文言をほぼそのまま引き継ぎ，RRを「女性の権利」として明記した。他方，環境と開発をテーマとした「リオ+20」（2012年）の最終文書では，RRに関わる文言はすべて削除された。中絶反対の立場をとるローマ教皇庁が開発途上国の支援を受けて，RRに強硬に反対したからである。しかし，RHとRRは概念区別をした上でそろって保障される必要があり，RRの否定は1970年代以降ようやく達成された生殖に関する女性の自己決定権を否定することにつながる。（三成美保）

[文献] ジェンダー法学会編2012（第4巻）；谷口真由美2007

自己決定権／プライバシーの権利

「自己決定権」および「プライバシー権」は，日本の法律には明文規定がないが，日本国憲法13条が保障する「幸福追求権」の一つとして解釈されている。通説では，「幸福追求権」は個人の人格的生存に不可欠な権利・自由を包摂する包括的権利であり，「基幹的な人格的自律権」とされる。「幸福追求権」には，身体・精神・経済的自由のほか，(a) 人格価値そのものにまつわる権利（名誉・プライバシー権・環境権など），(b)（狭義の）人格的自律権（自己決定権），(c) 適正な手続的処遇を受ける権利などが含まれる。(b) の自己決定権に含まれるのは，①自己の生命，身体の処分に関わる事柄，②家族の形成・維持に関わる事柄，③リプロダクションに関わる事柄，④その他の事柄（服装・身なり・外観，性的自由，喫煙，飲酒など）である。リプロダクション（避妊や中絶など）を含む私的生活領域における自己決定権（b-③）は，人格的自律のプライバシー権（a）でもある。

近代以降，自己決定権の主体は「自律的個人（強い個人）」とされた。おもに想定されたのは，「白人・男性・健康・異性愛者」という要件を満たした家父長男性である。1970年代以降，新しい主体が登場する。非白人・女性・傷病者・高齢者・男女カテゴリーや異性愛カテゴリーに入りきらない人びと（LGBTI）など，伝統的な「自律的個人」の範疇から排除されてきた人びとである。

自己決定の対象は広範に及ぶが，1970年代以降に確立した新しい権利としては，医療行為等をうけるさいに十分な説明を得た上で決定する権利（インフォームド・コンセント），

セクシュアリティや身体に関する自己決定権，リプロダクションに関する女性の自己決定権などがある。セクシュアリティや身体に関する自己決定権には，性的関係に関する自律権（性的自己決定権），同性愛者の家族形成権，性別違和につき身体変更を強制されない権利などがある。他方，リプロダクションに関する女性の自己決定権は，中絶合法化を求める運動の核心とされた。1973年のロウ判決は，妊娠期間を3期に分け，初期3ヵ月の中絶は女性のプライバシー権に属するとして，リプロダクションに関する女性の自己決定権を承認した。これに対して，ドイツの堕胎判決（1975年）は，胎児の生命は女性の自己決定権よりも優先されるとした。現行ドイツ刑法（1995年）では，中絶は違法だが，妊娠初期3ヵ月の中絶は犯罪構成要件を構成しないとされ，消極的ながら女性の自己決定権として保障されている。これらの自己決定権（プライバシー権）のうち，セクシュアリティやリプロダクションに関わる自己決定権は，今日でも社会道徳や公益，生命倫理などの名目で抑圧されやすい。しかし，自己決定権は，人格的生存に必要不可欠な権利として保障されねばならない。 （三成美保）

[文献] 江原由美子 2002；辻村みよ子 2010；山田卓生 1987

性の二重基準

セクシュアリティに関する規範は，文化や時代ごとに異なるだけでなく，同一社会でも身分や階層に応じて異なる。こうした規範のうち，「性の二重基準（double standard of sexuality）」とは，男女間でセクシュアリティに関する基準が異なり，男性の性的自由には寛容で女性には厳しいというジェンダー・バイアスをいう。性の二重基準は，女性の生殖行動の管理を主な目的とするため，多くの家父長制社会で確認される。また，家の父系継承が重視されるほど，女性のセクシュアリティ管理も厳しくなるため，性の二重基準は支配身分やエリート層でより強く規範化される。例えば，朝鮮半島の両班や日本の武家などでは，儒教倫理にもとづく厳しい性の二重基準が存在した。イスラーム社会でも女性のセクシュアリティは厳しく管理された。今日でもイスラーム社会のなかには女性の性的逸脱行為に対して「名誉の殺人」を認める地域や宗派が存在する。

これに対して，西洋キリスト教社会は，性の二重基準に関して特異な歴史をもっている。キリスト教神学では6〜12世紀に原罪の意味が神に背くという「傲慢の罪」から「性的な罪」へと変わり，女性嫌悪（ミソジニー）とセクシュアリティ嫌悪が強まった。12〜13世紀に教会法が確立する過程で，「生殖・姦淫防止・相互扶助」の三つが婚姻の目的として定式化された。婚姻目的に合致しない性的行為はすべて「罪」とされ，男性間性行為および獣姦（ソドミー罪として火刑），姦通，買売春（独身男性についてのみ容認），婚前交渉（姦淫罪）に対する刑罰は近世（16〜18世紀）に強化されていく。しかし，刑罰はしばしば女性よりも男性に対してのほうが厳しかった。性を忌避する文化をもつ西洋キリスト教社会では，性の二重基準は法と宗教が分離した近代以降に顕著になっていく。近代的な性の二重基準は，女性を「淑女」と「淫婦」の二種に分けた（女性二分論）。家庭内で家父長に保護されることが「女らしい」とされ，働く女性は「淫婦」に転落する恐れがあると警戒された。性犯罪被害女性の「落ち度」を問う姿勢もまた，性の二重基準のあらわれである。

（三成美保）

[文献] 服藤早苗・三成美保編 2011；三成美保・笹沼朋子・立石直子・谷田川知恵 2015；ル＝ゴフ，J. 2006（2003）

LGBTI（性的マイノリティ）［歴史］

　LGBTIは，性的指向（レズビアンL・ゲイG・バイセクシュアルB），性別違和（トランスジェンダーT），性分化疾患（インターセックスI）というまったく性質が異なる存在をあわせた呼称である。歴史的には，多くの社会でLGBTIは厳密に区別されてこなかった。「第三の性」とよばれるインドのヒジュラは，去勢儀礼を通じて男性としての生き方を捨て，女性衣装たるサリーを身につけた人びとである。彼らは，古代には女性の貞節と節操の守護者として尊敬され，今日でも女神の恩寵を授ける者として尊重されており，西洋的なLGBTIのどれにもあてはまらない。

　古代ギリシア・ローマ，イスラーム，中国などでは「挿入する側／される側」の対比が名誉に関わった。これらはいずれも男権主義的性格が強い社会であり，そこでは男性が「挿入者」として男性以外の者（女性・少年・小姓・召使い・異性装者・両性具有者など）とセックスをしても，彼らの性的アイデンティティに影響はなかったのである。イスラーム社会では男女が厳しく分断されたため，同性愛行為が広く浸透した。しかし一方で，同性愛行為は，クルアーンによってソドミーとして禁じられていたため秘密裡に行われねばならなかった（古代アテナイでは教育として公然化）。今日，イスラーム社会の一部では，原理主義の台頭に伴って同性愛嫌悪が強まっており，死刑や重罰に処せられることもある。これらイスラーム諸国の反対が強いため，国連総会ではLGBTIの権利保障に向けた決議は実現していない。しかし，国連人権理事会決議（2011/2014年）をはじめ，国際的な取り組みは確実に進んでいる。

　キリスト教社会では同性愛行為（事実上は男性間のみ）はソドミーとして火刑に処せられた。宗教と法が分離した近代ヨーロッパでも，多くの国で男性同性愛行為は「自然に反する罪」として存続した。女性同性愛が犯罪視されなかったのは，女性は性的主体と見なされなかったからである。19世紀後半には，同性愛の生得性を主張するために「同性愛（Homosexualität）」という語が考案され，「同性愛（異常）／異性愛（正常）」の対比が確立した。20世紀初頭，ドイツのヒルシュフェルト（M. Hirschfeld）は性科学研究所を設立して，同性愛者の権利運動を進めたが，ナチスによって弾圧された。

　1960年代後半以降，ストーンウォール暴動（米国・1969年）とアルトマン（D. Altman）『ゲイ・アイデンティティ』をきっかけにゲイ解放運動が本格化した。当初，ゲイの多くは婚姻制度を否定していたが，1980年初頭のエイズパニックを機に生活共同体の保護を求めるようになる。こうした運動のなかで，レズビアンは周縁化されがちであった。1990年代以降，EU諸国やアメリカ諸州では同性の生活共同体が婚姻同等に保護されるようになり，2000年のオランダを皮切りに，婚姻の性中立化が急速に進められている（2014年フランス，2014/15年アメリカ連邦最高裁判決など）。1980年頃から，トランスジェンダーの性別変更に関する法も整備されはじめた。

　アジアでは，台湾などいくつかの国が法制化を検討している。これに比し，日本では，性同一性障害者特例法（2003年）がLGBTI関連の唯一の法であり，同法は「障害」という語を用いているうえ，欧米の法と比べても要件に制限が多い。LGBについては，いくつかの自治体が同性カップルに「結婚証明書」（法的拘束力はない）を発行するという取り組みを始めた（2015年）。LGBTIについては自殺企図率の高さなどが指摘されており，学校現場での対策が急務である。　（三成美保）

［文献］アルトマン，D. 2010（1971, 93）；オールドリッチ，R. 2009（2006）；服藤早苗・三成美保編 2011；

三成美保 2013

マスキュリニティ

　男性性（男らしさ）を意味する（[英]masculinity）。構築主義以降，男性性もまた構築されると考えられるようになった。マスキュリニティを研究する学問としての男性学は1970年代に女性学に対抗して登場し，日本では80年代後半から始まった。90年代に登場したクイア（クィア）理論は，「クイア（変態）」という蔑称をあえて名乗ることにより，性的指向の多様性を唱え，LGB（レズビアン，ゲイ，バイセクシュアル）の権利擁護を主張した。

　複数のマスキュリニティを想定し，そこに「覇権的／従属的」という区別を導入したのが，コンネル（R. W. Connell）である。「複数のマスキュリニティ」の間に作用する権力とは，グラムシ（A. Gramsci）のいう「ヘゲモニー」にあたる。それは，「人びとを動かす権力資源としての言葉」[杉田敦 2000：51頁]である。すなわち，マスキュリニティにおけるヘゲモニックな支配とは，「動的なプロセスの全体を通じて行使される影響力」であり，物理的な暴力ではなく言語を通じて認識を改革する「文化的支配」を意味する［田中俊之 2009：52-53頁］。「文化的支配」としての「覇権的マスキュリニティ」は，他のマスキュリニティを暴力的に抹殺しようとはせず，従属させる。これを「従属的マスキュリニティ」とよぶ。コンネルが従属的マスキュリニティの主要形態と見なしたのは，同性愛男性である。覇権的マスキュリニティは，女性たちに対しても受容や従属を強制するわけではない。むしろ，彼女たちの「自発的な同意」を得るための戦略がとられた。例えば，「一家の大黒柱」には，女性たちから肯定的な評価が与えられることが多い。

　セジウィック（E. K. Sedgwick）は，男性間の紐帯には「ホモセクシュアル」な関係（男性同性愛）と「ホモソーシャル」な関係（男性同志愛・兄弟愛・友愛）が区別できるとした。近年では，禁欲的な性愛とホモソーシャルな関係の共存を「ホモエロティック」とよんで，前二者と区別することもある。これらは必ずしも排他的とは言えず，組み合わせや比重は文化によってかなり異なる。例えば，成員の対等性を原理とする市民社会は基本的にホモソーシャル社会である。古代ギリシアでは年齢階梯を介した上下関係のもとでの少年愛が許容されたが，ヨーロッパ中世社会でも西洋近代市民社会でもホモセクシュアリティは否定された。しかし，否定の根拠は異なる。中世から近世にかけて男性同性愛行為が宗教的犯罪と見なされたが，近代以降は性的指向としての男性同性愛者に対する差別が顕著となった。一方，朝鮮半島では儒教的な陰陽原理にもとづいて男色が禁止されたが，前近代日本では男色は排除されず，武士文化での男性性を強化すると見なされた。

（三成美保）

[文献] コンネル，R. W. 2008（2002）；杉田敦 2000；セジウィック，E. K. 2001（1985）；田中俊之 2009；三成美保 2012

性器切除

　性器切除（genital mutilation）は，社会-文化人類学においては割礼（circumcision）とよばれ議論されてきた現象で，世界のさまざまな民族文化で実践されている／されてきた身体変工の一種と位置づけられてきた。割礼には男子と女子のものがあり，男子割礼は一般に陰茎先端の包皮部分を切除する。古代エジプト時代に実施されていた証拠があり，民

族誌的報告からはオセアニアからネイティブ・アメリカン，サハラ以南の諸民族のものがある。またユダヤ教徒やムスリムのあいだでは宗教的義務として，初期のキリスト教徒も実施していたという。存在理由の説明や解釈としては通過儀礼，結婚への準備，衛生的理由などさまざまである。また女子割礼はその施術の方法にいくつかの型があり，変化もしている。一般には陰核（もしくはその包皮）の切除，陰核および小陰唇の切除，過酷な手術である陰部封鎖は南北スーダンやソマリア，といった北東アフリカのムスリム世界に見られる。スーダン人女医のエル・ダリール（A. El-Dareer）によると（北）スーダンに見られる類型は次の三つである。①スンナ型（陰核を切除），②ファラオ型（陰核・小陰唇・大陰唇の切除後に患部を縫合），③中間型（ファラオ型が1946年に植民地政府によって禁止された後にできたもので，陰核切除は行われても小陰唇や大陰唇の切除は全部もしくは一部にし陰部封鎖もする場合やしない場合もある）。ファラオという名は古代エジプトの王（ファラオ）に由来するが，この慣行が古代エジプトにあったか否かは立証されていない。またスンナとはアラビア語でムスリムが従うべき規範的な行動，を意味するが，イスラーム法学における女子割礼の位置づけには議論があり，明快でない。存在理由についても男性が家族から離れていることが多い遊牧社会で，女性の処女性を確立し貞節を維持するものであるとか，女性らしくなるためであるなど，実にさまざまな理由が語りとして男性女性双方からあげられる。しかしファラオ型の施術が女性の健康，身体に害を及ぼすことが多いことが報告され，この慣習が女性の人権に対する侵害であり廃絶すべきという運動が1980年代に入ってから国際社会で世界的に広がり，人権擁護の流れから法制化を促す方向に動いている。この廃絶運動への関与の仕方については，その方法，立場などが文化相対主義，フェミニズム，介入といったキーワードに絡み議論されてきた。研究も運動との関連で，性器を切るという慣習的施術をどう捉えるのかで用いる語も変わり，廃絶運動の文脈ではFGM（female genital mutilation）の語が用いられ，政治的な含意のない語としてはFC（Female Genital Cutting）が用いられることが多い。いずれにしても，実践のされ方，その歴史的・社会経済的・文化的背景がさまざまであることからも，その細かな地元での文脈を知ってからでなければ廃絶の努力は成功しないのは明らかであろう。（椎野若菜）

［文献］大塚和夫 2002；富永智津子 2004

トランスジェンダー

トランスジェンダーという用語は，アメリカ人のプリンス（V. C. Prince）が初めて使用したとされる。プリンス自身がそうであったように，異性の衣装を纏うトランスベスタイトではなく，性別再指定手術やセラピーによる性別変更をした個人，または，それを望む個人，つまりトランスセクシュアルでもなく，性別再指定手術に頼ることなく性別を公に変更した個人に対して用いられた。1992年に発行されたパンフレット Transgender Liberation: A Movement Whose Time Has Come (New York: World View Forum) のなかで，ファインバーグ（L. Feinberg）はトランスジェンダーを特定の個人を指す名詞ではなく，トランスセクシュアル，トランスベスタイト，インターセックスなどを包含した総称として使用し，その用法が今日定着している。

（國弘曉子）

［文献］http://www.glbtq.com/social-sciences/prince_vc.html ; Stryker, S. 2006

名誉殺人 ［イスラーム］

　家族の名誉を傷つける行為に及んだ女性を殺すことで家族の名誉を回復・維持しようとする行為。名誉殺人は女性差別撤廃条約で禁止されているが，ヨルダンやパキスタンなどの同条約批准国でも実践されている。女性を殺害した加害者は，加害者に有利な国内法が適用され罪に問われないことも多い。被害者遺族が加害者というケースが多く，訴えが起こされない例も多い。イスラームの教典クルアーンには名誉殺人に関する記述はなく，イスラーム誕生以前から実践されているとされる。婚外性交渉が家族の名誉を傷つける行為となることはもちろん，離婚を望んだ女性や，レイプに遭った女性にも名誉殺人が行われる場合がある。
　名誉殺人の被害に遭いながらも奇跡的に生還したパレスチナ人女性スアドの告白『生きながら火に焼かれて』では，近所の男性との恋愛と婚外性交渉の結果，妊娠が発覚したスアドが義理の兄にガソリンをかけられ，火をつけられた経験が語られている。（辻上奈美江）
［文献］スアド 2004（2003）；ヨナル，A. 2013（2008）

サティー（インド寡婦殉死）

　もともとはシヴァ神の配偶者である女神サティーに由来して貞淑な妻を意味するが，19世紀に注目を浴びたサティーは，寡婦が生きたまま焼かれる慣習のことをいう。女神サティーは夫への貞節の証として供儀の火のなかに自ら飛び込むが，そのサティーのように，寡婦となった女性が夫の亡骸とともに自ら焼かれる慣習は，19世紀の英国支配時代にヒンドゥー女性の低い地位を象徴するものとされ，さらに，インドにおけるキリスト教の布教と文明化の使命を正当化する根拠とされる。サティーの慣習はインド全土で報告されたわけではなく，ベンガル地域の上層階級の女性に多く見られたという。サティーの是非に関する論争は，梵語で書かれたヒンドゥーの文献解釈をめぐって，英国の官僚や宣教師，そして現地のサティー支持派，反対派など，女性以外の人々の間で繰り広げられ，最終的には，ラームモーハン・ローイ（R. Roy）によるサティー反対運動が功を奏して 1829 年に禁止令が発布された。　　　　（國弘暁子）
［文献］粟屋利江 2003；Mani, L. 1998

ヒジュラ

　インドのヒジュラ（*Hijra* 英語），あるいはヒジュラー（*Hijrā* ヒンディー語）は，ジェンダー規範から逸した人びとの総称として用いられるが，この一語が指し示す人びとは，地域ごとに異なる名称で認識され，活動の拠点を異にすれば生活の糧を得る方法もちがってくる。インド北西部のグジャラート州では，ファータダという名称が一般的で，主に女神の名の下に言祝ぎを行うことで生活の糧を得ている。女神への帰依を重視するファータダは，女神の衣装であるサリーを纏うことを遵守する。ファータダの仲間入りを志願するのは男性としての生を与えられた者に限られ，弟子入りした後にペニスと陰嚢を切除する去勢儀礼を経ることになっている。子どもの誕生や結婚，新築など，人生の節目にある人びとの家を訪れて門付を行うことは，グジャラート州のファータダに限らず他の地域でも報告されているが，都市部で生活をする者のなかには性産業に携わり生計を立てる者もいる。南インドのタミルナード州では，アラワニガルとして知られる者たちが，年に一度，

ビューティー・コンテストを開催してメディアの注目を浴びている。　　　　（國弘暁子）

[文献] 國弘暁子 2009；ナンダ，S. 1999（1990）

日本における家族法システムの変容とジェンダー

I　戦後日本における法的単位としての「近代家族」

(1)　日本国憲法24条は「個人の尊厳と両性の本質的平等」を定めた。「家」制度と結びついた父権的家父長制のみならず，西洋法型の夫権的家父長制も否定された。しかし，家父長制規定の廃止は，イデオロギーの否定を意味しない。利谷信義によれば，現行民法家族法は「二つの魂」をもつ。「近代小家族」のモデルにもとづく法的家族像と親子関係を中心として永続的に存在する家族集団（直系家族世帯）である。後者は，氏・祭祀承継・親族扶助に反映されている。

しかし，ジェンダー視点から重視すべきは，「近代的」ジェンダー・バイアスがむしろ戦後改革によって日本に定着したことである。たとえば，公私二元モデルにのっとった「法は家庭に入らず」原則は，戦後刑法学で登場した。平等同氏・完全別産制・共同親権として達成された「夫婦の平等」はきわめて先進的であったが，協議優先の規定を数多くもち，権利義務の規範であることが後退していた。しかし，「近代家族」を民主的家族として示すことが優先され，協議優先はむしろ肯定的に評価された。夫氏選択98％はたしかに「家／戸籍」制度の名残であるが，夫婦同氏は「夫婦一体性」という「近代的」理念で正当化された。婚外子差別の論理も，法律婚（特に妻）・嫡出子の利益保護を優先する点ですぐれて「近代的」であった。また，高度経済成長とともに大量生産された主婦婚にあっては，別産制は離婚抑制的に作用した。

戦後改革で達成された夫婦平等規定は決して新奇な要求ではない。それらは，ドイツ民法典（BGB）編纂時にフェミニズムが要求したものにほぼ等しい。つまり，ドイツで19世紀末にフェミニズムが要求して実現せず，戦後もなお30年間にわたり戦いつづけねばならなかった課題が，日本では戦後改革で一気に実現したのである。1950年代後半には保守陣営から憲法改正や民法改正が提示されたが，こうした動きは家族法学者によって「家制度復活論」として封じられ，フェミニズムの課題にはならなかった。

(2)　民法起草委員たる我妻栄は，「真に自由であり平等である男女の結合協力体」たる夫婦単位の家族を支援する必要を唱えた。唄孝一のように家族法の個人主義化を主張した者もいたが，1966年に有地亨が「近代家族」をモデルとして明示的に提示し，家族の自律と法の不介入を原則とすることによって，「近代家族」（夫婦家族／核家族）が法的単位として確立した。「近代家族」を単位とする戦後日本の家族法システムの特徴は，①法律婚＝嫡出親子関係の保護（事実婚と婚外子の差別），②形式的な男女平等主義の徹底（夫婦共通氏の平等選択・完全別産制の夫婦財産制），③主婦婚の保護にあった。それは，落合恵美子のいう「家族の戦後体制（55年体制）」（1955～75年）の特徴（女性の主婦化・再生産平等主義（少子化＝「二人っ子革命」）・人口学的移行期世代が担い手（核家族・3世代家族の混在））に符合する。

II 家族の多様化

(1) オイル・ショック（1973年）は経済成長を前提とした福祉システムがやがて破綻することを予測させた。1979年の「家庭基盤の充実」とそれに続く「日本型福祉社会」構想は、高度経済成長に伴う核家族化を批判し、「日本的美徳として諸外国から賞揚されている家族の共同体意識」を「正しく方向づける」ことをめざした。男性単独稼得モデルにのっとる専業主婦優遇策は企業社会を支える家族政策となる。女性差別撤廃条約を批准し、男女雇用機会均等法が成立した1985年に、3号被保険者制度や配偶者特別控除など、専業主婦優遇策が出そろった。しかし現実には、妻による家計補助が不可欠であり、妻のパート就労が促進された。

(2) 今日、家族のあり方は急速に多様化しており、もはや「近代家族」を単位とする家族法システムはさまざまな点で不適合をきたしている。その変化は、1990年代以降、特に顕著となっている。

①専業主婦世帯の減少。1980年には、専業主婦世帯1,114万に対し、共働き世帯614万であった。1970年代は専業主婦のいわば「黄金期」だったのである。しかし、1990年代前半に専業主婦世帯と共働き世帯の数が均衡しはじめた。1990年代後半から、共働き世帯数が専業主婦世帯を上回るようになり、2014年時点で、前者1,077万世帯、後者720万世帯となっている［男女共同参画白書平成26年版］。

②少子化の進展。1971〜74年の第2次ベビーブーム（合計特殊出生率2.14）のあと、合計特殊出生率は下がり続け、1999年、「1.57ショック」が到来した。その後も同率は下がり続け、2005年には過去最低の1.26となった。その後やや持ち直したが、2014年にはふたたび下がり、1.42と報告された。2013年時点で、合計特殊出生率の世界平均は2.46、同率が1.5以下であるのは、世界199ヵ国中20ヵ国ほどで、日本（1.43）・イタリア（1.43）・ドイツ（1.38）などが含まれる。

③世帯構成の多様化。1995年、全世帯に占める「夫婦と子」世帯の比率は34％であったが、2035年にはその比率は23％にまで下落し、単独世帯・夫婦のみ世帯・ひとり親世帯が増えると予想されている。また、婚姻件数のうち、「夫婦とも初婚」の比率は74％（2013年）にまで落ち（1970年は89％）、いわゆるステップ・ファミリーが急増している。

III LGBTIの家族形成権

(1) 日本では、婚姻の性中立化（同性婚の容認）に向けた議論が十分に進んでいない。日本にはキリスト教社会ほど強い同性愛嫌悪はなく、明治初期の鶏姦罪を除いて、同性愛処罰規定もない。日本では、「反自然的淫行」に「性的自己決定権」を対置させて戦う必要がなかったのである。同性カップルは、あえてカミングアウトせずとも、養子縁組を結んで家族になることができた。憲法24条の「両性の同意」が異性婚の憲法上の根拠であるという見解もあるが、憲法24条の立法意図を考えるとその見解は妥当とは言えない。憲法24条の本来の趣旨は、家制度の否定にあり、「両性の合意」は戸主の同意権を否定することにあったからである。また、憲法制定当時には、国際社会でもまだ同性婚容認の議論は存在しなかった。アメリカの同性婚容認判決などでは、文言を性中立的に解釈することが求められている。「両性の合意」を全体の文脈から切り離し、あえて性別にこだわる合理的理由はない。欧米諸国の多くでは、同性カップルの生活共同体を認めてのち、同性婚容認へといたっている。日本でも、いくつかの自治体で同性カップルに「結婚証明書」を交付するなどの取り組みが始まった（2015年）。

(2) トランスジェンダー（性同一性障害）の法律上の父子関係については、2013年の最高裁判決を受けて、法務省が通達を出した（2014年）。性同一性障害で女性から性別変更した男性（FTM）とその妻が第三者から精子提供

を受けてもうけた子について，今後嫡出子として戸籍に記載することを命じる通達である。性同一性障害者特例法（2003 年）は法的性別変更を認めるが，その要件の一つとして元の性の生殖機能を取り去ることが定められており，性別変更者は生殖能力を失ってしまう。LGBTI の権利保障を定めたジョグ・ジャカルタ原則では生殖能力の除去を性別変更の要件にすることを否定しており，ドイツなどでは既に生殖不能要件は違憲と判断されて削除されている。また，日本では，同性カップルには生殖補助医療を受ける権利が認められていないが，欧米諸国では認められつつある。LGBTI の家族形成権を保障するための法改正が必要である。 （三成美保）

[文献] 落合恵美子 1997；千田有紀 2011；二宮周平 2007；三成美保編 2006；三成美保・笹沼朋子・立石直子・谷田川知恵 2015

憲法 24 条起草

(1) 日本国憲法 24 条　　1946 年 11 月 3 日，日本国憲法（全 103 条）が公布された。24 条は，当時の国際社会のなかでもきわめて先進的な内容をもっていた。同条は，直接的には家制度を否定して「近代家族」の創設をめざしたが，同時に「個人の尊厳と両性の本質的平等」を明記していわゆる近代的家父長制も否定したからである。

1945 年 10 月，GHQ 総司令官マッカーサー（D. MacArthur）は，日本政府に対して民主化に関する 5 大改革指令（女性参政権の付与，労働組合の結成奨励，教育の自由主義的改革，秘密警察などの廃止，経済機構の民主化）を示し，憲法改正の検討を求めた。1946 年 2 月 1 日，毎日新聞がスクープした日本政府案（松本案）は天皇主権に固執しており，女性や家庭という文言は皆無であった。危機感を募らせたマッカーサーは，GHQ 民政局による憲法草案起草を決断する。2 月 4 日から 13 日にかけて，日本の民間草案や諸外国の憲法が参考にされて，GHQ 草案がまとめられた。その際，男女平等や女性の権利を草案に盛り込んだのが，ベアテ・シロタ（Beate Sirota）である。ベアテは，ロシア生まれのユダヤ人ピアニストである父レオとともに 1929 年に来日し，1939 年まで日本に滞在した。その間，彼女は家制度に縛られた日本人女性を目の当たりにしていた。戦争により連絡が途絶えていた両親の無事を知ったベアテは，1945 年 12 月 24 日，GHQ 民間人要員として再来日する。

(2) ベアテ・シロタ草案　　ベアテ・シロタ草案では，家族保護規定は社会保障とともに社会権として位置づけられていた。それは，彼女が主に参考にしたワイマール憲法，北欧諸国の法制，旧ソ連憲法を反映している。しかし，社会国家型の家族保護を志向したベアテ草案は GHQ 内部で拒否され，総論にあたる第 18 条だけが残されて GHQ 草案 23 条となった。家制度を醇風美俗とする日本政府は女性の権利保障には非常に消極的で，GHQ 草案 23 条の受け入れを拒もうとした。同条は，GHQ の説得によりかろうじて維持され，日本国憲法 24 条となったのである。
（三成美保）

[文献] シロタ・ゴードン, B. 1995；シロタ・ゴードン, B. ほか 2006；辻村みよ子 2008

男女共同参画社会基本法

(1) 基本法の内容　　男女共同参画社会基本法（1999 年成立；公式英訳 the basic act for gender equal society）は，男女共同参画社会の基本理念を定めた法律であり，17 番目の基本法である。「男女共同参画」という語には二つの側面がある。①政策・方針決定過程への

男女の対等な参画を促す積極的な側面と，②平等アレルギーを避けるために「差別禁止」や「男女平等」という強い表現を避けたという消極的側面である。同法前文は，「性別にかかわりなく，その個性と能力を十分に発揮することができる男女共同参画社会の実現」を「二十一世紀の我が国社会を決定する最重要課題」とうたっている。これにもとづき，基本法は，「性別による固定的な役割分担等」の社会的影響の中立化（第4条），政策等への立案・決定への男女共同参画（第5条），ワーク・ライフ・バランスの実現（第6条），国際的協調（第7条），国・地方公共団体・国民の責務（第8～10条）を定め，「積極的改善措置（ポジティブ・アクション）」についても定める（第2，8条）。

(2) 政　策　内閣府には男女共同参画局が設置され（2001年），毎年『男女共同参画白書』が発表されている。男女共同参画基本計画は5年ごとに策定されており，第3次基本計画（2010年）では，男性・子ども・複合差別の視点が新しく盛り込まれた。地方自治体でも条例制定が進んでいる。制定状況は，2011年4月現在で46都道府県（千葉県以外のすべて），19政令指定都市のすべて，369市区，108町村の合計542自治体である。基本法が普遍主義的・形式主義的にとどまったのに対し，条例のなかには，「間接差別」の禁止や「性と生殖に関する健康と権利」を盛り込むなど，踏み込んだ内容をもつ先進的なものがある。他方，少数ながら，「男らしさ女らしさを一方的に否定することなく」といった文言をもち，いわゆるバックラッシュの傾向を示す条例もある。ジェンダー指数が示すとおり，経済・政治分野での日本のジェンダー平等は国際社会と比較して著しく劣っている。男女共同参画社会基本法の実質化に向けて，いっそうの努力が求められる。　（三成美保）

[文献] 大沢真理編2002；辻村みよ子・稲葉馨編2005；内閣府男女共同参画局編2000～

性的指向

性愛が向かう傾向を意味する（［英］sex orientation）。女性同性愛（レズビアンL）・男性同性愛（ゲイG）・両性愛（バイセクシュアルB）の3タイプが区別される。英語圏では，ゲイとレズビアンの双方を「ゲイ」と総称することもある。性的指向は，性自認との関係で定義されるが，生涯を通じて必ずしも固定しているわけではない。歴史的に日本にはキリスト教社会ほど強い同性愛嫌悪は見られない。同性愛行為を非犯罪化したフランス刑法に倣って成立した旧刑法以降，同性愛処罰規定も導入されなかった。成年養子縁組を結んで同居する同性愛カップルも少なくなかった。このため，欧米社会で1970年代以降に大きな運動となった性的指向をめぐる権利運動は，日本では周縁化された。しかし，同性愛者やトランスジェンダーへの偏見や差別は存在する。それは，大正期に同性愛が「変態性欲」とよばれてから顕在化し，戦後，「近代家族」とともに「性愛＝生殖一体」理念が定着するにつれて強まった。近年，欧米諸国では同性婚の合法化が進んでおり，日本でもようやくいくつかの自治体で「結婚証明書」（法的効力はない）を発行して，公営住宅への入居権を認めるなどの取り組みがはじまった。性的指向の自由は，法的には阻害されていないが，保障もされていない。　（三成美保）

[文献] 風間孝・河口和也2010；古川誠1995

母体保護法

優生保護法（1948年）の改正法である。1996年，優生条項が削除され，優生保護法は母体保護法に名称変更された。改められた内

容は以下の通りである。①法律の目的を定めた第1条で、旧法の「優生上の見地から不良な子孫の出生を防止するとともに」が削除された。②「優生手術」から「不妊手術」へと用語が変更されるとともに、強制断種条項と審査制（旧法4～13条）が削除された。③中絶に関しても優生条項が削除されたが、中絶要件には変更はない。優生保護法から母体保護法への改正は、唐突に短期間で行われた。「らい予防法の廃止に関する法律」（1996年）の成立を受け、旧法のハンセン病条項との矛盾をきたしたためである。1990年代後半以降、諸外国では中絶に関して期限規制型（妊娠初期3ヵ月以内の中絶を女性の自己決定権として保障する）を導入する傾向が強まっているが、母体保護法は優生保護法の枠組み（適応規制型）を変更しておらず、女性の自己決定権を考慮していない。 （三成美保）

[文献] 齋藤有紀子編 2002

性同一性障害者特例法

正式名称「性同一性障害の性別の取扱いの特例に関する法律」。2003年に成立し、2008年に要件が一部改正された。欧米では1970～80年代に同種の法律が制定されている。「性同一性障害」（gender identity disorder；GID）が精神障害を意味する医学用語であったため、今日では「性別違和」（gender dysphoria；GD）が用いられている。特例法は、「性同一性障害者」（「生物学的には性別が明らかであるにもかかわらず、心理的にはそれとは別の性別であるとの持続的確信をもち、かつ、自己を身体的および社会的に他の性別に適合させようとする意思を有する者」第2条）のうち、下記5要件を満たす者につき、家庭裁判所の審判によって、法的性別・戸籍上の性別記載を変更できると定める。欧米法と比較すると、日本の性別変更要件は厳しく、①年齢、②非婚、③子なし（2008年改正で未成年子に変更）、④生殖不能、⑤近似（このうち④と⑤が性別適合手術の要件に関わる）のすべてを満たさなければならない（第3条）。ドイツのトランスセクシュアル法（1980年）も当初は日本と同様の要件を定めていたが、1990年代以降、すべての要件に次々と違憲判決が出された。今日では、ドイツでもイギリスでも、性別適合手術を受けずとも、持続的な性別違和にもとづいて法的性別の変更が可能である。 （三成美保）

[文献] 三成美保 2013；南野知惠子監修 2004

性別適合手術

性別違和をもつ人（トランスジェンダーTG）につき、当事者の性自認にあわせて外科的手法により内外性器の形状を変更する手術（[英] Sex Reassignment Surgery）。性別再指定手術ともいう。TGのうち、性別適合手術を望む者あるいは手術を行った者（トランスセクシュアル TS）は2～3割とされる。TSのうち、女性から男性への適合手術を受けた者を FTM、男性から女性への適合手術を受けた者を MTF という。技術的には FTM 手術のほうが困難であり、施術件数も少ない。世界初の性別適合手術は、1931年ドイツで実施された（MTF）。日本では、1950～51年のMTF事例が最初である。1969～70年のいわゆるブルーボーイ事件で、MTF手術を行った医師が優生保護法違反に問われ有罪となった。以後、1998年まで国内では性別適合手術が実施されず、希望者は海外で手術を受けた。2013年12月、最高裁は、「父性推定の原則」（民法772条）を厳格に適用し、女性と結婚し、非配偶者間人工授精で子をもうけた FTM の父性を認める決定を出した。 （三成美保）

[文献] 谷口洋幸・齊藤笑美子・大島梨沙編 2011

面会交流（面接交渉）

　夫婦関係の解消後，子（未成年子）の親権者や監護者とならなかった親が，その子と面会・交流をする権利である。同権利は，嫡出でない子を認知した父で，親権者や監護者とならなかった者についても認められる。面会交流は，昭和39年（1964）に家事審判において初めて認められたものであり，当初は面接交渉と称された。その後も，実務においては積極的に認められてきたが，民法上の明文規定がないことから，その法的性質をめぐり，さまざまな学説が展開された。例えば，面会交流は，親子という身分関係から当然に認められる自然権であるとする説，親権・監護権の一権能とする説，子の監護に関連する権利とする説，子の権利とする説等である。
　面会交流は，平成23年（2011）5月27日に成立した民法等の一部を改正する法律（平成23年法律第61号）により，民法766条に明文化された。しかし，その法的性質については，未だ議論がある。　　　　　（梅澤　彩）
[文献] 棚村政行編著 2013；日本弁護士連合会両性の平等に関する委員会編 2011

年金分割

　夫婦が婚姻中に協力して築き上げた財産を離婚時または離婚後に分けることを財産分与という。財産分与の対象財産は，名義の如何を問わず，婚姻後に夫婦が協力して得た財産と解されている。年金を財産分与の対象とすることについては，年金受給権の譲渡を禁止する法規定などから消極的に解されていたが，平成16年（2004）の制度改革により，離婚等による年金分割が可能となった。年金分割制度（厚生年金や共済年金の報酬比例部分に限られる）には，「合意分割制度」と「3号分割制度」がある。前者は，平成19年（2007）4月1日以後の離婚等につき，「3号分割制度」施行後の第3号被保険者期間以外の婚姻期間の期間について，当事者の合意や裁判により定められた分割割合にもとづいて年金分割を行うものである。後者は，平成20年（2008）5月1日以後の離婚等につき，婚姻期間のうち同年4月1日以後の第3号被保険者の期間について，2分の1の割合で年金分割を行うものである。　　　　　　　　　　（梅澤　彩）
[文献] 年金分割問題研究会編 2013

家事事件手続法

　昭和22年（1947）に制定された家事審判法は，家事調停および家事審判に関する手続を定めるものである。同法は，31ヵ条からなる小さな法律であったため，具体的な紛争の解決に際しては，家事審判規則や特別家事審判規則，裁判所の広範な裁量によるところが大きく，さらに，近時の家族をめぐる人びとの意識や法意識の変化に対応できていないとの批判も多く見られたことから，抜本的な見直しが求められていた。平成23年（2011）5月19日，「家事事件手続法案」が可決・成立し，家事審判法は廃止された。新たに制定された家事事件手続法（293ヵ条）では，従前，家事審判規則に置かれていた規定を法律に移行するとともに，家事審判および家事調停の手続を国民に利用しやすく，現代社会の要請に合致した内容にするための改善が図られた。具体的には，当事者の責務の規定化，手続の基本的事項の整備，当事者等の手続保障を図る制度の拡充などである。　　（梅澤　彩）

[文献] 梶村太市・徳田和幸編 2007；金子修 2012

ジェンダーから見たアフリカの家・家族

I 社会のしくみ——リネージ体系

　アフリカにおける家族・親族の研究は，古典人類学において単系出自のモデルが構築されあらゆる社会の理解のために適用された，代表的な舞台となったところでもある。イギリスの人類学者エヴァンズ＝プリチャード（E. E. Evans-Pritchard）は南スーダンに居住するヌエル社会で1930年代後半から調査し，分節リネージ体系の理論を導き出した。ある個人の父，そのまた父（祖父），そのまた父（曽祖父）……と父を辿った祖先を共有する者たちが組む集団を父系出自集団といい，アフリカでしばしば見られる体系である。とりわけヌエル社会は，無頭制社会とよばれ，絶対主義下のヨーロッパや西アフリカの王のような存在が社会を治めるのではなく，そのときどきに直面する問題や状況によって，近しい祖先をもつ者たちが協力関係を結んだり，ときに敵になったりするカリスマ的リーダー不在で成り立つシステムである。祖先からその子孫へ，つまり父から息子へと動産・不動産といった財産や知識，役職などが降りてくる父系出自概念はよく見られ，このリネージ体系の末端が個々の家族となっている。初期のアフリカニストが構築してきた出自の概念はアフリカを超え，オセアニア，アジアなどさまざまな社会の分析への応用が試みられた。その流れに抗しレヴィ＝ストロース（C. Lévi-Strauss）は「家」概念によって，出自概念では説明できない，諸社会の分析を試みた。こうした研究が盛んであった1950～70年代の近代人類学とよばれる時代は，男性人類学者がほとんどであり，当然のように描かれるアフリカの家族や社会は男性に注目した男性視点の社会組織論となっていたことは否めない。

II 結婚と家族のかたち

　アフリカにおいて世代を超えた概念は出自であり，家とは世代を超えるのではなく，ある一定の親子世代が築く場として象徴的に重要である。また，家の特徴的な機能を見るにはここでアフリカ社会の特徴として，一夫多妻という結婚制度にふれねばならない。一夫多妻による家族運営の形として，家族内の財産がそれぞれの妻の「家」ごとに分割され，個別に保有される財産保有，もしくは相続のしくみのことをグラックマン（H. M. Gluckman）は家財産複合（house property complex）と名づけた。一夫多妻を前提とする父系出自リネージ体系の場合，息子は自分自身の母親を通じて土地や家畜といった家産を継承すると考えられやすいと指摘した。例えば東アフリカ，キプシギス社会やルオ社会ではレヴィ＝ストロースの定義する「家」にすっかり合致するものは見られないものの，ラインの永続性への希求は数々の，個々の「妻の家」を通じてなされてきた。この状況とは女性の立場からすれば競合するほかの妻がいるのであって，母となった女性は自分の子どものために夫からの支援をとりつけるだけでなく，自ら責任をもち，育てねばならないという厳しい環境でもある。他方，毎日の水汲みや農作業といった家事，自給自足のための労働を他の妻と協力しながらできるという利点もある。また，夫が亡くなった際に亡夫の類別的兄弟があたかも一夫多妻の自分の妻のよ

うに寡婦をひきつぐレヴィレートは，寡婦や亡夫の子どもたちの社会経済的な生活，社会的地位や相続権が守られるという制度である。亡夫の名のもとで妻として家をもった寡婦の主導で，再編された家族がそのまま亡夫の土地に暮らし，生を育むことが多い。

III 生態学的環境，生業による社会のしくみと家屋の違い

これまで述べてきた社会組織としての家族・親族の特徴は，狩猟，漁猟，牧畜，農耕，といった生業のスタイルによっても，大きく異なってくる。農耕，牧畜に携わる人びとは一夫多妻によりある程度大きな親族集団を築き，ときに敵から家畜や収穫物を守り，生活を維持している。牧畜の場合は家畜を豊かな放牧地へ移動させるため，ジェンダー分業により女性と老人，子どもが主である定住村と男性が主であるキャンプ地に，というように家族がばらばらで暮らす時期もある。狩猟採集社会も男性と女性では別々に狩りや採集を行い，分業が明確にある。家屋の作りも，移動性が高い場合は雨風をしのぐ簡易的なシェルターであり，長年定住する場合は石造りや茨などで家屋や家畜囲いのフェンスを築き，土壁の家屋を建設する。村落部においては，生業におけるジェンダー分業や寝食やコミュニケーションの場において，ジェンダー空間は明確に区別されていることが多い。

IV 植民地経験と近代化による変化

アフリカにおけるほとんどの国が，イギリスやフランスをはじめとする西欧列強によって植民地化された経験をもつ。植民地政策により，生態学的環境にもとづき生業を営み，定住，または季節的な移動をして暮らしてきた人びとが移動を禁じられ強制的に定住化させられ，宗主国のための農場の開墾労働や首都や地方都市の建設に駆り出された。こうした政策は自然を破壊することで人びとの生業や暮らし方や思考を変えた。とりわけ，土地を区分けし個人に属することを記録し登録した「土地登記制度」の導入は，土地「所有」の概念をもたらし，いっそう父系男系化が進み，生家を出て外の集団に嫁に行く女性に対しては排他的になり，女性には土地の相続権がないなどのジェンダー格差を生み，相続権のある兄弟間の争いのもとにもなったのである。もともと母系であった社会が父系に，ゆるやかな父系から排他的な父系へと変わった社会も多いと考えられる。

植民地時代に植民地運営のためのベースとして植民都市が建設され，多くの人びとが建設作業，あるいは都市におけるあらゆる労働のために村落から連れて来られた。また独立後も新しい近代国家を建設するメイン舞台としての首都には，多くの人びとが現金を求めて出稼ぎに来るようになった。これまではなかった都市という空間においては，村落における先祖とのつながり（リネージ）を基点とした互助組織がつくられ，また都市と村落はつねに対比される空間となり，出身の村落とは故郷，懐かしい存在として新しい「ホーム」概念が創出された。例えば，ケニア・ルオにとって「ダラ」とよばれる最大で三世代の拡大家族が住まう居住空間とは，ルオ人が生まれ，また死んだら埋葬される場であると強調され，ルオ人としてのアイデンティティのより所とされるようになった。それは父祖の土地にあるべきであり，万が一首都ナイロビで死ぬようなことがあればダラ内のしかるべき場所に埋葬されるべく遺体は運ばれねばならないのである。

なによりも，出稼ぎにより家族のありかたも変化した。民族によって変化への対応は異なったが，既婚男性ならば第二，第三夫人等を出稼ぎ先へ連れていき，村落の家は第一夫人に任せる分居型，あるいは都市などの出稼ぎ先には夫のみが暮らし，夫か妻がどちらかを互いに訪ねるスタイルができた。皆婚社会である村の生活ではめずらしい妻不在という環境が都市にはあり，慣習に反して家事を男

性が行うのも当たり前である。植民都市の建設時には男性の世界であった都市には売春婦も誕生した。現在にいたるまで都市に長くいる女性は売春婦のイメージとも結びつけられ、結婚の対象としない男性もいる。

V 都市におけるシングルと家族

近年の都市の状況は、先進諸国の都市の状況と同じくシングルの人も多い。特に大学を卒業し学位のある女性、政府機関や一流企業に勤める女性、議員や弁護士といったエリート女性は未婚か、離婚経験のあるシングルが多い。男性が学歴、給与が高い女性に対し嫉妬や劣等感をもつために、関係が長続きしないことが多いのである。女性は男性よりも下位であるべきだという男性のもつジェンダー観はいまだ強いのに対し、女性も自分の学歴や社会的地位に見合う男性像を強く追い求める傾向にある。興味深いのは、そうしたシングル女性は子持ちであることが多いことだ。それを支えているのは、植民地化以降、学校教育の導入による性のモラルの低下や性的暴力のため村落でシングルマザーになり、都市に出てハウスガールやメイドをする女性たちであることも観察されている。また、都市部の若い世代のエリート男性は、台所にも入り、子育ても積極的な人も増えジェンダー観に少しずつ変化も見られる。他方で2014年の4月にはケニアにおいて慣習法の範囲でなされていた一夫多妻が、ケニア法によって認められることになった。それが果たして女性を守る法として機能するかどうか――現在のアフリカにおける家族のあり方やジェンダー観の変化は、今後も大きく変わりそうである。

(椎野若菜)

[文献] 小池誠・信田敏宏編 2012；椎野若菜 2008，2014b；Evans-Pritchards, E. E. 1965a，1965b；Gluckman, H. M. 1987

シングルと家族

多くの社会では、人は誕生してからその成長過程において、社会の一員としてふるまい、社会集団の存続のために結婚し、子どもをなし家族をつくり、再生産に寄与することが望まれ、そのように教育されて育つ。だが結婚（事実婚、慣習婚を含む）の良いパートナーにめぐり合わなかったり、離婚に至ったり、性的指向が異性に向かわなかったり、パートナーが亡くなったりなどでシングルになることがある。寡婦／寡夫については、社会によって扱われ方や地位が異なる。ケニア・ルオのように、夫亡き後、代理夫をもち（レヴィレートを参照）、亡夫の名のもとで家族を育む制度がある社会もある。とりわけ、近代都市においてはシングルが近年多くなってきている。自分から望もうが、なりゆきであろうが、シングルでいる場合は再生産に寄与しないこともあり、自らの両親や家族親族との関係が難しくなる場合も多いが、そういったシングルはまったくの一人ではなく、血縁関係のない擬似的家族を作ったり、広い友人知人のネットワーク、縁をつくったりしていることが多く見られる。

(椎野若菜)

[文献] 椎野若菜編 2014a，2014b

ジェンダーと学校教育

近年アフリカの多くの国々においても、初等教育に関しては無償教育が受けられるように努力しているところが多い。就学率は上がってきているものの、家庭の貧困状況により子どもも仕事の手伝いに従事せざるを得ない場合、また農耕の繁農期といった人手の必要な生業、遊牧という移動性のある生業のた

めに，学校に通えない／通わない子どもがいるのも実態である。農牧村の場合，女子の結婚年齢は 16〜17 歳ぐらいであり，学校を修了するまでに退学し婚出することも多い。とりわけ中高等教育の場合は学費もかかるため，よほど余裕のある家庭でなければ，女子よりも男子の進学が優先されることが多い。また就学していたとしても，男子と女子では家事労働が異なり，特に女子は学年が上がるにつれ学習時間が減り，進級にも影響が及ぶことが調査結果としても明らかになっている。学校の教師にも女子は学校の学習に関係のない用事を頼まれたり，セクシュアル・ハラスメントを受けたりすることも多い。また学校では，ジェンダーにより異なる科目が教えられたり，児童・生徒のリーダーは男子であったりするといったジェンダー差別がいまだにある。

（椎野若菜）

[文献] 西村幹子 2014

ジェンダーと空間利用

人間の日常生活や儀礼等の活動空間がジェンダーによって明確に区分されている状態，すなわちジェンダー化された空間利用のありかたが伝統的なアジア・アフリカ社会，イスラーム社会ではよく見られる。例えば食事や水浴びをする場所，儀礼の際に座る場所などはジェンダー別である。また，埋葬する場所もジェンダーにより左は女性，右は男性などの方向が付け加えられることもある。なぜそのようなジェンダーにより区分する空間利用を行うのかは文化によって理由は異なるが，セクシュアリティが大きな意味をもっていることはたしかである。また単なるジェンダーだけでなく，親族関係上の距離において性的に忌避すべき関係にある者，例えば息子は年頃になると母の寝室等に足を踏み入れることは禁忌事項にもなる。しかしこういった空間の利用の慣習的なルールも時代の変化によって緩くなっていたり，あるいはアラブ世界のサウジアラビアではジェンダー別の銀行ATM ができたりするなど，変化している。

（椎野若菜）

[文献] 大塚和夫 2001

ダウリー（持参金）

婚姻に際して花嫁の親族から贈られる財を意味し，現金や家財道具，家畜などさまざまな形態をとる。ダウリー（dowry）の慣行は東ヨーロッパやフランス，インドなどで行われる。インドのダウリーは婚出する娘に対する財産分与とも言われるが，花婿の親族に対して支払う財としての意味合いも強く，花婿の値段（groom price）と揶揄されることもある。ダウリーが高額になるケースは，とりわけ社会的に優位な立場にある親族に娘を嫁がせる上昇婚の場合である。上昇婚は北インドの婚姻の特徴とされるが，それに付随するダウリーの額が顕著に高騰するのは英国支配時代であり，経済的負担と見なされた女子の嬰児を殺害する慣習もその頃横行した。1961 年には全インドを対象にしたダウリー禁止法が制定されるが，ダウリーにまつわる女性の焼死事件のニュースは後を絶たず，ダウリーと女性殺害は今も切り離せない問題として語られる。

（國弘暁子）

[文献] https://www.wsws.org/en/articles/2001/07/ind-j04.html；Oldenburg, V. T. 2010

交叉イトコ婚

親族内婚の一例であり，自分の母親の兄弟

の子どもにあたるイトコ（母方交叉イトコ），あるいは父親の姉妹の子どもにあたるイトコ（父方交叉イトコ）との婚姻をさす。一方，イトコ婚のもう一つの形態である平行イトコ婚は，自分の母親の姉妹の子ども（母方平行イトコ），あるいは自分の父親の兄弟（父方平行イトコ）との婚姻を指し，中東や北アフリカのムスリムの間ではとりわけ父方平行イトコと婚姻関係を結ぶことが多い。交叉イトコ婚が選好される一例として南インドの事例があげられるが，南インドの人々すべてが交叉イトコと結婚しているわけではない。チェンナイ市内での数千人規模の調査結果によれば，対象者の4分の1が交叉イトコ婚であったと報告される。また，交叉イトコ婚を選好する場合でも階層によって母方か父方かの違いが見られ，上位階層の間では父方交叉イトコとの婚姻が好まれるのに対して，エリート階層以外の人びとは母方交叉イトコとの婚姻を選好するという。

（國弘暁子）

[文献] Kapadia, K. 1995；Ramesh, A., Srikumari, C. R., Sukumar, S. 1989

女性婚

英語では woman marriage あるいは woman-to woman marriage という。

父系社会において息子がおらず自分の名前，地位，財等をついでくれる子が必要な場合に，既婚女性が夫（女性夫）となり，婚資を支払って嫁として女性にきてもらい，そして夫の親族の男性と子を成してもらい，生まれた子を自分の夫の出自におく。ジェンダーを変えるというフィクションのためにその子は息子とはせず，一世代ずらすので系譜としては孫世代に入れられる。生殖技術が発展する以前から，アフリカでも珍しい慣行ではあるが子孫，後継ぎを残すための制度として

あった。女性婚を行う動機としては夫や妻の不妊，子どもがいるが娘のみの場合，一夫多妻の家族で男子をもてなかった妻の一人が自らの地位安定のために行う場合，夫の死，シングル女性が自らの出自をつくるために行う，などさまざまな事例が見られる。

（椎野若菜）

[文献] 小馬徹 2000；和田正平 1988

レヴィレート

夫を亡くした妻（寡婦）が亡夫の類別的兄弟（兄弟と呼び合う親族関係。多くの場合，同じ祖先をもつ者同士）を代理夫とし，あたかも夫婦のような関係を結ぶ，結婚を補完する制度である。レヴィレート（levirate）はラテン語の兄弟（levir）に由来する。この関係から生まれた子の社会的父は亡夫とされ，亡夫の財産や地位等の相続権をその子は有する。似た制度に寡婦相続（widow inheritance）があり，亡夫の死後にできた子は代理夫の子とされる。この二つの分類はイギリスの社会人類学者ラドクリフ＝ブラウン（A. R. Radcliffe-Brown）によるものであり，社会集団の再生産に主眼をおいた男性の視点に立ったものになっていると言える。寡婦が男性を選ぶ権利や範囲も社会によって異なるが，近年は主体的に自由に選択するケースも多く見られ，代理夫選択と言ったほうが主旨にあう場合もある。

（椎野若菜）

[文献] 椎野若菜 2008；Radcliffe-Brown, A. R. and Forde, D. (eds.) 1950

契約結婚 [イスラーム]

イスラームでは，一般的に結婚は善良な信

徒としての使命を果たす道徳的意味と，契約という法的な意味を有すると理解されている。イスラーム法において婚姻契約を結ぶことの主な目的は，男女間の性交渉を合法化することである。イスラーム法では，夫の扶養と妻の服従を結婚の基本的な原理と見なす。またムスリム社会では，チュニジアなど一部の国をのぞいて男性の複婚が許可されている。

　一部のシーア派の信徒の間では，このような婚姻契約を期限付きで行う一時婚「ムトゥア」が実践されてきた。他方で，スンニー派が多数派を占めるサウディアラビアやアラブ首長国連邦では，婚姻期間を設定しないものの夜を共に過ごさず，男性が扶養の義務を負わない，妻に夫の遺産相続権がない「ミスヤール」が新たな婚姻の形態として出現している。ミスヤールは，複婚を望む男性や，経済的に自立した独身女性，離婚女性，寡婦の間で実践されることが多い。
　　　　　　　　　　　　　　（辻上奈美江）
[文献] Yamani, M. 2008

子どもの労働

　国連では「子ども」を18歳未満と定義しており，その国際労働機関（International Labour Organization；ILO）が発表した報告書によると，全世界の子ども労働者（5歳〜17歳）は約1億6800万人と推計されており，アジア・太平洋地域，次にサハラ以南アフリカに児童労働が多い。いわゆる途上国では，家事労働が多いのでそれに携わる子どもが多いが，それは子ども労働ではない。子ども労働とされるのは，コーヒーや紅茶，ゴム，タバコなどのプランテーションで雇用されている場合や，家族経営の農園で働いている場合，携帯電話に欠かせないレアメタルといった希少金属などを採掘する鉱山労働をしている場合もある。途上国での子どもの数が多い理由に，親が労働力として期待していることをあげる文献を散見するが，女性が妊娠，出産した時点で子どもを労働源と考える人びとはほとんどいないと思われる。また学校に行かずに労働をしている子どもは，貧困や教育水準の低い環境によるだけでなく，教育の機会があるにもかかわらず自分の意思で学校を去り働く子どももいる。子どもが労働するに至る背景はキャピタリズム，キャッシュの力そのものが及ぼす影響が深いことは確かであるが，ケースごとにきめ細かな対応が必要である。
　　　　　　　　　　　　　　（椎野若菜）
[文献] International Labour Organization 2013

子ども兵士

　紛争地域において正規，非正規を問わず軍隊に所属する18歳未満の子ども，少年少女のことである。「子ども兵士」の役割もさまざまで直接に戦闘に関わるよう訓練される場合もあれば，戦闘のための何かしらの働きを課される場合もある。荷物運びやスパイ行為，先に歩かされ弾よけや地雷除去装置のような役割をさせられたり，少女であれば性的虐待を受けたり男性兵士との強制結婚をさせられたり，彼らが強制的に経験させられた事柄は多岐にわたる。子どもは洗脳されやすく従順で，小柄で機敏な動きができ強制的に徴兵も可能と考えられている。アフリカにおいてはコンゴ，モザンビーク・アンゴラでの紛争，シオラレオネ，リベリア，スーダンでの紛争，またウガンダでのLRA（the Lord's Resistance Army：神の抵抗軍）による子ども兵も記憶に新しい。連れ去られ，村に返されたあとも，彼らは子ども兵だった期間に経験した余りにもショッキングな事柄によるトラウマや，LRAの被害者である周囲からの差別に

も会い，元の生活に戻れていない人も多い。

(椎野若菜)

[文献] Klasen, F., Oettingen, G., Daniels, J., Post, M. and Hubertus, A. 2010；Wessells, M. G. 2006

幼年結婚

　子どもが 18 歳未満の幼年のときに両親が結婚を決める慣習で，幼年結婚あるいは児童婚として知られる。女性が嫁にいくときに男性側から受け取る婚資を目当てに父親が約束をとりつける場合も多く，強制的に結婚させられることが多い。結婚年齢に差があることは慣習でもあるが，女子の育った環境の貧困からなされる場合が多いと言える。近年，その割合は減少してきているが，いまだ南アジアやサハラ以南で多く見られる。ティーンズのときに結婚するということは，女子の就学率が低くなる原因であることは言うまでもない。また母親が 18 歳未満の場合，生後 1 年以内に乳児が死亡する危険が，母親が 19 歳以上の場合に比べ 60％高くなるという報告もあり，女子の成長発達，健康に大きく影響を与えるとも言われている。児童婚撲滅はユニセフの活動のなかでも大きなトピックの一つであり，多くの国際 NGO も各国で運動を行い，政府にも働きかけている。アフリカの新聞でも，女性問題としての児童婚・強制結婚はしばしば具体的事例がとりあげられる。

(椎野若菜)

[文献] Human Right Watch 2014

産　婆 [アフリカ]

　女性のお産の手助けをする産婆は，社会においてさまざまな地位や役割を有する場合が多い。ただ研究に関して言えば，アジアや欧州のものが多い。アフリカにおいては，例えば東アフリカ，ケニア・ルオ社会では，産婆は妊婦や赤ん坊の健康状態を見たり，お産そのものの介助をしたりするだけでなく，そのほかの病の治療に通じている。ハーブの知識も豊富で，多くは母や義母，オバなどからその知識を得るが，産婆として働くことができるのは閉経後である。さらに産婆は実際的な病の治療者，カウンセラーだけでなく，ケガレや慣習の違反からくる不幸を取り除く方法を知っており，そうした儀礼に使うハーブやクスリを処方し，儀礼の施行者となる特別な職能者である。しかし近年はお産を病院で行うように国の指導があり，産婆も資格制となり，経験なく産婆になる女性と，学校教育をまともに受けてこなかった伝統的産婆の地位と役割に変化が見られるようになっている。

(椎野若菜)

[文献] 松岡悦子 2014；松岡悦子・小浜正子編 2011

離　婚 [アフリカ]

　離婚とは結婚の契約を解消することである。したがって，結婚がどのような条件で行われるかによって離婚の方法も異なる。アフリカの多くの国々では，結婚をする際に，夫側が妻側の親族に対し，その社会において価値ある重要なものを婚資として支払うことが多い。婚資は牛や山羊などの家畜，伝統的な工芸品，また近年はそうした伝統的なものと現金が組み合わされることも多い。離婚は，結婚時に支払われた婚資の払い戻しを妻側に求めることもある。もともと，離婚という概念がなかった社会もあり，植民地化以後に西洋から法整備の際に導入されてきた経緯もある。離婚をするに十分な条件が満たされない場合，妻が夫の元からの逃亡をはかる場合も

しばしばある。あるいは，妻の承諾なしに夫が一方的に，妻を実家に戻す場合もある。とりわけイスラームの地域では，その夫の一方的な離婚が社会問題にもなっている。

(椎野若菜)

［文献］椎野若菜 2008

養取・養育［アフリカ］

サハラ砂漠以南のアフリカ諸社会では，子どもが生みの親以外の大人（多くは親族）に育てられることが珍しくない。こうした慣行は，子どもの出自上・法律上の親子関係が変わらない（里親）養育（fostering）と，それらの親子関係が育ての親子に移行する養子縁組（養取，adoption）の間に位置する。その子育て形態は多様で，育ての親が部分的・一時的に子育てに関わるものから，子どもが成人するまでの全責任を育ての親が負うものまである。またその形態は時の経過に伴い流動的に変化し得る。本慣行はさまざまな原因・目的に応じて行われる。例えば，生みの親の貧困や離婚・他界により子育てが困難な場合，親族の子どもを引き取ることで親族との関係を維持・強化するため，不妊の人が親になるため，既婚女性が子どもに手伝いをさせるため，子どもに特定の技能を身につけさせるためなどである。

(梅津綾子)

［文献］Bowie, F. (ed.) 2004 ; Goody, E. N. 1982/2007

第5章

家族の形成

結婚と家族

I 前近代社会における結婚

社会学の観点から言うと，広義に「結婚」を定義すれば，「継続的な性関係を結ぶことが社会的に承認されること」となる。結婚の結果として，二人は夫婦となり，夫婦から生まれた子は，自動的に正当な子として社会のなかに位置づけられる（一夫多妻，一妻多夫の場合もあてはまる）。

結婚は，前近代社会と近代社会では，その社会的意義や個人的意義が大きく異なっている。前近代社会では，結婚は，当事者が属する親族集団（イエ，部族等）の取引や結合を意味していた。配偶者選択が個人的になされたとしても，結婚する二人は，お互いの所属する親族集団を背負っており，それゆえ，結婚相手を選ぶ自由は原則なかったのである。親族集団の目的はそれを継続させることにある。結婚は，その一つの手段である。結婚により配偶者の一方（女性であるケースが多い）は，例外はあるものの別の親族集団に移ることになる。つまり，結婚は，親族集団の持続のために，一人の人間が親族集団を移動するイベントとして捉えることができる。

II 近代社会における結婚

近代社会では，結婚は個人と個人の関係となった。それは，近代社会が，公私の領域を分離したからである。公的領域では市場原理が働く。個人と個人の関係は，功利的道具的な関係になる。そして，人びとの生活を保障し親密関係を供給していた親族集団は弱体化し，社会的にも個人的にも，副次的な位置づけとなる。それに代わって，小集団としての「家族」が，個人の生活と親密性を保障する存在となる。

その結果，結婚の位置づけは前近代社会と大きく異なってくる。結婚は家族を形成する決定的なイベントとなるのである。近代社会で，家族をもつためには，個人の責任で，相手を見つけ，夫婦となることを合意する必要がある。結婚相手を選ぶ自由を得たが，逆に結婚できず家族を得られないリスクを負うことになる。つまり，結婚は，個人が達成しなくてはならない「課題」となった。

そして，親族集団の制約から解放された代わりに，近代国家が，結婚を規定し，保護，規制するものとして出現する。これが「法律婚」である。慣習法も含めた法律によって，結婚可能年齢，重婚や近親婚の禁止，結婚（解消）の手続きなどが規定されている。つまり，結婚の社会的承認部分を国家が独占することになる。社会保障の基本的単位としても，法律婚によって形成された家族が原則その対象となる。

前近代社会の結婚から近代社会の結婚に至るプロセスは，国の枠組み，同じ国内でも，階層や地域によって多様であった。近代的な結婚の成立の大きなメルクマールが，近代国家形成による民法の制定，そして，産業化による「男性雇用者」の増大である。

北西ヨーロッパでは，エドワード・ショーター（E. Shorter）が家族革命と呼んだように19世紀に，親の取り決めではなく，自分で結婚相手を選ぶことが一般化した。これは，産業化によって，家業を営む親に頼らなくとも収入を得られる「男性」を生み出した時期と重なる。日本では，明治民法は家という親族集団の存続を優先した結婚の規定であったが，戦後の憲法と民法改正により，男女の合意のみにもとづく近代的結婚の規定に変更された。同時に，経済の高度成長期（1955〜1972）

に産業化が進行し，成人男性の多くが企業等の被雇用者となり，親からの経済的自立が可能になり，近代的な結婚が一般化していく。1960年代に，恋愛結婚が見合い結婚を逆転し，核家族化が進行し，自分で結婚相手を選び，生活を営むというパターンが定着する。

III 近代的結婚の特徴

近代的結婚は，それが新たな「生活の単位」の形成であるという点と，「愛情」にもとづくという点に特徴がある。

生活の単位としては，夫婦の性別役割分業が問題となる。なぜなら，近代社会では，生活するためには，職業労働によるお金の獲得と，無償の家事労働によるケアの双方が必要である。女性の職業労働が制限されていた近代社会では，「夫が外での仕事，妻が家事育児」という性別役割分業が一般化する。女性は，男性の収入に依存して生活することになる。これが，近代的結婚のさまざまな問題を生み出すことになる。

近代社会では，相手に対する恋愛感情があることが結婚にあたっての要件とされ，その愛情が結婚後も持続することが前提とされる。性関係を伴った愛情は，結婚相手との間だけで経験されるべきという規範が広がったからである。これは，結婚外の愛情，性的関係を社会的によくないものとして抑制する。その結果，結婚しない生き方は，生活を支えてくれる親密な関係をもてずに一生を送ることを意味することになる。

IV 現代の結婚──結婚からの解放と疎外

欧米では，1960年代に生じた「フェミニズム」と「性革命」の影響によって近代的結婚に揺らぎが生じる。フェミニズムは，女性の職場進出を後押しした。つまり，男性の収入に依存しなくても生活可能な女性が出てくる。「生活の単位の形成」としての結婚の意義が薄れていく。さらに，脱産業化の進展とともに，若年男性の収入が不安定化し，男性のみに収入を依存する生活が崩れ，その点でも性別役割分業を前提とした結婚は崩れていく。

また，性革命は，結婚と愛情，とりわけ性的関係との結びつきが緩み，法律的に結婚しなくても性関係を伴う親密な関係を築くことが可能となる。その結果，社会的承認を伴わずに，継続的な性関係を結び，生活の単位を形成する人たち（同棲）が増えていく。そのため，ヨーロッパのいくつかの国では，准婚ともいうべき関係の国家的承認の制度（例えば，スウェーデンにおけるサンボ，フランスにおけるパックス）を設けるようになった。

性革命は，結婚に関する別の形の多様化をもたらした。一つは，同性愛者がその関係性の社会的承認を求め，同性婚を制度化する動きが強まっている。その結果，同性同士の結婚登録を認める欧米諸国も増えてきている。

欧米では，近代的結婚からの解放が進行しているのに対し，日本では，近代的結婚からの疎外が生じている。高度成長期には未婚率が低くほぼ皆婚状態であったが，1990年以降，未婚率が急上昇している。欧米のように同棲等は増えていない。高度成長期にはほとんどすべての人が結婚を経験していたが，結婚したくてもできずに，生活単位や性関係を伴った親密関係を自ら形成できない人が増えている。それは，脱産業化によって男性の収入の格差が広がっているにもかかわらず，未だに，性別役割分業にもとづく生活単位を形成することを多くの若年者が望んでいることが大きな要因である。その結果，収入が不安定な男性が結婚しにくく，対極に結婚できない女性も増大する。近代的結婚を実現した人と，結婚できずに家族自体がもてないで一生を終わる人とに分裂し始めているのが現状である。また，日本では，性革命は，未婚の人びとの性行動を活発化させたが，「結婚」へのこだわりが強いため，妊娠が先行して結婚に至るというパターンの結婚が増えているのも一つの特徴となっている。

21世紀に入った今，変化はあるものの，世界的に見れば，生活単位でありかつ個人の愛情にもとづく「近代的結婚」が準拠軸となっている。欧米でも結婚，もしくは准結婚する人は多数派であり，日本や東アジア諸国でも，ほとんどの人が結婚を望んでいる。親族集団同士の取引の要素が未だ強いいくつかの発展途上国でも，近代的恋愛意識の浸透により，結婚の個人化の動きも起きている。それは，近代社会には家族の存在が社会的にも個人的にも重要であり，家族形成の契機が，結婚以外に考えられない状況だからである。

(山田昌弘)

[文献] ギデンズ，A. 1995（1992）；ショーター，E. 1987（1975）；山田昌弘 2007b；山田昌弘編著 2010；善積京子編 2000

結婚の多様性

人類学では婚姻は家族と並んで頻出する用語でありながら，非西欧社会に見られる多様な関係性に照らして考えると，婚姻の外延を明確に定義することはできない。婚姻の多様性を考える際，最初に取り上げるべきはレヴィ゠ストロース（C. Lévi-Strauss）による基本構造と複合構造の区別である。母方交叉イトコ婚など結婚の相手が親族関係で規定されているのが基本構造で，一方インセストを除く範囲で，愛情などにもとづいて配偶者を決めることができるのが複合構造である。

婚姻当事者の数に関して単婚と複婚に区別できる。複婚には，一人の男性が複数の妻をもつ一夫多妻婚だけでなく，一人の女性が複数の夫をもつ一妻多夫婚もチベット系民族などで存在する。ただし複数の兄弟が一人の女性と結婚する兄弟型一妻多夫婚が多い。当事者の性について考えると，男女の配偶関係だけでなく，同性間の結びつきに関する民族誌的報告がある。かつて西エジプトのシワー・オアシスでは，男女と同様に男性同士の法的な婚姻も認められていた。またスーダンのヌアー社会では，女性が婚資を支払い，夫となって女性を妻とする女性婚も行われている。この場合，妻と内縁関係にある男性との間に生まれた子どもの社会的父は婚資を支払った女性である。さらに，現代社会ではセクシャル・マイノリティの間の同性婚も，ヨーロッパの一部とアメリカの一部の州で認められている。このような同性カップルの間では，生殖医療技術を使って自分たちと遺伝的なつながりをもった子どもを得ようとすることが実践されている。また，婚姻は生きている人間だけで結ばれているのではない。例えばヌアーでは，弟が死んだ兄の名前で婚資を支払い，女性と結婚するという死霊婚が制度化されている。弟との間に生まれた子の社会的父は死んだ兄である。東アジア社会では生者と死者または死者同士の冥婚という慣習も存在する。

(小池 誠)

[文献] エヴァンズ゠プリチャード，E. 1985（1951）；グッドイナフ，W. H. 1977（1970）；レヴィ゠ストロース，C. 2000（1967）

非 婚

生涯結婚しないことを言う。結婚について，近年の歴史人口学における研究成果は，近世日本において初婚年齢に明瞭な地域差が存在したこと，皆婚ではあるものの頻繁な死別・離別と再婚が行われていたことを明らかにしている［黒須里美編著 2012］。20世紀に入り，民法を背景として結婚は継続すべきものという規範が強まり，さらに高度経済成長期には，多くの人が長期間安定した結婚生活を送る「皆婚社会」が到来した。

1970年代半ばから始まった結婚行動の変

化に対しては，晩婚化・未婚化・非婚化などの概念が用いられてきた。「晩婚化」については平均初婚年齢の上昇，「未婚化」については年齢や性別を区分した未婚率の上昇（例えば，30歳代後半の男子未婚率が上昇など），そして，「非婚化」については生涯未婚率の上昇を指していることが多い。生涯未婚率とは，45〜49歳と50〜54歳の未婚率における平均値を指標としているが，2010年に男性20.1％，女性10.6％と，1970年の男性1.7％，女性3.4％から大きく上昇している。

ところで，このような実態として把握される結果としての「非婚」ではなく，結婚しないというライフスタイルの選択として「非婚」を用いることも多い。特に，ジェンダーの視点や女性の社会進出を主張する文脈のなかで，性別役割分業に縛られない生き方を主体的に選択する女性の生き方を指してきた。では，この非婚志向は強まっているのであろうか。18〜34歳の独身層を対象とした出生動向基本調査（2010年実施）の結果を見ると，「一生結婚するつもりはない」男性は9.4％，女性は6.8％，希望するライフコースとして，「非婚就業コース」を理想とする女性は4.9％，予定している女性は17.7％となっている［国立社会保障・人口問題研究所編2012］。これを踏まえて見ると，非婚志向が強まっているというよりも，経済的理由や配偶者選択が困難であるなどの要因が存在し，結婚の実現が阻まれてしまうことによって非婚になっている人が多いと考えられる。 （工藤 豪）

［文献］黒須里美編著2012；国立社会保障・人口問題研究所編2012；国立社会保障・人口問題研究所編集・発行2013

パラサイト・シングル

学卒後も親と同居し，基本的な生活費や家事を親に依存する未婚者を指す。山田昌弘によって提唱された和製英語。親世代より若者世代の収入が低いために，結婚や一人暮らしで家を出ると生活水準が低下する一方で家事負担は増えることを忌避することがパラサイト・シングル増加の原因であり，未婚化や少子化を招くとされた。また，親と同居できる者とできない者との間に格差が生じることも問題だと山田は指摘する［山田1999, 2004］。ただし，現在では，親と同居して豊かな生活を謳歌している者は一部にすぎないとの認識が一般的である。理論的にはポスト青年期の世代間関係・親子関係，未婚成人子の離家と家族形成の問題と位置づけられる。教育期間が長期化したり，若者の雇用が不安定になったりしたために成人期への移行が遅れる現象は日本以外の国でも観察されており，適切な家族政策・若者政策によって自立を促す対応が求められていると言えよう。 （村上あかね）

［文献］山田昌弘1999, 2004b

婚活

よりよい結婚を目指して，合コンや見合い，自分磨きなどの活動を積極的に行う人びとの意識や行動（結婚活動）を指す。就職活動（就活）と似ていることから，山田昌弘・白河桃子［2008］が命名した。山田らは，経済状況の悪化にもかかわらず依然として男性稼ぎ主モデルが前提の社会でありかつそれが理想とされていること，自己実現意識が高まっているために理想の相手と出会うことが難しくなっていることなどの理由により，意識的に活動しなければ結婚しにくい時代であるために「婚活」が必要だという。相手に出会うためには性別役割分業から解放されることも重要だとする［山田・白河2008］。「婚活」は流行語となり，民間企業だけではなく自治体も結婚支

援事業に参入するようになった。ただし，個人情報保護や費用などの課題，少子化対策との関連が強く個人の選択に政治が介入することへの批判もある。理論的には配偶者選択過程と位置づけられる。　　　　（村上あかね）

[文献] 山田昌弘・白河桃子 2008

事実婚

　わが国は法律婚主義を採用しているが，婚姻届を出さずに事実上の結婚生活を送るカップル，婚姻届を出していないが当事者に結婚している意識がある場合などを「事実婚」と呼ぶ。このような形態は，「夫婦別姓を通すため」，「戸籍制度に反対」，「性関係はプライベートなことなので国に届ける必要性を感じない」などを理由として選択されている［善積京子1997］。また，当事者に結婚している意識がなく男女が共同で生活している状態を「同棲」と呼ぶが，これは結婚前の準備段階と見なせる場合がある。2010年の出生動向基本調査によれば，現在同棲（特定の異性と結婚の届け出なしで一緒に生活）している割合は，18〜34歳の男女ともに1.6％と，きわめて少数である［国立社会保障・人口問題研究所編2012］。

　ところで，事実婚で出産した場合，産まれてきた子どもは「婚外子（非嫡出子）」となるが，わが国では婚外子割合が著しく低い。そのなかで，遺産相続に関する非嫡出子の相続分は嫡出子の2分の1と定められていたが，2013年の民法改正により，嫡出子と非嫡出子の相続分を同等にすると改められた。しかし，事実婚の場合に不利となる状況は他にも存在する。例えば，事実婚のパートナーには相続権がない。遺言を作成して財産をパートナーに遺贈することは可能だが，贈与税が課せられることや，法定相続人との間の遺留分に関する問題も生じやすい。また，所得税における配偶者控除，相続税における配偶者軽減が適用されないなど，事実婚は税制上のメリットを受けられないことが多い。

　近年，多様な結婚・家族ライフスタイルを選択する人が増えつつあると言われるが，事実婚が社会規範のレベルで欧米諸国のように許容されているとは言い難い。フランスの「PACS（連帯市民協約）」のように，法的婚姻よりも規則が緩く，同棲よりも法的婚姻カップルに近い権利を認められるような制度の導入について，今後日本でも議論していくことが求められる。　　　　　　　（工藤　豪）

[文献] 国立社会保障・人口問題研究所編 2012；善積京子 1997；善積京子編 2000

離　婚

　最近の歴史人口学的研究によれば，徳川期庶民の結婚は自由度が高く，離婚・再婚が頻繁に見られた。明治期以降，日本の離婚は大きく変化した。西洋の道徳観・家族観に沿って進められた近代化によって，離婚・再婚は否定的に意味づけられ，それを抑制する価値観が広まった。その結果，昭和初期と戦後の高度経済成長期の日本は離婚率が低く，初婚継続型家族形成が規範化した社会になった。日本が模範とした欧米のキリスト教社会の多くが，近代以前には婚姻関係の解消不可能性という宗教上の規範に拘束された社会であり，近代化とともに宗教の世俗化を背景に離婚率が上昇したのとは対照的である。しかし，日本においても，自由な恋愛を前提とした結婚が一般化した高度経済成長期以降には離婚の自由度が高まり，とりわけ1990年代に離婚率が上昇した。2000年代には結婚が離婚に至るリスクは西欧諸国のそれに近い程度にまで上昇したと推計されている。

一方，現代では親の離婚を経験する子どもの数も増大した。婚姻の解消が容易になった欧米諸国では，その後，親の離婚後も親子関係は解消不可能とする理念にもとづく制度改革が進められ，離別した両親による未成年子の共同監護・共同養育，別居親と子どもとの頻繁な交流や養育費の支払いなどを前提とする制度とそれを支援する政策が推進された。米国の家族研究者アーロンズ（C. Ahrons）は，離別した父と母の世帯間を子どもが往来して維持されるネットワーク型の家族を「複核家族」と呼んだ。それは離婚後も両親と子の関係が継続している家族であり，離婚は必ずしも家族崩壊や「ひとり親」家族をもたらすわけではないことを示している。日本でも離婚した両親の一方（多くは父親）との関係が断絶してしまうことが子どもに経済的・心理的に否定的な影響を及ぼすことに社会的な関心が向けられるようになり，子どもの最善の利益を擁護する政策や制度改革が社会的課題になっている。

(野沢慎司)

[文献] アーロンズ, C. 2006（2005）；黒須里美編著 2012；善積京子 2013；Parkinson, P. 2011

再 婚

明治期以降の西洋化・近代化とともに，離婚・再婚に対する否定的な価値観が広まり，戦後の高度経済成長期には再婚が極少化した。しかしその後の恋愛結婚の一般化および離婚率の上昇とともに再婚も増加した。『人口動態統計』によれば，1970年に新しい結婚10組のうち1組程度だった再婚（夫妻の少なくとも一方が2度目以降の結婚）の割合は，2008年には4組に1組を超えている。かつては男性に偏っていた再婚のジェンダー差も現代では縮小している。

離婚・再婚の増加とともに，多くの国で親の再婚を経験する子どもが増加していると推定されている。子どもの親の新しいパートナーを継親と呼ぶ。継親子関係を含む家族を英語では stepfamily と呼び，1980年代以降とりわけ米国でその研究が展開された。21世紀に入ると，日本でもカタカナ語の「ステップ・ファミリー」が使われるようになり，それまで社会のなかに潜在していたこの家族形態に関心が向けられるようになった。そして，既に親子関係が存在する状況で新たなカップル関係，継親子関係，継きょうだい関係などを築くことが固有の課題であると認識されるようになった。

ステップ・ファミリーは，未婚の親が初めて結婚する（事実婚を含む）場合など，再婚を経ずに形成される場合もある。また，離別・死別のいずれを経由したか，カップルのどちらに子どもがいたか，新たなカップルに子どもが生まれたか，別居親と子どもの交流がどの程度維持されているかなどの点で多様である。両親離婚後の共同監護・共同養育が一般化した欧米諸国と異なり，離婚後は単独親権となって継親子の養子縁組が容易な日本では，継親が別居親に代替して核家族世帯を再構成するかたちになり，摩擦が生じやすい。一方，同居親・別居親が親役割を継続し，継親は親ではない存在として子どもに追加的に関わり，世帯を超えたネットワークとして家族を形成する試みも模索されつつある。

(野沢慎司)

[文献] 野沢慎司・茨城尚子・早野俊明・SAJ編 2006；野沢慎司・菊地真理 2014；Pryor, J. (ed.) 2008

生殖と家族

I 家族の機能

　生殖（procreation/reproduction）は家族，特に核家族が有する機能の一つである，と論じたのは，文化人類学者のマードック（G. P. Murdock）である。彼は，核家族普遍説を唱えた『社会構造』という記念碑的著作の冒頭で，家族は居住の共同，経済的な協働，生殖によって特徴づけられる社会集団であると述べている［マードック 2001（1949）］。普遍的家族形態としての核家族，および家族という集団の一律的な定義は，その後世界各地から報告された民族誌的多様性により否定され，マードックらの試みはいまや時代錯誤となってしまった。だが，多くの社会において，社会的に認可された夫婦の性と，妊娠，出産という生殖が，家族という集団に特権的に付与された機能であることは間違いがない。生殖は，一人の人間を生み出すのみならず，家族・親族集団の成員の補充，ひいては社会の再生産につながるものである。ところが，先天的な社会関係である親子関係を生み出す生殖は，選択的な社会関係である婚姻関係（夫婦）よりも，自然で所与のものだとされてきたため，親族を扱う研究においては，親族関係の組織構造に比べて研究対象としては二義的にしか扱われてこなかった［宇田川妙子 2012］。性や生殖はあくまでも「自然」で私的な領域だとされ，論じられるべきは法制度や社会組織などの公的領域，すなわち「文化」であると見なされてきたのである。

II 自然としての生殖への批判

　80年代以降，親族研究という研究領域や，そこで暗黙の前提とされてきた家族というものが，西洋の家族の基礎となってきた血縁主義，すなわち生殖中心主義によって規定されてきたという批判が，人類学者のシュナイダー（D. M. Schneider）によって提起されるようになる。彼は，愛情と血によって結びついた生物学的血縁主義にもとづく家族は，西洋に固有の民俗概念とでも言うべきものであり，それを普遍概念として他社会に見出そうとしたこれまでの研究は，エスノセントリズムであったと批判した。

　こうした流れは，生物学的つながりを基盤とする親族・家族研究が，60年代から70年代にかけて西洋社会の家族そのものが急激に変貌を遂げるなか，研究テーマとしても衰退していったことと無関係ではない。シュナイダーの批判を継承するカーステン（J. Carsten）は，マレーシアの農村での調査をもとに，食物の共有によって同じサブスタンスを共有する，かならずしも生殖にもとづくわけではない親族のありかたを関係性（relatedness）という概念を用いて論じている。

　また，同時期に，家族・親族をめぐって，ジェンダー研究からも批判が上がっている。個人のレベルでは，人は自らの意思にもとづいた自由な選択として，性と生殖を実践しているようにも思われるが，社会の次元では家族は国家，社会の二つの極に位置づけられる重要な役割を担っている。そのため，社会は成員の補充を確実に獲得するためのさまざまな装置や規則，すなわち，家族の生殖をコントロールし，集団を存続させるための制度を用意してきた。フェミニズムは，生殖は決して「自然な」状態なのではなく，直接的，間接的に国家や社会のイデオロギー，規範の闘争の場となってきた，きわめてポリティカルな営みであり，文化的・社会的に構築され

るものであることを主張している。

III 生殖革命と家族の作り方

所与で「自然」なものと見なされてきた生殖が、大きな転換を迎えるのが、1978年に英国で成功した、人類初の体外受精（IVF）に端を発する生殖革命である。補助生殖医療（ARTs）と呼ばれる技術により、非配偶者間配偶子（精子や卵子）の提供や、妊娠・出産に第三者が関与する代理出産のような、夫婦間の性を介在しない生殖が可能となり、家族関係が多元化することとなった。こうした新技術は、異性愛のカップルだけでなく、シングルペアレントと呼ばれる独身者が、パートナーなしで子どもを得る手段として使われたり、生物学的には子どもをもつことができない同性愛カップルが、どちらか一方の遺伝子を受け継ぐ子どもを得るために使われたりもしているため、伝統的な家族関係を崩壊させるという危惧が示されてきた。だが、多くの場合は、むしろこうした医療技術を用いてでも、家族にとって「自然」で「不可欠」とされる子どもをもちたいという、近代家族像を追及しているという側面もある。

これまでは家や系譜の継承、子どもの養育などを目的として、多くの社会では養子縁組のような社会制度を有してきたが、補助生殖医療によって子どもを得ることは、養子縁組よりも「自然」な親子関係であると考えられるようになっている。なぜ補助生殖医療が養子よりも「自然」なのかというと、非配偶者間配偶子提供による妊娠、出産の場合は、少なくとも夫婦のうち一人と遺伝子がつながっているからであり、依頼人の配偶子を用いた体外受精型代理出産のような場合には、夫婦の遺伝子を継承するからである。家族のつながりは遺伝子によって説明づけられ、たとえ生殖にもとづかないとしても、血縁主義にもとづく家族関係は強化されていると言える。今日では、西洋的な「血」の概念というよりは、遺伝子やDNAという新たなサブスタンスによって、親子のつながりが認定されるという方向に進んでいる。

IV 生殖の文化的選択

補助生殖医療を用いた家族形成において、どのようなサブスタンスを重視するのかは、きわめて文化的である。例えば、第三者による卵子提供と代理出産が日本産科婦人科学会によって自主規制されている日本では、海外で治療を受ける患者も多いが、匿名性を重視するため、配偶子のドナーには日本人か、それがかなわない場合でもなるべく形質学的に日本人によく似た民族を求める傾向が強い。一方、カースト制度が残るインドでは、配偶子や代理母の選択にカーストの選好が働くことがある。だが、カースト以上に重視されるのが、インド社会では民族が異なると考えられているヒンドゥー教徒とイスラーム教徒という宗教上の差異であり、両者のコミュナルな対立が、配偶子ドナーや代理母の選択に大きく影響を与えている。イスラエルは、世界で最初に代理出産を法的に認可した国であり、すべてのイスラエル人は、子どもが二人生まれるまで、生殖医療の無制限の利用が認められている。ユダヤ人という属性は、ユダヤ人の母親から子へ継承されるものであるため、ユダヤ人女性が産んだ子どもは、たとえ非ユダヤ人の精子を用いていたとしても、原理的にはすべてユダヤ人となる。イスラエルではユダヤ人の人口増加という国家的課題の達成のために、補助生殖医療の利用が宗教的指導者によっても支持されているが、アラブ系の精子ドナーは政治的な理由から忌避される傾向にある。

生殖中心主義の家族の普遍性に疑問が投げかけられてから、ずいぶんたつ。遺伝子という新たなサブスタンスが家族という舞台に登場しているが、補助生殖医療の実践は、国民国家や民族のイデオロギーとも深くからみあっている。生殖は家族にとって不可欠な機能ではなくなり、家族の外部にアウトソーシ

ングすることも可能となった。その点において，いまでは生殖は家族の根幹というよりも，そのカテゴリーの広がりを示すものになったと言えるだろう。　　　　　　　　（松尾瑞穂）

[文献] 上杉富之 2003；宇田川妙子 2012；河合利光編著 2012；柘植あづみ 2012；マードック, G. P. 2001 (1949)

避　妊

　戦前の日本で，欧米での運動に影響を受け，避妊の普及をめざした産児調節運動が盛んとなったのは，1920年代〜30年代前半である。この時期には，都市部を中心に少産を願う意識が広がり，出生率が低下傾向にあった。この運動は30年代末の戦時体制期には終息したが，終戦直後に復活した。戦前・戦後におけるこの運動の目的は，①貧困からの救済，②人口過剰問題の解決，③人間の質の向上であった。戦後，この運動は優生運動と結びつき，「優生上の見地から不良な子孫の出生を防止する」ことを目的の一つとした優生保護法（1948年成立，1996年母体保護法に改正）を成立させ，人工妊娠中絶を実施できる条件が拡大された。その結果，1950年代に産児調節のための中絶が激増，中絶を抑え避妊を普及させるため，家族計画運動が登場した。中絶の増加とその後の避妊の普及により，1950年代〜60年代に少子化と出産行動の画一化が急速に進行した。　　　　（山本起世子）

[文献] 荻野美穂 2008；山本起世子 2012

生殖革命

　1978年は，生命科学にとって大きな転換期となった。この年の7月，イギリスで人類初の体外受精（IVF）児ルイーズ・ブラウンが誕生したからである。また，1989年には，シンガポールで顕微授精（ICSI）という，精子を卵のなかに注入して授精させる，男性不妊に対応した技術が成功した。体外に摘出した卵子と精子を人為的に受精させ，胚分割を起こしてから子宮へ戻す体外受精という技術の成功と進展は，これまで女性の子宮の奥深くで営まれてきた受精の行為を根本から変化させ，生殖革命と呼ばれる現象の出発点となった。性と生殖を切り離し，人工的に受胎を操作することを可能にした生殖革命が，私たちの生殖観や生命観，身体観に与えた影響は，はかりしれない。

　日本では，補助生殖医療の利用は婚姻関係にある夫婦に限定されているが，性と生殖の分離は，第三者が介在する多様な生殖のありかたを可能にした。だが，補助生殖医療の利用に関する国際的な合意の形成は，容易なことではない。例えば，代理出産は，アメリカ，イギリス，オーストラリアの一部の州，イスラエル，タイ，インドなどで行われているが，スイス，フランス，ドイツのように代理出産を法的に禁止する国や，法律で規制していなくとも，政府のガイドラインや学会の自主規制によって，事実上代理出産は行わないという国も多い。そのため，こうした代理出産が禁止されている国から，代理出産が容認されている国への国境を超えた生殖ツーリズムが近年盛んとなっており，一国の法規制では対処できないグローバルな事態を引き起こしている。

　生殖革命は，子どもを望む人びとにとっては大きな発展である。だが同時に，着床前診断による受精卵の選別，体外受精の過程で生まれる余剰胚の処遇，凍結卵子や精子を用いた死後生殖の可能性，卵子や受精卵の資源化・商品化，人のクローニングといった生命の尊厳に関わる問題のほかに，複数化する親子関係の確定や，生まれてくる子の福祉のよ

うに家族に関わる問題など，今後さらなる議論が必要な法的，倫理的課題が残されている。

(松尾瑞穂)

[文献] 石原 1998；グループ・女の人権と性 1989；松尾瑞穂 2013

生殖補助医療

体外受精・胚移植（*In Vitro* Fertilization-Embryo Transfer：IVF-ET）や顕微授精（Intra-Cytoplasmic Sperm Injection：ICSI）など，体外における配偶子・胚の操作を伴う不妊治療を総称し，生殖補助医療（Assisted Reproductive Technology：ART）と呼ぶ。人工授精や排卵誘発・卵巣刺激を含めたMedically Assisted Reproduction：MAR（医療的介入を伴う生殖のあり方の総称）という用語もある。

IVF-ET は，体外で受精した卵子と精子による胚を子宮に移植する方法で，両側卵管閉塞など自然妊娠が不可能な女性もこの方法で妊娠が可能になった。その後，精子を卵子に顕微鏡下で注入し授精させる ICSI の開発により，治療不可能だった不妊男性についても，精子が一つでも得られれば健康な子どもを得る可能性が開かれた。また，原因不明不妊症などにも ART が適用される。

IVF-ET による出産例は，1978 年に英国で，また 1983 年に日本ではじめて報告された。2012 年には日本で約 30 万回の ART による治療が施行され，3 万数千人の子どもが出生した。これは同年出生した子どもの 27 人に一人に相当する。また，2012 年までに ART により出生した子どもの累計は，世界中で既に 500 万人を超えたと推定される。

ART は生殖と性交を完全に分離したとともに，生殖に卵子提供や代理懐胎など，第三者が直接関与することを可能にした。これらは，単に医学的・医療的な革新にとどまらず，家族のかたちなど，社会的・文化的にも大きなインパクトを与えたため，「生殖革命」と評価される。そして，IVF の創始者である英国のロバート・エドワーズ（R. Edwards）には，その功績により 2010 年ノーベル生理学・医学賞が授与された。

(石原 理)

[文献] 石原理 1998，2010

人工授精と体外受精

精液または調整した精子を膣内ないし子宮腔内に注入する手技を人工授精と言い，英国のジョン・ハンター（J. Hunter）が 1799 年に，はじめて行った。現在は子宮腔内注入（intrauterine insemination：IUI）が標準的な方法である。夫の精子を用いる場合を配偶者間人工授精（artificial insemination with husband's semen：AIH），提供精子を用いる場合を非配偶者間人工授精（AI with donor's semen：AID または Donor insemination：DI）と呼ぶ。日本でも 1940 年代から一部施設では DI が施行されている。

一方，体外受精（*In Vitro* fertilization：IVF）は生殖補助医療の一形態で，体外で受精した卵子と精子による胚を，子宮腔内に移植する手技である。1978 年に英国で誕生したルイーズ・ブラウン（L. Brown）が，IVF により出生した初めての子どもである。

(石原 理)

[文献] 石原理 1998，2010

出生前診断

胎児の異常（特にダウン症などの染色体異常）の有無を発見するために妊娠中ないし子宮移植前の精子・卵・胚に対して行われる検

査を意味する．通常，出生前診断単独で行われず，事前事後のカウンセリングおよび判定結果による選択的人工妊娠中絶とセットである．リスクが少なく多数の健康妊婦に対するスクリーニング検査と，少数のハイリスクとされる妊婦（高齢出産など）に対する（狭義の）出生前診断に分けられるが，境界は曖昧である．なお，疾病排除ではなく，男女産み分けに使われる場合もある．

その中核となる手法は，第1に妊娠13週以降に可能となる羊水検査であり，腹部に注射針を刺して羊水を採取し，そこに含まれる胎児細胞を検査する．流産を引き起こすリスクが数百分の一とされる．似た手法に絨毛検査や胎児血検査がある．第2に，安全性が高く日本では妊婦健診スクリーニングとして一般化している胎児超音波検査がある．あまり意識されていないが，この手法でもダウン症などを判定することがある程度可能である．第3に特殊な手法として，体外受精を行った場合に胚の一部を採取して検査する着床前遺伝子診断がある．この手法は，デザイナーベビーにも用いられる．第4は，母体血を採取し，そのなかの胎児由来物質や遺伝子を検査する手法であり，リスクはほとんどない．1990年代半ばに日本ではトリプルマーカー検査として議論となった．これは，スクリーニング検査という位置づけで，胎児異常の確率がパーセントで表示されたため，多くに妊婦の不安と混乱を招いたものである．2010年代からは，母体血内の胎児遺伝子を検査することで精度を高めた新型出生前診断が開発され，その倫理的位置づけが議論されている．特に，生まれてくる子どもに遺伝的な優劣をつけて命の選別を行うことは，障害者を「安楽死」させて抹殺しようとした優生学と同様の優生思想にもとづくという批判がある．

〈美馬達哉〉

[文献] 佐藤純一・土屋貴志・黒田浩一郎編 2010；柘植あづみ 2012

配偶子・胚提供

自らの配偶子（精子あるいは卵子）により子どもをもつことが困難なカップルに対して行われる第三者が関与する治療方法である．精子提供（sperm donation）は非配偶者間人工授精（Artificial insemination with donor's semen：AID または Donor insemination：DI）に対しても可能だが，卵子提供（oocyte donation：OD）と胚提供（embryo donation）は，体外受精など生殖補助医療（Assisted Reproductive Technology：ART）の施行が前提となる．DI は少なくとも1880年代以前から実施されていたが，OD や胚提供による治療は，体外受精が可能となった1980年代以降にはじめて行われた．特に提供卵子を用いる治療の回数は，世界的に近年急増し，米国のように体外受精などの治療のうち10％を超える国もある．一方，第三者から提供された胚を用いる治療の可能な国は限定的で，その施行数も少ない．

〈石原　理〉

[文献] 石原理 1998，2010

代理母出産

古典的（歴史的）な代理母（surrogate mother）とは，夫の精液を用いる人工授精などによる第三者女性の妊娠出産である．ただし現在は，体外受精により得られた依頼者夫婦の卵子と精子に由来する胚を，第三者女性子宮に移植し成立した妊娠・分娩（IVFサロゲート：IVF surrogacy）を代理母出産（代理懐胎）と呼ぶことが多い．先天的に子宮を欠く女性や手術による子宮摘出後女性が血縁のある児を得る唯一の方法だが，金銭授受の是非ばかりでなく，妊娠・分娩に伴うリスクを

第三者女性が負う問題があり，法律で禁止する国も多い。日本では生殖医療に関連する法律は存在せず，代理懐胎は日本産科婦人科学会の会告で禁止されているが，過去に一部で施行された例がある。一方，商業的代理懐胎が提供される国・地域もあり，海外からの渡航を伴う生殖医療として選択される現状がある。

(石原　理)

[文献] 石原理 1998, 2010

ベビー M 事件

1985年にアメリカで生じた，代理母が代理出産契約の無効を訴えて子の引き渡しを拒否し，依頼人との間で子の親権をめぐって争われた事件は，俗にベビー M 事件として知られている。代理母のメアリー・ベス・ホワイトヘッドは，依頼人であるスターン夫妻の夫の精子を用いた人工授精によって子どもを妊娠，出産するも，子どもへの愛情から 1 万ドルとされた報酬を受け取らず，代理契約自体の無効を訴えた。1986 年に開かれたニュージャージー州上位裁判所は代理母契約を有効とし，代理母には親権も養育権も認めない判決を出したが，1988 年には州最高裁判所が代理母契約を無効とする判決を下し，子の父親はスターン，母親はホワイトヘッドと認められた。ただ，裕福な父親に養育権が与えられたため，代理母は子と暮らすことはできず，訪問権が認められただけとなった。ベビー M 事件は，代理出産が始まったばかりのアメリカで高い社会的関心を喚起し，その後の法整備に与えた影響も大きい。

(松尾瑞穂)

[文献] 出口顯 1999

男女産み分け

生まれてくる子どもの性別を男女の片方にするための手法（性選択技術）である。伝統社会では，ときに性別にもとづいての出産後の嬰児殺しが行われてきた。近代社会では，主として生殖技術が用いられる。具体的には，超音波技術による出生前診断によって胎児の性別を確認して選択的中絶を行う場合，人工授精の際に着床前遺伝子診断によって胚の性別を確認して望まれない性の胚を破棄する場合，性別を決定する精子を選別して人工授精や体外受精を行う場合がある。性染色体の遺伝子異常による重篤な疾病（片方の性別でだけ生じる遺伝性疾病）を排除する医学的目的で行われる場合は，多くの先進国で倫理的に認められている。一方，それ以外の社会的理由からの男女産み分けは法的に認められていないことが多い。性差別である男子選好の強いインドや中国では，違法状態での男女産み分けの結果としての性比の不均衡が問題とされるためである。

(美馬達哉)

[文献] カス, L.R. 編 2005（2003）；スパー, D.L. 2006（2006）

デザイナーベビー

出生前診断（特に体外受精で得た胚への着床前遺伝子診断）の情報にもとづいて子宮に移植する胚を選択し，親を含む関係者たちの望む性質をもった子どもを作り出す手法で生まれた子どもを意味する。疾病治療ではなく，望ましい性質を増強する目的（エンハンスメント）での生殖技術の利用は，積極的優生学であり，人間を道具化・商品化することになるため倫理的にも問題があるとされる。重篤

な遺伝性疾病の「予防」を目的とした選択的中絶に利用されてきた着床前遺伝子診断を，特定の性質をもつ子どもを産むために利用したのは，2000年に，ファンコーニ貧血の子どもの治療に必要な臍帯血ドナーとするために，体外受精と着床前遺伝子診断でドナーに適した性質をもつ子どもを次子として出産したことに始まる（「ドナーベビー」，ナッシュ事例）。なお，2014年では，エンハンスメント目的での遺伝子操作によって子どもの性質をデザインすることは行われていない。

（美馬達哉）

[文献] カス，L.R. 編 2005（2003）；スパー，D.L. 2006（2006）

出自を知る権利

広辞苑によると，「出自」とは，「①出どころ，うまれ。②出生と同時に血縁に基づいて制度的に認知・規定される系譜上の帰属」とある。出自を知る権利とは，生物学的（遺伝的）親，つまり，だれから生まれたのかを知る権利のことである。生殖補助医療による出生児は，出自を知る権利，つまり，自身の生命誕生のために配偶子を提供した人を知る権利は日本の法律ではまだ認められていない（2014年現在）。精子や卵子の提供による出生と知ることが出自を知ることとの解釈もあるが，提供者の氏名まで開示されてこそ，生まれた子どものアイデンティティが完成されるのだという精子提供で生まれた当事者からの発言がある。

出自を知る権利を裏づけるものに，児童の権利に関する条約（1994年日本が批准）がある。第7条「1 児童は〔中略〕できる限りその父母を知りかつその父母によって養育される権利を有する〔後略〕」とあり，この「父母」は生みの親のことを指すと考えられる。「できる限り」とは，棄児などで実親が不明の場合もあるからである。第8条は子どもの家族関係を保持する権利である。第7条，第8条ともに，子どもが親を知り，自分が何者であるかを確立するための，アイデンティティを取得する権利ととらえることができる。

この出自を知る権利を行使するには，出生の真実について親は，幼い頃より子どもに，安定した親子関係のもとで，真実告知する必要がある。家族内に出生にまつわる秘密が存在することは健全な親子関係を育まず，自身のルーツや健康の遺伝歴が不明，近親婚が避けられないなど，さまざまな問題がある。しかし，日本で精子提供による出生児は約15,000人いると想定される（2014年現在）が，その出生は秘密のままである。海外では法整備がなされ，子どもの出自を知る権利が認められている国が増えている。日本では，2003年厚生科学審議会生殖補助医療部会にて生まれた子どもの出自を知る権利を確保した法律の創設を視野に入れた報告書が提出されたが，その後，法整備に至っていない。

（才村眞理）

[文献] 許斐有 2001；才村眞理編 2008；モンッチ，J. 2011（2006）

LGBTと生殖補助医療

LGBTとは，レズビアン（Lesbian）・ゲイ（Gay men），バイセクシュアル（Bisexual）・トランスジェンダー（Transgender）のそれぞれの頭文字をとった略称である。レズビアンは身体の性が女性で，恋愛感情・性的欲望（性的指向）を女性へと向ける人，ゲイは身体の性が男性で，性的指向を男性へと向ける人を指す。バイセクシュアルは性的指向が男女両方もしくは相手の性別を重視せず，トランスジェンダーは身体の性に対して違和感があ

り，自分は別の性別だと認識し，なんらかの形で性別を越境（トランス）する人である。

異性間性交渉の頻度が少なく，人工授精・体外受精，代理懐胎など生殖補助医療の助けがないと遺伝的つながりのある子どもをもてないLGBTは，「社会的不妊」（social infertility）状態にある。生殖補助医療の発達は，自分と遺伝的つながりのある子どもをもちたいというLGBTの希望を叶えてきた。

妊娠可能な身体を持つレズビアンまたはバイセクシュアル女性は，提供精子による人工授精・体外受精により自ら出産した子の遺伝的親となることが可能である。ゲイまたはバイセクシュアル男性が，遺伝的つながりのある子どもを育てるには，自らの精子を提供し，女性に妊娠出産を依頼する代理懐胎が必要となる。トランスジェンダーの場合，性別適合手術によって生殖腺を失っていれば，生殖補助医療を利用すると考えられる。ただし，生殖補助医療へのアクセス権や，親として法的承認を受けるかどうかは国によって，さらにアメリカでは州ごとに大きく異なっている［遠矢和希 2013］。

このように生殖補助医療を利用するLGBTには，誰が出産するのか，誰と誰に遺伝的つながりがあるのか，法は誰を親と認定するのかにおいてバリエーションがあり，伝統的な異性愛・婚姻・血縁三位一体型の親子観では捉えきれない多様性を内包している。

（三部倫子）

［文献］有田啓子 2006；石井クンツ昌子 2011；遠矢和希 2013

養取・養育と家族

I 養子縁組（養取）の定義

養子縁組とは，生物的親子関係のない者の間に人為的に親子関係を創出する制度である。養子制度のあり方は時代や社会によって異なり，例えば，①制度の目的（家の相続のためか，養親の扶養のためか，要保護児童の養育のためか），②養子と実親との法律関係（法的な権利義務関係が維持されているか，終了しているか），③養子に対する実親情報の開示の有無（非公開か，公開か），④養子になれる者の年齢（未成年のみか，成人も可か）などさまざまな要素の組み合わせが存在している。養子制度にこのような多様性が生じるのは，養子制度が当該社会の家族法，福祉制度などから影響を受け，また社会や個人のニーズに対応して変化するからである。

II 現代日本の養子制度

日本では養子制度は民法で規定されており，2種類ある。一つは1898年に制定された普通養子制度（民法792条〜817条）で，もう一つは1987年に制定された特別養子制度（民法817条の2〜11）である。普通養子制度と特別養子制度では養子縁組の要件と効果に違いがある。

普通養子制度の場合，養子縁組は当事者間の契約によって成立する。養親となる者および養子となる者の年齢は問われず，成人間での養子縁組も可能である。また，独身者でも養親となることができる。養子縁組後も実親子（養子と実親）の間に扶養・相続などの法的な関係がそのまま残るため，法律上は実親子関係と養親子関係という二組の親子関係が併存する（ただし，養子となる者が未成年の場合，子どもの親権は養親に移る）。戸籍上にも二組の親の名前が記載される。また，養親子関係は当事者間の合意によって離縁可能で

ある。

特別養子制度の場合は，家庭裁判所の審判によって成立する。養親となる者と養子となる者には年齢制限がある。養親となる者は夫婦の一方が25歳以上でなければならず，養子となる者は原則として6歳未満の乳幼児でなければならない。また，養親となる者は夫婦でなければならない。養子縁組が成立した後は，実親子（養子と実親）間の扶養・相続などの法的な関係は終了し，一組の親子関係（養親子関係）のみが法律上存在することになる。戸籍上にも養親の名前だけが記載され，養子となった者は実子と同様の記載がなされる。ただし特別養子であることが戸籍の「民法817条の2による裁判確定日」という文言からわかるようになっている。また，養親子関係は原則的に離縁が不可能である。

III 養子縁組による家族形成

現代日本において養子縁組は活発に活用されている。成人間の養子縁組（婿養子，孫養子など）と未成年子との養子縁組を合わせた養子縁組件数は全体で毎年約8万件あり，世界的な「養子大国」であると言われている。一方で，養子となる者が未成年のケースの養子縁組件数は戦後一貫して減少しており，未成年養子縁組だけを見れば，むしろ「養子小国」であると指摘されている〔湯沢雍彦2001〕。

未成年養子縁組は普通養子縁組で行われるケースと特別養子縁組で行われるケースがあるが，普通養子縁組の場合は毎年約1000件，特別養子縁組の場合は毎年約300〜400件弱の養子縁組が行われている。普通養子縁組の場合は，養子と養親との間に親族関係があるケースや連れ子との養子縁組のケースが多い。特別養子縁組の場合は，里子として委託された子どもと養子縁組するケースが多く，子どものいない夫婦が養親となるケースが約9割を占め，養親は不妊治療経験のある者が多い。養子縁組を希望するカップルは主に特別養子縁組を利用するが，その場合は養子縁組あっせん機関等に子どものあっせんを求める必要がある。

養子のあっせんは①公的機関（児童相談所）が関与するケース，②民間の養子縁組あっせん機関が関与するケース，③個人（弁護士・産婦人科医等）が関与するケースがある。①は，里親制度の枠組みのなかで，児童相談所が関わるケースである。児童相談所があっせんする養子縁組は基本的に特別養子縁組が前提になる。

特別養子縁組では，法律上の要件に加えて，運用（養子縁組あっせん）の場面でさまざまな要件が課せられている。そのなかで重要なものに年齢と収入等がある。あっせん機関によっては養親となる者の年齢の上限を設定するところもあり（39歳〜50歳程度と幅がある），また，民間の養子縁組あっせん機関を通じて養親になる場合にはあっせんにかかる経費等を支払う必要がある。一方，児童相談所を通じてあっせんを受ける場合は，費用はかからない。養子縁組を成立させるためには，このような運用上の要件と法律上の要件の両方を満たす必要がある。

IV 養子の養育

乳幼児期に引き取った養子との親子関係には，親子関係構築プロセスに独自の段階，例えば，①見せかけの時期，②試しの時期，③親子関係の成立する時期などがあることが指摘されている〔岩崎美枝子2001〕。

また，現在では養子のアイデンティティという論点から，「出自を知る権利」「真実告知」「ルーツ探し」などが課題となっている。「出自を知る権利」は，子どもの権利条約が根拠とされることが多い権利であるが，具体的には，子どもが①養親との間に血縁関係がないことを知ること，②実親を特定できる情報を得ることから構成される権利である〔才村眞理編2008〕。①に関しては親が子どもに「養子である」と伝える（＝真実告知をする）ことが，②に関しては，実親情報の記録と閲覧を

法的に保障することが，子どものアイデンティティの確立のために重要であると主張されてきた。日本の養子制度では，普通養子制度，特別養子制度にかかわらず，養子の「出自を知る権利」のうち②の実親を特定できる情報の提供については戸籍制度を通じて法的に保障されている。特別養子制度においても，養子縁組前の戸籍を経由して実親の戸籍にアクセス可能であるため，実親の氏名と本籍を知ることができる。このように，日本の養子制度においては，②が法的に保障されているため，①の真実告知に議論が集中してきた。さらに真実告知後の養子の「ルーツ探し」への対応も課題となっている。「ルーツ探し」とは，養子が養子縁組事情や実親の個人情報を求めたり，実親との対面を企図したりすることを意味する。養子が「ルーツ探し」を行う場合，周囲がそれをどのように支援するかがソーシャルワークの場面でも論点になっている。

このような課題の背景には心理学者のエリクソン（E. H. Erikson）のアイデンティティ理論に依拠した養子のアイデンティティについての考え方がある。具体的には，養子となった子どもは実親の属性や誕生・親子分離の経緯に関する情報がないことにより自己の連続性や一貫性の感覚をもてず，「自分は何者なのか」という葛藤を抱えること，それらの情報を得ることにより心理的に安定し，自己肯定観が向上すると指摘されてきた〔厚生労働省雇用均等・児童家庭局家庭福祉課 2003〕。

養子縁組に関する新しい論点としては，従来は養親になれなかった同性カップルやシングルに養子縁組を認めるか否か，障害児，年長児の養子縁組を推進するか否か，実親と交流するオープン・アドプションを推進するか否かなどがあげられる。 　　　（野辺陽子）

[文献] 岩崎美枝子 2001；大竹秀男・竹田旦・長谷川善計編 1988；厚生労働省雇用均等・児童家庭局家庭福祉課 2003；才村眞理編 2008；ヘイズ，P.・土生としえ 2011；湯沢雍彦 2001

養取（養子縁組）の諸形態

親子関係をもたない子どもを養取する慣行は，世界各地に存在しており，その形態もさまざまである。日本では家を維持するため，後継者がいない者が他家から養嗣子を迎え入れたり，娘や養女に養嗣子を迎えたりする婿養子が，現在にいたるまで広く行われている。その一方で，1950 年ごろまで，貧しい家から子どもを貰い養う貰い子の習慣もあった。貰い子は養家の生業に従事する労働力としての側面が強い例だけではなく，子どもを育てることに価値を見出すような例があり，養家での待遇はまちまちであった。成人後には養家を出て音信不通になる場合もあれば，分家として村に残る例もあった。近年では，子どものいない夫婦が，子どもを育てることを目的として養子を迎える例が見られる。養子として乳児を望む例が多く，幼児期まで育った子どもを積極的に育てようとする夫婦の割合が少ないのも事実である。

1940 年代前半まで名子制度が残存した地域では，親方百姓などの家で住込奉公した者が名子分家として独立し，両者の間に系譜関係が構築され，その関係をもとにした庇護奉仕関係が取り結ばれる一種の社会的な親子関係が確認できる例があった。他にも社会的な親子関係は，成人，婚姻などの際に実親以外との間に一定の手続きを経て親子関係に類似した関係を結ぶ擬制的親子関係としても成立することがある。日本におけるこれらの社会的な親子関係の存在は，親子関係が単なる出産だけではなく，文化的・社会的要請によって取り結ばれる慣行であることを示しており，養取との関連を見て取ることができるだろう。

オセアニア地域では島々によって多様な養取慣行が見られ，日本と同様に親子関係が，血縁のみに限定されていないことを示している。子どもが養親の親族集団に包摂される場合には，財産の相続に関しては実の親と養親の双方から権利を継承することが可能になる例が見られる。子どもが養親の親族集団に属さない場合には，養親が子どもを引き取る際に実の親から土地の用益権などを与えられるなど，子どもを養育するために必要な財が渡される例が数多く見られる。そのせいか，たとえ子どもが養親の親族集団に帰属しない場合であっても，子どもは養親と強い関係を持ち続ける。子どもの側でも場合によっては養親を扶養したり，養親の生活のための助力を惜しまないとされている。養取された子どもの子孫と養親の子孫とは非常に近しい関係であるとされ，婚姻や性関係を禁忌とする例もある。

（大野 啓）

[文献] 大竹秀男・竹田旦・長谷川善計編 1988；馬場優子 2004；林研三 2013

特別養子縁組

特別養子縁組は，「子のための養子縁組」である。海外の立法動向や日本社会の変化に合わせ，3度の法制審議会での議論（①1957〜59年，②1962〜64年，③1982〜87年）を経て，1987年に制定された。法学では養子縁組を「家のための養子縁組」「親のための養子縁組」「子のための養子縁組」［中川善之助1937］の三つに類型化しているが，特別養子制度は「子のための養子縁組」に該当する。特別養子縁組は養子縁組の目的を家の継承や養親の扶養などではなく，「子どもの福祉」に限定しており，要保護児童のみを養子の対象としているからである。「子どもの福祉」を守るために，普通養子縁組と比較して特別養子縁組の方が養子縁組の要件と効果が厳格になっている。例えば，法律上の要件として，養親となる者は夫婦でなければならず，養子となる者は要保護児童でなければならない。また，養子縁組の際に実親の同意が必要とされる。法律上の効果として，養子縁組成立後は実親と子どもとの間に法的な関係は終了し，養親だけが法律上の親となる。普通養子縁組とは異なり，特別養子縁組にはこのような厳格な要件と効果が存在するため，養子縁組は当事者間の契約によって成立するのではなく，家庭裁判所が「子どもの福祉」に合致するかをチェックし，審判によって成立する。

現在，特別養子制度は社会的養護の施策の一つとして活用されている。社会的養護とは親やそれに代わる存在から適切な養育を受けられない子どもに「家族の代替」にあたるサービスを公的に提供する制度であるが，特別養子制度は要保護児童に家族を与える制度として，里親制度のなかで運用されている。

特別養子縁組は，子どもを育てられない親，実親に育てられない子ども，子どもを育てたい親の三者を結びつける制度であり，子どもの養育を希望する者にとっては，不妊治療や里親以外の，子どもをもつための選択肢の一つとなる。一方，子どもの養育が困難な者にとっては，中絶や施設に子どもを預ける以外の，子どもを手放すための選択肢の一つとなる。

（野辺陽子）

[文献] 中川善之助 1937；中川高男 1986；細川清 1987

赤ちゃんポスト

「赤ちゃんポスト」は子どもの殺害・遺棄を防ぎ，出産に際して困窮する女性を救済する選択肢の一つであり，子どもと女性を社会の周辺部分で支える仕組みである。具体的には，

予期せぬ妊娠や養育困難な出産について相談に乗り，産まれてきた子どもを預かる施設を指す。施設にある保育器に子どもを入れるとすぐに看護師に合図が行き，子どもを保護する仕組みになっている。親は匿名性が保障された状態で子どもを預けることができる。「赤ちゃんポスト」はドイツやフランス，イタリアなど世界各地にあり，日本では熊本県の慈恵病院にある「こうのとりのゆりかご」が唯一の「赤ちゃんポスト」である。「こうのとりのゆりかご」はドイツの赤ちゃんポストを参考に2007年に作られた。「こうのとりのゆりかご」の運用が始まってから2年5ヵ月の間に51人の子どもの預け入れがあり，この子どもたちは熊本県の児童相談所に措置され，乳児院や里親のもとで養育されている。

(野辺陽子)

[文献] こうのとりのゆりかご検証会議 2010；坂本恭子 2011

開放養取

オープン・アドプション（open adoption）の和訳である。生みの親と養親・養子（特に未成年）が自由に交流する養取の形態で，両者が関係を断絶するクローズド・アドプション（従来の養子縁組）と対比される。開放養取における接触のあり方は多様である［Grotevant, H. D. 2006］。例えば写真や贈り物の交換，Eメールや手紙，電話を介した連絡による接触のほか，直接対面することも含まれる。また養子が含まれない接触，生みの母以外の家族による接触，あるいは第三者を介した接触もあり得る。

開放養取をいち早く導入した国の一つがアメリカである。ハウエル（S. Howell）［2009］によると，今日アメリカ人による養取の大半は開放型であり，生みの親と養親が子育てを分かち合うことが奨励されている。英国を除く西ヨーロッパの子どもは事実上養取自体されないのに対し，アメリカ国内では毎年15万人以上の子どもが養取されている。配偶者の連れ子を養取することが多いが，見知らぬ人の子を養取するケースもアメリカでは相当数ある。グロートヴァン（H. D. Grotevant）［2006］によると，以前はアメリカの養取も断絶型であったが，1970年代半ばまでには生みの親と養子の双方から開放養取が求められるようになった。背景として，家族形態の多様化が一般化したこと，遺伝子研究の進展により生物学上のつながりに対する人びとの関心が高まったこと，さらに1960年代からの人権運動により生みの親の家系における自らの位置づけを人びとが意識し始めたことが考えられる。

日本には，生みの親・親族と養子の法律上の関係が維持される普通養子縁組と，それが断絶される特別養子縁組が存在する［樂木章子 2010］。ただし特別養子縁組でも養子が成人すると戸籍から生みの親を特定できるため，日本の養取は断絶型と開放型の間に位置すると言える。

(梅津綾子)

[文献] 樂木章子 2010；Grotevant, H. D. 2006；Howell, S. 2009

LGBTと共同養取

共同養取はjoint adoptionの訳語である。「共同（joint）」の概念や法制度は各国により大きく異なる。レズビアン・ゲイ・バイセクシュアル（LGBT）が，共同で子どもを養取するには，①児童養護施設などで育った子どもをカップルで養子として迎える，②異性関係（heterosexual relationship）で産まれたパートナーの「連れ子」を，子どもと法的つながりのないパートナーが養子にする，③生

殖補助医療等で産まれたパートナーの法的な子どもを，法的つながりのないパートナーが養子にするケースが想定される。

　LGBT が利用できる養取制度が整わないと，いずれのケースにおいても大人と子どもに不安定な関係性が生じる。例えば，子どもと法的つながりのないパートナーは，法的親と同等に子育てにかかわっていても，親としての権利をもてない。同時に，パートナーはその子どもに対する義務も課されていない。カップルの離別や，子どもの法的親が亡くなった場合，残されたパートナーと子どもとの関係性はきわめて脆弱なものとなる。こうした状況をふまえ，諸外国では LGBT に権利と義務を課すさまざまな養取制度が整えられてきた。例えば，アメリカの一部の州では，パートナーの子どもを養子として迎える「第 2 の親による養子縁組」（second parent adoption）が整備されている。

　日本の養子縁組制度には，養子と実親・親族との関係は継続する「普通養子縁組」と，6 歳未満の子を養子にし，実方の血族と法的関係が切れる「特別養子縁組」があるが，双方とも同性カップルの利用を想定していないため，現状では同性カップルが子どもを養子として迎えるには，多くの課題が残されている。他方で，戸籍上の性別を変更した（「性同一性障害者の性別の取扱いの特例に関する法律」2003 年施行，2011 年改正による）トランスジェンダーは戸籍上の異性と婚姻できるため，今後，トランスジェンダーの共同養取は進むと見られる。　　　　　　　（三部倫子）

[文献] 釜野さおり 2008；グリーン，J. 2001（1999）；泪谷のぞみ 2003

国際養子縁組

　海外から養子をもらうことを国際養子縁組と言い，朝鮮戦争直後の韓国で行き場のなくなった（アメリカ軍兵士と韓国人女性の）混血児や戦災孤児を救おうと，アメリカの篤志家ホルト（D. Holt）が始めた養子縁組が，その嚆矢とされる。養子受入数ではアメリカが 1 位であるが，出生児数千人に対する割合で多いのはノルウェーやスペインなどの先進国である。一方養子の主要拠出国は，中国，ロシア，エチオピア，コロンビア，韓国などである。拠出国の多くは，貧困・戦争・文化的理由（家父長制で血統重視，中絶禁止）などの事情から，子どもを国内で育てるのが困難な発展途上国や旧社会主義国である。そのため国際養子縁組は，裕福な先進国による搾取あるいは人身売買の隠れ蓑として批判されてきた。

　1993 年には国際養子縁組の規約と手続きを定めたハーグ条約が設けられた。そこでは国内で育て親を見つけることができない場合の次善策として国際養子縁組を位置づけている。2004 年には約 4 万 5 千人だった国際養子だが，2012 年には 2 万人以下に減少している。2014 年現在，先進国のなかでハーグ条約を批准していないのは日本だけである。

　国際養子縁組の多くは異人種間養子縁組である。アジア系アフリカ系などの養子は白人のコミュニティで育つが外見が異なるため好奇のまなざしや人種差別の対象になることもあった。1970 年代までにアメリカに養取された韓国人養子たちのなかには，生みの親や出生国の文化を知らないまま「白人中上流階級」の価値観やマナーを身につけて育ちながらも外見は白人ではないために，「自分は何国人なのか，白人なのかそうでないのか」というアイデンティティに悩み，国際養子縁組を批判する者たちもいる。そうでない者でも自らのルーツに関心をもっていることから，養子に出生国の文化や慣習を積極的に伝えようという動きが出てきた。北欧では出生国文化とのふれあいはツーリスト感覚を越えるもので

はないが，アメリカでは中国人養子に中国語や中国舞踊の教室に通わせるほど徹底していることもある。こうした養父母の押しつけをいやがる養子たちもいる。しかし初期の韓国人養子とは異なり若い世代の中国人養子は外見と内面の違いも自らのアイデンティティとして受け入れるようになっている。

このように受け入れ国の違いや時代の違いを，国際養子縁組を考えるときには考慮しなくてはならない。また国際養子を移民の一種として捉え労働移民や難民と比較する視点も大切である。　　　　　　　　　　　（出口　顯）

[文献] 出口顯 2011；Leinaweaver, L. 2013；Seligmann, L. 2013

里親里子制度

里親里子制度とは，さまざまな事情で生まれた家庭で育つことが適切でない子ども（要保護児童）を，公的責任において一定期間，登録家庭で育てる仕組みである。児童福祉法第27条第1項第3号に定められる。里親は，他者の産んだ子どもを育てる仕組みとして養子制度と類似するも，社会的養護の一環としての公的側面をもつ。親権は基本的にはないが，必要に応じて監護・教育・懲戒権を行使する。里親には「養育里親」，「専門里親」，「養子縁組希望里親」，「親族里親」の4種類がある。「養育里親」は，要保護児童全般をあずかる対象とする。「専門里親」は，特に被虐待経験や非行等の課題を抱えた子どもを専門的に受託する。この2種類は，里親登録時に里子との間に養子縁組を結ぶことを目的としない。2008年の児童福祉法改正により，養育里親と養子縁組を希望する里親を区別して法定化されたのが「養子縁組希望里親」である。「親族里親」は，当該親族里親が扶養義務のある子どもをあずかる。自治体により，新生児里親委託（愛知県）など種々行われている。また，里親家庭を大きくした小規模住居型児童養育事業も2009年より国の制度となった。

以上は公的制度にもとづく里親里子の仕組みだが，世界各地で慣習的に見られる私的な里子もある。日本の場合，三吉明［1963］によれば，「里子」の由来は後一条天皇の時代に遡る。皇族や公卿がその子弟をあずける風習が，後に一般庶民へも及んだようである。「養子制度」のように，他者の子どもを育てる慣習は古くから行われてきたが，里子の特色は他人に養育を委託し，そのために一定の養育料が里親へ支払われ，あずける期間が定められていることなどがあげられるという。

今日，国連の動向等を受け，厚生労働省も里親委託を中心とした家庭（的）養護の推進に舵を切っている。里子同士のネットワークや，里親同士のメンター制度も生まれつつあり，当事者団体の活動動向も注目されるところである。　　　　　　　　　　　（安藤　藍）

[文献] 庄司順一編著 2009；三吉明編 1963

育児放棄

子どもにとって必要なケアを与えないことをいい，学問上ネグレクト（neglect）とも呼ばれる。子どもに必要なケアとは，例えば年齢や体調に合った食事を与える，学齢期に学校に行かせる，適切な医療を与える，また情緒的な欲求に応えるといったさまざまな内容を含む。こうしたケアが養育者の怠慢や病気，宗教的事由等によって与えられない状態は，ネグレクトの状態と見なせる。ネグレクトは子どもの心や身体に影響を及ぼすため，日本のみならず，国際的にも児童虐待の一類型として位置づけられている。2000年代の日本では，児童相談所による児童虐待相談対応件数のうち，ネグレクトは身体的虐待に次いで多

い虐待種別である。2000年代は相談対応件数の30%後半を占めていたが，2008年頃から微減傾向にある。子どもへのネグレクトの影響として，精神的発達の阻害や愛着関係の歪み，基本的信頼の欠乏，低身長などが指摘されている。

(安藤　藍)

[文献] イワニエク，D. 2003（1995）；奥山眞紀子 2000

第6章

教育と家族

出産と育児

I　家族の再生産機能

　長いあいだ家族は，出産と育児の営まれる場であり，子どもは親あるいは祖父母，兄弟姉妹——場合によっては使用人——といった家族構成員による献身的な世話と厳しい試練によって一人前の大人へと成長してきた。出産と育児は家族の有してきた最も古い再生産機能の一つであり，近代にあってはそのうち幾分かは外化され，社会的に組織化されてきたとはいえ，出産と育児は依然として家族にゆだねられる傾向が強く，そのことは同時に家族における貧困や労働力の確保といった事情から，堕胎や棄児という形で出産や育児の断念という選択がなされてきたことも考慮しておかなくてはならない。現代の福祉国家にあってもなお，家族，なかんずく母親が育児不安を抱く状況を思えば，出産と育児は今日もなお，重い労働であることに変わりはない。

II　語源から見る母権優位

　education はもっぱら「教育」と日本語訳され，往々にして就学イメージで語られることが多い。しかし education という言葉の起源にまでさかのぼれば，まずは学校で教師について学ぶこととはほとんど関係がなく，自立して生きる糧を得ることができない段階にある子どもを養い育てる営みを指していた。educatio というラテン語の原義は，しばしば誤解されてきたように，人間の内なる能力や潜在的可能性を引き出すということとは無縁であり，人間はもとより動植物にいたるまで，栄養を与えて大きく成長させていく営みを指していたのである。それゆえ education という語が英語へと移植されたばかりの 1566 年，ウィリアム・ペインター（W. Painter）は『喜びの宮廷（The palace of pleasure）』と題した家政書のなかで，乳を与える女性の胸を「身体の最も聖なる泉，人類の養育者（the educatour of mankinde）」であると表現し得た。education は授乳イメージを核とした養育の営みとして想念されていたのであり，家政の要として語られ得ることでもあったのである。もっとも，ペインターは素性の悪い女の乳は子どもの養育に相応しくないという文脈のなかでこのことを述べており，このような乳を介して母や乳母の性格が子どもに伝播するという考え方は，1 世紀のクインティリアヌス（Quintilianus）『弁論家の教育』にさえ見いだすことができるきわめて古い伝承である。教師に預けられるより前，出産と育児において education ははじまっていたわけである。

　次に漢字の「育」の字源についても見ておこう。「育」の字形は，よく知られているように母の子宮に養われる胎児の姿，あるいは赤子が頭を下にし分娩されつつある姿だと言われている。出産の瞬間を捉えたとする後者の説は，「育」の異体字「毓」においてより明確になる。偏の「每」は髪飾りを施した母の形であり，旁の「㐬」は赤子が羊水とともに娩出される様を表している。実際，甲骨文字には，「女」あるいは「人」が立位で子どもを産み落とす象形が何通りか確認されている。ちなみに「棄」の字が赤子をちりとりにいれて放擲する象形であった点も，出産や育児を語る上で棄児の問題を避けては通れないことを示してやまない。

　現代では，「育児」というと出生後の子どもの世話を指すことが一般的だが，そもそも「育」や「毓」の字形には妊娠および出産という往時の語義が刻み込まれており，education はもっぱら哺育の意味合いで用いられていた点とあわせて示唆に富む。生命を産み，維持する生物全般に広く認められる根源的再生産活動は，人間にとっても出産と育児として引き受けられ，家政にあってヒトとモノの流れの結節点としてひときわ重要な位置を占めてきた。これを司る母は，時に父権をも脅かすほどの権威を帯びることになる。親権の根拠を考察するにあたってホッブズ（T. Hobbes）は，「もし契約がなければ，（子どもに対する）支配は母にある。なぜなら，結婚の諸法がないまったくの自然の状態においては，だれが父であるかは，母によって宣告されないかぎり，知られえないからである」[『リヴァイアサン』]と自然状態における母権の優位性を率直に認めている。出産と育児は家族関係をその根幹において規定してきたのである。

III 出産・育児と通過儀礼

とはいえ伝統社会にあって，出産と育児が家族，とりわけ母によって担われてきたとばかり考えるのは早計である。アリエス（P. Ariès）が「近代家族は，反対に，世間から切り離されており，孤立した親子からなる集団として社会に対立している」とさえ述べているように，出産と育児が家族とりわけ母子関係の密室に封じ込められ，母役割として強迫的に追求されていくのは，むしろ近代情愛家族の析出という比較的新しい歴史的事態に対応する。実際，分娩室に隔離された孤独な出産，やむことのない育児不安と社会から取り残されていくという焦燥感，あるいは大人になることの難しさの前に立ちすくむ若者。これらの現代の人間形成に特徴的な困難は，家族が共同体から引きこもり，育児が親子関係のうちに矮小化されてしまった近代家族に典型的な現象である。

これに対し伝統社会における出産と育児の営みは，通過儀礼を通して律動を与えられながら，共同体から新たな構成員として段階的に認知されることによって展開していった。出産と育児に関わる通過儀礼は，懐妊から出生，そして子どもの成長の節目を共同体構成員が見届ける契機であり，共同体全体が子どもの養育に与り，喜びを共有する祝祭でもあった。出産と育児が間断なく，またつつがなく営まれることは，共同体の存続と不可分だからである。このような出産や育児を協同する仕掛けとしての通過儀礼を通して，民衆は自らの共同体の永続と繁栄を確固たるものとして再確認してきたのである。

IV 親になること

子ども同様，大人もまた出産や育児を通して親として成長を遂げていく点は看過できない。通過儀礼はある人生のステージから次のステージへと橋渡しする変容の仕掛けであり，そのことは子どもにのみあてはまるわけではない。むしろごく幼少期に執り行われる通過儀礼は，親として臨む大人こそが，共同体内の地位と役割をあらためて自覚することにより変容を期待されてきたと考えられる。出産や育児を前にした親の迷いや不安，それはとりもなおさず大人にとってのライフ・クライシスなのだが，この危機を共同体の同胞とともに乗り越え，浄化することを図ってきたのである。

このように通過儀礼は親と子の共育ちの仕掛けでもあったにもかかわらず，近代以降の共同体の崩壊のなかで儀礼の衰退が進み，子どもから大人への境界の意味が見失われ，大人は変容の契機を喪失するにいたる。近代公教育制度の力を借りて，大人はつねに完成した存在であり，未熟な子どもを教育するのだという通念によって，辛うじて親たることの強迫的不安を封じ込めることができたかに見える一方，家族は潜在化した育児不安を孤立のなかでつねに抱え込んでいるかに見える。

(白水浩信)

[文献] アリエス，P. 1980（1960）；白川静 1996；寺崎弘昭 1998；寺澤芳雄編 2010；バフチーン，M.

1985（1965）；ファン・ヘネップ，A. 1977（1909）；ホッブズ，T. 1992（1651）；宮澤康人 2011

胎毒／胎教

　「胎毒」は宋医学を起源として伝わり，長らく疱瘡の原因とされた観念である。日本では祟りや悪行などが毒となり病の原因になるという考えが古くから定着しており，やがてこれが胎毒と結びつけられた。中世医書において胎毒は，母の不謹慎が原因であるゆえその予防には母の身の慎み（いわゆる胎教）が必要であると説かれた。江戸時代には，胎毒は妊婦の胎内に生じる毒と明記され，疱瘡を始めとする子どもの万病の原因と捉えられるようになった。胎児は胞衣（胎盤）によって胎毒から守られるが，反面，胎内にいる限りその影響は免れることはできない。それゆえ江戸の医書は，妊娠中の母の不謹を戒めるとともに，出産直後の子の体内に胎毒を少しでも残さぬよう子どもの口を拭い，下剤を飲ませ，胎便（かにばば）を排出させる必要性を強調した。胎毒は，子どもの発病の機序を説明する原理であり，また生まれた子どもへの配慮を秩序づける根拠でもあった。　　（島野裕子）
[文献] 島野裕子 2012；富士川游 1969

授乳

　哺乳類であるヒトは，授乳という行為によって出生後数年間子どもを養育する。十分な量の乳が生母から得られない場合，日本では乳母を雇ったり（乳母が住み込む／里子に出す），貰い乳をしたり，穀粉を煮溶かして与えたりしてきた。明治以降は牛乳や練乳も使われるようになり，1917 年には国産初の粉ミルクが発売された一方で，乳母利用が批判され，誰の乳でもよい「人乳」ではなく「実母哺乳」が推奨される風潮が生まれた。第 2 次世界大戦後粉ミルクによる人工栄養が普及し，1960〜70 年代には出産の病院化と歩調を合わせて母乳栄養の比率が激減した。世界的に人工栄養への依存が高まった状況に対して，WHO（世界保健機関）とユニセフ（国際連合児童基金）は母乳育児キャンペーンを展開している。乳以外の食物を摂り始めるのが離乳，授乳を終了することを断乳というが，近年では子どもの意思を尊重する卒乳の考え方が広まり，2002 年の母子健康手帳から断乳という言葉が消えた。　　（吉長真子）
[文献] 沢山美果子 2013；ボームスラグ，N.・ミッチェルズ，D.L. 1999（1995）

子育て／育児

　「育つる」という動詞は古くから存在したが，近世後半になって「子育て」という名詞的用法が定着した。「生ほ仕立つる」「仕込む」「やらふ」「撫育」「養育」など類語のなかから，近世後期庶民を対象に書かれた文献では「子育て」という名詞が次第に有力になる。近世社会は，直系家族が広範にひろがり，人びとが小さな家族のなかで子どもと向き合い，その成長を家の将来と重ねて考えた時代であった。庶民に至るまで家業・家産・家名を内実とする「家」の継承が積極的な関心事となった近世社会に，日本の「伝統的」子育て習俗が形成されたのである。
　近世初期の育児書として香月牛山『小児必要養育草』（1703），貝原益軒『和俗童子訓』（1710）が著名だが，その時期から「節を詳らかに考えて，時分に相応いたせる教育を専ら」[山鹿素行『山鹿語類』]にすべきだと発達に応じた教育が主張され，子どもに追従する「姑

息の愛」を批判（貝原益軒）するなど，乳幼児期から子どもを教育の対象と見なしている。近世子育て書は，中世の武家家訓などと比べて親の教育責任を問うニュアンスが強い。

近代の啓蒙思想家は，子どもの家からの解放をめざし，お化けや脅しでしつける旧来の習俗を批判して，近代社会に生きる自主的な人格を育てるため子どもを臆病・卑屈に育てるなと強調した［植木枝盛「育幼論」など］。医者は添い寝やおんぶなどの育児習俗を絶ち，科学的な育児をめざすよう欧米育児法を導入した［三島通良「ははのつとめ」ほか］。このような近代的な育児法は，都市の官僚や俸給生活者の営む近代家族と，その階層を基盤として発展した「良妻賢母」主義の女学校で教育された女性たち，多くは専業主婦によって，積極的に実践された。

しかし身分制度の否定と学校を通じた人材選抜を原理とする近代の能力主義社会では，子育てが学歴競争に従属する傾向があった。近代家族は，自立とともに社会的「成功」を子育て目標とし，競争的子育てと個人主義的な閉鎖性があいまって，いわゆる「教育家族」の広がりとともに子育て不安が浸透した。

（太田素子）

［文献］太田素子 2011；小山静子 2002；沢山美果子 2013

産育習俗

1920 年代に始まる柳田國男，大藤ゆきなど民俗学の出産・子育てに関わる民間習俗の研究は，その後長く産育習俗研究の拠り所となってきた。特に『日本産育習俗資料集成』(1975) は，1930〜40 年代に古老から聞き取った妊娠・出産・育児にまつわる日本全国の習俗調査結果を集めて刊行した資料集で，その後の産育習俗研究に事例を提供し続けてきた。しかし 1980 年代から近世史研究による実証的な研究が進み始めた。一つは間引き・堕胎に関わる研究の進展で，出生制限の動機と担い手に関する認識，命や子どもの生存権にたいする感覚の変容が研究の俎上に乗ったこと（子殺しの項参照）。第 2 に，日記や家々の祝儀簿の調査などによって，生育儀礼にこめた人々の子育て意識が，より具体的に明らかにされてきたことである。

例えば，①産の忌への恐れの感覚は，産科医が出産に立ち会う条件が整い始め，出産に伴う女性の死亡率が改善することとその感覚の消失が関わりをもっているらしいこと，②民衆の間では，乳児期の生育儀礼に比して，3・5・7 歳の生育儀礼の歴史は比較的新しい習俗で近世後期に定着し始めた可能性があること，③古代貴族の習俗や武家の儀礼に起源をもつ 3・5・7 歳の儀礼慣行より，近世社会では節句祝儀を子どもの成長の祝として重視したことなどが明らかにされつつある。しかし，まだ実証的に明らかにされた事例が少なく，地域差や時代変化の全容を実証的に明らかにする課題は今後に残されている。

また，近代以降の産育習俗は，小児科医の紹介する西欧の育児習慣が「科学的育児」として都市新中間層に取り込まれ，育児書の流行に影響を受けて変容する様子が明らかにされている。

（太田素子）

［文献］太田素子 2007；沢山美果子 2005；母子愛育会 1975；横山浩司 1986

子ども組／若者組／娘組

前近代の日本社会においては，村や部落の内部には同一の年齢または年齢層の人びとからなる年齢集団が種々存在し，各々，村落を維持するための機能を果たしていた。

子ども組は，通例7歳くらいから15歳くらいの子どもが加入した。子ども組・子ども連・コヤド仲間・天神講など，名称はさまざまであるが，全国的に見られる組織であった。小正月・七夕・盆・十五夜・十日夜・亥子などの年中行事や祭礼などの折に随時組織され，行事の担い手となった。男子のみの集団や男女混合の集団が一般的であるが，女子のみの集団もまれにあった。明治期以降は少年団，戦後は子ども会などに取って代わられたが，その実質は子ども組であることも多い。

若者組も全国的に見られる組織であるが，その組織内容はさまざまである。15歳前後の男子が加入するが東日本では1戸に1人の加入と定められていることも多い。加入に際しては儀礼が行われることが一般的であった。上限については，結婚を機に脱退する，結婚と関係なく25〜40歳台まで年限が定められているなど，さまざまなバリエーションがあった。若者宿で共同生活をすることもあり，警防や秩序維持，労働訓練，祭礼や行事の実行といった機能をもっていた。村落共同体秩序を動揺させる力をもったこともあったが，明治期以降，官製の青年会（青年団）に再編されていった。

娘組は，主として12〜3歳ごろから結婚までの女子が加入した。若者組に比べて組織的な強固さはあまりなかった。多くの娘組は娘宿に集まって手仕事や歓談を行った。また娘宿は若者が寄ることから，男女交際の場となることもあった。明治期以降，若者組に比べて早い時期に衰退・消滅したため，その具体的な様相については十分判明していない。

近年は，これらの集団の成長過程や変容過程の解明も課題となっている。　　　（瀬川　大）

[文献] 瀬川清子1972；中野泰2005；服部比呂美2010；古川貞雄2003

育児書／育児雑誌

乳幼児期の子どもの育て方，世話の仕方についての詳細を親向けに助言した書物または雑誌である。医者の助言をもとに，主に母親が実行するという形を基本としている。

日本初の体系的な育児書は医者香月牛山（かづきござん）の『小児必用養育草』（1703年）とされる。近世，特に元禄期に，生類憐れみの令に象徴される捨子，堕胎，嬰児殺しへの忌避意識をもとに種々の教諭書とともに数多く書かれ，子育ての価値を民衆に説いた。

西欧では，15世紀イタリアでの先駆の後，英国初の育児書，フェア（T. Phaer）の『子どもの本』（1545年）が出版された。それまで家政書や教訓書，特に産婆術書に含まれていた乳幼児養育のテーマが独立主題化したことは，子どもの養育という価値が重要視されていく大きな転換点である。その後18世紀になって，1758年のカドガン（W. Cadogan）による，また1769年のバカン（W. Buchan）による育児書は，従前の乳母による世話を否定し，母乳育に象徴される母親による養育を前提に医学的助言を展開した。これら著名な育児書は，孤児院での養育指導にあたった医者によって書かれた。特に貧困層の子どもの遺棄や死，栄養，健康等の問題から，子育ての価値が注目されたのである。

それに先立つ17世紀ルネサンス期に，母親の子どもへの影響を自覚し鼓舞する女性自身による著作群が出現し，育児主体としての女性像を用意したことも特筆すべきである。その後，19世紀から20世紀にかけての欧米，さらに日本でも，「母性」を「本質」とし，それを前提に医者によって「科学的育児法」が処方されるという育児指南の基本形は，読書が大衆化するに従って，読み手だけではなく書き手として女性を巻き込みながら普及す

る．育児の具体の解説，助言を媒介に，ときに双方向の情報コミュニティを形成しつつ，育児主体としての母親像が構築された．

近年は，父親による育児という再編成を伴いつつ，また書物や雑誌から，インターネットへとメディアを広げつつも，育児指南や助言の基本形は保たれていると言える．

(野々村淑子)

[文献] 天童睦子 2004；野々村淑子 2005；山住正巳・中江和恵 1976；Still, G. F. 1931

乳幼児死亡率

小学校就学前の子どもの死亡率を指す．とりわけ生後1年未満の死亡は乳児死亡率と呼ばれ，他の年齢集団と比較して高く，地域社会の保健・衛生水準や経済的条件をよく反映する指標であると言われている．一般に出生1000件当たりで表示され，1990年代前半の先進地域の乳児死亡率の平均は10‰，開発途上地域は66‰であった．

近代西欧社会の人口変動を説明するために1920年代以降展開されてきた「人口転換理論」においては，近代社会では「多産多死（高出生率・高死亡率）」の状態から，「多産少死（高出生率・低死亡率）」の状態が出現し，やがて「少産少死（低出生率・低死亡率）」という状態へと変化する．この「人口転換」の過程において，〈子ども〉の経済的・実用的価値よりも精神的価値を認める傾向が強くなり，また，子どもを「授かる」意識よりも「つくる」意識が強くなる傾向が認められる．こうした人口動態と人びとの意識の関係に力点をおいたフランスの歴史家アリエス（P. Ariès）は，フランドラン（J. L. Flandrin）らとの論争を経て，西欧近代における乳幼児死亡率の低下は，保健・衛生的理由だけでは説明ができず，乳幼児の生命を尊重する意識（マンタリテ mentalité）の変容を伴っていたと指摘し，家族というものが子どもをめぐって組織されるようになる「子ども中心家族」の出現を論じている．

近世以降の日本で展開された堕胎・間引き禁止政策や捨て子に対する取締りと保護政策にも子どもの生命を尊重する意識の高まりを指摘することが可能であるが，現代の日本では3歳までは母親の手で育てるべきだとする「三歳児神話」の存在など，育児における保健・衛生に留意することを期待される主な担い手が女性への負担として偏る傾向が見られ，その歴史的背景の解明や社会的支援策などが課題となっている．

(河合　務)

[文献] アリエス, P. 1980（1960）；岡崎陽一 1999；沢山美果子 2005

少子高齢化社会

少子化と高齢化が同時に生じている社会であり，多産多死から少産少死へと人口転換が起こったことによって総人口における65歳以上の老年人口の割合が増大し続けている社会を少子高齢化社会と呼ぶ．日本の場合，1950年頃まで5％前後で推移していた老年人口割合が1970年には7％を超えて国連の言う高齢化社会の仲間入りをし，1994年には14％を超えた．その後2010年には22％を超える水準となっており，21世紀前半には30％を超えると推計されている．老年人口割合が7％から14％になる「倍加年数」はフランスが114年であったのに対し，日本は24年であった．医療，年金，介護などに関して若い世代の負担増をいかに抑制するのか，また，産まない選択を尊重しながら，出産・育児のインフラ整備として保育所の拡充，産休育休制度の整備，児童手当の充実といった少子化対策をどのように推進するのか，などが少子

高齢化社会の課題となっている。（河合　務）
[文献] 山田昌弘 2007b

育児不安

　育児不安に関する研究は，1980 年代以降，主に育児役割を期待された母親の育児に際する意識のあり方を問題とし，母親の職業の有無，雇用環境，近所づきあいなどの社会活動，夫婦関係や夫の育児態度などの要因，不安尺度を軸に進められてきた。
　育児不安は，戦後体制と呼ばれる時期に，女性の主婦化と学歴の高度化がほぼ同時に進行し，さらに家庭教育と学校での教育達成との連関が強まるなかで，そうした歴史的，社会的問題を，個々の母親の子育ての問題に帰していく傾向のなかで生じたものと言える。母親による育児への社会的期待は，母性という女性像の本質化を前提に，「科学的」言説によって高められてきた。女性自身がその期待に自ら応えようとする意識と，育児以外に自分自身の生活があるという二律背反的意識は，良妻賢母主義に裏打ちされた教育と，個人主義的な自立意識の発揚を二つながら抱えこんできた近代女性の生き方そのものの問題でもある。
（野々村淑子）
[文献] 大日向雅美 1988；落合恵美子 2004；牧野カツコ 1982

育児サークル

　主に子育て中の母親が集まり，レクリエーションや行事を企画し子どもたちとともに参加したり，子育てに関する情報交換や学習活動等を行ったりする自由参加型のコミュニティである。特に 1990 年代からの少子化対策のなか，子育て支援政策としての子育てサークルやネットワークの重視，整備によって，多くのグループが出現した。
　そもそもは，1960 年代，70 年代から，さまざまな地域で，組織化の形態や主体も多様な形で，それぞれの子育てをめぐる課題を共有するなかで数々の団体がつくられ，活動を行ってきた経緯がある。育児，保育，野外活動，世代交流，学童保育，文庫活動，不登校，学習，食など，さまざまな側面を共同化した，子育てという親から子への閉じた関係を超えた，子どもの育ちと大人の生き方を支える社会関係や環境の問題に取り組んできた。母親による孤立的育児を前提とし，それへの支援という形では，そうした動態的広がりは形成されにくいと言えるだろう。
（野々村淑子）
[文献] 増山均編著 1992

家庭教育

I　家庭教育と家庭教師

　家庭教育は，文字どおり家庭で行う教育を指す。
　家庭で行う教育には広い意味では，次世代育成に関わる事柄全般が含まれ，子育てや，いわゆる一人前にするためのさまざまな事柄が含まれる。子どもの身体的・精神的なケアの問題も含まれるだけではなく，知識や思考に関わる意図的な教育もここに含まれる。現在では，家庭における教育と言えば親による

教育が想定されるが、伝統社会においては、次世代育成に関わる多様な事柄は、親族や共同体といった幅広い人間関係のもとで担われてきた。親以外の親族によって世話をされる場合もあるし、また、職業に向けた教育は、徒弟といった形など、親族以外のいわゆる親方の元でなされることもあった。こういった直接に職業を志向する庶民の家族に対して、より豊かな階層の家族において行われる教育のあり方は異なるものであった。

例えば、裕福な上層の階層の家族においては、いわゆる親族ではない、古くから子どもの教育を担当する者がいた。こういった家庭で行われる子どもの教育を担当する者は、古代ギリシャにまで遡って見いだすことができる。例えば、古代ギリシャにおいてパイダゴーゴスと呼ばれる奴隷がいたが、彼らは自らが仕える裕福な家族の子どもの世話や、あるいは子どものための意図的な知的教育を担う者たちであった。古代ギリシャにおいて戦いに勝利した者たちは、征服した地域の人々を奴隷として自らの元に連れて返ってきたが、そのなかには、高度な知識をもった教師として適任の者たちもおり、そういった者たちのなかには単なる世話係ではなく、子どもの知的な教育を担う奴隷となる者もいた。もちろん、このような奴隷としてではなく、博識を買われて教師となった者たちもいた。そうした例として、アリストテレス（Aristoteles）がマケドニアのアレクサンダー大王の家庭教師をつとめたことは有名である。

中世においても、王侯・貴族などの上層階層において家庭に招かれた家庭教師が子どもの教育を担ってきたが、そういった家庭にいる教育者のなかから、近代においては、例えばエラスムス（D. Erasmus）やルソー（J.-J. Rousseau）の教育論などが誕生してきたとも言える。近代の教育思想家のなかで、家庭教師の経験をもち、自らが実践してきた家庭教育を念頭に置いて自らの教育論を展開してきた教育思想家には枚挙の暇もない。そういった教育論のなかで特筆すべきなのは、近代教育の基礎を築いたと言えるルソーの著作『エミール』である。家庭教育論の書として名高い『エミール』において、少年エミールを教育するのは、親ではなく一人の家庭教師である。そこでは、社会から切り離された家庭という空間で、家庭教師によって整えられた子どもにとっての理想的環境のなかで、子どもの発達に最適な教育が行われる。ルソーによって提起された家庭教師による教育の理想は、近代教育思想の一つの典型であり、近代教育思想界に大きな影響を与えることとなる。

子どものためによりよい環境を提供できるような豊かな上層の家族のなかで、子どものための教育思想が醸成され、そういった教育思想は学校教育においても実践されていった。近代において、社会から守られるべきである子どもという観念が成立し、特有の配慮を求める心性が発達していくなかで、近代教育思想は、子どものための教育方法を構想し、子どもに適した、そして近代を生きるために必要な教育内容を作り出していくことになる。

II 家庭教育とジェンダー

近代教育思想を醸成したとも言える家庭教師という存在に、誰がなるのかという問題は、ジェンダーの問題と深くからんでいる。家庭教師の教育の書である『エミール』を書いたルソーは、「本当の教師は父親である」と言う。このことは、教師というものに適しているのは、男性であることを宣言しているに他ならない。同時に、ルソーは貴族たちに対して母親自身による母乳育児（乳母にまかせない）を推奨したことでも有名である。ルソーの教育思想には、子どものケアに関わる課題は女性が、子どもを大人へと導く教育は男性が、というジェンダーによる分業が前提となっている。他方で、エミールの配偶者になるソ

フィーはどうかというと，彼女は両親のみによって教育されるが，その主たる担い手は母親であるとされる。ここにもジェンダーの分業が見られる。すなわち，少年の教育は男性が，少女の教育に関しては女性の手によるものとされる。

ルソーにおいて見られるような家庭教育に関する性別分業体制は，学校教育の拡大・普及によって子どもに求められる教育がより知的に高度化されていくに従って，その担い手に変化がもたらされることになる。例えば，19世紀のイギリスの上層の家族にいた家庭教師は，ガヴァネスと呼ばれる女性たちであった。彼女たちは，少女の教育だけでなく，幼い少年の教育も担当し，また，読み書きといった初等教育レベルの教育も担った。むしろ，彼女たちは，学校教育における教師が行うような知的な教育の担当者として，家庭教育を実施していたのである。このことは，そういった知的な教育を担うだけの学識をもった女性たちが存在するようになったことを示すものであるが，その背景には，女性たち向けの学校教育が普及してきたこと，家庭教育が女性の職として認められるようになってきたことがある。

19世紀に見られるガヴァネスの存在は，ルソーのような父親＝男が大人へと導く教育を行うという考え方が，女性たちが子どものケアを担当するだけではなく，子どもの教育を担当することが可能であるという認識に変化して行ったことを象徴的に示すものである。このことは，母親の位置もまた変化していったことと連動している。ペスタロッチ（J. H. Pestalozzi）やフレーベル（F. Fröbel）といったより小さい子どもたちの教育を構想した教育思想家たちは，教育者としての母の重要性を繰り返し強調した。それまで，子どものケアや家事の手ほどきのみを担当してきた母親は，子どもの教育もまた担い得る存在として位置づけられることになるのである。近代的

資本主義の発展によって，父親たちは家族から離れた職場で労働に従事することとなり，仕事のために長時間家庭を不在にするようになる。代わって少しずつ広がりだした家事専業の母親は，もっぱら家庭で子どもたちとともに時間を過ごす。このことにより，ケアのみではなく教育も担う母親たちは，子どもに対してかつてない強大な影響力をもつことになった。

広田照幸は日本におけるこういった家族の誕生を，大正期の新中間層の家族に見ている。大正期の親に向けた教育書は，『家庭教師としての母』や『教育者としての母』といったように，母親が家庭教育の担い手に他ならないことを示す言葉が用いられることになる。親，特に母親は，いわば「パーフェクト・チャイルド」を創るために，「教育する家族」であろうとした。しかもこういった家庭教育は，大戦を経て戦後，それほど広く裕福でもない階層を含めて普及していくこととなる［広田1999］。

しかし，戦後このような家庭教育のあり方が押し進められていくなかで，それ自体が問題を孕むものであることが明らかにされるようになっている。これに関して，1990年代以降の家庭教育の問題状況を分析した本田由紀は，「『家庭教育』が政策的にも社会関心としても過剰に重視されるようになっている現代の日本の社会の状況を踏まえ，そうした事態が，『家庭教育』における『格差』と『葛藤』をいずれも増大させるのではないか」と指摘する［本田2008］。広範に普及してきた家庭教育は，いまや，子どもたちの間に教育に関する「格差」を生み出すと同時に，家族には，教育する家族であらねばならないという呪縛をいっそう強化するようなものとして作用している。　　　　　　　　　　　　（小玉亮子）

[文献] 広田照幸 1999：本田由紀 2008

家庭の教育力

　家庭の教育力という言葉は,「家庭の教育力が低下している」というように,基本的に否定的表現で用いられる。この言葉に先立って,地域の教育力という言葉が社会教育のなかで使用されてきたのであるが,家庭について教育力が広く語られるようになってきたのは,1980年代以降のことである。当時,行政文書のなかで家庭の教育力が登場するものとして注目されるのは,中曽根内閣のもとに設置された臨時教育審議会である（1984～86年）。この審議会は,その後実施されていく,いわゆるゆとり教育や生きる力といった教育改革の先駆けとして注目される。当初,この審議会において家庭での教育の問題は,「家庭の教育機能」という言葉で議論されていた。それが,1985年の第二次報告のなかで,当時注目されたいじめ自殺をうけて,家庭の問題が議論され「家庭の教育力」という言葉が登場する。この審議会の最終報告においても家庭の教育機能ではなく,家庭の教育力という言葉が使われた。

　その後,多様な局面で家庭の教育力の低下という言葉が頻出することになるが,その根拠として,例えば,世論調査における「家庭の教育力は低下していると思いますか」に対する肯定的回答の高さといった,人々の社会意識のレベルでの回答が根拠とされ,客観的データが示されることはない。さらに,家庭の教育力という言葉が「低下」という言葉が結びつくということは,この概念には低下する前後の比較が含意されており,現代の家庭のあり方を非難するフレーズとして使われていることも意味している。さらに,「力」という言葉が使用されるときに,その構成要素についての説明がなされることはないことも留意する必要がある。「教育機能」という言葉が複数の機能や作用から構成されるニュートラルな説明概念であるのに対して,「教育力」という表現は分節化が不可能で,かつ価値的な方向性を示す概念として用いられている。

（小玉亮子）

[文献] 小玉亮子 2001

父性／父親

　近世を通じて女性向けの啓蒙書「女大学」の類は,胎教と出産の心得は説いても,子育てについての項目はなかった。林子平『父兄訓』のタイトルが象徴するように,子育ては家長である男親に向かって説かれる事柄だったのである。それは女性を人格の指導者に不適任だと蔑視する封建社会の限界でもあるが,同時に家業の後継者である子ども,特に男児を育てることは,家長の職分のもっとも重要な一部分と意識されていたからであった。書記能力が大切な武士の場合,藩校入学以前の手習いから素読,講釈の基礎あたりまでは家庭で父親が息子を仕込むのが基本だった。実際には,参勤交代や単身赴任もあり,専門家に依拠する判断も生まれ,近世後期には多くの少年たちが私塾や家庭教師に教育されていた。しかし,日記には息子の学問の進展に強い関心をもち記録する父親が少なくない。農家の嗣子教育について説いた宮負定雄（みやおいやすお）は「百姓の子には第一に種芸を良く習わせ」,幼いうちから縄ない,草履作り,農具の製法などを教え,「十六,七才になりては何国へ押し出しても農人一人前に通用するように」育てるべきだと説く（『民家要術』）。「一人前」は,結いや最合（もやい）で一人前の労働力として通用する,具体的な労働力目標として父親たちに意識されていた。

　近代社会の分業システムの形成は,男性を家からオフィスと工場へ,子どもを学校へ向

わせ，家（家庭）は専業主婦が消費と再生産をになう場へと縮小された。家族構成員はお互いの主要な活動を共にする機会をなくし，家庭で休息時間のみを共有した。専業主婦育成のための「良妻賢母」主義教育は，初期には鳩山春子など子育てと家事に創意工夫するそれなりに能動的女性像を内包していたが，他方男性には扶養役割のみを課して，男性が家庭内で果たすべき人間的な役割への見通しを欠いていた。20世紀初頭になって，母性保護論争に男性として参加するジャーナリストが現れ，子育てへの参加を男性の人間回復や男女平等の視点から位置づける議論が現れた。

近代の父性論の多くはパーソンズ（T. Parsons）の社会化論のように，子どもの成長における規範性の発達に限定して父親の役割を位置づける。しかし男女両性が社会参加と家庭責任を共同で果たす現代の家庭内では，父親のコミュニケーションやケアに果たす役割があらためて注目され，父性・母性論から次世代育成論へと議論は展開している。

〔太田素子〕

[文献] 太田素子 2011；海妻径子 2004；真下道子 1990

母性／母親

私たちに馴染み深い「母性」の語や母性愛をもつ母親という母親観の歴史は実は新しい。バダンテール（E. Badinter）は，近代国家が人口増加に関心をもち近代家族が成長してくる18世紀末頃に，女性には子どもに対する本能的な愛情＝「母性愛」が備わっているとする「母性という神話」が構築されたこと，それは近代社会を形づくる制度の一つであることを明らかにしたのである［1980］。

日本でも，「母性」や「母性愛」を根拠に専業母の役割が女性に課されるようになるのは性別役割分担にもとづく近代家族としての「家庭」が成立して以降のことである。それ以前，共同体との密接なつながりのなかで「家」の維持・存続がなされた近世民衆の世界では「子育て」も家族内部に閉ざされてはいなかった。また武士の「家」も公私未分離であり，子ども，特に男児を「家」のよき継承者にするための父親の役割は大きかった。

しかし，近代に「母性」や「母性愛」が翻訳語として登場してくると，「母性」は，女性を専業母としての「育児」役割に結びつける根拠とされていく。「母たるべき機能」と「本性」の二つの言葉を結びつけた「母性」の語は，母性や母性愛は本能であることを「科学的」に証明する「母性」論の核となり，「母性」を根拠に，女性の母役割，セクシュアリティ，ライフサイクルを規定するジェンダー規範が形成されていく。この「母性」論は，「家庭」の妻たちに，積極的に受け止められていく。性別役割分担家族の妻たちにとって，専業母として「育児」を担うことは，重要な自己実現でもあったのである［沢山美果子 2003］。

こうした歴史的変容のなかで「母性」を見るとき，「母性」を根拠に母親役割を説く「母性」論は，近代社会の性別役割分担の男と女の関係を根拠づける規範であり，よき母親であろうとすればするほど母性の罠に捉われる構図も見えてくる。現代の母性や母役割をめぐる問題［田間泰子 2001］も，こうした歴史的過程のなかで捉え直す必要がある。

〔沢山美果子〕

[文献] 沢山美果子 2003；田間泰子 2001；バダンテール，E. 1998（1980）

家族コンプレックス（エディプス・コンプレックス）

エディプス・コンプレックスは，男児が父

親を憎み母親に性的な愛情を感じるという無意識的な感情の複合であり、ソフォクレス（Sophoklēs）のギリシア悲劇『オイディプス王』にちなんでフロイト（S. Freud）が名づけたものである。フロイトはこれを人類に普遍的な現象であると見なしたが、マリノウスキー（B. Malinowski）はトロブリアンド島でのフィールドワークから、エディプス・コンプレックスはアーリア系語属の父系家族に対応するものであり、母系社会で見られるコンプレックスとは異なるものであると考えた。マリノウスキーは家族の成員におけるこのようなコンプレックスを家族コンプレックス、あるいは中核コンプレックスと呼んだが、マリノウスキーに対して、エディプス・コンプレックスの普遍性を主張する批判がスパイロ（M. E. Spiro）、ジョンソン（A. W. Johnson）およびプライス＝ウィリアムス（D. Price-Williams）らから提示された。家族間のコンプレックスには他に、エレクトラ・コンプレックス、産む一方で殺そうとも考える母親に対する複合的な感情である阿闍世コンプレックスなどがある。

（柴田賢一）

[文献] 小此木啓吾 1982；マリノウスキー, B. 1972 (1927)

:::
家庭教師
:::

家庭教師は、乳幼児期から大学入学までの補習または受験対策のための学習指導に加え、近年は、スポーツ指導や、帰国子女や不登校の子どもへのメンタルサポート、カウンセラーとしての役割をも期待されるなど、子どもの、学校での時々の教育課題を補完するために、その家庭によって雇用される。

西欧の歴史において、家庭教師は、古代ギリシャ時代に市民教育の一翼を担ったパイダゴーゴス（ペダゴジーの語源：教僕）を始め、中世期から近代初期にかけても貴族層の子弟教育に従事したとされ、エラスムス（D. Erasmus）、ロック（J. Locke）やルソー（J.-J. Rousseau）らの近代初期の思想家たちも、その経験を教育論に結びつけた。また、例えば19世紀英国の女家庭教師ガヴァネスは、家族とともに生活しながら子女の教育を担うことが多かったとされるが、そうした彼女たちの家族成員と奉公人の間の境界的立場から近代的雇用関係への変容過程そのものが、近代家族成立の契機とされるなど、逆に家族関係を照射する存在であることも確かである。

（野々村淑子）

[文献] 秋山麻実 2000

:::
家政論（全き家）
:::

古代ギリシャのクセノフォン（Xenophōn）『家政論』、および擬アリストテレス『経済学』に始まる家政論は、家（οικος、オイコス）を統治するうえでのあらゆる学を含んでおり、リール（W. H. Riehl）の言葉を借りれば「全き家」（das ganze Haus）の学である。その内容には家における経済活動（多くは自給自足的活動を想定）から、家屋、農園等の管理、女性の務めとしての食料の管理と配分や、医学、薬学の知識、父の仕事としての息子の教育、母の仕事としての乳幼児の子育てと娘の教育などが含まれる。中世では家政学は dispensativa（配分・配置）として政治学、倫理学と並んで三つの実践哲学のうちの一つとして位置づけられ、初期近代まで受け継がれた。中世で dispensativa と呼ばれたように家政論は「人の配置（夫婦、親子、主人と使用人）」と「物の配置（食料を中心とする）」についての学であった。初期近代のヨーロッパにおいては各地で数多く出版されたが、やがて家政からは経済（生産）、医療、教育などもろもろ

の機能が剥離し外化されていった。(柴田賢一)
[文献] ブルンナー, O. 1974 (1968); Powell, C. L. 1917

家訓

　中国で成立した家訓を日本に導入したのは，北斉の『顔氏家訓』に影響を受けた吉備真備「私教類聚」（宝亀元＝770年）が始まりといわれる［入江宏1996］。平安時代には嵯峨天皇の「遺戒」，宇多天皇の「寛平遺戒」，藤原摂関家家訓としては藤原師輔「九条殿遺戒」，藤原頼長の日記「台記」の中の訓戒，遺戒が著名である。

　中世武家家訓としては，13世紀半ばの「北条重時家訓」をはじめ，14世紀半ばの「菊池武茂起請文」，同後半の斯波義将「竹馬抄」（偽撰説もある），15世紀初頭の「今川了俊制詞」，同後半の「朝倉敏景十七箇条」，16世初頭の「（北條）早雲殿二十一ヶ条」，同半ばの「毛利元就書状」などが広く知られてきた。近藤斉による一連の武家家訓の研究は，治国のための斉家の知恵として，武士の頭領の思想を家訓から探る目的で進められた。いっぽう，商家家訓については，1950年代から70年代にかけて，宮本又次，中野卓，足立政男ほかによって，相続制度や同族団・丁稚奉公の制度など経営制度の歴史，経営倫理や経営の思想研究として数多くの成果が生まれた。

　こうしたなかで，近年の家訓研究は，在郷商人や農家家訓にまで研究対象を広げ，丁稚奉公や農家の経営・継承にまつわる庶民階層の人間形成史として家訓の研究を進めるところに特徴がある。近世社会におけるリテラシー研究の史料として家訓に注目するものや，まだ萌芽的ではあるが親子の情愛関係を中心とする家族関係史の史料として家訓に注目した研究などが生まれ始めた。これら教育史研究者による家訓研究は，近代の能力主義社会における学校教育・家庭教育を相対化する視野を求めて，近世庶民階層の人間形成史に関心を寄せている。
(太田素子)
[文献] 入江宏1996；太田素子2011；近藤斉1983

聖家族／マリア信仰

　聖家族イメージは，14世紀の中ごろにフランチェスコ会士によって書かれた『キリストの生涯の観想（*Meditaciones Vita Christi*）』というテキストと，そこに含まれる画像によってヨーロッパに広まった。「幼子イエスと聖母マリア，ヨセフ」は，天上における「父と子と聖霊」という三位一体に対して，地上の三位一体としてキリスト者の家庭の模範像であったが，一方で15世紀には「アンナ，マリア，イエス」という組み合わせの聖家族の宗教画も広まっていった。いずれにしてもその中心には無原罪のままイエスを受胎した聖母マリアと幼子イエスがいる。聖母マリアに対する信仰は，431年のエフェソス公会議において，マリアが「神の母（Theotokos）」であるという教義が成立したのち，カトリックを中心にギリシア正教からイスラム世界においても広まり，特にフランスでは国をあげてのマリア信仰が見られた。イエスの誕生と死に立ち会ったマリアには，出産と臨終における癒しが求められ，マリアは力と智恵と慈悲の象徴（三つのアヴェ・マリア）として崇められた。
(柴田賢一)
[文献] 竹下節子1998, 2007

教育家族／子ども中心家族

　近代日本において，性別役割分業と子ども

中心主義の家族を形成していったのは，資本家と労働者の中間に新しく産まれた階層，新中間層である［小山静子1991］。学歴をつけることで上昇移動を期待した新中間層の家族は，子どもの教育に対する親，特に母親の教育責任を強く意識し教育に熱心なことから「教育家族」とも称される。

この新中間層家族の成立と学歴社会の成立，そして1910～20年代の少産少死型社会への構造転換とは深く関連しあいながら進行していった。資本主義の発展は，地縁，血縁に変わる学校体系を使った学歴による労働力の開発と分配への転換と学歴別年功賃金体系をもたらし，学歴の取得がより良い生活を保障する学歴社会の進行は，子どもに学歴をつける必要から子ども数を制限する産育行動をもたらすこととなったのである。

新中間層の母親たちに歓迎されたのが，母親自身による育児書である。そこに述べられた「我が子」への「母一人」の手による熱心な育児は，女性たちの自立への願いに呼応するものであった。子ども中心の性別役割分担家族にあっては，母としての地位の確立こそが，女性の自立を意味していたからである。母親たちの関心は我が子を学歴社会での勝利者にすることに向けられ，学校への従属を強める。と同時に，学力では測れない純粋無垢という子どもの価値を守るためにも，母親たちは教育熱心であり続け，子どもを「家庭」のなかに「保護」し囲い込んでいく。母であることに自己実現を求める妻たちの夫への期待は，父役割より稼ぎ手役割に向けられる。

こうした家族のありかたは，戦後の高度経済成長期に大衆化するとともに，そこに孕まれていた問題が教育病理，学校病理として顕在化していく。その意味で，近代社会の教育家族，子ども中心家族について議論する際には，その歴史的射程を明確にする［大門正克2000］とともに，近代の都市下層や農民家族，教育家族に抗した男や女の系譜を明らかにす

る必要がある。

(沢山美果子)

[文献] 大門正克2000；小山静子1991；沢山美果子2013

教師と親（親代わり）

そもそも子どもを教育する権威は，子どもを産み，育てる親において認められるものであったが，教師は親代わり（in loco parentis）という論理のもとに，子どもの教育における権威を担うことができた。この論理はイギリスの慣習法であるコモン・ローの伝統に見られるが，20世紀以降においてもこのような考え方は根強く残っており，教育の最後の手段としての体罰を許す理由として，教師はextra parents to childrenと見なされ，親と同様に子どもに体罰を加えることが許されるべきだと考えられてきた。また近代以前の教師は使用人と同じ程度の低い身分と見なされることもあったが，初期近代以降の学校教育の拡大のなかで，そのような教師に子どもの教育を任せていくために，親代わり（in loco parentis）という論理が用いられてきた。

(柴田賢一)

[文献] 寺崎弘昭2001；Blackstone, W. 1765

徒弟制度／徒弟奉公

中世以降の西欧，近世以降の日本では，商工業者における親方と徒弟・奉公人の間には，職業技術伝承の制度および組織が見られた。徒弟は，早ければ10歳前後から親方の家に入ると，親方の保護・支配の下で雑用をしながら無報酬の見習い労働に従事し，技術を習得していった。徒弟が一人前として独立するまでの期間は業種によって1, 2年から7, 8

年まで幅があった。19世紀以降，産業社会が確立すると，徒弟制度は形骸化や不十分性が指摘され，熟練労働者を養成する制度として再編された。近年では，若者の失業率上昇とともに，職業訓練による熟練工養成が先進工業国共通の課題となっている。また，徒弟制度の下で見られる，教授行為がないにもかかわらず技術習得・学習が行われる過程が，正統的周辺参加の概念としてまとめられ，見直されてきた。正統的周辺参加概念は，学校教育における学習観や学習形態に再考を促すものとして注目されている。

(瀬川 大)

[文献] 平沼高・佐々木英一・田中萬年編著 2007；藤田幸一郎 1994；レイヴ, J.・ウェンガー, E. 1993 (1991)

子ども部屋

近代における「子どもの発見」は，子どものための専用スペースとしての子ども部屋と，子ども用に特別にデザインされた家具類を生み出した。欧米では19世紀以降子ども用商品の市場が確立して子ども部屋が普及したが，日本にはそれが1世紀遅れて移入された。すなわち明治末からの児童研究，大正期の生活改善運動の高まりを背景にして，各種博覧会や住宅建築誌，家庭・婦人雑誌，そして百貨店によって，「小児室」「児童室」「子供室」と呼ばれる子ども部屋がさかんに紹介された。博覧会に展示される子ども部屋のモデルルームはほとんどが洋室で，椅子式の学習机と装飾に凝った高級な子ども用家具が配置され，憧れの生活様式を象徴する空間として機能した。中流住宅に子ども部屋は本当に必要かという議論は少数ながら1920年代に既に見られるが，高度経済成長期以降子ども部屋が普及すると，密室化した子ども部屋の弊害についても注目されるようになっている。

(吉長真子)

[文献] 神野由紀 2011；松田妙子 1998

家族と学校教育

I 教育と近代

教育史家の中内敏夫は，「私たちが〈教育〉とよんでいるものは，人間形成に関わる概念としても，また，人のひとり立ちに関わる行為の歴史の中でも，特異なものである」[中内 2001]と言う。ここでは，私たちが教育と呼んでいるものが，人間形成の一部をさすものとなっていること，そしてまた，私たちの時代に固有のものであることが明言されている。

教育というとまず学校がイメージされるように，現代において，教育と学校は不可分のものと考えられている。もちろん，学校それ自体は，3000年以上も前につくられたシュメールの学校や，古代ギリシャのスコレーなど古くから存在していた。ただし，それらは特定の限られた人びとのものであって，私たちのイメージする学校とは異なる。私たちになじみのある学校は，子どものための特別の配慮を要請する学校であって，近代社会において公教育として構想された大衆の子どもたちのための学校である。

従来の教育史において学校の歴史は，主として，高等教育，中等教育，初等教育といった学校種ごとにその変化や発展が論じられてきた。これに対して，学校の成立が家族の変

化と不可分であるとして学校教育と家族教育の変化を結びつけて論じたのが，フランスの社会史研究者のアリエス（P. Ariès）であった。

日本では，家族史あるいは，子ども史の研究として知られるアリエスの主著『〈子供〉の誕生』は，三部から構成されている。そこでは，第一部で子どもを，第二部で学校を，第三部で家族生活を取り上げて，近代的な子ども観の誕生と近代家族，近代学校の誕生を明らかにしているが，ページ数では第二部の学校を扱った部分が最も多い。アリエスの議論は，近代家族と近代学校が協働しながら近代的な教育を進めてきたことを指摘した点において，従来の教育史のあり方に再考を迫るものであった。

アリエスの議論において，伝統社会における次世代育成は，共同体に生きる多様な人びとが担うものであって，子どもたちは大人社会のなかにまじって成長していったことが明らかにされている。これに対して近代では，それまで次世代育成を担ってきた伝統的共同体はもはやその機能を失い，家族が人びとの生活において圧倒的な影響力をもつこと，いわば勝利をおさめたことが明らかにされる。近代社会において，共同体に代わって次世代育成を特権的に独占したのが家族と学校である。アリエスが論じた近代学校において進行した規律訓練と近代家族において際立つようになった甘やかしは，一見対立するような子どもへの対応であるが，いずれも大人とは区別される特別な存在としての子どもに必要であると見なされた対応であった。そして，これらの対応の仕方を自らのうちにとりいれつつ，家族と学校は，コインの両面のように連動しながら，子どもたちの「囲い込み」を進めていった。家庭教育の肥大化は，学校教育の普及・進展と表裏一体のものであって，近代の人びとが伝統的な共同体から離脱するプロセスと同時進行であることをまずはおさえておく必要があるだろう［宮澤康人1998］。

II 国家と家族

さらに，このプロセスに深く関しているのが国家である。アリエスの議論は17～18世紀までの議論であるが，ここに資本主義の時代における家族と学校の関係についてのアルチュセール（L. Althusser）の議論を加えることで，家族と学校の関係を国家論から理論化することが可能になる。アルチュセールは，その著書『再生産について』のなかで国家には国家のイデオロギー装置が不可欠であるとし，その装置として家族と学校に注目する。国家がより広範でかつ複雑になっていく時代において，警察や軍事力といったいわゆる国家の抑圧装置のみでは社会は維持できない。国家には自ら国家の求める規範に従い，社会の再生産を担う人材が不可欠であり，そういった人材を育てるためには，国家を維持する思想を内面化するための制度や実践，すなわち国家のイデオロギー装置が必要となる。アルチュセールは，資本主義の時代において支配的なイデオロギー装置が〈学校－家族〉の組み合わせであると論じた。

このようなアルチュセールの議論は，国家との関係で家族と学校の関係を理論化するに際して示唆的である。伝統社会から近代社会への移行は，子どもたちにとっては，共同体において大人社会とともに生きる生活から，子どもに照準を合わせた家族と学校のなかの生活への移行を意味した。こうして家族と学校はともに国家のイデオロギー装置として，近代国家に適合的な人材養成の実践の場となった。すなわち，家庭教育は，学校教育と表裏一体に，国家のイデオロギー装置の実践の場となったと言うことができる。

歴史的に家庭教育が子どもに対する影響力を強めたのは，義務教育制を含む近代的学校の実践や制度化と連動しながらであること，そして，それらが国家の再生産を支えるものとして位置づけられていたことをアリエスとアルチュセールの議論から整理することがで

きる。

III 日本近代の家族と学校

見てきたような，近代において家庭教育のプレゼンスが巨大化していく過程は，西欧のみならず，西欧に追いつき追い越そうとした日本においても同様である。日本においても伝統的共同体における教育から近代的な家庭教育と学校教育への展開の道筋として，個別の職業に由来する教育から近代国家を支える国民形成の教育への移行として見ることが可能である。

この点を日本に即して整理したものとして，小山静子の『子どもたちの近代』がある。そこでは，近代化のなかで，子どもたちは，「いえ」の子どもから家庭の子どもへと変化したこと，そして，そのプロセスにおいて，国家が大きな役割を果たしたことが明らかにされている。江戸後期に子どもたちは多様な階層の多様な「いえ」の子どもとして教育されたが，明治に入ると，子どもの身分や出自といった属性が捨象され国民の視点で子どもの教育が論じられることとなった。こうして，多様な「いえの子ども」からすべての子どもたちが「国家の子ども」と見なされ，共通の教育を受けることが求められることとなった。小山は，近代日本の家庭教育は学校教育に主導された学校教育の補完物として位置づけられるものであり，その意味で，家庭教育は近代日本の学校教育体制のなかに組み込まれてきたことを指摘し，そして，「この明治30年代に論理的に展開された，この家庭教育と学校教育との関係性をまさに現実のものとし，家庭の学校化という状況を生み出したのが，新中間層の家族だった」[176頁]という。

大正期の新中間層の家族は，当時次第にその数を増していった官吏や事務職・教員といった都市に住むサラリーマンの家族であるが，彼らの家族に子どもへの強い関心を抱いた日本の近代家族を見ることができる。親から受け継いだ財産に生計の基盤をもたないそういった家族から，「よりよい」子どもを「作る」ために，子ども中心主義的な考え方から学校教育に呼応した家庭教育が進められていった。この大正期に生じた家庭教育が，大戦を経て戦後，広く普及していくことになるのである。

(小玉亮子)

[文献] アリエス, P. 1980（1960）；アルチュセール, L. 2005（1995）；小山静子 2002；中内敏夫 2001；宮澤康人 1998

> ## 就学前教育

現在，日本における就学前の子どもの施設型受け入れ先として，幼稚園と保育所がある。幼稚園においては幼稚園教諭が，保育所においては保育士が子どもたちに対応する。また，文部科学省が幼稚園を，厚生労働省が保育所を所管する。幼稚園と保育所は，このように異なるものとして位置づけられているが，集団的に生活するなかで幼い子どもたちの成長を支える実践は，いずれも「保育」と呼ばれる。

実践的には同様の言葉が使われるにもかかわらず，所管官庁の相違や対応する職員の名称の相違があるのは，それらの発展の歴史的背景が異なるためである。その決定的な相違の一つが，対象とする子どもの出身階層の違いである。1882年の「文部省示諭」では，幼稚園が「富豪ノ子」でなければ入園できないものと見なされており，「貧民力役者等ノ児童」ための幼稚園も必要であると指摘されている。保育所は，後者のためのものとして発展してきた。

このように子どもたちの家族のおかれた状況が，就学前教育の相違を作り出してきたが，近代家族のもつ母性重視の傾向もまた，幼稚園と保育所の相違を生み出すこととなった。母性重視の思想は，乳児たちを家庭でケアす

ることを最善のものと見なしたが,母親の就労を必須とする貧困家庭では,早期からの親以外のケアが必要となる。保育所において乳児の受入れが求められるが,家庭で母親が養育することが可能な中流以上の子どもたちの通う幼稚園では,乳児の保育は求められない。このような相違が,幼稚園と保育所の子どもの受け入れ年齢構成の違いも生み出すこととなった。

20世紀初めから就学前の子どもたちが福祉行政のもとにあるドイツに対して,近年,イギリスや多くのヨーロッパ諸国では,教育行政のもとに統一されるようになっている。すべての子どもに保育を保障することがどのようにすれば可能か,日本でのさらなる議論が求められている。 (小玉亮子)

[文献] 小玉亮子 2011；宍戸健夫 2014

義務教育

戦後,新制中学校が義務教育となり(1947年),すべての子どもに9年間の普通教育を保障する新たな義務教育制度が発足した。そのために,6・3・3制の単線型学校体系と学区制度が整備され,就学援助制度(1956年)や義務教育費国庫負担制度(1958年),教科書無償制度(1963年)など,義務教育を財政的に支える制度が導入された。また,学習指導要領と教科書検定によって,教育内容が全国的に統一された。このように高度成長期までの政策は,国家の責任と統制を拡充・強化して,均一な義務教育を実現しようとしてきた。

しかし,1970年代後半になると福祉国家が批判され,国家による公教育拡充政策が見直されるようになる。そうしたなか,臨時教育審議会(1984〜87年)は,従来の教育を画一的・閉鎖的と批判し,個性の尊重や自己責任といった「個性重視の原則」にもとづき,公教育の自由化・市場化を進める「新自由主義」改革を提起した。同審議会が打ち出した改革は,修正を加えられながらも具体化され,これまで次のような改革が進められてきた。

第1は,学校5日制や学習指導要領の最低基準化によって,学校の「スリム化」を進めながら,道徳教育を強化することである。第2は,規制緩和や民間活力・競争原理の導入による学校の多様化・複線化と選択の拡大であり,小中一貫教育や中高一貫教育,学校選択制,特色ある学校作り,教育特区,株式会社による学校設置などが実施されている。第3は,地方分権と住民参加および評価による教育行政と学校運営の「構造改革」であり,国が目標を設定し,自治体と学校がそれを実行し,その成果を国が評価する体制づくりが進められている。教育振興基本計画,教育委員会改革,義務教育費国庫負担制度改革,学校評議員,コミュニティ・スクール,全国学力テスト,学校評価,教員評価などがその一環として位置づけられている。 (広井多鶴子)

[文献] 佐貫浩・世取山洋介編著 2008；藤田英典 2005；藤田英典・大桃敏行編著 2010

PTA

PTA([英]parent-teacher association)は小中高校の保護者と教員を構成員とする社会教育団体である。その主な目的は,一つには家庭と学校の連携および学校教育への支援・協力であり,もう一つは会員の学習・教育と親睦である。PTAは学校単位の組織だが,市町村ごと,都道府県ごとに連合体が結成されており,全国レベルの組織として「日本PTA全国協議会」がある。同協議会は例年保護者を対象に「子どもとメディアに関する意識調査」を行っているが,そのなかの「子どもに見せたくないテレビ番組」という調査項目は,

一般によく知られている。

　PTAをめぐっては，近年次のような問題が指摘されている。一つは，PTAへの加入は本来任意であるはずだが，子どもが入学すると保護者が自動的に加入する仕組みになっているPTAが多いことである。そのため，活動が半ば義務的・強制的なものになり，役員の選出に困難をきたし，一部の保護者に負担が集中しがちになる。こうしたなか，東京都杉並区立和田中学校の取り組みが注目されている。同校はPTAから教員が脱会して保護者の会となることによって，活動を学校への支援に限定した。同校の他にも，入会・退会を自由化したり，委員会などの活動をボランティアやサークルにしたりするPTAが近年登場している。

　もう一つの問題はPTAと学校との関係である。PTAは学校と家庭の連携を目的としながらも，多くのPTAが学校の管理・運営や人事には干渉しないと規定で定めている。そのためPTAは学校の運営には関与せず，学校や行政の下請け機関のようになってきた。しかし，2000年に保護者や地域住民による学校評議員制度が設けられ，2004年に導入されたコミュニティ・スクール（地域運営学校）では，PTA役員が「学校運営協議会」に出席し，学校の運営などについて意見を述べることができるようになった。そうしたなか，PTAとして学校運営にどうかかわるかが課題となっている。　　　　　　　　（広井多鶴子）

[文献]　川端裕人2008；PTA史研究会2004

良妻賢母主義

　狭義には戦前日本の女子教育理念をさす。ただ良妻賢母を「男は仕事，女は家事・育児」という近代的な性別役割分業観にねざす女性像ととらえれば，良妻賢母主義は戦前日本に限らず，近代社会に特有な女子教育理念ということができる。

　良妻賢母主義思想が日本において本格的に登場してきたのは1890年代である。そこでは，子どもを育て教育する母役割や，家事を担い夫の内助を果たす妻役割が強調され，そのための女子中等教育の必要性が主張された。しかもこれらの家庭内役割が，単に家庭にとってだけでなく，国家の発展にとっても重要な意義をもつと価値づけられたことが，良妻賢母主義思想の大きな特徴である。このような主張が登場することによって，1899年（明治32）の高等女学校令の公布，高等女学校の設置がもたらされ，それまでさほど顧みられることのなかった女子中等教育が普及することとなった。しかし他方で，良妻賢母の育成という教育目標は，高等女学校における普通教育の軽視，高等教育機会の制限を生み出してもいる。その結果，戦前においては，中等教育段階以降における男女別学体制が維持され，制度として女性は男性よりも低水準の教育に甘んじなければならなかった。なお，このような良妻賢母主義思想は，20世紀に入ると日本から輸入された女子教育理念として中国や朝鮮へと広まり，賢妻良母（中国），賢母良妻（朝鮮）という言葉が誕生している。

　戦後教育改革によって教育制度上の男女差別は改善されたが，良妻賢母という女性規範やそのための教育は存続していった。というのも，戦前において実際に家庭内役割だけに従事できる女性は中間層以上に限られていたのに対して，戦後社会では女性の主婦化が進行し，良妻賢母規範を受容する人びとが増加していったからである。そういう意味で，今なおジェンダーによる教育の相違は解決すべき課題として存在していると言えるだろう。
　　　　　　　　　　　　　　　　　（小山静子）

[文献]　小山静子1991，2009

性教育

　18世紀, イギリスとスイスで子どものマスターベーションを憂慮し, 万病のもとであり死に到る病として恐怖心をあおる予防のための教導書があいついで刊行された。匿名著者による『オナニア』とティソー (S. A. Tissot) による『オナニスム』がそれである。この他愛のない愉しみを国家や人類をも滅ぼしかねない大罪として指弾する前代未聞の奇書は瞬く間に版を重ね, ルソー (J.-J. Rousseau) らの讚辞をも得ながら, やがて性科学と性教育と呼ばれる知と実践の契機となっていく。性を浪費させることなく, 欲望を望ましい家族生活へと秩序づけること。性は歴史上はじめて人口という形をとって政治の問題として浮上してきたのである。

　マルサス (T. R. Malthus) はその『人口論』(1798年) において, 食糧増産が幾何級数的な人口増加に追いつかず貧困を出来すると危機感を表明し, いかに出産を抑制するかに解決の糸口を見出す。他方, 19世紀以降, フランスなど人口が伸び悩む国々はむしろ人口増加を企図し, 出産を奨励し, 多産家族の理想化を図る。あるいは20世紀に台頭した優生学の考え方を受け入れ, 人口の質を問題にし, 遺伝的障害, 性感染症をもつ者の子孫を残さないという断種も敢行された。性教育はその背景にある人口問題の認識のされ方によって, 避妊に関する知識の普及をめざすバース・コントロールから, 「産めよ殖やせよ」の出産報国まで幅があるものとして理解される必要がある。

　人口認識によって立場が異なる性教育は, それぞれが理想とする家族像においても違いを見せるが, 性教育の出現それ自体が示しているのは, 家族の機能が人口の再生産に矮小化されてきたということにほかならない。その矛盾は, 出産と育児がもっぱら女の役割として前提とされ, 性別役割分業の形をとって現れてきたことに見られる。　　　(白水浩信)

[文献] 荻野美穂2008 ; 澁谷知美2013 ; 白水浩信2004

不登校

　今日不登校は, 一般に, 経済的理由や病気以外の理由で, 小中高校生が長期にわたって学校を欠席する現象を指す。1980年代は「登校拒否」と言われ, その増加が大きな社会問題となったが, 1990年代に入ると, 「不登校」という語が用いられるようになる。そうしたなか, 文部省 (当時) は, 1991年の「学校基本調査」から長期欠席の範囲を年間50日以上から30日以上へと変更し, 1998年から長期欠席の分類項目を従来の「学校ぎらい」から「不登校」に改めた。その前提には, 特定の家族関係が生み出す病理 (登校拒否) から, 「どの子にも起こり得る」社会現象 (不登校) へという認識の転換がある。だが, 不登校を子どもの側の問題として捉える点では従来と変わらない。それに対し近年, 不登校を社会が構築した問題として把握し, 不登校問題の生成過程を分析する研究や, 学校による子どもの排除という観点からの分析など, 不登校という問題を捉え直す研究が進められている。　　　(広井多鶴子)

[文献] 加藤美帆2012 ; 滝川一廣2012

いじめ

　1980年代半ばから, 児童生徒間の暴力や仲間はずれなどの行為が「いじめ」として捉えられるようになった。なかでも, 東京都中野

区中学生いじめ自殺事件（1986年），山形県のマット死事件（1993年），愛知県西尾市中学生いじめ自殺事件（1994年）は，いじめ問題の重大さを社会に印象づけた。その後，2006年にはいじめ自殺事件を契機に，文部科学省の統計の取り方が問題にされ，2012年の滋賀県大津市の事件では，教育委員会の対応が批判された。このようにいじめが繰り返し社会問題になるなかで，2013年には「いじめ防止対策推進法」が制定され，いじめは他の児童の「心理的又は物理的な影響を与える行為」によって，児童が「心身の苦痛を感じているもの」と規定された。同法に対しては，被害児童の意向を尊重するものという評価がある一方，いじめの範囲を拡大し，子どもの友人関係上の種々の問題をいじめとして捉えることによって，子どもへの規範的な統制を強めるものであるといった批判がある。

（広井多鶴子）

[文献] 伊藤茂樹編著 2007

教育権

民法820条は，「子の利益のために」行われる「監護」と「教育」が親権者の権利であり，義務であると定め，「親の教育権」を承認している。一方，憲法26条は，すべての国民に「教育を受ける権利」を保障するとともに，子どもの親権者に対して子どもに「教育を受けさせる義務」を課した。親が子に対して教育を行うことは，子に対する義務であり，国家あるいは社会に対する義務でもある。よって国家は親に対してその子に対して教育を受けさせるよう請求することができる（「国の教育権」）。1970年代に入り，教科書検定訴訟や旭川学力テスト判決等で，子どもの学習権を中軸にすえた解釈が示されたことを契機に，「国の教育権」に対抗する「親の教育権」が強く主張されるようになったとされる。最近では，教育の私事性を重視する立場と教育の公共性を重視する立場の対立に対して，学校という場を「個と公共性」の結び合う場として考える立場なども示されている。

（小口恵巳子）

[文献] 大村敦志 2010；中川良延 1964；堀尾輝久 2002

ホームスクール

学校に通学せず，家庭で学習するオールタナティブ（代替的）教育の仕組みのこと。アメリカでは1980年代頃からイリイチ（I. Illich）などの脱学校論の影響を受け，論争の的となりつつも全州において合法とされている。世界人権宣言（1948年）では「親は子に与える教育の種類を選択する優先的権利を有する」とされ，国連子どもの権利条約（1994年）でも，子どもの能力と発達に関する親の指示と指導を尊重することとされている。日本では不登校の子どもへの学習支援の視点から特に1990年代以降にNPO法人東京シューレなどによって提唱・実践されてきた。ホームスクールには学力や社会性を身につけさせることができるのだろうかという懸念や経費等に関する課題があるが，例えばいじめ等によって登校が難しくなった子どもに通学を強制し更なる苦痛を与えるのではなく，ホームスクールという代替的方法を活用することが社会的にも徐々に認知されるようになってきている。

（河合 務）

[文献] 東京シューレ 2006

学校給食

日本の義務教育諸学校における学校給食

は，1954年制定の学校給食法によって，教育の一環として位置づけられた。しかし学校給食の実施は義務ではないため，自治体によって献立内容，食材調達方法，調理方式，調理員の身分，費用等に大きな違いがあるだけでなく，そもそも学校給食を実施するかどうかの違いが存在する（2013年現在の完全給食実施率は小学校98.4%，中学校80.1%であり，公立中学校において都道府県間の格差が大きい）。アメリカの国家的食糧戦略を背景にして日本の食の洋風化を牽引した学校給食だが，近年は米飯主食の和食献立，郷土食を取り入れた献立や，地場産物の使用を通して食育に力を入れている。食育基本法の制定や栄養教諭制度創設を受けて，学校給食法も2008年改定された。しかしいわゆる「変な給食」が各地で見られたり，食物アレルギー児童の死亡事故，2011年の原発事故以降は食材の放射能汚染が問題になったりと，学校給食はさまざまな課題を抱えている。 （吉長真子）

[文献] 牧下圭貴 2013；幕内秀夫 2009

家族と啓蒙（家族への教育）

I 家政と国家統治

近代市民社会が成立する緒にあって，主権とは何かを軸に国家論を展開しようとしたボダン（J. Bodin）は，国家統治の具体的モデルを家長による家政に求め次のように述べている。「家族はすべての国家の真の源泉であり，起源であり，その主たる構成要素である」。「よく導かれた家族は国家の真の似姿（image）である」[『国家論』1583年]。ボダンにとって家政（œconomie）と国家統治（police）を区別することは，家のない町を築くような内実を欠く絵空事であって，家政と国家統治は緊密に結びついた一体の学問として論じられなければならなかった。家族をよく導くことなしには，国家を統治することはできないというわけである。

ここで注意が必要なのは，economy（=œconomie）とはもともとギリシア語の家，oikos（オイコス）をきりもりする知や技術の総体，家政論のことを指していた。ボダンもこの伝統的な用法にのっとっている。しかし18世紀には次第にpolitical-economy（政治経済）という造語が現れ，国家の財貨を増殖させる新たな知として家政論から独立し，やがて単に経済学（economics）と呼ばれるにいたる。こうしてボダンのような国家統治を家政になぞらえることは時代錯誤の不用意なアナロジーでしかなくなり，家政論から国家統治論が出来するにいたった歴史的経緯も忘れ去られていくことになる。しかしそれは歴史の表層に過ぎず，むしろ家族と国家統治の結び付きは近代以降ますます顕著になる。ただし家族は国家統治のモデルではもはやない。むしろ家族は統治の客体であり，家族を啓蒙することによって，統治権力はその作用を末端に生きる人々にまで浸透させようとしてきたと言える。

II 家族のポリス

ドンズロ（J. Donzelot）『家族に介入する社会』（原題：家族のポリス）に「家族は社会的なものの女王である」と述べられているように，まさに家族は統治権力の支点でもあり作用点でもあるような仕方で組織されていった。フランスの哲学者アルチュセール（L. Althusser）は近代以降，〈学校─家族〉という組み合わせが〈教会─家族〉という組み合

わせに取って代わり，支配的な国家のイデオロギー装置として機能するようになったと指摘する。公教育制度によって裏づけられた学校は，国民に教育を受ける権利を保障する施設である以前に，「国民」を創出する国家の再生産装置であったことは否定できない。他方，家族もまた家族的慣行（ハビトゥス）を繰り返し確認することによって，家族関係の醸し出す情緒的基層のうちに国民的エートスを築き上げていく。就学に対する義務観念や学校的諸価値でさえ，家族が子どもたちを学校へと不断に送り出すことのなかで，自明なものとして繰りかえし確認されていくのである。就学率の上昇曲線は家族に学校的諸価値を承認させるプロセスを反映したものであり，〈学校―家族〉という対が国家のイデオロギー装置として機能していく軌跡にほかならない。

家族をいかに啓蒙するか，そのことが近代国家統治の課題として具体的な形で自覚されてきたのは，17〜18世紀頃まで遡り得る近代ポリス論においてである。近代ポリス論もまた家政を国家統治のモデルと位置づける伝統的思考の影響下にあった。その草分けの一人，ドラマール（N. Delamare）は「家族は独立した小国家あるいは小政府である」と家族への讃辞を惜しまず，よきポリスの本質は親子関係のうちに自ずと示されていると述べている［*Traité de la police*, 1722年］。しかしこのようにポリスはよく治められた家族を国家の理想像として掲げる一方，翻って家族の無秩序を指弾する。18世紀フランスでは放蕩息子や身もちの悪い妻や娘，酒浸りの父親など家族秩序をかき乱す厄介者たちをポリスが封印令状によって収監することも辞さなかった。それから1世紀後，ヘーゲル（G. W. F. Hegel）もまたポリスを論じるにあたって，市民社会こそは「普遍的家族」であり，その構成員はまさに「市民社会の息子」であると，あいかわらず家族をモデルにした社会観に立脚しつつ，親が子を導くように，市民社会全体の利益に配慮し，社会の枠をはみ出していく者を幸福へと導いていくことはポリスの使命であると位置づけている［ヘーゲル『法哲学綱要』］。

明治維新の日本でも，「其の国を治めんと欲する者は，先ず其の家を齊う」という『大学』の一節に馴染んでいたこともあってか，西欧の近代ポリス論をいち早く受容した行政実務家たちの直感は，こうした家族主義的国家観に大いに共鳴することになった。フランスに倣い，日本の警察（ポリス）制度の礎を築いた川路利良は，「政府は父母なり，人民は子なり」として，まだ幼児に過ぎない民衆に自由を許すべき時ではなく，警察が子守りのごとく先回りして世話をしなければならないという趣旨の訓示を述べている。また内務省衛生局の官吏であった後藤新平は，「衛生警察」という新奇な概念を用いて社会体の健康を警察の究極目標に据えながら，そのために必要な知識を養成する，すなわち啓蒙を警察の使命と見なしていた。戦前の国家統治の実権を握り，牧民官を自認するこうした内務官僚の戦略をたどると，頑迷な民衆を近代的統治に慣らすべく家族という規範を宣撫しながら，不断に啓蒙活動を展開した様子がうかがえる。こうした家族啓蒙の思想は，教育基本法において家庭教育条項（第10条）として露骨な形で書き込まれることになる。

III 家族の勝利の陰

アリエス（P. Ariès）は『〈子供〉の誕生』の末尾で「勝利を収めたのは個人主義なのではなく，家族なのである」と述べる。確かに，自立した個人を構成員とする近代市民社会像とは裏腹に，近代における社会統治の基本的単位は家族であり，とりわけ自閉化した情緒性の巣としての核家族であった。しかし現在はもとより，過去にさかのぼってみても，近代情愛家族は理念型としてのみ想定されるに過ぎない。言い換えれば，性別役割分担を前提とした特異な夫婦関係，そこに立脚することで辛うじて支えられる親子の親密性は，家

族の啓蒙によって規範化されたフィクションであった。フロイト（S. Freud）のエディプス・コンプレックス論に典型的に見られるように，この家族フィクションはやがて非歴史化され，あたかも普遍的であるかのように錯覚されていく。しかし実際には，家族生活における理想と現実は懸隔があり，この差異こそが家族ハビトゥスを強迫的に追求させ，家族をまっとうに営まないものを異分子として排斥する。そのプロフィールの最たるものが非行である。非行少年とはまず「保護者の正当な監督に服しない性癖」があり，「正当な理由がなく家庭に寄り附かない」者を指すのである（少年法）。　　　　　　　　（白水浩信）

[文献] アリエス，P. 1980（1960）；アルチュセール，L. 2005（1995）；沢山美果子 2013；白水浩信 2004；ドンズロ，J. 1991（1977）；成瀬治 1984

生活改善運動

第1次世界大戦後の日本では，近代的な性別役割分業によって妻が家内領域を管理する新中間層の家族が登場し，従来の家族や共同体のなかで伝えられてきた家事・育児の方法ではない，新しい生活のあり方を求める動きが生み出された。それに伴い，新たに創刊された女性雑誌は家事や育児に関する生活実用記事を売り物にして発行部数を伸ばしたほか，論説中心の雑誌は家庭改良，生活改善に関する論説を掲載し，従来の生活のあり方を問題視する世論をリードした。また新聞社や百貨店，電鉄会社，そして各種団体によって，家庭における日常生活に焦点を当てた博覧会・展覧会が開催されて人気を博した。

1917～18年に物価騰貴に伴う生活難が新中間層を襲うと，これを契機に内務省・文部省を中心とする政府は公設市場の設置などの社会行政を展開したが，さらに節約・倹約や副業を奨励する訓令・通牒，展覧会の開催を通して日常生活の細部にわたる改善点を指示した。こうして生活のあり方が政治課題としても取り上げられることとなったが，その過程で生活改善は節約・倹約という視点にとどまらず，生活の合理化や家事の科学化へ，そしてそれを国家の発展に関連づける視点へと変化した。その中心となったのが文部省社会教育課であり，運動の推進のために文部省の外郭団体として生活改善同盟会が1920年設立された。こうして生活改善運動は官民あげての運動となったが，そのなかで女性（新中間層の主婦）が社会教育行政の対象として把握されたこと，および生活改善同盟会の役員・調査委員や講習会の講師などとして女性が指導的立場で活躍するようになったことが特筆される。

なお，上記の都市を中心とした生活改善運動とは別に，1930年代には農村経済更生運動を通じて農村にも生活改善が広がった。また生活に関わる第2次世界大戦後の政策・運動は，農林省の生活改良（生活改善）普及事業と，新生活運動協会による新生活運動に代表される。　　　　　　　　（吉長真子）

[文献] 大門正克編著 2012；小山静子 1999；田中宣一編著 2011

民生委員

社会福祉の精神をもって住民の相談に応じ，必要な援助や情報提供を行い，また福祉事務所等関係行政機関の業務に協力するなどして地域福祉を担う民生委員は，民生委員法にもとづいて厚生労働大臣から委嘱される，非常勤の地方公務員である。任期は3年であり，児童福祉法に定める児童委員を兼ねるため，正確には民生委員・児童委員と呼称される（1994年より主任児童委員設置）。全国で

約23万人が委嘱されているが，給与の支給はなく，ボランティアとして活動を行っている。前身の方面委員制度の時代から，母子保護の仕事は女性に適したものとして少数ながら女性も委員に委嘱されていたが，戦後民生委員制度に移行して後は厚生省の奨励もあり，改選ごとに女性委員が増加した。女性民生委員・児童委員の自主的活動を代表するものに，1970年代に全国展開した「丈夫な子どもを育てる母親運動」がある。その後1995年に男女の割合が逆転し，2013年現在女性委員が6割を占めている。

（吉長真子）

[文献] 全国民生委員児童委員協議会編 1988

親教育

親教育（[英] parent education, parental training）は，そもそも欧米の心理学をもとにして親役割を効果的に果たすことができるようにする教育プログラムである。親教育のプログラムとして最も早く日本に導入されたのは，ゴードン（T. Gordon）のPET（Parent Effectiveness Training）である。近藤千恵は1977年にゴードンの著書を『親業』と題して翻訳出版し，1980年に親業訓練協会を設立した。1980年代にはアドラー（A. Adler）心理学にもとづくSTEP（Systematic Training for Effective Parenting）が導入され，近年では，クレアリー（E. Crary）のスター・ペアレンティングが紹介されている。これらは主に中産階級や一般の母親を対象としたプログラムだが，カナダ政府が1980年代に開発したNobody's Perfectは，収入や教育レベルが低く若く孤立した母親を対象としたプログラムである。日本ではカナダ保健省の公認を得たNobody's Perfect-Japanが，講座の開催やファシリテーターの養成を行っている。

これらの親教育プログラムは，それぞれ観点や方法は異なるが，総じて，親が親になるにはそのためのトレーニングが必要であり，子どもの問題の原因は子どもにあるのではなく親の側にあるという認識が前提となっている。したがって，子どもの発達成長についての正しい知識を得て，子どもをよく育てることが直接的な目的なのではなく，親自身が子どもに対する自分の言動や態度，発想を見直すことによって，自らを変えていくことがプログラムの目的となっている。こうした親教育はこれまでNPOなどの民間団体が進めてきたが，「家庭機能の低下」といった危機感にもとづき，近年，いくつかの自治体が親教育を行っている。自治体の親教育プログラムは，特定の心理学理論にもとづくものとは限らないが，子どもの成長・発達に関する知識の習得に重点を置く従来の家庭教育学級等とは異なり，親のあり方を考えるプログラムという意味で，広義の親教育と捉えられる。

（広井多鶴子）

[文献] キャタノ，J. W. 2002（1997）；ゴードン，T. 1977（1970）

予防接種

予防接種はこれまで疾病の流行防止に成果をあげ，感染症対策上重要な役割を果たしてきた。日本では予防接種は予防接種法（1948年）にもとづいて実施されており，接種可能なワクチンは23種（2012年現在）に及ぶ。接種方法は定期接種と臨時接種に分類され，さらに前者は①集団予防を目的とする「一類疾病」（風疹・麻疹等）と，②個人予防を目的とする「二類疾病」（インフルエンザ等）に分けられ，①には個人の努力義務が課される。近年は麻疹風疹ワクチンの2回目接種の導入や新型インフルエンザ発生に伴う臨時接種，不活化ポリオワクチン導入の公的助成が行われ

ており，また予防接種の副作用による健康被害の救済についても制度化が進んでいる。

(島野裕子)

[文献] 厚生統計協会 2012

乳幼児健診

1965年に制定された母子保健法にもとづく事業であり，①満1歳6ヵ月を超え満2歳に達しない幼児，②満3歳を超え満4歳に達しない幼児を対象とする健康診査が市町村に義務づけられているほか，必要に応じて，妊産婦や乳幼児を対象とする健康診査の実施や勧奨を行うこととされている。終戦後の混乱期における公衆衛生上の課題（感染症，乳児死亡率，栄養状態，等）が徐々に改善されたことを受けて，障害の早期発見と対応へと重点が移され，健診後における心理相談や，医療機関への橋渡しの事業が拡充されてきた。一方で，早期から子どもの障害の可能性を突きつけて親に混乱を与えることへの懸念を中心に健診のあり方が盛んに議論されてきている。また，育児中の親が子どもに対して抱えるさまざまな心配事に具体的に対応する場が希求されており，医師・保健師・保育士らを中心とする発達支援システムのいっそうの充実が課題となっている。

(河合　務)

[文献] 田丸尚美 2010；母子保健推進研究会 2008

家族ドラマ

小説，雑誌，演劇，映画，テレビなどの形態やメディアにおいて展開される物語（ストーリー）や演劇（ドラマ）のうち，とりわけ家族を題材としたもの。製作者や読者・観客にとって身近であるうえに郷愁や憧れを呼び起こしやすく，また現在の家族を考える契機となりやすいため戦前戦後を通じて人気が高い。

明治期の代表的マスメディアの一つである総合雑誌において明治20年代後半から家族の改革・改良が盛んに論じられた際に，新しい理想的な家族を表すタームが「家庭」「ホーム」であり『家庭雑誌』『日本乃家庭』『家庭之友』などの家庭ジャーナリズムが登場し，各新聞が家庭欄を掲載するようになった。また，この時期に徳富蘆花（『不如帰』）や田口菊汀（『伯爵夫人』）など家庭小説と呼ばれるジャンルが確立され，一家団欒を楽しむ理想の家族だけでなく，現実の家族が孕んでいる不和・別離・確執などの問題を取り上げている。これらをベースとして，1910年代以降徐々に家族を題材とした映画が撮られるようになり，家族内に起こる波乱や感情の行き違いを悲劇的に描きながら挿入音楽とともに感傷を誘う技法が洗練されていった。また，1920年代以降には菊池寛原作ものを映画化した恋愛映画や，都市に住むホワイトカラー層の生活を描いたサラリーマン喜劇も登場した。悲劇調と喜劇調を組み合わせながら，職場関係におけるサラリーマンの生活と，家庭や親子関係における父親像とを対比的に描写する技法は小津安二郎作品（『東京の合唱』『生まれてはみたけれど』など）によく現れている。戦後の「ホームドラマ」はまず映画において，続いて1960年代に大きく普及したテレビにおいて人気を獲得し，『サザエさん』などのテレビアニメも長く親しまれている。また，映画では，高度成長以前の家族や地域共同体への郷愁から渥美清主演の『男はつらいよ』（全48作）が高い支持を受けた。

(河合　務)

[文献] 岩本憲児 2007；坂本佳鶴恵 1997

家族計画運動／出産奨励運動

　家族計画運動とは，夫婦が子どもの数と出産間隔を計画的に決定することを支援する運動であり，家族の福祉，特に母子の健康を保護するという微視的（ミクロ）な側面と出生数を調整することで人口規模を調整しようとする巨視的（マクロ）な側面を合わせもつ。これに対し，出産奨励運動は人口規模を増大させ軍事力や労働力を確保することによって国力の増強を目指すというマクロな側面を強調する運動であり，第2次世界大戦期日本の「産めよ殖やせよ」政策もこれに相当する。家族計画運動の歴史的背景には，マルサス（T. R. Malthus）が『人口論』（1798年）で提唱した禁欲と晩婚という方法を批判し，避妊法を中心とする産児調節を普及させようとした新マルサス主義の運動があるが，19世紀から20世紀に出生率の低下を経験したヨーロッパ諸国のうち，とりわけフランスでは出産奨励運動が高揚し，マスメディアや学校で少子家族への非難と多子家族の賛美が行われた。

（河合 務）

[文献] 荻野美穂 2008；クニビレール，Y.・フーケ，C. 1994（1977）

家庭訪問

　個別に各家庭を訪問して家族の様子を確認し，生活状態の改善を促す取り組みは，19世紀のヨーロッパにおいて貧困家庭の扶助および規律化，衛生状態や教育の改善を目的として行われた。19世紀のフランスでは貧困家庭への扶助を行うための法律が定められ，そのなかでは医師，産婆，慈善事業に携わる修道女などと並んで学校教師も恒常的に協力すべきであるとされ，また各家庭の状況をできる限り詳細に把握すべく家庭訪問調査員の職が設けられた。家庭が調査・改善の対象とされたのは，家庭こそが貧困や疾病，無秩序の真の原因と考えられたからであり，家庭が規律化のための〈イデオロギー装置〉と見なされたからである。子どもの教育は親の道徳性の指標と考えられ，子どもに教育を受けさせることが奨励されたが，それは逆説的にも「子どもによって文明を家庭に浸透させる」ためでもあり，学校で学んだ子どもが親の見本となって家庭を規律化することが目指された。

　現代の日本における家庭訪問は，「乳児家庭全戸訪問事業」（各地方自治体によって実施される）や母子保健法による養育環境の把握，子育て支援に関する情報提供や妊娠・出産・育児に関する相談，指導・助言などを目的としたもの，児童虐待防止法にもとづく出頭要求・立入検査の前の任意調査として児童相談所によって行われるもの，学校の教師が児童・生徒の家庭を訪問して行うものなど，医療・福祉・教育など各分野において行われている。このうち学校教育との関連で行われる家庭訪問は，学級担任が学年の始めなどに定期的に各家庭を訪問して生活環境などを把握するもの，不登校や反社会的行動などによって登校できない，もしくは登校しない児童・生徒の家庭を学校の教師が臨時に訪問するもの，教育委員会の委嘱を受けた家庭訪問相談員などが不登校や引きこもりの児童・生徒の家庭を訪問するものなどがある。

（柴田賢一）

[文献] 阪上孝 1999；ドンズロ，J. 1991（1977）

治安と家族

　フランス，アンシャン・レジーム期には，封印令状と呼ばれる秘密裏の拘禁措置を定め

る令状が存在した。王権の切り札として政治犯，思想犯の収監を命じる場合もあったが，封印令状の主な対象は家族内の紛争であり，裁判に訴えて家族の醜聞が公然となるのを避け，家族の厄介者を隔離し，処罰と矯正を断行するものであった。血気盛んな若者，手に負えない放蕩者，不釣り合いな結婚といったごく瑣細な事案が家族の請願によって持ち込まれ，今日の警察の起源であるポリスがその処理にあたっていた。こうした慣行はやがてフランス民法典（1804 年）に親権規定として盛り込まれ，明治期に制定された日本の民法にも引き継がれる。親権者はその子を懲戒場に入れることができるとする規定はその典型であり，戦後も空文化しながら 2011 年まで廃止されるには到らなかった。

家族は治安の結節点を構成しており，とりわけ少年非行にとって顕著である。現行少年法において，罪を犯すおそれのある少年（虞犯少年）の構成要件には，「保護者の正当な監督に服しない性癖のあること」，「正当な理由がなく家庭に寄り附かないこと」が含まれる。親権に服すことを子の義務として定め，そのことから逸脱した少年を非行少年として処遇するという思想は戦前の感化法や旧民法の規定から受け継がれたものである。そして感化・矯正の手法もまた疑似家族的関係の構築に依るところが大きく，国親思想（パレンス・パトリエ）と呼ばれる。家族秩序から逸脱したものを感化・矯正施設に収容し，疑似家族的関係のうちに処遇することで再教育し，家族へと差し戻す。少年非行の矯正サイクルにあって，家族は学校や少年院など他の規律施設の間を中継する交換機でもあり，その試金石でさえある。親権剝奪／停止といった家族の破綻に見えるような措置でさえ，機能としての家族関係はむしろ理想化され，強化されていくのである。

（白水浩信）

[文献] 阪上孝 1999；森田明 2005

第7章

労働と家族

労働／社会／家族

I 概説

家族研究において、家族制度は全体社会のあり方と相関的に捉えられてきた。なかでも当該社会の経済あるいは生産関係の特徴が制度としての家族の構造や機能を規定するという見方は、ル・プレー (F. Le Play) の家族論やマルクス主義的家族論をはじめ、社会科学における家族の理解において一般的であった。社会における生産活動は、生産過程における労働のあり方および労働から得られる対価の分配に関わる。また、家族は生産や消費といった生活の基盤を構成し、労働力の再生産を担う制度としての側面を有する。その限りで、労働や生産のあり方の変化が家族の変化を促すという視点が家族研究において採用されたことは、驚くべきことではない。

しかしこのように労働と家族の変化を関連づけようとする視点は、20世紀の家族研究においては一時的に後景に退いていた。1940年代から60年代にかけて、社会学を中心に、近代化と家族との関係を機能主義的な視点から論じる潮流が台頭した。よく知られる社会学者タルコット・パーソンズ (T. Parsons) らによる構造-機能主義アプローチは、近代社会における産業化によって、伝統的な拡大家族はその優位性を失い、夫と妻の性別役割分業を内包した核家族、男性単独稼得モデルに依拠した家族が、産業システムに対して適合的になると論じた。こうした家族モデルは、1970年代以降のフェミニズムや近代家族論などの登場とともに鋭く批判され、今日ではその妥当性は疑われているが、家族を小集団として捉える家族研究において、こうしたモデルが長く前提に置かれてきたことは否定できない。

過去半世紀ほどにわたる、グローバル化の進展を背景にした先進諸国における社会経済状況の変化は、近代家族を取り巻く環境を大きく様変わりさせるとともに、労働、家族、社会のあり方を相関的に捉えるという従来の視点のルネッサンスとも言うべき状況を生み出した。近代家族の展開過程における賃金労働と家事労働との関係性については他項に委ね（→近代家族と労働）、以下ではより広い観点から、こうした状況を概観する。

II 労働と家族の関係の変化

工業化の進展と産業構造の変化は、家族における労働のあり方に大きな変化をもたらしたが、特にわが国の労働と家族の関係を論じる上では、企業社会という視点が不可欠である。高度経済成長の時期を通じて形成された企業社会としての日本社会は、性別役割分業を内包した家族と企業社会の独特な相互依存関係によって特徴づけられるものであった。

企業社会化の過程とは、「男性単独稼得モデル」が広範な階層の家族に普及する過程でもあった。大量の労働力が第2次、第3次産業に移動するなかで多くの新しい生殖家族が形成されていく時期に、「皆婚社会」と呼ばれるような高い婚姻率と出生力の低下が達成されたことは、男性単独稼得モデルが短期間に普及する推進力となった。夫あるいは父に稼得役割を、妻あるいは母親にケア役割を割り当てるこの家族モデルは、企業の要請によって生じる長時間の残業や頻繁な転勤なども厭わない、企業の論理に適合的な家族を産みだしていった。企業社会と家族との良好な関係は、安定的な経済成長が少なくとも経済面では安定的な家族の福利の維持を可能にしたことによって支えられたと言える。

低成長経済への移行とともに，企業社会と男性単独稼得モデルに従う家族との蜜月関係は終わりを告げる。実質賃金の伸びの鈍化は，パート就労中心ではあるが有配偶女性の就労を促進し，家族内のジェンダー関係に一定の変化をもたらした。

経済におけるこうした構造変動は，労働と家族との関係を変容させてきた（1990年代以降の労働の非正規化の影響については別項で論じる。→労働の非正規化と家族）。しかし，わが国において働き盛り世代の男性の労働時間が今日なお長いことが示唆するように，労働慣行における企業社会的な特徴は，大きく変わったわけではない。また，共働きの増大などにもかかわらず，稼得者役割と男性アイデンティティとの強い結びつきはなおも健在である。こうした点は，近代化の過程で成立した労働と家族との関係が変化しにくいことを示唆するが，なぜこうした事態が見られるかを論じるためには，労働と家族を取り巻く他の要因を視野に入れる必要がある。

III 福祉国家・福祉社会と労働，家族

上記のような企業社会と家族との安定的な関係が維持されてきた背景として，さまざまな給付や規制を通じて労働と家族との関係性に影響を与える社会政策に関連する要因を考慮しなければならない。別項で論じられるように（→ケアと家族），人口変動や家族変動を背景にケア労働の重要性が高まるにつれて，ケアと家族との関係に関する関心が高まってきたが，ケアと家族との関係に関わる家族政策もまたこうした社会政策の体系に属する。「日本型福祉社会」論を想起するまでもなく，日本における家族政策は他の先進諸国に比べ相対的に立ち後れてきたと指摘されるが，逆に言えば，そうした社会政策のあり方が企業社会と家族との関係性を規定してきたと見ることもできる。政府による雇用政策や手厚い企業福祉政策は言うまでもなく，家族においてケア労働に従事する女性を相対的に優遇する税制などを含む社会政策の体系は，男性単独稼得モデルに従う家族の安定的な再生産を促進する効果を有したと考えられる。

いわゆる福祉国家化と家族変動との間にある因果関係は一方向的ではないが，近年の研究においては，労働と家族の関係を福祉国家あるいは福祉社会のあり方との関連で捉える視点が重視されてきた。特にエスピン＝アンデルセン（G. Esping-Andersen）に代表される「福祉レジーム」の観点は，家族研究にも大きな示唆を与える。例えば武川正吾は，福祉レジームの視点に依拠しつつ，家族が関わる労働力の「再生産レジーム」に対して，福祉国家が与える「（脱）ジェンダー化」という影響を重視している。

わが国における近年の動向を見れば，家族の個人化や，共働き世帯の増大などを背景として，例えば年金における第3号被保険者制度の見直しのように，家族の「脱ジェンダー化」を促進するような社会政策上の変化が進んでいる。例えば2000年代以降の介護をめぐる政策の進展は，家族におけるケアを「脱ジェンダー化」する効果を一定程度もったと考えられる。しかしこうした動向とは逆に，グローバル化の進展を背景に，肥大化した福祉国家の財政的危機と，経済と政治における新自由主義の進展に後押しされる形で，家族や地域によるケアの重要性を再評価する動向もまた存在する。これからの労働と家族の関係のゆくえを考えるうえでは，福祉国家と福祉社会のあり方がどのように変化していくのかが注目される。

（田渕六郎）

[文献] エスピン＝アンデルセン，G. 2000（1999）；鹿野政直 2004；木本喜美子 1995；武川正吾 2007；パーソンズ，T. & ベールズ，R. 1981（1951）

ワークシェアリング

　企業あるいは社会全体において，労働者一人あたりの労働時間と賃金を減らすことによって仕事を分かち合い，就労者数を増やすこと。労働時間の短縮には早期退職制度などによる生涯労働時間の短縮も含まれる。労働時間の短縮と雇用の創出とを結びつけることを意図した労働政策である。失業者の新規雇用増を目指すもの，人員削減の防止を目指すものに区分されるほか，短期的な雇用情勢の改善を目指すものと，多様な働き方を促進することで中長期的なワーク・ライフ・バランスの向上を目指すものとに区分されることもある。

　ワークシェアリングは1970年代以降の低成長と高失業率に悩む欧州諸国で先駆けて導入された。フランスでは1980年代に法定労働時間の短縮が政策課題となり，週あたり労働時間の削減，早期退職制度の導入が進められた。1990年代にはジョスパン内閣の下で35時間労働制の導入が進められ，1998年のオブリー法は，労使間協定にもとづいて労働時間短縮を実施すると同時に新規雇用増または雇用維持を果たした企業に政府が財政支援を行うことを定め，主として大企業労働者におけるワークシェアリングの拡大を進めた。

　オランダでは，1982年のワセナール協定によって労働時間短縮と賃金抑制によるワークシェアリングの道筋が付けられた後，政労使の合意にもとづいてパートタイム雇用の増大を目指すと同時に，パートタイム労働者とフルタイム労働者の均等待遇を進めることを通じて社会規模でのワークシェアリングとワーク・ライフ・バランスの改善が進められた。

　日本でも1990年代以降の雇用情勢の悪化を背景にワークシェアリングへの関心が高まり，2002年には「ワークシェアリングに関する政労使合意」が結ばれたが，パートタイム雇用とフルタイム雇用の格差や，長時間労働問題など，ワークシェアリングの実現に対する障壁が多い。
　　　　　　　　　　　　　　　　（田渕六郎）
[文献] 日本労働研究機構研究所編 2002

男性単独稼得モデル

　近代家族において，世帯のなかで男性のみが稼得役割を担うべきとする規範を指す。「男性は外で働き，女性は家庭を守る」べきとする規範であり，男性稼ぎ主（稼ぎ手）モデル（male breadwinner model）とほぼ同義。稼ぎ手たる夫の賃金で世帯員が扶養可能である場合は妻は賃労働に従事すべきではないとする規範であるが，家庭内の主たるケア提供者（caregiver）役割と，夫の賃金に経済的に依存する地位を妻である女性に割り当てるものでもあるため，近代家族における性別役割分業の中核に位置する観念である。

　男性が家族を扶養する責任を負うとする観念じたいは，家長である男性の権威への恭順が規範化された家父長制的な前近代社会にも見られたと考えられるが，男性単独稼得モデルは，工業化の進展以降に成立した，給与生活者家庭における性別役割分業および労働市場における性別分業の新しいモデルである。

　欧米の歴史研究によれば，男性単独稼得モデルは中産階級に起源をもつが，労働者階級にその規範が定着する過程では「家族賃金」という観念の受容が重要な契機となった。工業化の初期段階では，男性労働者の賃金が妻や子どもの扶養費を含むべきという観念はなく，労働可能なすべての世帯員が就労することが一般的であったが，おおよそ19世紀半ば以降，熟練労働者らは雇用主に対し男性労働者が世帯の全員を扶養できるだけの賃金（家族賃金）の要求を掲げるようになった。こ

れは女性がそうした賃金が得られる労働の場から排除され，家庭役割を与えられるという結果をもたらす。ただし，男性単独稼得モデルの定着後も，実際に夫の収入のみで生活が可能であった層は労働者階級の一部に限られていたことは忘れられるべきではない。

20世紀後半における既婚女性の就労の拡大とともに男性単独稼得モデルはその妥当性を失ったとみる向きもあるが，男性が主たる稼ぎ手であるべきとする規範は依然として強固である。

（田渕六郎）

[文献] 木本喜美子 1995；Seccombe, W. 1993

家族的責任

子どもや，介護や援助が必要な家族に対する責任のこと。家族的責任を有する労働者などの概念で用いられる。ILOが1981年に採択した第156号条約「家族的責任を有する男女労働者の機会及び待遇の均等に関する条約」において用いられたことで知られる。同条約は，1956年採択の「家庭責任をもつ婦人の雇用に関する勧告」に代わるものであり，各国の労働分野における男女共同参画の進展を背景に，家族的責任が女性のみではなくすべての労働者に帰属することを認め，家族的責任を負うか否かにかかわらず労働者のワーク・ライフ・バランスが実現されることを目指したものである。同条約は，家族的責任は女性のみでなく男女が平等に担うべきこと，家族的責任を負う労働者と他の労働者との間に労働機会と待遇の平等を実現すべきことを求めている。

わが国では1972年の「勤労婦人福祉法」で初めて育児休業制度が規定されたが，女性のみを対象とするなど限定的なものであった。日本は1992年の「育児休業法」の施行および1995年の同法の「育児・介護休業法」への改正（これにより介護休業制度が導入された）を踏まえて，同年にILO第156条約を批准した。2009年の育児・介護休業法改正では，父親の育児休業取得や介護休暇制度に関する措置などが盛り込まれ，ワーク・ライフ・バランスの実現に向けた制度整備が続けられている。

こうした制度面での進展にもかかわらず，わが国の現状を見る限り，育児や介護を主として担う者も，そのために退職等を強いられる者も圧倒的に女性に偏っており，依然として家族的責任をめぐる労働分野でのジェンダー平等は実現しているとは言いがたい状況にある。

（田渕六郎）

[文献] 萩原久美子 2008

企業社会

企業の論理が社会内のさまざまな側面で貫徹されるという意味で，企業中心的に編成された社会を指す。企業中心社会と同義。理論的には日本以外の社会にも適用し得る概念であるが，実際には日本社会の特性を記述する概念として，「日本型企業社会」に近い意味で用いられることが多い。

企業社会の概念は，高度経済成長期に形成された日本社会の特徴を反省的に捉える概念として1970年頃から用いられるようになった。終身雇用，年功序列型賃金，企業別労働組合を三本の柱とする日本的雇用慣行は，第2次大戦後の日本経済の持続的成長に支えられ，大企業を中心に定着した。企業の成長が従業員とその家族の安定した生活を保障するという仕組みは，社宅や住居手当などの福利厚生に代表される企業福祉の手厚さと相まって，企業に対して強い忠誠心を保ち，長時間労働や頻繁な転勤など企業の論理に生活を犠牲にすることを厭わない労働者を生みだし

た。こうした労働者と企業との関係は，夫を唯一の稼得者とし，妻が家庭内の役割を全面的に担うという性別役割分業が埋め込まれた近代家族モデルの定着に支えられた。経済の成長が最優先事項とされる当時の社会において，企業の論理は経済のみならず，法律，政治，文化などの領域にも強い影響力を及ぼすこととなる。

高度経済成長の終焉（特にバブル経済の破綻）以降，日本的雇用慣行に陰りが生じ，経済中心に編成されてきた日本社会のあり方を生活者の視点から批判的に捉える機運が高まるなかで，企業社会の諸問題が改めて議論されてきた。今日目指されている「ワーク・ライフ・バランス社会」の実現の過程で，企業社会の負の遺産がどのように克服されるかが注目される。

（田渕六郎）

[文献] 木本喜美子 1995；三並敏克・小林武編 2001

日本型福祉社会

日本社会の特質が生かされた福祉社会のこと。1970年代から80年代を中心にわが国の福祉や社会保障をめぐる議論のなかで用いられた用語。

「福祉元年」と呼ばれた1973年は，年金水準引き上げ，高齢者医療の無料化などが実現し，戦後日本の福祉国家化における画期となった。しかし，直後のオイルショックによる経済不況と財政収支の悪化を契機に，1970年代半ば以降，社会保障政策をめぐって「福祉見直し」論が台頭する。そうした流れのなか，1970年代末以降，政府および当時の政権党であった自由民主党を中心に，西欧型の福祉国家とは異なった「日本型福祉社会」の建設が政策目標として設定されることとなる。それは，個人の自助自立を重視するとともに，福祉供給における家族，地域，企業の役割を強調することで，政府による福祉供給の圧縮を目指すものであった。

例えば，1978年版の「厚生白書」は，日本における老親と子どもの同居率の高さは「わが国の特質」であり，それは「福祉における含み資産」であると論じた。さらに1979年に閣議決定された「新経済社会7ヵ年計画」には，「個人の自助努力と家庭や近隣・地域社会等の連帯を基礎としつつ，効率のよい政府が適正な公的福祉を重点的に保障するという自由経済社会のもつ創造的活力を原動力とした我が国独自の道を選択創出する，いわば日本型ともいうべき新しい福祉社会」が謳われた。こうした福祉社会像の延長上に，1980年代の臨調行革では顕著な社会保障支出削減が進められることになる。

日本型福祉社会論は，福祉供給における家族や地域の役割を過度に強調するイデオロギーとしての側面が批判されてきたが，日本の福祉社会の特徴を日本の家族の特質に結びつけて捉えるという考え方は今日でもなくなったわけではない。

（田渕六郎）

[文献] 原田純孝 1988

過労死・過労自殺裁判

2014年，「過労死等防止対策推進法」が制定された。同法は，政府に対し，過労死等の防止のための対策に関する大綱を定めることを義務づけた。1988年に過労死110番ができ，KAROSHIが国際用語として通用するほど，過労死が日本の深刻な社会問題となっている。ビジネス・エリートや管理職ではなく，若手社員や非正規労働者も過労死や過労自殺を免れず，広範な労働者が過重労働を強いられている点が日本の特徴である。企業への忠誠心をあおり，出世条件として意識させることでサービス残業が横行しているからであ

る。過労死・過労自殺の圧倒的多数が男性に偏るのは，男性に正社員での就労を強いる男性単独稼得モデルのひずみを反映している。過労死・過労自殺の若年化も顕著である。その背景には，リストラによって中高年を解雇したあと人員補充をせずに若手世代に業務が集中しがちであること，いわゆる「ブラック企業」で入社したばかりの男女社員に過酷なサービス残業を強い，使い捨てにしていることなどがある。

「過労死等」は，「業務における過重な負荷による脳血管疾患若しくは心臓疾患を原因とする死亡若しくは業務における強い心理的負荷による精神障害を原因とする自殺による死亡又はこれらの脳血管疾患若しくは心臓疾患若しくは精神障害」(過労死等防止対策推進法)と定義される。2001年厚労省による労災認定基準では，「過重な負荷」とは，①異常な出来事(発症直前〜前日)，②短期間の過重労務(1週間継続した長時間労働など)，③長期間の過重労務(1ヵ月間100時間以上の時間外労働，2〜6ヵ月間80時間以上の時間外労働＝蓄積疲労など)のどれかに該当している場合とされる。しかし，労災は，申請したうちの半数以下しか認定されていない。

労災認定基準に過労自殺が含まれるようになった(1999年)きっかけは，電通事件である[地裁1996年，高裁1997年，最高裁2000年]。大学卒業後1年余りの青年が過重労務のあげく自殺した事件で，原告側の全面勝訴となった。この事件では，会社の勤務記録と実際の労働時間に大きな隔たりがあったが，被告会社側は，長時間会社にいたのは業務ではなく，個人的な事情だと主張した。また，うつ症状を呈したのも個人的理由によると述べた。しかし，裁判所はこうした企業側の主張を認めず，社員の健康管理義務を怠ったと認定した。

(三成美保)

[文献] 川人博 2006, 2015；森岡孝二 2013

児童労働

法律が定める就業最低年齢を下回る年齢の児童が従事する経済活動。国際労働機関(ILO)による，ILO 138号条約(1973年採択)と182号条約(1999年採択)とによる定義が広く用いられる。それは，11歳までの児童によって行われるすべての経済活動，12〜14歳の児童によって行われる軽易な仕事を除くすべての経済活動，15〜17歳の児童によって危険な条件下で行われるすべての経済活動，18歳未満の児童によって行われる「最悪の形態」(債務奴隷や危険な業務を指す)の経済活動を含むものとされる。近代化の進展とともに，子どもの保護という観点から児童労働は社会問題として捉えられるようになり，19世紀以降多くの国で児童労働を規制する法律が制定されてきたが，今日でも発展途上国を中心に多くの児童労働が見られる。ILOの推定によれば，2012年に経済活動に従事する5〜17歳の児童は全世界で約1億6800万人いたとされる。

(田渕六郎)

[文献] OECD 2005

徒弟制

職業に必要な技能や知識を身につけるために，おおよそ10代から20代前半の年齢の者が数年程度の期間にわたって親方や主人のもとで住み込み，無報酬で労働に服する制度。日本では商家の丁稚や職人の弟子などが徒弟に相当する。徒弟制は封建社会において家父長制的な技能養成制度として機能したが，身分的隷属のもとでの搾取的な児童労働という側面を有した。徒弟になる子弟の多くが貧困な家庭環境などを理由としていたという意味

で，徒弟制は貧困対策の機能も担っており，イギリスの救貧法体制のもとでは貧困児童が親や教区によって親方に委託されることが規定されていた。封建社会において広く見られた徒弟制は近代化に伴う教育制度の普及と工場労働の拡大とともに消滅に向かうが，今日のドイツのように熟練工養成のための徒弟制が形を変えて存在している国も見られる。

（田渕六郎）

[文献] 古川孝順 1982

近代家族と労働

I 近代家族の成立と労働

近代家族がいつ，何をきっかけとして成立したのかについては，そもそも近代家族が多義的な概念であり，その定義をめぐる論争があったことを見てもわかる通り，さまざまな説明がなされ得る［井上俊・上野千鶴子ほか編 1996］。しかし，日本におけるその成立時期については，明治期以降，都市新中間層において出現したとする説明が代表的である。サラリーマンの夫と専業主婦からなる家族がその典型で，生産と消費の場が分離し，夫が生産の場，公的領域に，妻が消費の場，私的領域にと性別分業（性別役割分業）化していることを特徴とする。産業化，近代化のもとでの労働システムのあり方が，日本における近代家族成立と深く関連している。

まずは，単婚小家族が他とは境界をもった単位として認識されることが，近代家族意識の形成の中心に位置づけられてきた。こうした意識が可能になる背景には，個々の家族が社会的・経済的単位としての自律性をもつことが関わっている。通い婚や出稼ぎ家族にも，近代家族意識を見ることは可能ではあるが，世帯としての自律性の獲得は，近代家族意識の形成を大きく後押しするものであった。

さらに，女性が専業主婦になることは，産業化当初は労働からの解放と位置づけられ，家庭における母役割，妻役割の獲得という意味ももった。その地位は，女子教育における良妻賢母規範のもと，家事育児に専念できるという階層上位性をもつものであった。もちろん，それが解放という言葉で語りきれるようなものでなかったことは，その後の家族史，ジェンダー研究で繰り返し問題提起されてきたところである。

II 賃金労働と家事労働

労働概念を近代家族に照らして見ると，賃金労働と家事労働という分離／分業の問題が浮かび上がって来る。女性が働くかどうかという現実的な就労状況に加えて，就労（特に賃金労働）と家事労働に関する価値づけの問題である。もちろん，近代家族は，労働の分業形態のみをもって捉えられるものではない。家族規範や意識によっては，共働き家族や自営業家族であっても近代家族と呼び得るだろう。しかしながら，日本における近代家族は，まずは性別分業型家族の登場とその一般化を一つの特徴としている。

賃金労働と家事労働は，繰り返されてきた主婦論争からも明らかなように，近代社会において二分法的に対立的に捉えられてきた。産業化以前の社会においては，両者は，渾然と一体化して多くの人が関わる形で遂行されてきたが，近代社会においては，ジェンダー化を伴いつつ，公／私，生産／消費，有償／無償といった領域への二分化によって意味づけられた。マルクス主義フェミニズムが指摘したように，主婦が家庭内で従事する労働は，

無償で周辺的なものとされた［上野千鶴子 1990］。他方では，専業主婦がステイタスシンボルとされ，子育てに専念することが肯定的に位置づけられてきたのである。家事労働に対するこの両義的な意味づけは，現代に至るまで社会に並存している。

近代家族が一般化する以前の社会において，農業や商業のみならず，産業化初期の工場労働でも，女性が生産労働に従事することは珍しいことではなかった。男性俸給生活者の賃金水準が妻と子どもを養える程度に上昇していくことは，妻の無職化（専業主婦化）を可能にし，近代家族成立の経済的な基盤となった。加えて，賃金労働に従事せずに家事育児に専念することをよしとする規範の存在が，就労形態においても，家族意識においても近代家族成立を後押ししたのである。

III 性別分業型家族の一般化と変容

落合恵美子は，高度経済成長期に，それまでは階層限定的であった近代家族が一般化したことを家族の戦後体制と名づけた［落合 1994］。結婚や出産によっていったん退職し，その後パート労働者として再就職するという女性の働き方が，M字型就労として戦後の女性就労の一つの典型となった。経済成長，第三次産業の展開とともに，既婚女性の主婦化とパート化は進行した。

日本の近代家族の典型は，サラリーマンの夫と専業主婦の妻という組み合わせで捉えられてきたが，子育てが一段落した後にパート労働者として再び就労する再就職型ライフコースもまた，女性労働の一つの典型である。その就労目的の多くが家計補助や教育費のためであるという意味では，パート就労も近代家族的である。パート就労は，「103万円の壁」と呼ばれる配偶者控除の範囲内にとどまることが少なくなく，雇用の調整弁としてパート労働者を求める企業のニーズと合致していた。その意味で，この働き方も企業社会と近代家族の二つのシステムを補完するもので

あったと位置づけることができる。

戦後日本における賃金労働と近代家族との関係は，ジェンダー化と公／私，生産／消費という領域の二分化という戦前からの延長線上に位置づけることができる。近代家族意識と企業文化が，これらを支える規範的基盤であった。もちろん職場には女性も働いていたわけで，現実には，職場，家庭それぞれにおける性別分離，分業を伴っていた。ハキム（C. Hakim）の選好理論のように女性の就労が「選好」に規定されるという議論もあるが，歴史的視点から見れば，この「選好」は，日本における企業社会と近代家族の相互連関構造のもとにあることは看過できない。

「夫は仕事，妻は家庭」という性別分業型家族が労働市場のあり方と連動していたということは，その後の既婚女性就労をとりまく社会経済的状況の変化からもうかがえる。女性の労働力率が30代でいったん下がるというM字型は年々崩れてきており，ワーク・ライフ・バランス政策，ファミリーフレンドリー企業の提唱に見られるように，既婚女性の就労継続や育児との両立を後押しする政策が登場している。女性が働き続けることが奨励される一方で，長時間労働や職場の性別分離といった企業文化が変容するスピードは緩慢である。結果として，「夫は仕事，妻は家庭と仕事」という新性別分業意識が指摘されるなど，両立という理念のもとに，男性の育児参加がなかなか進まず，女性の二重負担となっている現実がある。

規範レベルで見るならば，確かに「男は仕事，女は家庭」という意識に賛成する人は，現時点で変化の傾向はやや反転しているものの，もはや多数ではない。ただし，子どもが小さい間，母親は育児に専念した方がよいという意識については，減少しているものの依然賛成が多い。近代家族意識は，その意味で不変ではないにせよ持続していると言える。

他方で，結婚後は専業主婦というライフ

コースを実現できる人は少数になりつつある。企業文化，具体的には夫の賃金水準や福利厚生制度が専業主婦を支えきれなくなっており，女性労働力の需要も高い。規範レベルでは，育児に対する価値意識は依然高いが，それに専念するだけの経済基盤は脆弱化しているのが現実である。

近代家族規範を維持しつつ労働形態が変容していくのか，労働形態の変容に伴って家族意識が変容していくのか，いずれにせよ近代家族と企業社会が相互に補完し合うシステムは齟齬を来しており，現実と意識，両面においてさまざまな矛盾を内包しているのが現在である。 （米村千代）

[文献] 井上俊・上野千鶴子ほか編 1996；上野千鶴子 1990/2009；落合恵美子 1994a

M字型就労

女性の年齢階級別労働力率をグラフ化した場合，結婚・出産・子育て期に一時的に下降し，その後再び上昇して，M字型の曲線を描くような就労パターンの特徴を示す言葉。産業化の一定段階において多くの社会で示される特徴と考えられるが，特に現代の日本における女性労働の特徴的傾向を示す代表的な表現としてしばしば用いられる。日本の男性の年齢階級別労働力率は20代で比率が高まり，そのままの比率をほぼ維持して60代で低下する逆U字型を描くのに対し，女性の場合は，20代で多くが労働市場へ参入するが，30代前半の結婚・出産・子育て期を中心にいったんそこから退出し，子育て終了後40代後半を中心に再び労働市場へ参入する傾向が強いためM字型曲線を描くとされる。また，北西欧諸国や米国など先進的産業社会の女性がおおむねこのパターンを脱して，子育て期にも就労を継続する逆U字型曲線の年齢階級別労働力率を示すのに比較して，ジェンダーによる性役割の拘束がいまだに根強い日本の女性労働の特色を示す傾向として国際比較の観点からも注目されている。この就労パターンの背景としては，特に子どもの乳幼児期には母親が子育てに専念すべきとする三歳児神話が日本社会にまだ広く浸透していることの表れとする見方もある。

ただ近年は，晩婚化傾向によってM字の底の年代がかつての20代から30代前半に移行するなどの変化も見られるばかりでなく，女性の労働力化が進むにつれてM字の底が次第に浅くなっており，子育て支援施策の拡充や男女共同参画政策の進展等もあってこの就労パターンも解消に向かうとの見方もある。しかし女性労働の内実を見ると，結婚・出産期にさしかかる25歳以降では正規雇用が減少し，離職後正規雇用ではほとんど再就職しない傾向が見られる一方，各年齢階級において非正規雇用の労働力率が高まってきている。近年のM字型曲線の解消傾向には，特にこの非正規雇用者の増加が深く影響していることが明らかとなっており，女性労働の周辺化という問題がさらに進行しつつある現状がうかがわれる。 （犬塚協太）

[文献] 厚生労働省 2012；内閣府 2013b

家族戦略

家族を単位として行われ，家族の社会的地位と社会構造を再生産しつつ行われる適応的行動を指す分析的概念である。行動の内容によって結婚戦略，出生戦略，労働戦略，相続戦略などさまざまな下位概念も用いられる。

家族戦略のアイデアを普及させる上で影響力があったのはフランスの社会学者ブルデュー（P. Bourdieu）である。彼はフランス南部ベアルン地方の農村でフィールドワーク

を行い，20世紀初頭までの伝統的共同体における結婚が，家産を保持しつつ家系の継続性を維持することを目的とした家同士の慎重な配慮にもとづいて行われていた状況を「結婚戦略」という概念によって記述した。その後の家族研究では，家族史をはじめ人類学，経済学など幅広い分野で家族戦略の概念や類似した概念が用いられている。例えば家族社会学の家族ストレス論で用いられる対処戦略の概念も，家族戦略概念の一種として位置づけられる。

家族戦略の概念は，家族に関わる諸行動が何らかの規則に受動的に従うことを通じてではなく，構造的な資源制約のもとで家族の経済的，象徴的な利得を高めようとしてなされる合理的な実践であることを強調するため，家族行動を特定の目標達成に資する合理的行為として理解・記述することを可能にする。また，そうした行為のプロセスにおいて複数の個人や主体がどのような計算や交渉を行うのかを捉えるものでもある。

こうした家族戦略の概念に対しては，特に「個人化」の進んだ現代では個人と家族の利害が一致するとは限らないことから，戦略の主体が個人であるか家族であるかを峻別した理論構築が必要であるなどの批判もある。

（田渕六郎）

[文献] 田渕六郎 2010

新性別役割分業

ジェンダーにもとづく男女の性役割の分化のうち，近代産業社会において成立したのは，有償労働としての市場労働（生産労働）を男性に，無償労働としての家事・育児労働（再生産労働）を女性に振り分ける性別役割分業であった。「男は仕事，女は家庭」というこの性別役割分業が確立したことが，男女の社会的・経済的不平等と性差別の根源とされ，ジェンダー平等の観点からはつねに批判の対象となってきた。

しかし，1970年代以降，先進資本主義諸国では，産業構造の変化やフェミニズム運動の影響などで，労働市場への女性の進出が盛んとなり，性別役割分業の意識と構造からの脱却が進むなかで，特に日本においては，「仕事」の領域では働く女性が増加したものの，「家庭」の領域への男性の進出は一向に進まず，結局従来の性別役割分業は廃棄されるどころか，「男は仕事，女は家庭と仕事」という新たなヴァリエーションへと移行したに過ぎない，とする批判的な見解が1980年代中ごろから提起されるようになった。このような性別役割分業の新たなヴァリエーションが「新性別役割分業」と呼ばれる形態である。日本においては，近年性別役割分業を支持する意見は次第に減少する傾向にある。しかし，新性別役割分業への移行という観点からは，こうした傾向も，従来の性別役割分業からの根本的な転換を必ずしも意味するわけではない。すなわちそれは，あくまでも女性は家庭責任を全うすることを条件とした上で，そこに支障をきたさない範囲での仕事への進出が望ましいとする意識が前提になっている結果と見ることもできる。また，こうした意識に即して女性が家事・育児との二重負担に悩まない範囲での働き方が可能な職場にのみ進出する傾向が強まる結果，女性労働の周辺化がますます進み，ジェンダー平等がさらに遠のくという問題も生じさせている。

今後男性の非正規労働化や雇用の不安定化がいっそう進み，女性の本格的な労働への参入なしには，家族を含む社会全体のシステムの維持はますます困難になると予想されるだけに，そうした動きを受けての新性別役割分業の帰趨が注目される。

（犬塚協太）

[文献] 井上輝子・江原由美子編 1999；舩橋惠子 2006；松田茂樹 2001

> **選好理論**

イギリスのキャサリン・ハキム（C. Hakim）によって提唱された，女性の労働行動の選択要因に関する理論。女性は仕事を継続するか辞めるかの選択を，慣習的要因にもとづく自らの「選好（preference）」によって行っており，その選好に対応して女性には，仕事よりも家庭を重視し結婚後は家事・育児への専念を望む「家庭指向型」，家庭よりも仕事を重視し未婚や子どもをもたずに就業の継続を希望する「仕事指向型」，仕事と家庭の両立を望んだり，その両者の間を揺れ動いたりするなど多様なタイプを含む「適応型」の三つのライフスタイル類型があるとする。この理論においては，こうした各類型への選択がいかに行われるかに関して，それを決定する要因はあくまでも「女性自身が何を望んでいるか」という選好とされており，したがって労働市場における強固な「分断化（segregation）」も，市場における家父長制といった規範的強制関係などによって規定されるのではなく，むしろ新古典派経済学的立場に立った個人としての女性の合理的選択の結果であると見なされる。

原伸子によれば，ハキムの選好理論は，個人主義，市場主義を反映しており，現代の発達した産業化社会において女性の生活は男性と同じように自立しているという前提に立って，女性の行動は，社会的構造や家族の性格による強制に規定されているというよりは，自己決定を行うアクターであるという理解にもとづいて構成されているとされる。またこの理論は，イギリスを中心にEUの中道・右派の家族政策に大きな影響を与え，わが国の少子化対策やワーク・ライフ・バランス政策へも一定の影響が認められている。しかし，女性特有の「選好」を強調するその主観的な方法論的個人主義の論理に対しては，本質主義的であるとする批判や，社会構造的要因を無視しているといった批判も根強い。さらに，選好理論は上記の3類型の背後にある社会的強制を排除することになり，この理論にもとづいた政策は，例えばパート労働に集中する女性の「行動」の社会的意味を説明できないとの指摘もある。 　　　　　　（犬塚協太）

[文献] 原伸子 2011；Hakim, C. 2000

労働の非正規化と家族

I　経済の変化と戦後家族モデルの変動

わが国において1950年代以降に成立した「戦後家族モデル」は，男性単独稼得モデルをその重要な特徴としていた。そうしたモデルの成立と普及には，戦後日本の経済と社会の状況が関わっていた（→近代家族と労働，労働／社会／家族）。しかし，日本を含む諸先進諸国においては，およそ1970年代を境に，いわゆるポスト・フォーディズム型の経済への移行が進むとともに，戦後に達成された著しい経済成長に陰りが生じる。それ以降，グローバル化や個人化といった構造的変動も背景に，経済と家族の関係性には大きな変化が生じてきた。

低成長経済のもとで従来型の企業社会は大きな転換を余儀なくされる。グローバルな経済競争の進展とIT化に代表される産業構造の変化は，終身雇用制度や年功序列賃金と

いった日本的経営のあり方に見直しを迫ることとなった。1970年代から80年代にかけて進展した新自由主義的な規制緩和に後押しされるかたちで，1990年代以降，経営の効率化を求める企業のニーズによって「雇用流動化」が顕著に進展していく。その象徴は1999年の労働者派遣法の改正であろう。同改正は，労働者派遣の対象業務を原則自由化し，労働の非正規化をより多くの労働現場に拡大するものであった。

雇用流動化のなかでも，非正規（非典型）雇用の増大すなわち労働（雇用）の非正規化は大きな注目を浴びてきた。以下では，雇用流動化のなかでも労働の非正規化という現象に焦点をあて，労働の非正規化が家族の変化とどのような関連にあるのかを概観する。

II 非正規化の進展と家族の変化

わが国において1990年代以降進んだ労働の非正規化に見られる特徴は，それ以前の非正規化が女性パート労働などの家計補填的就労を中心としていたのに対して，90年代以降は，非正規雇用が主として女性によって担われているという状況は変わっていないとはいえ，それが世帯の主たる稼得者であることが期待される男性および若年層にも拡がりを見せるに至ったことである。

非正規雇用には多様な雇用形態が含まれるが，異なる雇用形態に共通するのは，その身分の不安定さである。非正規化の進展がもたらす直接的な問題は，非正規雇用が拡大し，正規雇用への転換が長期的に困難となる者が増大することで，貧困や老齢期の無年金といったライフコース全般にわたる生活リスクが高まることである。労働におけるこうした変化は，若年層を中心に家族形成を含むライフコースのあり方に大きな影響を及ぼすことになる。

労働の非正規化が家族の変化にもたらした影響は，大きく3点に分けられる。

第1に，若年層を中心に非正規雇用が拡大したことによって，家族の形成が困難になる者が増大したことである。また，これは結果的に少子化の要因になっている側面もある。実質賃金の低下や労働の非正規化の進展は，男性単独稼得モデルの経済的基盤を掘り崩してきた。にもかかわらず，男性が一家の主たる稼ぎ手であるべきという規範的期待をもつ者は，わが国では今日もなお多い。この結果，結婚市場において非正規雇用者男性は大きな不利を背負うこととなる。他方，非正規雇用者女性については，結婚市場における条件は男性と異なるものの，一部の研究が指摘するように，非正規就労の女性もパートナーの獲得や家族形成において相対的に不利な位置にある可能性がある。

第2に，第1の点に関連して，結婚や離家のタイミングが遅れると同時に，結婚や離家の経験をもたない若年層が増大することによって，世代間の依存関係が変化したことである。なかでも，成人した後も親と同居し続ける未婚子が増加したことは，社会的にも注目を集めてきたところである。こうした未婚子の増加については，パラサイト・シングル論に代表されるように，相対的に裕福な親世代に対する子ども世代の依存の長期化として解釈されることもあったものの，親同居未婚子には非正規雇用者が多いことなどが明らかにされるにつれ，子ども世代の置かれた困難な経済環境と，そうした状況に対する有効な対応策をもたない社会政策が，貧困化へのセーフティ・ネットとして親世帯に留まり続けることを余儀なくさせているという解釈が支配的になってきた。

第3に，労働の非正規化はさまざまな形で家族間の経済格差にも関連している。近年，幼い子どもをもつ有配偶女性が非正規で就労する傾向が強まってきたことが知られるが，この背景には，女性が未婚の間は正規雇用者であっても，結婚や出産を通じて退職せざるを得ないが，夫の収入が不十分である場合に

は家計補填的な就労が求められるという状況がある。同じ共働き世帯であっても，双方が正規雇用者か否かで世帯間の経済状況には看過し得ない格差が生じる。また，2000年代に入り社会の関心を集めてきた子どもの貧困の問題は，女性が労働市場において周辺化され，不安定で低賃金の非正規雇用を選択せざるを得ない状況に関わっている。

Ⅲ 労働の非正規化と家族に関わる社会政策

社会学者のキャサリン・ニューマン（K. S. Newman）は，世帯をフレキシブルに拡大・縮小させることで，未婚の子どもたちが経済的な理由で親世帯に留まり続けることを可能にするような家族のあり方を「アコーディオン・ファミリー」と呼び，日本やイタリアなどでそうした家族が多く観察されることの背景に，若者を対象とした社会政策の貧困があると指摘する。わが国の社会政策のあり方に目を向けると，年金や介護保険に代表される高齢期を対象とした社会政策に比べ，若者や幼い子どもをもつ親などを対象とする政策が他の国に比べて立ち遅れており，そうした状況が前述したような諸問題の要因となっていることは否定しがたい。

男性稼得モデルへの後戻りが困難であることを踏まえれば，わが国における社会政策の課題は，非正規雇用の一定の拡大を前提としたうえで，いかにして前述のような諸問題に対応するかである。第1に求められるのは，非正規雇用であっても一定程度の安定性をもったライフコースを可能にするような制度の設計である。非正規雇用と正規雇用の間の格差を縮小し，例えば非正規雇用者にも育児休業の取得を可能にするような政策転換が求められる。その際，オランダのワークシェアリングをめぐる取り組みは，男性稼得モデルを相対化する一つの例として参考になるだろう。

第2に，少子化対策をめぐる論点でもあるが，ワーク・ライフ・バランス（労働と生活の調和）を促進するいっそうの取り組みが求められる。正規雇用者の働き方が著しくワーク・ライフ・バランスを欠いていることじたいも問題の背景にあることを踏まえれば，正規雇用であっても，子育てや介護などのライフコース上のイベントに応じて，一時的に非正規雇用に近い働き方を選択できるような労働のあり方の可能性が検討される必要がある。

（田渕六郎）

[文献] ニューマン，K. S. 2013（2012）；広井良典 2006；松田茂樹 2013；山田昌弘 2005

雇用流動化

解雇規制が緩和されることで労働者の解雇が容易になり，他方で中途採用の拡大により労働者の転職が促進される現象。現代の日本においてそれが実現するためには終身雇用制や年功序列賃金の変更が不可欠であり，またそれを前提としない非正規雇用の拡大も必要となるため，それは事実上日本型雇用の崩壊とほぼ同義で用いられる。

この日本型雇用の慣行に対しては，中高年に高い賃金を支払う一方で，柔軟で有能な若い人材の活用の阻害をもたらしているとして，企業の「老化現象」にもたとえられたりする。そして「新陳代謝」を図るためにもこの慣行を廃して雇用流動性を取り入れることが必要であるとされている。しかし他方で，わが国における雇用流動化の拡大はしばしば社会問題と見なされる。流動化が単なる職種間，業種間の移動にとどまらず，正規雇用から非正規雇用への雇用形態の変更を伴い，結果として賃金や社会保障などの待遇の低下をもたらしているからだ。さらにそれが職業訓練などの人材育成を伴わない場合，それは単なる人員数の調整という意味しかもたないことになる。かつて企業内福祉という形で担わ

れてきた面を捨象し単に解雇規制の緩和のみが進められるならば，雇用の流動化は「新陳代謝」とは異なる結果をもたらすことになろう。

また雇用流動化の議論は経済だけにとどまらない広がりをもっている。戦後，女性がM字型就労パターンをとっていたことは，女性の雇用が一貫して流動的であったことを示している。それが近年にわかに論点に上るようになったのは，男性の雇用が流動化したからにほかならない。その意味では，男性が結婚を先送りにする現象も，女性の専業主婦願望も同じ文脈から生起していると言える。雇用の流動化は経済にとどまらず家族のあり方そのものにも問いを投げかけている。(須長史生)

[文献] 舩橋惠子・宮本みち子編著 2008

非正規雇用(雇用劣化／雇用崩壊)

フルタイムで無期雇用を特徴とする正規雇用とは異なる雇用を指し，これにはパート，アルバイト，派遣社員，契約社員など多様な雇用形態が含まれる。その特徴は国により，また職種によりさまざまであるが，わが国では時間あたりの賃金が安いこと，契約期間が短いこと，教育訓練機会に恵まれておらずキャリアアップの機会に乏しいこと，勤続しても賃金上昇の幅が小さいこと，福利厚生に乏しく社会保険も不十分であること，正規雇用への移行が困難であることなどが比較的共通して見られる特徴として指摘されている。

非正規雇用のなかでパートやアルバイトと並んで大きな割合を占めるのが派遣労働である。これは人材派遣会社などの派遣元と雇用契約を結び，派遣先企業の指揮・命令の下で働く雇用形態を指す。もともと派遣労働は職業安定法によって制限されていたが，1999年のいわゆる労働者派遣法の改正により原則自由化され，その後の度重なる改正や経済状況の悪化の下，社会全体に拡大していった。非正規雇用の拡大は戦後日本の近代家族における性別役割分業の維持を困難にし，女性の労働参加を促した。そのような状況のなか，派遣労働は女性を中心に正規雇用以外の労働者の受け皿として社会に浸透していった。これにより，新卒者の一括採用，終身雇用，年功序列賃金といった特徴をもつ日本型雇用が崩壊したとする見方もある。

非正規雇用に対しては，もともと働き方の多様性や長期的な安定よりも自由を求めるようになった若者の就労意識の変化の問題として注目されていたが，近年では景気の安全弁として調整が簡単で安価な労働力を求める雇用側の要請に対応する問題として意義が指摘される。しかし労働者にとってそれは賃金の低下や雇用の不安定化，社会保険の不備といった雇用劣化を意味し，労働や生活の困窮化をもたらしている。 (須長史生)

[文献] 小杉礼子・原ひろみ 2011；太郎丸博 2009

ニート／フリーター

ニート (NEET) とは"Not in Education, Employment or Training"の略で，15歳から34歳で家事専業でない者のうち，就学，就労，職業訓練のいずれも行っておらず，また失業者としての求職活動もしていない者を指す。もともとはイギリスの労働政策において用いられてきた用語である。一方フリーターとはフリーアルバイターという和製英語の略で，15歳から34歳で学生や主婦(主夫)でない人のうち，パートやアルバイトをして働いているもしくはそのような形態で働くことを望んでいる者を指している。両者は求職の意思の有無にその違いが明確にあらわれている。正規雇用を家族形成の条件と考える者にとっ

てはニートやフリーターにとどまることがそれを困難にしているとも言える。これらはもちろん雇用流動化の帰結として注目されているが，他方で学校から職場への移行に際しての社会的なサポートやネットワークの欠如といった社会的要因も見逃すことはできない。

(須長史生)

[文献] 太郎丸博編 2006

在宅勤務

　事業主と雇用関係にある労働者が情報通信機器を活用して，労働時間の全部または一部について，自宅で業務する勤務形態。これは情報通信機器を活用して働く者が時間と場所を自由に選択する働き方であるテレワークの一要素となっている。この形態が広がりをみせる背景には，近年の急速な IT 化のもと，職場，家庭を問わずパソコンや端末が広く社会に導入され，職場環境や就業形態が大きく変化していることがあげられる。在宅勤務の採用により，通勤負担の軽減や多様な生活環境にある個人のニーズに対応できる働き方が可能になるため，それにより労働者が仕事と生活の調和を図りながらその能力を発揮し生産性への向上につなげること，また個々の生きがいや働きがいを高めることが期待できるとされている。他方で勤務する時間帯も場所も生活との境界線も従来の労働形態とは異なるため，既存の法体系における整理や注意が必要である。

(須長史生)

[文献] 厚生労働省 2008

1.5 稼ぎモデル

　夫婦，カップルのうち一方がフルタイムで，もう一方がパートタイムで雇用関係を結ぶ就労スタイル。オランダにおいて，1980年代以降の高インフレや高失業率を改善するために女性の社会進出とパート労働の創出を目的として策定された政策がモデルとなっている。その特徴は労働条件，社会保障ともにフルタイムと同等に扱われることにある。もともと性別分業意識が強かったオランダでは女性労働力の創出に適しており，実際の雇用創出につながったと言われる。労働者にとっても家庭生活と調和させた働き方が可能になる点が支持された。しかしフルタイムとパートタイムの組み合わせによる「1.5稼ぎモデル」では雇用におけるジェンダー格差が解消しないため，パート労働をベースに夫婦二人で1.5人分働き，仕事と家庭責任を分担する「コンビネーション・シナリオ」という試みが提案されるに至っている。

(須長史生)

[文献] 経済企画庁 1999

短時間勤務制度

　育児または家族の介護を行う労働者の職業生活と家庭生活の両立が図られるよう支援することによって，その福祉を増進するとともに経済および社会の発展に資することを目的として策定された一連の施策の一つ。平成24年に改正されたいわゆる「育児・介護休業法」では，主に育児休業制度と介護休業制度と当該制度が柱となっている。育児に関して見るならば，育児休業制度において労働者は申し出により子が1歳（雇用された期間が1年以上であるなど一定条件を満たした場合は1歳6ヵ月）に達するまでの間育児休業をすることができることになっているが，3歳未満の子を養育しかつ育児休業をしていない労働者に対しては，事業主は所定労働時間の短縮措置を講じなければならないと定められてい

る。この規定が短時間勤務制度にあたり，これにより1歳6ヵ月までは育児休業制度により，またその後3歳までが短時間勤務制度により，両立支援が図られることになる。

(須長史生)

[文献] 育児・介護休業法 2012

労働とジェンダー

I 労働におけるジェンダー不平等

(1) 日本は，労働におけるジェンダー不平等が大きい国である。男女の賃金格差が大きく，管理職の女性比率が著しく低い。労働者人口中の女性比率は欧米とあまりかわらず，40％以上に達するが，女性労働力率はいまだにM字型を描いている。また，女性労働者の非正規化が急速に進んでおり，女性労働者の50％以上がパートタイム労働などの非正規雇用である。他方，男性労働者は労働時間が長く，サービス残業を強いられて，過労死・過労自殺に追い込まれる場合すらある。

(2) このような現状をふまえ，2007年「ワーク・ライフ・バランス（WLB）憲章」が制定された。企業もWLBの取り組みを始めた。その背景には，①次世代育成支援対策推進法にもとづいて政府が少子化対策への対応を企業に求めていること，②女性労働力の活用や女性管理職の登用によって企業が国際競争力をつけようとしていること，③優秀な外国人労働者を確保するために欧米並の労働水準にする必要があることなどがある。しかし，実態は理念に合致していない。①男性の育児休業取得率はいっこうに伸びず，妊娠出産する女性へのマタニティ・ハラスメントすら起こっている。②管理職登用に向けた数値目標を設定（ポジティブ・アクション）するよう企業に求める女性活躍推進法は，企業の反対を受けて実効性が乏しくなった。③WLBの達成度について企業間格差が拡大しており，女性が働きやすい施策が充実しているホワイト企業と青年男女を酷使するいわゆるブラック企業に分化している。また，日本企業の大半を占める中小企業ではWLBを実現するためのゆとりと資源が乏しい。

(3) WLB対策は，「ディーセント・ワーク」（働きがいのある人間らしい仕事）の実現に向けた重要な柱である。ディーセント・ワークの実現は，目下，国際労働機関（ILO）の中心課題とされている。すべての目標を貫く「ジェンダー平等の原則」に関して，注目すべきILO条約は四つある。①「男女の同一価値労働・同一賃金」（100号），②「雇用・職業生活上の差別禁止」（111号），③「家庭責任」（156号），④「母性保護」（183号）である。このうち，②はILOが定めた中核的労働基準（1998年）に関する八つの基本労働条約の一つであり，性別や正規・非正規の別を越えて同一価値労働同一賃金の原則を実現するための基礎条約である。ILO加盟国183ヵ国中169ヵ国が同条約に加盟しているにもかかわらず，日本は批准していない（2015年時点）。EUでは，1997年のEU均等待遇指令を受けて，各国で法改正が進められたが，日本では，パートタイム労働者とフルタイム労働者の平等化をはかる「同一価値労働同一賃金の原則（ペイ・エクィティ）」のための法政策が実現していない。むしろ，派遣労働法の度重なる改正を通じて，派遣業種が拡大されるとともに，正社員化を避けるために一定年数で雇用を打ち切る事態が多発しており，雇用はいっそう不安定になっている。

II 休む権利とケアワーク

(1) 労働基準法で有給休暇が保障され，育児介護休業法で育児や介護時の一定期間の休業が保障されている。にもかかわらず，日本では労働者が十分な休暇・休業をとれずにいる。有給休暇の平均取得率は50％にとどまる。これに比べ，ドイツの年間労働時間は1411時間（日本は1725時間）で，取得有給休暇の平均日数は40日である。労働生産性（1時間あたりの国内総生産GDP）は，日本（39.8ドル）を39％も上回る55.5ドルであった（2010年世界銀行調べ）。ドイツでは一般労働者の残業は少なく，ましてサービス残業はないので，日本の労働生産性は実質的にはもっと低いと見てよい。他方，日本における育児休業取得率は女性86.6％に対し，男性2.3％でしかない（2014年厚労省雇用均等基本調査）。1993年に「パパ・クォータ」（育休の一定期間を父親に割り当てる）を導入したノルウェーでは，10年後の2003年に父親の育休取得率が9割を超えた。これをモデルに，2009年，日本でも「パパ・ママ育休プラス」が創設されたが，5年たったいまも父親の育休取得は進んでいない。

(2) 介護・看護，育児といったケアワークについては，1980年代以降，「ケアの倫理」などを掲げる「ケア・アプローチ」が登場している。そこでは，①人間像を「自律的人間」から「依存的人間」に転換しなければならないこと，②「公（ケアワークを免れる）＝男／私（ケアワークを提供する）＝女」という非対称な近代的性別役割分担を見直し，ケアを人間すべてに関わる公的問題として取り上げるべきこと，③ケアの脱家族主義をはかるべきことが主張されている。ドイツの労働＝家族政策では，労働概念を拡大して無償労働を有償労働と同価値にとらえ，ケア（育児・介護）のための時間を労働者が自由に設計できるよう支援がはかられている。

III 「女性の貧困」と「子どもの貧困」

(1) 「子どもの貧困対策の推進に関する法」（2013年）は，「子どもの将来がその生まれ育った環境によって左右されることのないよう，貧困の状況にある子どもが健やかに育成される環境を整備するとともに，教育の機会均等を図るため，子どもの貧困対策に関し，基本理念を定め，国等の責務を明らかにし，及び子どもの貧困対策の基本となる事項を定めることにより，子どもの貧困対策を総合的に推進すること」を目的と定めた。「子どもの貧困」とは，その国の貧困線（等価可処分所得の中央値の50％）以下の所得で暮らす相対的貧困の17歳以下の子どもの存在および生活状況を言う。2014年に厚生労働省が発表した子どもの相対的貧困率は過去最悪の16.3％に上り，約325万人が「貧困」とされた。これは6人に1人の割合である。豊かな先進20カ国のうち，ワースト4に位置する。

(2) 「子どもの貧困」は「女性の貧困」と密接に結びついている。母子世帯の貧困率は5割を越え，就労による収入は平均181万円である。母親の半数以上が非正規雇用である。親が働いていないひとり親世帯の子どもの貧困率は，アメリカ9割，日本6割であり，OECD諸国の平均が5割強である。しかし，親が働いているひとり親世帯の子どもの貧困率は，アメリカ3割，OECD平均2割に対し，日本は6割弱で，働いていないひとり親世帯と変わらない。すなわち，離婚してパート労働者として働くシングルマザーの貧困が子どもの貧困を招いているのである。離婚原因の多くがDVであり，父親からの養育費がもらえない状態にあることも離婚母子世帯の貧困を助長している。貧困ゆえに教育を受ける機会に恵まれず，就労条件も悪くなり，ふたたび貧困に陥るという「貧困の連鎖」も指摘されている。

IV 「移動の女性化」

1960年代から「新国際分業」（多国籍企業

の生産拠点が発展途上国に移転し、安価な若年女性労働力を雇用する）が始まったが、1980年代からの新しい現象は、特にアジア地域で単身移動の女性の数が男性の数を上回るようになったことである（「移動の女性化」）。「移動の女性化」「移民の女性化」は、グローバリゼーションとともに生じた「労働（力）の女性化」とも重なっている。女性移民の労働は、「再生産労働」（家事・育児・介護。性的サービス）に集中している。受け入れ社会の女性の高学歴化・社会進出にあわせて、途上国の女性が再生産労働者として導入されたのである。このような女性たちの場合、子どもたちを本国で祖父母に面倒を見てもらうといった親族扶助を前提に家計維持のために出稼ぎ労働をすることも少なくない。(三成美保)

[文献] 上野千鶴子 2011；川口章 2008；キティ, E. F. 2010（1999）；木村涼子・伊田久美子・熊安喜美江編 2013；佐藤博樹・武石恵美子編 2014；竹中恵美子・久場嬉子監修 2001-04

ワーク・ライフ・バランス

仕事と生活の調和（［英］work-life balance；WLB）。「仕事と生活の調和（ワーク・ライフ・バランス）憲章」(2007年) では、「国民一人ひとりがやりがいや充実感を感じながら働き、仕事上の責任を果たすとともに、家庭や地域生活などにおいても、子育て期、中高年期といった人生の各段階に応じて多様な生き方が選択・実現できる社会」の実現がめざされている。具体的には、①就労による経済的自立が可能な社会、②健康で豊かな生活のための時間が確保できる社会、③多様な働き方・生き方が選択できる社会が想定されている。日本のWLB法制としては、同憲章のほか、育児介護休業法 (1995年施行)、介護保険制度 (2000年施行)、次世代育成支援対策推進法 (2003年施行) などがある。しかし、国際社会での取り組みに比べ、日本の取り組みは女性の両立支援の域を出ていない。

国際社会では、WLBは、1960年代には女性を対象とした両立支援とされていたが、1970～80年代には男女双方にとって重要課題と認識されるようになった。ILO第156号条約 (1981年) は、①家族的責任をもつ男女労働者の平等の実現、②家族的責任をもつ労働者と一般労働者の平等実現（一般労働者の時間外労働の制限）が課題とされた。欧米の諸企業にあっては、1980年代にはワーキング・マザーの両立支援施策が中心であったが、1990年代初頭以降、すべての男女労働者を対象としたWLB施策に切り替わっている。

これに比べ、WLB課題に向けた日本の現状は、著しく立ち後れている。男性単独稼得モデル（男性正社員モデル）が強固に残存し、労働条件は全般的に悪化している。すなわち、非正規雇用比率が増え、正規雇用と非正規雇用の二極化が急速に進んでいるのである。一般労働者の年平均実労働時間は2千時間であり、30代の男性の4人に1人が週60時間働くなど、長時間労働が常態化している。他方で、女性労働者の半数以上がパート化し、若年者の失業率が上昇している。男性の過重労働と女性の不安定雇用の影響により、出生率は低下の一途をたどっている。日本でも政労使が一体となったWLB施策の展開は急務である。
(三成美保)

[文献] 浅倉むつ子 2004；ジェンダー法学会編 2012；森ます美・浅倉むつ子編 2010；連合 2008

ポジティブ・アクション [雇用・労働]

政治や雇用、教育におけるジェンダー平等を達成するための積極的な差別是正措置のこと。国際社会で使われるポジティブ・アクショ

ンに対する日本政府の公式訳は「暫定的特別措置」である。また，男女共同参画社会基本法（1999 年）第 2 条には「積極的改善措置」（公式英訳 positive action）が定められており，社会のあらゆる分野における活動に参画する機会に係る「男女間の格差を改善するため必要な範囲内において，男女のいずれか一方に対し，当該機会を積極的に提供することをいう」と定義されている。

ポジティブ・アクションには，もっとも厳格な「クォータ制（割当制）」，中間の「ゴール・アンド・タイムテーブル方式」，緩やかな「女性支援策」などの種類がある。第 2 次男女共同参画基本計画（2005 年）に初出し，第 3 次計画（2010 年）でより明確化されたポジティブ・アクションは「ゴール・アンド・タイムテーブル方式」であり，2020 年までに各分野における指導的立場の女性を 30% にする（「2030」）計画が策定された。特に公務員の採用や昇進について目標値が具体的に設定されている。しかし，民間企業に対しては，厚労省が両立支援企業表彰を行うという形の「女性支援策」をとるにとどまっていた。女性活躍推進法（2015 年）は，一定規模以上の事業体に目標設定を求めているが強制力に乏しいため，どれほどの成果が上がるかは不明である。

今日，国際社会では，政治・経済の意思決定過程における多様性の実現（ボード・ダイバーシティ）が重要課題とされ，ポジティブ・アクションが活用されている。ジェンダー・人種・世代の多様性こそが，政治的・経済的リスクを克服する手段として期待されているのである。いくつかの国は，取締役クォータ法を定めた。例えば，フランスでは，上場企業に対し，2011 年から 6 年以内に取締役・監査役の男女比率をそれぞれ 40% 以上とする時限立法を定めた（2011 年）。企業における女性役員比率は，先進国平均 11.8%，新興国平均 7.4% であるのに対し，日本は 1.1% で世界最低水準である（2011 年）。　　（三成美保）
[文献] 辻村みよ子 2011；内閣府男女共同参画局 2011；三成美保・笹沼朋子・立石直子・谷田川知恵 2015

アンペイド・ワーク（無償労働）

「無償労働（アンペイド・ワーク）」の定義として国際的に用いられるのは「第三者基準」とよばれるもので，「無償労働のうちサービスを提供する主体とそのサービスを享受する主体が分離可能（すなわち，そのサービスの提供を第三者に代わってもらうことができる）で，かつ市場でそのサービスが提供されうる行動」とされる。具体的には，家事（炊事，掃除，洗濯，縫物・編物，家庭雑事），介護・看護，育児，買物，社会的活動（ボランティア活動）である。この定義を利用して，政府は，何度か無償労働の貨幣評価を公表している。その最新データ（2011 年）によると，一人当たりの無償労働の年間時間数と貨幣評価額は，男性では 284 時間で 51.7 万円（機会費用法〔OC 法〕）〜 29.2 万円（代替費用法ジェネラリストアプローチ〔RC-G 法〕），女性では 1,381 時間で 192.8 万円（OC 法）〜 142.2 万円（RC-G 法）であった［内閣府 2013］。

日本では，高度経済成長期以降，有償労働者たる夫に家族賃金を保障し，妻を雇用の調整弁かつ家計補助者としてパート労働者とし，家事・育児を妻にゆだねるという性別役割分担が確立していった。2000 年から共働き世帯が専業主婦世帯を上回るようになり，フルタイム就労の妻も増えているが，その場合でも夫の家事分担率は低く，しばしば妻は仕事と家事・育児の両方を担っている。1999〜2014 年のあいだに，夫婦の家事分担率はほとんど変化していない。妻は 88.7% から 85.1% へと微減，夫は 11.3% から 14.9% へと微増であった［国立社会保障・人口問題研究所 2014］。

家事・育児・介護などの無償労働を女性が担うという性別役割分担の残存は, 労働市場で女性に不利に働きやすい。また, 家事・介護などのサービスに従事する労働者の賃金は, それらの労働が女性によって無償で担われてきた歴史を反映して低く設定されやすく, しかも労働者は女性に偏りがちである。また, 安価な女性家事労働者に対する需要が, グローバルな経済格差を背景とした「移動(移民)の女性化」を招いている。　　(三成美保)

[文献] 川口章 2008；国立社会保障・人口問題研究所 2014；竹中恵美子・久場嬉子監修 2001-04；内閣府 2013d；三成美保・笹沼朋子・立石直子・谷田川知恵 2015

:::
同一価値労働同一賃金の原則
:::

職種が異なっていても労働の価値が同等であれば, 同一の賃金水準を適用する賃金政策(ペイ・エクィティ；[英] Equal pay for equal work)。「同一労働同一賃金の原則」(同一職種における賃金差別禁止の原則)が既存の性別役割分業を克服できないことに鑑みて考案された概念であるが, 二つの原則はしばしば併用される。「同一価値労働同一賃金の原則」は, ILO をはじめ国際社会の要請となっており, 男／女間・正規／非正規間の処遇の非合理的な格差を可能なかぎり解消し,「働きに見合った公正な処遇」を達成することをめざす。賃金の尺度は「職務」とされ(職務基準賃金), 年功や職能などの「属性」に応じて賃金を決定するシステム(属性基準賃金)とは異なる。職務分析・職務評価は, 一般に「知識・技能」「責任」「負担」「労働環境」という四つのファクターにもとづき点数を算出して行われる。

同一価値労働同一賃金の原則は, ILO 基本条約の一つである「雇用及び職業についての差別待遇に関する条約」(ILO 第 111 号条約, 1958 年)に定められている。男女間での均等待遇原則は, 女性差別撤廃条約(1979 年)で明記された。EU 運営条約(2009 年)も「各加盟国は, 同一労働又は同一価値労働に対して男女労働者の同一賃金原則が適用されることを確保するものとする」(第 157 条 1 項)と明記している。雇用形態をめぐる賃金差別の禁止については, EU の「パートタイム労働(均等待遇)指令」(1997 年)がこれを定めている。イギリスやドイツをはじめ, これに参加した EU 諸国ではパートタイムとフルタイムの均等待遇が実現しており, 労働時間に比例した賃金支給は「公正の実現」として広く受け入れられている。その背景には, 契約を重視するキリスト教の伝統とヨーロッパ諸国で 1980 年代以降に導入された産業別の労働協約がある。アメリカでは, 雇用平等法制のなかに, 雇用形態を超えた均等処遇が盛り込まれていない。しかし, 1980 年代以降, ペイ・エクィティ運動が盛んになり, 職務賃金が確立された。これに対し, 日本では属性基準賃金システムの伝統が強く, 正規／非正規の賃金格差の解消は進んでいない。女性は非正規パートタイム労働に従事することが多く, 賃金は, 同一職種の正規雇用者の賃金の半分にとどまる。　　(三成美保)

[文献] 浅倉むつ子 2004；ジェンダー法学会編 2012；森ます美・浅倉むつ子編 2010

:::
均等法改正
:::

1985 年に成立した男女雇用機会均等法は, その後 2 回の大幅改正を受けている。(1) 1997 年改正(1999 年施行)と (2) 2006 年改正(2007 年施行)である。CEDAW (女性差別撤廃委員会)による日本政府レポート審議で, 均等法の充実(1994 年第 2 回審議), 間接

差別の導入（2003年第3回審議）が指摘されていたことへの対応でもあった。

(1) 1997年「改正均等法」　①旧法で努力義務にとどまっていた募集・採用・配置・昇進の差別を禁止し，②女性のみの募集・女性優遇の原則禁止，③違反に対し企業名公表という制裁措置の創設，④調停は一方申請のみで可能，⑤ポジティブ・アクションの創設，⑥セクシュアル・ハラスメントの導入などが盛り込まれた。労働基準法も一部改正され，「女子保護規定」（女性の深夜労働・残業や休日労働の制限）が撤廃された。「ザル法」と揶揄された均等法の根本的な欠陥を多くの点で是正した改正であったが，他方で，当時の国際的趨勢であった労働時間短縮によるワーク・ライフ・バランスの実現には必ずしも配慮していない。

(2) 2006年改正　①男女双方に対する差別的取り扱いの禁止と差別禁止対象の明確化・追加（降格・職種変更・雇用形態の変更・退職勧奨などを追加），②間接差別禁止の新設，③セクシュアル・ハラスメント規定の拡充（男女労働者を対象とする事業主の雇用管理上の措置義務を規定），④妊娠・出産等を理由とする不利益取り扱いの禁止，⑤ポジティブ・アクション取り組みに対する国の援助条件の見直し（取り組み状況の外部への開示を要件とする）などが定められた。また，労働基準法を改正し，女性の坑内労働を解禁した。「間接差別」とは，身長・体重・体力・転勤など性別（直接差別）以外の事由を要件とする措置であって，一方の性の構成員に相当程度の不利益を与えるものを，合理的理由がないときに講じるものをさす。2014年施行規則改正により関接差別の範囲が拡大され，すべての労働者の募集・採用・昇進・職種変更にあたって転勤要件を課すことが禁じられた。

（三成美保）

[文献] 浅倉むつ子 1999, 2000, 2004；ジェンダー法学会編 2012

セックス・ワーク

売春行為を自由意思にもとづく職業選択の一つとして肯定する考え方をセックス・ワーク論という。今日，ヨーロッパの多くの国で売春と買春自体は非処罰である（単純売春）。しかし，オランダ（2000年）やドイツ（2002年）など一部の国は売春営業（組織売春）を認めている（売春完全合法化）。売春完全合法化の目的は，セックス・ワーカーの社会的地位を高めるために労働者としての組合結成権を認め，社会保険や年金を保障して，業者による中間搾取をなくすことにあった。しかしその結果，ドイツは一大セックス観光地と化し，ドイツ全土で40万人ものセックス・ワーカー（95％が女性）が働いていると言われる。彼女たちの半数以上は，東欧・旧ソ連の出身者であり，麻薬を用いた強制売春も指摘されている。他方，北欧諸国では，買春者を処罰する買春禁止法が成立した。スウェーデン（1999年），ノルウェー（2009年）などである。EU諸国のなかにはこれに倣い，検討をはじめている国も出ている。

買売春に関するフェミニズムの立場は，今日，二つに分かれている。セックス・ワーク論と買春処罰主義である。セックス・ワーク論が，個人の自己決定権や職業選択の自由としてセックス・ワークを肯定し，性に対するあらゆる規制は抑圧であると考えるのに対して，買春処罰主義は，人間の身体は商品ではないとして，セックス・ワークそのものを否定する。また，売春が人身取引と深く関わっていることにも留意する。ただし，セックス・ワーカーに負の烙印を押さないよう，当事者たちを被害者と見なして非処罰とし，買春者のみを処罰する。これに対して，日本の売春防止法（1956年）は成立当初のジェンダー・バイアス（性の二重基準）をいまだに強く残

している。同法は，買売春を風紀違反行為と見なして売春幹旋業者を処罰し，売春女性の保護更生をはかることを目的に掲げているが，買春者を処罰しない。すなわち，売春防止法は，セックス・ワーク論とも買春処罰主義とも無縁なままなのである。　（三成美保）

[文献] 三成美保・笹沼朋子・立石直子・谷田川知恵 2015

パートタイム労働

1994 年の ILO パートタイム労働に関する条約（第 175 号条約）は，「『パートタイム労働者』とは，通常の労働時間が比較可能なフルタイム労働者の通常の労働時間よりも短い被用者をいう」と定める。同条約は，労働者の労働条件が比較可能なフルタイム労働者と少なくとも同等になるよう保護すると同時に保護が確保されたパートタイム労働の活用促進を目的とする条約である。条約が定めるように，パートタイム労働とフルタイム労働は時間概念である。ヨーロッパでは，正規雇用のパートタイム労働が少なくない。また，パートタイムからフルタイムへ，あるいはその逆への移動は権利として保障されており，同一価値労働同一賃金の原則がほぼ貫徹されている。このため，妊娠・出産などにあわせた短時間就労としてパートタイム労働を選ぶ女性が多い。これに比し，日本では，パートタイム労働は一般に非正規雇用であり，正規雇用（「正社員」）たるフルタイム労働者と区別されている。その意味で，「フル／パート」は「正規／非正規」を示すある種の身分概念と言える。

2014 年のデータによると，役員を除く雇用者 5,240 万人のうち，正規労働者は 3,278 万人，非正規労働者は 1,962 万人であった［総務省統計局 2015］。また，男性の 22%，女性の 57% が非正規雇用である［厚生労働省 2015］。非正規雇用ではパート労働がもっとも多く，非正規雇用の 7 割が女性である。フルタイム労働者とパートタイム労働者の格差は拡大しつつあり，パートタイム労働者の賃金水準は，同一労働のフルタイム労働者のほぼ半分である。フルタイム（正規）からパートタイム（非正規）への移行は可能であるが，逆のケースは事実上困難である。日本のパート労働法（1993 年）は，行政指導を中心にしてパート労働者の処遇改善をはかることを目的としており，労働条件向上のための実効力を欠く。このため，日本は上述のパートタイム条約を批准できないままであり，パート労働者の地位は改善されていない。　（三成美保）

[文献] 厚生労働省 2015；ジェンダー法学会編 2012；総務省統計局 2015；三成美保・笹沼朋子・立石直子・谷田川知恵 2015

セクシュアル・ハラスメント

「セクシュアル・ハラスメント」は，1989 年に流行語大賞に選ばれ，一挙に広まった。しかし，「セクハラ」というマスコミ向け用語が先行した結果，セクシュアル・ハラスメントが深刻な人権侵害であるとの認識が必ずしも共有されなかった。セクシュアル・ハラスメントには対価型と環境型があり，日本では環境型が多い。日本初のセクシュアル・ハラスメント裁判（福岡事件，1992 年）も環境型で，加害者と使用者の責任を認定した。1997 年の均等法改正によりはじめてセクシュアル・ハラスメント規定が法律に盛り込まれた。「事業主は，職場において行われる性的な言動に対するその雇用する女性労働者の対応により当該女性労働者がその労働条件につき不利益を受け（対価型），又は当該性的な言動により当該女性労働者の就業環境が害される（環境

型）ことのないよう雇用管理上必要な配慮をしなければならない」（第 21 条）。2007 年改正では，「女性労働者」が「労働者」に改められて男女労働者が対象となり，配慮義務は措置義務（「当該労働者からの相談に応じ，適切に対応するために必要な体制の整備その他の雇用管理上必要な措置を講じなければならない」）に改められた。2014 年厚労省指針で，同性間のセクシュアル・ハラスメントが明示され，LGBTI に対するハラスメントも対象とされるようになった。

キャンパス・セクハラやスクール・セクハラを含むセクシュアル・ハラスメントは，アカデミック・ハラスメントやパワー・ハラスメント，マタニティ・ハラスメントと複合的に生じることが多い。これらのハラスメントは，上司 - 部下や教員 - 学生・生徒といった上下関係（上位はしばしば男性）で生じることが多いが，それに限られるものではない。同輩間でも生じるし，下から上への攻撃もある。また，女性から男性へのハラスメントもあれば，同性間でも生じる。セクシュアル・ハラスメントのうち，性犯罪（強姦や強制わいせつ）などの悪質なケースでは刑事責任を問うこともできるが，加害者と被害者の間に力関係があり，被害を訴えにくい構造がある。環境型については，ほとんど刑事責任を問うことはできない。また，民事責任についても，損害賠償は一般に低額である。その結果，セクシュアル・ハラスメントに関する実質的制裁として，懲戒処分が重要な役割を果たしている。

（三成美保）

[文献] 三成美保・笹沼朋子・立石直子・谷田川知恵 2015；牟田和恵 2013

逸失利益の男女格差

「逸失利益」とは，本来得られるべきであるにもかかわらず，死亡したり，後遺障害を被ったりすることによって得られなくなる利益をさす。その算定基準には，長く男女格差があった。男女の賃金格差を前提に男女の損害賠償額が異なるのは不合理として提起された訴訟では，札幌高裁は，女子年少者の逸失利益の算定にあたっては，男女をあわせた全労働者の全年齢平均賃金を基礎とすべきと判示した（2002 年）。他方，外貌障害については女性が男性よりも高く算定されてきた。しかし，これを差別だと訴えた男性の請求を裁判所が認めたことを受け，2010 年，政府は労災補償の基準を見直した。専業主婦の場合，平均的労働不能年齢に達するまで，女子の雇用労働者の平均賃金相当額で算定される［最高裁 1974 年］。しかし，この場合には，生きて無償で家事労働を行っている主婦よりも，亡くなった人の実際には果たされていない家事労働の価値が高くなるという矛盾が指摘されている。

（三成美保）

[文献] 三成美保・笹沼朋子・立石直子・谷田川知恵 2015

ケアと家族

I 家族集団の実証研究から批判的研究へ

ケアを，何らかの対象に対する世話や配慮という意味で捉えるならば，家族というアクターがその役割の多くを担っていることは確かである。家族を集団と捉え，その集団の機能遂行や構造を分析する立場の研究群におい

ては，(具体的には「子どもの社会化」を中核とする) ケアを，核家族を中心とした家族集団が遂行する重要な機能と位置づけて，家族内部の分業構造の解明などの経験的研究が行われてきた。

そうした小集団論としての家族社会学に対して，家族の社会史研究などは，マクロな社会システムとの関連で，制度として家族を捉え返した。夫婦が性役割分業にもとづいて子育てを担う「典型的な」家族は，近代に特有の家族のあり方であることを明らかにしたのである。日本社会においては，第2次世界大戦後の高度経済成長期に，多産少死という人口学的条件と重なる形で，男性稼ぎ手・専業主婦といった家族モデルが規範として成立した。そして生活保障システムもそうした家族のあり方を前提に成立することで，ケアに専従する主婦とサラリーマンという家族像が強固なものとなった。そうした今ある典型的な家族像の歴史的・人口学的条件を明らかにするような近代家族論の知見と呼応しつつ，マルクス主義フェミニズムにもとづく研究は，家事 (労働) として概念化されるケアが，家族に割り当てられ，特にそれを主婦である女性が無償で担うことになっている背景や，そうした家族像を前提に資本主義システムが成立していることを批判的に明らかにしてきた。

このように，ケアは家族 (私的領域) での営みとして，その多くを女性が担ってきた／いることが特徴的であり，その営みを家父長制や資本制との関連で捉え返していくことが，ケアと家族というテーマにおける一つの問題関心であった。特にフェミニズム・ジェンダー論の立場からの研究は，支払われない・不払いという側面に焦点を当てて家事労働としてケアを概念化し，その存在をどのように可視化し，社会的に分配していくかを課題としてきた。そうした議論では，家事労働や育児・介護の外部化，家事労働を貨幣評価するといった方法，男性を含めた余暇・生活時間の確保などが現実の社会政策の課題として提起されてきた。

II 新しい研究の潮流

そうした流れの先に，ケアという行為や態度に含まれている性質に積極的に注目して，社会のあり方の構想につなげていこうとする議論が展開し，ケアと家族に関する新しい研究の潮流を生み出している。その発端が，ギリガン (C.Gilligan) によるコールバーグ (L.Kohlberg) の提起した人間の道徳性の発達理論に対する批判である。発達心理学者であるコールバーグは，道徳的な発達の最終段階を，自己中心性を脱却して原理にもとづいて普遍主義的な道徳的判断ができる段階と位置づけた上で，個人の道徳的発達を経験的に研究した。心理学者のギリガンは，こうした道徳性の発達段階を前提とすると，特に女性の被験者が道徳的ジレンマに関する質問に対する回答として示す，他者の特殊性・個別性に強く配慮した感情的に見えるような判断は，道徳性の低さとして位置づけられてしまうと批判する。ある道徳的ジレンマに出会った時に，コールバーグの枠組では，道徳的諸価値のなかから，熟考して比較考量し何か一つの判断を下すことが高次の道徳性を有している状態として判断されるが，ギリガンは，そうした状況の背景にある人間的な結びつきや，その状況に関与している複数の他者に対する配慮や思いやりを示す態度こそがもう一つの道徳性のあり方なのだと主張する。

以上のようにギリガンが「正義の倫理」に対比して，特に中絶などの親密な関係性のなかでの女性の経験にもとづいて提起したのが，いわゆる「ケアの倫理」である。ギリガンに続き，そうしたケアの倫理は女性に本来的に備わったものとして捉えていくべきかどうかなどが議論となったが，重要な点は，正義にもとづく理性的な判断とは異なる性質の道徳的判断に注目して，公的領域における「正

義」について考えていくことの必要性を提起したことである。ケアの倫理の議論は、政治哲学の正義論における家族内部の正義への目配りの欠如という批判と合流する形で、他者への依存を必要とする人とその人へケアをする人という関係から社会のあり方を考えていく議論の潮流につながっていく。オーキン（S. M. Okin）は、フェミニズム政治理論の立場から、原初状態という仮想的状況を設定して、その状況にある個人間の契約を基礎に正義のあり方を導出しようとするロールズ（J. Rawls）の正義論に対して、その契約に合意する主体として家長が前提とされていることを指摘する。老人や子どもなど家庭内で依存的な立場にある人たちが合意の当事者から外され、またそうした依存的な立場にある人に対するケアを中心的に担う（二次的依存の状態にある）女性も、正義原理の範疇外の家庭という私的領域に置かれているのである。キティ（E. F. Kittay）は、以上のような議論の流れを受けて、正義論の基礎に、誰でもが避けられない依存という概念を置き、従来の正義論の前提である自律的な個人に代えて、依存労働とそれを担う人の存在を前提として公的領域における平等を考えていく「つながりにもとづく平等」という構想を提示している［キティ 2010（1999）443頁］。このキティの構想からは、依存労働を担う人を社会的に支えていくような制度が正当化されていくことになる。

III 理論から政策へ

以上のような議論は、政治哲学の理論的な議論にとどまるものではなく、家族とケア・福祉とをめぐる社会政策上の課題と強く結びついている。例えば、家族に対する福祉や支援などの社会保障においては、家族単位でのニーズへの対応（家族福祉）か、個人単位でのニーズへの対応かが議論されてきた。経験的データからその趨勢が把握される個人化や多様化と言われるような家族の変化に伴い、個人の選択の自由を確保し支えるような社会保障・福祉政策のあり方が一般的には要請されている。しかし、相対的に他者からの助けを多く必要としている高齢者、障害者、子ども、さらにそのケアを行う者（ケアラー）の存在を考えた時、結婚や離婚という成人間の自由な選択にもとづく家族形成（性の絆）と違い、選択の自由という原理となじみにくく、避けがたく存在するケアのニーズ（ケアの絆）が発生し、家族と言われるような関係が実際にはそのニーズ充足の主たる担い手になっている。こうしたケアのニーズは、いわゆる「標準的な」家族集団だけには限らず、シングル・ペアレント、ステップ・ファミリーなど、家族の多様化として指摘される関係のなかにもあると考えると、「標準的な」家族形態をモデルにではなく、依存者へのケアというニーズを中核に社会政策のあり様を考えていくことが重要になってくる。また、「標準的な」家族集団に対する政策を考える上でも、従来の夫婦間分業を前提とした核家族の形成・保持を目指した総合的パッケージのような家族政策ではなく、依存者の存在と依存者に対するケアを担うことで生まれてくるようなニーズに焦点化した政策のあり方が要請される。このように、従来の意味での「家族単位」とも「個人単位」とも違った、依存者とその依存者へのケアを担う者という関係性に焦点を移して、家族とケアとの結びつきを考えていくことが必要とされているのである。　（井口高志）

[文献] 上野千鶴子 1990/2009；オーキン, S. M. 2013（1989）；キティ, E. F. 2010（1999）；ギリガン, C. 1986（1982）；牟田和恵編 2009；山田昌弘 1994

普遍的ケア提供者モデル

アメリカの政治理論家ナンシー・フレイザー（N. Fraser）が主著『中断された正義

『Justice Interruptus』（1997年）で提起した，仕事とケアのジェンダー間の公正な分担を志向する政策モデルの一つ。第2次世界大戦後のベヴァリッジ型の福祉国家は，男性が主に賃労働に従事し，女性が主にケア労働を担う「男性単独稼得モデル」を基本的な前提，および目指すべき姿として社会保障政策を展開してきた。しかし，グローバル化に伴う雇用の不安定化や流動化のなかで，男女間の不平等な役割分担を前提とした政策レジームを脱して，賃労働とケア労働のジェンダー間の配分を見直すことが，福祉国家再編にとって重要な課題となってきている。こうした見直しは，個人の生活においては，ワーク・ライフ・バランスの見直しであり，すなわち，賃労働者にとっては仕事時間の長さの見直し，ケアの担い手にとっては無償で行われてきたケアの社会化や評価の対象としての可視化などの課題となる。こうした賃労働の問題とケア労働の問題とは相互に絡み合っており，社会全体として，ワーク（労働）とケア（生活）をジェンダー間の公正を考えながらどのように分担していくかが課題となっていく。

そうしたジェンダー公正を実現する分担のあり方として，フレイザーは，女性を男性並みの稼ぎ手にすることを目指し，ケアを社会や市場にゆだねる「①普遍的稼ぎ手モデル」，女性のケア（家事・育児・介護）を男性の労働と対等に貨幣的に評価する「②ケア提供者等価モデル」，男性を女性並みのケアの担い手にすることを目指す「③普遍的ケア提供者モデル」の三つを提起する。三つとも，「男性稼ぎ手モデル」と比較した時，ジェンダー公正をより志向している。しかし，①が，社会や市場でのジェンダー化・階層化されたケア労働の担い手を前提とする点，②が，女性がケア労働の中心的担い手となることを変化させない点を踏まえると，「③普遍的ケア提供者モデル」がジェンダー公正という点で，より望ましいモデルとして位置づく。

（井口高志）

[文献] 大沢真理 2007；フレイザー，N. 2003 (1997)；水島治郎 2012

介護とジェンダー

介護の社会的位置づけは，主に主婦という立場の女性によって担われていた，私的領域（家族内）での「家事」に含まれていた病人への世話が，後に介護として問題化・概念化されていくことと関連している。例えば，障害児・者の介護は，子育ての延長上に，母親が，子どもの成人後も担うことを自明視されてきた。また，高齢になった家族成員の介護は，嫁役割から夫婦間や実の子どもへといったように，主となる担い手の割合の変化はあれども，近代家族の主婦役割の延長上になされ，主な担い手は女性であった。しかしながら，高齢化・長寿化に伴う高齢者層のボリュームの増大や，医療水準の上昇などに伴う他者からの世話が必要な期間の長期化は，家庭内の私事としてのみ世話を行うことを困難とさせることになる。そうしたなかで，介護という言葉が独立した意味をもつようになり，家族外の「社会」で介護を担うことの必要性が高まる。こうした「介護の社会化」は，まずは，主な担い手に主婦を念頭とした在宅介護の有償ボランティア活動として進んで行った。その後，介護の財源確保のシステムである介護保険制度の創設とともに，対価を伴う労働としていく動きが強まっていくが，在宅介護を担う中核であるホームヘルパーは，パート的な主婦労働とも言える位置づけから出発した。出発点で，私的領域での女性役割の延長上に形成されていったことと，介護が低賃金で不安定な仕事であることは強く関連し，女性の担い手の割合の多さと強く関連している。

また，介護行為が授受される場面でもジェンダーの役割規範が相互行為に影響を及ぼしている。その問題は，例えば，男性介護者の直面する課題を見ることから顕在化する。「母性」を中核とした女性による行為という社会的イメージのため，男性が介護を職業として行う際に，受け手や周囲の人から不自然なものと見なされることがあり，そうした意識に対処していく必要がある。家庭内でも，家族形態や意識の変化から，夫や息子の立場で介護を担う男性が増えてきているが，それまでの家庭内の家事や地域での関係作りから遠い生活ゆえに，突然介護役割を担うことには困難を伴い，極端な場合には，不適切な介護や虐待などの問題につながることもある。また，男性が介護を担っているとしても介護や家族全体の家事を担うべき責任は，その男性の妻などの女性に集中していることも多く，両ジェンダーが対称的に介護を担うようになったと言えない面もある。このように，人口学的にはジェンダーを超えて介護を担わざるを得なくなっていく現実のなかで，それまで形成・維持されてきたジェンダーにもとづく規範や社会的位置づけから生まれるギャップを克服していくことが，介護を社会的に分担していく上で課題となっている。　　（井口高志）

[文献] 春日キスヨ 2002/2011；森川美絵 2015；山根純佳 2010

ケアをめぐる国際労働移動

ケア（家事，保育・介護）の担い手として，特定の途上国の女性が先進国へ移動する現象が見られ，賃金水準の違いや国家の送り出し政策を反映して受け入れ国と送り出し国はほぼ固定している。こうした移動の背景には，先進国での近代化に伴う主婦の家事労働の創出と，その後の女性の労働力化に伴う家事の担い手の不在という現象がある。サッセン（S. Sassen）によると，グローバル都市における「妻」のいない専門職家庭が外国人労働者を雇い始める。グローバルな経済競争で勝ち抜くための高学歴女性の労働力化が，国内でのケア労働の分業ではなく，送り出し国からの女性が担うことで達成されるという，グローバルな再生産労働の下請けの連鎖（Global Care Chain）が成立していく。国際労働移動において，低賃金のケア労働を担う女性の割合は大きい。

さらに先進国では，人口の高齢化に伴って高齢者の介護需要が生まれ，それへの対応のためにケア労働力の受け入れが促進されてきた。特に，ケアの担い手として家族を中核に置いた政策レジームの南欧諸国やアジア諸国（台湾，香港など）では，家族が家事使用人を雇って高齢者を介護する「親孝行の下請け」現象が生まれており，国家もこうした介護需要への対応を税控除などで後押ししてきた。

一般的に家事使用人は，労働法が適用されず，出入国とマッチングを斡旋する業者に管理され，使用者の家庭内で働くために搾取や暴力に遭いやすく，声も上げにくい。特にアジア諸国では移民としてではなく一時滞在という資格での受け入れのため，問題はいっそう深刻となる。ケア労働者を政策的に送り出している国（フィリピンやインドネシア）は家事労働者の教育や保護を行うが，複数国からの労働力獲得の選択肢をもつ受け入れ国の立場が強く，労働法規の不適用こそが需要を生む安い価格を実現する面をもつため，適正な労働基準の交渉が難しい。なお，「家事使用人」として契約し，賃金を媒介にケアを担うのが狭義の労働移動だが，ケアを親密圏におけるワークと考えると，「妻」となってそれを不払いで担う国際結婚も広義のケアをめぐる労働移動である。　　（井口高志）

[文献] 上野加代子 2011；サッセン，S. 2004 (1998)

保育所政策

　日本における，乳幼児を対象にした保護・成長・発達を目的とした働きかけ（保育）が行われる施設のうち，学校教育法にもとづく幼稚園に対して児童福祉法にもとづくものが保育所である。保育所政策とは，狭義には後者の量や質を計画・整備することを指している。ただし，保育所のなかには児童福祉施設最低基準にもとづき地方公共団体の認可を受けた認可保育所に加え，自治体から補助金を受けた施設・場所（東京都における認証保育所など）や，事業所や民間事業者が運営する保育事業（事業内保育所，ベビーホテル）もある。幼児のいる場所という意味では同機能を担う幼稚園も含めて，広義の「保育」がなされる場所の全体と関連付けて保育所のあり様を考えていくことが，少子化が問題とされる日本社会の保育所政策の理解の上でますます重要な課題となってきている。

　戦後の保育所政策は，高度経済成長期以後の女性労働者の急増などに伴う保育需要に応えて，措置費制度にもとづく認可保育所を増やしていく形で進められた。保育所への入所措置児童数は1980年をピークに1994年まで減って行き，その後また増加に転じていく。子ども数の減少により保育所の統廃合が問題となっている地域もあるが，特に注目されている問題が，7都道府県・指定都市・中核市などの都市部にその8割が集中する待機児童の問題である（2014年4月に全国で21,371人）。こうした待機児童の問題に対して，1995年の「エンゼルプラン」以降，数値目標設定の上で認可保育所の定員数を増やしていくことに加え，低年齢児からの受け入れ，病気の際の預かり，延長・夜間・休日の保育など，多様なニーズに対応する保育サービスの拡充を目指した政策がとられている。また，認可外の保育所や，保育所以外の保育施設（認定こども園や，幼稚園における保育サービスの提供）などを増やすこと，認可保育所の運営への株式会社などの参入を可能にすることなど，狭義の「認可保育所」の外も含めて保育ニーズを充足させていくような方針が各自治体でやり方に違いはあれど，採られてきている。こうした保育所政策の流れは，1990年の1.57ショック以降の少子化対策という文脈から展開していき，地域での子育て支援や，仕事と育児の両立支援，働き方の見直しなども含み込んだ「次世代育成支援対策」という総合的な政策パッケージの展開という文脈のなかで理解していく必要があるだろう。

（井口高志）

[文献] 白井千晶・岡野晶子 2009；全国保育団体連絡会・保育研究所編 2014

子の看護休暇

　小学校就学開始時期に達する前までの子を養育する労働者が，子どもの病気や負傷などの看護のために休暇を取得できる制度を指す。働きながら子どもを産み育てやすい雇用環境の整備を目的に，2005年の育児・介護休業法の改正により義務化された。子どもの病気という性質上，休暇取得の緊急を要することも多いため，当日の朝の電話などでの申請の申し出に対して事業主は多忙を理由に拒否することはできない。休暇中の賃金に関しては労使間で取り決めを結ぶ。制度開始後は，養育する子どもの人数にかかわらず1年間に5日までだったが，2010年6月の改正法後は，小学校就学の開始期に達するまでの子が一人の場合は年5日，二人以上の場合は年10日とされた。また，「負傷し，又は疾病にかかったその子の世話」を行うための休暇とされていたが，改正後は，子に予防接種または健康

診断を受けさせるために取得することも可能と明記された。　　　　　　　　　（井口高志）

パパの月

育児休業制度に実効性をもたせるためにスウェーデンで1999年に導入されたしくみを指し，「父親が育児をする（権利をもつ）月」といった意味である。もともと，スウェーデンでは，1974年から子どもが8歳を迎えるまで，所得を保障されながらの育児休暇が，母親，父親それぞれに240日分，合計480日分認められているが，このしくみでは，その240日分のうち60日分はパートナーに譲ることのできない分（クォータ）とされた。これによって，例えば，60日分は父親本人にのみ取得の権利がある日数となるため，この固定分を「パパの月」と呼んでいる（当初は30日分であったため「月」である）。この60日分については，父親本人が取得しないと権利が消滅することになるため，男性の育児休暇取得へのインセンティブとなっている。この制度導入後，スウェーデンにおける男性の育児休暇の取得率は，導入以前の1割程度から8割弱まで上がっている。　　　　　（井口高志）

[文献] 両角道代 2012

パパ・ママ育休プラス

2009年7月の育児・介護休業法改正によって新設された制度（2010年6月30日施行）で，父親と母親がともに育児休業を取得する場合，育児休暇の期間を特例として延長するという制度である。育児休業制度は，子どもを養育する労働者に子どもが1歳に達する日まで休業を取得する権利を付与しているが，この制度では，子どもが1歳2ヵ月に達する日まで延長することができる。このしくみは両ジェンダーに対する休業日の割り当てではないが，夫婦ともに育児休暇をとることで休暇が2ヵ月延長される（二人が取得しないと休暇が2ヵ月短くなる）という形でのインセンティブを生むため，特に取得率の低い男性の育児休暇取得につながることを狙って設けられた。　　　　　　　　　　　　（井口高志）

[文献] 石井クンツ昌子 2013

イクメン

イケメン（美男子の意味）をもじり，子育てを積極的に楽しむ「いけてる男性」という意味で使われている。育児と仕事を両立させている男性の体験談を載せるイクメンクラブ（2011年 NPO法人化）とともに広告会社のコピーライターによって造られ，2010年の流行語大賞となるなど，ブームとなった。ブームの背景には，育児に関わりたいという父親たちの強い思いと，実際は仕事が忙しくて育児に関わる時間が無いという葛藤がある。育児参加の実現を後押しする政策として，2010年6月30日施行の改正育児・介護休業法では，父親の育児休業取得率のアップを目的にして，男性が育児休暇を取ることで夫婦全体としての育児休暇期間が延びるパパママ育休プラスなどのしくみが設けられた。また，改正に合わせて政府は「育メンプロジェクト」を立ち上げ，啓発運動を展開している。このように「育児をする父親」の肯定的イメージが強調され父親文化が育ってきたが，育休取得率は2.63%（2010年）と上昇はしているもののまだ低水準である。　　　　（井口高志）

[文献] 石井クンツ昌子 2013

第8章

福祉と家族

福祉と社会政策

I 福祉国家と社会政策

近代化の過程において産業化はさまざまな新しい社会問題を出現させた。こうした社会問題に直面した資本主義体制下の近代国家は、次第に福祉国家としての特徴を備えるに至る。ここで福祉国家とは、国民の福祉（well-being）の向上を目的として国家が積極的な公共政策を展開する政治体制であり、福祉国家における公共政策のなかで中核をなすのが社会政策（social policy）である。ここでは、社会福祉と社会サービスをめぐる給付や規制に関する政策を社会政策と捉える。社会政策の対象は、貧困、障害、老齢などによって社会的に弱い立場に置かれた人びとに対する支援という、狭い意味での「社会福祉（social wellfare）」のみに関わるものではなく（→障害者福祉と家族，高齢者福祉と家族）、社会保障、雇用、保健、住宅、教育なども含む、多様な社会サービスを包含する広い意味での福祉に関わるものである。

家族と福祉国家との関連について見れば、家族の変動は福祉国家・社会政策のあり方に影響を与えるとともに、福祉国家の変化は家族の変化の要因となり得る。高齢化の進展、女性の労働力化、家族構造の変化とともに家族による介護が困難になることを通じて、公的な介護サービスのための政策が導入されることは、家族変動が福祉国家に与える影響の一例である。年金保険の充実とともに、高齢者の経済的自立が促進されることを契機として、親世代が子世代と独立して生計を営む傾向を強めることは、福祉国家化が家族変動に及ぼす影響の一例である。

さらに今日、家族政策や女性政策という、家族に直接的な影響を及ぼす政策が社会政策の重要な一部をなしており、別項でも触れるように（→少子化をめぐる福祉）、少子高齢化を引き金として、少子化に対応するための社会政策もその重要性を高めている。このように福祉国家における家族は、その社会における社会政策とそれに関連する文脈のなかにますます強く埋め込まれており、社会政策の要素を無視して現代の家族を論じることは困難になっている。以下では、こうした家族と社会政策との関連を踏まえながら、福祉と社会政策をめぐる現代的論点を概観する。

II 福祉国家から福祉社会へ

福祉国家は国によって異なる経路を経て形成された歴史的形成物であるが、20世紀の第3四半期においては多くの社会に共通する動向が観察された。この時期、国家による資本や労働に対する規制にとって有利な国際的環境のもと、経済成長と堅調な税収増を基盤にして、多くの先進諸国では福祉国家はその黄金期を迎え、社会政策はその対象と水準を拡大した。諸社会での福祉国家建設に大きな影響を与えた「ベヴァリッジ報告」は、福祉国家の展開する社会政策の大きな柱として雇用政策を掲げた。黄金期の福祉国家は、国家による労働市場への介入を通じて完全雇用を目指す経済政策を特徴としたが、その対象は世帯の主たる稼ぎ手である男性労働者であった。その点で、黄金期の福祉国家が前提としていたのは「男性単独稼得モデル」の家族であったと言える（→労働／社会／家族）。

日本では1961年にいわゆる「国民皆保険・皆年金」が実現するが、年金や医療について社会保険が多くの国で広範な成立を見たのもこの時期であり、じっさい諸国におけるGNPに占める社会支出の割合はこの時期に

大幅に拡大した。こうした状況のもとで，社会権あるいはシティズンシップという観念が定着し，福祉国家に対する社会的支持が高まることとなる。

だが，福祉国家の黄金期は短命に終わった。20世紀の第4四半期に入ると，国際情勢の変化を背景に，金融や労働をめぐるグローバル化の影響下，低成長経済への移行と産業構造の変化が進んだ結果，失業率の上昇と雇用の不安定化が生じ，完全雇用は困難となった。少子化と長寿化による顕著な高齢化の進展を背景に，社会支出は増大した。それに並行して，婚姻率の低下や離婚率の上昇が示すように，家族のあり方も大きく変化し，従来の男性単独稼得モデルの家族を前提とした社会政策の限界が顕著となる。こうして，福祉国家のあり方にはさまざまな見直しが迫られることとなる。

1970年代には財政危機や管理社会批判という文脈から「福祉国家の危機」が喧伝され，福祉国家の正当性が問われた結果，1980年代以降，福祉国家は「縮減」（retrenchment）あるいは「再編」の時期に入ったと言われる。縮減あるいは再編のあり方は，英米，欧州，日本などで異なっていたが，この文脈では英米における福祉改革が特に重要である。イギリスのサッチャー政権下では，社会サービスの提供における国家の役割を縮小するために，福祉の分野に市場原理が導入され，ブレア政権での「準市場」アプローチなどに引き継がれた。これらは新自由主義（ネオリベラリズム）的な理念にもとづき，福祉国家の効率化を推進したものである。アメリカの福祉制度改革において，拡大する公的扶助の費用削減を意図し，ワークフェア（workfare）の視点から労働の義務を重視する改革が進められたことにもこうした新自由主義的な志向性が見てとれる。

こうしたなか，日本を含む一部の国々においては，国民の福祉の実現において政府が担う役割を限定的に捉え，社会の多様な主体が福祉の実現の担い手となることを志向する変化が進んできた。いわゆる福祉国家から「福祉社会」へという変化である。こうした変化の背景はさまざまなものがあるが，第1に，1970年代以降進んだ少子高齢化は，高齢者福祉を中心とする社会支出の拡大と税収の低下を招き，年金問題をはじめとする福祉国家の財政危機を強めてきたという事情がある。第2に，労働の変化やライフコースの変化を背景に，福祉をめぐるニーズが多様化し，家族が福祉を提供することの限界も顕著になるなかで，NPOやボランティアなどに代表される「市民社会」への期待が高まってきている。「福祉ガバナンス」への関心の強まりも，こうした期待と関連している。いずれにしても，福祉の供給において国家の果たす役割はあいかわらず大きいものの，今日の福祉をめぐる社会政策にあっては，国家，市場，家族，ボランタリーセクターという諸主体間の関係性の再編成が進められている。

III 福祉と社会政策をめぐる課題

ウルリッヒ・ベック（U. Beck）の『リスク社会（危険社会）』以来，社会学の領域を中心に，20世紀の第4四半期以降に進んだ福祉国家における社会変動を，「個人化」と「リスク」という概念で把握することが多い。現代における家族や労働市場の変化は，個人が家族，企業，地域社会といった中間集団から切り離される傾向を強めた点で，「個人化」と概念化し得る。個人化が進む社会においては，黄金期の福祉国家が想定していたような，男性稼得者の経済的リスクに社会保険で対処するというアプローチの適用可能性は狭まることになる。ひとり親家族であること，共働きであること，低い労働スキルしかもたないことといった，従来型の福祉国家が対応困難であるような新しいタイプのリスクは，「新しい社会的リスク」（new social risk）と呼ばれる。

福祉をめぐる社会的連帯を維持していくた

めには，福祉国家あるいは福祉社会がこうした新しい社会的リスクに対処していくことが不可欠である。武川正吾は，こうしたリスクに対抗するために現代の福祉国家が進めねばならない変革として，「脱ジェンダー化」「労働の柔軟化」「市民社会化」をあげている。こうした変化が，グローバル化の進展のなかでどのように進んでいくのか，それは福祉レジームや家族の特徴が異なる社会においてどのような違いをもって現れるのかが，今後注目される。

(田渕六郎)

[文献] 圷洋一 2012；スピッカー，P. 2001 (1995)；武川正吾 2007, 2011；藤村正之 2013a

ベヴァリッジ報告

1942年にイギリスにおいて，ベヴァリッジ (W. H. Beveridge) によって出版された『社会保険および関連サービス』のこと。第2次世界大戦中，イギリスにおける戦後の再建計画を描くことで国民の統一に寄与すると同時に，社会保障を柱とした福祉国家の理念を確立した。児童手当や包括的医療サービス，完全雇用の完遂を前提条件とした社会保障制度によって，窮乏からの自由が達成可能とされている。

ベヴァリッジの国民最低限保障（ナショナル・ミニマム）の提案の特徴は，均一拠出均一給付の原則にもとづく強制的な社会保険による所得保障を中心に，それを補完する手段として，特殊事例に対する公的扶助，私的貯蓄・任意保険の三つの段階に分類したことにある。スティグマの付与を伴う資力調査は，保険方式よりも望ましくないことや，社会保障は国家と個人の協力によって達成されるべきであり，人びとの自発的行動の余地を残すべきという価値が，そこにはある。

(石田健太郎)

[文献] ハリス，J. 1995/1997/1999 (1977)；ベヴァリッジ，W. 1969 (1942)

社会保障改革

貧困の除去と最低限度の生活を権利として保障することを目的とした社会保険と社会扶助からなる社会保障 (Social Security) に加え，保健医療や公衆衛生，社会福祉，教育，住宅，雇用，環境までをも含む社会政策 (Social Policy) および社会サービス (Social Services) に関する一連の改革のこと。より広くは，国家と個人の関係，市民社会のあり方の模索のことで，その時々の経済状況や人口構造，政治的条件といった社会体制を反映しながら変容する。

わが国の近年の社会保障改革は，制度およびその運用に対する信頼のゆらぎに応じるため，安定的財源の確保による持続可能で，無謬性を前提としない透明性のある制度の構築を目指している。こうした信頼のゆらぎは，家族や職域，地域，消費の個人化現象に対する福祉国家の再編と包摂のための取り組みとして理解することができる。特に，家族の個人化は，ジェンダー化された福祉国家における給付の単位（世帯単位）や標準モデル（核家族）に変更を迫るものであり，税と社会保障の個人単位化を推し進めることで家族内問題を可視化，平等化する。夫婦間における老齢年金権分割や遺族年金，母子福祉の父子家庭への適用も福祉国家の脱ジェンダー化を示す出来事の一つと言える。

社会保障の機能は，再分配とリスク分散にあるが，それは，労働力人口に対する従属人口の扶養の問題といいかえることもできる。そこでは，引退や疾病といった社会的事故に対する所得保障や医療・介護保障が主な問題とされ，給付も高齢者に偏る傾向にあった。

しかし，給付と負担の世代間公平の問題や職域の個人化による企業保障の衰退，非正規雇用の増大といった世代内公平の問題により，男性稼得者かつ正規雇用者を中心とした1970年代モデルから，子どもを含めたすべての世代を対象としたシームレスな給付を行う21世紀日本モデルへの転換を必要としている。　　　　　　　　　　　（石田健太郎）

[文献] 社会保障制度改革国民会議 2013；武川正吾 2007

シティズンシップ

ある社会の境界を定める作用をもった，人間および市民としての権利の総体を指す概念で，市民権や市民資格，市民性といった訳語がある。シティズンシップの古典的定義は，イギリスの社会学者マーシャル（T. H. Marshall）によるもので，ある共同体(community)の完全な成員である人びとに与えられた地位身分（status）であり，この地位身分をもっているすべての人びとは，その地位身分に付与された権利と義務において平等であるとされている。シティズンシップには，個人の自由のために必要とされる諸権利（自由権），政治権力の行使に参加する権利（参政権），自由権を行使するための実質的な条件を保障する権利（社会権）の三つの要素があるとされ，福祉国家ともっとも結びつくのが，社会権であるとされた。

福祉国家による社会権の拡大は，当初，絶対的貧困に対する救貧と基盤整備が目的とされ，ついで，防貧と各種給付の充実・改善による量的・質的増大が行われることで，相対的貧困までをもその射程とした。しかしながら，1970年代以降，石油危機を契機とした景気後退により福祉反動が起こり，福祉国家は危機を迎え，その正当性が問われるようになった。

サッチャリズムやレーガノミックスとよばれたイギリスやアメリカの動向と同じく，わが国でも市場原理の導入による民営化や規制緩和，地方分権といった新自由主義的な行財政改革が行われ，大きな政府から小さな政府を目指し，社会的支出の削減が行われた。しかし，社会保障財政そのものは，その後も少子高齢社会の進展，福祉ニーズ（需要）の多様化により拡大しつづけており，その意味では社会権の縮小も起こっていない。

さらに，グローバル化時代における人の移動は，民族や宗教，文化といった要素を考慮したポストナショナル，あるいはトランスナショナルなシティズンシップへの合意を必要としており，アイデンティティをめぐる承認の政治が問題となる。　　（石田健太郎）

[文献] 木前利秋・亀山俊朗・時安邦治 2012；マーシャル，T. H. & ボットモア，T. 1993 (1992)

社会保険

公的扶助制度と並ぶ社会保障制度の一つで，事前の拠出を条件に現物給付や現金給付が，普遍的に実施される。社会連帯や扶助原理といった価値にもとづき，失業や疾病，加齢，死亡といった生活上のさまざまなリスク（損害）に対応している。自由に保障水準の設定や加入・脱退が行える私保険に対して，リスク（不確実性の度合い）の予測が困難な保険事故への対応や被保険者による逆選択を防ぐため，強制加入が義務づけられている。そのため社会保険税と呼ばれることもある。また，保険事故の種類に応じて，医療保険・年金保険・業務災害補償保険・雇用保険・介護保険などがある。わが国では，1961年に国民皆保険・皆年金体制が確立したが，両制度とも仕組みや対象が異なる複数の制度が組み合

わさって存在する分立型の制度となっている。財源は、事業主と被保険者が支払う社会保険料に加え、運営基盤が脆弱な保険者を支援するため税によって賄われている。

（石田健太郎）

[文献] 下和田功 2014；ベック, U. 1998 (1986)

年金制度改革

社会保障改革の主要テーマの一つで、所得保障の中心的存在としての公的年金制度のあり方に関する一連の改革のこと。わが国の公的年金制度は、現在、全国民を対象に最低保障を行う基礎年金（国民年金）と被用者を対象とした所得比例年金（厚生年金・共済年金）の2階建て構造となっている。改革の焦点となるのは、給付の水準と範囲、財源確保の方法である。成熟段階に至った多くの国々においては、所得代替率の引き下げや開始年齢・拠出額の引き上げによる縮減の政治が行われている。また、税と社会保険、および、積立方式と賦課方式をどのように組み合わせるかは、さまざまな利害関係の調整が必要となり、経路依存性をもつ。負担と給付のバランスを自動調整する仕組みとしてマクロ経済スライドが導入されたが、デフレ経済下においてはその発動は制限され、世代間格差を広げる。改革が、誰にとってどのような機能を果たすかを考える必要がある。

（石田健太郎）

[文献] 小沼正・地主重美・保坂哲哉編 1984；新川敏光・ボノーリ, G. 編著 2004

公的扶助

社会保険と並ぶ社会保障制度の一つで、資力調査や所得調査を条件として選別的に実施される。生活困窮者に対して最低生活費やサービスの給付が行われるが、その内容と水準の決定には、貧困への社会認識と政治が作用する。わが国では、憲法第25条（生存権）にもとづく生活保護法が、その主たる役割を担っており、他に住居支援や保険料の軽減・減免などが行われている。近年、失業率や離婚率、高齢化率の上昇と相関して保護率は上昇傾向にある。特に、公的年金制度の不十分さによる高齢低所得者の増大は、代替関係にある生活保護受給者を増大させ、財政負担を重くすると言われている。誰もが納得し得る保護基準の設定と保護行政の適正運営が求められており、特に三親等以内の親族への扶養義務の強化が、主張されている。ただし、通説や判例は、生活保持義務と生活扶助義務を区別し、世帯としての構成に無理があったり自立を妨げたりする場合、世帯分離が行われている。

（石田健太郎）

[文献] 岩田正美監修・編著 2010；日本法社会学会編 1967

ソーシャルインクルージョン

社会的排除（social exclusion）と対になる概念で、1980年代から90年代にかけてヨーロッパで普及した社会政策の理念や目標で、社会への参加の保障や人びとのつながりの再構築に着目した多次元的・動的な問題認識のあり方のこと。社会的包摂や社会的包含、社会的包括と訳される。

社会的統合（social integration）が、統合される側の価値やライフスタイルを統合する側へ適応させることを目的とするのに対して、社会的包摂は、排除を引き起こす制度や実践の構造そのものを是正し、原因を除去することを目的としている。また、貧困や相対的剥奪（資源の不足のため、当該社会において「期

待される生活様式」を享受できないこと）といった概念が，障害やジェンダーといった特別な必要やリスクのある特定の人びとのみを対象（個別主義）としたのに対して，社会的包摂は，すべての人びとの生活の不安定化を対象（普遍主義）としている。具体的政策アプローチとしては，労働と福祉を結びつけるワークフェアやアクティベーションと，労働と福祉を切り離すベーシックインカムがある。

わが国では，2000年代に入ってからようやく，新しい公共や地域福祉との関連でソーシャルインクルージョンという言葉が用いられるようになってきた。ただし，そこで包摂の対象となるのは，既存の日本型福祉社会から取りこぼされた社会的弱者に限られる傾向にあり，包摂の担い手とされたNPOやボランティアたちも福祉の供給主体としての位置づけにとどまり，ボランタリズムの醸成が課題とされることが多い。もちろん，福祉国家と福祉社会は必ずしも相互排除関係にあるわけではなく，協働のための合意が必要とされている。

社会的包摂概念の問題点としては，社会に包摂しようという働きそれ自体が排除を生み出す可能性をもっていること（福祉国家自体による排除，自発的排除のジレンマ）や，社会的包摂を表す指標そのものが未だ十分には開発されておらず，相対的剥奪指標によって代替されがちという点にある。　（石田健太郎）

[文献] 園田恭一・西村昌記編 2008；日本ソーシャルインクルージョン推進会議 2007；福原宏幸編著 2007

家族政策

一国または一地方の政府が，家族の機能を保護，促進あるいは強化するために，家族とその成員に対して，直接的または間接的に影響を与えようと意図した計画，およびそれにもとづく行動のことである。

家族政策は，歴史的には人口政策の延長線上に発展してきた。現在用いられている政策手段の多くも，戦前にフランスやスウェーデンなどの先進国が行った出生促進政策のなかに，その初期の形態を見いだすことができる。戦後は，家族政策の目的として出生促進を表明するフランスのような国は例外的となり，むしろ総合的な家族政策により間接的に出生に働きかけるという態度が主流となった。しかし近年では，超少子化に苦しむ国々の間で，出生促進を明示する方向へと家族政策を転換する動きが顕著になってきている。

家族政策の目的としては，このような次世代の再生産とともに，家族成員の福祉，特に扶養とケアが重要である。伝統的に夫婦家族の社会である欧州（特に北西欧）では，扶養やケアの対象はもっぱら子どもであり，日本のように高齢者の扶養と介護をも家族政策に組み入れる考え方は一般的ではなかった。しかし近年では，欧州でも高齢化の進展を背景に状況が変化し，三世代間の連帯，再家族化あるいは家族主義の復権をテーマとした研究が盛んに行われている。こうしたなかで欧州評議会も，子どもだけでなく高齢者や障害者にとっても最後の拠り所（last-resort）となる家族を社会的・法的・経済的に保護することを，家族政策の目的として掲げるようになった。

家族政策の手段としては，家族手当，出産補助金，住宅手当，扶養控除などの金銭的支援，保育所や老人ホームをはじめとする育児・介護サービスの供給，出産・育児・介護休業や短時間勤務・在宅勤務などの労働条件の整備（ワーク・ライフ・バランス），家族計画や母子保健などのリプロダクティブ・ヘルスの改善が主なものである。また，家族法の制定と改正も，夫婦・親子の身分関係を定義

し，権利・義務関係を設定するという点で，家族政策の手段となり得る。　　　（加藤彰彦）

[文献] 阿藤誠編 1996；カウフマン，F.G. 2011 (2005)；谷沢英夫 2012

福祉国家

　狭義には，国家が積極的な社会政策や経済政策を通じて国民の福祉の増進を図る政治体制。広義には，個人や階級の間に存在する生活機会の格差を是正するために国家が規制や給付の形で政策的な介入を行う社会を指す。福祉国家の定義は，どのような視点に依拠するかによって多様であり，歴史的にも変遷が見られるが，今日では福祉国家を抽象的な概念としてではなく歴史的な所産として捉えることが一般的である。

　福祉国家の起源にはさまざまな説があるが，社会保険の導入，社会的シティズンシップの拡大，社会支出の増大を指標とするとき，先進諸国における福祉国家の生成期は1880年代から第2次世界大戦までに求められることが多い。続く大戦後から1960年代は，多くの西側先進諸国では経済成長と社会政策の拡充が好循環を見せることによって福祉国家は拡大期を迎える。国家による完全雇用を目指す経済政策と強く結びついていた点で，この時期の福祉国家はケインズ型福祉国家などと呼ばれるが，著名なベヴァリッジ報告（1942年）はこうした福祉国家の青写真を描いたものである。

　1970年代以降，高度経済成長の終焉とグローバル化の進展とともに，それまでの福祉国家のあり方にはさまざまな見直しが迫られ，例えばイギリスでは民営化や規制緩和といった市場原理の導入を通じた福祉国家の再編成が進められた。こうした変化のなか，国民の福祉向上を政府が中心となり推進することの限界を認め，社会のさまざまな主体が福祉の実現の担い手となる社会（福祉社会）を目指す視点が強まってきた。これはいかにして市民社会が福祉の主体となるかを問う視点であり，福祉ガバナンスなどの概念もこれに関連する。

　こうした現実の変化を背景に，エスピン＝アンデルセン（G. Esping-Andersen）の学説が代表であるが，福祉レジームといった概念を通じて，福祉の生産と供給の主体として国家，市場，家族の相互の関係に注目することで，福祉国家の概念を捉え直す議論も現れている。　　　（田渕六郎）

[文献] 圷洋一 2012；藤村正之 2013b

福祉ガバナンス

　「ガバナンス」（governance）という語は一般に「統治」と訳されるが，「コーポレート・ガバナンス（企業統治）」のように，ガバナンスという用語を「ガバメント」と対比的に用いることが近年一般化してきた。ここでガバナンスは政治的支配という意味での統治やその機構のみを指すのではなく，組織や社会における目標達成のために求められる管理や運営といった機能を，そこに関与するさまざまな団体や個人が対等な立場で相互作用しながら達成していくことを意味する。このガバナンスの考え方を福祉や社会政策の分野に適用したのが福祉ガバナンスであり，ソーシャル・ガバナンスという語と同義で用いることもある。

　福祉ガバナンスは，福祉の供給や消費に関わる機構や団体内部のガバナンスも意味し得るが，実際は福祉に関わる諸主体間のガバナンスを指して用いられることが多い。後者は，福祉供給や福祉をめぐる規制制定などに関わる主体，当事者たち（政府や自治体にとどま

らず企業，NPO，地域社会などの非政府部門の諸主体を含む）の間の相互作用（連携や協働，あるいは対立や紛争）を通じて福祉供給や意思決定が行われることに関心を向ける概念である。

　福祉ガバナンスに関心が向けられるに至った背景の一つは，福祉国家の危機や限界に対抗して，社会の多様な主体が福祉供給に参画することを重視する福祉多元主義の影響である。一方，福祉や社会政策の領域において，経済や情報のグローバル化の進展を背景に「グローバル・ガバナンス」の重要性が，国と地方の関係が水平的な関係に変化するにつれて「ローカル・ガバナンス」の重要性が高まってきたことも重要な背景である。特に福祉ニーズをめぐる地域的な多様性が高まるなかで，市民社会における公私の協働，あるいは「新しい公共」の構築が福祉の分野で進展するかどうかをめぐって，ローカル・ガバナンスのあり方が注目されている。　　　（田渕六郎）

[文献] 杉岡直人 2013；武川正吾 2012

:::: ケア労働 ::::

　依存的な状態にある他者の身体，心理，情緒，発達に関わるニーズを満たすために行われる労働。介護，看護，世話，見守りなどの，他者の生命の再生産に関わる労働を指す。有償，無償のどちらの労働も含まれ，家族・親族が行う労働と，それ以外の関係にある者（専門家，ボランティアなど）が行う労働の双方を含む。家族が行うケア労働は家事労働と重なるため，ケア労働はジェンダーの視点から論じられることが多い。高齢化，女性の労働力化，家族機能の変化を背景にケア労働の「社会化」が進んだ20世紀後半以降，社会政策の体系や社会構造という文脈のなかにケア労働を位置づけ，政府と市民社会がどのように社会的なケア労働を担うのかを問う視点が強まった。近年ではグローバル化の進展を背景に，国境を越えて移動する女性によって担われる有償労働としてのケア労働にも関心が集まっている。　　　　　　　　（田渕六郎）

[文献] 後藤澄江 2012

少子化をめぐる福祉

I　少子化と福祉国家

　少子化とは，出生率が人口規模を維持するのに必要な「人口置換水準」を継続的に下回る状態を指す（→少子化／超少子化）。1970年代以降，多くの先進諸国では少子化が進んだが，80年代以降の出生率の動向は国による多様化が進んでおり，北欧諸国や英米，フランスのように相対的に出生率が高い水準にある国々と，日本や南欧のように2000年代以降も超少子化状態が続いている国々とが存在する。日本の少子化は，結婚行動の変化（未婚化の進展）と出産行動の変化（夫婦がもつ子ども数の減少）の両方を要因とするが，1970年代以降は相対的に前者の寄与が大きいとされている。

　日本では1970年代から少子化は始まっていたが，80年代以前の日本の家族政策には出生率向上への関心は含まれておらず，少子化が政策課題として認識されたのは90年代以降である。出生力水準の低さが認識され，少

子化が「問題」としてフレーミングされたのは90年代であった。1990年のいわゆる「1.57ショック」(前年の合計特殊出生率が過去最低の1.57を記録したことを指す)は,政府が出生率低下を政策的課題として捉えるうえでの画期となり,その後さまざまな「少子化対策」が講じられた。

　近代国家は国力の維持などの観点から,当該社会の人口規模や人口構造の統制に関心をもち,一部諸国では出生促進的な人口政策も採られてきた。しかし,出生への明示的な介入が困難となった現代の福祉国家において,そもそも人口減少がなぜ問題なのかという問いに答えるのが難しいのと同様に,少子化がなぜ問題なのかという問いに対して明確に答えることは難しい。ここでは頻繁に指摘される論点をあげるにとどめたい。

　第1に,日本のような世代間の支えあい(賦課方式の公的年金など)としての仕組みをもつ社会保障制度のもとでは,少子高齢化によって,社会保障の主たる受益者である高齢者に対して,支え手である現役世代の比率が低下することによって,財政やマンパワーの面で制度の維持が困難になり得る。第2に,総人口に占める現役世代の比率の低下は,労働力の不足をもたらし得る。多くの先進国では既に労働力人口の維持の上で移民が重要な役割を担っているが,日本のように移民労働力を受け入れる体制が未整備な社会では人口の自然減を移民で補充することは困難であり,少子化は労働力不足を通じて経済システムの維持に対して大きな影響を及ぼす可能性がある。

　このように,人口の規模や年齢構造が社会保障制度や経済システムに大きな影響を与える要因となることから,福祉国家は少子化という問題に対して,出生促進という観点からの関心をもたざるを得ない。以下では,少子化をめぐる福祉に関して,主に日本の少子化対策と関連する社会政策を取り上げ,概観する。

II　日本の少子化対策の展開

　わが国における少子化対策の動向を振り返ると,1990年代は,少子化対応のため,主として育児支援,子育てと仕事の両立支援に政策の焦点が当てられた時期であった。1.57ショック後に進められた90年代の少子化対策では,94年のいわゆる「エンゼルプラン」の策定が重要である。仕事と育児の両立のための雇用環境の整備,多様な保育サービスの充実などが重点政策として掲げられ,これを受けた「緊急保育対策等5か年事業」では低年齢児保育,延長保育・一時保育の拡充などの保育事業が進められることとなる。99年には,少子化対策推進関係閣僚会議による少子化対策推進基本方針が発表され,エンゼルプランと関連事業を見直した「新エンゼルプラン」が策定された。

　2000年代以降の少子化対策では,90年代に展開された少子化対策にもかかわらず少子化がいっそう進んだことをふまえ,育児支援にとどまらない施策が展開される。「ワーク・ライフ・バランス」「包括的な次世代育成支援」といった政策課題が盛り込まれたことが2000年代の特徴である。2002年に厚生労働省がとりまとめた「少子化対策プラスワン」では,「男性を含めた働き方の見直し」「地域における子育て支援」「社会保障における次世代支援」といった,90年代の少子化対策に含まれていなかった新しい政策の柱が掲げられ,これを受けた2003年の「次世代育成支援対策推進法」では,地方公共団体と事業主が次世代育成のために行動計画を定め実施していくこととされた。

　さらに,2003年に成立した「少子化社会対策基本法」にもとづき,少子化対策をめぐる基本方針としての「少子化社会対策大綱」が策定される。04年の大綱では,重点課題に「若者の自立とたくましい子どもの育ち」「仕事と家庭の両立支援と働き方の見直し」などが

掲げられ，同年にはいわゆる「子ども・子育て応援プラン」が決定された。2010年の「子ども・子育てビジョン」では，従来の「少子化対策」を超えて，「未来への投資」として「子ども・若者と子育てを応援する社会」へと転換することの必要性が強調される。これに合わせて成立した子ども・子育て関連3法にもとづき，2015年からは「子ども・子育て支援新制度」が施行され，「認定こども園」等を通じた施設型給付などが創設された。本項執筆時点で最新の2015年の大綱では，子育て支援に重点を置いた対策の限界を認め，「結婚や教育段階における支援」を含む社会全体の見直しも重点項目に据えられるなど，対策の対象をより拡げたものとなっている。

III 少子化と家族をめぐる福祉

出生率の回復が進んだ諸国の政策に関する知見も踏まえて，過去20年以上にわたって展開されてきた少子化対策にもかかわらず，わが国では未婚化の進展に歯止めはかからず，出生率にも顕著な回復は見られない。いわゆる待機児童問題をとってみても，抜本的な改善からはほど遠い状況にある。これに関して，日本の家族関連社会支出は依然として低水準であり，少子化対策は子育てにかかる費用を軽減するうえで不十分なものであったという指摘や，雇用状況の改善など経済における変化が進まないことには根本的な解決は見こみにくいなどの指摘がなされてきた。

しかし，人口学や家族研究において行われてきた，少子化対策を含む家族政策のあり方が出生率の回復に対して及ぼす影響の研究では，家族政策が出生率回復に対して及ぼす効果は国や時期を問わず限定的だという知見が少なくない。少子化が大きな社会変動の結果として生じたものであるとすれば，そもそも少子化対策だけで出生率が劇的に回復することは期待し難いと考えるべきであろう。

高度経済成長の終焉以降，「男性単独稼得モデル」の家族像を前提とした福祉国家から

の転換が進んできた（→福祉と社会政策）。少子化をめぐる家族政策，福祉政策の動向もこうした大きな流れと密接な関係にある。両立支援の性格を有する家族政策は，女性の就労と生活の調和を促進するジェンダー政策，女性政策としての側面ももっており，少子化対策は福祉国家の脱ジェンダー化を進める可能性も有している。また，「子どもの福祉」に焦点を当てた家族政策は，日本でも大きな論点である「子どもの貧困」などへの対策となり得る限りで，ライフコース全般にわたる格差の縮小を進める可能性を有している。わが国の少子化対策においても，このような少子化問題の多面性に留意した改革が少しずつ進められてきている。少子化という現象が，子どもをもつことの困難のみならず，子どもが健やかに育つことの困難に関連していることを踏まえれば，短期的な出生率回復などの政策目標のみに照らした評価に限定されることなく，未来を担う子ども世代の養育をいかに社会体で支えていくかを，あらためて根本的に論じることが望まれている。　　（田渕六郎）

[文献] 千田航 2012；舩橋惠子 2008；松田茂樹 2013；横山文野 2002

少子化／超少子化

出生力が人口規模を維持するのに必要なレベル（人口置換水準）を継続的に下回っている状態を，少子化（below-replacement fertility, low fertility）という。出生力の指標としては，一般に，合計特殊出生率——ある年の15〜49歳女性の年齢別出生率を合計した値——が用いられる。少子化とは，この指標値が約2.1を下回る状態のことである。少子化は先進国を中心に多くの国々に共通する現象であるが，その程度には，大きな差が見られ，特に合計特殊出生率が1.5を下回る状態

が続くと，超少子化（very low fertility）とよばれる。これに対して，出生率が人口置換水準を下回るものの，1.5 以上ある場合には，緩少子化（moderately low fertility）という表現が使われる。産業革命以降，人口が増加し続けたことを踏まえれば，少子化には人口調整という側面もあるが，超少子化が長期に続けば，およそ半世紀で出生数は半減し，高齢化のゆきすぎと急激な人口減少がもたらされて，既存の社会経済システム——特に社会保障・社会福祉の諸制度——を維持できなくなるだけでなく，社会それ自体の存続をも危うくさせることになる。　　　　　（加藤彰彦）

[文献] 大淵寛・高橋重郷編 2004；河野稠果 2007

少子化対策

一般に，少子化が社会問題化した 1990 年代初頭以降，子どもを安心して生み育てることができる環境の整備を目的として，日本政府によって打ち出されてきた一連の政策パッケージを指す。1990 年 6 月に，前年の 1989 年の合計特殊出生率が，それまで人口動態統計史上最低であった 1966 年（丙午の年）の 1.58 を下回る 1.57 を記録したことが発表されると，社会に大きな衝撃を与えた。この「1.57 ショック」を契機に，政府は出生率の低下と子ども数の減少を「問題」として認識し，1994 年に「エンゼルプラン」（1995～1999 年度実施），1999 年には「新エンゼルプラン」（2000～2004 年度実施）を策定した。

これら初期の対策の中心は，保育サービスの充実と育児休業制度の整備であったが，その後は，従来の育児サービスの拡充に加えて，仕事と家庭の調和（ワーク・ライフ・バランス）と地域における子育て支援への取組みが重要な柱になっていく。2003 年に少子化社会対策基本法と次世代育成支援対策推進法が制定されると，2004 年には前者の理念にもとづく「子ども・子育て応援プラン」（2005～2009 年度実施）が策定されるとともに，2005 年には後者の法律にもとづき，民間企業と国・自治体は，職員の仕事と子育ての両立を支援するための行動計画を策定し届け出る義務を負うことになった。さらに，子育て支援のいっそうの充実を図るために，2010 年には「子ども・子育てビジョン」が閣議決定され，2012 年には子ども・子育て支援法（2015 年 4 月より全面施行）が成立した。

これら一連の対策にもかかわらず，2014 年現在の合計特殊出生率は依然として 1.5 を下回った超少子化の状態にあり，少子化の克服にはほど遠い状態にある。少子化対策は，字義通りに解すれば，出生促進的な人口政策を意味するが，上記の対策は保育と両立支援を中心とした福祉に重点を置いてきた。そのため，最近では，出生数や出生率の数値目標を掲げたより直接的な人口政策——児童手当の大胆な多子加算や結婚支援など——が求められるようになってきている。　　（加藤彰彦）

[文献] 大淵寛・阿藤誠編 2005；内閣府 2013a；松田茂樹 2013

人口政策

一国または一地方の政府が，人口の規模，構造，趨勢を変化させるために，出生，死亡，結婚，移動などの人口過程に対して，直接的または間接的に影響を与えようと意図した計画，およびそれにもとづく行動のことである。ただし，死亡率を改善して寿命を延ばす政策については，通常，公衆衛生政策や福祉政策において行われるので，一般には人口政策には含まれない。また，結婚（法律婚・事実婚）については，出生との関連が強く出生過程の一部分をなすので，人口政策の柱は，出生力

に関する政策と人口移動（国際・国内）に関する政策と言えるが，歴史的には国家の生存に関わる前者に重心が置かれてきた。

出生政策には，出生力の上昇をめざす政策と低下をめざす政策がある。20世紀の出生政策は，大づかみに，第2次世界大戦前の先進国における出生促進策，戦後の発展途上国における出生抑制策，そして1970年代以降の先進国における出生促進策に要約できる。既に19世紀後半に人口転換が始まっていた欧州の先進国では，20世紀に入ると出生力が急激に低下し，第1次世界大戦から第2次世界大戦へと向かう時期に人口置換水準を割り込む事態に至った。これに対して各国は，国力の維持・増強と地政学の観点から，こぞって積極的な出生促進策を行った。

戦後は，低開発国において過剰人口が問題となり，多くの国で家族計画プログラムにもとづく出生抑制策が実施された。一方，先進国では1970年代以降，少子化が問題となり，対策を講じる必要性が増していったが，低開発国に対して人口抑制策を奨励してきたために，表だって積極的な出生促進政策を行うことはできず，各国は家族政策の枠組のなかで子育環境を整備して間接的に出生に働きかける方向に向かった。とはいえ，こうした政策も，既に戦前から行われていたものが基本となっているので（フランスの家族手当やスウェーデンの出産休業制度，女性労働と育児の両立支援策など），優生政策を除けば，戦前の人口政策の拡張・発展と見ることもできる。特にフランスは，戦争から得た教訓から，今日まで手厚い家族手当を中心とした出生率上昇政策を維持し続けている。逆に，敗戦国のドイツと日本では，戦争への反省から積極的な出生促進策をタブー視する風潮が生まれ，それが少子化への対応の遅れにつながったとの指摘もある。　　　　　　　　（加藤彰彦）

[文献] 岡崎陽一 1997；河野稠果 2000；早瀬保子・大淵寛編 2010

家族手当（児童手当）

政府が子どものいる家族に対して一定額または一定率で支給する現金給付のことである。児童手当ともよばれ，現在ほとんどの先進国と一部の発展途上国で支給されている。

家族手当の歴史は19世紀終わりの欧州先進国に始まる。当初は，事業主が子どもを扶養する従業員に対して賃金に上乗せして支払う手当であった。20世紀に入って人口転換が急速に進むなか，第1次・第2次世界大戦の戦間期に出生数が急減すると，各国は家族手当制度を法制化して拡充し，積極的な人口政策（出生促進策）の中心に据えた。戦後，家族手当は社会保障制度に組み込まれ，より広い家族政策の枠組のなかで発展を続けて今日に至っている。

こうした歴史の流れは，多くの先進国に共通しているが，国による違いも見られる。例えば，近年出生力が人口置換水準をほぼ回復したフランスは，戦後，多様な家族政策を発展させつつも，手厚い家族手当を主軸とした出生促進政策を維持している。これに対してドイツでは，ナチス時代の人口政策への反省から，戦後，児童手当は出生政策とは切り離されて，近年に至るまでもっぱら家庭の経済的な負担調整に重点が置かれてきた。しかし2007年に家族政策の大転換が行われて，児童手当はふたたび出生促進策の主要な柱になっている。総合的な家族政策で知られるスウェーデンでは，既に戦間期の出生促進政策の段階で，児童手当だけでなく，結婚ローン，出産手当，住宅手当，単親家庭への扶助など，多彩な家族給付が導入されていた。戦後は，これらの拡充・発展に加え，出産・育児休業中の所得を補償する両親手当も創設されて，今日世界で最も充実した現金給付制度となっている。日本でも，戦間期に民間の家族手当

が導入され，戦中・戦後を通じて普及したが，1971年に児童手当法が成立して国による給付制度が確立されてからも，欧州諸国のような前者から後者への移行は起こらず，今日に至るまで民間と政府による2種類の手当が並存し続けている。　　　　　　　　（加藤彰彦）

[文献] 江口隆裕 2011；大塩まゆみ 1996

子育て支援（少子化と子育て支援）

　家族が子育てを行うにあたって必要とするケアサービス・経済的費用・時間などの資源を公的に支援・保障すること。保育サービスの供給，児童手当の給付，育児休業制度の整備が主要な施策としてあげられる。日本社会では1990年代に少子化が社会問題化したことを背景として，子育てを家族のみの問題とするのではなく，社会全体で子どもの育ちを支える仕組みをつくる必要性が提起され始めた。日本の子育て支援施策は，待機児童の解消を目的とした保育所定員の増加，0歳児保育・延長保育・休日保育などの保育サービスの多様化，児童手当の増額および支給対象の拡大，育児休業給付の引き上げおよび休業可能期間の延長とおおむね拡充の方向にあるものの，未だ不充分であるとの評価も少なくない。また近年では，子育て中の親子が日常的な経験を互いに分かち合うことのできる「子育てひろば」と呼ばれる居場所を提供する地域子育て支援拠点事業にも注目が集まっている。　　　　　　　　　　　　（松木洋人）

[文献] 下夷美幸 2000；松木洋人 2013

幼保一元化（認定こども園）

　幼稚園は文部科学省が所管する教育機関であり，3歳から就学前までの子どもを対象とする。これに対して保育所は厚生労働省が所管する児童福祉施設であり，親が就労しているなどの理由で「保育に欠ける」とされる0歳から就学前までの子どもを対象とする。また幼稚園の職員には幼稚園教諭，保育所の職員には保育士の資格が求められる。このように両者はその制度的位置づけが異なっている。しかし実際には保育所でも教育的活動は行われており，また特に近年では幼稚園でも預かり保育が実施されているため，両者の実質的な違いは必ずしも明確ではない。また少子化と保育ニーズの増大によって，幼稚園の利用者は減少傾向にある。幼保一元化とは，この両者を統合して，行政の効率化，増大する保育ニーズへの対応，教育水準の均等化などを図ろうとする政策である。

　具体的には，2006年から認定こども園制度が開始されている。認定こども園には，幼稚園と保育所が連携して認定を受ける幼保連携型，幼稚園がそのまま認定を受ける幼稚園型，保育所がそのまま認定を受ける保育所型，幼保いずれの認可も受けていない施設が新たに認定を受ける地方裁量型の4種類があるが，いずれも親の就労の有無にかかわらず，すべての就学前の子どもを対象として，幼児教育と保育を一体的に提供する施設である。0〜2歳児には保育所と同様の体制で保育士資格をもつ者が保育を行い，3〜5歳児には保育士または幼稚園教諭が教育・保育を行う。また，親子の集いの場の提供などの地域における子育て支援の機能も果たすものと位置づけられている。その後，民主党政権下において，幼稚園・保育所・認定こども園を「総合こども園」に統合する法案が国会に上程後に撤回されるなどの紆余曲折もあったものの，2015年度から導入された「子ども・子育て支援新制度」においても幼保一元化を推進する政策動向は継続している。　　　（松木洋人）

[文献] 全国保育団体連絡会・保育研究所 2013；椋

野美智子・藪長千乃編 2012

ひとり親家庭

　ひとり親家庭には母子家庭と父子家庭があるが，日本ではひとり親家庭の大半が母子家庭である。母子家庭の場合，日本の労働市場では子どもをもつ女性が安定した職業に就くことが難しいため，平均世帯所得はきわめて低く，貧困に陥りやすい。また多くの母親が賃金の低い労働に長時間従事するため，母子が共に過ごす時間も短い。ひとり親家庭への経済的な支援策としては児童扶養手当があるものの，近年は「自立支援」が強調されるなかで，給付額および受給期間が制限される傾向にある。同様に生活保護を受ける母子家庭に支給される母子加算も，いったん廃止された後に復活したという経緯がある。しかし貧困家庭の子どもは虐待を経験するリスクが高いことや，教育や就職の機会を制限されるために学歴・所得の格差が世代間で再生産されやすいことを考えれば，世帯形態にかかわらず，子どもの貧困の撲滅と適切なケアの確保のための対策が必要であることが指摘されている。

（松木洋人）

[文献] 阿部彩 2008

待機児童問題

　待機児童とは，保育所への入所を希望しているにもかかわらず保育所に入所できない状態にある児童のことをいう。自治体による保育所の整備が不充分な首都圏・近畿の大都市部に多く，また保育所の受入れ可能定員が少ない3歳未満児に集中している。待機児童は以前から存在していたが，1990年代以降に少子化が社会問題化するのに伴って，女性が働きながら子どもを育てることが困難な社会環境がその要因として指摘され，待機児童問題への関心も高まることになった。このため1994年のエンゼルプランにおいて，仕事と育児の両立が可能な社会環境の整備を目的として，保育サービスの供給増加による待機児童対策が開始された。その後も2001年の「待機児童ゼロ作戦」など保育サービスの供給増加の取り組みは続けられているが，供給の増加が結果として保育への潜在的な需要を顕在化させることも指摘されており，待機児童問題は解消されるに至っていないのが現状である。

（松木洋人）

[文献] 猪熊弘子 2014；椋野美智子・藪長千乃編 2012

学童保育

　共働きなどの事情で昼間に保護者が家庭にいない小学生に対して，放課後や学校休業中に遊びと生活の場を提供する事業。学校の空き教室や学校敷地内の専用施設，児童館などで実施されることが多い。日本の学童保育の歴史は戦前にまでさかのぼることができるが，1997年の児童福祉法改正によって放課後児童健全育成事業という名称で法制化された。その後，施設数と利用児童数は急速に増加しており，学童期の子どもをもつ家庭への子育て支援施策として重要な役割を果たしている。しかし，小学校区に学童保育がない場合や定員オーバーで待機児童が生まれている場合も多く，自治体によって整備状況は大きく異なる。また施設の急激な大規模化が進んでいること，指導員の公的な資格制度が存在せず専門性が確立していないこと，不安定な雇用条件に置かれている指導員の離職率が高いことなどから保育の質を公的に保障する対

策の必要性も提起されている。　　（松木洋人）
［文献］池本美香編 2009

若年者雇用対策

　従来の日本の社会保障制度は高齢者を主な対象としてきた。しかし、若年層における失業率や非正規雇用率の高さに社会的関心が向けられるのに伴い、さまざまな政策的対応がとられ始めている。2004 年には情報提供やカウンセリングなどを通じて若者の就労を支援するジョブカフェが設置された。さらに 2006 年からは地域若者サポートステーション事業が開始され、職業能力の育成と職業意識の啓発、社会適応支援を含めた多様な若者支援の拠点となっている。また学校から職業にスムーズに移行できない若者の増加という現状を踏まえて、職業についての知識を身につけさせ将来の進路を選択する能力を育てるキャリア教育の学校教育への導入も推進されてきた。しかし、若年層における雇用の不安定化は社会経済構造の変化に関わる問題であり、個々の若者の能力や意識に還元できるものではないことも指摘されており、成人期への移行を保障する総合的な若者政策の確立が必要である。　　（松木洋人）
［文献］宮本みち子 2012

障害者福祉と家族

Ⅰ　家族に扶養される存在としての障害者

　障害者福祉において「家族」がクローズアップされるのは、かれらが生活に何らかの援助を必要とする場合、身近にいる「家族」がそれを担うべきとされたり、実際に担ってきたりした歴史があるからである。

　2004 年に改正される以前の障害者基本法第 24 条には、「施策に対する配慮」として「障害者の父母その他障害者の擁護に当たる者が、その死後における障害者の生活について懸念することがないよう特に配慮がなされなければならない」と定められていた［土屋葉 2010］。このことは、障害者の生活は家族の介護や世話や扶養に依存したものであり、家族が亡くなるか、介護の負担が限界となった場合の「配慮」としてのみ、収容施設が機能していたことを意味する。施設はあくまで家族によるケアの補完、すなわち家族のケアの限界に対するセーフティネットとしての位置づけであった［小澤温 2013］。

　また、障害者が家族に世話・扶養される存在として位置づけられることを顕著に示しているのが「保護者」規定である。知的障害者については、知的障害者福祉法（第 15 条の 2）において保護者をもつことが定められており、多くの場合家族がその役割を担っている。また精神障害者についても、2014 年の精神保健福祉法改正により保護者制度が廃止されるまでは、家族に大きな責務が課せられていた。これは民法において扶養義務規定が存在する（第 877 条、第 752 条）こととも無関係ではないだろう。しかし親やきょうだいの高齢化や、時には親と子どもの利害が衝突したり葛藤関係が生じたりする場合があることの問題が指摘されている。

Ⅱ　障害者施策の展開における家族

　障害者施策の展開において、家族がどのように扱われてきたのかを概観する。

1949年に，初めての身体障害者を対象とした法律，身体障害者福祉法が成立したが，現実には傷痍軍人に対する救済策であり，職業的な更生を第1の目的としていた。知的障害者に対しては児童対策が主なものであり，児童福祉法（1947年）にもとづいた施設に保護収容し，自立のための訓練を行うことが中心とされていた。18歳以上の障害者が増加しつづける問題に対処するため1960年に制定されたのが，精神薄弱者福祉法（現：知的障害者福祉法）だったが，実質的には施設の法定化を目的とするものだった。戦後20年余りは，重度の障害，重複の障害をもつ人については家族へ「放置」されるか，家族による扶養，介護を前提とした施策が展開されていた。家族による扶養，介護ができない人は，生活保護法に規定される救護施設に収容される他に生きる方法はなかった〔古川孝順1985〕。

1960年代中ごろから，重複障害児・者をもつ親により，家族のみによる介護の負担，「親亡き後」の不安が切実に語られるようになった。この頃から70年代初頭にかけて，経済成長に伴い増額しつづけた国家の福祉予算に基礎づけられ，重度障害者全員の施設収容という目標のもとに，大規模施設建設が推進されていく。しかし1973年の石油ショックを転換点とし，「日本型福祉社会」の建設という新たな目標が設定されることになる。こうしたなかで障害者の権利宣言（1975年）や国際障害者年（1981年）は日本の障害者施策に大きな影響を与えたとされる。身体障害をもつ当事者を中心とした団体からは，家族への依存が，当事者の自立や社会参加意識と対置するものとして明確に位置づけられた。しかし一方で1980年代までは，特に重度障害者については，可能である間は家族が介護を担い，家族が行うことが難しくなれば入所施設が最終的な受け入れ先となっていた。

精神障害者については，やや異なる歴史をもつ。日本における最初の精神保健制度は，精神病者監護法（1900年）である。この法では，精神障害者の保護は原則4親等以内の親族が扶養義務者としての責任を負っており，私宅監置（自宅のなかに閉じ込めて監護をすること）が認められていた。1984年の宇都宮病院事件をきっかけに，精神病院における非人間的な処遇の在り方が問題とされ，1987年にはこれが精神保健法へと全面的に改正された。1993年には障害者基本法が改正され，精神障害者が障害者福祉の対象として位置づけられた。さらに1995年には，法律名を精神保健福祉法とする改正が行われた。

1990年代に入り，施策が福祉サービスの一般化，普遍化，利用者の拡大を志向するのに伴い，「在宅」や「地域生活」が強調されるようになった。障害者福祉サービスに関しては，2003年から支援費制度が導入され，「措置から選択へ」という大きな転換が行われた。これ以前は，居宅支援については生計中心者（親やきょうだい）に費用の負担が求められていたが，本制度下では利用料が本人の負担となった。このことは障害をもつ人の「自立」にとって，一定の前進であると評価された。

しかしサービス利用者，一人当たりの利用料の増加により必要量が急増，国，地方自治体の財源の確保や障害種別によるサービス利用の格差，地域によるサービス供給や利用の格差等の問題が浮上し，2006年から障害者自立支援法が施行された。この際，財源不足を補うために利用者に原則1割負担を求める応益負担が導入され，実質的には親きょうだいによる扶養義務が復活した。利用者の負担増，サービス利用抑制への批判や，違憲訴訟等を受けたかたちで同法は廃止され，2013年から障害者総合支援法が一部施行されているが，抜本改正とはなってはいない。

III 障害者権利条約と「家族」

現代社会においても，障害者福祉と家族の問題としてまずあげられるのは，「親亡き後」である。親きょうだいによる介護・世話・扶

養の限界の問題が，今日でも大きな問題として横たわっていると言える。しかし，2006年に国連総会で採択された「障害者の権利に関する条約」が示すように，障害者を主体としてとらえる障害者観に立脚し，障害者が婚姻関係を結んだり家族を形成したりすることに関して，国や社会が必要な支援を提供することは，世界の主流となりつつある。

近年，日本の障害者施策のなかで重点がおかれている「地域移行」については，同条約の第19条「自立生活」において，地域社会で生活する権利，居住地，誰と生活するかを選択する権利，特定の生活様式で生活することを義務づけられないこと等が明記されている。また自立生活の選択権の保障とは，地域移行という一定の方向性をもつ施策の充実化であるとされる。さらに，本条約においては，定位家族（障害者が生まれ落ちた家族）と生殖家族（障害者が形成する家族）の双方の家族のあり方が示されている。生殖家族の項目が先に示され，家族は，その人が権利を享受することに貢献できるような支援や保護を受ける存在としてとらえられており，障害者を権利の主体として見る障害者観が貫かれた結果であると言えるだろう［土屋葉2010］。これを受けたかたちで，2011年に改正された障害者基本法には「障害者の家族に対し，障害者の家族が互いに支え合うための活動の支援その他の支援を適切に行う」等の文言が新たに入れられた（第23条）。

今後，生殖家族に関する議論を成熟させるとともに，家族内部に存在するパターナリズムに配慮し，障害者福祉施策，特に既に言及した保護者規定や扶養義務規定について再検討が行われるべきだろう。この際，とりわけ女性が生殖，家族形成から阻害されてきた歴史的経験に鑑み，ジェンダーの視点を導入することも求められる。 （土屋 葉）

[文献] 茨木尚子・大熊由紀子・尾上浩二・北野誠一・竹端寛2009；小澤温2013；土屋葉2010；古川孝順 1985；松井亮輔・川島聡編著2010

障害者の家族

「障害者の家族」と言うとき，障害をもつ子どもの立場から見た，父母等の家族成員やかれらから成る集団を指す場合と，障害をもつ成人した人の立場から見た，パートナーや子ども等の家族成員やかれらから成る集団を指す場合がある。ただしその人の障害が先天的，後天的なもののどちらであるのか，人生のいつの時期に障害をもったのかによって，家族のあり方も大きく異なってくる。

戦後の日本においては，主に障害をもつ人が生まれ育った家族の問題が注目されてきたが，障害者施策は，家族，なかでも親を，つねに障害者を介護・扶養するものとして位置づけてきた。また，社会からの母親に対する子どものケア役割への期待は高く，家族内の性別役割分業が強化されることになった。近年，暗黙のうちに過度な負担を引き受けてきた，家族などのケアラーの権利が主張されはじめているのは注目すべきことである。

一方で，特に先天的な障害をもつ人が親となることに関しては大きな障壁がある。まず，優生思想にもとづく否定的な障害観が存在し，障害者の存在とかれらの妊娠，出産が否定的なものとしてまなざされる傾向にあるからだ。また，生殖に関する他者の関与がある。遺伝的なリスクや出産による障害の状態の悪化，親になるための「能力」が欠如していることを理由に，医療関係者から中絶を勧められることもある。そもそもかれらがセクシュアリティに接近し難いこと，子どもをもつことに直結する恋愛，結婚というイベントに到達しにくいことが指摘されている。障害者が地域生活を営み，結婚したりパートナーと暮らしたりするなかで，子どもをもつ機会が増

えていることが推測されるが，障害をもつ親やその親のもとで育つ子どもについては，これまで学問的研究は十分な関心を払ってこなかった。こうした家族を支援するための実践や研究は，英国や米国において積み重ねられている。日本においても今後，研究の進展が期待される。

（土屋　葉）

[文献] 土屋葉 2002, 2012；中根成寿 2006

自立生活

　身辺自立や経済的自立に限定されがちであった従来の「自立」の捉え方を問い直し，これを自己決定権の行使と捉える視点を基礎とする。日常生活において介助者や支援者からの助けを必要とするとしても，自らの人生のあり方を自らの意思において決定し，また主体として自らの生を営むことを意味する。

　自立生活を求める運動は，1960 年代末から 70 年代初頭にかけて生起した脳性まひ者を中心とする「青い芝の会」の運動と，劣悪な施設での処遇に対する批判をきっかけとした，府中療育センター闘争に起源をもつ。二つの運動は次第に，親と暮らしていた家庭や施設を出て地域で生活することを意味する「脱家族」，「脱施設」を唱えるようになった。1980 年代に入ると，米国の自立生活の理念と実践が日本の障害者の間に広く知られるようになり，同時に，重度の障害者の自立を支える「自立生活センター」の組織形態が日本に紹介された。このセンターは障害者自らが運営し，ピア・カウンセリング，自立生活プログラム等のサービスの提供，また権利擁護のための活動を行うものである。1986 年には，東京都八王子市に日本で最初の本格的なセンターが設立され，1992 年に全国自立生活センター協議会（JIL）が結成された。2015 年 6 月時点の加盟団体数は 128 にのぼっている。

　当初，こうした動きは身体障害者を中心とするものであったが，1990 年代後半から，精神障害者が中心となったセンターが設立され，自立生活支援（ピア・カウンセリングを通した退院促進や就労支援活動）を行うなど新たな動きが見られる。また近年，意思決定に困難を抱える人の自立生活についても議論が重ねられ，知的障害をもつ自立生活者も誕生している。この場合，支援者が当事者を「自立させる」というものではなく，これまで身体障害をもつ当事者が問うてきた「当事者性」の延長線上に，支援という枠組みを加えるものであるとされる。

（土屋　葉）

[文献] 安積純子・尾中文哉・立岩真也・岡原正幸 2012；田中恵美子 2009；寺本晃久・末永弘・岩橋誠治・岡部耕典 2008

障害者総合支援法

　2006 年に施行された障害者自立支援法により，利用者に原則 1 割負担を求める応益負担が導入され，また，サービスの種類や支給量等が「障害程度区分」にもとづく決定に変化した。しかし，施行後，利用者のサービス利用抑制につながったこと等から，各地で違憲訴訟が始まった。2009 年，政権交代時の衆議院選挙において，民主党はマニフェストで「障害者自立支援法を廃止する」と明言し，先の訴訟についても同法を廃止し新しい法律をつくることを約束した基本合意文書を締結した。2010 年 4 月には，内閣府障がい者制度改革推進会議のなかに総合福祉法部会が設置され，骨格提言がまとめられた。しかし，法の理念・目的・名称は変更されたものの内実にほとんど変化がないまま，2013 年 4 月より，障害者総合支援法が段階的に施行された。難病患者の一部が障害福祉サービス等の対象に加えられたが，利用者負担のしくみや障害程

度区分にもとづく決定についてはこれまでの問題が持ち越されていることから，今後のゆくえが注目されている。　　　　　（土屋　葉）

[文献] 茨木尚子 2013；岡部耕典 2010

障害の社会モデル

　従来の「個人モデル」は，障害の身体的・知的・精神的機能不全の位相を強調する枠組みであり，その克服が障害者個人に帰責されてきた。特に生活問題の原因を，個人の「病理」にあるとし，治療によって問題解決を図ろうとするアプローチを「医療／医学モデル」と呼ぶ。これに対し「社会モデル」は，障害の問題とは障害者が経験する社会的不利のことであり，その原因は個人の特徴と社会のあり方との相互作用にあるととらえる枠組みである。2006 年に国連総会にて採択された「障害者の権利に関する条約」においては，障害者は「権利の主体」と位置づけられている。障害者に対する差別禁止が明確に盛り込まれたほか，「合理的配慮」の欠如も差別と見なす新たな考え方が導入された。合理的配慮とは，障害をもつ人が他の人との「実質的な平等」を確保するために施設や機器を利用しやすくするなどの配慮のことであり，社会モデルを基礎とし，社会のあり方の再編を前提としている。　　　　　　　　　　　（土屋　葉）

[文献] バーンズ, C.・マーサー, G.・シェイクスピア, T. 2004 (1999)；星加良司 2007

障害者と介助

　介助とは，人びとの身体に他者が直接的または間接的にはたらきかけることを通して，社会生活を十全に営むことのできる状態とするべくアシストする行為と関係のことであり，また，その相互行為のプロセスそのものを指す。「介護」ではなく「介助」の語が用いられるときには，「保護」のニュアンスを退けるため，特に，家族の介護に依らず，施設を出て暮らす実践である障害者の自立生活運動の文脈で，おもに障害当事者たちによって自覚的に用いられてきた。そこで問題化されてきたのは，介護する者による，介護される者へのパターナリズムと，両者の非対称な関係性である。

　介助者はときに，障害者の意志や主体性に干渉・介入したり，障害者を受動的な存在として扱ったりしてしまう。それゆえ，障害者が自己の選択や決定にもとづいて生活を組み立てるにあたっては，介助者はあくまでもそれを「補助」すべくはたらきかける存在として捉える必要があるとされる。　（前田拓也）

[文献] 安積純子・岡原正幸・尾中文哉・立岩真也 2012；前田拓也 2009

障害者のセクシュアリティ

　「障害者の性」は，これまでしばしば不可視化されてきた一方で，1970 年代後半以降の障害者運動においては，さまざまな生活要求の一貫として「自らの性」を語ることが試みられてきた。まず，障害者の性的欲求をどう満たすのかが課題となる場合，障害者を「欲望」をもつ主体として捉え，また，それが社会的に承認されない状況が問題化される。しかし一方で，障害者の「恋愛と結婚」が課題となる場合には，しばしば結婚や出産が障害者のライフコースとして理想化され，ロマンティック・ラブ・イデオロギーが強化されることも指摘されてきた。また，家族を含めたケアを担う人びとと障害者の相互行為のなかで生起するセクシュアルな当惑感情をいかに

回避するかという課題においては，他人介護や同性介護が求められてきたが，ここでは同時に，障害者自身のみならず，ケアする者のセクシュアリティ自体もまた問題化される必要があるだろう。　　　　　　　　（前田拓也）

[文献]　倉本智明編 2005

ノーマライゼーション

　障害者の生活を可能な限り通常の（ノーマルな）生活状態に近づけること。もとは知的障害者に対する福祉サービスを焦点化する概念であったが，いつしかその射程を越え，障害者全般，そして社会福祉一般にわたる共通理念として広がっていった。
　「ノーマライゼーションの父」とされるデンマークのバンク゠ミケルセン（N. E. Bank-Mikkelsen）により提唱されたが，その後，スウェーデンのニィリエ（B. Nirje）がこれを引き継ぎ，「生活のリズム」という観点から体系化し，知的障害者入所施設の処遇や隔離収容政策を批判した。さらに，アメリカのヴォルフェンスベルガー（W. Wolfensberger）は，彼らの影響を受けつつ，「可能な限り文化的に通常である個人的行動や特徴を維持したり，確立するために，可能な限り文化的に通常となっている手段の利用」と再定義した。
　一方で，社会的標準から「逸脱した者」に対して，社会における「通常」や「標準」への同調を過度に要求するものではないかといった批判も根強くある。（前田拓也）

[文献]　ヴォルフェンスベルガー, W. 1982（1981）

インクルーシブな社会

　さまざまな生活課題や困難を抱えた人びとを排除することなく包摂する，そうした社会のことを指す。障害，貧困，疾病，老化等により社会でのつながりや居場所がもてず，またそうした状況から脱却するための制度等につながれない場合，その人は社会的排除の状態に置かれてしまう。インクルーシブな社会の構築に向け，2006年に国連で採択された障害者権利条約では，一般原則の一つに「社会への完全かつ効果的な参加及び包容」が掲げられる。条約では，障害者が健常者中心につくられた社会のなかに，ただ包容されていくだけではなく，障害者を権利主体とし，条約締約国にはその権利の実現のために必要な立法措置や行政措置をとることが規定されている。日本は2014年に条約批准したが，そこでの課題の一例をあげれば，障害児教育はこれまで特別支援学校を中心に分離教育の体制が主にとられていたが，インクルーシブ教育の実現に向けた検討が目指される。（山下幸子）

[文献]　長瀬修・東俊裕・川島聡編 2012

障害者雇用促進法

　1960年に身体障害者雇用促進法として始まり，その後1987年から現在の名称となる。障害者の雇用の促進や職業リハビリテーションの措置等について規定する法である。法の主な内容として，まず障害者雇用率制度がある。事業主に対して，雇用する労働者に占める身体障害者，知的障害者の割合を法定雇用率以上とするように義務づけている。2015年現在の法定雇用率は，民間企業では2.0％，国・地方公共団体等で2.3％，都道府県等の教育委員会で2.2％である。障害者雇用納付金制度では，雇用率未達成の事業主から納付金を徴収するとともに，障害者を雇用率よりも多く雇用している事業主に，雇用に必要な作業設備等に充てるための助成金を支給す

る。なお，2016年度からは，同法改正により，事業主には障害を理由とする差別の禁止や合理的配慮の提供義務が求められる。2018年度からは，法定雇用率の算定基礎に精神障害者が加えられる。 (山下幸子)
[文献] 日本職業リハビリテーション学会編 2012

障害者の所得保障

日本の障害者を対象とした所得保障の制度は，①障害年金および特別障害給付金，②特別障害者手当，③生活保護の三つで構成されている。

①の障害年金は，障害程度に応じて支給される障害基礎年金（国民年金）と，厚生年金加入者がこれに上乗せして受給できる障害厚生年金（厚生年金）という"2階建て"の制度になっている。また，特別障害給付金は，学生，主婦や在日外国人など，なんらかの理由で国民年金に加入できなかった，いわゆる「無年金障害者」の一部に支給される。②は，日常生活に常時特別の介護を要する20歳以上の在宅の重度障害者に支給される。③には，生活扶助の基準生活費に，障害者加算が上乗せされる。さらに，常時の介護を必要とする重度の障害者には重度障害者加算が，また，介護を家族が担うときには重度障害者家族介護料が，家族以外の介護を利用する場合には重度障害者他人介護料が加算される。
(前田拓也)

障害者福祉施設

障害者総合支援法にもとづく障害福祉施設サービスは，日中活動の提供と，居住支援として夜間・早朝の支援の提供に区分される。日中活動は，①療養介護（療養上の管理，看護，医学的管理のもとでの介護等の提供），②生活介護（入浴，排泄，食事等の日中生活に必要な介護全般や創作的活動等の機会の提供），③自立訓練（身体機能や社会生活能力向上のための訓練の提供），④就労移行支援（就労に必要な知識や能力獲得のための訓練），⑤就労継続支援（通常の事業所に雇用されることが困難な障害者に対する就労機会の提供，必要な知識能力獲得のための訓練の提供），⑥地域活動支援センター（通所での創作的活動等の機会の提供）の六つであり，施設は一つ以上を選択し提供する。このように入所や通所による施設での支援がなされるが，本人の希望に即して独居やグループホームでの生活を目指して地域移行を進めていくための地域相談支援も障害者総合支援法に規定されている。 (山下幸子)
[文献] 坂本洋一 2013

「谷間」の障害

第2次世界大戦後からの日本の障害福祉に係る法は，身体障害，知的障害，精神障害と障害種別ごとに制定されていた。法に規定されたサービスを受けるには，その対象者として認定されなければならないのだが，生活に困難を生じ，何らかの支援を必要としている状態にありながらも各障害福祉法の対象から外れる人びとが存在する。そうした人びとの障害を「谷間」の障害と呼ぶ。これまでの制度史を振り返れば発達障害や高次脳機能障害，難病等が「谷間」の障害であった。知的発達の遅れを伴わない高機能自閉症などの発達障害は知的障害者福祉法の対象とはならなかったり，症状が不安定で進行性の難病は身体障害者手帳の対象とはならなかったりすることもあった。こうした「谷間」をなくすべ

く，各法は改められてきた。2015年現在，障害者総合支援法では発達障害や高次脳機能障害，難病が法の対象として位置づけられたが，難病は政令でその範囲が示されており，やはりまだ「谷間」は残されたままである。

（山下幸子）

[文献] 大野更紗 2011

高齢者福祉と家族

家族とは個々の人間が生を営む場であるゆえに，国家が統治する対象にもなる。だが，日本では，1990年代後半まで国家が積極的に保護・管理・介入すべき対象として認識されてこなかった。2000年の介護保険制度の導入は，介護に関する労働や責任，コストを家族・市場・国家・ボランタリーセクター間で再配分を行うものであり，そうした布置の調整が国力の増大に貢献し得るという視座を国家が獲得したことを意味した［天田城介ほか編 2011］。以下，こうした転換が生じたプロセスと現行制度の課題を述べる。

I 高齢者福祉政策の展開と家族

日本政府による家族依存的な高齢者福祉の理念およびこの理念にもとづく高齢者介護政策の源流は，近世にたどることができる。幕藩体制下，武家社会の看病・介護の責務は，家を継承する男性当主が負うものとされ，男性が介護の主な担い手であった［柳谷慶子 2007］。女性は介護の担い手の一員であるものの，責任を負う存在ではなかった。幕藩権力も武家による扶養・介護を自明なこととし，公的扶助を恒常的に打ち出すことはなかった。他方，農村社会の介護や看護は，家を主軸としつつ五人組や村が果たすべき扶助役割として幕令や領内法度に規定された。公権力による救済は，それらがたちゆかなくなった際，村からの申請にもとづいてのみ行われた。

弘化年間（1844～48）には武士階級の介護者の男女比が逆転するものの，主婦や嫁の介護役割が一般に定着したのは，資本主義が発達し，公私の性別分業が確立した大正期であった。1929年に，公的な救済義務を明記した救護法が制定されるが，原則扶養者がいる場合には利用できず，家族のいない貧窮者を救護するという救貧的な性格を有していた。

戦後は，高度経済成長とその失速と連動しながら福祉国家体制の形成と再編が行われた。まず，1961年に国民皆年金および国民皆保険体制が確立する。1963年には老人福祉法が制定され，介護サービスは自治体が与える「措置」と規定された。この措置制度は，高齢者とその家族にサービス受給に対する心理的抵抗をもたらし，家庭で女性が介護を担う状況に変化が生じることはなかった。1973年は，政府によって「福祉元年」と位置づけられ，年金給付水準の大幅引き上げと老人医療費無料化をはじめとする社会保障制度の拡充が実施された。

オイルショックを契機とする1980年代以降の低経済成長の到来，および医療保険財政の逼迫に伴い，1983年に制定された老人保健法では，高齢者の医療費支払いや診療報酬に制約が設けられるなど，医療の過剰供給が抑制された。同時に「社会的入院」が問題視され，「施設から在宅へ」「病院から地域へ」のスローガンの下，在宅福祉という名の家族介護が称揚される。1989年に制定されたゴールドプランも在宅福祉の推進を骨子としたものであり，こうした揺り戻しは国の懐事情が現

出させたと言える。その一方で，介護を担う女性の窮状が顕わになるにつれ，抜本的な制度改革を求める声が高まった。

2000年施行の介護保険法は，社会保険方式による公的介護保険制度であり，家庭内の女性を介護から解放し，介護を社会化・脱私事化することを大義に掲げてスタートした。契約原理にもとづき，40歳以上の一般市民が保険者として保険料を支払い，65歳以上の被保険者が，営利・非営利事業者が提供する介護サービスの受益者となる。介護労働の専門化（有償化），公的サービスの受給者の拡大，新規事業者の参入，財源の変化等が生じ，限られた対象者に対するスティグマを伴った公的扶助からの脱却が図られた。

II 性別分業を再編する介護保険制度

介護保険の開始に伴い，家族から無償で提供されていた介護が，資格をもつ専門家による報酬を伴う労働として提供されるようになった。それは，一方で家庭の性別分業の解体の布石となったが，他方で介護労働の現場における性別分業の拡大・再編が生じている［山根純佳2010］。介護労働は8割以上を女性が占める「女性職」となり，労働価格の高い施設介護には男性介護労働者が集まり，価格の低い生活援助サービスには年齢の高い女性介護労働者が集まるといった，男女の賃金格差も再生産されている。こうした介護労働市場のジェンダー構造は，家庭の性別分業構造を介して再生産されると同時にその逆も生じており，その連鎖を断ち切るためには介護労働市場における賃金の引き上げ，トップダウンシステムの廃止による労働者の権限の再分配，専門性の階層構造の解消が有効だと指摘されている［山根2010］。

III 「再家族化」の問題と家族介護者支援

2013年現在，日本の主な介護者の6割は同居の家族・親族である。高齢者福祉システムの構造転換後も介護を担う家族が依然として一定の割合を占め続けている理由として，「家族が介護すべきである」および「家族介護が最も望ましい」という二つの理念を日本人がもつことにより，家族外の介護が不完全な代替物として位置づけられ，家族介護が自明視されているからだとの指摘がある［上野千鶴子2011］。高齢者の生の処遇をめぐる決定権は家族が担うといった，いわば家族を生の分有体と見なす家族観や，介護を通じて家族になるといった行為遂行性を日本の家族に見出すことができよう。加えて，介護給付費の抑制政策への転換により，介護責任を家族に引き戻す「再家族化」と呼び得る現象も引き起こされている［藤崎宏子2009］。2005年に改正された介護保険法では，予防の充実という名目の下で「要支援」枠が設定され，同枠の介護報酬の引き下げが行われた。また，度重なる報酬改定も，結果的に家族の介護役割を増大させる一因となっている。

ただし，家族介護の実情は，介護保険制度開始前と変化が見られ，男性介護者の増加，老親扶養規範の解体に伴う家族内での介護責任の不明瞭化，老老介護，遠距離介護，働く介護者，複数介護といった介護者とその生活環境の多様化が生じている［Campbell, J.C., et al. (eds.) 2014］。2010年に施行された「改正育児・介護休業法」において介護休暇が新設され，ようやく多様化する家族介護者の「介護をする権利」が保障され始めた。欧州では家族による介護がゼロにならないことを見越し，家族支援事業が積極的に実施され，わけても家族介護者への現金給付が一般的である。他方，日本では現金給付は女性を家族介護に拘束する制度として女性団体が介護保険導入時に反対したため，その導入は見送られた。だが，介護者が女性に限定されない現状を鑑みると，家族を含む友人・隣人らをヘルパーとして雇用し家族介護を有償化する制度の構築等を検討していく必要があろう［菊池いづみ2010］。

家族の「ケアする権利」「ケアすることを強

制されない権利」、そして高齢者の「ケアされる権利」「ケアされることを強制されない権利」を保障し支援していくためにも［上野2011］、家族・市場・国家・ボランタリーセクター間の役割や費用の分配をめぐる更なる調整が必要である。
(加賀谷真梨)

[文献] 天田城介・堀田義太郎・北村健太郎編 2011；上野千鶴子 2011；菊池いづみ 2010；藤崎宏子 2009；柳谷慶子 2007；山根純佳 2010；Midford, P., Saito, Y., Campbell, J. C. and Edvardsen, U. (eds.) 2014

社会問題化する高齢化社会

　一般に高齢化社会とは、人口に占める高齢者の割合が高くなる傾向、すなわち人口高齢化が進んだ社会をいう。国連の定義による相対的な基準に従えば、65歳以上人口の割合すなわち高齢化率が7％を超える社会を高齢化社会（aging society）、それが14％を超える社会を高齢社会（aged society）とよぶことがある。既に1994年に高齢社会の仲間入りを果たした日本が高齢化率7％を経験したのは1970年であるが、このころから高齢化問題あるいは高齢者問題に対する社会的な関心が高まっていった。人口高齢化の主な原因は人口転換による少産少死化に求められ、その後の低出生率の持続と平均寿命の伸長による長寿化によってそれは進展してきた。こうした現象は先進諸国をはじめとする近代化を経験した国々において共通して見られる傾向であるが、日本を含めた後進諸国の場合、その速度が際立って早いところに特徴がある。
　高齢化社会という事態は、社会的対応が求められるさまざまな問題を生みだしてきた。一方でそれは年金、医療、福祉、雇用等といった高齢者の生活保障のあり方をめぐる問題である。近年では一人暮らしの高齢者や高齢夫婦のみ世帯が増加傾向にあり、三世代世帯に典型的な世帯内での生活保障の世代間移転が以前のようには行われなくなったこともその背景にある。また、とりわけ高齢者の介護をめぐっては、その社会化を求めるクレームが文字通り社会問題化をうながし、2000年の介護保険の制度化を導いた［春日キスヨ 2001］。他方で、いわゆる「エイジングの発見」［嵯峨座晴夫 1993］に伴い、延長した高齢期の生き方やその生活の質にも新たな関心が向けられてきた。高齢化社会は近代化の帰結、あるいはその徹底化とも言える事態であるが、生産および再生産に重きを置いた近代社会におけるライフコースにおさまりきらない高齢期の延長は、人びとの生き方やライフコースを問い直す契機を与えることになった［小倉康嗣 2006］。
(木戸 功)

[文献] 小倉康嗣 2006；春日キスヨ 2001；嵯峨座晴夫 1993

家族介護

　日本が高齢化社会を迎え、介護が社会問題化し始めたのは1970年代である。その後も日本では、家族を「福祉の含み資産」とする日本型福祉政策、「子どもが老親を扶養する」という家規範に従って、介護は家族によって支えられてきた。家族介護者とはその実、嫁や妻という女性介護者であり、男性＝稼ぎ手、女性＝専業主婦という性別分業を前提に女性が介護資源として位置づけられてきたと言える。
　近年では、三世代同居の減少と並行して嫁介護も減少しつつある。65歳以上の高齢者のうち、高齢者のひとり暮らし、高齢夫婦などの高齢者のみの世帯が半数を占めるようになり、夫婦間の老老介護、「別居親族」による通い介護も増加している。また、非婚化の上昇にともなう単身男性による介護など、家族介

護のあり方も多様化してきている。ただし，「介護には女性が適している」というジェンダー規範は，息子よりも娘が介護者として選ばれる，という形で再生産されている。

家族介護は，家族であるからこそのストレス，親族との関係悪化，孤立による過労や共倒れ，さらには虐待や介護殺人など，さまざまな問題を含んでいる。介護の社会化を目指して2000年に施行された介護保険制度も，家族介護者がいることを前提とした制度設計になっており，家族介護の負担の軽減は進んでいない。介護と仕事の両立を迫られ，年間10万人が介護離職しているとされる。さらに近年の制度改正で家族介護の負担は大きくなり「介護の再家族化」が進んでいる。日本の介護保険制度は，サービスという現物給付を中心にし，また介護を受ける側を支援対象としているが，欧米では，現金給付（介護者手当），レスパイト・ケア（家族の休息の機会）など，介護する側に対する支援も制度化されている。日本においても，家族介護の負担を軽減するサービスの供給と並行して，家族介護者支援の制度化と進展が望まれる。

(山根純佳)

［文献］春日キスヨ2010；三富紀敬2010；山中永之佑ほか編2001

介護保険法

急速な高齢化の進展，寝たきりや認知症高齢者の急増による家族介護の限界に対処すべく，介護を社会全体で支える仕組みとして1997年に制定，2000年に施行された法律。これにより介護サービスは，市町村がサービスの種類や提供機関を決める措置制度から，利用者とサービス提供事業者との契約関係のもとでの供給へと移行した。高齢者が被保険者として保険料を支払い，市町村が保険者となりサービスの給付管理を行う。利用の際には，市町村をとおして要介護（要支援）認定を受け，その区分（要支援1～2，要介護1～5）に応じて，介護給付が支給される。

本法の制定によってサービス事業者として多様な供給主体（非営利，営利）も参入し，介護の社会化は前進した。一方で，現行の介護給付水準では，家族介護なしの在宅での生活は難しく，家族介護の補完的制度にとどまっている。

(山根純佳)

［文献］沖藤典子2010

ケアワーカー

子育てや介護などのケアは，長らく，家庭における女性の無償の労働とされてきた。一方ケアが社会化されると，保育士や介護士など専門職によって有償で担われることになる。これらのケアに関わる専門職を総称してケアワーカーと呼ぶ。介護の分野では，2000年の介護保険制度の導入によりケアワーカーの数も急増した。サービス従事者に対し介護福祉士，ホームヘルパー（1級，2級）などの資格取得を義務づけたことから，これらの職業としての認知が進んだ。ただし介護福祉士が国家資格であるのに対し，ホームヘルパーは研修で取得できる認定資格であり，ケアワーカーのなかにも資格のヒエラルキーが存在する。

ケアの現場では，利用者本位や個別ケアなど，受け手との関係性のなかでニーズに適切に応えていくことが求められている。受け手の感謝や反応などは，ケアワーカーにとってのやりがいとなるが，この「やりがい」が，過剰な責任を引き受けたり，サービス残業も厭わないなどの労働強化にもつながる。またケアワーカーには，相手を笑顔で励ましたり，相手に望ましい感情を起こさせたりするため

に，自分の感情をコントロールする「感情労働」が求められるが，過剰な感情労働の要求がケアワーカーのバーンアウトにつながることが指摘されている。これらの精神的，身体的負担に加え，長時間労働や賃金の低さなど労働条件の悪さが，ケアワーカーの離職や人材不足を招いている。

　ケアワークは全般に賃金が低いだけでなく，非正規の割合も高く，その多くが家計補助的に働く女性によって担われている。労働条件の悪さや「ケアは女性に適している」とするジェンダー規範から男性の割合は増えず，8割以上を女性が占める女性職でありつづけている。その意味で，ケアの社会化は，家庭から労働市場へと性別分業を拡大，再編させている。

（山根純佳）

[文献] 上野千鶴子・大熊由起子・大沢真理・神野直彦・副田義也編 2008；山根純佳 2010

家族介護者への支援活動

　介護の脱家族化をその目的の一つとした介護保険制度が施行され15年が経過した。だが，医療費削減を目論む政府は在宅介護を推進しているため，家族が主たる介護者である状況に変わりはない。また，そうした家族介護者の支援は，家族主義の温存や女性の介護役割を固定化するといった批判もあることから，国の義務ではなく「家族介護支援事業」という自治体の任意事業として実施されてきた。介護用品の支給，家族介護教室，慰労金贈呈，交流会等がそれらに該当するが，郡部での実施率は低い。唯一国の家族介護者支援策に介護休業制度があるが，利用率は3%（2014年）に止まっている。英国やフィンランドでは介護者支援の基盤となる法律が制定され，家族をはじめ友人や隣人など介護に従事する者の権利が保障されている。今後日本でも家族介護者の「ケアしない権利」を保障しつつ，家族介護者のアセスメントや所得補償（現金給付）制度の導入の是非を検討していく必要がある。

（加賀谷真梨）

[文献] 菊池いづみ 2010

高齢者のセクシュアリティ

　日本では長きにわたり，性愛（セクシュアリティ）は生殖と結びついた私的行為と見なされ，生殖機能が低下した高齢者の性愛はないもの同然に扱われてきた。したがって，病院や介護施設など公的な場での高齢者の性的言動は，既存の規範からの逸脱として認識される傾向にある。また，そうした言動は相手を一方的に性的対象として規定するため，受け手に強い不快感を与えることも少なくない。だが，加齢とともに性的関心のすべてが失われるものではなく，高齢者も性愛と不可分な存在である。老いても女性は精神的な繋がりを求め，男性は性行頻度，性欲，恋愛感情において活発であり続ける。このことをふまえて，入浴や着脱衣，排泄をはじめとする身体接触が介在する場では，性的言動が誘発されやすいことを前提として対策を講じる必要がある。他方で，性愛は親密性を求める心意の一つに過ぎず，会話の増加といった別の形の親密な関係性によって性愛の欲望を転移できるといった認識も重要である。

（加賀谷真梨）

[文献] 荒木乳根子 2008

高齢者福祉施設

　高齢者への福祉サービスを提供する施設の総称。なかでも老人福祉法にもとづき設置さ

れる施設を老人福祉施設とよび，老人デイサービスセンター，老人短期入所施設，養護老人ホーム，特別養護老人ホーム，軽費老人ホーム，老人福祉センターおよび老人介護支援センター（在宅介護支援センター）の7種がある。これらのうち特別養護老人ホームは2000年4月以降，介護保険法上の介護保険施設としても位置づけられている。介護保険施設のうち，指定介護老人福祉施設である特別養護老人ホームは日常生活上の世話や健康管理を，介護老人保健施設は医学的管理の下での介護や日常生活上の世話を目的としている。いずれも施設サービスを提供するものであるが，これとは別に，有料老人ホーム，ケアハウスなどの軽費老人ホーム，養護老人ホーム，高齢者専用賃貸住宅なども特定施設として認められた場合，居宅サービスとしての特定施設入居者介護を提供することができる。　　　　　　　　　　　　　（木戸　功）

認知症

　成人に起こる認知障害を言い，主として記憶や判断，言語や学習などの能力が持続的に減退する。加えて，しばしば精神的な機能の障害が伴い，感情障害，意欲の低下，人格の変化，そして行動面の異常が生じることがある。そのため日常生活を営む上でさまざまな障害をきたす。認知症は特定の病気名ではなく，いくつかの症状からなる症候群である。その原因は神経変性疾患の一つであるアルツハイマー病や，脳血管疾患などによる脳の器質性障害が代表的であるが，アルコール依存症や代謝性疾患を原因とする場合もある。出現率が加齢とともに上昇することから，高齢化ならびに長寿化の進展とともに，認知症患者の介護をめぐって関心が高まってきたが［井口高志 2007］，より近年では若年性認知症についても患者や家族への支援のあり方をめぐって社会的な対応が求められている。用語としては，それまでの「痴呆」に替わり2004年に提案され，介護保険法においても2005年の改正に伴い採用されている。（木戸　功）

［文献］井口高志 2007

地域福祉

　一般に地域社会において，人びとがかかえる問題を解決したり，その発生を予防したりするための社会福祉施策や実践を言う。イギリス出自のコミュニティ・ケアも似たような意味で用いられる概念であるが，地域福祉は純国産の概念であるとも言われる。この用語自体は1950年代から使用されてはいたが，コミュニティ・ワークやコミュニティ・サービス，コミュニティ・ケアなどと関連した包括的な概念として強い関心をもって用いられ，その必要性が積極的に示されるようになったのは1970年代以降である。当時の代表的な論者としては，岡村重夫［1974］や永田幹夫［1981］らがあげられるが，かれらに共通するのは地域福祉の構成要件として，在宅福祉と地域組織化を重視している点にある。

　その後，自治や住民参加，主体性といった要素が新たに組み込まれていくが，その背景には，人口移動から人口定住という変化に伴う地域社会の変化，さらには人口高齢化に伴うケアのニーズの発生という事態が指摘できる。地域住民にとって福祉がより身近な問題として浮上してきたのである。さらに1990年代の社会福祉基礎構造改革の流れのなかで，利用者本位や利用者主体といった要素が加えられていく。こうした歴史的文脈のもとで，利用者別ではなく領域横断的で，住民参加型の地域福祉という今日の考え方が形作られていく。社会福祉事業法の改正に伴い2000

年に成立した社会福祉法においては，地域福祉は初めて法律用語として使用され，法的な位置づけが与えられるとともに，その推進が同法の目的の一つとして規定された。さらにこれに関連して同法は，市町村による地域福祉計画の策定と，都道府県による地域福祉支援計画の策定を定め，これらは 2003 年より施行された。こうした事態を「地域福祉の主流化」［武川正吾 2006］とよぶこともできる。

(木戸　功)

[文献] 岡村重夫 1974；武川正吾 2006；永山幹夫 1981

高齢者福祉の地域差

　都市部では，地価高騰ゆえ特養や老保施設のベッド数が全国値の半分以下の水準にあり，入所待機者が多い。他方，地方では，施設サービス利用者の割合が都市に比して高いものの，入所に抵抗感をもつ高齢者やその家族が少なくない。2006 年に改正された介護保険法では，こうした状況を打開する目的で従来の施設／在宅サービスに加えて「地域密着型サービス」が創設された。同サービスは，住み慣れた地域圏内の小規模施設でのケアの提供を企図し，事業者の指定や指導監督の権限も県から市町村へと移管された。だが，人口 1 万人未満の小規模市町村では，市町村が施設整備目標を策定しておらず，また事業者も採算を見込めずに参入を見送ることから整備率が低い。こうした市町村では，一施設の新設が介護保険料の増額をもたらすといった課題もある。地域格差は高齢化の状況や世帯構成の違いに起因するのみならず，自治体の財政状況も影響を与えており，その是正には抜本的改革が求められている。　(加賀谷真梨)

[文献] 畠山輝雄 2012

第9章

暴力と家族

家族をめぐる暴力

I 「女性に対する暴力」

1993年,「女性に対する暴力撤廃宣言」が国連総会で決定された。同宣言において,「女性に対する暴力」は,「女性に対する肉体的,精神的,性的又は心理的損害又は苦痛が結果的に生じるかもしくは生じるであろう性に基づくあらゆる暴力行為を意味し,公的又は私的生活のいずれで起こるものであっても,かかる行為を行うという脅迫,強制又は自由の恣意的な剝奪を含む」(第1条)と定められた。「私的生活」は家族などの親密関係を念頭においている。第2条は「女性に対する暴力」を例示しており,家庭における暴力がその筆頭にあげられた。「殴打,家庭内における女児の性的虐待,持参金に関連した暴力,夫婦間の強姦,女性器の切除及びその他の女性に有害な伝統的慣習,婚姻外暴力及び搾取に関連した暴力を含む家庭において起こる肉体的,性的及び精神的暴力」(第2条)。

「宣言」が示すように,家族を含む親密関係における暴力には,身体的暴力,精神的暴力(心理的暴力),性的暴力,経済的暴力などがある。夫婦間,親子間,兄弟姉妹間,親族間など多様な関係で,これらの暴力が発生している。日本では,1980年代に,子が親や祖父母に暴力をふるうケースが「家庭内暴力」としてさかんに報じられた。しかし,当時は,親が子に暴力をふるう「児童虐待」も夫婦間暴力(DV)もまだ想定されていなかった。日本で「民事不介入の原則(法は家庭に入らず)」を警察が改めたのは1999年,家族内の暴力に介入する諸法が成立するのは,2000年以降である(児童虐待防止法2000年,DV防止法2001年,高齢者虐待防止法2005年など)。

II DV

DV被害女性の割合は,アフリカ諸国や中東ではきわめて高い。夫やパートナーから暴力をふるわれたことがある女性(15〜49歳)は,アフガニスタンやヨルダンでは90%,マリ87%,南スーダン79%にも達している(UN Women調査2013年)。日本でもDVの発生頻度は高く,女性の3人に1人,男性の6人に1人が,DV被害経験があるという(男女共同参画白書)。DVは非常に日常的な暴力であるが,暴力の程度が軽いとは必ずしも言えず,強姦や傷害・殺人に至ることも少なくない。

欧米諸国では1970年代からDV法が成立しはじめた。アメリカでは,1974年に最初のDV被害者シェルターが設置され,1984年に家族内暴力防止保護法,1994年に女性に対する暴力防止法が成立した。イギリスでは,1976年にDV防止法が成立後,1978年,1983年法に内容が拡充され,1996年に家族法第4章家族内暴力防止法に取り込まれた。日本のDV防止法(2001年)は,成立後も何度か改正されているが,いまもなお次の2点で大きな限界がある。①加害者の処罰規定も更生規定ももたない。DV防止法は,裁判所が発する保護命令(接近禁止・家からの退去)により,被害者を一定期間,加害者から保護して被害者に逃げる時間を保障する法である。ストーカー規制法(2000年)にはストーカー行為に対する処罰規定があるが,DV防止法には保護命令違反行為に対する処罰規定しかない。DV行為にも通常の刑法が適用されるため,逮捕要件のハードルがあがり,保護命令違反も通常は罰金刑ですまされる。このため,加害者がDV行為を自覚する機会が

なく，加害者更生にも支障をきたしている。②DV 防止法では暴力は広く定義されているが，保護命令を発するのは身体的暴力（および身体的暴力に準じるものとして PTSD を発症した精神的暴力）に限定されている。1995 年の北京行動綱領は「DV は犯罪である」と定めている。アメリカやカナダには，専門の DV 法廷が設けられ，有罪の場合には DV 講習を自費で受けることが義務づけられている。受講者の 2 人に 1 人は DV 行為をしなくなるという報告もある。

III 夫婦間強姦

夫婦間強姦が成立するか否かにつき，日本刑法の条文上は夫婦間強姦を排除していないが，解釈上，見解が分かれている。夫婦間での強姦の成立を認めない立場（無条件否定説），婚姻関係が破綻している時などに例外的に成立するとする立場（限定的肯定説），いかなる場合でも成立するとする立場（無条件否定説）である。かつての通説は無条件否定説であったが，二つの判例はいずれも限定的肯定説をとっている［1987年広島高裁，2007年東京高裁］。欧米でも長く夫婦間強姦は成立しないとされてきた。しかし，1970 年代以降，限定的肯定説による法改正や解釈変更がなされ，今日では無条件肯定説が強まっている。夫婦間強姦の成立を認める法改正としては，ドイツ（1996 年刑法改正），フランス（2006年「カップル間及び未成年者に対する暴力の予防と刑罰を強化する法」），イタリア（2001年「家族関係における暴力防止措置法」）などがある。日本に対しては，自由権規約委員会から夫婦間強姦の成立を認めるよう法改正をすべきとの勧告が出されている（2008 年）。

IV 児童虐待と性的虐待

1989 年に「子どもの権利条約」が成立し（日本は 1993 年に批准），日本でも 1990 年から「児童虐待」への取り組みがはじまり，2000年に児童虐待防止法が成立した。今日，児童虐待の相談件数も増え続けているが，これは虐待数が増えているのではなく，見えなかった暴力が見えるようになったせいである。相談事例では，母親による虐待がもっとも多い。母子が家庭のなかに閉じこもり，地域との関係を断ちがちな現代生活のひずみが反映されている。

児童虐待のうち，性的虐待の件数は少ない。しかし，これは暗数の多さを示唆している。父，兄，伯叔父から女児に性的虐待が行われ，沈黙を強いられた場合，子どもは被害を被害として認識しないまま成長し，長じて行為の意味を知って激しい精神的動揺をきたし，トラウマを発症することがある。しかし，「時効の壁」（強姦罪 10 年など）にぶつかり，被害者が訴えることができるようになったときには，加害者に対して刑事責任も問えず，損害賠償を請求することもできないことがしばしば生じる。このため，いくつかの国では成人後の告訴を可能にするため，時効開始時点を成人後に設定したり，性犯罪をもはや親告罪とはせず，職権で起訴できるようにしたりする法改正が進められている。例えば，ドイツでは児童への性的虐待の場合には，成人後の 21 歳を時効開始の起点とし，時効期間を 30年とすることで法的解決をはかっている。

V 伝統・慣習にもとづく暴力

伝統や慣習にもとづき家族間でふるわれる暴力のなかには，激しい暴力が正当化・美化されたり，黙認・自殺偽装されたりする場合がある。その代表的な例が，①女性性器切除（女子割礼），②名誉殺人，③持参金殺人（ダウリー死）である。

①女性性器切除は，助産師あるいは母親により初潮前の幼い少女に対して行われる伝統的儀礼である。不衛生な状態で施術されることも多い。また，切除による後遺症で合併症を発症することもあり，妊娠・出産に害を及ぼす場合もある。しかし，性器切除を受けていないと結婚に支障が出るとして，母親が率先して施術するケースもあとをたたない。

②名誉殺人は，イスラーム諸国の一部に残る慣習である。性的逸脱行為をした女性を家族が「名誉の殺人」として殺害したり，顔に硫酸をかけたりするなどのすさまじい暴力をふるう。名誉殺人は刑法で禁じられているが，地元警察が黙認するといった実情があると報告されている。他方，不名誉を怖れて自殺する女性も少なくない。

③持参金殺人は，ダウリー（ダヘーズ，結婚持参金）をめぐる夫による妻の殺害（焼殺・絞殺・刺殺・毒殺など）であり，ダウリー死の廃絶はインドにおける女性解放運動の重要な柱をなしている。持参金殺人は，かつては事故死か自殺として処理されてきたが，1970年代以降，殺人として認知されるようになった。インドでは1961年にダウリー禁止法が制定され，その後もダウリー授受行為やダウリー死への刑罰が強化されている。しかし，ダウリー禁止法の効果は疑わしく，むしろダウリー死は増えている。2010年には8,391件のダウリー死が報告された［小林磨理恵 2012，p.166］。姑から嫁へのダウリー・ハラスメントという女性から女性への暴力も多い。ダウリー死は，ダウリーが低額な場合に起こると考えられてきたが，近年の研究ではむしろ逆にダウリーが多額な場合に妻の実家から資産の再分配を受けるためにダウリー・ハラスメントが生じていることも明らかにされている。ダウリー死は，女性にとって結婚を絶対視し，離婚を忌避するインド社会では容易に撲滅できないだろうとも指摘されている。

（三成美保）

[文献] 大阪弁護士会人権擁護委員会性暴力被害検討プロジェクトチーム編 2014；小林磨理恵 2012；ジェンダー法学会編 2012；女性犯罪研究会編 2014；三成美保・笹沼朋子・立石直子・谷田川知恵 2015

「法は家庭に入らず」

古代ローマ法に由来する法格言。ローマ家父長制のもとでは，家内部のことは家長の権限にゆだねられるべきと考えられた。ヨーロッパ中世では，教会婚姻法の成立によって一夫一婦制が制度化され（夫婦一体の原則），「カバーチュアの法理」（婚姻によって夫婦は法律上一体となり，妻は法的存在として夫に組み込まれるという法理）が形成されて，妻に対する夫の懲戒権や監禁権が正当化された。このような夫婦一体思想は，不法行為法上の婚姻免責原則や夫婦間強姦の不成立を導いた。近世以降，英米法では「親指のルール」（夫は親指よりも太くない鞭で妻を懲戒できる――17世紀イギリス）や「カーテン・ルール」（法は家庭に介入せず，カーテンの外にとどまる――アメリカ）が，夫の懲戒権を容認する判例法として確立していく。大陸法でも，例えば，プロイセン一般ラント法（1794年）は，濫用に至らない程度の懲戒権を家父長に認めている。妻に対する夫の懲戒権は19世紀末以降，否定されていくが，警察権の対応としての「民事不介入の原則」（家庭内のトラブルに警察権が介入することを抑制する）は長く続いた。近代日本には家父長の懲戒権を認める法規定も判例法も存在しないが，「家」制度のもとで事実上の懲戒権が認められていた。現行法でも「法は家庭に入らず」原則は，民法の協議離婚制度や刑法の親族間特例（窃盗・詐欺・横領などで夫婦や一定の親族には刑を免除）などに反映されている。欧米では，フェミニズムの第2の波の影響を受けて，1970年代後半以降，DVや家族内暴力を禁止する法律が制定されはじめたが，日本での取り組みは非常に遅れた。ようやく1999年，警察は「民事不介入の原則」を見直し，2000年以降，児童虐待防止法（2000年），DV防止法

(2001年),高齢者虐待防止法(2005年)など,家庭内における虐待や暴力について介入する新しいタイプの法が制定された。　(三成美保)
[文献] 戒能民江 2002；ジェンダー法学会編 2012（第3巻）；南野知惠子ほか監修 2001

女性に対する暴力

(1) 女性に対する暴力　「女性に対する暴力」(violence against women) という語は,国際文書では「国連女性の10年」後半期行動プログラム（1980年）に初出し,ナイロビ将来戦略（1985年）ではじめて具体化された。女性差別撤廃条約（1979年）は買売春や人身売買の禁止には触れていたが,セクシュアル・ハラスメントやDVへの言及はなく,女性に対する暴力の一般的規定ももっていなかった。「女性に対する暴力」という語が生まれたことにより,多様な暴力を包括的にとらえる視点と対策の緊急性が国際社会で共有されるようになった。

(2) 女性に対する暴力撤廃宣言　1992年,女性差別撤廃委員会は,一般勧告第19号で「女性に対する暴力は差別の一形態」であるとし,暴力を詳細に定義した。翌93年,第2回世界人権会議（ウィーン）では,「女性の権利は人権である」ことが強調された。同年末,国連総会で採択された「女性に対する暴力撤廃宣言」において,「女性に対する暴力」はジェンダー秩序と不可分な人権侵害であることが明示された。同宣言は,暴力を「女性に対する肉体的,精神的,性的又は心理的損害又は苦痛が結果的に生じるもしくは生じるであろう性に基づくあらゆる暴力行為」と広く定義し,公私の別を排除した（第1条）。発生場面に即して,暴力は三つに区分されている。①家庭においておこる暴力（第2条 a),②一般社会においておこる暴力（同 b),③国家により行われたか又は許容された暴力（同 c)。①には,近親者による女児への性的虐待,持参金殺人,夫婦間強姦,女性器切除,DVが含まれる。②では,強姦,性的虐待,セクシュアル・ハラスメント,人身売買・強制売春があげられている。③で想定されているのが,戦時性暴力である。北京行動綱領（1995年）は,「女性に対する暴力」を「12の重大問題領域」の一つと位置づけた。同宣言と北京行動綱領が,今日,「女性に対する暴力」に関するもっとも包括的な規定とされる。内戦時の凄惨な性暴力を含む「女性に対する暴力」の根絶に取り組むことが,21世紀国際社会における緊急の課題となっている。　(三成美保)
[文献] クマラスワミ, R. 2000 (1996, 97, 98), 2003 (2003)；山下泰子・辻村みよ子・浅倉むつ子・二宮周平・戒能民江編 2011

レイプ・シールド法

　強姦被害者保護法のことで,強姦等の性暴力の被害者が訴訟で不利益を受けることを防止する目的で制定された証拠法則である（[英] Rape shield law)。アメリカやカナダで導入されている。地域によって内容・適用範囲は異なるが,被害者の性的経歴を原則として証拠にできないという点が共通する。レイプ・シールド法がもうけられたのは,被害者の尊厳を守るためである。この法律が制定されるまで,性暴力事件では,加害者側が,加害者との性交に対する「同意」の証拠として被害者の過去の性経験を提出し,事実認定者の偏見に働きかけて無罪を導きだすということがしばしば見られた。法廷で被害者の貞操観念が問われ,「被害者が裁かれる」といった事態が多発していたのである（セカンド・レイプ)。その結果,被害者が告訴をためらって法的救済が受けられなくなるだけでなく,性

暴力が放置され，加害者が罪に問われないままになりがちであった。日本ではレイプ・シールド法に相当する規定がなく，当該事件とは無関係な性的経験が法廷で暴かれる傾向はなくなっていない。

（三成美保）

[文献] 女性犯罪研究会編 2014；三成美保・笹沼朋子・立石直子・谷田川知恵 2015

児童買春

子どもを対象とする対価を伴う性行為。1980 年代，アジア諸国で先進諸国の観光旅行者による児童買春が深刻な社会問題となった。1996 年スウェーデン・ストックホルムで開催された第 1 回子どもの商業的性的搾取に反対する世界会議を契機に国際的潮流が高まり，各国で児童買春・児童ポルノを禁止する法律が整備された。日本はアジア諸国での児童買春や児童ポルノの製造国として同会議で大きな非難を受け，1999 年に子どもの権利擁護を目的とする児童買春，児童ポルノ禁止法（2014 年の改正で，法律名および目的に「規制」が加えられた）が成立した。同法では，金品を与える約束をして 18 歳未満の子どもとの性交や性的類似行為，性的好奇心を満たす目的での子どもの性器等への接触や子どもによる自己の性器等への接触を児童買春として禁止し，国内外問わず，児童買春に関わる成人が処罰されることになった。しかし，児童買春の根絶のために同法は十分機能しておらず，援助交際や出会い系喫茶，「JK 産業」など子どもの買春被害は後を絶たない。

（大野聖良）

[文献] オグレディ，R. 1995（1994）；坪井節子 2003；森山真弓・野田聖子 2005

児童ポルノ

子どもを被写体として，性行為や性的な目的のために身体の性的な部位を写真や映像などで記録した媒体の総称。児童ポルノの製造過程では実在の子どもに対する性的搾取が必ず存在し，その記録は半永久的に流通してしまうため，子どもが受ける肉体的および精神的苦痛は計り知れない。1996 年スウェーデン・ストックホルムで開催された第 1 回子どもの商業的性的搾取に反対する世界会議で，日本は世界有数の児童ポルノ制作・輸出国として非難され，児童ポルノを禁止する法整備が急務となった。1999 年児童買春，児童ポルノ禁止法が成立し，18 歳未満の子どもに対する実写ポルノの提供・製造・頒布・公然陳列・輸入・輸出が禁止された。しかし，漫画やゲーム等の疑似的児童ポルノは同法で対象外であるため，子どもへの虐待や凌辱を描く作品の過激化が懸念されている。また，2014 年の改正で，児童ポルノの単純所持罪が設けられたが，根絶のための重要な争点は今なお残されている。

（大野聖良）

[文献] 後藤弘子 2010；坪井節子 2003；森山真弓・野田聖子 2005

トラフィッキング（人身売買）

搾取を目的に人を商品のごとく売買すること。「人身売買」「人身取引」とも言う。トラフィッキングを禁止する国際的な取組みは 19 世紀末にはじまる。当時の欧米社会では海外における女性の売買春とトラフィッキングが深刻な社会不安を引き起こし，その根絶を求める運動が廃娼運動と連動して展開された。その結果，1904 年，1910 年，1921 年，

1933年に売春目的の女性と子どものトラフィッキングを禁止する国際協定・条約が結ばれる。さらに1949年「人身売買及び他人の売春からの搾取の禁止に関する条約」が締結され、トラフィッキングは女性の性的搾取問題として認識されてきた。

しかし、1970年代以降、通信・交通網の発達、地球規模での格差、移住労働の女性化、トラフィッキングに介在するアクターの多様化、国境管理強化などから、トラフィッキングの構造は複雑化している。1990年代後半、グローバル経済を脅かす国際組織犯罪としてトラフィッキングの廃絶を求める国際潮流が高まり、2000年国際組織犯罪防止条約・人身取引議定書が国連で採択された。同議定書第3条でトラフィッキングは「搾取の目的で、暴力その他の形態の強制力による脅迫若しくはその行使、誘拐、詐欺、欺もう、権力の濫用若しくはぜい弱な立場に乗ずること又は他の者を支配下に置く者の同意を得る目的で行われる金銭若しくは利益の授受の手段を用いて、人を獲得し、輸送し、引き渡し、蔵匿し、又は収受すること」（外務省訳）と定義され、搾取形態は性的搾取に限らず強制労働や臓器摘出も含む。

同条約・同議定書批准に向けた国内法整備が各国で行われ、日本政府も2004年に人身取引対策行動計画を策定し、刑法「人身売買罪」の新設（2005年）など加害者訴追・被害者保護・予防の観点から対策が講じられた。しかし被害者保護・支援のあり方など課題は多い。近年、地球規模で格差が拡大し女性の移住労働への期待は高まっているが、情報や資源に乏しい者は仲介業者に依存しトラフィッキング被害に遭いやすい。安全な移動を保障し搾取を防止することが今後重要となる。

（大野聖良）

[文献] 青山薫 2007；小島優・原由利子 2010；吉田容子監修／JNATIP 編 2004

難民と家族

第2次世界大戦後の「世界人権宣言」（1948年）の採択から難民の基本的人権保障に対しての関心が高まり、1951年7月に「難民の地位に関する条約」が採択され、追って1967年に1951年の条約から地理的・時間的制約を取り除いた「難民の地位に関する議定書」が採択された。一般にこの二つをあわせて「難民条約」という。1951年難民条約の第1条で、難民とは「人種、宗教、国籍もしくは特定の社会的集団の構成員であることまたは政治的意見を理由に迫害を受けるおそれがあるという十分に理由のある恐怖を有するために、国籍国の外にいる者であって、その国籍国の保護を受けられない者またはそのような恐怖を有するためにその国籍国の保護を受けることを望まない者」と定義されている。だがこの「難民（refugee）」という語が受動的なネガティブな意味合いがあることから、難民とよばれることを隠す人びともいる。さらに難民の現実的な実体とは、困難な状況にある人びとに対し支援をする側を通してつくられるカテゴリーであり、援助を求めているか否かが国際的な移民と難民の違いであるとする定義もある。また今日では難民条約では除外される、紛争などによって国内の他地域に避難する国内避難民が増加している。

国連難民高等弁務官事務所（UNHCR）が2014年6月に発表した『グローバル・トレンズ』報告書によると、第2次世界大戦後初めて難民、庇護申請者、国内避難民の数が5000万人を超え、世界中の難民のうち53％以上が、アフガニスタン（256万人）、シリア（247万人）、ソマリア（112万人）出身であるという。また全難民のうち50％が18歳未満の子どもであり、主たる保護者のいない子どもの庇護申請が77ヵ国で2万5300人分あるとい

う数字からも，家族がばらばらになっていることがうかがえる。

日本の難民受け入れは厳しく入国管理センターに何年も収容されている人が多く，2013年には難民申請をしていたカメルーン人とイラク人が，家族から遠く離れた日本の収容所で病死し国際社会で批判されている。世界的な難民増加の大きな原因となっているシリア難民についても多くの先進国が受け入れているのに対し，2014年現在のところ申請者50数人に対し，難民認定を受けた人は一人もいない。異例の措置として難民認定なしでシリア男性の家族を2015年1月に呼び寄せた。家族の呼び寄せが認められないのは人道上問題があったため，本事例が日本政府の政策の重要な分岐点となることが期待されている。

（椎野若菜）

[文献] 久保忠行 2014；United Nations High Commissioner for Refugees (UNHCR) 2014；難民の地位に関する1951年の条約 http://www.unhcr.or.jp/protect/pdf/1951_Convention.pdf；難民の地位に関する1967年の議定書 http://www.unhcr.or.jp/protect/pdf/1967_Protocol.pdf

パートナー関係と暴力

I 歴史

夫と妻の関係における暴力の歴史は古代ローマ時代までさかのぼる。当時，夫は奴隷に対するのと同様の支配権を妻子に有しており，懲罰を加えたうえで妻を遺棄することが許されていた。英国の法制史家ウィリアム・ブラックストーン（W. Blackstone）『英法釈義』（1765年）によれば，英国や米国のコモン・ローでは，「夫妻一体」の原則にもとづくカバーチュアの法理によって，妻の人格が夫に吸収・一体化されるとともに妻の身体も夫の支配に服することになり，夫の妻への暴力が懲戒権として容認された。19世紀末，イギリスでは，妻に法的別居や財産権を認めた婚姻法改革および配偶者権（conjugal right）の回復請求権にもとづく夫による同居の強制を拒む妻の勾留処分の廃止によって，夫の懲戒権は制定法上否定された。だが，第2次世界大戦後も，夫の暴力の不処罰を通じて，なお懲戒権思想は生き残った。夫の暴力の再発見・再定義を行ったのは1970年代以降の第2波フェミニズムである。1970年代初頭，英国や米国の女性たちは，暴力被害を受けた女性のための相談やシェルター開設を進め，米国の女性たちは夫の暴力を意味する「ドメスティック・バイオレンス」（DV）概念を作り出した。1976年英国および米国のペンシルバニア州においてDV法が制定された。この動きは瞬く間に世界中に広がり，国際的には，1993年ウィーン人権宣言および国連女性に対する暴力撤廃宣言へと結実した。1995年，第4回世界女性会議で採択された北京行動綱領は，DVが女性の人権侵害であることと，女性に対するあらゆる暴力防止と被害者支援の責務を明記した。

II 定義

パートナー関係の暴力について，国連の文書など国際的にはDV概念が一般的に使われている。夫と妻や恋人など，暴力が振るわれる私的・個人的関係に焦点を当てた定義である。一方，国連「女性に対する暴力撤廃宣言」では「ジェンダーに動機づけられた暴力」と定義され，夫の暴力がなぜ振るわれ，社会的に容認されるのか，個人的な行為の背景に

あるジェンダー支配構造に着目する。国連人権委員会特別報告者のラディカ・クマラスワミ（R. Coomaraswamy）は，DVを女性に対する暴力ととらえ，「私的領域内で，親密さ，血縁関係あるいは法的関係のある近親者間で生じる暴力」と定義し，男性から女性に行われる「ジェンダーに特殊な犯罪」だとする。近年，米国では，「親密な関係における女性に対する暴力（intimate violence against women）」が一般的に使われている。第三者が介入しにくい親密圏において，性別を超えて暴力が振るわれるが，被害者は圧倒的に女性が多く，ジェンダー支配の一形態であることを強調している。ただし，米国では「家庭内暴力」の側面を強調する考え方も有力であり，政権交代ごとに，DVとfamily violence概念のせめぎあいが展開している。東アジアの韓国および台湾では児童虐待，高齢者虐待と併せて「家庭暴力」と包括的な定義を行い，対象範囲は幅広い。台湾DV法では「家族成員間で身体的・精神的に不法な侵害を与えること」と定義づけている。日本では思春期の子どもが親に対してふるう暴力を「家庭内暴力」と呼び，パートナー関係の暴力は一般的に「夫婦間暴力」と言われてきた。2001年制定時のDV法では「配偶者からの暴力」と定義し，対象を内縁や事実婚，離婚直後を含む夫と妻に限定しておりきわめて狭かった。しかし，DVは異性愛の夫妻関係に限らず，交際相手や同性関係を含むパートナー関係で起きるものであり，暴力による相手の支配という本質は変わらない。なお，2013年DV法改正で同居の交際相手にも準用されることとなった。また，近年の調査からは，義父母や父母などの親族や成人した子どもなど，DV法のDV概念には収まりきらない「家族による暴力」被害が明らかになっている。

III 実態

日本初のDV全国実態調査が行われたのは1992年である。1997年東京都調査を皮切りに，地方自治体による実態調査が行われ，DV被害の広がりが明らかになった。1999年，国は初の全国調査を実施し（内閣府「男女間における暴力に関する調査」），約20人に一人の成人女性が「夫・パートナーからの暴力で命の危険を感じた経験」をしたことが示され，DV法制定を後押しする結果となった。2014年同調査結果からは，成人女性の約4人に一人がDV被害を受けており，約10人に一人は何度も受けているが，被害を受けた女性の4割はどこにも相談せず，夫と別れたいと思ったが，別れなかった女性は5割近く，別れない理由で多いのは子どものこと，経済的不安の順である。日本では，2割近くの女性が夫等から身体的暴力を受けており，世界的傾向と一致する。身体的暴力だけではなく，性的暴力や精神的暴力なども同時に振るわれる複合的暴力が多い。また，交際相手からの暴力被害経験がある女性は19.1%にのぼる（2014年）。また，2013年の警察庁犯罪統計によれば，内縁を含む配偶者間の犯罪検挙件数に占める夫妻別の被害者の割合は，殺人では女性被害者が68.4%（106件），男性被害者が31.6%（49件）であるが，傷害・暴行だと妻の被害が約93%と圧倒的多数を占める。妻による夫殺人の多くは，夫を殺害する以外に暴力から解放されないところまで妻が追いつめられたケースだと考えられる。DVの影響は深刻であり，心身の健康侵害にとどまらず，人間不信や自信喪失，社会的孤立や働けなくなるなどの経済的影響など生活全般に影響を与えている。特に，精神的健康への影響は大きく，うつやPTSDなどの罹患率は高い。さらに，子どもへの影響も大きい。

IV 法制度

日本では，DV防止と被害者の保護・自立支援を目的に，2001年「配偶者からの暴力の防止及び被害者の保護等に関する法律」（DV法）が制定された。違反した場合に刑事罰を科す保護命令制度を導入し，「配偶者暴力相

談支援センター」設置を都道府県に義務づけた。DV法の制定により、「プライバシーとしての家族あるいは親密な関係」への不介入を正当化してきた「法は家庭に入らず」原則が打破された。今後の課題として、緊急保護命令の新設、同性関係への対象範囲の拡大（2007年に保護命令発令事例が1件）、保護から自立支援までの切れ目のない被害者支援制度の整備、加害者の法的責任の明確化などがある。台湾DV法（1998）は米国をモデルにした保護命令中心の特別法であるが、国・自治体への専門機関設置、緊急時から自立支援対応までカバーする保護命令制度、同性関係への対象拡大、司法ソーシャルワークの導入、性暴力とDVの総合的支援などが特徴である（最終改正2015年）。韓国DV法（1997年）は被害者保護法と加害者処罰法の二元構造となっており、相談支援センターは国家の財政援助の下、民間が運営し、緊急時、短期（6ヵ月）、長期（2年）および外国人用などニーズに応じたシェルターが整備されている。韓国、台湾に共通するのは、家庭暴力罪の導入、国際結婚への対応、外国語を含めた24時間ホットライン、地域でのワンストップセンター整備、生活再建支援の強化などであり、2011年韓国DV法は保護命令を導入した。また、北欧では、1998年スウェーデン刑法がDVの反復継続による被害の深刻化に着目して刑の加重を行うDV罪（女性の安全法）を創設し効果をあげているとともに、加害者教育プログラム実施・促進の法的根拠ともなっている。

(戒能民江)

[文献] 小川真理子 2015；「夫（恋人）からの暴力」調査研究会 1998；戒能民江 2002；戒能民江編著 2001、2006、2013；戒能民江ほか編著 2012；小島妙子・水谷英夫 2004；庄司洋子・原ひろ子・波田あい子 2003；波田あい子・平川和子編著 1998；原田恵理子・柴田弘子編著 2003；バンクロフト、R. & シルバーマン、J.G. 2004（2002）；ヘイグ、G ほか 2009（2005）；吉川真美子 2007；

配偶者間暴力（DV）

親密な関係において男性または女性から、どちらかのパートナーに対して行使される暴力のこと。暴力の被害者は、多くの場合、女性である。親密な関係にある男性とは、夫、内縁の夫、別居中の夫、前夫、婚約者、元婚約者、交際中の恋人、以前交際していた男性等を指す。

日本では、配偶者間の暴力をDV（Domestic Violenceの略称）と表現する。DVは、直訳すると家庭内暴力だが、家庭内暴力が、思春期の子どもが親に対して振るう暴力を指す語として使われてきたことから区別するために用いられている。DVの特質は、相手を支配することを目的としている点にある。暴力には、身体的暴力、精神的暴力、経済的暴力、社会的暴力、性的暴力、女性への暴力を子どもに見せること等がある。暴力は放置すると拡大し、加害者のコントロールから逃れようとした時、あるいは逃れた時にその危険が増すと言われている。

1999年の総理府（現内閣府）の「男女間における暴力に関する調査」では、全国の20歳以上の女性のうち、4.6％が生命にかかわるような深刻な暴力を夫から受けていると回答した。このような状況の改善を目指して、2001年4月に「配偶者からの暴力の防止及び被害者の保護に関する法律」（配偶者暴力防止法）が成立（同年10月施行）した。配偶者暴力相談支援センター（2002年、各都道府県に設置）のDV相談件数は、年々増え続け、2012年度には89,490件を数えている。警察庁の統計では、2013年中に検挙した配偶者（内縁関係を含む）間における殺人、傷害、暴行は4,444件、うち4,120件（92.7％）が女性の被害者である。法施行後から2013年12月末までに終局した保護命令事件は31,969

件で，毎年増加傾向にある．2013年，配偶者暴力防止法が改正（第3次）され，「配偶者」（事実婚や別居中を含む）に限定されていた保護命令の対象が，「生活の本拠を共にする交際相手からの暴力」にも準用されることになった．法の適用範囲外であった恋人間暴力への抑止力となることが期待されている．

〔小川真理子・小口恵巳子〕

［文献］井上輝子ほか編 2002；戒能民江編著 2001；内閣府男女共同参画局編 2014

デートDV

結婚していない，および同居していない親密な関係にある男女間で，体，言葉，態度等，親密な相手を思い通りに動かすために複合的に使われるあらゆる種類の暴力を指す．具体的には，殴る，蹴る等の身体的暴力，相手の嫌がる言葉を言う，人格を否定する，大声を出す等の相手の精神を傷つける精神的暴力，無理やりキス・性交する，わいせつな写真・動画を撮影する，避妊に協力しない等の強制を伴う性行為である性的暴力，デートでつねにおごらせる，「お金を貸してくれ」と言って返さない，無理やり物を買わせる等の相手の経済的自由を損なう行為である経済的暴力，そして携帯電話のメール，着信履歴等をチェックする，行動・服装等を制限ないし強制する，交際範囲を制限する等相手を束縛する行為である行動の制限，等がある．特に10代20代の若いカップルの間で起こる現象として近年関心が高まっているとともに，教育現場での予防啓発の重要性が指摘されている．

〔小川真理子・小口恵巳子〕

［文献］遠藤智子 2007

DV殺人事件

配偶者暴力防止法制定後も，各地でDV殺人事件が続いている．警察庁の統計によると，2013年中に検挙した配偶者（内縁関係を含む）間における殺人，傷害，暴行において，女性が被害者となった割合は，傷害については2,154件中2,015件（93.5％），暴行については2,135件中1,999件（93.6％），とそれぞれ高い割合を占めている．殺人は155件中106件（68.4％）と，女性が被害者となった割合が，傷害や暴行の割合よりもやや低くなっている．DV殺人事件は，典型的な夫による妻殺害ばかりではない．妻による夫殺害事件は年間70〜80件を数える．このなかには，長年夫の暴力にさらされた挙句，夫を殺害することで暴力から解放されるケースもある．また，DV事案では，DVの直接的な被害者以外の家族らが殺人事件の被害者となる場合も少なくない．このように深刻な状況にあるなか，警察の不適切な対応や司法のDVに関する無理解，ジェンダー・バイアスの存在が問題となっており，その改善が課題となっている．

〔小川真理子・小口恵巳子〕

［文献］戒能民江編著 2006；内閣府男女共同参画局編 2014

夫婦間強姦

夫が暴行・脅迫を用いて妻を姦淫する行為を行うこと．強姦罪は，暴行または脅迫によって13歳以上の女子を姦淫する罪である（13歳未満の女子も同様），と規定されている（刑法177条）．だが，夫婦間強姦は，夫婦間の性的行為と関連しているため，きわめてプライベートな問題と捉えられ，国家の刑罰権が介

入しにくい領域として位置づけられてきた。しかし近年，夫婦間強姦に強姦罪が適用されることは次第に受け入れられてきている。夫婦間強姦に強姦罪が適用された裁判例は2件。広島高裁松江支部は，第1審判決[鳥取地決昭61.12.17]を維持し，婚姻関係が破綻していることを理由に強姦罪の成立を認めた[広島高裁松江支判昭和62.6.18]。そして東京高裁は，「暴行・脅迫を伴う場合は，適法な権利行使とは認められず，強姦罪が成立するというべきである」として，強姦罪の成立を認めた[東京高判平19.9.26]。夫婦間であっても，原則として強姦罪を肯定するという見解が有力になりつつある。 (小川真理子・小口恵巳子)
[文献] 海渡双葉 2012；金子宏ほか編 2008

配偶者暴力防止法

配偶者暴力防止法（正式名「配偶者からの暴力の防止及び被害者の保護等に関する法律」2013年6月に法律名が改められた）は，超党派の議員立法で2001年4月に制定され，同年10月より施行された。配偶者からの暴力に係る通報，相談，保護，自立支援等の体制を整備し，配偶者からの暴力の防止および被害者の保護を図ることを目的とする。被害者が男性の場合もこの法律の対象となるが，被害者は，多くの場合女性であることから，女性被害者に配慮した内容の前文が置かれている。「配偶者」には，婚姻の届出をしていない「事実婚」を含む。また，離婚後（事実上離婚したと同様の事情に入ることを含む）も引き続き暴力を受ける場合も含む。2004年に第1次改正法，2007年に第2次改正法が施行し，被害者の保護範囲がより拡大された。そして2013年，第3次改正が行われ（2014年1月施行），新たに生活の拠点を共にする交際相手からの暴力にこの法律を準用することと

した。 (小川真理子・小口恵巳子)
[文献] 南野知恵子ほか監修 2001

ストーカー規制法

2000年「ストーカー行為等の規制等に関する法律」として成立し，施行された。この法律はストーカー行為等を処罰する等必要な規制と，被害者に対する援助等を定めている。2013年7月，一部法改正（電子メールを送信する行為の規制）が施行され，同年10月からは警告等を行うことができる警察本部長等が拡大される。この法律で規制の対象となるのは，「つきまとい等」と「ストーカー行為」の二つである。特定の者に対する恋愛感情その他の好意感情またはそれが満たされなかったことに対する怨恨の感情を充足する目的で，その特定の者またはその家族等に対して行う八つの行為を「つきまとい等」と規定し，規制している。また，同一の者に対し「つきまとい等」を繰り返して行うことを「ストーカー行為」と規定して，罰則を設けている。2013年中のストーカー事案の認知件数は，21,089件で，前年に比べ1,169件（5.9％）増加している。被害者は女性，行為者は男性が多くなっている。 (小川真理子・小口恵巳子)
[文献] 橋本裕蔵 2003

保護命令制度

保護命令制度は，2001年配偶者暴力防止法にもとづき新設された。配偶者からの身体に対する暴力を受けた被害者が，配偶者からのさらなる身体に対する暴力により，または配偶者からの生命等に対する脅迫を受けた被害者が配偶者から受ける身体に対する暴力によ

り，その生命または身体に重大な危害を受けるおそれが大きい時に，裁判所が被害者からの申立てにより，配偶者に対して発する命令である。保護命令には，①被害者への接近禁止命令，②被害者への電話等禁止命令，③被害者の同居の子への接近禁止命令，④被害者の親族等への接近禁止命令，⑤被害者とともに生活の本拠としている住居からの退去命令，の五つの類型が定められている。配偶者には元配偶者を含む。直接的な暴力に加え，面会の要求，行動の監視，著しく粗野で乱暴な言動，電話・ファクシミリ・電子メールでの連絡，不快で嫌悪感をもたらす物や性的羞恥心を害する文書，図画の送付等にも制限が加えられる。 (小川真理子)

［文献］南野知恵子ほか監修 2001

DV 支援制度

DV 支援制度（もしくは DV 被害者支援制度）の主な柱は，配偶者暴力相談支援センターを中心とした DV 被害者の保護や自立支援態勢の確立，裁判所の保護命令手続きである。2004 年の第 1 次改正法で，国の基本方針と都道府県の DV 基本計画策定が義務づけられ，緊急一時保護体制等，DV 被害者支援の枠組みは一定程度整えられた。2007 年の第 2 次改正では，市町村の DV 基本計画策定と DV センター設置を努力義務化し，都道府県・市町村の役割の明確化を図っている。

配偶者暴力相談支援センターは，2014 年 3 月 1 日現在，全国に 238 ヵ所設置されるに至っている。同センターでは，相談，カウンセリング，被害者やその同伴家族の一時保護，情報提供等を行っている。法律に設置根拠がある（配偶者の暴力等から逃れてきた女性のための）一時避難所として利用できる施設は，婦人相談所，婦人保護施設，母子生活支援施設がある。婦人相談所と婦人保護施設は売春防止法にもとづき，それぞれ全国に 49 ヵ所（2013 年 4 月 1 日現在），母子生活支援施設は児童福祉法にもとづき，全国に 256 ヵ所（2013 年 3 月末現在）設置されている。

この他に，民間の団体等が自主的に運営している民間シェルターが全国に 108 ヵ所確認されている（2010 年）。民間シェルターを設立した女性たちは，DV 被害者に寄り添う支援等，公的な一時保護所の管理的な指導と対照的な，独自の支援を行っている。既存の制度内で行う支援に対して，DV 被害者の立場から問題提起をし，制度改革に寄与してきた民間シェルターは，その機動性，柔軟性を活かし，DV 被害者支援の新たな展開を切り拓く存在と考えられており，DV 被害者にとって重要な社会的資源の一つである。しかし，社会的にも法的にも位置づけられていないため，厳しい運営状態にある。行政から民間シェルターへの財政的支援や連携体制の構築が，今後の課題となっている。 (小川真理子)

［文献］小川真理子 2015；内閣府男女共同参画局編 2014

支援格差 ［DV 被害者］

DV 被害者の公的支援体制・内容において地域間の格差が拡大していることが，2012 年の DV 被害者支援調査で判明した。市区町村独自の配偶者暴力相談支援センター設置や自立支援施策が依然として進んでいない。これまでに DV 基本計画を設置した市区町村は 681 市区町村（2014 年），市区町村が設置した配偶者暴力相談支援センターは 70 ヵ所（2014 年）に留まっている。市区町村の取組みの不十分さが浮き彫りとなった。他方，先進的な取組みを行っている自治体もある。そこでは，首長のリーダーシップにより DV 施策が進

められてきたところや民間支援団体の地道な支援活動がDV施策に貢献してきたところ等，地域の実情に即した特色が見られる。DV問題に詳しい専門家らは，自治体のDV防止政策を推進するためには，DV被害者支援の専門性やノウハウを蓄積してきた民間支援団体の経験を活かすことが必要であると指摘する。行政と民間，関係機関間の連携・協力体制は，DV被害者への支援格差を解消することに繋がる。　　　　　　　　（小川真理子）

[文献] 小川真理子2015；戒能民江編著2013；松田智子2010

国際結婚とDV

1980年代以降日本では国際結婚，特に日本男性とアジア諸国出身の女性の結婚が増加し続け，2006年にピークを迎えた後減少傾向にある。国際離婚など関係が破綻するケースも少なくなく，要因の一つとしてDV問題がある。外国籍女性のDV被害は1990年代に各地の支援NGOで認識されはじめ，2008年には一時保護件数の一割を占めた。

外国籍女性は文化的・社会的偏見にもとづく暴力（出身国の文化を否定，日本語や日本文化の強要）や，在留資格などの不安定な法的地位を利用した暴力（在留資格「日本人の配偶者等」更新の非協力）など外国籍女性特有の脆弱性にもとづく暴力にも直面する。また，結婚による定住で出身国の家族や友人，同国人コミュニティとのつながりが弱まり，加えて日本社会での差別や偏見に晒されるため，外国籍被害者は孤立しやすい。2000年DV法制定以降も，言語情報の格差による支援制度へのアクセス困難，在留資格による支援や社会保障制度の利用制限，社会・文化的背景に対する理解不足，専門的な通訳者の不足など，公的支援において外国籍被害者は周縁化されたままであった。

支援NGOの働きかけの結果，2004年DV法改正で被害者の国籍等を問わず，その人権を尊重すべきことが明記されるに至った（23条）。これによって，多言語での情報提供や在留資格のない被害者への柔軟な対応など，支援制度に外国籍被害者に対する配慮が盛り込まれたが，地域間格差は大きい。一方，2009年出入国管理及び難民認定法改正により，正当な理由なく「配偶者活動」を6ヵ月以上行わない日本人配偶者に対する在留資格取消が規定されたが，通達により，DVによる一時的避難は該当しないとされた。運用上，外国籍女性の安全や離婚の自由は十分保障されなければならない。また国境を越えた子どもの連れ去りに関する「ハーグ条約」加盟にあたってのDV被害者と子どもの安全性という新たな懸念も浮上しており，国際結婚でのDVに関する課題は多い。　　（大野聖良）

[文献] 移住連「女性への暴力」プロジェクト編2004；戒能民江編著／齊藤百合子・堀千鶴子・湯澤直美・吉田容子2013；福嶋由里子2004

子どもと暴力

I　児童虐待の現状

近年，児童虐待の件数が増加の一途をたどり，その深刻化が懸念されている。

専門家は，児童虐待行為の早期発見を困難にしている理由として，虐待としつけの区別が困難であることを指摘する。現在の日本社

会が，教育やしつけにおいて「体罰を容認する社会」であることが，この問題の背景にはあるとされる。

このような日本社会に対して，2012年1月，子どものための世界的進歩を促進する委員会は，日本政府に対して，「日本では現在，家庭，代替的養護施設および刑罰施設における子どもに対する体罰は合法であり，いくつかの学校においては教育法上明白に禁止されているにもかかわらず，ある種の身体的罰則が容認」されていると指摘し，体罰を完全に禁止するために，懲戒権（民法822条）の削除と，児童虐待防止法において体罰を明示的に禁止する必要があること，そして「全ての局面における体罰の明示的な禁止が立法化されるべきであり，あらゆる形態の，あらゆる度合の体罰が教育上禁止されていることを法律上明文化すべき」ことを求めた。同年10月，国連人権理事会よる普遍的・定期的レビュー（UPR）は，日本に対して，「全ての状況における体罰を明示的に禁止すること」(147.126)を勧告した（第2回UPR）。

2013年現在，「体罰等全面禁止法」を設けた国は，33ヵ国にのぼっている。しかし，日本では，体罰の法的禁止はおろか，懲戒権規定の削除も実現していない。

だが，児童虐待は，決して日本のみの問題でも，特殊な問題でもない。

2006年，国連において，初の「子どもに対する暴力 調査報告書」が発表された。この調査は，世界各地で子どもに対して行われているさまざまな形の暴力の実態を明らかにするとともに，それへの対処方法を明確に提言することを目的として行われたものである。その結果，子どもに対する暴力行為は，すべての国，社会，そして社会的集団のなかで起こっており，そのほとんどが，親や教師などの，子どもたちが知っている，信頼できるはずの人たちによって行われていることが明らかにされた。

「家庭や家族」における調査結果を見ると，先進国における虐待による死亡は，1歳未満の乳児は，1歳から4歳までの子どもの3倍，5歳から14歳までの子どもの2倍もの危険があり，乳児の死は，そのほとんどが親によるものであった。

Ⅱ　その歴史と対策

さらに，歴史的に見れば，新しい問題でもない。

歴史家は，先史時代から現在に至るまで，子どもたちが，生存をかけたテストや子殺し，暴力や遺棄，子の売買など，さまざまな形態で不当に扱われてきた事実を実証してきた。子どもは親の附属物・支配物でしかなく，児童虐待は，有史時代から現代まで，ほぼすべての社会に存在する，普遍的な問題である。

その一方で，古代から，子どもを保護しようとする動きも絶えず存在したとされる。しかし，児童虐待に対する社会的取組みが行われるようになったのは，近代に至ってからである。例えば，フランスでは，1850年代から，ドゥモロンブ（C. Demolombe）などの法学者らが子に対する父の虐待行為に対して警告を発し懲戒権の濫用に対する制裁の必要性を唱え，法曹関係者らが懲戒権による子の拘禁の実務を批判している。1870年代に入り，貧困層の親による父権の濫用が増加し，子捨てや虐待が頻発し，法制度の手直しが図られ，1889年，父権の剥奪に関する「虐待され，精神的に遺棄された子の保護に関する法律」が制定された。ちなみに，日本では，親による過度の懲戒を制限するために，モデルとしたフランス民法の欠陥を克服し，旧民法第一草案に失権制度を確立させている（1888年頃）。

アメリカでは，1874年の「メアリー・エレン事件」がきっかけとなり，1875年，ニューヨークに，世界初の「児童虐待防止協会」が設立された。そしてそれは，イギリスにおける，1889年の「全国児童虐待防止協会」設立へと繋がり，その活動の成果として，1889年

に児童虐待を罰する「児童虐待防止および児童保護法」が制定された。だが，アメリカでは，その後80年間，虐待に対する一般市民の関心は事実上存在しなくなった（この時期，世界の大半が，この問題に関して潜在化した状態にあった）。小児科医ケンプ（C.H. Kempe）らによって再発見されるのは，1960年代に入ってからである。ケンプが，Battered child syndrome という用語を提唱したことで，その後，児童虐待問題は，特殊な問題ではなく，加害者である親の問題であると捉えなおされて行く。1974年，連邦会議は「児童虐待防止および対策法」を制定し，「全国児童虐待・ネグレクトセンター」を設立し，積極的に福祉的・司法的対応を強めていった。またイギリスでは，「1989年児童法」で，子どもの緊急分離のための safety order に代わり，裁判所の「緊急保護命令」が導入され，「1996年家族法」で，虐待者を家族から排除するための命令を発する権限を裁判所に与えている。

このように1960年代から，欧米先進国において，児童虐待問題に対する法整備や施策が打ち出されてきた。日本は，児童虐待に関する取組みや社会的関心は，欧米より数十年遅れていると言われている。厚生労働省が児童虐待相談件数の統計を開始したのは1990年，そして「児童虐待防止法」の制定は2000年である。日本は，法的対応や施策を展開するにあたり，欧米を参照し積極的に取り入れていったが，モデルとなっている欧米では，既に積極的な介入・分離に対する反省を踏まえた施策へとシフトしつつある。例えばイギリスでは，介入による親子分離の行き過ぎを反省し，緊急介入による分離や保護を最小限にした，家族も含めた多職種連携（working together）による支援が始まっている。アメリカでも同様の動きがある。日本は，今なお，欧米に比べ司法の消極的姿勢が目立つとされる状況にある。今後は，このような欧米の欠点あるいは反省をも踏まえた，法的対応や施策の展開が必要であると指摘されている。

III 子どもによる暴力

最後に，「子どもと暴力」のもう一つの側面，「子どもによる暴力」の実態はどうなっているのだろうか。

法務総合研究所によれば，2010年の少年による家庭内の重大犯罪（殺人・傷害致死）の実態を見ると，親を加害対象とする事件がほとんどであった。しかし，犯行の背景の特徴を見ると，加害対象者に問題行動（特に虐待・暴力の問題が多い）があった場合が多く，特に傷害致死では，本件以前からこれに対する不満を家庭内暴力で表現し，その延長線上に犯行に至った事例の多いことが明らかにされている。

日本のみならず，例えばアメリカでも殺人事件のおよそ1％が親殺しであり，虐待との強い関連性が指摘されている（虐待への反動から親を殺す，「反動的親殺し」の理由に関しては諸説あるが，いまだ解明されていない）。これらのことからもわかるように，親殺しをはじめ，少年による家庭内の重大犯罪は，子ども自身の問題行動が原因となっている場合もあるが，その多くは，信頼できるはずの親や身近な人などによる子どもに対する虐待や暴力行為が，犯行の引き金になっている。児童虐待行為が，子どもの心身のみならず，その子の人生に大きく影響を及ぼす，重大な人権侵害行為であるかがわかる。しかしながら，いずれの社会においても，児童虐待問題の抜本的な解決の道筋はいまだ見えていない。児童虐待問題の施策において，さらに遅れをとっている日本は，先の勧告に従い，「体罰等全面禁止法」成立させるなど，教育やしつけにおいて「体罰を容認する社会」からの脱却を図る必要があると言われている。

（小口恵巳子）

[文献] クラーク，R.E. ほか編著 2009（2007）；小口恵巳子 2009；全国社会福祉協議会 2013；古橋エツ子

2007；法務総合研究所 2012

児童虐待

(1) 児童虐待の実態　2011年，全国の児童相談所の児童虐待相談対応件数は過去最多の59,919件となり，児童虐待防止法施行前の5.2倍に増加。自治体の4割が定員を超えた一時保護を実施し，社会的養護体制は不足状態にある。児童虐待による死亡事例は，ほとんどの年で50人を超える（心中を含めると，毎年100人前後。「しつけ」と称した体罰による死亡事例の多発）。相談種別は，身体的虐待が36.6％で最も多く，次いでネグレクトの31.5％で，この二つで相談の7割を占める。被虐待児で最も多いのは小学生（36.2％）だが，死亡事例では0歳児が4割強を占める。虐待者で最も多いのは実母（59.2％）である（厚生労働省集計）。

一方，子どもたちを守るべき「最後の砦」の施設内でも，虐待が起こっている。2011年度の把握件数は全国で46件（児童養護施設28件，里親6件），被害児童数85人。児童相談所や自治体への通告，届け出件数は10年度から調査継続のものを含めて206件で，虐待と認定されたのは約2割に止まり，「氷山の一角」に過ぎないと指摘されている。

(2) 児童虐待の定義　児童虐待は，次の4種類に分類される。「身体的虐待」（殴る，蹴る，激しく揺さぶるなど），「性的虐待」（子どもへの性的行為，ポルノグラフィの被写体にするなど），「ネグレクト」（適切に食事を与えない，同居人による虐待を放置するなど），「心理的虐待」（言葉による脅し，子どもの目の前で家族に対して暴力をふるうなど）。

(3) 家族関係支援　今日，子どもの最善の利益ならびに虐待再発防止の観点から親子再統合と支援の重要性が着目されている。

2004年の児童虐待防止法改正で，「親子再統合への配慮」に向けた援助の取組みが国・自治体の責務として位置づけられ，児童福祉法27条1項2号による保護者への指導は親子再統合への配慮等の下に適切に行われなければならないと規定された。そのための体制づくりや養育者の養育スキルの向上，児童相談所と関係諸機関との連携が図られている。

（小口恵巳子）

[文献] 数井みゆき 2009；厚生労働省編 2012

子殺し

嬰児殺しの習俗は古代ギリシアや清朝中国など世界各地に伝えられている。ドゥモース（L. DeMause）[1982] によると，古代ギリシアでは弱い子は水に投ぜられたという。中世を通じて西欧では嫡出子殺しは減少したが，私生児は19世紀までしばしば殺された。

近世日本農村には，誕生と同時にひそかに産所において赤児を殺害する習俗が伝承され，この習俗を同時代の知識人や近代の人口史家が間引きと呼んだ。民俗語彙ではコガエシ，オス，モドス，ヨモギツミなどと呼ばれ，堕胎や赤子を川や辻に捨てる棄児との境界が曖昧な場合がある。多胎児や親の厄年の子を忌避することに加え，家族農耕の糊口と労働力の調整が動機と伝える文書もある。マビキは主に北関東地方の民俗語彙で，野菜などの苗の間隔をあけるために余計な苗を捨てるという原義から，多すぎる子どもを減らすという意味で嬰児殺しをさす言葉となった。近世を通じて「子返し」ということばの方が一般的である。近世前期の日記には自らの子返しを記したものがあり罪の意識は希薄で，著名な育児書，香月牛山『小児必要養育草』(1703) も障がい児の親に嬰児殺しを容認している。近世中後期の人口停滞以降，領主は人口問題

として，また道義上の問題として間引堕胎禁止策を採った。

　子返しと堕胎の禁止策は，①罰則を伴わない禁令や領主自らの教諭，教諭書の配布，寺院・心学者の教諭活動など。②懐妊調査と出産への村方役人層の立ち会い，死産検分などの出産管理．③養育料の支給による育児奨励，④子返しや堕胎が露見した場合の家族，または共同体まで含めた処罰，⑤まれには収容型の育児事業の推進と収容児たちの自立援助などによって取り組まれ，多くの藩はその二つ三つを組み合わせて対策とした。そのなかで「懐胎書上帳」「死体披露書」「養育料支給願」などの村落文書が遺された。嬰児殺しを罪とする規範は，生類哀れみ策や間引堕胎禁止策と関わり，近世を通じて次第に浸透した。

〈太田素子〉

[文献] 板橋春夫 2012；太田素子 2007；太田素子編著 1997；沢山美果子 2005；鈴木由利子 2000；ドゥモース，L. 1987（1982）

子捨て

　嬰児殺しの習俗と区別した捨子の検討は民俗学からも行われていたが，1980年代に，西洋の捨子研究に触発されて日本の捨子研究が本格的に始まった。中世における捨子はほとんど死を意味するのに対し，近世では生類哀れみ政策により，捨子養育が地域社会に義務づけられ育てられることを期待する捨子を生み出したという。捨子は嬰児殺しとは異なり切羽詰まって行う行為だった。沢山美果子によると，中流以上の家から不義の子どもなど事情のある捨子が発生したことはもちろんだが，「池田家文書」のなかの岡山藩江戸藩邸における捨子養育記録，「浅草寺日記」のなかの捨子記録では，捨てるのも貰い受けるのも都市下層民だという。養子縁組もできない下層民にとって捨てる，貰うという行為が家内労働力の調整機能を果たし，また養育料への期待が契機となる場合もあった。同じ沢山による津山城下，岡山城下の捨子記録の研究では，富貴な家や町役人の家の戸口に捨てられる事例が比較的多く，約40%は拾い上げた家で引き取ったという。大都市と地方都市で，また時期によっても，捨子・貰い子をめぐる事情は若干変化を見せる。

　捨子はしばしば成育儀礼の晴れ着や，扇子と鰹節を添えて捨てられた．捨てた時間や場所には発見されるようにと配慮が見られる。貰い手は8歳未満の子どもを望み，捨子の生存率は案外高いと言われる。夫婦協議による捨子の比率が高いが，男親が捨てる場合には離婚や妻の早逝による乳不足，一人親の女性が子どもを捨てる場合には，深刻な貧困，生活苦が予想できるという。

　イタリアの捨子は，将来親が見つけやすいように捨てられた場所などを名付けする例があるのに対して，日本の捨子は養子覚悟の捨子である。明治国家は嬰児殺しと捨子を禁じ，公的な養育事業に着手した。共同体が養育の責任を負っていた近世の「捨子」から，近代国家によって統一的に管理，扶養される「棄児」へと転換した。

〈太田素子〉

[文献] 沢山美果子 2008；菅原憲二 1985；前之園幸一郎 1998

家庭内暴力

　家庭内暴力という言葉は，日本では1970年代より，子どもから親への暴力を指す名詞として限定的に使用されてきた。当時，家庭の外ではいい子として振る舞う子どもたちが，家庭のなかで親に対してのみ暴力をふるうケースが注目され，親に対する暴力は，親への依存の現れであり，それを親は受容すべ

きであると解釈された。家庭で暴力をふるう子どもたちは、いわゆる校内暴力を行う子どもたちの存在とともに注目を集めた。

しかしながら、1980年代から1990年代にかけて、家庭内暴力のなかで起きたいくつかの殺害事件を経て、子どもの家庭内暴力への親の無条件の受容を求める議論はなされなくなっていった。現在では、家庭内暴力を子どもから親への暴力に限定して議論するのではなく、その他の家族関係における暴力と同様に対処すべき問題として議論されるようになっている。 〈小玉亮子〉

[文献] 広井多鶴子・小玉亮子 2010

親権（失権制度）

2011年6月、児童虐待の防止等を図り、児童の権利利益を擁護する観点から改正された親権法が公布された（2012年4月施行）。

児童虐待問題において、「親権の壁」が、児童相談所等による児童保護を阻んできたとされる。今回の改正作業は、このような問題を解決するために、「親権をより制限しやすくするなどの対応が有効である」、あるいは「施設長等の権限と親権との関係に一定の規律を設けることが効果的」であるというような視点に立ち、進められたとされる。

親権の効力では、親権が「子の利益」のために行使すべきことが明らかにされた。監護教育権（民法820条）に、「子の利益のために」を加え、子の監護および教育が子の利益のためにされるべきことを明確化し、あわせて、懲戒に関する規定が見直された。改正後の懲戒権（同822条）は、懲戒場の規定はすべて削除され、「監護及び教育のために」が加えられ、懲戒は、監護および教育に必要な範囲内に限定された。ただし、今回の改正では、保守派との衝突を避け、親権の文言の変更も懲戒権規定の全面削除も体罰禁止の明文規定も見送られたとされる。

そして、親権喪失制度が見直された。見直しの要点は、①親権停止制度の新設、②親権喪失原因の見直し、③管理権喪失原因の見直し、④親権の喪失等の家庭裁判所への請求権者の見直し、である。具体的には、次の通りである。①2年以内の期間に限って親権を一時的に行うことができないようにする。②③は、「子の利益」の観点から、家庭裁判所は、「父又は母による虐待又は悪意の遺棄があるときその他父又は母による親権の行使が著しく困難又は不適当であることにより子の利益を著しく害するとき」に親権喪失の審判をすることができ、「父又は母による管理権の行使が困難又は不適当であることにより子の利益を害するとき」に管理権喪失の審判をすることができる。④子、未成年後見人、未成年後見監督人が加えられた。 〈小口恵巳子〉

[文献] 家族機能研究所編 2011；平田厚 2010

児童虐待防止法

1990年代以降、児童虐待が社会問題化し、2000年5月、「児童虐待防止法」（「児童虐待の防止等に関する法律」）が、超党派の議員立法の形で制定された（同年11月施行）。同法において、身体的虐待、性的虐待、ネグレクト、心理的虐待の4類型を児童虐待の定義として初めて定めるとともに、児童虐待を発見したときの通告義務が明記された。2004年には、定義の見直し（同居人による虐待の放置、配偶者に対する暴力等も対象）、通告義務の範囲の拡大（虐待を受けたと思われる場合も対象）、市町村の役割の明確化、司法関与の強化（強制入所措置、保護者指導）、要保護児童対策地域協議会の法定化などの改正が行われた。2007年の改正では、児童の安全確認等の

ための立入調査等の強化，保護者に対する面接・通信等の制限の強化，保護者が指導に従わない場合の措置が明確化された。なお，旧児童虐待防止法は，1933年に成立しているが，児童福祉法施行（1948年）により廃止された。

〔小口恵巳子〕

[文献] 家族機能研究所編 2011

児童福祉法と親権

2011年の親権制度改正に伴い，児童福祉法が改正された。これまで，施設長等は親権者の意思にかかわらず措置をとることができ得るかが不明瞭であったため，実務の現場において，親権者の意思と施設長等の措置が抵触する場合に問題となってきた。改正後は，施設長等がとる措置に対して親権者が不当な主張をすることを禁止するとともに，児童相談所長に一時保護中の児童の監護等に関し必要な措置をとる権限が規定され，さらに，児童等の生命又は身体の安全を確保するため緊急の必要があると認めるときは，その親権者の意に反しても措置をとることができる，とする明文規定が設けられた（47条）。そして，里親委託中等の親権者等がいない児童の親権を児童相談所長が行うこととする等の措置が講じられた。今後は，何が不当なのかという点が問題となると指摘されている。ただし，緊急性に関しては，国会審議のなかで，反対解釈をとらないことが確認されたとされる。

〔小口恵巳子〕

[文献] 家族機能研究所編 2011

児童相談所

児童相談所（以下，児相）とは，児童の福祉に関する相談，調査，判定，指導，一時保護等を行うため，児童福祉法により都道府県・指定都市（2004年の児童福祉法改正により，2006年4月から，指定都市以外に，個別に政令で指定する市にも設置可能）に設置された相談所のことをいう。

対象とする子どもは18歳未満の者である。だが，罪を犯した14歳以上の児童の通告があった場合，施設等に入所している子どもの在所期間の延長が必要な場合，児童相談所長が親権喪失の宣告の請求ならびに未成年者後見人の選任および解任の請求を行う場合など，限定的だが例外規定が設けられ18歳以上の未成年者も対象となる。

児相には，養護，障害，非行，育成，保健等，子どもに関するあらゆる相談が持ち込まれる。全国の児相が，2011年度中に対応した相談件数は385,294件にのぼり，最も多いのが障害相談の185,853件（48.2％）で，次いで養護相談の107,511件（27.9％），育成相談の51,751件（13.4％），非行相談17,155件（4.5％）となっている。

近年の特徴は，養護相談の割合が増加の一途をたどっていることである。この背景には，児童虐待相談対応件数の急激な増加の問題がある（1994年の子どもの権利条約批准後に急増）。2011年度の児童虐待相談対応件数は59,919件となっており，全相談件数の2割近くを占めている。こうした状況を踏まえ，児童家庭相談に関する体制の充実，児童福祉施設や里親の見直し，要保護児童に関する司法関与の見直しなど，児童虐待防止対策を始めとする要保護児童対策の充実・強化が図られた。

一方，件数は少ないものの，非行相談は，2007年の少年法改正以降，家庭裁判所に加え警察からの送致を受けて援助活動を行うことが求められるとともに，2004年の児相初の非行相談に関する全国調査により，少年の社会的な問題行動と虐待とに深い関連があること

が明らかとなり(非行相談を受付けた子どもの約30%に被虐待経験があり,約70%が中学生)児童相談所における相談援助活動の重要度が増している。　　　　　(小口恵巳子)

[文献] 金井剛2009；厚生労働省編2012

高齢者と暴力

　高齢者は暴力の主体とも客体ともなり得,いずれの場合も,かれらが暴力を介して関わる対象は広く一般に及ぶ。本項では,高齢者の暴力との関わりにおける主体・客体の両面を視野に入れるが,その対象は家族・親族に限定する。また本項で扱う「暴力」とは,便宜上,「高齢者虐待の防止,高齢者の養護者に対する支援等に関する法律」(2005年制定。以下「高齢者虐待防止法」と略記する)で規定された「虐待」と呼ばれる暴力行為,すなわち,対象を身体的・心理的・性的に傷つけたり,必要な介護世話を放棄すること,または財産を不当に処分することなどを指すものとする。

I 『犯罪白書』に見る暴力の主体としての高齢者

　人口高齢化の進行とともに,高齢者と犯罪の関わりが人びとの耳目を集めるようになった。『犯罪白書』(法務省)では,1984年(昭和59)版で初めて「高齢化社会と犯罪」という特集を組み,高齢者の「犯罪被害者」としての側面のみならず,「高齢者の犯罪」「高齢犯罪者の処遇」について現況を分析した。その後1991年(平成3)版,2008年(平成20)版でも特集が組まれ,とりわけ2008年版は,有罪判決を受けた高齢者を対象とする「特別調査」や高齢者犯罪の国際比較を含むなど,質量ともに充実した内容になっている。

　2008年白書では,近年,一般刑法犯として検挙される高齢者が増加しており,その罪名別件数は他世代と同様「窃盗」が65.0%と最も大きな比重を占めるものの,暴行(3.7%),傷害(2.3%),殺人(0.3%),強制わいせつ(0.3%)などの凶悪犯罪も増加傾向にあることが指摘されている。このうち「殺人」に注目すると,「特別調査」の対象となった50人の殺人事犯者のうち,親族殺が28人と過半数を占め,9人の女子事犯者は全員が親族殺であった。そして,親族殺では「前科なし」のものが8割と,非親族殺に比して圧倒的に高い点も特徴的である。親族殺の動機は男女ともに「将来を悲観」が最も多いものの,これに次いで男性は「激情・憤怒」,女性は「介護疲れ」が多く,明確に男女差が示された。

　なお,2009年(平成21)版以降の『犯罪白書』では,「外国人犯罪者」などと並ぶ一般項目として「高齢犯罪者」を取り上げ,現況を報告することが通例となっている。

II 「高齢者虐待」という暴力

　日本では1980年代後半から高齢者虐待に対する関心が次第に高まり,いくつかの研究グループによる先駆的な調査研究・実践などの成果や国際潮流も奏功して,2005年に高齢者虐待防止法が制定された。厚生労働省は同法にもとづき,2006年度から毎年各市町村の高齢者虐待への対応状況を集計し公表している。本調査結果からいくつかのデータを紹介しよう。図1は,2006年度から2013年度にかけての「養護者」(施設職員等以外。「家族・親族」とほぼ同義と見なせる)による高齢者虐待件数の推移を示したものである。虐待が疑われ関係機関に相談・通報があった各年度

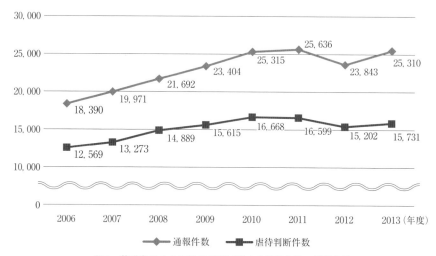

図1 養護者による高齢者虐待に関する通報件数・判断件数

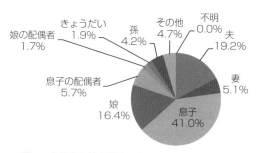

図2 虐待者と被虐待高齢者の続柄（2013年度）

の件数は，18,390件から25,310件へと4割ほど増加し，市町村による事実確認後，虐待と判断された件数は12,569件から15,731件へと2割以上増加した。ただし，各年度とも虐待を疑い相談・通報した人の7〜8割はケアマネジャー，民生委員などの非当事者であるため，この数値は氷山の一角と見るべきであろう。

2013年度調査で，養護者による虐待を受けた者の属性を見ると，性別では女性が77.7%，年齢は幅広く分布するものの80歳以上が半数強に上る。介護の必要性に関しては，要介護認定を既に受けた人が68.0%，認知症が明確に「なし」とされるものは10.8%に過ぎず，「虐待」と「介護」の強い関連性が推測される。養護者から受けた虐待の種別割合（複数回答）については，身体的虐待が65.3%と突出して多く，以下，心理的虐待41.9%，介護等放棄22.3%，経済的虐待21.6%と続く。一方の虐待者の属性については，まず図2に被虐待者から見た続柄別割合を示した。息子が41.0%と最も多く，以下，夫19.2%，娘16.4%，息子の配偶者（嫁）5.7%，妻5.1%と続く。世代の観点から見る

と，配偶者・きょうだいの同世代間での虐待は 26.2%，子や孫などによる（義）親・祖父母への虐待が 69.0% であり，後者が 2.5 倍以上の値を示す。また性別がわかる範囲で言えば，女性が 27.2%，男性が 61.9% と，後者が倍以上の割合を占めている。本調査では虐待者の年齢は示されていないものの，配偶者・きょうだい間の虐待は虐待者もまた高齢である可能性が高く，子世代による虐待であっても，被虐待者の半数以上が 80 歳以上であることから，養護者である子どもも高齢者の域に達しているものが一部含まれるであろう。したがって高齢者虐待において，高齢者は虐待の客体であるのみならず，主体ともなり得ると言える。

III 高齢者虐待の背景

厚生労働省による前出の公表データでは，被虐待者の多くが介護を必要とする状態にあることを確認できるが，虐待者が主な介護者でもあるか否かはわからない。しかし，虐待者と被虐待者が同一世帯をなす事例が 86.7% を占め，「夫婦二人世帯」「親と未婚子の世帯」などの世帯類型が過半数に達することなどに鑑みると，「虐待者＝介護者」である可能性が大きいものと推察される。

2013 年（平成 25）の国民生活基礎調査によれば，在宅で介護が必要なものの主な介護者の続柄は，配偶者 26.2%，子ども 21.8%，子どもの配偶者 11.2% などであり，性別については，男性 31.3%，女性 68.7% であった。同調査では「配偶者」「子ども」の性別内訳は示されていないものの，妻と娘が中心であると推測される。また近年では男性介護者の増加が目立つとは言え，なおその割合は 3 割にとどまっている。したがって，高齢者虐待防止法にもとづく 2013 年度調査で示された，虐待に至った養護者中に占める息子 41.0%，夫 19.2% という割合は，マイノリティの男性介護者であるがゆえにその数値以上に高い発生率だと見なすべきだろう。この点は，日本の児童虐待において，中心的な養育者である実母が虐待者として最も大きな割合を占めるという事実とは対照的である。男性，特に息子が介護を行う場合，家事に不慣れなことや職業との両立困難，ジェンダー規範との軋轢，親族や地域社会からの孤立傾向などにより，暴力傾向が表れやすいのではないかと推測される。

いずれにしても，介護を要する高齢者の生命と生活を日常的に支える養護者が，暴力の矛先を当の高齢者に向ける可能性は決して小さなものではない。このことは現行の高齢者介護政策の限界を露呈するものであり，高齢者虐待防止法が「虐待防止」とともに「養護者に対する支援等」を規定している所以でもあろう。

IV 高齢者に対する暴力防止をめぐる国際潮流

高齢者に対する暴力の存在とその防止の必要性については，高齢者のための国連原則（1991 年），国際高齢者年（1999 年），そして第 2 回高齢化に関する世界会議（マドリッド会議，2002 年）などを経て，国際的にも認知されるようになった。しかし，各国の問題意識や取組みは一様ではない。古橋エツ子ら［古橋エツ子 2010；増田幸弘 2011；脇野幸太郎 2011］は，米国，英国，韓国など世界 11 ヵ国の児童・女性・高齢者・障がい者への暴力を規制する法制度の有無やその内容について詳細な分析を行った。その結果，11 ヵ国中，高齢者虐待を防止するための単独法が設けられている国は日本のみであり，日本は児童，高齢者などのカテゴリー別に法制化を行う点で他に類のない特徴があることが確認された。ただしこのことは，必ずしも日本の高齢者への暴力防止策が行き届いていることを意味するわけではない。カテゴリー別の法制化は，制度間の間隙を生じ得るという問題にも目を向ける必要がある。

国際的に見ても，家族あるいは親密圏における暴力への関心は，まず子ども，次いで女

性に向けられ，その次の段階で高齢者が問題化されたという経緯がある。したがって高齢者と暴力に関する法制度的対応も，これに関連した研究の蓄積も，今後に残された課題がなお多いと言えよう。　　　　　（藤崎宏子）

[文献] 高齢者虐待防止研究会編 2004；古橋エツ子（研究代表者）2010；増田幸弘 2011；脇野幸太郎 2011

:::::::::::::::::::::::::::
高齢者虐待
:::::::::::::::::::::::::::

　一般に，高齢者の人権を侵害したり，その生命・生活・健康を損なったりするおそれのある行為や状態をいう（[英] elder abuse/elder maltreatment）。2005年に制定された「高齢者虐待の防止，高齢者の養護者に対する支援等に関する法律」（以下「高齢者虐待防止法」と略記する）に従えば，虐待の種類は身体的虐待，心理的虐待，性的虐待，介護等放棄，経済的虐待の5種に区分され，その主体は「養介護施設等従事者」（病院・施設職員，ホームヘルパーなど），「養護者」（家族・親族など）が想定されている。

　英国や米国では，1970年代後半から，病院や施設，家庭における高齢者に対する暴力や人権侵害を伴う行為が問題視されるようになり，1980年代以降の活発な研究や，虐待防止のための法制化・プログラム開発に結びついている。国際的な動向に目を向けると，1991年国連総会にて採択された「高齢者のための国連原則」の1項目として，高齢者の尊厳を守るために身体的・精神的虐待から解放された生活を保障すべきことが盛り込まれ，1999年の国際高齢者年でもその重要性が再確認されている。また，1997年第16回国際老年大会の決議にもとづき，「高齢者虐待防止国際ネットワーク」（INPEA）が発足し，高齢者虐待防止に関する国際的な協力体制が構築された。

　一方日本では，1987年に医師・金子義彦による『老人虐待』が刊行され，高齢者虐待が「発見」されたと言われている。厚生（労働）省は1990年代から高齢者虐待に関する研究プロジェクトへの支援を開始し，2003年には（財）医療経済研究・社会保険福祉協会医療経済研究機構に委託して，家庭における高齢者虐待に関する初の全国調査を実施した（『家庭内における高齢者虐待に関する調査報告書』2004年）。本調査は在宅介護サービス事業所などの関係機関を対象に行われ，回答のあった約6,700機関のうち，担当ケースのなかに虐待と見なせる行為があったとするものが42.8％にのぼるなど，その深刻な現状が明らかにされた。本調査が提起した高齢者虐待の広がりと問題性は，2005年の高齢者虐待防止法の制定に大きく貢献した。　　（藤崎宏子）

[文献] 高齢者虐待防止研究会編 2004；小林篤子 2004

:::::::::::::::::::::::::::
認知症と高齢者虐待
:::::::::::::::::::::::::::

　認知症とは，一度正常に達した認知機能が後天的な脳の障害によって持続的に低下し，日常生活や社会生活に支障をきたすようになった状態を言う。記憶障害，見当識障害，実行機能の低下などの中核症状のほか，不安・焦燥，抑うつ，妄想，暴言・暴力，徘徊など精神と行動の周辺症状が生じる。「痴呆」や「呆け」という表現には侮蔑的な意味が含まれ，不当な偏見を生むとして，2004年厚生労働省によって認知症に改められた。また周囲の介護者や身近な家族にとっては，日々繰り返される「問題行動」は耐えがたい苦痛となることが多い。受容プロセスは「驚愕・とまどい→否定・混乱→怒り・拒絶→適応・あきらめ→受容」と理解され，怒り・拒絶が意

図的あるいは無意図的にせよ高齢者に対する虐待やネグレクトなどの不適切な行為を生み出し，さらに高齢者自身のセルフネグレクトへの起因となる。認知症を正確に理解するとともに認知症介護をする人たちのケアも重要である。
〔杉井潤子〕

[文献] 松本一生 2007

高齢者虐待防止法

「高齢者虐待の防止，高齢者の養護者に対する支援等に関する法律」（2005 年 11 月 9 日法律第 124 号，2006 年 4 月 1 日施行）は，高齢者に対する虐待が深刻な状況にあり，高齢者の尊厳の保持にとって高齢者に対する虐待を防止することがきわめて重要であること等にかんがみ，高齢者虐待を受けた高齢者に対する保護のための措置とともに，養護者の負担の軽減を図ること等の虐待防止に向けての養護者に対する支援のための措置等を定め，高齢者の権利利益の擁護に資することを目的としている。わが国では 1981 年に「老親虐待」，1987 年に「老人虐待」，1994 年に「高齢者虐待」と名称を変えながら社会問題化し，法整備に至った。国際的には 1991 年高齢者のための国連原則で「高齢者は尊厳と安全保障のもと，搾取および身体的・精神的虐待から解放された生活を送ることができるべきである」と特記され，2002 年第 2 回高齢化世界会議での政治宣言で「高齢者に対するあらゆる形態の無視・怠慢や虐待，暴力を根絶していくこと」が強く求められたことが背景にある。

高齢者虐待とは，包括的には「高齢者が他者からの不適切な扱いにより権利利益を侵害される状態や生命，健康，生活が損なわれるような状態に置かれること」ととらえられる。高齢者の世話をしている家族，親族，同居人など高齢者を現に養護する者あるいは養介護施設従事者等による虐待をいかに早期発見・早期対応し未然に防止するのか，国および地方公共団体等の責務を謳うとともに，虐待を受けた高齢者の迅速かつ適切な保護および適切な養護者に対する支援について市町村が第一義的に責任を持つ役割を担うことが規定されている。児童虐待や DV とは異なり，被害者－加害者という構図ではなく，介護疲れなど養護者自身が虐待せざるを得ない状況に追い込まれたと理解し，何らかの支援が必要な状態にあると考えて，負担軽減や養護者（家族等）の支援を規定している点に特徴がある。
〔杉井潤子〕

[文献] 東北福祉会認知症介護研究・研修仙台センター 2012；日本弁護士連合会高齢者・障害者の権利に関する委員会編 2006

成年後見制度

認知症や一人暮らしの高齢者の増加，知的・精神障がい者等の福祉充実の観点から，自己決定の尊重と本人の保護の理念との調和を旨として，2000 年 4 月に介護保険制度が導入されたと同時に，判断能力の不十分な人たちを保護・支援するために従来の禁治産・準禁治産制度を改めて施行された。判断能力に応じて家庭裁判所によって選ばれた法定後見人（補助・保佐・後見）が本人の利益を考えながら財産管理や身上監護について代理して契約などの法律行為をしたり，本人が自分で法律行為をするときに同意を与えたり，本人が同意を得ないでした不利益な法律行為を後から取り消したりできる。また本人が十分な判断能力があるうちに，将来に備えて代理権を与える契約を結ぶ任意後見制度がある。高齢者虐待防止の観点から本人，配偶者，四親等内の親族，検察官のほか市町村長による申

し立てができ，複数人選ぶことも可能である．近年子どもなど親族よりも司法書士・弁護士など親族以外の第三者が選定される割合が増加するとともに，市民後見人を養成する取り組みが活発化している．　　　　　　（杉井潤子）

[文献] 最高裁判所事務総局家庭局 2013

介護殺人

　家族・親族による介護殺人には，二つの見方がある．一つは高齢者虐待の最も悲惨な形として，介護負担を苦に介護を終焉するために被介護者の命を絶つ，あるいは被介護者の意思を無視した無理心中など，高齢者の生きる権利を侵害した究極の現象と位置づけられる．いま一つはよき介護者による「やさしい暴力」という理解であり，被介護者である高齢者への思いやりから「加害者による被害者への自己同一化，その結果としての相手の支配」から殺人にいたったと解釈される．介護において殺人という事態が引き起こされた犯罪に変わりはないが，実態からは息子が親を殺害する，あるいは夫が妻を殺害するなど親密な親子関係・夫婦関係において愛憎が暴力を生んだ傷害致死の事例が多い．特定の介護者への負担が大きいなか，被介護者が介護者に依存せざるを得ない状況で起こったことに留意する必要があり，またケアハラスメントなど愛憎に起因する「善意の加害者」という理解は重要である．　　　　　　（杉井潤子）

[文献] 加藤悦子 2005

高齢者の心中

　長寿大衆社会では，高齢者を負担や迷惑をかける存在として社会的に差別し排除するエイジズムが存在する．老老介護が増えるなかで介護・看病疲れに起因する自殺を含め，高齢者虐待や介護問題を原因とする配偶者間の無理心中，高齢で身体の不自由な親を後に残すのは不憫と思い，無理心中を図る親子間の「老病心中」事案が見られる．在宅介護では介護者に希死念慮も認められる．愛情という呪縛のもとで「見捨てられない，私しかいない」と介護を囲い込み，「報われない，つらい」とつぶやきながらも「家族だからあたりまえ，弱音は吐けない」と考え，また「いったい，いつまで続くのか」と苦しみながらも「最後まで看取る．先には死ねない」と思い詰めるパラドクスがある．①「逃げられない，逃げない」という弱者・依存者を支配・拘束する介護暴力，②「許されるし，許す」という家族という親密な関係で引き起こされる愛情暴力，③ウチ・ミウチ意識のなかで起こる密室暴力という側面がある．　　　　　　（杉井潤子）

[文献] 認知症の人と家族の会編 2009；法務省 2012

介護殺人・心中の実態

　日本における介護殺人・心中の研究は，主として1980年代後半から，看護学，社会福祉学，社会学などの領域で行われ，加害者は夫・息子が多く，被害者は女性が多く，認知症を発症している事例も多い，日常的な虐待が疑われず，むしろ献身的に介護していた事例も少なからずあるなどの知見が指摘されている．研究方法としては，当事者や関係者への聴き取りなどが困難なことから，新聞による事件報道記事，裁判の判例などが分析資料として多用される．そもそも，介護殺人・心中事件については，その定義の曖昧さから，発生件数などの事実関係を把握することも容易ではない．ただし近年では，その実態の統計的把握に関して若干の前進が見られた．一つ

には,「高齢者虐待の防止,高齢者の養護者に対する支援等に関する法律」(2005年制定)にもとづき毎年厚生労働省が公表するデータのなかに,「虐待等による死亡例」の件数が示されるようになった。また,内閣府自殺対策推進室／警察庁により公表される毎年の自殺統計において,2007年より自殺動機のカテゴリーとして「介護・看病疲れ」が立てられ,年齢階層別内訳も示されている。前者の統計では2011年度の死亡例が21人,後者の2012年統計では同動機による60歳以上の自殺者数が176人と報告されている。 (藤崎宏子)

[文献] 加藤悦子2005；湯原悦子2011

高齢者の孤立死

一般に,地域や家族・親族から孤立した生活のなかで死を迎え,死後も相当期間にわたり放置される死をいう([英] isolated death of elderly)。「孤独死」や「無縁死」などの語もほぼ同義で用いられるが,厚生労働省が2007年度に「孤立死ゼロ・プロジェクト」を立ち上げて以降,「孤立死」の語が一般化した。心理的な「孤独」ではなく,社会的な「孤立」状態にあることが強調される。既に1974年,全国社会福祉協議会・全国民生委員児童委員協議会が刊行した『孤独死老人追跡調査』により注目された現象であるが,とりわけ2000年代以降,貧困の深化と拡がり,家族・地域社会の変容,単身世帯の増加,在宅重視の医療制度改革,2度にわたる大震災後の仮設住宅生活者の困難などとの関連で社会問題化された。ただし,何をもって「孤立死」とするかはなお不分明である。高齢者以外の年齢層を含むことはよいとしても,単身世帯・自宅死に限定するのか,世帯内の複数人が亡くなっている事例,突然死や自死の事例は含まないのかなどにより,見えてくる問題像は異なってくる。 (藤崎宏子)

[文献] 新田雅子2013

第10章

死と家族

さまざまな死

I 死とは何か

生物的な死，法的な死，文化的な死，社会的な死という四つの観点から整理する。生物的には，死は生活機能が停止した状態をいう。人間の死は従来，①心臓が停止する，②呼吸が停止する，③瞳孔が開くといった基準で判定されてきた。ところが1997年の臓器移植法成立を機に，日本では，法的な死の定義にダブルスタンダードが生まれ，脳死での臓器提供を前提とする場合には「脳死が死」，提供しない場合には「心臓停止が死」となった。

諸外国では，一律「脳死は人の死」としている国が多いが，ルーマニアやパキスタンのように「脳死は人の死ではない」（心臓停止が人の死）とする国もある。韓国では日本と同様，脳死臓器提供の場合に限って，脳死を人の死としており，死の基準は国によってまちまちである。

臓器提供を前提とせず，心臓停止が死であっても，法的な死と生物的な死は異なることもある。例えば，癌などで闘病の甲斐なく心肺停止となっても，遺族や本人が蘇生措置を望んでいれば，死亡したとはなされないが，蘇生を試みない場合にはこの時点で死亡となる。医療技術の進歩により，「法的な死の瞬間」は人によって異なるというあいまいな状況が生み出されている。

またわが国には，生物的，法律的には死亡しても，生きているかのように死者を扱う風習が古代からあった。『古事記』（712年）には，天若日子が亡くなった時，死体を喪屋に安置し，食事を供する殯の様子が記述されているが，現代においても，こうした殯の名残の一端を見ることができる。「お墓に行くと，亡くなった人に会える気がする」という感覚を多くの現代人が持ち合わせていることも種々の調査から明らかになっており，生物的・法的には死亡しても，死んでいないかのように扱う文化や風習があると言える。

さらに，生前の故人のことを思い出してくれる友人や家族がいる限り，その人は社会的には死んでいないと考えることもできる。つまり社会的な死は，長期間の死者儀礼を経て，生者の共同体から離脱するプロセスをたどることで生起する。これを波平恵美子は「いくつもの段階を経て徐々に死者になっていく」［波平2004］と表現している。ところが核家族化が進み，コミュニティのつながりも希薄になっている昨今，死後，何日もたって発見される孤立死の増加が社会問題になっている。これは，生きている間に社会から孤立している高齢者が少なくないことの表れであり，社会的な死は，生物的な死や法的な死とは無関係に，他者との関係性のなかで位置づけられると言える。

II 自己決定

フランスの哲学者ジャンケレヴィッチ（V. Jankélévitch）は，人間は死すべき存在であることを誰もが知っているものの，自分では自らの死を経験できないという限界を指摘し，死を論じる基準を人称態によって整理した功績で知られる［ジャンケレヴィッチ1978（1966）］。

アリエス（P. Ariès）によれば，ヨーロッパにおいて中世や近世までは，喪の悲しみはコミュニティ全体のものであり，家族（二人称）の死が耐え難いほどの苦しみを伴うようになったのは，核家族化が進む19世紀以降になってからだが［アリエス1991（1977）］，人びとが「自分の死」という視点で死を捉えるよ

うになった歴史はもっと浅い。その背景の一つには，医療技術によって死が管理，操作されるようになり，延命措置や脳死・臓器移植など，法律的，道徳的，倫理的な観点から，人びとが死の問題に直面せざるを得ない状況に置かれたことがあげられる。アメリカでは1970年代以降，医療の場において治療方針や方法などを患者自身が選択すべきだという考えが広がっていったが，わが国では，医療スタッフに管理された死の迎え方に対する反発として，がん告知や尊厳死の問題，ホスピスケアの普及を求める運動，脳死・臓器移植問題など，どのように死を迎えたいかという問題が論じられるようになったのは，1990年代になってからのことである。

1991年の東海大学安楽死事件以降，北海道や富山で医師が患者の人工呼吸器を外し，死亡させたことが大きな社会問題となるなど，患者の延命措置中止をめぐる議論は活発になった。死の迎え方について自己決定を重視する流れは，厚生労働省が2007年に発表したガイドライン「終末期医療の決定プロセスに関する指針」にも見てとれ，延命措置の可否を含めた終末期医療について，医療者から適切な情報提供と説明を受けた上で，患者本人による決定を基本とするとされている。日本救急医学会も，救急医療においても，患者本人の意思が明確であれば，延命治療の中止を選択できるという指針を出している。ガイドラインや指針ではなく，延命措置の中止に法的根拠を与えようとする議員連盟の動きもあるが，法制化については反対意見も多い。

患者の延命措置をいつ中止するかについては，家族の判断が重んじられる場面もある。2010年に改正された臓器移植法では，本人が生前に臓器提供するという意思表示を明確にしている場合に加え，新たに，本人が明確に臓器提供を拒否していない限り，家族の承諾だけで提供できるようになった。この運用をめぐっては反対意見が根強く，「本人の意思が不明なら，家族の一存で決めるべきではない」という自己決定を優先すべしという考えだけでなく，身体所有論の観点から，「そもそも臓器を提供するかどうかを自己決定してよいのか」という主張もある。一方，医学部や歯学部で実施される人体解剖実習の教材として遺体を無条件，無報酬で提供する献体は，家族の意思だけではできず，本人が生前に，意思を登録しておくことが必要である。

医療技術の進歩が，自分はどう死を迎えたいかという問題に人びとの意識を向かわせることになり，死の自己決定意識は，葬送や遺品整理など死後の処遇へも波及してきている。

III 死を取り巻く環境の変容

死を取り巻く環境はこの数十年で大きく変容している。急速な高齢化で多死社会が進展している。特に2000年以降，増加のスピードが速くなっており，国立社会保障・人口問題研究所の推計によれば，ピークを迎える2040年には年間で167万人が亡くなるが，わが国では1900年以降，年間死亡者数が150万人を超えたことは一度もない。亡くなる場所が自宅から病院へと移行した点も，死の迎え方に大きな影響を与えている。厚生労働省の統計によれば，病院・診療所や高齢者施設で亡くなった人は8割を超えているが，1977年までは自宅で亡くなる人の方が多かった。しかし種々の調査では，住みなれた自宅で最後を過ごしたいと望む人は多く，未曾有の多死社会にあっては医療費低減の観点からも，在宅での医療・介護が望ましいが，核家族化，少子化に加え，老老介護の実態など，家族介護への回帰は現実的ではない。施設介護から地域介護へとどうシフトできるかが問われているが，マンパワー不足など，現在の体制や予算では問題が山積している。

一方で，看護介護の期間の伸長で，家族に気兼ねする高齢者が増えている。日本ホスピス・緩和ケア研究振興財団の調査では，高齢

者ほどぽっくり死にたいと願う人が多い傾向にあるが，その理由で最も多いのは「家族に迷惑をかけたくないから」であった。家族関係の変容が，死の看取りや死生観にも大きな影響を与えていると言える。　　（小谷みどり）

[文献] アリエス，P. 1991（1977）；キューブラー・ロス，E. 1998（1969）；ジャンケレヴィッチ，V. 1978（1966）；波平恵美子 2004

法的死

かつて，「心停止」「呼吸停止」「瞳孔反射の消失」という三徴候をもって，人は死を伝統的に認識してきた。いわば心臓の死である。しかし，科学の発達に伴って，人工呼吸器等が開発され，汎用されるに従って，脳死状態という生と死の狭間のような状態が臨床で多く生み出されてきた。このことは，人びとの間で死の概念を再考させる機会となったが，脳死という外界との交渉のない状態を人の死であるとする議論の背景には，限られた医療資源の再分配の問題と，臓器を「資源」とする視座が含まれている。

臓器移植に不可欠な前提条件である脳死判定において，臓器移植法もしくは同法の施行規則に付随する運用指針となるガイドラインは，その根拠となるだけでなく，医療機関や医師の取るべき法的対応策でもある。

日本では，欧米から遅れ平成 9 年に臓器移植法が成立しているが，このことにより日本には，伝統的な心臓死と，臓器移植を射程とする脳死の二つの死の定義が存在することとなった。いわゆる死の二重基準と言われる状態である。平成 22 年には，改正臓器移植法が施行され，臓器提供意思表示カードによって本人のリビング・ウィルが明確であれば移植可能となった。しかし，本人の意思が不明な場合は，脳死状態での治療決定は患者の自律性によるものではなく，家族が代理決定を行う。この際，①本人の意思決定を代弁するのは誰か，②意思決定に関与したが本人の意思を反映しているか，③決定は正しかったか，④延命を選択したが長期の見通しの見えないケアによって，家族の生活リズムの変更という負担がある，など多くの課題が家族に横たわっている。また本人が臓器移植に同意していても，家族の承諾が得られない場合は移植には至らない。今後も，医学の進歩によって再定義が繰り返されるであろう人の死は，家族との関係性のなかでどう捉えられていくべきか検討されていくであろう。　　（福永憲子）

[文献] 厚生労働省脳死判定基準のマニュアル化に関する研究班 2010；小松美彦 2012；シンガー，P. 1998（1994）

自殺

わが国の自殺者数は平成 10 年以降，14 年連続 3 万人を超える状態で推移していたが，平成 24 年度には 2 万 7858 人と 3 万人を下回った。職業別では，無職者に次ぎ，被雇用者，自営業者の順となっている。無職者の内訳では，年金・雇用保険等の生活者が多く，近年 6000 人前後で推移している。自殺の動機では，原因の判明しているものでは，健康問題に次いで，経済問題，家庭問題と続く。

現在の日本人の死因の 1 位はがんであり，国立がん研究センターの 20 年の追跡調査によると，がんの宣告を受けてから 1 年以内の自殺率は，がん以外の病苦を要因とした自殺の 20 倍にのぼる。

このように，自殺原因に指摘される健康問題のなかには「がん」を背景にしたものも少なくなく，告知に関連したさまざまな課題があると言える。また，高齢者は加齢に伴う健康問題を抱えやすく，それらを起因とした自

殺にも着目すべきだろう。

2030年には団塊の世代の多くが死を迎える多死の時代が到来する。現在，人の死の約8割は病院となっているが，多死の時代を前にその受け皿としての病床は不足することが予測される。それらの解決策として高齢者の「終の住処」には自由市場が導入されつつあることから，高齢者の格差を招きやすく，リスクがより個人化される社会になっている。また，高齢者だけでなく，雇用保険生活者の経済・就業状況も自殺の背景にあることから，雇用の安定や処遇の改善を図ることも課題にあげられる。内閣府による平成24年度版自殺対策白書によると，原因・動機が経済・生活問題である場合の詳細な内訳は「生活苦・倒産・事業不振」であることが指摘されていることから，経済不況が自殺率の増加と相関していると言えよう。このような社会のさまざまな階層のリスクにおいて，国は自殺防止対策として，自殺総合対策大綱を制定している。

自殺の背景には，医療問題，経済状況，コミュニティの崩壊と関連した家族構成の変化を受けての無縁化等の要因が介在しており，多方面による分析が必要であると言える。

〔福永憲子〕

[文献] 内閣府2013c；ベック，U. 1998（1986）

孤立死

孤独死は阪神淡路大震災の仮設住宅での発見されない死を機に注目されたが，発見されない期間については現在においても明確な定義はない。しかし，自宅での発見されない死であるために，主には住宅に関係する機関で議論されている。URによる2011年の定義の見直しによると「1週間を超えて発見されない事故」とされる。また，厚生労働省は，孤独死という用語について，独居高齢者のみを想起させるとし，失業や貧困，複雑な家庭問題などが背景にある発見されない死，つまり社会的孤立や孤独も含まれるため，孤立死という用語を積極的に用いている。この用語においても明確な使い分けはない。国においては，住宅に関連する死であるために，厚労省の他には国土交通省住宅局も防止に向けた取り組みやガイドブックを作成している。

平成25年の高齢社会白書によると，平成23年における65歳以上の世帯数は1942万世帯であり，全世帯数4688万世帯の41.6%を占める。世帯形態においては夫婦のみと単独世帯を合わせて54.2%で過半数を超えており，三世代世帯は統計当初の昭和55年の50.1%から平成23年の15.4%と大幅に減少していることから，孤立（独）死のリスクは大きくなっている。また，孤独死の範疇にある死とは，単身世帯であっても，普段家族の来訪がある者，近所付き合いが多少はあるものの当人の居住地での死の際に，看取られなかった場合もある。かつてのように，地域との繋がりがあり，たとえ単身者といえども，共同体を構成していたイエにおいては，社会的包摂がなされていたために，長期間の死の放置はなかったと言える。

孤立死の背景は，家族構成の変化，人間関係の希薄だけで帰結されるものではなく，社会構造による「排除」という問題がある。被社会的排除者は，社会的弱者（障がい者，非正規雇用，母子家庭等）であることが多く社会福祉・行政サービスの枠組みに漏れる，もしくは，アクセスしないことにより，社会との距離ができてしまいがちである。平成23年度には，厚生労働者は『社会的排除にいたるプロセス』のなかで，社会的排除が孤立へと連鎖としていることから，排除の連鎖経路の分析を行っているが，孤立死防止への推進へと導かれるものであろう。　〔福永憲子〕

[文献] 厚生労働省統計協会2013；社会的排除リス

ク調査チーム 2012；福原宏幸編著 2007

看取り

　厚生労働省の人口動態統計年表によると，人の死亡場所は，1975年を境にして，それまでの自宅から病院へと転じている。2011年ではその割合は84％となっており，現在，ほとんどの人が病院で死を迎える現状となっている。このことは，臨終期と人の死は，これまで縁のある地域での家族による看取りから，医療の管轄へと委譲され医療従事者が看取りの中心になっていることを表している。

　人の死が病院に委ねられるようになった原因には，核家族化における介護者がいない高齢者世帯のみの増加や命に対する価値観の変化などがあげられる。具体的には，1975年以前の在宅死が自明であった時代では，看取りが家族の役割として認識されていたことから，家庭科教育の一環であり学ぶべきスキルであった。しかし，医療技術の進歩から，人びとは寿命の延伸を医療に託し，その要請を受けるように，また医療は進歩を重ねてきた。現在のように，死が医療の監視下にあるような医療化された一因はここにある。

　病院に行けば助かるというような「医療信仰」は，救命という視点では多大な貢献をしてきた。その反面，生命の量としての寿命は延伸できたが，生命の質という点においては「ただ生きているだけ」という状態の患者も多く生み出してきたということも否めない。現代では，このような医療化された死に対し，在宅死の時代にはあった自然な形の死に回帰することが，人びとの間から再び要請されつつある。在宅死の要請の潮流のなかで，政府は，在宅医療の推進を図っているが，増え続ける国民医療費の是正のため，病院死を減少させることを目的とした在宅医療，在宅死を政策としてあげているという一面もある。

　しかし自宅での死への回帰には，かつての家族・地域構造のなかで可能であった「安心」や「介護力」というものが必要となってくる。現在の家族事情と，増える高齢者と足りない特養，そして在宅死を福祉の分野で担うために，平成13年から国土交通省によって，第8期住宅建設5ヵ年計画（平成13年〜17年）が策定され，現在の高齢者向け優良賃貸住宅やグループホームの整備へと至っている。これらは，新しい形の安心や介護力を提供することができ，それによって新たな看取りに繋がっていくこととなるであろう。　（福永憲子）

[文献] 新村拓 1991；森田洋司・進藤雄三編 2006

死の自己決定

　近年の著しい延命医療の発達のなかで，医師と患者の関係がパターナルなものから，より患者の意思を尊重するものへと変化しつつあること，またその前提となる患者への病名や死期の告知などの情報開示が一般化したこと等につれて，患者の自己決定権の一環として現れてきた概念である。2013年現在，これをいわゆる「安楽死法」として法制化している国家は，オランダとベルギー，ルクセンブルクである。

　「安楽死」は18世紀末イギリスの医師らが主張しはじめた考え方で，当時は患者の苦痛を見かねて等の「慈悲殺」（mercy killing）に近い概念であったが，ナチス・ドイツによるユダヤ人や障害者などの大量虐殺が安楽死として行われて以来，いったんはその合法化運動は下火となった。その後，アメリカで消費者運動等の発展を背景に，患者の人権運動が起こり，1990年に患者の自己決定権法（The Patient Self-Determination Act）が制定された。患者にリビング・ウィル（Living Will；生

きているうちに効力を発する遺言に似た文書）等のアドバンス・ディレクティヴ（advance directive；事前指示書）作成を義務づけることで，延命治療を中止するという患者の尊厳死（Death with Dignity）の権利を認めたのである。さらにオランダでは 2001 年，遺体埋葬法を改正し，耐え難い苦痛を訴える患者の要請によって，薬剤などの投与による患者の安楽死を行った医師を，刑法上の罪に問われない手続きを定め，実質上，死期を早めるという積極的な安楽死を，世界で初めて容認したのである。

日本でも，日本尊厳死協会が，末期状態の患者の治療中止を求める「尊厳死の宣言書」（リビング・ウィル）を作成し保存する運動を行っており，2014 年 3 月 1 日時点で 12 万人を超える会員数となっているが，この時点ではまだ法制化されてはいない。患者，あるいは家族の要請による延命治療中止は行われているが，積極的安楽死は，非常に限定された状況で違法性を阻却されるに過ぎない。例えば，昭和 37 年の名古屋高裁や，平成 7 年の横浜地裁等の安楽死をめぐる判例には，肉体的苦痛や末期状態であること，患者の意思表示などが条件としてあげられている。

（中筋由紀子）

[文献] 大井玄 1989；立岩真也 2008

自分らしい最後

死にゆく過程や死後において，次第に当人の意思が尊重されるようになってきたことを表す言葉である。日本では伝統的には死後の祭祀は，家の跡継ぎや地域共同体に任されるものであり，また従来は病院での終末期の医療は医師に任されていた。ところが近代化・都市化が，結婚や職業などの選択における個人の生き方を解放し，その結果として死後を任せられる跡継ぎや共同体がない，という状況を一般化させた。しかしながら近年ではむしろそれは，周囲に負担をかけず自分らしい最後を迎える，という新しい積極的な意義を見出されるようになっている。これは 1990 年代以降の，新しい葬儀やお墓のあり方の実現を求めるさまざまな市民運動の叢生や，また 2010 年代に入ってからの，エンディング・ノートや「終活」という言葉のメディアにおける流行などに見られるものである。また死にゆく過程についても同様に，延命医療や緩和医療の高度な発達のなかで，そうした人為的な延命を拒否し，自然な死，自分らしい最後を求める患者の権利が意識されるようになってきている。

（中筋由紀子）

[文献] 小谷みどり 2014；中筋由紀子 2006

PPK（ぽっくり信仰）

PPK とはピンピンコロリの略語で，いつまでも元気に長生きしながら，長患いをせずにコロリと死のうという意味の標語。PPK と似たようなものとして，江戸時代から特定の神仏に参詣すると，そのご利益で心身ともに大きな苦しみを受けることなく死を迎えることができるという，ぽっくり信仰があった。この信仰は現代にまで引きつがれ，平均寿命が急速に伸びるとともに，ぽっくり寺に参詣する人びとが増加し，拡大を見せるようになった。医療技術の進展とともに高齢化と長期間の介護を必要とする人が増えている。実際，平成 24 年の内閣府と厚生労働省の統計によると 65 歳以上の高齢者が 3074 万人に対して 533 万人の要介護者がおり，親の介護のために子どもの家庭に大きな負担を強いることになる可能性が高い。このような事実から，健康なまま年を重ねていきたいという願いとともに長期間の介護を必要とした状態で年を

重ねることへの忌避感が存在していると考えられる。また，未婚の子どもが親の介護のために離職する介護離職などが社会問題として表面化しており，家族の在り方の変化が見られる。PPKやぽっくり信仰の普及からは，家族に介護などで迷惑をかけたくないといった思いや痛みや苦しみを避けたいという思いが存在していることを推測できる。　　（大野　啓）
[文献] 松崎憲三 2007

葬送と家族

I 葬祭業者の変容

　高度成長期までは，わが国で伝統的に葬送を中心に担っていたのは死者の血縁関係者，地縁関係者であり，死者が出ると，家族が湯灌や死化粧をし，死に装束をつけさせるなどして棺に納め，組や講中などの地域の人たちが葬儀の準備やまかないなどを受け持つという分業システムが確立していた。血縁関係者と地縁関係者が分業したという点については，血縁関係者は，穢れが強いと見なされた死者に直接触れる仕事を行い，地縁関係者は葬儀執行の実務的な仕事を分担していたという解釈があるが［新谷尚紀 1992 など］，いずれにせよ，葬儀の実務の中心は地縁関係者であった。

　高度経済成長期になると，きらびやかで高級な祭壇や豪華な宮型霊柩車が普及していくが，同時に，葬儀の専門業者である葬儀社が，それまでは家族が行っていた作業を代行するようになった。農村部においても 1960 年代くらいまでは伝統にのっとって，血縁関係者や地縁関係者が葬送の主役を務めていたが，それ以降になると，葬祭業者の関与が大きくなっていった［関沢まゆみ 2002］。

　こうした変容について，村上興匡［1991］は葬儀の都市化の結果だと考えたが，山田慎也［2007］は，変容の背景や過程はさまざまで画一化できないことを指摘した。一方，森謙二［2000］は，死者の家族を「喪に服する集団」，地域共同体を「喪に服することを要求する集団」と捉え，地域共同体の解体によって相互扶助活動が解消するということだけではなく，葬儀における地域共同体の固有の役割（監視機能）が解除されることで両者の関係に変化が起き，結果的に家族は葬儀を市場に委ねなければならなくなったと考えた。

　葬祭業者への依存は，葬儀を行う場所の変化にも現れている。日本消費者協会が行った調査によれば，1985 年（昭和 60）の調査では自宅で葬儀をした人が 58.1% だったが，1995 年（平成 7）調査では 45.2%，2003 年（平成 15）には 19.4% となり，2000 年頃を境に，葬儀を行う場所が急速に自宅から葬儀会館へと移行した。2010 年（平成 22）調査では自宅が 8.8% と 1 割を切り，ますますその傾向が強まっていると言える。

　都市化や核家族化によって葬祭業者への依存傾向が強まると同時に，死亡者数の増加による市場拡大への期待が大きくなると，葬祭業者内で熾烈な競争や異業種参入が起きてくる。そして 1990 年代半ばには，「葬儀ビジネス」や「葬儀マーケット」という表現が新聞記事で散見され，葬祭業が高齢社会における有望産業として取り上げられるようになった。

　葬祭業者への依存傾向がますます強まるなかで，1990 年代後半以降，高騰する葬儀費用やお仕着せの葬儀に不満を抱く生活者が増え

てきた。国民生活センターに寄せられた葬儀への苦情相談件数は2000年以降急増しており，1996年度には83件だったのが，2000年度には164件，2005年度には342件にまで増加した。新聞報道においても，事前に葬儀について考えたり，準備したりする人たちが増えてきたことを報じたものや，葬儀費用や価格設定の不透明性に不信感を抱く人たちが出てきたことを紹介した記事が見られるようになってくる。

ところが，これまでは成長産業であると思われてきた葬儀ビジネスだが，2000年以降になると，会葬者の少ない規模の小さな葬儀が増え，葬儀単価が低下するという傾向が顕著になってきた。「家族葬」という言葉が使われだし，葬儀の告別式化が進んできた。この背景には，高騰する葬儀費用やお仕着せの葬儀に不満を抱く生活者が増え，これまでの葬儀のあり方への疑問から，形式にこだわらない人が増えてきたことがあげられる。葬儀に対して消費者意識が芽生えてきたとも言える。

II 葬送儀礼の主体

1990年代以降の葬送の変容は，都市化や近代化，夫婦家族制や核家族化，少子化といった社会や家族の変容だけではなく，「わたしらしい死」や「わたしらしい死後」を模索しようという意識の芽生えにも起因する。そしてそうした意識の背景にあるのは，死後においても個性を追求するという考えや，従来の葬儀や墓のあり方に対する反発であるものの，家族への気兼ねや死後を担う家族の不在という問題も大きい。ただし，家族への気兼ねや死後を担う家族の不在によって家族に頼らない死を模索することが，「わたしらしい死」を考えることでもあることから，家族への気兼ねや死後を担う家族の不在，すなわち家族の変容が，「わたしらしい死」を意識する動機になっていると考えることもできる。

こうした「家族に迷惑をかけない死が良い死である」という価値観，さらには「わたしの死」について自己決定するという価値観を共有する「死の共同性」は，今後も広がりをみせていくと思われる。一方，葬送の自己決定意識の高まりに伴って，東京などの大都市では，葬儀をせずに火葬のみで済ませる「直葬」が2，3割を占めるとされているが，金銭的な問題や家族がいないといった事情からではなく，「自分の葬儀は不要」という考えにもとづく自己決定が相当数ある。

しかし死者祭祀の儀礼は，遺された人が大切な人の死を受容し，その人との絆を再確認するという重要な意味をもつ。したがって，家族の個人化や家族集団としての機能が弱体化している昨今，葬送儀礼や墓祭祀の縮小化や個人化は社会の流れであるとしても，「遺される家族に迷惑がかかるから」という価値観で，自らの死後について自己決定することは，遺される人の死の受容や悲嘆に大きな影響を与えかねない。1990年代以降の自己決定意識の高まりの一方で，こうした簡素化，あるいは消滅する傾向にある葬送儀礼が，遺された人や死にゆく人にとっての死の受容にどのような影響を与えるのかという研究や，グリーフワークとして葬送儀礼を捉える試みも散見されるようになっている。

III 外国の動き（主として東アジア）

日本同様に少子高齢化が進行し，死亡者が急増する韓国や台湾では，土葬墓地の不足への懸念から2000年以降，火葬へのダイナミックな転換が図られている。火葬率の変化を見ると，韓国（保健福祉部統計）では，99年の30.3%が2011年には67.5%に，台湾（内政部民政司統計）では，93年の45.9%から2010年には90%を超えるなど，変化のスピードが早い。

病院死の増加が葬送儀礼に与える影響も大きい。韓国では病院死の増加に伴って，病院が経営する葬儀場が1970年代以降になって普及し，韓国消費者保護院の2004年調査では，70.8%の遺族が病院の霊安室で葬儀を

行っている。自宅葬の減少により，葬儀にかける日数が短縮される傾向にあるのは台湾でも同様である。台湾では，殯儀館と呼ばれる火葬場付設の公営斎場で告別式を行うのが一般的になっているが，道教信仰が強い台湾では，火葬や葬儀，埋葬や納骨の日にちは，陰陽五行説などに従って決定され，通常は死後2,3週間以内に葬儀が行われる。葬儀までの間，火葬場付設の冷蔵庫で遺体は保存されるが，ここ数年の死亡者急増に伴う遺体冷蔵庫不足にかんがみ，内政部では，公衆衛生に配慮し，納骨までの期間を短縮するよう，住民に呼びかけている。

このように多死社会の進行や病院死の増加によって，韓国や台湾では2000年以降，国家政策が主導する新たな葬送儀礼が生み出されている。 〈小谷みどり〉

[文献] 新谷尚紀 1992；関沢まゆみ 2002；村上興匡 1991；森謙二 2000；山田慎也 2007

家族葬と直葬

家族葬とは，家族など近親者のみで行う葬儀として一般に理解されている。また直葬とは，火葬のみで葬儀などの儀礼を行わないものをいう。家族葬と言っても，その規模は一定しておらず，家族のみの場合や親族も含める場合，さらには親しい知人までも広がる場合もある。ただし従来とは異なり，地域や職場等へ訃報を出さなかったり，出しても会葬を辞退したりすることが多い。このように限られた人びとだけで行う葬儀をかつては密葬といった。密葬は，本葬を前提として先に近親者などが火葬をする仮葬儀を指す場合や，自死などあまり公にしたくないために関係者だけで葬儀をする場合などを言った。しかし1990年代後半になると，従来の葬儀に対する不満やバブル経済崩壊などで，職場関係者や近隣など義理での参列者への精神的負担や葬儀の経済的な負担感などを背景に，家族葬を積極的に展開し広告する葬祭業者なども誕生することで普及していった。これには，従来の密葬という用語に対し，家族葬という親近感や暖かさなどポジティブなイメージを連想させる用語が創造されたことで，参列者の辞退や葬儀規模の縮小を肯定的に捉えることが可能になったことも大きいと思われる。一方，直葬は病院等で死亡後，火葬場や遺体安置施設などの霊安室や保管庫に安置し法定の24時間を経た後，火葬するのみである。時には，火葬場の炉前で読経が行われる場合もある。直葬は従来，引き取り手のない遺体や生活保護受給者など，例外的な葬儀であったが，2000年代以降，葬儀の選択肢の一つとして認知されるようになり，東京では2割から3割を占めているという。なかには宗教的な信念によって直葬を選択する場合もあるが，多くは長期の終末期医療や介護による経済的負担，少子高齢化による関係者の減少，特に直系以外の親族の死亡において直葬で済ます傾向が見られる。 〈山田慎也〉

[文献] 小谷みどり 2000；碑文谷創 2009

葬送の個性化

葬儀において，故人や遺族などの想いや嗜好など個性を表現する動向を言う。葬送の個性化が言われるようになったのは，1990年代以降，既存の葬儀に対する不満や批判が高まるなかで，いわゆる無宗教お別れ会や生花祭壇，メモリアルビデオやフォトムービー，多様な飲食など，既存の葬儀にとらわれない形式が登場した。さらに埋葬に関しても，特徴あるデザインの墓だけでなく，自然への回帰などから散骨や樹木葬などが求められたりもした。さらに葬祭業者の側でも，顧客のため

にオリジナリティを重視するようになり，好みの花の祭壇やメモリアルボードなどを導入し，またメモリアルコーナーを設置して思い出の品や写真などを展示することで，付加価値を高めたこともある。こうした背景には，死の自己決定意識が生じてきたことがあるが，そこには終末期医療や脳死など死の医療化が進み人為的管理や操作の要素が強くなって当事者の選択の方向性が生まれ，それがさらに死後のあり方にも拡大していったことも一つの要因と考えられる。ただしこのような葬儀における個性の表出は，近代の葬儀のなかに既に胚胎している。告別式は当初，中江兆民の死に際して既存の葬儀の代替として宗教的な要素を排除して行われたものであり，そこでは死者の生前の個性に対しての顕彰と追悼が中心であった。また戦死者などの公葬においても，数多くの弔辞が組み込まれ，死者の生前の事績が強調され顕彰されていった。このように近代以降，葬送儀礼のなかで言語による個性の表現が行われるだけでなく，告別式が浸透していく過程で故人の遺影も普及し，死者の生前の人格を視覚的に表象するものも組み込まれていくようになる。つまり近代以降の葬儀儀礼，なかでも告別式の普及は，既に個性を引き出していく素地が用意されており，ルーティン化することでさらに強く求められるようになったと思われる。

(山田慎也)

[文献] 小谷みどり 2000；碑文谷創 2009；村上興匡 2001；山田慎也 2013

葬儀社

葬儀を請け負う専門業者。従来からの葬儀専門の専業業者だけでなく，1948 年以降一定の掛け金を積み立て葬儀や結婚式等の費用に充当する冠婚葬祭互助会，また農協や生協，

さらに近年は仏壇，墓石業界，鉄道会社など異業種からの参入もある。既に 17 世紀後半の京都や大阪などでは，龕師，龕屋，乗物屋などという業者が，棺や天蓋，灯籠，輿，駕籠などを製作し販売，賃貸していた。基本的には葬列に関する葬具が主であった。近代になっても都市部では葬列を行う場合，葬具を扱う葬具貸物業から葬具を調達し，人足請負業から輿や駕籠などを担ぐ人足を雇って葬儀を行っていた。明治 10 年代に両者を兼ねて葬儀社と称する業者が出現し，総体的に葬儀を扱うことで低廉な葬儀が可能となって大衆化が進み儀礼の肥大化を招いた。また生花，造花，放鳥等の贈答も盛んになり，葬列に連なるため人足付きで提供された。大正期，葬列が廃止され中心的儀礼が告別式となると，祭壇など式場の準備のほか，役所の届出や納棺などを請け負うようになり，従来，親族や近隣など地域共同体が担っていた役割を代替するようになり，サービス業としての側面が強くなっていく。高度経済成長期になると，葬儀社は都市部だけではなく村落部にも浸透していく。それは告別式の普及に伴い祭壇が必需品として認識されるようになり，また花環など新たな葬具が必要と考えられるようになったからである。こうした葬具の浸透は全国をエリアとする葬儀用品問屋の誕生による流通の変化とも密接に関連がある。祭壇は白布祭壇，金襴祭壇，白木彫刻祭壇と変化し，葬儀請負料金の基準ともなっていった。都市部だけでなく，比較的共同性が残っていた村落部においても，過疎化や生業の転換，近隣への負担感等から，葬儀社への依存が増している。また 1990 年代以降，葬儀場の建設が進み，遺体が自宅に戻らない葬儀が増えている。こうしたことで，死や葬儀に関する基本的な知識も専門家である葬儀社へ依存するようになる。葬儀社も競争が激化し，エンバーミングや一日葬など新たなサービスの開発が進んでいくだけでなく，介護や墓地，仏壇など

死の前後まで業務範囲を拡大している。

(山田慎也)

[文献] 井上章一 1984；木下光生 2010；村上興匡 1990；山田慎也 2007

エンバーミングと納棺

　エンバーミングとは遺体の防腐保存処置をいう。多くの場合，鎖骨部を切開して頸動脈から注入機器を使って薬液を注入し，血管を通して体内に浸透させる。腹部などは直接トロッカーを使って注入する。これはアメリカで発達した技術であり，日本でも外国への遺体の搬送のために行われていた。1988年一般の人びとを対象として行うようになり，1994年には業界団体である日本遺体衛生保全協会(IFSA)が設立された。協会ではエンバーミングの邦訳を遺体衛生保全とし，その目的は公衆衛生，防腐保存，修復化粧としている。納棺とは遺体を棺に納めることを言い，かつてはその前に湯灌が行われたが，現在は病院の死後処置の清拭で終えてしまう場合が多い。葬祭業者にとって遺体の取扱は重要な役務であり，大正期には既に都市部の業者は納棺をしていた。戦後，納棺を専門にする職種も登場し，また移動式入浴サービスを転用した湯灌が開発されるなど，専門家による遺体の取扱が進むなかで，エンバーミングも導入された。

(山田慎也)

[文献] 公益社葬祭研究所編 2005；鈴木英雄 1981；山田慎也 2003

グリーフワーク

　グリーフワーク(grief work；悲嘆の作業)という表現は，リンデマン(E. Lindemann) [1944]の造語であり，フロイト(S. Freud) [1917]が示したドイツ語の"Trauerarbeit"に由来し，モーニングワーク(mourning work；悲哀の仕事，喪の作業)と呼ばれることもある。フロイトによると，愛する対象がもはや存在しないという現実に繰り返し向き合うこと(reality testing)によって悲哀の仕事が完了したとき，失われた対象に向けられていた自我は解放され，再び自由になり，死別者は新たな人間関係に身を投じることができるようになるとされる。またリンデマンは，グリーフワークに関して次のように言及している[1944, p. 143]。「悲嘆反応の期間は，グリーフワークの成否にかかっていると思われる。グリーフワークとはすなわち，死者へのとらわれからの解放であり，故人が存在しない環境への再適応であり，新たな人間関係の形成である。グリーフワークの大きな障害の一つは，多くの患者が悲嘆の経験に結びついた強い心理的苦痛を避けようとすることや，グリーフワークに必要な感情の表出を避けようとすることである。」

　悲嘆の回避や抑圧は不適応的であり，悲嘆に直面し，乗り越えること(work through)が適応的であるとのグリーフワークという考え方は，長年にわたり死別に関する研究や実践において支配的であった。病的な悲嘆はグリーフワークの失敗であると捉えられ，死別者へのケアでは喪失の事実に直面させ，感情表現を促すことが大切であると広く信じられてきた。しかし，1980年代後半以降，批判的な検討が行われ，グリーフワークの考え方を支持する信頼できる実証的な証拠が乏しいことが指摘された。加えて，定義の不明確さや，心理学的な機序の説明不足，文化を越えた応用性がないなど，グリーフワークの概念そのものの限界を指摘する声もある。このようにグリーフワークという表現は一般にも拡がりを見せている一方で，その概念や定義に関しては現時点において必ずしも確立されている

とは言えない。　　　　　　　（坂口幸弘）

[文献] フロイト，S. 1970（1917）；Lindeman, E. 1944；Stroebe M.S. 1992-1993

形見分けと遺品整理

　死者の遺品や財産を近親者や生前に親交があったものに分配することを形見分けという。かつては，死者を身近に感じるというような理由から，家具などの日用品や衣類などを形見分けの品にすることが多かった。しかし，近年では古い物を世代を超えて使用すべきであるという価値観が失われたため，宝飾品などは別として，高価な物であっても，衣類を形見分けの品とするようなことは少なくなってきており，普段着や肌着などは遺族にとってはごみとして処分するしかないものになってきている。平成23年現在，核家族化の進展により，高齢者がいる世帯の40%以上が単独もしくは夫婦世帯となっており，高齢者が死亡すると別居している遺族が遺品整理を行うことになる。そして，遺品をごみとして処理を行うにしても，分別作業の時間的な負担やごみの有料化によって，経済的負担を遺族が負わなくてはならなくなっている。このような事情などから近年では遺族が直接遺品整理を行わず，代行業者に依頼する例も増えてきている。　　　　　　　　　　（大野　啓）

[文献] 小谷みどり 2012

死者をまつる

I　死者を祀る生者

　人と動物との大きな差異は，人は誰もがやがて死を迎えることを認識している点であり，さらに記憶を通して死者を特定の存在として対象化できることである。こうした感覚は葬送儀礼などを通して具現化していくこととなった。葬送の起源は明確ではないが，既に旧石器時代には埋葬行為が行われており，何らかのかたちで死者祭祀がなされていたと推定される。こうした儀礼を行うのはもちろん残された生者であり，死者との間に何らかの社会的な紐帯があったからと考えられる。そして死者の祭祀が社会集団の形成等にも大きな影響を及ぼしていった。

II　祖先祭祀

　こうしたなかで，特定の系譜関係にある先行世代の死者を祀る祖先祭祀は，多くの文化で見ることができる。日本の場合には祖先祭祀は家制度と密接に結びついて発達してきた。

　柳田國男は祖先祭祀を日本の基層信仰として捉え，日本における二種類の先祖観を指摘した。一つはいつまでも個性をもった家の始祖であるが，もう一方は祖霊という個性をもたない集合的な存在である。人は死によって霊魂と肉体が分離するが，当初穢れて荒々しい存在である霊魂が子孫によって祭祀が行われることで，次第に浄化され祖霊となっていくと言う。それは生前の個性をもつ霊魂が，祭祀により個性を次第に失い，弔い上げを経て集合化していく過程でもあった。

　こうして先祖と位置づけられる死者は，系譜上の先行世代がすべて対象となるわけではなく，家を創設した人および歴代の当主夫婦であり，しかも年忌供養など子孫による一定の儀礼が必要であった。ただし，家の継承は

父系の血縁者をある程度規範としながらも，儒教倫理にもとづいて父系の承継を徹底化しようとする東アジアの他地域とは異なり，日本本土においては血縁女性に婿を取ったりまた血縁ではない夫婦養子を取ったりするなど，父系以外の養取も頻繁に行われ，このような人びとも儀礼を経て先祖として位置づけられていった。

また有賀喜左衛門は，それぞれの家の始祖とは別に，家の由緒に関わる本家の先祖を同族の家々で祀っていることを出自の先祖と呼んでおり，先祖をさかのぼって由緒を求め，同族などの家々の組織化の原理となっている点を指摘している。さらに屋敷先祖といって，絶家した屋敷地などを取得して使用する場合には，かつての持ち主であった家の先祖を，系譜的には関係のない人であっても祀ることが行われてきた。

一方，家における死者のなかで，成人前や成人後も結婚せずまた子孫のないまま亡くなった人は，葬送儀礼や年忌供養などが行われることもあるが，基本的には先祖としては位置づけられない。このような死者を無縁と呼ぶ地域もあり，死者祭祀は行われても祖先祭祀がなされることは基本的にはなかった。

無縁という用語は上記のような場合のほか，一般的には絶家した祀り手のない死者などを言うことが多い。このような霊についても，盆行事などにおいて，餓鬼精霊，外精霊などといって，専用の棚や盆棚の下などに供物を供えたり，また寺院では施餓鬼会をして供養を行ったりすることも一般的であった。これは無縁の霊を供養することで，先祖を含めた家の死者の供養にもなるという回施の発想もあったからである。

III 人神信仰

ところで人を神として祀ることも行われてきた。こうした場合は主に家が主体となって祭祀する場合がないわけではないが，むしろ為政者や民衆など多様な範囲の人びとによって祀られていくことが多い。小松和彦はこうした人神信仰を「祟り神」タイプと「顕彰神」タイプに分類している。

古代から続く御霊信仰は「祟り神」タイプである。御霊とは非業の死を遂げたり，遺恨をもって憤死したりした死者の霊であり，その祟りのため災いが起きたために，御霊として神に祀って慰撫し，さらにはその強力な霊威にあやかるという信仰である。御霊会について文献上の初出は『日本三代実録』の貞観5年（863）であり神泉苑で行われた。このときには早良親王，伊予親王，藤原夫人，文室宮田麻呂，橘逸勢，観察使の6人が祀られた。当初はこのような臨時の祭祀であったが，しだいに御霊神社や菅原道真の北野天神社など常設の神社として祀られていくようになる。

一方，祟りをもたず生前の偉業を顕彰するために神に祀っていく「顕彰神」タイプは中世末期から近世初頭に成立していく。為政者を顕彰するためその支配のための装置としても機能していくものでもあり，豊臣秀吉の豊国大明神や徳川家康の東照大権現などがあり，近代にはさらに楠木正成の湊川神社，桓武天皇の平安神宮なども創建されていった。また民衆の側でも義民等の顕彰を目的として数多くの神社が創建されている。

このような顕彰的な側面を見ると幕末以降の政府側の戦死者を祀る靖国神社もその顕彰神タイプの一つとなる。しかし靖国神社の場合，御霊や怨霊のように祟ることはないものの，人生半ばにして戦争で死んでいった人びとに対して生者の側が負い目や後ろめたさをもち，慰霊的な側面をもっているところにその特徴があると小松は指摘している。

IV 生の記憶としての祭祀

現在，家制度は廃止され，また家族観の変容によって祖先祭祀は変質している。ロバート・スミス（R. J. Smith）は，制度としての祖先祭祀ではなく家族など身近な人を私的情愛にもとづく情緒的関係において祀るように

なってきたと指摘している．さらに寺院との関係が問い直されるなかで，葬送儀礼は，既存の宗教形態を採らない無宗教葬などが行われるようになり，死者祭祀のあり方も生前の記憶と顕彰，そして告別が強調されるようにもなっている．

　もっともこうした死者の記念のあり方は，近代以降，国家に功労のある人物を国葬や公葬を行うことで顕彰する発想が準用され，会社や学校などの一般組織が団体葬を行い，組織への功績を葬儀によって記念しようとした方式に通じるものである．なかでも会社が代表者や役員等の葬儀を主催する社葬は，主に日本社会で発達した儀礼である．これは靖国神社と同様，国民国家の形成過程で成立していった死者の記念のあり方であった．以上のように死者の祭祀のあり方も多様な形態に変化しているのである．　　　　　（山田慎也）

[文献] 有賀喜左衛門 2000；小松和彦 2006；柴田実編 1984；スミス，R. J. 1983（1974）；中牧弘允編 1999；柳田國男 1946

:::
墓　守
:::

　家制度のもとでは，「家」が死者を埋葬し，その祭祀は子孫が行うと考えられていた．「家」のアトツギは長男とされ，「家墓」を継承する立場にあり，誕生に際して「墓守が生まれた」とも表現された．長男は幼少から祖父母の墓参りに随伴し，葬儀や法事に列席して，他のきょうだいより深く祭祀と関わっていたが，いずれ施行する権利と義務を負わされるからである．祭祀条項は旧民法を踏襲しているため，現行民法897条における「慣習に従って祖先の祭祀を主宰すべき者」を「長男」と解釈している人たちがいまだ少なくない．先祖を祀る者は，やがて祀られる存在に変わる．三十三年忌ないし五十年忌の弔い上げによって，故人は戒名を離れて「先祖」という存在になり，「家の守り神」ともなる．平均寿命が短かった時代には，子どもではなく孫が弔い上げを行うことになるので，祖父母は長男の孫（長男子）をことのほか可愛がった．

　産業構造の変化による人口移動は，長男に限らず，子孫にとって，遠隔地にある先祖代々の墓の維持管理が負担となり，家郷から居住地近辺に移す「改葬」が増えている．そうなると，新しい墓所を受け継ぐ子孫も「墓守」となるわけだが，今日においては「墓地管理者」という認識であろう．家的先祖観においては，系譜の継承者が墳墓を受け継がなければならなかったが，現代では，兄弟のなかで最も祭祀を受け継ぎやすいものが継承するという状況適合的な方向へ変容を遂げつつある．しかし，少子化の進行は継承者の確保を困難にし，一系譜ではなく，出自の異なる故人も守る対象に含まざるを得なくなり，二家，さらには四家の墓を引き継がなければならない「墓守」も出てきている．加速する少子化は子孫による死者祭祀の基盤を揺るがし，墓存続の不安定性を増大させている．

　住職が在住しない寺墓地において，檀徒が雇用契約により墓所の清掃・草むしりなどの管理を委ねる場合，その人のことも墓守という．　　　　　　　　　　　（金沢佳子）

[文献] 孝本貢 1998；スミス，R. J. 1983（1974）；柳田國男 1946

:::
無縁墳墓
:::

　一般には，無縁墳墓とは「葬られた死者を弔うべき縁故者がいなくなった墳墓」と定義される［最高裁判所昭和38年7月30日決定］．現在，祀り手がいない状況は，挙家離郷による墓地所有権者の住居移動や少子化による継

承者欠如が起因している。無縁墳墓の改葬には，2種以上の日刊新聞に3回以上「公告」を出す規定があった。これは，改葬申請者（墓地運営者）の経済的負担を強いることから，荒廃した墳墓が放置されるケースが多く，平成11年（1999），「墓地，埋葬等に関する法律」の施行細則が改正され，改葬手続きが簡素化された。死亡者の縁故者に対し，1年以内に申し出る旨の公告を官報で行い，墳墓のある場所に立札を設置し，期間中に縁故者等の申し出がなかったことを証明する書類を提出すれば，改葬申請者は行政官庁（都道府県知事）から無縁改葬が許可される。この改正によって，墓地の実際の使用者の権利が充分に守られないまま墓地整備が進行している。

（金沢佳子）

［文献］森謙二 2000，2004b

合葬墓

複数の家族あるいは血縁関係にない人びとが一つの墳墓あるいは納骨堂を共有している墓制の形態を「総墓」という。一般的には，〈葬る〉という意味を加えて「合葬墓」ということが多い。祭祀の面から「合祀墓」，墓を共有しているとの観点から「共同墓」「合同墓」「集合墓」，継承者を必要としないことから「非継承墓」とも表現される。寺院が運営者の場合は，子孫に代わって永代供養をするとして，「永代供養墓」と謳っている。自治体は宗教に携わらない立場から〈供養〉という語を用いず，「合葬式墓地／合葬式納骨堂」と称する。子どものいない人や婚出させた夫婦など，墓の継承者がいない，あるいは継承を希望しない人びとが志向する。1ヵ所に集合的に納骨される形態と個別の納骨区画を保有する形態に大別され，後者は管理費用を支払い続ける限り使用権があるが，費用の滞納が一定期間続くと，運営者によって個々の区画から改葬（集骨）される形式もある。

（金沢佳子）

［文献］井上治代 2003；森謙二 1992

散骨と樹木葬

現代日本では，樹木葬とは，墓石代わりに樹木を植える葬法だと認識されているが，社会人類学的に見れば，樹木葬自体の歴史は古い。例えば，オーストラリアの北西部に住むウォロラ族では，死者に敬意を払う方法として，族長などの死体を木々の間にしつらえた壇に安置する習慣が，19～20世紀にはあった。火葬した遺骨を撒く「散骨」も同様で，18世紀の英国の魔女狩りでは，一定の規則に従って遺体を燃やし，悪霊を浄化するために散骨していた。しかし，散骨と樹木葬は近年，世界各国で新しい意味と機能をもつようになっている。

現代における散骨の最初の例は1920年代の英国に見出せる。土葬から火葬へ移行するようになると，「追憶の庭」（散骨専用の霊園内区画）に遺灰を撒き始めたのである。さらに，散骨は死者にゆかりのある場所——公園や自然のなか，またはサッカー場等——で行われるようにもなった。日本では，「葬送の自由をすすめる会」が1991年に散骨を行ったが，会では散骨を「自然葬」と称し，環境にやさしい葬法であるという考えを提示した。

20世紀にはまた，世界中に伝統的な墓石を木に代える新しい形の樹木葬が出現した。その起源は1993年の英国に遡るが，20年間で国内だけで230ヵ所にまで広がっている。しばしば環境への配慮に根差しているため，こうした葬法は「ナチュラル」あるいは「ウッドランド」埋葬と呼ばれる。その成功を受けて日本では1999年に岩手県の仏教寺院で導入され，現在全国で50ヵ所以上の墓地に設置

されている。

　環境保全や社会経済的動機に加え，樹木葬と散骨は，世界的に見ると墓の放置と腐敗という問題にも答えようとしている。高齢化や人口移動の激化によって家族や子孫が墓を管理することが困難になり，人びとは自身の墓の無縁化を恐れるようになった。また，無限に広がる自然のなかへの散骨や，自然の永遠の循環のなかで成長していく「墓」としての樹木は，堅苦しい追憶の形式によってではなく，遺族が自由に死者の記憶を守ることを可能にした。（ボレー・ペンメレン・セバスチャン）

[文献] Boret Penmellen, S. 2014；Davies, D. J. with Mates, L. H. 2005；Davies, D. and Rumble, H. 2012；Kawano, S. 2010

手元供養

　遺骨の一部を自宅に安置したり，身につけたりすること。遺骨を小さな容器やペンダントに入れるタイプと，遺骨を石やプレートなどに加工するタイプに分かれる。「墓地埋葬等に関する法律」では墓地以外の遺骨埋蔵を禁じているが，遺骨の自宅安置には何の問題もない。

　戦後の民法では，墳墓は祭祀財産として子々孫々での継承を前提としてきた。しかし近年，家族のありようや価値観が多様化し，墓の跡継ぎ問題に悩む人は少なくない。「子どもや孫に負担をかけたくない」「転勤族の子どもや結婚した娘には墓守を期待できない」と，継承に対する人びとの価値観に変化が見られるほか，子どもがいない夫婦や生涯未婚率の上昇，少子化による人口減少化なども，継承問題に影響を与えている。

　1990年代以降，主として継承問題の観点からこれまでの墓の有り方に疑問をもつ人たちを中心に，墓の多様化が進んできたが，一方で，老若男女問わず，墓参行為の実施率は今なお高く，国民的行事として定着していることが既存調査で明らかにされている。これは，R. J. スミス（R. Smith）［1996（1974）］が指摘したように，家的な祭祀が私的情愛のメモリアリズムへの移行の現れだと見ることができよう。

　手元供養は，特定の故人へのメモリアリズムとしての新しい追慕の方法である。墓には，遺骨の収蔵としての機能以外に，遺族が死者と対峙する場としての役割もあるが，後者がより強く意識された形態が，手元供養であるとも言える。したがって，遺骨の大部分は散骨，あるいは墓に埋蔵されているケースが多く，手元供養は墓の代替ではない。

　1990年代以前の欧米では，喪の作業は死者の追憶をひきはなすことであると認識されていたが，昨今では，むしろ死者との絆を大切にし，死者を追慕することが重要であるという論調が主流になり，インテリアとして安置できる骨壺などの品揃えが豊富にあるが，日本でも，こうした欧米の手元供養品を扱う店が増えている。
　　　　　　　　　　　　　（小谷みどり）

[文献] ウォーデン，J. 1993（1991）；スミス，R. J. 1996（1974）

生前契約

　葬儀や墓など死後の遺体の処理や祭祀について，当人が生前自己決定し，契約によって手配しておくことである。特にアメリカでは早くから霊園業者がプレニード（Pre-need）というサービスを発達させ，墓地の区画の購入から葬儀の手配まで契約によって手配し，信託で支払いまで済ませることができるようになっている。日本では，葬儀や墓については，家の跡継ぎや地域共同体に任されるものとされてきたが，次第に都市化・少子化等で

それが困難になったため，家族や地域に代わってこれを行うサービスが必要となった。1993年，現在の特定非営利法人「りすシステム（Living Support Service System）」が，死後事務を受託する組織として，「生前契約」という言葉を用いて始めたのが最初である。その後契約者の要望に応え，契約の内容も，葬儀や墓等の死後事務に限らず，入院や老人保健施設等の入所の際の身元引受保証，成年後見などの生前の問題まで広げ，人の一生をトータルでサポートするシステムに深化させている。　　　　　　　　　　（中筋由紀子）

[文献] 松島如戒 2002

菩提寺

　先祖代々，葬儀などの祭儀を執行している寺をいう。多くの人びとが菩提寺をもつようになったのは，近世に寺檀制度が成立して以降であった。近世前期には一つの家のなかにも複数の寺の檀家が存在する複檀家制が少なからずあったが，18世紀ごろから，一つの家は一つの寺の檀家となることが一般的になっていった。この背景として近世中期以降，家産・家名などを継承する主体としての家が，庶民でも成立するとともに，祖先祭祀や家名などをシンボルとした家意識が形成されてきたことがあげられる。そして，祖先祭祀や葬祭を中核として構築された寺と家との関係は，1873年に寺檀制度が廃止された以降も存続することになった。村落で寺院を維持している場合には，檀家総代などは村落組織に組み込まれているため，現在にいたるまで関係が維持されている例が多い。しかし，近代以降，日本の産業化の進行により，農家の二男や三男などが労働者として都市に流出し，新たに家庭を築いた場合には，旧来の関係が維持されて故郷に菩提寺をもつ例もあるが，居住地で葬式を行い，それを縁として新たに寺檀関係を結ぶ例もあった。さらに，高度経済成長期以降，地方から都市への人口流出が進み，都市で新たな菩提寺をもつ家々が現れることになった。一方で，新たに都市で世帯を形成した家庭には菩提寺をもたない例も多く，菩提寺をもたない家の比率が高くなっている。転居や遠隔地の霊園墓地への改葬などによって菩提寺との関係が希薄化し，寺檀関係が自然消滅する例や従来の寺檀関係を解消する離檀を行う例も増えてきている。実際に，2009年に第一生命研究所が35歳から79歳の男女に対して実施した調査では盆や彼岸に僧が経を上げに来ている世帯は 22.1%であり，多くの家で菩提寺との関係が薄くなり，葬儀や法事のみの関係となっていることを伺うことができる。近年では少子化や非婚化などにより，檀家が減少して寺の経済基盤を揺るがすことになっている。　　　　　（大野　啓）

[文献] 孝本貢 2001；小谷みどり 2010

仏壇と位牌

　仏像や位牌などを安置する家屋内の厨子を仏壇と呼ぶ。民家の研究などから，仏壇は17世紀から18世紀にかけて庶民の家で普及したと考えられている。仏壇が持仏堂から発展したとの説もあるが，これは上層の家々のみに限られたものであり，多くの家々では僧から与えられた位牌を安置する棚から発展し，現在のような形態になったと考えられる。高度経済成長期以降，地方から都市に出てきた夫婦による世帯などでは，仏壇をもたず親の死後に仏壇を購入する例も少なからず見られるようになった。さらに，少子化の影響により，夫婦それぞれの親を祀る家も増え，家に複数の仏壇をもつ現象も起こっている。また，住宅事情の変化により仏間が無くなり，マン

ションにも合うような家具調の「現代仏壇」が増えてきた。位牌は死者の戒名や没年月日などを記した木製の縦長板状の霊牌のこと。禅宗とともに宋から伝えられ，武家社会のなかに定着し，近世には庶民の家々でも一般的に祀られるようになったと考えられる。寺檀制度が確立し，寺院を媒介として年忌供養や祖先祭祀が定着していったことにより，仏壇やその内部に安置される位牌が，家の象徴的な宗教施設として位置づけられるようになったと考えられる。位牌は死者を供養するためのものであり，日常は仏壇に安置され家族からの礼拝を受け，盆には盆棚に移されて供物を供えられることが多い。そして，三十三年忌での弔い上げの後には位牌は，破棄されたり寺に納められたりする例が多く，民俗学などではこれによって死者の霊が個性を失って祖霊と一体化するという考えを示していた。また，古い位牌を「御先祖様」などと称して祀っている家もあり，位牌そのものを祖先祭祀の象徴として祀っている例も見られる。いずれにせよ，仏壇は位牌や本尊を安置し死者と祖霊化した先祖を祀っていることから，祖先祭祀の象徴としての性格を色濃く有していると言える。近年では仏壇や位牌は，祖先祭祀の装置としての意味合いよりも，特定の個人に対する追慕の装置へと意味合いを変えている。

（大野　啓）

[文献] 井上治代 2007；孝本貢 2001；小谷みどり 2010；松本由紀子 1997

第11章

グローバリゼーションと家族

国際結婚

I 国境を越える結婚の増加

(1) 集団の境界を越える結婚　現代の多くの社会で，結婚は個人同士の結びつきとしてとらえられている。しかし，実際に結婚が社会的に承認される過程では，帰属する集団間の関係が重要性を帯びる。例えば，宗教や「人種」の違いが問題視される場合もあり，どのような相手を結婚相手として望ましい（または，望ましくない）とするかは，当該社会集団の境界線の引き方で異なる。米国では，近代において白人と黒人の身体的差異と白人の優越性が強調されるなかで，「異人種間結婚」が法的にも規制され，それによって国境の内部で集団の境界が定義された［貴堂嘉之 2009］。これに対して，日本では，近代以降の国民国家の形成過程において国籍の異なる者同士の結婚を「国際結婚」と呼ぶようになり，国境の内側ではなく外側にいる人びととの差異，つまり国籍の違いが強調されてきた［嘉本伊都子 2001］。このように，どのような組み合わせの結婚を「越境結婚（cross-border marriage）」と見なし，特別視するかは社会的文脈により多様である。

(2) アジア圏における国際結婚の増加とパターンの変容　夫婦の国籍が異なる結婚の数は，日本では 1980 年代以降，そしてやや遅れて韓国や台湾でも著しく伸びた。例えば，日本で夫婦のいずれかが外国籍であるケースが結婚全体に占める割合は，1965 年には 0.4% にすぎなかったが 1980 年には 0.9% となり，2000 年には 4.5% へと大幅に上昇した。

アジア圏で国際結婚が増加するなかで，そのパターンも大きく変化してきた。日本で 1965 年には国際結婚の 7 割以上が日本人女性によるものであったが，1976 年以降日本人男性の国際結婚のほうが多くなった。国際結婚が日本の結婚に占める割合はその後もおおむね毎年増加し，2006 年のピーク時には全体の 6.1% を占め，うち 4.9% が日本人男性によるものであった。結婚相手の国籍で見ると，日本人女性の相手は，1965 年では「米国」が約半数を占め，「韓国・朝鮮」と「中国」と合わせ，全体の 9 割を超えたが，その後，「その他」の占める割合が増加した。一方で，日本人男性の相手は，件数の増加とともにフィリピンや中国など特定の国の女性が大きな割合を占めてきた［厚生労働省大臣官房情報部編 2013］。

近年の国際結婚の特徴として，経済的に格差のある国の男女の結婚が増えていることがあり，特に，先進諸国の男性と途上国の女性の組み合わせが多く見られる。ただ，そのパターンは多様であり，韓国における韓国人男性と中国出身の朝鮮族女性との結婚のように，国籍は異なるが文化や言語を共有するとされる者同士の結婚も含まれる。

II 国際結婚を捉える視角

アジア圏で国際結婚が急増した背景要因は複合的なものであり，先進国の少子高齢化に伴う再生産労働の国際間分業［伊藤るり・足立眞理子編著 2008］や入国管理政策，結婚斡旋ビジネスの興隆をあげることができる。さらに，国際結婚は，国内のジェンダー関係の変容や，途上国の女性を従順で愛情深いとする先進諸国側からのステレオタイプ，そして，途上国女性による，先進諸国の男性とのグローバル・ハイパガミー（上昇婚）への志向などが複雑に絡み合いつつ，生じてきた。

こうした変化のなかで，国際結婚を国家内部の社会経済的諸条件やエスニック関係と

いった視点からだけでなく，国境を越えてグローバルに親密圏が再編成されるプロセスとして位置づけ，多角的な視点から明らかにしようとする試みが蓄積されつつある。ここでいくつかのアプローチをあげてみよう。

(1) 規範的家族をめぐる変容と継続　家族は，近代以降の国民国家の形成過程で，国境内の文化的均質性を再生産する単位とされてきた。しかし，同一の言語や文化を共有し，次世代に継承するという家族像は，国際結婚の増加で揺らぎつつある。他方で，日本や韓国では，外国人女性配偶者に伝統的な妻や世帯の嫁としての役割を期待し，文化的に同化させようとする圧力が強い。つまり，国際結婚で，家族やジェンダーをめぐる規範が逆に維持，強化される傾向も見られるのである。

国家政策との関連で見れば，移民政策が厳格化するなかで，移住者にとって移住先の国民との結婚は市民権を得る数少ない手段の一つと言える。しかし，移住労働者と国民との結婚を規制するシンガポールの例にも見られるように，婚姻関係を媒介とする国家への包摂は，国家が「好ましい」とする結びつきに限定される傾向が強い。その一方で，婚外子への国籍付与をめぐる裁判などをとおして，国家が想定する規範的家族のあり方は問い直され，挑戦されつつある［小ヶ谷千穂 2006］。このように，国際結婚の増加のなかに，国家と家族の関係における変容と継続，そして，家族をめぐる既存の規範と新たな実践のせめぎ合いを見ることができる。

(2) 親密圏におけるジェンダー関係のダイナミズム　国際結婚は，グローバル化で生じる複数の差異や力関係の交差を照射する場としても注目されている。国際結婚の夫婦の関係性には，ジェンダーのみならず，国籍の違いによる力の不均衡などが複合的に作用するからである。例えば，日本人男性と結婚したフィリピンや中国の女性たちは，構造的に，女性や外国人などとして多重の周縁性を経験する。他方で，日本における移住労働者の外国人男性と日本人女性の夫婦では，ジェンダー関係においては夫が優位で，国籍においては妻が優位という反転する関係が見られる。このように，親密圏のグローバル化で複数の差異が交差するなかで夫婦のパワーバランスは再編されている。

(3) ライフサイクルの進行とトランスナショナルな家族の再編　国際結婚で形成される家族の生活状況や関係性が，ライフサイクルの進行とともに変化していることにも注意する必要がある。例えば，興行労働に就いていたフィリピン人女性が日本人男性と結婚し，その後，介護職に再就労するケース［高畑幸2011］などが見られ，そうした変化は，夫婦や親子の関係のみならず，地域社会での位置どりにも作用することが考えられる。

国際結婚の夫婦が，子の養育や親の介護を国境を越えて行っていることも着目されている。例えば日本人女性とパキスタン人男性の夫婦を見ても，子の教育のために妻と子だけが海外に出たり，子どもを海外の親族に託したりなど，国境を越えた多様なケアの実践が見られる［工藤正子 2008］。そうしたケアの越境は，国境内での家族の再生産を前提としてきた国家の福祉やその他の諸制度の枠組を問い直すものと言える。また，トランスナショナルに行われるケアにおいて，性別や世代間で既存の役割分業をめぐる規範が家族や親族内でいかに交渉され，実践されていくのかにも目を向ける必要がある。

国際結婚の増加がもたらす社会の多元化やその他の社会的帰結を長期的に捉えるためには，子どもたちの成長過程の経験や，言語や文化の世代間の継承ないしは非継承のかたちを見ていく必要がある。子どもたちの経験は，親の国籍や婚姻形態，社会経済的地位，そして子どもたち自身の移動パターンなどによって多様である。これら複数のルーツをもつ子どもたちの声に耳を傾け，彼ら彼女らの社会

的な包摂や排除の経験や，アイデンティティ形成をめぐる複雑性と多様性を明らかにしていくことが求められる。

最後に，国際離婚も近年ますます重要なテーマとなりつつある。婚姻関係の解消を機に，トランスナショナルな生活空間や家族関係がいかに再構築され，そこに，ハーグ条約（「国際的な子の奪取の民事上の側面に関する条約」）などの国際法や国内法，その他の諸政策，そして，家族やジェンダーをめぐる規範がいかに交差するのだろうか。このように，国際結婚をめぐる状況を多角的かつ長期的に捉えることで，グローバル化における親密圏の変容や，家族と国家の関係性のダイナミズムが照射されることとなるだろう。

（工藤正子）

[文献] 伊藤るり・足立眞理子編著 2008；小ヶ谷千穂 2006；嘉本伊都子 2001；貴堂嘉之 2009；工藤正子 2008；厚生労働省大臣官房統計情報部編 2013；高畑幸 2011

写真花嫁

日本人移民一世の男性が日本女性と結婚する際に，お互い一度も会うことなく，「写真」や履歴書の交換だけで決めるという「写真結婚」によって結婚し，海を渡った花嫁を指す言葉である。「写婚妻」とも呼ばれた。一世男性の多くは日本（各々の郷里）に一時帰国して結婚し花嫁を連れて，あるいは花嫁より一足先に移民先へ戻ったりしたが，「写真結婚」という方法を利用した人も少なくない。20世紀初頭，アメリカやカナダに出稼ぎとして働きに出ていた一世男性にとって，花嫁探しに日本へ一時帰国することも経済的にままならず，「写真花嫁」を迎えることは日本に行く費用と手間を省いた最良の選択とされた。花嫁候補は一世の郷里の親族や知り合いの仲介によって紹介されることが多く，当時の日本的慣習からも，写真や履歴書の交換による「見合い結婚」と言えるものであった。写真でしか見たこともない一世男性との結婚を決意し「写真花嫁」となった日本女性は，アメリカやカナダへ渡って行った。

ところが写真結婚は，当事者たちにも移民先の社会にも問題を引き起こすこととなった。まず，花嫁たちを港で迎えた男たちは，写真よりずっと歳をとり聞いていたような家も財産もなく職業も違っていたという場合が往々にしてあった。なかには結婚を拒んで帰国したり逃げたりする女性もいた。また，結婚は愛情を基盤とするキリスト教倫理観の北米社会において，愛情抜きの「写真結婚」は不道徳なものと映り，「排日運動」の一要因ともされた。それでも多くの女性はその状況を受け入れ，家族を育て，夫と共に懸命に働いて，新しい国での生活を築いていったのである。そうした日本女性の数は，1920年までにアメリカだけで2万人以上もいたとされる。これら花嫁たちの到着により，日系社会には「二世」と呼ばれる新しい世代が誕生していったのである。

（山田千香子）

[文献] 飯野正子 2000；山田千香子 2000

国際結婚と宗教

国際結婚における配偶者間の言語や文化的差異に比べ，宗教的差異が家族形成にもつ意味合いは，それほど注目されてこなかった。家族という親密な関係をとおした宗教変容は可視化されにくいものの，社会の多元化の重要な側面の一つと言える。

国際結婚夫婦の生活に宗教がいかに位置づけられるかについては，ジェンダーその他に媒介される夫婦の権力関係などのさまざまな要因が絡み合う。日本の例で見れば，妻が外

国人である場合には,「嫁」として同化の圧力がかかる傾向が強く,そうしたなかで,外国人の妻の宗教が日本人の夫に大きな影響を及ぼすことは少ないようである。しかし,タイ上座仏教を信奉するタイ人女性と結婚した日本人男性のなかには,宗教行事や寺院への同行を機に,妻の宗教を受容するケースも見られる［クルプラントン，T. 2012］。

外国人ムスリム男性と日本人女性との結婚の場合には状況が異なる。夫の国籍などによって異なるものの,例えば,パキスタン人男性と結婚した日本人女性は,結婚を機にイスラームに改宗することがほとんどであり,夫婦の日常生活にイスラームが重要性を帯びるケースは少なくない。しかし,その場合も宗教変容の過程は複雑である。第1に,単に夫の出身国の宗教が日本に持ち込まれるというより,移住後の社会的排除の経験や,他の在日ムスリムとの関係形成,グローバルな宗教ネットワークへの参入などをつうじて,信仰の強まりや再解釈が生じる場合がある。さらに,日本人の妻も,無条件に夫の宗教を受け入れるというよりは,同じく外国人ムスリムと結婚した日本人女性たちと相互扶助の関係を形成するなかで,結婚で獲得した宗教の意味を反省的に把え直していく複雑な過程が見られる［工藤正子 2008］。

これらの夫婦には,次世代に宗教をいかに継承していくのかという課題もある。パキスタン人男性と日本人女性の夫婦では,子のイスラーム教育のために,妻子が海外に移住するケースも見られ,宗教の世代間継承の課題が,国境を越えた家族の形成にもつながっている。

（工藤正子）

[文献] 工藤正子 2008；クルプラントン，T. 2012

日比結婚

日比結婚は,日本男性とフィリピン女性の組合せがその総数の96％を占め,2012年現在,日本国内の国際結婚総数のおよそ16％となり,日本人の配偶者と元配偶者の数は16万人と推定される。

本結婚の歴史的背景には,大日本帝国の拡大と戦後の日比の政治経済の展開がある。主な流れとして,明治期から戦前までの日本男性移住者と現地女性との婚姻にはじまり,戦後の在比赴任者と現地女性との関係,70年代の比国の観光産業の拡大と日本からのセックスツーリストとの出会いを経て,70年代半ばからはフィリピン女性が日本の夜の歓楽街で稼働し,そこでの出会いが結婚という結果を生んでいる。帝国の存在や国家間経済格差が顕著なことから,日比結婚は,女性の性や途上国の人への抑圧で語られることが多かった。

しかし,フィリピン女性の結婚の動機は実際には重層的である。フィリピンは20世紀前半アメリカの植民地だったことから,「モダン」な「アメリカ」という虚構を生み,若い女性たちは,経済力が増した日本を「アメリカ的」で,モダンな経験や自己形成を実現できる場所として解釈し,日本男性と結婚したケースも多々ある。これとは対照的に,処女を尊ぶカトリックの信徒が8割を超える比国で,性暴力や夫との別離を経験した女性は再婚や生活維持が困難になることも多い。こうした女性たちが,夜の歓楽街で働き日本男性と結婚に至っている。日比結婚は,このように植民地主義,帝国,日比の政治経済,ジェンダー規範など多くの事象が複雑に絡みあう時空で,多様な形の親密圏を構築している。

2014年現在,日本国内外の他の結婚同様,離婚が増加し,国際連れ子を含む子ども世代

の状況も加わり，その親密圏はいっそう複雑さを増している。　　　　　　　　（鈴木伸枝）
[文献] 鈴木伸枝 2010

農村花嫁

　日本農山村に住む男性，とりわけ農家の後継ぎ男性の結婚難問題は，村や地域の存続にかかる深刻な問題である。そこで，アジア諸国出身の女性を妻として迎えることで，この問題を緩和できると期待されていた。このような背景で農山村に嫁いできた女性は，「農村花嫁」や「アジアから来た花嫁」と呼ばれる。国際結婚は，結婚仲介機関を通した例が大きな割合を占める。日本の多くの農山村が，嫁不足問題に悩まされ解決策を模索するなか，1985年に山形県が初めて行政主導による外国人花嫁の受け入れを行った。以来，多くの農山村でも積極的に外国人花嫁を受け入れるようになっていった。しかし，行政主導の国際結婚の仲介は多くの批判や疑問が寄せられ，1990年代半ばになってからは減少し，現在ではほとんど見られなくなっている。国際結婚の仲介は民間の仲介機関が主体となって続けられた。しかし，仲介機関は高額の仲介料をとるにもかかわらず，結婚する当事者に対しては充分な説明をなさないまま，短期間で国際結婚を成立させていったため，結婚後まもなく破綻するケースが数多く出た。他に，先に嫁いできた女性がネットワークを活用して新たな女性を紹介してくるケースも多くあり，国際結婚の新しいルートが出来上がっている。現在，東北地方だけではなく，日本全国広い範囲の農山村に中国，韓国，フィリピン，タイなどの女性は嫁いで来ており，外国人支援団体からは「限界集落を支えている」との指摘さえある。
　環境，文化，言語，考え方の齟齬によって結婚生活にピリオドを打った女性も少なくない。他方，農山村に10～20年以上にわたって定住している女性もいる。彼女たちの定住につながるプラス要素は多方面にわたる。女性本人の日本文化への適応が大前提であることは言うまでもない。ほかには来日当初から10年以内までには，家族の理解や良好な家族関係，コミュニティの温かい受け入れ，行政・地域・教育機関による手厚い支援が必要である。10年前後過ぎて中長期的には，仕事における自己実現なども視野に入れられる。
　また，女性は日本人夫より10，20歳以上若いことが多く，結婚後まもなく始まる子育てにようやく慣れる頃，夫の老親の介護が課題となり，続いて高齢の夫に代わって主要な稼ぎ手になり，さらに夫の介護などを経験することになる。日本語能力が低く，地域に居場所をもたないにもかかわらず母国と次第に疎遠になる女性が数多く存在する現状からすると，女性本人の老後について対策を講じるべきである。
　　　　　　　　　　　　　　　（賽漢卓娜）
[文献] 桑山紀彦 1995；桑山紀彦編著 1997；賽漢卓娜 2011

台湾における国際結婚

　19世紀以降の台湾の国際結婚の歴史は，日本の植民地主義時代における日本人男女と台湾人男女との結婚（第1期），第2次世界大戦後，台湾人女性と米国人兵士の結婚（第2期），1970年代末以降の国際結婚（第3期）に分けられる。ここでは，第3期の動向を概観する。台湾で届け出が出された国際結婚件数（含中国大陸出身者）は，1998年の22,905件から2003年54,634件のピークを経て，2012年20,600件へと推移している。
　2012年，夫が台湾人で妻が外国籍の結婚の割合が，全体の78.95％を占めた。出身地別

に見ると，夫が台湾人の場合，妻の出身地は，中国（含香港，マカオ）70.22％，ベトナム16.41％，インドネシア4.48％となっており，他方妻が台湾人の場合，夫の出身地は中国24.93％，日本15.67％，アメリカ15.65％，タイ4.79％となっている。

夫が台湾人の場合，外国人妻は，1970年代末から1993年頃まではインドネシア華僑・華人女性が多かったが，1990年代後半以降，ベトナム出身者が激増した。また，中国大陸出身の妻は，戒厳令が解除され大陸訪問が解禁された1987年から激増した。妻が台湾人の場合，外国人夫の出身地は従来からの傾向が続いている。中国大陸出身の夫は，香港・マカオ地域出身者が多数を占めている。

台湾で国際結婚が増加したマクロ要因は，1980年代末以降，台湾企業が中国・東南アジアへ投資を増大させ，現地の安価な労働力を活用するとともに，台湾へも輸入したことや，台湾人女性の高学歴化，社会進出に伴う再生産労働力に対する需要の増大にある。投資先国は，農村の余剰労働力を解消し，外貨を獲得するため，出稼ぎ労働者を輩出してきた。他方台湾では，家事・介護，子どもの出産・養育といった再生産労働が，外国人女性に期待された。そのため，家事・介護を担う女性外国人労働者を導入する一方，国際結婚も増加した。

(横田祥子)

[文献] 夏暁鵑2002；内政部2012；横田祥子2009

韓国における国際結婚

韓国では，韓国籍をもつ者と外国籍をもつ者との結婚を国際結婚と称し，結婚後韓国に移住した人を結婚移民者と称する。安全行政部の「地方自治体外国人住民現況」によると，2014年1月1日現在，韓国に居住する外国人住民（長期滞在外国人＋帰化者＋外国人住民の子ども）は全人口の3.1％（1,569,470名）で，そのうち韓国籍をもたない人が77.7％，韓国籍をもつ人が9.3％，外国人住民の子どもが13.0％である。韓国籍をもたない人のうち，結婚移民者は外国人住民の9.5％，韓国籍をもつ人のうち結婚帰化者は5.8％である。結婚移民者，結婚帰化者ともに女性が8割以上を占める。2013年の国際結婚件数は25,963件で，全婚姻の約1割を占める。国際結婚の統計が初めて公になった1991年の5,102件に比べると大幅に増加している。2013年の国際結婚夫婦の組合せは，夫韓国人・妻外国人が70.5％，妻韓国人・夫外国人が29.5％で，1991年（それぞれ13.0％，87.0％）と比べると，この20年間に大きく変化している。妻の国籍は中国とベトナムの2ヵ国で6割以上を占め，夫の国籍はアメリカ，中国，日本の3ヵ国で6割以上を占めている。

韓国では，1950年から70年代までは，韓国戦争の後，韓国駐屯のアメリカ人兵と韓国女性の国際結婚が多かった。1990年以降は，家族や結婚に関する意識の変化に伴い農村男性の結婚難が深刻な社会問題として浮上し，「農村未婚男性を結婚させる運動」が進められた。その際，国内結婚市場で周辺化された農村男性と都市の低所得層男性が民間の結婚仲介業者の介入によって，アジア諸国から女性配偶者を受け入れる形の国際結婚が増加し，現在に至っている。さらに近年は，留学や旅行，事業，就業などの理由で国内外において外国人に接する機会が増えたことに伴う国際結婚が増えている。

韓国入国目的の偽装結婚や国際離婚の増加などの課題も浮上するなか，近年は，国際結婚家族を支援するために「在韓外国人処遇対処法」(2007年)，「多文化家族支援法」(2008年)，「改正結婚仲介業の管理に関する法律」(2010，2013年) などが整備されている。

(李璟媛)

[文献] キム，ウォンほか 2011；キム，ミンギョン 2012；Lee, Kyoung-won・Oh, Jeong-ok・Jin, Haeng-mi 2013

在留特別許可

　出入国管理及び難民認定法第50条に規定されている，非正規滞在者や刑罰法令違反者など退去強制対象者に対する合法化措置である。これは，法務大臣が個別に判断を行う措置であり，一定の要件を満たす非正規滞在者等を時限的に一斉に合法化する「アムネスティ」とは異なる。日本政府は，新たな非正規滞在者の呼び水になるとして，アムネスティをこれまで一度も行っていない。したがって，日本においては，在留特別許可が退去強制対象者にとって唯一の合法化措置となっている。

　かつては，過去の歴史的つながりを頼りに日本に密航する朝鮮半島出身者や，旧植民地出身者とその子孫（オールドタイマー）の刑罰法令違反者に対して在留特別許可が運用されることが多かった。朝鮮半島からの密航者が減少し，さらに，1991年に施行された入管特例法において，オールドタイマーである特別永住者の退去強制事由が大幅に制限されたことによって，在留特別許可の対象者は変化していく。つまり，就労を目的として新たに来日した非正規滞在者に対する在留特別許可件数が，数のうえでも，比率のうえでも増大している。

　いわゆるニューカマーに対する在留特別許可の主な類型は，①日本人や永住者など合法滞在者との婚姻（日本人等との家族的つながり），②一定年齢以上の子どものいる長期滞在家族（子どもの最善の利益），③難病などの病気治療中の者，④難民認定するに至らない難民性を有する者，⑤長期滞在者，⑥日本の大学等に在籍する者である。在留特別許可は「法務大臣の裁量」であり，明確な「基準」はないというのが当局の基本姿勢であるが，その許否判断の根拠は「日本社会とのつながり」等を考慮した人道的措置である。けれども，②の長期滞在家族の場合，子どもだけに在留特別許可が与えられるといった事例も報告されており，時に，人道的措置であるはずの在留特別許可によって家族が分断されることもある。

（鈴木江理子）

[文献] 近藤敦・塩原良和・鈴木江理子編 2010；渡戸一郎・鈴木江理子・A.P.F.S.編 2007

出入国管理政策

　国境管理は，主権国家の領分である。国家は，国民と領土を守るために，「好ましい外国人」の入国を許可し，「好ましくない外国人」の入国を拒否する。したがって，好ましい外国人を円滑に受け入れ，好ましくない外国人を排除するのが出入国管理政策であるが，「好ましい」と「好ましくない」の線引きは，当該国の社会経済的，あるいは政治的状況や国際情勢によって変化する。

　一般的に，国家にとって「好ましい外国人」の判断基準には，二つのレジームがある。すなわち，ナショナルな国益レジームとトランスナショナルな人権レジームである。前者の事例としては，経済成長に寄与する高度人材，国内市場で不足する労働力を補充する労働者，大学の国際化に資する留学生などであり，業績（能力）による選抜を通じて受入れが決定される。一方，後者は，国民の配偶者や子ども，合法的に滞在する外国人の配偶者や子ども，難民などであり，彼／彼女らの受入れは，国際社会に対する国家の責務でもある。そのため，前者に属する外国人労働者の受入れにあたっては，経済状況や労働力需給に応

じて，どのような職種の労働者をどのように受け入れるかについて，多様な立場から活発な議論が行われるのに対して，後者の受入れの是非は，普遍的な人権を根拠に決定される。

例えば，オイルショック以降，新規の外国人労働者受入れを原則認めていないフランスやドイツなどでも，人道的配慮から，既に国内に滞在する外国人労働者の家族呼び寄せ（家族再結合）は認めている。日本では，1980年代後半，バブル景気の労働力不足を背景に外国人労働者受入れの是非をめぐる議論があり，その結果，専門的・技術的労働者は積極的に受け入れ，いわゆる「単純労働者」は受け入れないことが閣議決定された。その一方で，日本人とのつながりを根拠に，日系三世とその配偶者および未婚未成年の子どもに対しては，就労の制限のない入国許可が与えられている。

（鈴木江理子）

[文献] 梶田孝道 1994；吉田良生・河野稠果編 2004

国際結婚の商業化

国籍の異なる男女の結婚が，専門仲介業者に，紹介から成婚に至る過程でさまざまなサービスを提供してもらう見返りに手数料を支払うことで成り立つことをいう。また，そのような形式を取る国際結婚は，1970年代半ば以降，アメリカ，ドイツ，オーストリア，フランスや，日本，台湾，韓国などアジアの先進国の男性とフィリピン，中国，タイ，ベトナム，旧ソ連，中南米諸国の女性との間で増加している。

専門仲介業者による結婚相手の斡旋は，男女双方の国の業者が国際的に提携することで成り立つ。業者が提供するサービスは，①国籍の違う遠く離れた地域に住む男女を，直接ないし間接的に引き合わせる，②交際が進展するよう通訳，連絡の補助，アドバイスを行う，③結婚の条件，婚資内容の交渉の補助，④結婚式や披露宴の準備，⑤結婚登録，ビザ申請のための書類作成，などである。さらに，こうした結婚では通常，女性が男性の居住国に移住するため，⑥女性に対し移住予定国の言語や料理，習慣を教える授業を行うこともある。

男女の引き合わせは，①インターネット上に男女双方，あるいは女性だけが自らの写真とプロフィールを掲載し，気に入った人物と連絡を取り合う形式や，②男女一方を相手国に連れて行き直接引き合わせる形式，①を経て②を行う形式などがある。仲介業者への支払い方法は，男性側が交際の進展に応じて料金を支払い，女性との連絡権を入手する形式と，紹介から結婚，女性の男性出身国への移動までにかかる費用を，男性側が一括で支払う形式がある。また国・地域によっては，仲介業者が女性からも仲介費用を取る場合もある。

台湾を例にとると，1970年代末から国際結婚が増え，2003年にピークを迎えた。筆者が台湾中部の地方都市で2005～2007年に実施した調査によると，仲介費用として，台湾人男性は仲介業者に約25～60万新台湾ドル（約82～196万円）を支払っていた。このなかには，男性が女性と会うための渡航費，宿泊費，男女双方の国の仲介業者へ謝礼，披露宴費，男性側が女性側に贈与する宝飾費，結婚後の女性の教育費，渡航費，仲介業者から女性親族に贈られる謝礼などが含まれていた。台湾政府は，婚姻仲介業が「女性を商品化」し不当な仲介料を取っているとして，2007年企業が国際結婚仲介を営業項目にあげることを禁止し，財団法人，社団法人にのみ公益的，非営利目的の婚姻仲介を認めることになった。

（横田祥子）

[文献] 河原崎やす子 1999；横田祥子 2011

偽装結婚

「国際結婚（夫婦のどちらかが外国籍である婚姻）のうち，在留資格の取得などを主たる目的としてなされ，結婚生活の実態が実質的にないもの」を指す。

今日，日本を含む主要各国において家族結合権を根拠として外国人の在留資格取得では法的婚姻にもとづく配偶関係が重要な要素と見なされているが，近年は先進諸国で移民規制強化の傾向にあり，資格外就労や人身売買（人身取引）の隠れ蓑として偽装結婚が行われている。まず，指摘できるのが人身売買の被害者である女性たちを日本に入国させるための偽装結婚である。これは，経済的に苦しい日本人男性に対して人身売買された外国人女性と書類上の結婚をしたかたちをとらせ，女性を配偶者ビザで日本に入国させ性風俗産業で働かせる，といった手口で行われることが多い。

日本では山村地域を中心に 1980 年代に自治体による国際結婚斡旋が行われたが，その後は民間業者が進出し，日本人男性にアジア地域などの女性たちとの国際結婚を斡旋するビジネスが行われている。こうした国際結婚や斡旋そのものは偽装，違法ではないが，その一部に人身売買が含まれているとの指摘は以前からなされている。米国務省は 2007 年の「人身売買報告書」において，日本が偽装結婚の取締りについて不十分であると指摘しており，偽装結婚を含めた人身売買の実態解明，対策，被害者保護の取組みが求められている。2005 年の入管法（出入国管理及び難民認定法）改正によって興行ビザ取得が困難となって以降，フィリピンなどから配偶者ビザでの入国が増加しているが，その一部には偽装結婚も含まれていると考えられる。

また，日本で暮らす超過滞在（オーバーステイ）などの外国人に対し，在留資格の取得のため日本人（もしくは正規の在留資格をもつ外国籍者）との結婚を斡旋するブローカーもいるが，これも偽装結婚である。(山本薫子)

[文献] 天野正子ほか編 2011；小島優・原由利子 2010；吉田容子監修／JNATIP 編 2004

グローバル・ハイパガミー

通常，相対的に経済的開発があまり進んでいない国・地域の出身の女性が，相対的に経済が発展している国・地域出身の男性と結婚し，移動することを指す（[英] global hypergamy）。結婚に伴う移動が，世界の国・地域を超えて男女を巻き込むという意味においてグローバルである。

この用語は，多くの社会において，女性は結婚する時に，出身集団よりも高位の社会経済的集団の一員へと上昇を果たすというハイパガミー（上昇婚）の定義に従っている。しかしながら，本用語を使用する際には，こうした移動が国籍やエスニシティ，ジェンダー，階級の面で，さまざまな矛盾を含んでいることに留意せねばならない。グローバリゼーション時代の結婚は，より貧しい国・地域からより豊かな国・地域への女性の地理学的移動を伴うとは言っても，必ずしもその結果，女性が社会的経済的な意味で上昇を果たすとは限らない。

例えば，そもそも出身階級の高い女性の場合，出身社会においてハイパガミーを果たせないことが，しばしば外国人男性との国際結婚への動機づけとなるが，結婚相手となる，より豊かな国・地域出身の男性の階級が女性のそれよりも低いことが起こり得る。また，比較的低い階級に属する女性が，国際移動を経ても，やはり移住先において比較的低い階級の，結婚難に見舞われた男性と結婚する

ケースなどもしばしば見られる。

国際結婚およびそれに伴う国際移動は，国・地域間の圧倒的な経済格差に着目すれば一見ハイパガミーに見えるが，個別事例に着目すると必ずしも当てはまらないことに注意する必要がある。本用語は，グローバルな移動を伴うハイパガミーを明示したものというよりは，そうした単純な理解に疑問を呈するものである。

（横田祥子）

[文献] 横田祥子 2008；Constable, N. 2003；Constable, N. (ed.) 2005

結婚と国籍

夫婦生活の統一性が重視されていた20世紀初頭は，妻の国籍は夫の国籍に従うとする夫婦国籍同一主義が幅広く採用されていた。その後，妻の国籍が婚姻により当然に影響を受けることは，性にもとづく差別であるという認識が広まり，国籍の取得および喪失について妻に独立した地位を与える夫婦国籍独立主義が主流となった。また，世界人権宣言（1948年）において，国籍を恣意的に剝奪されない権利が明記されたことを受け，以下の主な国際文書においても，婚姻による国籍の取得および喪失等に関する性にもとづく差別の禁止が確認された。

「既婚婦人の国籍に関する条約」（1957年）は，自国民と外国人の婚姻や婚姻の解消，または婚姻中の夫の国籍の変更が，妻の国籍に自動的に影響を及ぼすことを禁じている（1条）。「女性差別撤廃宣言」（1979年）は，女性の国籍取得，変更および保持の権利の尊重と，妻の国籍を夫に従わせることを禁じている（5条）。「女性差別撤廃条約」（1979年）は，国籍の取得，変更および保持に関する男女平等や，外国人との婚姻や夫の国籍の変更により自動的に妻の国籍を変更し，妻を無国籍にし，または夫の国籍を妻に強制することを禁じている（9条1項）。

日本においては，旧国籍法（明治32年法律66号）は，夫婦国籍同一主義を採用していたが，日本国憲法の施行後に制定された新国籍法（昭和25年法律147号）では，法の下の平等（14条），および家族生活における個人の尊厳・両性の平等（24条）という憲法の理念に従い，夫婦国籍独立主義が採用された。

なお，現行法上，日本人の外国籍配偶者に対して，婚姻により自動的に日本国籍を付与する制度はない。一方，婚姻により自動的に自国の国籍を外国籍配偶者に付与する国において，日本人が外国籍を取得した場合は，20歳未満の場合は22歳までに，20歳に達した後であるときは外国籍取得時から2年以内に，いずれかの国籍を選択しなければならない。

（福嶋由里子）

[文献] 加藤文雄 2009；国際女性の地位協会編 2010

地域社会における結婚移住者のネットワーク

海外から日本の地域社会に結婚移住する者の大多数は女性である。結婚移住者と言っても，一概に語ることができない。中間層の留学，ビジネスを契機とする移動のなかで出会う「文化交流型」国際結婚と，底辺の労働力のグローバル移動と連動する発展途上国から経済発展国へ女性が移動する「南北型」国際結婚がある。結婚移住者は一般的に地域社会で孤立する傾向にあり，相談や支援を求めにくいのが現状である。「文化交流型」の結婚移住者は，言語資本をはじめとする文化資本を所持し，比較的安定した生活を送っており，より自助しやすい。

他方，仲介業者の仲介が多い「南北型」の結婚移住者はより困難な状況に置かれやすい。これらの女性の結婚先は，限界集落を含

む農山村，地方都市，低所得もしくは収入が不安定な夫，直系家族などの特徴を一つか複数帯びる。「南北型」結婚移住者のネットワークには日本の家族のほかに三つのレベルがある。
(1) 結婚移住者同士間のネットワーク　震災後の東北地方に結婚移住者の自助組織形成の兆しがあるが，全体的に地域内での外国人結婚移住者同士の強いネットワークの形成はあまり見られない。また結婚移民の出身国によって異なる傾向が示される。フィリピン人女性は教会を通じて自助グループを立ち上げることがしばしばある。中国人女性の自助グループはまれである。ただし，同郷者同士の仲良しグループや日本国内他地域在住の友人がいるとのケースが散見される。韓国人はその中間にあり，リーダーシップを発揮してグループを結成していることもあれば，深い付き合いをしていないのもある。強いネットワークの形成されていない現象の背後に，結婚移民女性に対する周囲の否定的な視線のもと，自ら外国人の特徴を消すことで日本社会に適応しようとする意図などが推察できる。
(2) 地域住民とのネットワーク　自治体国際交流協会や地域に根差す支援団体は結婚移住者と地域住民の交流を促してきている。結婚移住者自身も日常生活のなかで地域や職場ネットワークに参加しているにもかかわらず，日本人との深い付き合いはできていないと考える人が少なくない。結婚移住者の限られた日本語能力に加え，文化背景の違いもあげられる。また，日本人らしい通称名の使用も重なり，結婚移住者の不可視性を増している。
(3) 外部組織　とりわけ家庭内暴力の被害者の結婚移民を助けるため，女性団体，宗教関係者，ボランティアをミックスした性格の団体が複数存在している。ジェンダーやエスニシティなどにおいて弱い立場におかれる結婚移住者は家族問題，育児の悩み，介護のストレス，在留資格，相続などの問題が発生する際，行政の対応に限界があり，同胞ネットワークに頼るか，運がよければ熱心な支援者にたどりつく。情報源により情報にバラつきがあり，場合によって間違った情報を入手することもある。

（賽漢卓娜）

[文献] 賽漢卓娜 2014

> グローバルに展開する
> 結婚移住者のネットワーク

　グローバル化において，日本人の国際結婚は一つの特徴を見せている。それは日本国外における日本人女性と外国人男性の結婚の急増である。日本国外における日本人女性の国際結婚は 1990 年以前には約 3 千組であったが，2000 年以降は毎年 8 千組を超え，この 20 年で約 2～3 倍に増加している。この増加は日本国外における日本人男性の国際結婚が 1990 年以降も約 2 千組で停滞しているのとは対照的である。そして日本国内の国際結婚も 2006 年の 44,701 組を境に減少に転じている。つまり，日本人の国際結婚は，現在，日本国外における日本人女性の国際結婚のみが増加している。

　この増加を考えるうえで重要なことは，この状況が日本国内の結婚動向に反映されないことである。日本の人口動態調査の婚姻件数は国内在住者に限定しており，国外に住む日本人女性の国際結婚をカウントしていない。国籍の異なる男女の結婚を国際結婚（international marriage）と呼び，インターナショナルなシステムから考えると，グローバル化の影響を受けた国際結婚の現状は把握できない。つまり，インター（inter）＝相互にナショナル（national）＝近代国民国家をつなぐシステムとグローブ（globe）＝地球を共通のネットワークでつなぐシステムは別物で，グローバルに展開する結婚移住者のネットワークを

日本国内の動きから捉えようとするとブラインドとなる。

　国外で日本人女性の国際結婚の増加が起きる背景としては，男性よりも女性のほうが留学や旅行で海外に移動する傾向にあり，それら女性が現地人男性と恋愛結婚しているためと考えられる。
〔開内文乃〕

[文献] サッセン，S. 2008（2001）；山田昌弘・開内文乃 2012

国際結婚による子どもたち

　「正式な国際結婚」が成立していないで生まれた子どもたちも，国際結婚による子どもたちも一括りでさまざまな呼称が与えられてきた。江戸時代初頭に作成された日葡辞書には「あいのこ」「混血児」は収録されていない。「あいのこ」は外国人居留地がおかれる幕末から使われ，「混血児」は20世紀前後に使用されようになる〔岡村兵衛 2013〕。朝鮮半島を支配下においた時代，内地人と朝鮮人との婚姻は内鮮結婚と呼ばれ，同じ帝国臣民どうしの婚姻にもかかわらず，民族で差異化されていた。例えば「内鮮混血児の身体発育に就て」〔三宅勝雄 1943〕など，人種だけではなく民族が異なる場合にも「混血児」は使用された。

　戦後，ハーフという和製英語が広がった。90年代半ばごろ，半分ではないという批判からダブルという表現も生まれた。また，興行ビザによるにフィリピン人女性の増加に伴い，「日比混血児」，Japanese-Filipino Childrenの略であるJFC，「新日系フィリピン人」と変化している。混血児という表現に差別的な意味合いが含まれることから「国際児」という言葉の使用が提唱された時期もあった〔岩渕功一編著 2014〕。「国際婚外子」による裁判が，2008年の国籍法改正につながり，婚姻によらない子どもにも日本国籍が賦与される

可能性を広げた。

　いまだかつて国際結婚による子どもだけを表現する呼称はない。グローバル化に伴い，移動する家族と子どもの問題は複雑化している。国際結婚による家庭の子どもは，連れ子を伴った場合もあり，必ずしもその両親の子どもとは限らない。総務省は「外国にルーツを有する子ども」（2006）と表現している。外国にルーツをもつ当事者らがミックスルーツ・ジャパンや日本ミックスルーツ研究会を立ち上げ活動している。HAFU（2013）という映画を制作するなど新たな動きがある。また，2014年日本が締結した国際的な子の奪取の解決をめざすハーグ条約は，国際結婚解消後も，子どもたちの問題がなくなるわけではないことを示している。
〔嘉本伊都子〕

[文献] 岩渕功一編著 2014；岡村兵衛 2013；三宅勝雄 1943；横田冬彦 2011

国際結婚と二言語使用

　日本では一般に，国籍が異なる者同士の婚姻を「国際結婚」と呼ぶが，そこでは通常，「日本人」と「外国人」という組合せが想定されている。同時に，両者は異なる言語を話し，前者は日本語を，後者は日本語以外の言語を話す者として解釈されることが多い。よって，こうした想定と解釈にもとづいて，国際結婚家庭では家族の間で日常的に二つの言語が使用され，そこに生まれ育つ子どもは，「自然に」これら二つの言語を獲得し，流暢に使いこなすバイリンガルになるものと期待されることが多い。しかし実態は必ずしもこの期待に沿うものではない。

　異なる言語の話者同士が話をする場合，両者が同じ言語を一つ使用する，各自が異なった言語を一つ使用する，一方あるいは両者が複数の言語を使用するなど多様な使用言語の

選択があり得る。関わる言語がわずか二つでも最大九通りもの選択肢がある。事実、国際結婚家庭の夫妻が、親子が、また子同士が皆、二つの言語を用いているわけではなく、その選択は多様であることが実態調査で明らかになっている。それは人が言語を選択し使用するについては、対話に関わる者の言語能力や当該言語とその背景にある文化に対する自己同一感の濃淡、関わる言語の威信性（政治的、経済的、社会的価値）、社会生活上の必要性など種々の要因に大きく左右されるからである。

このことは同時に、子どもが皆、常態的に二つの言語が使用される家庭環境で育つわけでも、「自然に」二つの言語を獲得するわけでもないことをも意味する。国際結婚家庭で育つ子どもについて、先行研究の多くが見出してきたのは、例えば関わる言語が、社会の主流派言語と少数派言語という威信性にもとづく関係性でとらえられるような状況にあれば、子どもは前者については、とりわけそれが学校での教授言語の場合、年齢相応に習得する一方で、後者については使用の機会も限定的で習得が十分に進まない傾向があるということである。

（山本雅代）

[文献] 山本雅代 2010a, 2010b

国籍法改正

日本における国籍の取得および喪失については、日本国憲法10条にもとづき、国籍法（昭和25年法律147号）において規定されている。本法の制定にあたり、旧国籍法（明治32年法律66号）の夫婦国籍同一主義等、日本国憲法14条（法の下の平等）に反する内容が是正された。その後、本法は1984（昭和59）年および2008（平成20）年に改正されている。

1984年の改正では、女性差別撤廃条約の批准にむけて、子の国籍取得および外国籍配偶者の帰化条件に関する性別にもとづく差別規定の見直しが行われた。改正前の国籍法では、子の出生による国籍取得について、父の国籍を基準とする父系優先血統主義が採られていたが、1984年の改正では、女性差別撤廃条約9条2項にもとづき、父母両系血統主義が採用された（国籍法2条）。この父母両系血統主義への転換に伴い、国籍選択制度が導入され（同14条）、所定の期限内に選択しない場合や、法務大臣からの催告を受け、催告後も選択しなかった場合には、日本国籍を喪失するとされた（同15条）。帰化については、外国籍夫と外国籍妻の帰化に要する居住期間の同一化が図られた（同7条）。

2008年には、日本人父と日本人でない母との間に出生した後に父から認知された子について、父母の婚姻により嫡出子たる身分を取得（婚姻準正）した場合に限り日本国籍の取得を認めるとしていた3条1項が改正された。この改正は、最高裁判所の違憲判決（2008年6月4日）を受けて行われたものである。本判決で最高裁は、3条1項は、父母の婚姻により嫡出子たる身分を取得した子と生後認知されたにとどまる非嫡出子の間に、国籍取得に関して不合理な差別を生じさせているとして、憲法14条1項に反すると判示した。

本判決により、日本人父により出生後に認知された子は、父母の婚姻により嫡出子たる身分を取得したことという部分を除いた3条1項の要件が満たされるときは、日本国籍を取得することが可能となった。なお、本改正により、3条1項にもとづく虚偽の届出をした者に対する罰則が新設された（20条）。

（福嶋由里子）

[文献] 大村敦志 2010；奥田安弘 2010

国際婚外子

　国籍が違い法的婚姻関係にない両親から生まれた子どもたちである。1980年代後半から日本へ出稼ぎに来る単身の外国人女性が増え、それに伴って国際婚外子が増加した。また、日本企業の海外進出に伴い、日本人駐在員と現地の女性との間に生まれた婚外子や、比較的少数だが、駐留米軍兵士と日本人女性との間に生まれた婚外子も存在する。

　特に多いのが、1980年代後半から2000年代半ばに大量に来日したフィリピン人女性興行労働者（ダンサー、歌手等）と日本人男性客との間に生まれた婚外子である。女性は半年間の契約労働のため、帰国後に出産したものの日本人父から遺棄されるケースも多く、フィリピン国内には数万人の日比婚外子がいると言われる。

　かつては外国人女性が泣き寝入りをすることも多かったが、近年は国際婚外子の人権を保護する動きが見られる。第1に、日本国籍を取得した婚外子を育てる外国人母の在留保障である。1996年の法務省入国管理局通達により、胎児認知により日本国籍を取得した子を養育・監護する外国人母が日本で超過滞在（在留期限超過）だった場合、外国人母に在留特別許可を出して定住資格を与えている。その後、生活が困窮する場合は生活保護受給も可能である。第2に、改正国籍法施行による国際婚外子の国籍取得である。2009年、改正国籍法が施行され、未成年の国際婚外子は生後認知でも日本国籍の取得が可能となった。日本人父の失踪等で胎児認知ができずにフィリピンへ帰国した女性と婚外子が、近年は支援団体等の助力により父親と連絡をとり、生後認知を得ている。その結果、子どもは日本国籍を取得し、外国人母も定住資格を取得する。10代後半で日本国籍を取得し単身来日する青年もいる。彼（女）らは「新日系人」と呼ばれ、食品工場や介護施設で働くことが多い。フィリピン以外にも在外の婚外子はおり、今後も同様の人びとの来日は増加するであろう。

（高畑　幸）

[文献] 今西富幸・上原康夫・高畑幸 1996；城忠彰・堤かなめ編 1999

国際離婚

　国際離婚（渉外離婚）とは、広義には一方または両方当事者が外国籍を有する離婚を言い、より狭義には当事者の国籍が異なる離婚を指す。日本では、日本人と外国人との国際離婚（以下の「国際離婚」はこれを指す）が、国際結婚の増加に伴い、大きな割合を占めるようになって来ている。

　国際離婚の離婚理由は、性格の不一致、浮気、経済、家族問題などに、国間の経済格差や文化の相違が複雑に絡み合っている。対等でない夫婦関係に由来する日本人夫による外国人妻への家庭内暴力、結婚当初の仲介業者による不正確な情報の提供、社会の受け入れなども婚姻生活に影を落とす。子どもの教育観の違いや人生選択の違いもある。他方で、離婚後の生活展望がない、子どもの親権問題、母国における居場所がないなどが原因で、特に外国人妻側は離婚したくてもできない状況がある。

　離婚制度、適用すべき準拠法、在留資格も国際離婚に特有な要素である。フィリピンのように離婚制度がない国や離婚前の法定別居を義務づける国など国ごとに制度が異なり、日本の協議離婚のように離婚が容易な国は少ない。そのため、日本やその他の国で行った離婚手続が国籍国において承認されるかという問題があったり、国籍国の裁判所における承認等煩雑な手続が必要であったりする場合

も多い。また，日本人と婚姻した外国人の多くは「日本人の配偶者等」の身分にもとづく在留資格で生活しているが，離婚に伴い身分を失い在留資格を喪失するおそれがあり，永住者，日本人の子を監護養育している親や3年程度以上の一定期間を経過して定住者の在留資格が得られる場合はいいが，そうでない場合には離婚によって日本国内での生活基盤を失う問題を孕んでいる。

　子どもの親権や監護権については，父母にどのように帰属させるのかから始まり，国際的な子の奪取の民事上の側面に関する条約（ハーグ条約）にもとづいて連れ去りの場合に子の生活場所をどこにするかといった解決すべき点も多い。

　国際離婚に至らないためには，異なる文化と結婚相手の人格の尊重に対する配慮が不可欠である。
〈賽漢卓娜〉

[文献] 賽漢卓娜 2011；松尾寿子 2005

ハーグ条約

　正式名称「国際的な子の奪取の民事上の側面に関する条約」（1983年12月1日発効）。ハーグ国際私法会議が起草した本条約は，国境を越えて不法に連れ去られ，または留置（通常居住していた常居所地国から他国に渡航した後，常居所地国へ戻ることが妨げられていること）された子（16歳未満〔4条〕）の常居所地国への迅速な返還を目的とし，締約国に対して国際的な司法協力および国内法制度の整備を義務づけるものである。

　本条約における「不法な連れ去り」とは，監護権（子の居所決定権を含む〔5条a〕）をもつ一方親の同意を得ずに，他方親が子を連れて国境を越えて移動することを指す。本条約は，不法に連れ去られまたは留置された子の常居所地国への迅速な返還は，「子の利益」に適うという観点から，不法に連れ去られた子の所在する締約国の裁判所に対し，返還拒否事由が認められない限り，返還を命令することを要請している。

　本条約が規定する返還拒否事由とは，①返還申立が，当該連れ去り時または留置開始時から1年経過後になされ，かつ子が新たな環境に適応していること，②申立人が当該連れ去り時または留置開始時に，子に対し現実に監護権を行使していなかったこと，③申立人が当該連れ去りまたは留置に対し事前の同意または事後の黙認をしていたこと，④子の返還が子の心身に害悪を及ぼし，または子を耐え難い状況に置くこととなる重大な危険があること，⑤当該子が意見を考慮するに十分な年齢・成熟度に達している場合において，子が返還を拒否していること，⑥子の返還が返還要請を受けた国の人権および基本的自由の保護に関する基本原則により認められないこと，である。

　日本における返還手続きは，「国際的な子の奪取の民事上の側面に関する条約の実施に関する法律」（2013年6月12日成立）に沿って行われる。

　なお，本条約は子の迅速な返還を目的としているため，返還申立事件において，当該子の監護に関する個別実質的な本案審理を禁止している（16条）。よって，本条約における「子の利益」は，日本の家事実務で用いられる概念とは異なる。
〈福嶋由里子〉

[文献] 渋谷元宏・渋谷麻衣子 2012；渡辺惺之監修 2012

国境を越える家族

　家族単位で国境を越えて移住する家族を指し，成員の呼び寄せを通じて段階的に移住する家族を含む。以下，移住研究における視点としての家族，移民政策と家族移住，移住後の生活における家族の変容に分けて，国境を越える家族の移住に関するいくつかの論点を紹介する。

I　移住研究における視点としての家族

　出入国管理の制度化が進展した20世紀以降に限ってみても，国境を越える家族の移住は決して新しい現象ではない。20世紀前半のアメリカの日系移民を例にとれば，当時，単身で渡米した男性移住者たちは，日本から多数の女性を「写真花嫁」として迎えた一方で，既婚者であれば日本に残した妻や子どもをアメリカに呼び寄せていた［ベフ，ハルミ 2002］。しかし家族という視点を導入した研究が，移住の発生・持続要因を主な考察対象としてきた国際移住研究のなかで大きな流れを形成するようになったのはさほど古いことではなく，おおよそ1980年代のことであった。その背景には，①1970年代以降，家族移住が伝統的移民国や西欧諸国への主要な移住形態となったこと，②移住先と出身地とを結ぶさまざまなつながりのなかで移住現象を考察するアプローチが移住研究において主流化したことがある［Kofman, E. 2004］。

　移住研究における家族という視点の導入は，個人の合理的な意思決定の集積にも，移民政策や労働市場などの政治経済構造の変化にも還元できない，移住の社会的現象としての側面を明らかにする［Boyd, M. 1989］。例えば生活の向上を目指した労働移住の意思決定は，個人の決定というよりは，家族あるいは世帯の集合的な生き残り戦略の一環として理解した方がよい場合が少なくない。また，出身地域社会の家族・ジェンダー規範が，移住先と出身地の政治的経済的条件とあいまって，家族のなかで，だれがいつ移住するのかに影響を与えることも多い。ただし，移住現象を家族という視点から考察するときには，家族や世帯内の共同性の過度の強調が，ときに，性，年齢，世代，保有する資源の違いによって差異化された家族成員の間で繰り広げられる駆け引き交渉への軽視につながることなど，それらの研究に向けられた批判にも留意する必要がある。

II　移民政策と家族移住

　移住先国の移民政策，とりわけ家族呼び寄せの権利の規定は，その国への家族移住の特徴をかなりの程度方向づける。それぞれの国の家族呼び寄せの権利の保障は，子どもの権利条約などの国際法規に一定の制約を受けることは確かであるが，その詳細は各受入国が法律などで規定している。その結果，主要な移住先国における呼び寄せを申請する者の法的地位や経済状況についての規定，また呼び寄せ可能な家族の範囲についての規定には違いが見られる［近藤敦 2004］。

　それら異なる法的規定のもとで進められる移民政策は，家族移住がどのような範囲でいかなる形でなされるのか，また段階的あるいは部分的な家族移住であるならば，家族成員間の離別は誰と誰との間にどのくらいの期間生じるのかなど，その国への家族移住の形態を大きく左右する。

　ただし実際の家族成員の移住は，他の要因との絡み合いのなかで現象することにも注意を払う必要がある。例えばイタリアで主に家事労働者として就労してきたフィリピン人の

調査事例を見ると，イタリアでは，1986年の法令で滞在許可取得済みの外国人に家族呼び寄せの権利が保障されている。しかし彼らの多くは比較的早期に配偶者を呼び寄せた一方で，2000年頃まで子どもを呼び寄せることが少なかった。その背景には，イタリアでの彼らの不安定な社会経済的位置や，フィリピンに残された子どもたちの養育を可能とする強固な親族ネットワークの存在などがあった［長坂格 2009］。

また，家族呼び寄せに関する規定における「家族」と，移住者たちがイメージする「家族」との間には往々にしてズレがあることも，家族移住研究の論点として重要である。例えばアメリカのドミニカ移民の事例では，ドミニカの出身地社会では，核家族の範囲を越えた拡大家族的ネットワークにおける子どもの社会化が一般的であり，三世代のきょうだい間，いとこ間での緊密な相互依存関係が顕著である。しかしアメリカの家族再結合プログラムにおける「家族」は，そのようなドミニカの「家族」の範囲と比べればかなり狭い。したがって「家族再結合」でのアメリカへの移住は，彼らにとっては「家族の離別」をも意味することになる［Garrison, V. and Weiss, C. 1992］。

III 移住後の生活における家族の変容

移住後の生活において移住者の家族関係がいかに変容してきたのかは，移住と家族関係の相互関係を探求する社会学・文化人類学的調査研究の中心的な主題となってきた。移住後の家族関係の変容を考える際には，移住先の生活を規定する政治的経済的社会的諸条件と，出身社会において歴史的に形成されてきた家族関係の形態や価値の両方への目配りが必要となる。例えばアメリカのジャマイカ出身者たちの間では，家庭が女性の領域とされていること，また事実婚ないしは同棲関係が珍しくなく，それがスティグマ化されているわけでもないことなど，ジャマイカでの家族生活からほぼ変化が見られない部分もある。その一方で，女性がパートナーである男性に対して家庭により長くいて協力的であることを求めるようにもなった。こうした家族関係の変化の背景には，アメリカでは女性の就労機会が多く，女性の経済的自律性が高まっていたこと，しかし出身地と異なり，アメリカでは支援を依頼できる近所に住む女性親族がいないこと，さらに彼女たちが，アメリカのメディアなどで流布される，生活単位としての核家族や一緒に行動する夫婦といった主流社会の家族イメージの影響を受けていたことがあった。このような事例は，移住者たちが，移住先での政治的経済的社会的条件のもとで生活していくなかで，出身地で獲得した家族関係の枠組みをいかに再解釈し，家族の形態や価値をどのように再構築していくのかを記述分析していくこと，すなわち，個々の移住者たちによる，諸制約のなかでの創造的な文化構築を捉えようとする視座の重要性を示している［Foner, N. 1997］。

また，近年の交通・コミュニケーション手段の発達を背景に，移住者たちが保持する出身地とのトランスナショナルなつながりが，移住後の家族関係にいかなる影響を及ぼすのかということも重要な論点となる。例えば，インドのケーララから看護師としてアメリカにきた女性移住者とその家族の事例では，アメリカ在住者の多くは，出身地を頻繁に訪問することや，故郷に残る親族を経済的に支援することなどを通して，トランスナショナルなつながりを緊密に保持する。そうしたつながりは，特に子育てや第2世代の社会化の面で，彼らが故郷の親族から支援を受けることを可能にする。しかし他方で，移住者たちが保持・形成するさまざまなレベルでの出身地とのつながりは，出身地における女性看護師に対するスティグマをアメリカの移住者に伝え続ける回路ともなっている。そして移住先でも影響力を持ち続けるそうした女性看護師

への否定的言説は，移住者たちの家族生活におけるジェンダー関係を規定していくと考察されている［ジョージ，S. 2011（2005）］。こうした事例は，現代の国境を越えて移住する家族の研究におけるトランスナショナルな視点の重要性を示すとともに，トランスナショナルなつながりが家族生活に及ぼす影響の両義性に留意する必要性も示していると言える。

（長坂　格）

［文献］近藤敦 2004；ジョージ，S. 2011（2005）；長坂格 2009；ベフ，ハルミ編 2002；Boyd, M. 1989；Foner, N. 1997；Garrison, V. and Weiss, C. 1992；Kofman, E. 2004

華人の家族

中国から移住し海外に生活基盤をもつ中国系の人々は華人と呼ばれ，世界に4千万人ほどいると言われている。華人にとって家族は，核家族の基礎上に拡大した集団であって，西欧社会学の家族の概念とは異なっている。華人の家族という繋がりは，独特な空間的・時間的な幅があるのが特徴と言える。

まず，伝統的な華人の家族の繋がりについて見てみたい。華人の海外移住の流れを分析すると，血縁や親族のツテを辿っているケースが多く見られる。また，血縁でなくとも親密な友人，知人と擬似家族の関係を築くことも多い。さらに擬似家族が組織化された例として宗親会があげられる。陳氏や李氏など，同じ苗字を有する者は，先祖を共有するであろうという理由から宗親会が組織され，祖先祭祀を定期的に行い，相互補助，共同事業を行う。そのネットワークは世界的に組織化されている。華人たちは，マイノリティとして移住先政府による保護が十分享受できない分，こうした擬似家族の繋がりが情報収集や問題解決の頼りとなってきた。

一方，近年は技術の発展，移動コストの軽減に伴って，華人の移動はさらにグローバル化かつ頻繁化している。かつてのように，一つの目的地を目指した単純な移住ではなく，よりよい機会，安心できる環境，子どもの教育，法的地位のため，複数地域に分散して生活しているディアスポリックな華人家族が増えている。彼らは，「太空人（タイコンレン）」や「空中飛人（コンツォンフェイレン）」と呼ばれている。家族に会うため，いくつもの拠点を飛行機で頻繁に行き来している様子から，宇宙飛行士にたとえられているのだ。こうした華人家族にとって，ネット通信は家族関係維持の大きな支えとなっている。

華人の家族の繋がりは，国境を越え，血縁も超え，実に柔軟で時空的に拡がりがあるのが特徴である。

（陳天璽）

［文献］陳天璽 2009；Ong, Aihwa 1999

難民の家族

難民とは，人種や宗教，国籍，そして政治的意見が異なるために迫害を受け，やむなく外国に逃げた人々，または，自国で紛争や戦争が発生し身の危険から故郷を離れた人びとをさす。いずれも，住んでいた家や土地，ときには家族をあとに残したまま逃げている。国連難民高等弁務官事務所が2014年6月に発表したグローバル・トレンズ・レポートによると，2013年末，世界には5120万の難民・庇護申請者・国内避難民が存在すると見られており，そのうち難民は1670万人おり，日本にも暮らしている。

第2次世界大戦後，難民問題が深刻化し，この問題に対処する国際機関として国連難民高等弁務官事務所（UNHCR）が1950年に設置された。翌年，「難民の地位に関する条約」が採択され，難民を保護する制度が各国で作られるようになった。日本も1981年に条約

の締約国となっている。しかし，日本は難民受け入れに寛容ではなく国際社会からは「難民鎖国」と呼ばれている。難民条約にもとづき難民認定されると，迫害の恐れのある国に送還されることはなく，その国で定住する資格が与えられる。定住資格が与えられれば家族を呼び寄せ一緒に暮らすことができる。

　家族と一緒に逃れた難民もいれば，避難の過程で親子が離別を余儀なくされた家族もある。多くの難民は，祖国に残した家族のことを心配し，避難先の国で文化や言葉の障壁，低賃金かつ不安定な仕事に耐えながら生活している。なかには自分の生活費を削って家族に送金をしている難民もいる。彼らの励みは離れた地に住む家族との繋がりであり，ネット通信は大きな支えである。

　一方，家族と一緒に来日した場合，子どもとのコミュニケーションや国籍が悩みの種となる。子どもの日本語能力や社会への適応が進むにつれ，家族間でコミュニケーション・ギャップや摩擦が生じることが多い。また，難民が日本で出産しても，日本は血統主義であるため，子どもの国籍を両親の出身国に合わせている。しかし，難民である両親は身の危険があるため国の在外公館に子どもの出生届を提出できず，子どもは事実上無国籍状態となるケースが見られる。難民の家族が幸せに暮らせるために，制度整備などさまざまな課題が山積している。

（陳天璽）

[文献] 阿部浩己 2008；陳天璽 2010

アメリカにおける家族呼び寄せ

　アメリカでは，増大する移民の流れを抑制する目的で，移民ビザ（永住権）の発給にさまざまな移民法を制定して出身国や数的制限を設けてきた。しかし，アメリカ市民や永住権保持者の家族呼び寄せに対しては，移民規制が厳しい時代であっても，優遇措置がとられた。例えば，1924 年の移民規制法では，ビザ発給に出身国割当制度を導入し，19 世紀末から続いた移民の「最初の大波」を抑制しようとしたが，この規制法において，アメリカ市民の配偶者は優先された。アメリカ市民の配偶者の呼び寄せ優遇措置は，第 2 次世界大戦が終了した後に制定された戦争花嫁法にも反映され，1946 年には軍人の婚約者の入国も認める法律が作られた。

　1965 年の移民法では，従来の移民法に見られた人種差別的な考えが撤廃され，出身国別割当制度を廃止する画期的な改正が行われた。さらに，人道的立場から離散家族の再統合に高い優先順位がつけられ，移民ビザ発給の対象となる家族の範囲はこれまで以上に拡大した。

　家族関係によるビザ割当の優先順位は，以下の通りである。①アメリカ市民の子どもで 21 歳未満の未婚者，②永住権保持者の配偶者と未婚の子ども，③アメリカ市民の子どもで 21 歳以上の既婚者およびその配偶者と子ども，④アメリカ市民の兄弟姉妹およびその配偶者と子ども。さらに，数的規制の対象とならないカテゴリーも設けられ，アメリカ市民の配偶者，未成年の子ども，両親には無制限にビザが発行されることとなった。

　この移民法により，実質上，アメリカ市民である近親親族を有するすべての者に対して移民が解禁された。しかし，実際に移民が祖国から呼び寄せる家族は，移民法に規定された家族の範囲からだけでなく，より広い親族のネットワークから多くの成員が合法移民としてだけでなく，非合法移民としても呼び寄せられた。その結果，メキシコ，カリブ，他のラテンアメリカ諸国やアジアからの移民が増大し，現在まで続く「第 2 の大波」が引き起こされた。

（平井伸治）

[文献] 川原謙一 1990；日本貿易振興会 2003

帰還移民

　労働を目的として本国から他国へ移動することを移民と呼ぶのに対して，帰還移民（return migration）は，それとは逆方向の本国への移動を言うが，単に帰るという方向性のみに焦点がおかれるわけではない。移民になる理由に政治経済的，社会文化的な諸要因があるように，帰還移民にもさまざまな要因がある。移住先の政情不安で難民化し帰国を強いられる状況，苛酷な労働環境やマイノリティ差別，あるいは本国に残した家族問題が帰国の引き金になり得る。日本で働く日系二世三世の労働者のように，世代を越えてやって来る日系人も帰還移民と呼ばれる。さらに数年間の労働契約の終了とともに本国や第三国へ移動するケースも多いことから，帰還をより広汎な移動サイクルのなかで捉えようとするトランスナショナルな見方も必要である。

　帰還移民において最大多数を占めるのは経済移民である。多くの経済移民は職を求めて他国へ赴き，出発時よりも多くの財を携えて帰国する。本国ではまず家屋の新築に財が費やされる傾向が強いが，近年では帰還移民に起業家としての役割も期待されている。海外で働く労働者に対して通信教育や起業セミナーを提供するインドネシアの例もあり，2008年のOECD報告書は帰還移民の地域経済に対する貢献可能性に注目している。海外移民からの送金に依存する小規模島嶼型のMIRAB社会（MIは移民，Rは送金，Aは海外援助，Bは官僚組織を指す）に比して，起業のための移民という考え方が定着している地域もあり，そこでは帰還移民が果たす役割はいっそう大きい。また帰還移民は社会文化的面でも地域社会に対して潜在的可能性をもっている。彼／彼女らの長き不在は，家族的紐帯を不安定化させるマイナス面があるが，一方，外部世界で得た知見が地域社会の活性化に貢献する例もある。グローバル化する世界の様態をローカルな場から捉え直す意味からも帰還移民は現在の移民研究に必要不可欠な研究分野である。　　　　（伊藤　眞）

[文献] 大川真由子 2010；奈倉京子 2012

海外の日系人

　日系人とは，日本を出自として海外に在住する日本人，およびその子孫である二世，三世，四世等を指す。日本国籍を有しないが民族的には日本人と見なしうる人々で，厳密には居住する当該国の国籍または永住権を取得した日本人，およびその子孫を指す。当該国の名称を冠して「日系アメリカ人」や「日系カナダ人」，「日系ブラジル人」等と呼ばれる。さらには日本に居住する者を「在日日系人」，日本以外に居住する者を「海外日系人」と呼び分けることもある。

　日本人の海外移民の歴史は明治元年にハワイへ渡ったいわゆる「元年者」に遡り，アメリカでは1924年の移民法（排日移民法）成立まで続いてきた。第2次世界大戦以前は多くの人々がより良い生活を求めて，アメリカやカナダ，そして南米に移民していった。日系人の歴史は移住先によって異なるが，アメリカやカナダでは第2次世界大戦中各地に暮らしていた在留邦人，二世等の日系人は激しい差別にさらされ，生活していた土地からの強制立ち退き，収容所に強制収容されるという過酷な体験をしている。移住先における悪条件の環境にあっても農業を筆頭にそれぞれの分野で能力を発揮し，着実な歩みによって日系人は移民受け入れ国内で一定の評価を築いてきた。「NIKKEI」という言葉の認知と広がりはそのことを示している。

戦中は言うまでもなく戦後もしばらくの間，日本からの移民受け入れは制限され，再開されたのは1960年代に入ってからである。カナダにおいては1967年のカナダ移民法を契機として移住が促進され，戦後の「新移民」と呼ばれる層が増加した。日本では1964年に観光目的の渡航が自由化され，交通機関，メディアや通信技術の発達による海外の情報の大量流入があり，1970年代以降になると海外に憧れる層の増加とともに新たな戦後の移民が増えていった。現在日系人社会は戦前の初期移民では三世〜五世が，戦後移民でも二世・三世が中心世代となってきている。2012（平成24）年現在，日系人人口は世界に260万人存在すると推定されている。（山田千香子）

[文献] 飯野正子 2000；山田千香子 2000

日本で働く日系人

1990年の改正入管法施行により，日系二世および三世が日本で長期滞在できるようになった。彼（女）らの多くは，1900年代初頭から南米諸国へ移住した日本人の子孫である。在留資格は，二世は「日本人の配偶者等」（日本人の配偶者および子），三世は「定住者」となり，後に永住資格取得も可能である。2011年末現在，ブラジル国籍の永住者は11万9748人，日本人の配偶者等は2万3921人，定住者は6万2077人であった（在留外国人統計）。彼（女）らは自動車関連の工場で働くことが多い。主な集住地は，愛知県豊田市，静岡県浜松市，群馬県大泉町等である。また，2000年代に入ると，東南アジアの日系人（フィリピン人，インドネシア人等）の来日も増えている。

日本で家族単位の定住ができる外国人として，日系人はいくつかの特徴と課題を抱えている。第1に，子どもの教育である。集住地にはブラジル人学校等，民族系の学校があり，本国の教育課程にもとづいて教育が行われている。同時に，日本の公立学校に通う子どもたちへの日本語教育や学習支援が課題となってきた。自治体独自で外国人の子どもを集めた支援教室や公立高校への特別枠を設置している。しかし，派遣労働で働く親世代の転職・転居に伴う頻繁な転校により，学力形成が困難となる子どもも出ている。第2に，政府による定住支援である。「日系定住外国人施策に関する基本指針」（2010年）およびその行動計画（2011年）にもとづき，親世代には日本語教育・職業訓練，子ども世代には民族系学校から日本の公立学校への橋渡しをする教育支援等が行われている。

入管法改正から20年余が経過した現在，在日ブラジル人社会の第1世代は高齢化し，介護問題も出てきている。日本で住宅を購入した家族も多い。第2世代は成人して家族を形成し，第3世代が誕生している。来日当初は「日本で稼いだら帰国して起業」という計画をもっていた人びとも，経済危機や雇用不安を乗り越え，日本で子どもを育て老いていく時代にさしかかっている。　　　　（高畑 幸）

[文献] 小内透編著 2009；梶田孝道・丹野清人・樋口直人 2005；佐久間孝正 2006

退職者の海外移住

人の移動・移住は，元来労働力の他国への移動として捉えられてきた。対照的に，退職後に見られる移動（retirement migration）は他国で労働・サービスを享受することを目的とする人びとの移動である。欧米社会では定年退職後の生活を温暖な地で過ごす傾向が，とりわけ富裕層，中間層の間で19世紀末以来認められてきた。北欧，西欧から温暖なスペインや地中海沿岸部，アメリカの場合には

国内だがフロリダへの移住が知られている。

　日本において定年退職後の海外移住が注目されるようになったのは，高齢化が問題化され始めた1980年代に入ってからである。1986年に通商産業省によって提唱された「シルバー・コロンビア計画」は「豊かな第二の人生を海外で過ごすための〈海外居住支援事業〉」を目的として掲げ，続いて1992年には「ロングステイ財団」が設立された。日本人退職者の移住先としては，東南アジア（マレーシア，タイ，フィリピン，インドネシア），太平洋地域（ハワイ，オーストラリア，ニュージーランド）が知られ，近年ではリゾート型の日本人村の建設が進むマレーシアの人気が最も高い。永住目的というよりも数ヵ月から数年単位の中長期滞在を繰り返す循環型の滞在が大半であり，滞在先では現地の日本人会とは別個の退職者コミュニティを形成する傾向がある。また受入国の多くは，退職者の長期滞在を容易にするための「シルバー・ビザ」制度を設けている。

　こうした退職者を含め，2013年現在における日本人長期滞在者・永住者総数は118万人に達し，なお増加傾向にある。滞在先の選択には，治安，保健衛生，住環境が重視され，アウトドアライフやゴルフなどのレジャー志向や，さらに介護，保養治療を目的とするメディカル・ツーリズムと結びつく場合もある。戦後日本の高度成長を担ってきた団塊世代が退職者の主流を占める現在，第2の人生をいかに充実させるかについての新しい試みとしても注目される。
〔伊藤　眞〕

[文献] King, R., Wanes, T. and Williams, A. 2000；Yamashita S. et al. (eds.) 2008

アメリカの移民政策

　移民によって建国されたアメリカでは，元来外国人を無制限に移民として受け入れてきた。しかし，1880年代から徐々に選択的・制限的に移民を受け入れるようになり，1924年の移民規制法では，移民ビザ発給に出身国割当制度が導入された。

　その後60年代まで，基本的には移民の受け入れを抑制する政策がとられてきたが，1965年にこれまでの移民政策を一変させる移民法の改正が行われた。国内の公民権運動の高まりを受けて，従来の移民法の人種差別的な考えを撤廃し，出身国別割当制度が廃止された。また人道的な立場から離散家族の再統合の原理にもとづき，移民ビザ（永住権）の発給にアメリカ市民と永住権保持者の家族呼び寄せを優先させた。この移民法により，アメリカ市民の近親者の移民が解禁され，ヒスパニック系とアジア系移民の大きな流れが引き起こされた。

　60年代から急激に増え続けてきた非合法移民の流れは，その後アメリカ国内で大きな政治問題となり，1990年代以降，この流れを阻止するために，アメリカ政府はより厳格な移民政策を打ち出す。1996年に成立した法案では，非合法移民が社会的サービスを受ける権利を連邦・州・地方レベルすべてにおいて禁止し，家族呼び寄せには，身元保証人に最低所得制限を設けた。

　2001年の同時多発テロ以降，非合法移民の取締りと罰則はより厳しくなり，メキシコとの国境の警備が強化された。その結果，移民の家族の離散という問題が深刻化している。例えば，メキシコでは，非合法移民である親のアメリカ滞在が長期化し，父母の一方もしくは両親と離れて暮らす子どもが増加した。こうした家庭では，拡大家族の他の成員が育児を代わりに行う。また，アメリカ国内では，滞在資格が合法な者と非合法な者が同居するミクスト・ステータス・ファミリー（mixed-status family）と呼ばれる家庭が増え，合法な滞在資格をもたない家族の成員の逮捕や強

制送還により，親兄弟と引き離されて暮らさざるを得ない子どもが増え続けている。

(平井伸治)

[文献] 川原謙一1990；小井土彰宏2003；日本貿易振興会2003

移動する人と留まる家族

　従来の家族研究においては「居住の共同」が重視され，ある地域に定住する家族の研究が中心であった。働き手である男性が単身で海外に移住している家族を研究する場合でも，ヨーロッパ諸国やアメリカにおいて家族呼び寄せの権利が問題にされるように，呼び寄せによって再統合されるべき家族とそのプロセスがおもに研究の対象とされてきた。しかし，グローバリゼーションが直接的かつ間接的に家族に影響を与えるようになっている現代世界において，生存戦略の一環として，家族成員の一部，特に女性が海外に出ることが増え，グローバルに展開する家族を捉える必要性が高まっている［Trask, B. S. 2010］。
　「国境を越える家族」が対象とする家族を伴う移住とは違い，おもに家族の一部成員だけが海外に移住する事例に焦点を当てる。従来は男性の移住労働が一般的であったが，1970年代半ば以降，「女性の移住労働力化」が進み［伊藤るり・足立眞理子編著2008］，フィリピンやインドネシアなど東南アジア諸国の女性が家事・介護労働者として中東や東アジア諸国へ働きに出ることが多くなり，家族とジェンダー関係を考える上で重要な問題となっている。このような移住労働は，送り出し国における貧困や労働市場の問題と結びついているが，一方，東アジアの富裕層の間では子どもの教育を主要目的とする母親と子どもの海外移住が見られるようになっている。これら出身階層がまったく異なる女性の移動は，もちろん根本的に異なるものであるが，

「グローバル世帯保持」（global householding）という点で共通性も認められる。

1　女性移住労働者と家族とのつながり

　台湾で働くインドネシア女性の調査で聞いた事例を中心にして，彼女らと故郷の家族とのつながりを明らかにする。もちろん移住労働者は，年齢・出身地・学歴など多様性が認められ，一概にまとめることはできないが，ここで述べることは，台湾以外の国で働く，女性労働者一般にもある程度は当てはまる。海外へ働きに出る女性は，多くの場合，業者の斡旋により渡航し，期間が2年ないし3年と限られている海外契約労働者（overseas contract workers）である。渡航手続きと受け入れ国における勤務先の決定などに関して斡旋業者の役割が大きく，親族ネットワークが移住過程に関わるような移住ではない。彼女らが雇い主宅から逃げ出し，非正規滞在者にならない限り，契約終了後の帰国が義務づけられている。高齢者の介護や家事を引き受ける移住労働者は不可欠な存在だが，彼女らの定住化は絶対に認めないというのが，受け入れ国の基本的方針である。
　地域社会において女性の移住労働が長期にわたって継続すると，若年女性にとって海外に行くことが常態化していく。最初は10代後半に未婚で移住労働者として働き始め，その後，契約を何回か繰り返すなかで結婚し，さらに契約の合間の数年間を夫婦としての生殖の期間に充てて妊娠出産し，幼児期の子どもを残して，また働きに出るというパターン

が認められる。手続きの容易なサウジアラビアなど中東諸国で働き，その後，賃金面でより条件の良い台湾や香港に移る，一種のジョブ・ホッピングを実践する女性もいる。このように，長期間にわたって海外で働いている場合は，彼女らのライフサイクルに合わせて，海外送金の使途が変わってくる。未婚の時は，親，つまり自分が育った定位家族のために家屋の改築などに充てることが多い。結婚後は，自身の生殖家族のために使うことになり，夫婦の住居を新築し，その後，子どもの教育資金に，さらに帰還移民として故郷に戻った後，商売などを始めるための資金に充てるのが一般的である。

子どもをもつ移住労働者にとって，子どもとの関係性の維持が最大の関心事である。遠く離れていても母親としての役割を期待され，遠距離養育のために携帯電話を使って小まめに連絡をとることになる。また，子どもの求めに応じて，送金したり，国際宅配便を使って，贈物を送ったりする。その結果，受け入れ国にはこのような移住労働者が必要とするサービスを提供するエスニック・ビジネスが成立している。

II 母国に留まる家族

海外にいる間，女性移住労働者は子どもの養育に腐心するが，実際に子どものケアにあたるのは，彼女ら自身の母親というケースが多い。一般的に父親ではなく，祖母が子どもの面倒をみて，既婚女性の移住労働を支えている。インドネシア人労働者のなかで多数派を占めるジャワ人の間では，家族内において，もともと「夫＝父」の役割が重要ではなく，「妻＝母」を中心に生活が営まれる「母中心的家族」（matrifocal family）が報告されている。女性親族間の結びつきが強いのが特徴の一つである。女性の移住労働力化によって，海外送金で家計を支える「妻＝母」が増加している背景に，従来から存在する母中心的家族のあり方がある。

インドネシアにおいて，家父長的なイデオロギーにもとづき，女性の海外移住労働者が増加することが，離婚の増加や家族の崩壊につながるという言説を聞くことがある。ただし，上記の母中心的家族のあり方を考えると，もともとジャワ島の農村部では，離婚女性が否定的な刻印を受けることは少なかったし，また裕福ではない階層の家族では，何らかの小規模な商売を営む女性の収入が家計のなかで占める割合が高かった。離婚に結びつけて移住労働者の増加を否定的に捉えるのは，近代イスラームの考えが加味された欧米的な近代家族観に由来すると考えられる。フィリピン女性の場合は，カトリック教徒が多数派で，離婚は難しく，インドネシアとは状況が異なる。

離婚という形で女性移住労働者が主体性を発揮するだけでなく，夫などの暴力（DV）から逃れる手段として移住労働を選ぶ女性もいる。世帯の生存戦略という枠組みだけで女性の移住労働を捉えようとすると，見えてこなくなる女性自身の主体性に着目する必要がある［上野加代子 2011］。女性たちは，故郷の家族との関係に苦労するだけでなく，移住先で新しいパートナーを見つけることもあり，積極的なアクターとして親密圏を再編成している。

III ミドル・クラスの移動と家族

開発途上国の女性が本国では得られない収入を求めて海外に働きに出るだけでなく，東アジア諸国のミドル・クラス以上の母親が夫と離れ，子どもの教育のために英語圏に移住するアストロノート家族が報告されている。この場合は，主たる稼ぎ手である夫の収入の安定性を考え，夫と離れて母子だけが移住することになる。また，未成年の子どもだけが両親から離れて教育のために海外に移り住む例もあり，単身で海外に行く子どもに対してパラシュート・キッズ（parachute kids）という表現が使用される。このように国境を越え

て分散するトランスナショナル家族は，子どもの教育と，居住地も含め，その将来を国内に限定しないでグローバルに考えようとする戦略にもとづくものであり，グローバル世帯保持の一つのあり方である。

アストロノート家族は，国際結婚を契機として形成されることがある。日本で働くパキスタン男性と日本女性との国際結婚夫婦のなかには，夫が日本で事業を続ける一方で，子のムスリムとしての教育を優先して，妻子がパキスタンの夫方親族と暮らしたり，また，子どもの英語による教育などの理由から夫と離れニュージーランドなど第三国に移住したりするケースがある［工藤正子 2008］。このような国際結婚の事例では，個々の家族が独自の生存戦略にもとづき，世帯がグローバルに展開している。

〈小池　誠〉

［文献］伊藤るり・足立眞理子編著 2008；上野加代子 2011；落合恵美子・赤枝香奈子編 2012；工藤正子 2008；長坂格 2009；Maher, J. M. and Chavkin, W. (eds.) 2010；Trask, B. S. 2010；

トランスナショナル家族

二つ以上の国に分散して暮らしつつも，なお緊密な紐帯を保持している家族を指す（［英］Transnational Family）。1990 年代以降の，国境を越えて形成される社会的紐帯に焦点を当てるトランスナショナリズム研究の展開のなかで用いられるようになった概念である。

このような家族形態は，20 世紀初頭のアメリカへの移住者の家族の間でも見られ，必ずしも新しい現象ではない。またトランスナショナル家族には，自然災害や内戦によって離散した家族や，子どものよりよい教育機会を求める母子の移住を契機に離れて暮らす家族（アストロノート家族）も含まれ，家族の分散居住の直接的背景や家族の出身階級も多様である。しかし経済のグローバル化による，出身地と移住先双方における移住者家族の経済的不確実性の増大，移住者送出国における「労働者輸出」政策の展開，そして移住者受入国における家族移民を制限する移民政策は，トランスナショナル家族が現代において広範に出現する重要な条件となっていると言える。また，近年の交通・情報技術の飛躍的発達は，分散して暮らす家族間での頻繁なコミュニケーションや相互支援を可能にするだけでなく，緊密な紐帯の保持への期待や義務感をも増幅させる点において，トランスナショナル家族に現代的特徴をもたらしている。

これまでのトランスナショナル家族に関する実証的な研究では，親世代が移住し，子どもが親の出身国に残る家族形態に注目が集まってきた。それらの研究では，国外で就労する親世代の親役割の遂行と再定義が，既存の家族関係やジェンダー関係のあり方をいかに変えるのか，あるいは変えないのかが問われてきた。また，トランスナショナル家族の経験を捉える際には，歴史的に形成された移住以前の家族関係の枠組みが多様性をもつことや，ジェンダーや世代，移住時の年齢などの違いによって，一つの家族のなかでも家族成員の分散居住が異なった形で経験され得ることに注意する必要があることも指摘されてきている。

〈長坂　格〉

［文献］川上郁雄 2001；長坂格 2009；Baldassar, L. 2007；Zentgraf, K. M. and Chinchilla, N. S. 2012

グローバル世帯保持

おもにアジアの都市計画と移民問題を研究するアメリカ人の社会科学者ダグラス（M. Douglass）が提唱した概念である。労働

力の減少と高齢化が急速に進み福祉体制が破綻している東アジア諸国において，社会の内部で世帯を形成し存続させること，すなわち世帯保持（householding）が難しくなっている。その困難を乗り越える一つの方策が，世帯が国境を越えて広がる「グローバル世帯保持」（global householding）であると，ダグラスは主張する［Douglass, M. 2010］。「世帯」（household）が社会経済的単位を指すのに対して，世帯保持は動態的なプロセスを示す概念である。世帯は家族とは違い，経済単位であり，かならずしも親族関係と共住を前提にするものではない。住込みの外国人女性家事労働者など非親族も世帯の構成員に含まれることになる。グローバル世帯保持は，国家の社会的再生産に関わっていると同時に，その越境性のため必然的に，各国政府による規制・管理の対象ともなる。

グローバル世帯保持は，ライフサイクルのすべての段階に関わる概念であり，国際結婚，国際養子縁組，子どもの留学，移住労働，さらに定年後の海外移住などを含む。さらに国際結婚による子どもの誕生に現れているように，一世代だけでなく数世代に関わる問題となる。グローバル世帯保持の特徴がもっともよく表れているのは，移住労働者を含む世帯である。例えば，台湾では夫婦共稼ぎの世帯が増え，さらに依然として強い扶養規範のため，老親を介護施設に預けることは考慮されない。その結果，インドネシアやベトナムから来た女性労働者が雇い主の世帯に住み込んで，高齢者の介護や家事労働をすることが増えている。このようなケースでは，移住労働者は雇い主の世帯保持に不可欠な一員であると同時に，送金を通して母国に住む世帯にも深く結びついている。　　　　　　（小池　誠）

［文献］伊藤るり・足立眞理子編著 2008, Douglass, M. 2010

EPA（経済連携協定）と看護師・介護福祉士

経済連携協定とは，自由貿易体制を促進する協定の一種で，関税の引き下げに加えて技術協力や労働力移動を含めた包括的なものである。二国間の経済連携協定が注目されるようになった主な理由としては，多国間の自由貿易交渉の難航があげられる。2000 年代に入って中国や韓国が貿易の自由化を強化したため，アジア市場における日本の競争力低下が懸念されるようになり，少子化による国内市場縮小の打破もあって，政府は二国間の協定を推進してきた。

フィリピンとの交渉は 2002 年に，アロヨ大統領が小泉首相（いずれも当時）に対して，フィリピン国内の失業率の解消を目的に家事労働者，ベビーシッター，看護師，介護士などの受入れを求めたことからスタートする。政府は，看護師と介護福祉士に限って受け入れの検討を始めた。厚生労働省や職能団体は，国内における労働力不足は存在しないとして反対したが，自由貿易体制の強化のもと妥協を余儀なくされた。こうして人材受け入れは政治化され，その目的が曖昧となってしまったのである。

実際の受け入れ開始は，フィリピン国会で協定承認が遅れたため，後続のインドネシアが先行して 2008 年 8 月に 208 名が入国した。2013 年末現在では，インドネシアから 892 名，フィリピンから 670 名の合計 1,562 名が来日している。このうち看護師候補者は 629 名，介護福祉士候補者は 933 名で，国家試験合格者は看護師 66 名，介護福祉士 58 名である。

受け入れた後になって日本語の語学力不足や学習体制の不備，低迷する合格率などが問題となったが，民主党政権下で学習体制の強化や国家試験体制の見直しなどが進められ

た。その結果，介護福祉士については年々合格率が上昇し 2014 年には 50％近くに達した。むしろ合格者の帰国率も 3 割近くに達し，日本への定着が課題になりつつある。

　フィリピンとの間に構築した受け入れ枠組みは交渉においてインドネシア，タイ，ベトナムによって引き継がれ，2014 年には 3 ヵ国目となるベトナムからの受け入れが始まった。これらの交渉や協定の実施過程で，2008 年以降さまざまな制度が整備された。例えば，国家資格の相手国との相互認証はしないこと，看護師の受験資格認定を実施すること，つまり外国の看護カリキュラムを特定の条件のもと認めること，介護福祉士の実務経験は海外の経験を考慮しないことなどである。また，EPA 候補者に対しても准看護師受験資格が認められ，医療ビザが発給されるようになった。さらに，日本で就労する外国人看護師の滞在期限も撤廃された。　　（安里和晃）

［文献］宮島喬・藤巻秀樹・石原進・鈴木江理子編 2014；Ohno, S.（ed.）2012

移住家事・介護労働者

　アジア諸国では，女性の労働力化と急速な高齢化の進行により，家事・育児・介護労働の外部化が 1970 年代から進んできた。2014 年現在，香港には 30 万人，シンガポールと台湾にはそれぞれ 21 万人に上る外国人家事労働者が存在しており，韓国でも病院付添人は主に中国朝鮮系で構成されている。家事労働全般の外部化は景気動向とは無関係で，むしろ人口構成の変化の影響を受ける点が，製造業や建築業とは異なる。1997 年のアジア経済危機以降，台湾や香港では地元出身の家事労働者の育成も試みられた。しかし，住み込みで働く外国人労働者と通いの地元労働者は異なる労働市場を形成していることが明らかとなり入国制限は他職種より緩い。

　受け入れ国は，地元女性の就業促進を意図した労働政策の一環として，外国人家事労働者を導入してきた。女性の就業促進を目的とした受け入れは，労働市場におけるジェンダー平等の達成手段とも言える。しかし，同時にこれは新たな女性の階層化を生み，性役割分業を固定する制度でもある。近年は高齢化への対応による雇用も多く，家事労働者雇用の目的は重層化している。アジア諸国の福祉政策は各国で異なるが，家事全般を外国人家事労働者に外部化するという点では家族主義レジームである。

　外国人家事労働者の雇用は，人権の観点からも多くの問題が指摘されている。例えば，第三者の目が届きにくいことに由来する身体的・性的虐待や，非匿名的なため非対等な労使関係が形成されること，不透明な斡旋コスト，雇用法適用外（台湾，シンガポール），最低賃金保障適用外（シンガポール），組織化の困難（シンガポール），長時間労働などがあげられる。また，シンガポールでは人口政策上の理由から外国人家事労働者のいかなる結婚も認められておらず，妊娠は強制出国の対象となる。介護においては無資格の医療行為も問題となりつつあり，家事労働者を対象とした訓練制度も整備されつつある。

　また，家事労働者の雇用と国際結婚の関連も指摘されている。「親孝行」のために家事労働者を雇用することはよく見られるが，独身障害者を抱える世帯では，それが国際結婚の形をとる。結婚は家族形成を通じたケアの確保と言えよう。

　受け入れ国におけるケア需要の増大とともに，送り出し国における雇用の非正規化の進行や高失業率によってケアチェーンが展開し，移住労働が活発化している。しかし，このことは受け入れ側・送り出し側の双方で近代家族の維持が困難となっていることを示唆するものである。　　（安里和晃）

[文献] 伊藤るり・足立眞理子編著 2008；落合恵美子編 2013

海外送金

　国際移住労働が盛んになるにつれて，本国への送金が国家開発の手段として位置づけられるようになってきた。2012 年における途上国への海外送金額は 4000 億ドルに達している。これは政府開発援助の総額より大きく，国によっては海外直接投資流入額をも上回る。送金額の増大率も，経済危機直後の 5% からここ数年は 9% 台で推移し，その成長度合からもマクロ経済に及ぼす影響力は大きい。近年では，送り出し国政府や国際機関からも，開発手段としての送金が注目されるようになった。

　送金受け取り額の大きい国は，インド 690 億ドル，中国 600 億ドル，フィリピン 240 億ドル，メキシコ 230 億ドルの順となっている (2012 年)。また GDP に占める送金額の割合が高いのは，タジキスタン 47% をはじめ，リベリア 31%，キルギス共和国 29%，レソト 27% である。2008 年の金融危機の際には真っ先に出稼ぎ労働者の雇用が打ち切られたが，逆に回復時にいち早く雇用されたのも彼らであり，その就労形態の弾力性の高さが指摘されている。

　こうした送金は，労働者の家族やコミュニティに直接送られるため，労働者・家族・コミュニティに直接影響力を及ぼす。そのため政策的にも貧困削減や雇用の創出，外貨獲得源，少数民族の統合といった側面から注目され，近年，東南アジアや南アジア諸国は渡航前訓練を通じて送り出しを奨励している。

　多くの研究によれば，家事労働が外部化やサービス経済化に伴う移住労働の女性化により送り出し国の母子が切り離されて母子関係の維持が困難になり，学校教育における子女のドロップアウトやケアの担い手不足などの問題が起こっている。同様に，残された家族の送金への過度な依存と浪費も指摘されている。他方で，女性自身の経済的自立，衛生や教育水準の向上に果たした役割も大きい。アジア開発銀行のフィリピンに関する調査によると，非送金世帯に比べて送金世帯の支出内訳で特徴的な点は，食費など消費財の支出割合が少なく，教育費や住宅費などの投資割合が高いことである。逆にインドネシアの送金世帯では，食費など消費財の割合が高い。これは，フィリピンに比べてインドネシアの国際移住労働者には多くの貧困層が含まれることが影響しているようだ。ただ，いずれにおいても送金が送金先の貧困削減に貢献しているというのが一般的な見解である。

　自由貿易体制の進展は，労働市場や送金を通じた分配に関する新たな枠組みの形成を示唆するが，開発に関する個人の責任を増幅させ，再分配に対する政府の役割を曖昧にさせる懸念がある。

（安里和晃）

[文献] 明石純一編著 2011；Adams, R. H. Jr. and Cuecuecha, A. 2010；Asian Development Bank 2013

非正規滞在者

　領土を所有する主権国家の承認を得ることなく，領土内に滞在している外国人（当該国の国籍をもたない者）であり，当局に見つかれば，原則，国外退去を求められる外国人である。行政機関やメディア等においては，「不法滞在者」と表現されることが多いが，1975 年の国連総会において，「不法な（illegal）」という言葉がつねに当事者に罪があるような印象を与えることから，国連の公式文書では，「非正規の（irregular）」または「未登録の（undocumented）」という用語を使うよう決

議された。なぜなら，合法的な滞在資格をもたないことが，必ずしも当該外国人の責ではない場合もあるからである。そして，主権国家が国境を管理する現代においては，いかなる国においても，非正規滞在者は発生し得るのであり，必ずしも先進国に限った現象ではない。

非正規滞在者を大別すると，①合法的に入国した者（許可された在留期間を超えて滞在する者や合法的な滞在資格を取り消された者など），②非正規に入国した者（密入国や偽装パスポートによる入国者など），③当該国で出生した者となる。一般的に，より豊かな生活を求め「不法に」就労する労働者として非正規滞在者がイメージされることが多いが，必ずしも経済的な理由による者ばかりではない。非正規に入国した難民申請者や難民申請が認められなかった者など政治的な理由ゆえの者や，DV から逃れる過程で非正規滞在になってしまった者もいる。過酷な低賃金労働に従事する者もいれば，滞在長期化に伴って高度な技能・技術を習得する者や自ら起業する者，母親として家事や育児を担う者，子どもや学生，高齢者や重病人などもいる。

日本においては，戦後 20 年間ほどは朝鮮半島からの密航者が，1980 年代後半にはアジア諸国からの男性「不法」就労者が，非正規滞在者として注目を集めた。その後，在日外国人の増加や定住化を背景に，非正規滞在者の属性は多様化している。　　　（鈴木江理子）

[文献] 近藤敦・塩原良和・鈴木江理子編 2010；鈴木江理子 2009

遠距離養育

遠隔地からの子どもの養育を指す。遠距離養育に関する研究では，生活の向上を求めて国外で就労する親による，出身国に住む自分の子どもの養育への関わりが中心的に論じられてきた。親たちは，出身地における政治的経済的不確実性の増大などを背景に，斡旋業者や個人的ネットワークを利用しつつ，経済的により豊かな国に移住する。しかし，移住先国で子どもの呼び寄せが認められていない，親が移住先で安定した生活基盤を築けない，あるいは子どもに出身地の文化を身につけさせたいなどの理由で，親たちは，出身地の親族などのもとに子どもを残したり，戻したりする。こうして実践される遠距離養育は，必ずしもまったく新しい現象とは言えないが，1980 年代以降に顕著となった「国際移住の女性化」は，母親の国際移住に伴う遠距離養育を増大させた。とりわけ，移住先の専門職女性の子どもを「発展途上国」出身の女性が養育し，出身国に残されたその女性の子どもを，彼女の親族や雇用された別の女性が養育するといった「グローバルなケアの連鎖」のなかで，移住女性家事労働者が母親としていかに遠距離養育を実践しているのかに関して，多くの実証研究がなされてきた。

女性移住家事労働者を対象とした研究では，母親の移動が既存のジェンダー秩序や母親役割規範をどのように変えるのか，あるいは変えないのかが一つの焦点となった。例えばフィリピン人移住労働者の研究では，移住した母親が家族に送金するだけでなく，携帯電話や日用品の送付などを通して家族のケアという母親に求められる役割を実践することで，既存のジェンダー秩序が再生産されていることが指摘されている。近年の女性移住家事労働者による遠距離養育の実証研究では，遠距離養育に関わる父親，子ども，親族の観点をより意識的に導入した分析なども行われつつある。　　　（長坂　格）

[文献] 伊藤るり・足立眞理子編著 2008；パレニャス，R. 2007；Carling, J., Menjivar, C. and Schmalzbauer, L. 2012

アストロノート家族

　子どもがより良い教育機会を求めて，母親とともにアメリカやカナダ，ニュージーランドなど英語圏の諸国に移り住む一方，父親は仕事のために母国に残留するか，または第三国に居住するという国境を越えて広がる家族を指し，トランスナショナル家族（transnational families）の一つの類型と言える。また，世帯の構成員が国境を越えて広がっているので，「グローバル世帯保持」（global householding）の一つの形とも言える。1990年代以降，ミドル・クラス以上の中国・香港・台湾の華人や韓国人の間で，子どもの教育目的で北米などに渡ることが，よく見られるようになり，アストロノート家族（astronaut families）に焦点を当てた研究が進んだ。

　アストロノート（宇宙飛行士）という表現は，同じ意味をもつ中国語の「太空人」に由来する。ビジネスなどの目的のために東アジアと北米や太平洋諸国の間を飛行機で頻繁に行きかう華人男性に対して「太空人」という表現が使用され，その後，2000年代になって研究者の間でアストロノート家族という用語が定着した。このような家族は，父親の収入により経済的安定性を確保すると同時に，母国以上の教育を子どもに与えようとする世帯戦略によって形成された。母親と子どもが父親と離れて住むことは，子の成長にとって問題であると批判される一方，インターネットや携帯電話を用いたコミュニケーションなどで両者の距離を埋めようとする個々の家族の努力も指摘されている。

　日本でも，母親が小学生以下の子どもを連れて英語圏に行き，現地の学校に通わせる「親子留学」が出現している。夏期休暇中の短期の「親子留学」は別として，夫と離れて妻と子だけが長期にわたって海外に滞在する場合は，アストロノート家族の定義に当てはまる。ただし，日本のケースでは，子どもだけでなく母親の語学留学も目的の一つであり，子どもの将来に重点を置く華人や韓国人の世帯戦略とはすこし異なる。　　　　（小池　誠）

[文献] 額賀美紗子 2013；Douglass, M. 2010；Tsong, Y. and Liu, Y. 2009

第12章

家族への新たなまなざし

セクシュアリティの多様性

　近年の家族に対する新しいまなざしを特徴づけるものの一つは，近代家族を結びつけてきた「一対の異性愛」を超えてはるかに多様な性的現実（sexual diversities）に着目する点にある。

　もちろんこれまでも家族研究は，男性稼ぎ手と専業主婦の性分業のなかで一体となって生物学的な子を育てる初婚継続核家族という「標準パッケージ」からこぼれ落ち，ときに「家族病理」や「欠損家族」の名の下に家族「未満」のレッテルを貼られてきた諸関係を，「新しい家族」「多様な家族」の名の下に包摂しようと試みてきた。例えば，性別役割分業に対する共働き夫婦の研究や，法律婚主義に対する非法律婚・事実婚の研究，既婚／未婚という二分法に対する非婚の研究，結婚の強制に対するシングルズ研究，生物学的な実子主義に対する養親子・里親子関係の研究，初婚継続の原則に対するステップ・ファミリーや，生殖補助医療の展開と多元的親子関係の研究，近年の三世代同居や未婚同居子に関する研究などもこれに含めることができるだろう。

　こうした非典型家族を対象とした一連の研究は，たしかに家族の「標準パッケージ」からの解放であったが，同時にそれは，一対の異性愛を中心とする家族関係のバリエーションの内に収まるものでもあった。

I　家族・性愛そのものの問い直しへ

　これに対して，同性愛を含む家族関係／パートナー関係へと視野が拡大されたことは，単に家族研究の対象が拡大された以上に，「家族とは何か／性愛とは何か」に関する問い直しの契機を含んでいる。

　たしかに，同性愛をめぐる言説のなかには「好きになった人がたまたま同性だっただけ」「異性愛者と同じように，大切な人と家族を作りたいだけ」といったように同性愛と異性愛の類似性を強調する面も存在する。とすれば，近年の同性婚をめぐる運動は，もちろん多様な立場や根拠が存在するために一概に語ることはできないが，同性愛に対する偏見や差別をなくし，異性愛カップルと同じように同性愛カップルの権利を保障することがさしあたりの目的となる。

　しかし，婚姻と同等の権利を保障する準婚姻的な制度として，例えば一方の通知で解消できるドメスティック・パートナー制度が存在し，同性愛カップルのみならず少なくない異性愛カップルも利用していたような場合であっても，婚姻法の改正によって狭義の同性婚が制定されればドメスティック・パートナー制度は不要になるのだろうか。だとすれば，なぜ婚姻には双方の同意がなければ解消できないものと，一方の通知のみで解消できるものの両方が存在してはならないのだろうか。結婚によって夫に経済的に従属せざるを得ない妻を守るための婚姻の拘束性は，現在もすべての夫婦に必要な仕組みなのだろうか。そもそも結婚への保護は，いったい何を根拠に与えられていたのだろうか。仮に異性婚が認められる限りにおいて同性婚が認められるべきだとしても，そもそも異性婚には何ら見直すべき問題点はないのだろうか。これらの疑問はフェミニスト政治学者オーキン（S. M. Okin）[2013 (1989)]が指摘したように，結婚は契約である以上に，契約内容が自由に選択できないという意味で，結婚するか結婚しないかしか選べない特殊な制度であることを端的に表している。

II　クィア家族という視点

こうした非異性愛の視点を取り込んだ家族研究は，「クィア家族（Queer Family）」研究とよばれ，イギリス，アメリカなど英語圏では多くの議論が蓄積されてきた。

例えば，ウィークス（J. Weeks）によるゲイ・コミュニティのフィールドワークからは，異性愛カップルに比してゲイ・カップルにおける「友人」「親族」「恋人」といったカテゴリーの曖昧さや互換性が指摘されている。すなわち，異性愛者が同性愛者にも分け与えようとする婚姻の権利自体が，カップルをより広い共同体から析出し孤立させる契機を含んでいたことを逆照射している。実際，志田哲之［1999］は同性婚をめぐる運動のなかで，クィア家族の意味が変化し，異性愛的カップルをモデルとしたものに回収されてしまったことを指摘している。

そもそも「性愛」というとき，異性愛カップルであれば男性器と女性器の結合として観念されていた「性交渉（sexual intercourse）」は，同性愛カップルにおいてはどのようなものと考えればよいだろうか。生殖から切り離されたとき，「性的」であるとは何を基準に判断すればよいのだろうか。あるいは逆に，何十年も性関係をもたない日本の夫婦であっても「性愛」関係と呼ばれるのはなぜだろうか。クィア法学者・谷口洋幸が警告するように，「多様性の承認という言葉が，多数派や既得権者のもつ伝統的で一面的な価値観を無傷のままに温存し続けてしまう可能性には注意が必要である〔中略〕むしろ，これまでの伝統的な価値観や主流派の生き方そのものを問い直し，必要ならば瓦解させていくことこそが，多様性の承認といえる」［2012，p.76］のではないだろうか。

III　対幻想への疑義

さらに，多様なセクシュアリティからの家族へのまなざしは，それが異性愛であれ同性愛であれ，なぜ結婚と家族は一対一の性愛関係を中心に考えられていたのかという議論へと接続してきた。

例えば，同性婚をめぐる運動のなかで不可視化されていくバイセクシュアリティについての研究は，一見すると対極に見える異性愛と同性愛が，実際には単性愛・モノセクシュアル（mono-sexual）というよく似た性愛のシステムであることを教えてくれる。さらにまた，アメリカ西海岸を中心に展開される多様なポリアモリー（複数同時誠実恋愛）の実践からは，一見すると自然に見える同性愛や異性愛という一対一の性愛のシステムが，いかに多くの前提によって成り立っているかが明らかになる。こうした事例はまさに，クィア法学者レーア（V. Lehr）が喝破するように，どれほど条件を緩めてみても，どれほど対象を拡大してみても，特定のライフスタイルを同定して特別な権利義務を課す以上は，「婚姻は本質的に差別的な制度」［1999］であることと関係している。

例えばまた，欧米のいくつかの国で実際に認められている「三人婚」の実践にならえば，私たちは4人の性愛や6人の性愛を法的に保護する必要があるのだろうか。あるいは，歴史的に婚姻制度が保護していたのは，性愛関係よりもむしろ共同生活関係とケア関係であったことを想起すれば，フェミニスト法学者ファインマン（M. A. Fineman）が提案するように，婚姻関係を保護することでケア関係を保護するというこれまでの戦略を放棄して，むしろ直接にケア関係を直接保護の対象とすべきという議論も可能だろう［2005（1995）］。

IV　異性愛家族の再定位へ

以上のように，近年では「性的志向」ではなく「性現象」とも訳されるセクシュアリティ（sexuality）の多様性について議論するためには，そのなかのほんの一部に過ぎないはずの「男女一対の異性愛」のみを取り上げることは適当でなく，また，「男女一対の異性愛」

を唯一の基準として「平等」を論じるのでも十分ではない。むしろ，異性愛家族を中心に構築されてきたこれまでの家族研究を根底から問い直し，逆に，セクシュアリティの多様性のなかに異性愛家族を特殊な一事例として再定位する試みが，現在行われているのである。

〈久保田裕之〉

[文献] オーキン, S. M. 2013 (1989)；志田哲之 2009；谷口洋幸 2012；ファインマン, M. A. 2003 (1995)；Lehr, V. 1999

親密性の変容

ギデンズ（A. Giddens）が1992年に刊行した著書のタイトル（*The Transformation of Intimacy*）であり，後期近代において親密な関係性が，伝統や慣習，宗教といった外的基準から切り離され，関係そのものに内的に準拠する「純粋な関係性」（pure relationship）へと変容していく事態をさす。ギデンズは「愛」の変化を次のように描く。

前近代社会に一般的であったのはパッショネート・ラブ（passionate love）であり，それは相対的に普遍的な愛の形である。このような愛は結婚制度とは相いれないものであり，一部の特権階級のみが享受し得た。しかし，近代以降，「特定の人」との永続的な関係を希求するロマンティック・ラブの理想が普及する。性・愛・結婚の三位一体，すなわち，性や愛は結婚と結びつくことで正統とされ，これをロマンティック・ラブ複合体（romantic love complex）と呼ぶ。母性愛や異性愛を基軸とする家族観と結びついており，ジェンダー不平等や同性愛の排除といった特徴を有していた。

それに対し，後期近代に一般化したのがコンフルエント・ラブ（confluent love）である。これは，相互に対等な者どうしが取り結ぶ能動的で偶発的な愛であり，異性愛に限定されるものではない。セックスが生殖と切り離され，「自由に塑型できるセクシュアリティ」（plastic sexuality）へと変化したことも関連している。いわば，既存の枠組みが存在しないなかで試行錯誤される再帰的な愛の形である。ギデンズは，コンフルエント・ラブが嗜癖や共依存のリスクと隣り合わせであると指摘しつつも，それを親密性の民主化を体現したものとして肯定的にとらえる。

ギデンズの議論に対しては，階級やエスニシティへの視点が欠落していることや，多くの経験的調査の結果が彼の主張を支持していないといった批判が存在する [cf. Jamieson, L. 1998]。彼の議論が現実社会を適切に把握しているか否かについては実証研究による精査が必要である。とはいえ，彼が提示した諸概念が，理念型として現代社会を分析するための重要な道具であることは疑い得ないだろう。

〈阪井裕一郎〉

[文献] ギデンズ, A. 1995 (1992)；Jamieson, L. 1998

異性愛規範性

異性愛者であり，異性愛者として関係を結び，生きていくことが自明であり，正当であり，かつ特権的であるとする規範の性質を指し示したもの。

1991年にワーナー（M. Warner）が提起した概念であり，クィア理論のなかから生起され，非異性愛者が対峙する規範を説明するために考案された。ルーツとしてルービン（G. Rubin）の「セックス／ジェンダー・システム」やリッチ（A. Rich）の「強制異性愛」の概念がある。異性愛規範性の概念は，同性愛嫌悪（ホモフォビア）や異性愛中心主義（ヘテロセクシズム）の概念と密接に関連している。

ここでいう異性愛規範とは、一夫一妻制にもとづく正規の婚姻によって夫婦関係が営まれ、それが生殖に結びつくような「伝統的」とされるあり方が中核となる規範だと言える。モデルとして異性愛者によって形成された核家族が想定されている。ここでは性別、性自認、性的指向性、性役割や生殖、関係性における「伝統的」なあり方が肝要となる。

すなわち、この規範においてはクィア理論の中心的な担い手であるレズビアンやゲイ、バイセクシュアルやトランス・ジェンダーをはじめとした非異性愛者が排除されるのみならず、シングルマザーやシングルファーザー、セックスワーカー、ノン・モノガミー、あるいは人種や階級の異なる関係等をはじめとする、この枠組みから外れた異性愛者もまた排除の対象となり得る。　　　　（志田哲之）

[文献] リッチ, A. 1989 (1981)；ルービン, G. 1991 (1984)；Warner, M. 1991

同性婚とドメスティック・パートナー

主に二人の同性の人びとを、国家などが制度的に保障する制度を指す。モデルとして異性の二人を同様に保障する婚姻制度があげられ、これを同性の人びとに適用したのが同性婚である。また婚姻制度に準じた制度として、ドメスティック・パートナー制度やシヴィル・ユニオン、PACSといった制度があげられる。これら婚姻制度に準じた制度においては、同性のみに適用されるものと、同性／異性を問わないものとがある。日本においてはどちらの制度もない。また婚姻制度が国によって異なることから、国によって同性婚の保障内容は異なるし、これに準じた制度の保障内容も異なる。

同性婚が初めて施行されたのはオランダであり、2001年のことである。現在に至るまで十数ヵ国において国の法律として同性婚が施行されている。アメリカでは2015年6月、連邦最高裁判所がすべての州において同性婚の禁止は違憲である旨の判決を下した。

ドメスティック・パートナーシップ制度をはじめとした、婚姻制度に準ずる制度については、別制度型と契約登録型に分かれると谷口洋幸は分類する。前者は同性同士を対象とし、保障内容が婚姻とほぼ同等である点、後者は同性／異性を問わないものであり、また当事者間の契約内容の登録である点が特徴だという。そして前者については同性婚が施行された国については廃止されているという。

同性婚については賛否両論が顕著である。同性婚を権利の観点から見た場合、異性愛者と同等の人権が獲得できるという賛成の理由をチョーンシー（G. Chauncey）は指摘する。また反対の理由としては宗教上の禁忌の抵触や伝統的な異性愛家族の破壊といったホモフォビックなものもあれば、同性愛者を排除してきた制度への迎合だとする批判、そもそも婚姻制度自体が差別的であるといった批判、両性愛者等の他の多様なセクシュアリティが考慮に入れられていないといった批判等、当事者からのものもある。　（志田哲之）

[文献] 谷口洋幸 2013；チョーンシー, G. 2006 (2004)；バトラー, J.・ラクラウ, S.・ジジェク, E. 2002 (2000)

ストーンウォール事件

1969年6月28日に、ニューヨークに所在するゲイが中心に集まる酒場（バー）、ストーンウォール・インで起こった事件を指す。

ゲイが集まる酒場に対する警察の手入れはそれまで何度となく嫌がらせのように行われていたが、この日初めて抗議的に暴動を起こし、これを機にアメリカにおける同性愛者の

抵抗運動・権利獲得運動が盛んになったとされる。またこの警察の手入れは直接的な同性愛者への取締りではなく，酒類販売免許の不所持が名目としてあった。

一方で，ルベイ（S.LeVay）［2002］は「アメリカはゲイの権利を求める運動の誕生の地ではなかった」と述べ，アメリカにおける実質的な運動は1950年代初頭に組織された「マタシーン協会」と「ビリティスの娘たち」が嚆矢となるという。またヨーロッパにおいてはさらに歴史を遡ること古く，20世紀初頭，ユダヤ系の医師かつ性科学者でもあったヒルシュフェルト（M. Hirschfeld）の運動に認められるという。

（志田哲之）

[文献] ルベイ，S. 2002（1996）

三人婚

ある一人の人間が二人の人間と合意の上で親密な関係をもち，その三人が社会的に承認されたパートナーシップ関係を締結すること（[英] three marriage）。一夫多妻制やイスラーム法の下で三人の関係が公認される場合もあるが，一夫一婦制が法律で定められている，あるいはそれを主流とする国において例外的なケースとして認められているものを指す傾向がある。2012年ブラジルのサンパウロ州において一人の男性と二人の女性による届け出が受理され三人の関係が公認された。ただし法律婚と同様の権利を三人全員が有しているわけでなく，例えばA，B，CのうちA-B間に生まれた子どもの親権をCがもつことはできない。この事例はキリスト教の結婚観との関連で非難される一方で，ポリアモリーの婚姻権利運動に影響を与えている。なお，現在までに同性三人による「三人婚」が法的に認められたケースはないが，将来的にはあり得るかもしれない。

（深海菊絵）

バイセクシュアリティ

一般的にバイセクシュアリティ（[英] bi-sexuality）という語は，男女両性を性愛対象とする性指向として流通している。しかし本来は定義することが非常に困難な語であり，定義や捉え方をめぐってさまざまな立場や論争が見られる。これを異性愛や同性愛と並ぶ一つの性指向として捉える立場もあれば，人間の性指向を異性愛と同性愛の二つのみとし，両者を包含するものとして捉える立場もある。また，これらパートナーの性別を基軸とする視座に対し，人を愛する際に性別を指標としない点を主張する立場も存在する。バイセクシュアリティと他のセクシュアル・マイノリティ集団との間には協同関係も見られるが，強制異性愛主義への対抗を掲げるゲイ，レズビアンにとってバイセクシュアリティは曖昧な存在に映り，嫌悪の対象となる場合もある。そのためバイセクシュアリティはセクシュアル・マイノリティの間においてもマイノリティの存在なのである。

（深海菊絵）

[文献] 上村くにこ 1998；クライン，F. 1997（1978）

モノセクシュアリティ

モノセクシュアリティ（[英]：monosex-uality）とは異性愛や同性愛のように，ある特定の性を性愛対象とする性指向を指す。したがって両性を性愛対象とする，あるいは人を愛する際に性を指標としないバイセクシュアリティはモノセクシュアリティではない。現代の多くの社会ではモノセクシュアリティが自明視される傾向にある。例えば，ソーシャル・ネットワークの自己紹介画面において性愛対象の性を選択する場面では，選択肢が

「男」か「女」のみであることが多い。性愛対象の性が一つであることを自明視すること，「正常」と見なすこと，強制することはバイセクシュアリティの存在を看過するだけでなく，バイセクシュアリティに対する差別や嫌悪の問題にも通じており，それは異性愛世界だけでなくセクシュアル・マイノリティ集団の内部においても指摘できる。また，モノセクシュアリティは確固とした性自認や性指向を強制する社会を考察する上でも重要なキーワードとしてある。　　　　　（深海菊絵）

[文献] Yoshino, K. 2000

オープン・マリッジ

　婚外性関係をもつことに関し合意のある夫婦関係（[英] open marriage）。貞操を一対一に限定しない結婚のかたち。オープン・マリッジはスワッピングからポリアモリーまでさまざまなかたちをとる。「オープン・マリッジ」という語の起源は定かではないが，アメリカでは1970年代からオープン・マリッジに関する書籍が出版されている。1972年に出版されベストセラーとなったオニール夫妻（N. O'Neill & G. O'Neill）による解説書では，「オープン・マリッジ」を夫婦それぞれが自律性のある個人として人間的に成長できるような自由で柔軟な関係と定義し，オープン・マリッジが単に恋人をもつ自由のある夫婦関係ではなく，一方の成長が他方の体験を豊かにするような「共働」理念にもとづいた関係である点に言及している。これまでのオープン・マリッジに関するいくつかの調査は，アメリカの既婚者の1.7%から6%がオープン・マリッジを実践していると予測している。（深海菊絵）

[文献] オニール, N. ＆オニール, G. 1975（1972）

ポリアモリー

　性愛対象を一人に限定しない合意にもとづいた複数愛実践，性愛スタイル，ライフスタイル。「ポリアモリー（[英] polyamory）」という語はラテン語の「複数（Poly）」とギリシャ語の「愛（Amor）」に由来する造語であり，1990年代初頭にアメリカで誕生したと言われている。ポリアモリーの定義は一義的ではないが，例えば「誠実な複数愛」「責任ある非一夫一婦制」「関係に参与するすべての者の合意にもとづき複数の者と同時に性的・心的な関係を築く性愛スタイル」というものがある。自分の交際状況を公にすることが条件であり，パートナーに隠れて取り結ばれる複数愛関係はポリアモリーとは見なされない。また，長期的に深く関わりあう関係が目指されており，短期的でかつ性的関係を結ぶことを第1の目的とするスワッピングとは差別化される。ポリアモリーでは一夫一婦制に囚われずに性愛スタイルを選択することが重要とされており，一対一の関係を含め自ら意識的に選択した性愛スタイルをポリアモリーと定義する実践者やグループもある。ポリアモリー実践者やポリアモリーの理念に賛同する人は「ポリアモリー」「ポリアモリスト（Polyamorist）」「ポリー（Poly）」と自称する。そのなかには，実際にはポリアモリー経験のない人や，恋人のいない「シングル・ポリアモリー（Single-polyamory）」と呼ばれる人も含まれる。現在，ポリアモリーの総人口は正確に把握されていない状況だが，2009年時に『ニューズウィーク』では全米に約50万人のポリアモリストが存在すると予測している。

　ポリアモリーにはオープン・マリッジや三人がそれぞれ性愛関係にある「トライアッド（Triad）」，グループ内でしか性愛関係をもたないことを約束した「ポリフィデリティ

(Polyfidelity)」などのさまざまなかたちが存在する。このように独自の言葉や知識，および倫理観が流通している点において特徴があろう。近年，ポリアモリーのコミュニティは増加傾向にあり，またマスメディアを介して認知されつつある状況である。　　（深海菊絵）

[文献] デボラ，A. 2004（1997）；深海菊絵 2015

クィア家族論

「クィア家族」という言葉を用いて実態として営まれているのは，レズビアン／ゲイ，バイセクシュアル，トランスジェンダーの人びとが中心となり形成する家族である。この場合，カップルの二者だけではなく，子どもが含まれることも多い。子どもとは，カップルと遺伝的な繋がりのある子どもであったり，養子縁組みによって得られた子どもであったりする。

クィア・セオリーの提唱者であるデ・ローレティス（T. de Lauretis）は「『クィア・セオリー』という用語は，このように私たちの言説規範に抜きがたく存在するあらゆる細かな区別だてを取り払うために生みだされたと言えよう。既存の用語と，そのおのおのに付随する固有のイデオロギーのいずれに偏向することなく，むしろそれらすべてに抗い，それらを超越することを——少なくともそれらを問題視していくことを——この言葉は目指しているのだ」と表明する。その観点から「クィア家族」を検討すると，二つの見解が導き出されるだろう。一つはこれまで家族に疎外されてきたクィアな人びとが家族を称することによって，既存の用語とそれに付随するイデオロギーに埋没してしまうという批判である。もう一つはあえて家族という言葉を戦略的に行使することによって，既存の家族に付随するイデオロギーを攪乱していくという積極的な評価である。

カリフィア（P. Califia）は「70年代から80年代までは，『ゲイ・ファミリー』はあきらかに一つのコミュニティだった。そこには，一人が傷ついたらみんなが傷ついたことになるという，強烈な同胞意識が働いていた。〔中略〕90年代におけるゲイ・ファミリーは，自分たち自身の経済的な成功と，そして（おそらくは）子供を育てたいという欲望によって結びついた，カップルのみのユニットだ。一夫一夫制（モノガミー）と長期に渡ってつき合い続けるカップルの強調は，ラディカルさの色褪せたアクティヴィズムを生んだ」と述べる。カリフィアの見解からは，前者の批判的な見解に与しつつ，セクシュアル・マイノリティにとっての家族という言葉の用法が時代によって変遷していく様子が読み取れる。

（志田哲之）

[文献] カリフィア，P. 1998（1994）；デ・ローレティス，T. 1996（1991）

家族と親密圏

近年の家族に対する新しいまなざしは，「一対の異性愛」を超えて多様なセクシュアリティへ，そしてさらには，性愛関係を超える多様な関係性にまで拡張しつつある。

血縁関係や性愛関係は，長らく深い情緒的な繋がりや存在論的安心の基盤であると考えられてきたが，それは同時に，深刻なコンフリクトや致命的な暴力の温床でもあること

が，虐待やDVの研究から明らかにされてきた。例えば，日本における殺人既遂事件のうち4割は核家族の内部で行われており，これに統計上は家族に入らない恋人や配偶者の不倫相手を入れると8割近くが血縁関係か性愛関係のなかで生じていることになる［浜井浩一 2009］。

それゆえ，家族は外部からの避難所であるだけでなく，あるいは，外部からの避難所であろうとするがゆえに，家族の外部にもまた避難所が必要になるという意味でのディレンマを踏まえて論じられる必要がある。それは，宿命的で永続的だと考えられてきた異性愛関係と比べれば，二次的で刹那的であるがゆえに取るに足らないと考えられてきたその他のさまざまな，しかし実際に私たちの生活を支えるきわめて重要な社会的つながりを再評価するための議論とも言える。

I 家族を超える親密圏

まず，共通の問題や病を経験した仲間との繋がりは，同様の経験をもたない親や配偶者よりも実用的で重要なサポートを提供してくれるかもしれない。

例えば，アルコールや薬物依存に関するピア・グループにおける年長者や，回復経験のある世話係との繋がりは，親とも兄弟とも異なる重要な役割を果たしている。とりわけ，通常は「無いはずのもの」とされている家族からの暴力や抑圧にさらされている場合，そこから逃れるための家族外サポートはさらに重要になるだろう。例えばまた，社会的に抑圧されたマイノリティ集団において，外部の社会ではとうてい得られない安心や建設的な議論が可能になるように，社会運動における成員相互の情緒的関係を再評価する議論もある。こうした繋がりは「対抗的公共圏」とも呼ばれるが，社会哲学者ホネット（A. Honneth）はこれを，運動によって達成しようとする未来のコミュニケーション共同体からの「さきどりされた承認」と呼んでいる［2003 (1992)］。

のみならず，私たちの生を支える繋がりは，人間との対面的・直接的な接触だけを意味するとは限らない。

例えば，インターネットを通じて知り合った面識のない他人とのオンラインの関係のなかでさえ，身近な人では提供できないサポートを得ることができるだけでなく，身近な人だからこそ相談できない内容を打ち明けることができるという利点もある。他にも，物言わぬペットの世話をし，ペットに癒やされるという関係からも，私たちは重要な支援を得ることがある。だとすれば，1999年に発売された子犬型のペットロボット・AIBOとの関係から，私たちは何かを受け取ることができるかもしれない。現に，2006年にソニーがAIBOのサポートを終了し，2014年末に修理が不可能になった際に，愛犬の寿命を嘆く飼い主たちがその悲しみを分かち合っている。

この点，教育哲学者のノディングズ（N. Noddings）は，私たちは植物や動物の世話をしたり，あるいは無機物であっても丁寧に手入れしたりすることを通じて，ケアすることとケアされることを学び，ケアの意味を考えることができると述べている［2007 (1992)］。

II 家族から親密圏へ

このような，性愛関係を超えて私たちの生を支える関係の網の目を把握するための概念として，「親密圏（intimate sphere）」という議論が注目されてきた。

ハーバーマス（J. Habermas）らの社会哲学における「公共圏（public sphere）」との対比で議論されるようになった「親密圏」概念は，既に手垢のついた家族概念に変わって身体的で情緒的な関係を包括的に指すために用いられている。しかし，ときに単に家族のPC（政治的に正しい言い換え）に過ぎない場面も少なくない。例えば，上野千鶴子は家族研究を「親密圏」研究に還元することに警鐘を鳴らし，①ほとんどの場合，「親密圏」が「家

族」の単なる代替用語として用いられており，新しい概念を採用する積極的意義と効果がないこと，②「親密圏」を採用することで，公私の領域分離を維持・再生産し，「公の不介入原則」を支持してしまうこと，③実際には少しも「親密でない」関係を「親密圏」と誤認する可能性が高いこと，④自律した成人のあいだでなら成り立つかもしれない「親密圏」の概念を，子どもや高齢者など依存的な存在にまで拡張することが可能とは思えないことを理由にあげている［2009］。

もっとも，「親密圏」を含む非性的な情緒性に関わる議論は，今なお発展途上であり，いっそうの精緻化が必要とされているのは言うまでもない。しかし，それがどのような概念化であれ，血縁と性愛によって観念される家族からは一定の距離をとって対峙し，家族への避難と家族からの避難という両面に向き合うものでなければならないだろう。（久保田裕之）

[文献] 上野千鶴子 2009；ノディングズ，N. 2007（1992）；ハーバーマス，J. 1994（1973）；浜井浩一 2009；ホネット，A. 2003（1992）

親密圏

公共圏が人びとの共通の関心事によって成り立つ非人称的で抽象的な関係性であるのに対し，親密圏（intimate sphere）は具体的な他者の生への配慮／関心をメディアとして成り立つ，ある程度の持続性と代替不可能性をもった関係性である［斎藤純一編 2000］。もともとはフェミニズムやジェンダー論が近代的な公私二元論への批判を展開し，私的領域に固有の論理や役割，機能を再検討するうえで，従来は私的領域とされた市場と明確に区別するために提起した概念でもある［井上匡子 2011］。家族単位を自明とした近代的なプライバシー概念を批判的に問いかえし，家族関係の内部に存在する個人やプライバシーを析出することを意図した概念であった。

親密圏はさらに，異性愛主義にもとづく近代家族を超えた親密な人間関係とその可能性をとらえるため，「家族」に代わるオルタナティブな概念として用いられることも多い。親密圏は，情緒的結びつきに基礎づけられてはいるが，必ずしも性愛や血縁の結びつきによらない相互的な配慮や依存，ケアの関係性である。斎藤純一が述べるように，諸個人の生は他者への依存を不可避としており，依存性を基軸とする親密圏の意義は正当に評価されなければならない。そして，従来の家族関係をこえて形成され得る親密圏の意義を見直すことは公共圏のあり方を批判的にとらえ再編成することにつながる。

とはいえ，その性質上，非対称な関係を含んだ親密圏は，しばしば閉鎖的・排他的な関係となりやすい。それゆえ，暴力や権威の関係に転化するリスクにはつねに注意が向けられなければならず，そこから「退出する自由」が制度的に保障されている必要がある。

親密圏という言葉は上記の意味に限定されるわけではなく，政治学や法学，社会学，心理学，哲学などさまざまな領域で多義的に使用されている。いまなお定義／再定義の途上にある概念であると言え，分析概念としての有効性を高めるためには概念のさらなる精緻化が求められると言えよう。　（阪井裕一郎）

[文献] 井上匡子 2011；斎藤純一編 2000

家族の友人化／友人の家族化

従来は，出自（ascribed）にもとづく属性と役割に規定されてきた家族概念と，それとは対照的に選択（choice）による自発的関係とされた友人概念の境界が曖昧化している事態をさす［Chambers, D. 2006］。「家族の友人化」

（family as friend）の背景には，離婚の増加とステップファミリーの一般化，レズビアン・ゲイカップルによる家族形成，生殖医療技術の発展などがある．家族が選択性／代替可能性を高めているのであり，これは「選びとる家族」（family of choice）と表現されることもある［Weeks, J., et. al 2001］．また，チェンバース（D. Chambers）が指摘するように，現代では家族関係においても友情のような対等な関係こそが理想とされ，単に義務のみで規定されるような家族は否定的な評価をくだされる［Chambers, D. 2012］．それに対し，「友人の家族化」（friend as family）という事態は，これまでは家族が行うとされた共同生活やケア，その他さまざまな協力関係が友人関係に代替されつつあることを背景にしている．従来の家族機能が家族構造を離れて，友人関係のなかに再定位されつつあるのである．

こうした家族／友人の境界の曖昧化は，ギデンズ（A. Giddens）が提起した「純粋な関係性」と同様，家族であれ友人であれ，関係の持続がその関係自体の質（quality）に依存するようになったことを意味する．友人関係の比重の高まりが，伝統的な家族や共同体の「神話」を解体しているのであり，こうした変動を社会の民主化の帰結と見ることもできる［Pahl, R. 2000］．

とはいえ，両者の境界が曖昧になることで生じる多くの問題も指摘できるだろう．人びとがとり結ぶ関係の選択性が増すにつれ，その安定性や持続性をいかに担保できるのか，そして，これまで家族を主要な対象としてきた福祉・政策単位をどう再編していくべきかなど検討すべき論点は多くある．しかし，血縁関係や異性愛主義にもとづく「標準家族」をこえて実践される，オルタナティブなケアや親密性のリアリティを把握し，その可能性を探ることは現代の家族研究にとって焦眉の課題だと言えよう．

（阪井裕一郎）

［文献］Chambers, D. 2006, 2012；Pahl, R. 2000；Weeks, J., Donovan, C. and Heaphy, B. 2001

対抗的公共圏

支配的な公共圏に対し異議申し立てを行う，下位の公共圏を意味する（［英］counterpublics）．フレイザー（N. Fraser）が，ハーバーマス（J. Habermas）を批判する文脈で提起した概念［フレイザー 1999, 2003］．彼女は，公的領域と私的領域の再定義を語るなかで，ハーバーマスが構想する単一的で包括的な公共圏を批判し，内部に多様な価値観やレトリックを含んだ多元的な公共圏こそがより望ましいと主張する．公共圏はその内部はもとより，階層的に従属的な位置におかれた集団をも含んだ複数の公共圏どうしのコミュニケーションによって構成され，批判や修正の可能性を組み込んでいなければならない．フレイザーは，このような対抗的関係を含んだ公共圏を理論化することが，既存の民主主義の可能性を押し広げると主張するのである．こうした対抗的公共圏の多くは，人びとの具体的な生／生命への配慮から公共圏を再編していく可能性をもつという意味で，親密圏の特徴も備えていると言える［斎藤純一 2000］．

（阪井裕一郎）

［文献］斎藤純一 2000；フレイザー, N. 1999（1992），2003（1997）

セルフヘルプ・グループ

同じ病気や，健康上，生活上の問題を抱えた人びとが集まり，語り合って経験を共有したり，情報交換をしたり，相互に助け合ったりすることを目的として作られる集団のことを指す．自助グループや当事者グループとも

いう。そのはじまりは，1930年代のアメリカ合衆国で，アルコール依存に陥った患者たちがアルコール依存から抜け出すことを目的に集まって作り上げた相互支援組織AA（Alcoholics Anonymous）とされる。現在では，アルコール依存や薬物依存に限らず，慢性疾患，難病，認知症をはじめとするさまざまな病気や障害を抱える人，また交通事故や自殺によって近親者を失った遺族など，ある特定の苦悩や困難を抱える当事者とその関係者の間で，自助的なグループが形成されている。グループの形態は多様であり，インターネット上の掲示板やフォーラム，SNSなど，ヴァーチャルな空間におけるネットワーク状のゆるやかなつながりが，同様の機能を果たすこともある。

セルフヘルプ・グループは，当事者やその家族が中心となって自主的に組織されることが多く，専門家や医療機関が主導して組織する集団とは異なった機能をもつ点に特徴がある。社会的なスティグマの解消に向けた運動の主体となったり，関連する研究を促進するための提言や助成活動を行ったり，科学政策や社会政策への提言を行ったりする際の活動拠点となるなどして，広く社会活動の担い手となる。また，当事者だからこそ知り得る経験や情報を集積，共有，学習し合うことができる場所であるため，専門家とは異なる立場から問題に対処するという，知的な活動の場としての役割ももつ。専門家と素人をつなぐこうした社会的機能は，素人専門家（lay expert）と呼ばれる。
　　　　　　　　　　　　　　　（山崎吾郎）

[文献] 久保紘章・石川到覚編 1998；中川輝彦・黒田浩一郎編 2010

病の共同体

病を患うことは，個人の健康上の問題であるだけでなく，さまざまな集合的実践を生み出す契機となる。そうして生み出された集合的実践が，病の語りや経験の共有などを通して共属意識を伴った場を生み出すとき，病の共同体が形成される。

病の共同体への注目は，社会的な規範からの逸脱として理解されがちな病の経験を，広く社会的相互行為のなかでとらえなおす作業を伴っている。病を通して身体経験の成り立ちを再考したり，身体と社会との関係性の変化を理解しようとしたりする際に，この概念が重要な役割を果たす。共同体を形成することは，新たな主体性の獲得やアイデンティティの変容と密接な関わりをもっており，例えば特定の治療法や治療薬についての関心や目的を共有することで成り立つ治癒共同体（therapeutic community）においては，そうした活動に参加することでもたらされる個人の考えや感情や行動の変化そのものが，一定の治癒効果をもつことがある。また，特に社会的な発言力をもった組織が形成される場合には，病の共同体が，医療政策の文脈における社会運動の担い手となる。

共同体の形態は，そこで見られる実践の特徴によってさまざまである。日々の悩みや慢性的な心身の不調に関わるような，日常的実践の積み重ねから共同体が形成されることもあれば，病名によってあらかじめ成員の範囲が特定されるような，制度的な組織が形成されることもある。近年では，遺伝子工学やバイオテクノロジーの進展によって遺伝子レベルでの身体管理が可能になることで，新たな身体観や個人の観念が生み出されており，そうした生物医学の技術的実践を媒介として形成される共同体のあり方が議論されている。これらは生社会性（biosociality）や生社会コミュニティと呼ばれる。
　　　　　　　　　　　　　　　（山崎吾郎）

[文献] 浮ヶ谷幸代・井口高志編 2007；田辺繁治 2008

家畜・ペットと家族

　家畜やペットと家族の関係をめぐっては二つの視点が共存していると思われる。第1に，家畜やペットを人間に何らかの利益をもたらす存在として捉える見方であり，第2に，それらの動物を人間という種と一緒に日々を生きる存在として捉える見方である。第1の視点から見れば，野生動物が家畜化され，食用をはじめ輸送・農耕・狩猟・牧畜の補助，実験動物，ペットとしての飼育など，次第に人間にとっての用途が広がってきたという仕方で人間と動物の歴史が把握されるだろう。とりわけ近年では，家族関係の不安定化やリスクの遍在化のなかで，精神的な癒しや繋がりを与えてくれる理想的な家族としてペットが扱われる傾向への注目が集まっている［山田昌弘2007］。より可愛らしく個性的な種が高値で売買され，快適な居住空間と高価な食事を与えられる。ペットブームをめぐって時に揶揄されるこうした現象だけを見れば，動物という自然が人間社会の利益に沿って徹底的に人工化されているようにも思われるだろう。

　だが，第2の視点から見れば，さまざまな自然種が人間という別の自然種と影響を与えあいながら互いの姿を変容させてきた軌跡として，人間と動物の歴史が把握される［ハラウェイ, D. 2013］。近年のペットブームもまた，人間の家庭生活の中心的な部分にまで動物という自然が浸透してきた現象として捉えられるだろう。ペットが与えてくれる「癒し」は，動物と人間という異なる種が生活空間において織り成す相互作用がもたらすさまざまな効果の一つにすぎない。二つの視点の共存を通して見えてくるのは，ペットと人びとの関係は社会的かつ自然的であるということ，ペットを含む家庭におけるさまざまな「相方」との関係を通じて私たちは社会的存在としての自らの生と自然種としての自らの生を絶えず結びつけ，組み換え，変容させているということであろう。
　　　　　　　　　　　　　　　　（久保明教）
［文献］ハラウェイ, D. 2013 (2008)；山田昌弘2007a

ロボットと家族

　私たちは，先端技術が生みだすロボットが家庭をはじめ生活の隅々に浸透していくだろうという漠然としたイメージを共有している。欧米の人びとにとってはしばしば奇異に感じられるこうしたイメージは，あらゆるイメージがそうであるように，固有の歴史をもっている。1960年代から始まった日本のロボット工学は，産業ロボットの成功を背景としながら工場以外でも活動できるより魅力的なロボットを作り出そうとしてきた。そこで重視されたのは，生活空間における人間の労働を代替・支援することであると同時に，産業ロボットよりも柔軟な身体性をもち「人間にあわせることのできる」ロボットによって人間とテクノロジーのあいだに円滑なコミュニケーションを生み出すことであった。80年代後半には，「マイカー」ならぬ「マイロボット」と呼ばれる家庭用汎用ロボットを軸とする産業化構想が提唱され［加藤一郎ほか1990］，行政による支援を受けながら人口に膾炙してきたことが私たちの共有するイメージの背景にあると思われる。

　だが，90年代に入ると既存のAI（古典的計算主義）に依拠した自律型ロボットを生活空間で動作させることの困難が明確になり，「マイロボット」構想は停滞していく。代わって現れたのが人間とのコミュニケーションに特化した「AIBO」などのペット型ロボットであり［久保明教2007］，居住空間全体をロボット化することで人間の活動を代替・支援

する空間知能化構想［佐藤和正編 2004］であった。先端的な要素技術がロボットというかたちで総合され，生活空間と結びつけられるなかで，労働やコミュニケーションの有様が新たに構想され変容していく。ロボットと家族の関係について考えることは，家庭における人間の活動や情動にテクノロジーがいかに介入しているのか／すべきなのかという，より広範かつ重要な問いと密接に結びついているのである。

〔久保明教〕

［文献］加藤一郎・高西淳夫・菅野重樹 1990；久保明教 2007；佐藤和正編 2004

オンラインの親密性

1990年代後半からのICT技術の急速な発達により，従来は空間的・身体的な近接性を前提としていた親密性が，ときに国境を越えた見知らぬ個人の間にも広く観念されるようになっている。手紙や電話を通じたある種の親密性は以前からも存在していたが，インターネットの普及とそれに続くモバイル技術の進展は，文字や音声だけでなく写真や動画も交えた相互行為を容易・高速・安価にすることで，特定の関心にもとづく見知らぬ個人との出会いと交流のハードルを大きく引き下げた。こうしたオンラインの親密性は，空間的・身体的近接を重視する従来の親密性の捉え方からは過小評価されやすいものの，実際には，単なる友人・パートナー探しを超えて，実際的・情緒的サポート，ときに抵抗や連帯といった社会運動の基盤を提供する場合もある。もっとも，家族や友人，同僚といったオフラインの人間関係をオンラインで補完する場合も多く，両者の関係は単純ではない。

〔久保田裕之〕

［文献］Chambers, D. 2006；Illouz, E. 2007

家族を超える共同生活

家族に対する新しいまなざしは，多様なセクシュアリティやより広い意味での親密性のみならず，家族を超える共同生活実践や，家族を超えるケアの実践にも向けられるようになっている。

従来は「疑似家族」として，あるいは「家族のような」という比喩で語られるに過ぎなかった非家族的な共同生活やケアは，その参照点である「本当の家族」の揺らぎとともに新たな光が当てられ，実際にどの程度，生活の共同や相互扶助の基盤として制度に組み込むことが可能なのかが議論され始めている。とりわけ，エスピン＝アンデルセン（G. Esping-Andersen）による「福祉レジーム（welfare regime）」論［2000 (1999)］とその批判のなかから，日本の家族主義的な福祉制度配置が問題視されるようになると，いかにして家族外の社会的サポートを再構築していくべきかが焦眉の課題となっている。

1　高齢単身期と共同生活

森岡清美［1993］によれば，直系家族制から夫婦家族制への移行に伴い家族は生成と消滅のサイクルを刻印されることになったが，それはすなわち，出自家族から生殖家族への移行期である若年期と，生殖家族の終期である高齢単身期に，家族による福祉の傘から漏れ出る状況を作り出すこと意味していた。例えば，平均寿命の伸長と高齢期のQOL（生活の

質）への要求水準の高まりは，核家族化の進展と女性の社会進出を背景として介護問題を出現させた。

子の両親に対する扶養義務が否定されてきた欧米に対して，三世代同居の慣習に少しでも長くしがみつこうとしてきた日本では，依然として親の扶養・介護は子の義務という考え方から抜け出せていない。2000年から介護保険が整備されたにもかかわらず，依然として家族介護者の存在を前提としていることが批判されるのも，この点と関連している。それゆえ日本において，比較的早い時期に家族を超えるケアの必要性が前景化したのは，高齢期におけるケアサービスの共同購入としてであった。

例えばグループホームや，ケアホーム，グループリビングといった高齢者による非家族的な共同生活の試みは，施設ではない私的な共同生活のなかで，より自律的に共に老い順に看取り看取られていく新たな「終の棲家」として一定の成果を上げつつある。また，住宅設備の共用と家事の協働にもとづく生活の合理化の理念とともに輸入された北米のコーポラティブハウスや北欧のコレクティブハウスは，子育て世帯から単身高齢者まで多世代を含んだ非家族的な共同生活体を出現させている。環境への配慮を共同生活のなかに取り込むエコハウジングもまた，近代家族を超え出る共同生活実践のなかから，新たな自然との関わりを模索するものと評価できるだろう。

II 若年単身期と共同生活

他方でまた，従来は福祉の対象として考えられてこなかった若年層の生活条件が急速に悪化し，とりわけ家族と居住をめぐる社会問題への対応を迫られるようになっている。

例えば，アングロ＝サクソン諸国であれば離家してから婚姻家族を作るまでの比較的経済基盤の弱い学生期や若年単身期に，居住関連費用を節約するために他人と共同で家を借りるという選択肢が珍しくないのに対して，少なくとも高度経済成長期以降の日本にこうしたシェア文化が根づくことはなかった。逆に，1976年に東京都新宿区西早稲田に日本初のワンルームマンションが誕生すると，親元に留まらない限りは割高でも独り暮らしすることが一般的となり，他人との共同生活は学生寮や社員寮など福祉目的のものに限られるようになる。

ところが，長引く不況を背景として若者を中心に雇用が不安定化し，晩婚化によって若年単身期を引き延ばされると，公営住宅への十分なアクセスも普遍的な住宅手当ももたない日本では，市場と家族中心の住宅供給からこぼれ落ちる「若年ホームレス」や「ネットカフェ難民」といった社会問題が顕在化するようになった。逆に，家族による住宅供給にしか頼れない制度状況は「ひきこもり」といった若者の自立をめぐる問題をいっそう複雑にしている。現在，いわゆるシェアハウスやルームシェアとよばれる20代，30代の若者を中心とした非家族的な共同生活実践が注目されているのは，こうした単身生活のコスト高や孤立の問題との対比においてである。

たしかに，新たな共同生活実践に関する研究はまだ新しく，用語の定義や分類について多くの困難を抱えているが，このことはむしろ「家族」生活を除くあらゆる共同生活が，これまで何の名前ももたずいっさい分類もされずに等閑視されてきたことの証左と見るべきだろう。また，「コミュニティ（community）」は「イミュニティ（immunity）」であるとも言われるように，新たな共同性の創出は新たな排除を必然的に伴うことにも注意が必要である。

III 共同生活から住宅へ

以上のように，家族のように血縁や性愛を基礎としない新たな生活の共同性の模索は始まったばかりであるが，現在のところ，これまでの家族をそのまま代替できるような強い

共同性の基盤を提供できるとは考えられていない。しかし，近代核家族だけではもはや人びとの生活を支えられないというのが，そもそもの議論の初発であったことを忘れるべきではないだろう。家族の歴史を紐解けば，私たちは性愛関係や血縁関係を超えるずっと広い協働関係の網の目のなかで生活とケアを紡いでいたのであり，人びとの生活を支える共同居住関係への焦点化は，むしろ古くて新しいものとも言える。

さらにまた，単に個人や家族を入れる物理的な容器として住宅を見るのではなく，住宅の側から政治・経済・社会と，家族・個人の関係を問い直そうという動きも，ハウジング・スタディーズと呼ばれる研究潮流から生まれてきており，こうした点からも家族を含む共同生活と住居をめぐる新たな議論が期待される。

〈久保田裕之〉

[文献] エスピン＝アンデルセン, G. 2000 (1999)；ニューマン, K. S. 2013 (2012)；ブリントン, M. C. 2008 (2008)；森岡清美 1993

ルームシェア

欧米ほど若者同士の共同生活が一般的でない日本でも，事業者の介在しない自主運営型の共同生活はルームシェア (shared-rooms/shared-flats) と呼ばれ，古くから草の根的に存在してきた。シェアハウスとの境界は曖昧だが，既存の家族向け住宅を利用するため小規模であり，事業者を媒介しないため比較的安価な場合が多い。かつては，日本の大学の学生寮の貧弱さや賃貸市場の外国人に対する閉鎖性を背景として，主に都市部や学生街を中心に苦学生や留学生のための安価な住まいとして実践されてきたが，近年ではより自由で共同的な住まい方として注目を集めている。例えば，UR 都市機構が「ハウスシェアリング制度」として従来は夫婦・家族に限られていた旧公団住宅のルームシェア利用を解禁したり，大学や NPO により「ホームシェアリング」と呼ばれる独居高齢者と若者による相互扶助型ルームシェアが企画されたりと，世帯構成の変化に伴う空き室活用の一方策として期待されるとともに，結婚・家族を超えた生活の支え合いが模索されている。

〈久保田裕之〉

[文献] 久保田裕之 2009

シェアハウス

1990 年ごろから急増した共有部分付きの若年単身者向け共同アパートは，2000 年ごろから「シェアハウス」(sharehouse) という和製英語で呼ばれるようになると，雑誌やドラマを始め多くのメディアでも多く取り上げられ一般にも知られるようになった。かつての間借りや下宿とは異なり，一人一部屋のプライバシーが確保されたうえでキッチンやリビングなどの共有部分をもつ場合が多く，食事の提供などはなく，原則として各自がバラバラに生活を営むことで，社交とプライバシーのバランスをはかっている。

急増の背景には，営利事業者が介在して物件を管理し各居住者と個別に契約を行うことで共同生活の面倒やリスクの大半を事業者が引き受け，「交流のある独り暮らし」として多くの若者の参入を容易にしただけでなく，事業者が積極的にパーティやイベントを企画して居住者同士の繋がりを醸成するなどの付加価値づけに成功したことも大きい。そのため，同じ地域のワンルームマンションと比べて家賃が数万円程度高い場合もある。未婚化・晩婚化を背景に長期化する単身期の暮らし方として，狭く孤立したワンルームマンションに対しての，同世代の若者との共同的な住まい

方という選択肢を加えたという側面もある。

　他方で，シェアハウスは長引く不況によってこれまでのような独り暮らしが困難になった「若者の貧困」とも関連して議論されている。例えば，一部屋をベニヤ板で区切った区画を月額3万円程度で貸し出す「脱法ハウス（違法貸しルーム）」問題は，「若年ホームレス」や「ネットカフェ難民」と並んで，日本の若者政策と住宅政策の貧弱さを浮き彫りにした。もっとも，こうした建築基準法や消防法をめぐるグレーゾーンは，そもそも日本の住宅関連法規が，家族と住むか／独りで住むかという二分法を前提としており，他人と共同で暮らすことの法的位置づけが曖昧であることにも起因している。居住者の安全を確保しながらも，家族を超える他人との共同生活をサポートできるような制度変革の議論が必要だろう。

（久保田裕之）

[文献] 日本住宅会議 2008；ひつじ不動産 2010

コーポラティブ・ハウジング

　住宅を取得しようとする者が集まって協同組合（housing cooperative）をつくり，土地の取得，設計，建設，その後の運営を共同で行う事業手法である。もともとは，18世紀イギリスにおいて，社会主義者ロバート・オーウェン（R. Owen）が始めた協同組合に端を発している。その後，さまざまなコーポラティブ・ハウジングの試みが多様な経路を経て，ドイツや北欧，そして北米に広がっていった。現在では，公共住宅，民間住宅に次いで「第三の住まい方」として，政策的にも支援を受けている。

　日本では，1970年代に建築家を中心とするグループの自然発生的な取り組みから始まり，2013年現在，約1万戸の実績がある。ただし，住居に関する法律との関連から建物完成後は区分所有になるため，建設型コープ（building cooperative）と呼ばれ欧米のそれとは概念的に区別される。そのため，「竣工したら卒業」という言葉によって表されるように，共同性は建て終わるまでしか持続せず，その後の共同運営に課題が残っている。

（吉田俊文）

[文献] コウハウジング研究会・デュレ, C.・マッカマン, K. 2000；高田昇 2003

コレクティブハウス

　複数の世帯が集まって暮らす共生型集住生活を営むための住居，あるいは集合居住単位。居住様式はコレクティブハウジングとも呼ばれる。その主な特徴は，①居住者は特定の属性に限定されない，②個々の住居とは別に共用空間がある，③居住者は共用空間の維持・管理，および共用空間内での食事など生活の一部を自主的かつ協同で運営する，といった点があげられる。入居者は，入居前から定期的に集まって住宅の設計や共用空間の運営方法を話し合いにもとづいて決めていき，入居後も居住者は活動グループに参加し役割分担を行いながら独自の暮らし方を創り上げていく。

　コレクティブハウスの起源は，20世紀初頭のスウェーデンで展開された，家政婦の家事労働を集約化したセントラル・キッチンにまで遡ることができる。1970年代以降になると，スウェーデンに加えデンマークや北米，日本などにおいて居住者間の協同性を重視するコレクティブハウスが普及している。

（稲見直子）

[文献] 小谷部育子編著 2004

グループホーム

　認知症の高齢者や障がい者（知的・精神・身体）が，生活支援等を行う専門スタッフのサポートを受けながら少人数で共同生活を営む居住形態。居住形態は，居住者個別の住戸または居室，台所や食堂などの共用空間，およびスタッフ専用の事務室からなる。入居者が残存能力を活かし食事の準備などをスタッフとともに行うことで，症状の緩和や進行を防ぐことをねらいとしている。

　1980年代以降，ノーマライゼーションの浸透や，社会的入院の増加に伴う財政難を背景に北欧諸国を中心に福祉政策の一環として発展した。日本では，2000年4月から施行された介護保険制度において，介護を必要とする認知症の高齢者を対象としたグループホームが「痴呆対応型共同生活介護（現：認知症対応型共同生活介護）」と位置づけられた。また2006年4月から施行された「障害者自立支援法（現障害者総合支援法）」では，障がい者を対象とするグループホームでの生活支援等のサービスが「共同生活援助」と位置づけられた。

（稲見直子）

[文献] 今村千弥子・真田順子・外山義・林玉子・山井和則編著 1994；永田千鶴 2009

ホームシェア

　北米や欧州を中心に試みられている，世代を超えた協同的な居住形態をホームシェア（homeshare）と呼ぶ。高齢や障碍などによるさまざまな生活上のニーズを，他人との共同生活のなかで非貨幣的に担い支え合う場合を広く指すが，とりわけ，都市部の独居高齢者の居宅の一室を無償ないし格安で提供してもらうかわりに，学生（若者）が平日夜間に帰宅して見守りを担ったり週10時間程度の雑務を提供したりという協同的な生活の仕組みを，狭義のホームシェアとよぶ。イギリス・アメリカとは異なり，比較的シェア文化に乏しいと考えられるスペイン・フランスといった非アングロサクソン諸国において，1990年ごろからこうした試みが始まり，持ち家への居住継続志向の強い日本でも2000年ごろから導入に向けた試行錯誤が始まっている。同居学生は，あくまで家事労働者でもケア労働者でもなく対等な生活者である点に特徴があり，マッチングやファシリテーションを担うNPOなど中間組織が重要な役割を果たすことが多い。

（久保田裕之）

[文献] 久保田裕之 2013

エコハウジング

　エコロジカル・ハウジング，エコロジカル・コウハウジングの略称で，「自然との調和」という理念にもとづいて，人びとが共に生活する居住のありかたである。住宅の特徴は，樹木を残した住宅配置とデザインに見られる。素材の特徴を活かした工夫によって寒暖にも対応している。また，建設の段階から「自然との共生」がはかられており，住民たち自らが行政の資材置き場から材料を拾ってきてポーチや庭を整備するなどエコロジーの精神が活きている。

　住まい方の特徴においても，「エコロジカルな共同生活」がその中核にあり，一世帯では所有し維持管理することが難しい設備を備えている点があげられる。電動ノコギリが備えられた木工室，貯蔵用冷蔵庫，娯楽用のボードなどである。また，一世帯では運用に手間がかかるゴミの分別やリサイクル，共同菜園での無農薬野菜や鶏小屋での鶏卵の自給，太

陽熱利用や雨水利用も，「エコロジー」という理念を核に集まった人びとによる規模の経済の恩恵を受け，効率的に運営することが可能となっている。

(吉田俊文)

[文献]コウハウジング研究会・デュレ, C.・マッカマン, K. 2000

ゲーテッド・コミュニティ

アメリカ東海岸やカリフォルニア州を中心に，高まる犯罪リスクへの対応として，ローマ時代の城壁都市と見まがう高セキュリティ居住区が作られるようになった。部外者や望まない人物による侵入や接触を防ぐために境界を塀と鉄条網で囲い，幾重もの監視カメラとレーザーセンサー，自動警報装置と私設警備員によって安全を高めようとするこうした居住区はゲーテッド・コミュニティ（gated community）と呼ばれ，ゲート内部の公園やレクリエーション施設の利用を居住者のみに制限することで，コミュニティの安全と威信を保つ仕組みである。

萌芽期の 1960 年代にはごく一部の富裕層向けのものであったが，1970 年ごろから退職者向けの居住区に取り入れられると，1980 年代の犯罪の増加・凶悪化を背景に中所得層を含む多くの階層に伝播し，2000 年前後では全米で約 2 万ヵ所，城壁のなかに約 800 万人が居住していたという。こうした強力な排他性をもったコミュニティは，悪化する都市の住環境と安全を守るための住民自治による共同的防衛策として一定の評価を得る一方で，地域社会からの孤立や住民の分断を招くとして厳しい批判にも晒されている。

日本においては，ディベロッパーが居住区内の共用部分や道路を自治体に寄付して管理コストを免れる慣習もあり，アメリカのように塀や鉄条網で囲まれたゲーテッド・コミュニティは一般的ではない。しかし，監視カメラやホームセキュリティなど家族の安全を求める防犯意識の高まりとは無縁ではなく，例えば，高セキュリティを売りにする日本のオートロック式タワーマンションを，洗練されたゲーテッド・コミュニティと見る議論もある。1970 年代に，まさに「家庭城郭主義」として批判された家族の孤立と分断は，現代日本における家族と地域社会をめぐる問題とも連続している。迷惑施設（NIMBY）問題とも関連するリスク連帯と住民自治の再構築という側面と，高所得層を中心とした家族の地域社会からの離脱・孤立の問題という側面と，双方からの議論が必要となるだろう。

(久保田裕之)

[文献]竹井隆人 2005；ブレークリー, E.J.・スナイダー, M.G. 2004 (1998)；三上剛史 2010

ホームレスネス／アットホームネス

供給や管理の対象としての住宅ではなく，社会関係を構造化するメディアとしての「ホーム（home）」に着目したのは，ソーンダース（P. Saunders）とウィリアムズ（P. Williams）である。すなわち，ホームとは「社会関係と社会制度の基本形が構成され，再生産される物理的な場」であり，物理的ユニットとしての住宅と，社会的ユニットとしての世帯を繋ぐ「社会空間システム」であり，存在論的安心や社会的安定の鍵とされる。これまで，あるときは住宅の別名として，またあるときは家族の別名として用いられてきた「ホーム」にメディアとしての積極的な概念を与えたソーンダースらの議論は，安心で安全な居場所を住宅そのものからも家族関係からもいったん切断して考える上で，すなわち，ホームレスネス（homelessness）を単に住宅がないことや家族がいないことから区別し，

アットホームネス（at-homeness）を単に住宅があることや家族がいることから区別する上で，家族研究に重要な示唆を与えるものである。　　　　　　　　　　　（久保田裕之）

[文献] ケメニー，J. 2014（1992）; Saunders, P. and Williams, P. 1988

ハウジング・スタディーズ

アメリカ・イギリスでは，住宅を社会学・政治学・社会政策学を含む複合的な関心から理論的に捉える「ハウジング・スタディーズ（housing studies）」が早くから展開されてきた。例えば，レックス（J. Rex）とムーア（R. Moore）は，生産手段の所有状況にもとづく経済階級が同じでも，どのような住宅に居住できるかによって生活条件が大きく異なることに着目し，消費手段としての住宅の所有状況にもとづく「住宅階級（housing class）」概念を提唱することで，概念化や分類の曖昧さについての批判を受けつつも，住宅の所有形態というレベルの議論が都市社会学に対してもつ固有の地位を前景化してみせた。

また，J. ケメニー（J. Kemeny）は，エスピン゠アンデルセン（G. Esping-Andersen）の「福祉レジーム」から着想した「住宅レジーム（housing regime）」という図式を導入し，アングロサクソン諸国の「二元的賃貸システム（dualist rental system）」と大陸・北欧諸国の「統合的賃貸市場（integrated rental market）」とに分類することで，ハウジング・スタディーズと比較福祉国家論を架橋し，持ち家と賃貸をめぐる各国の住宅供給体制と，政治的な統制，生活様式・生活構造との間の複雑な関係を説明しようとした。

これに対して，日本の住宅研究は主として建築学者によって行われてきたために，こうした社会的な視点は後景に退いてきた。物理的な住宅への関心は，それを取り巻く階層・人口・家族・福祉・政策といった社会的環境と，十分に接続されてきたとは言いがたい。もっとも近年では，日本の持ち家中心の住宅政策を批判する動きや普遍的な住宅手当を求める議論に加えて，社会学分野においても家族と住宅の関係を問い直す研究も出てきている。長らく住宅という容器のなかで消費主体として観念されてきた家族領域との，実りある接合が期待される。　　　　　（久保田裕之）

[文献] ケメニー，J. 2014（1992）; 祐成保志 2008; 山本理奈 2013; Rex, J. and Moore, R. 1967

あ と が き

　本書は，学会30周年を記念する企画として，『事典 家族』(弘文堂)の追補版を意図して編纂された，文字通り『事典 家族』を受け継ぐものである。「まえがき」に『事典 家族』の編集を大竹秀男先生とともに中心となって推進された森謙二現会長にその経緯の一端にふれてもらった。その『事典 家族』が刊行された時，この刊行に伴う印税は学会の基金(特別会計)としてプールされたが，これまで学会活動は手弁当を原則とし，理事等の役職者をはじめ編集にかかわる方に対して，交通費等を支払うことはしなかった。したがって，これまでの学会の成果刊行は比較家族史学会を支えてきた先輩諸先生の汗の結晶と言えるものであった。とはいえ，本書ではまだ常勤職をもたない若い世代の研究者に編集・執筆を委ねたこともあり，彼らを補助し，これを有意義に活用して今回の刊行となった。

　本学会は，『事典 家族』や年報『比較家族史研究』の刊行だけではなく，これまでにも多くの出版事業を手がけてきている。まず，研究大会の成果刊行である。第1回研究大会から第2回研究大会は特定のテーマを決めずに研究大会が行われ，第3～4回研究大会はそれぞれの研究分野において家族研究を紹介することから始まった。そして，第5回研究大会(1984年6月)から「家と祖先祭祀」という共通テーマのもとで行われ，『シリーズ 家族史』(三省堂)として刊行された。このシリーズとして刊行されたものは全6冊であるが，現在では全巻が絶版となっている。

　新たに『シリーズ 比較家族史 第Ⅰ期』(早稲田大学出版部)が刊行されるのは，1992年7月の『家と家父長制』からである。それ以降，第Ⅰ期は全10冊，第Ⅱ期は全5冊，第Ⅲ期は全6冊，合計21冊が刊行され，2008年12月の『生殖革命と親・子——生殖技術と家族』が最終刊となった。

　ただ，この20年を超える成果刊行事業のなかで，学会として反省すべきこともあった。刊行当初の段階では，テーマ設定は会員のアンケート調査を通じてほぼ10年間程度のテーマは自ずと決まっていた。問題はどの順番で学会を開催するかであり，テーマに従ってその提案者や提案者の推薦によって誰が大会の運営委員長になるかも決まり，主催校も決定された。学会報告の後に出版という運びである。ところが，テーマが一巡するようになると，大会の開催校が先に決まり，その運営委員

長がテーマを決定する傾向が強くなっていった。このような状況下で，いくつかの矛盾が表出するようになった。第1は，テーマの学際性についての議論が充分に行われなかったこと，第2は学会としてのテーマ設定の目標があいまいなまま，学会が開催されるようになった。その結果，ややもすると，出版が内容を含めて安直になされることになった。

このような経緯をふまえ，今回の『現代家族ペディア』の編集にあたっては，現代の事象が中心であっても，全体として専門分野の異なる研究者によって執筆すること，編集委員長も「現代」とは距離がある民俗学者の八木透氏にお願いし，全体のバランスをとること，執筆者もできるだけ若い人に依頼することにより，学会の活性化に期待した。

学会が20周年の時は，『家族——世紀を超えて』（日本経済評論社）を刊行した。この時も，これまで家族研究をリードしてきた諸先生を主報告者として，専門分野が異なる研究者か，若い世代の研究者によるコメントを掲載した。

今回の『現代家族ペディア』は，現代の家族関係や家族を補完・代替する親密な関係についての最前線について記述している。比較家族史学会は，このようにたえず，最新の，しかも学際的・多角的研究成果や未来に向けての提言を出版の形で世に問うてきた。その意味では，本書は変化の現状を知るための最高のテキストになるだろう。これをふまえて，どのような新しい家族研究が展開するのか，これを機会に比較家族史学会がより大きな飛躍を遂げたいと思う。

幸いにして，新しいシリーズ『比較家族史叢書（仮）』（日本経済評論社）の第1冊目が来年度には刊行されることが決まっている。これも本学会からの「知」の発信であり，ご期待いただきたい。

2015年9月5日

比較家族史学会前会長

髙木　侃

参考文献一覧

本文各項目末尾の「文献」欄に掲出した文献の書誌を一括して以下の基準で並べた。
1. 邦語文献（邦訳文献を含む）および中国語・韓国語文献は，編著者名読みの五十音順に配列した。中国人については日本式の読み方を採用したが，検索に支障のない限りで原音に近いかな読みに従った場合もある。韓国人については原音に近いかな読みに従って並べた。なお，編著者名の音引き（ー）は無視して配列してある。
2. 欧語文献は，「わ」の後ろにアルファベット順に配列した。
3. 同一編著者は，単著，単編著，共著，共編著の順にそれぞれの刊行年順に並べた。なお，同一編著者かつ同一刊行年の場合は年の後ろにa，b，…を付したが，便宜上の区分であり，必ずしも刊行月の順ではない。
4. 邦訳文献の刊行年の後ろの（ ）内は，原著の刊行年である。

あ

アイケルマン，D. F.　1988（1981）『中東——人類学的考察』（大塚和夫訳），岩波書店.
青木美智子　2011　「近世村社会における女性の村政参加と「村自治」」『総合女性史研究』28.
青山　薫　2007　『セックスワーカーとは誰か——移住・性労働・人身取引の構造と経験』大月書店.
明石一紀　1990　『日本古代の親族構造』吉川弘文館.
明石一紀　2006　『古代・中世のイエと女性』校倉書房.
明石純一編著　2011　『移住労働と世界的経済危機』明石書店.
秋山麻実　2000　「十九世紀イギリス『ガヴァネス問題』の再考——母との葛藤と近代家族の純化」『教育学研究』（日本教育学会）67（2）.
圷　洋一　2012　『福祉国家』法律文化社.
安積純子・岡原正幸・尾中文哉・立岩真也　2012　『生の技法——家と施設を出て暮らす障害者の社会学［第3版］』生活書院.
浅倉むつ子　1999　『均等法の新世界——二重基準から共通基準へ』有斐閣.
浅倉むつ子　2000　『労働とジェンダーの法律学』有斐閣.
浅倉むつ子　2004　『労働法とジェンダー』勁草書房.
阿藤　誠編　1996　『先進諸国の人口問題——少子化と家族政策』東京大学出版会.
阿部　彩　2008　『子どもの貧困——日本の不公平を考える』岩波新書.
阿部浩己　2008　『抗う思想／平和を創る力』信山社.
天田城介・堀田義太郎・北村健太郎編　2011　『老いを治める——老いをめぐる政策と歴史』生活書院.
天野正子ほか編　2011　『新編日本のフェミニズム9　グローバリゼーション』岩波書店.
安室　知　1999　『餅と日本人——「餅正月」と「餅なし正月」の民俗文化論』雄山閣出版.
荒木乳根子　2008　『Q&Aで学ぶ高齢者の性とその対応』中央法規出版.
安良城盛昭　1967　『歴史学における理論と実証』御茶ノ水書房.
アリエス，P.　1980（1960）『〈子供〉の誕生——アンシャン・レジーム期の子供と家族生活』（杉山光信・杉山恵美子訳），みすず書房.
アリエス，P.　1991（1977）『死を前にした人間』（成瀬駒男訳），みすず書房.
有田啓子　2006　「迫られる『親』の再定義——法的認知を求めるアメリカのlesbian-motherが示

唆するもの」『Core Ethics』2：17-29.
有賀喜左衛門　2000　『社会史の諸問題』有賀喜左衛門著作集Ⅶ［第2版］，未来社.
アルチュセール，L.　2005（1995）『再生産について——イデオロギーと国家のイデオロギー諸装置』（西川長夫ほか訳），平凡社.
アルトマン，D.　2010（1971，93）『ゲイ・アイデンティティ——抑圧と解放』（岡島克樹・風間孝・河口和也訳），岩波書店.
アーロンズ，C.　2006（2005）『離婚は家族を壊すか——20年後の子どもたちの証言』（寺西のぶ子監訳），バベル・プレス.
粟屋利江　2003　「南アジア世界とジェンダー——歴史的視点から」小谷汪之編『講座現代南アジア⑤社会・文化・ジェンダー』東京大学出版会.

い

伊慶春・章英華編　2012　『台湾的社会変遷1985-2005：家庭與婚姻，台湾社会変遷基本調査系列三之1』中央研究院社会学研究所（台北）.
飯島吉晴　1986　『竈神と厠神——異界と此の世の境』人文書院（講談社学術文庫，2007）.
飯沼賢司　1982・1983　「中世イエ研究前進のための試論」上・下『民衆史研究』23，24.
飯沼賢司　2004　「イエの成立と親族」歴史学研究会・日本史研究会編『日本史講座3巻　中世の形成』所収，東京大学出版会.
飯野正子　2000　『もう一つの日米関係史』有斐閣.
育児・介護休業法　2012　「育児休業，介護休業等育児又は家族介護を行う労働者の福祉に関する法律」（平成3年5月15日法律第76号）最終改正：平成24年6月27日法律第42号.
井口高志　2007　『認知症家族介護を生きる——新しい認知症ケア時代の臨床社会学』東信堂.
井ケ田良治　2002　『法社会史を拓く』部落問題研究所.
池本美香編　2009　『子どもの放課後を考える——諸外国との比較でみる学童保育問題』勁草書房.
石井クンツ昌子　2011　「米国の家族と社会学研究——変容，現状，多様性」『家族社会学研究』23（2）：186-195.
石井クンツ昌子　2013　『「育メン」現象の社会学——育児・子育て参加への希望を叶えるために』ミネルヴァ書房.
石井研士　1994　『都市の年中行事——変容する日本人の心性』春秋社.
石井研士　2005a　『結婚式』NHKブックス.
石井研士　2005b　『日本人の一年と一生——変わりゆく日本人の心性』春秋社.
石川義孝編著　2007　『人口減少と地域』京都大学学術出版会.
石原　理　1998　『生殖革命』ちくま新書.
石原　理　2010　『生殖医療と家族のかたち』平凡社.
移住連「女性への暴力」プロジェクト編　2004　『移住連ブックレット②　ドメスティック・バイオレンスと人身売買——移住女性の権利を求めて』移住労働者と連帯する全国ネットワーク.
磯田朋子・清水新二　1991　「家族の私事化に関する実証的研究」『家族社会学研究』3：8-15.
板橋春夫　2007　『誕生と死の民俗学』吉川弘文館.
板橋春夫　2009　『長寿』叢書いのちの民俗学2，社会評論社.
板橋春夫　2012　『出産——産育習俗の歴史と伝承「男性産婆」［増補改訂版］』叢書いのちの民俗学1，社会評論社.
板橋春夫・谷口貢編　2014　『日本人の一生』八千代出版.
市川房枝記念会　1997　『女性参政50周年記念　女性参政関係資料集』市川房枝記念会出版部.

伊藤公雄・金香男・春木育美編著　2011　『現代韓国の家族政策』行路社.
伊藤茂樹編著　2007　『リーディングス日本の教育と社会 8　いじめ・不登校』日本図書センター.
伊藤幹治　1995　『贈与交換の人類学』筑摩書房.
伊藤唯真編　1986　『仏教年中行事』仏教民俗学体系 6, 名著出版.
伊藤陽一編著　1994　『女性と統計——ジェンダー統計序説』梓出版社.
伊藤るり・足立眞理子編著　2008　『国際移動と〈連鎖するジェンダー〉——再生産領域のグローバル化』作品社.
井上　俊・上野千鶴子ほか編　1996　『岩波講座現代社会学 19〈家族〉の社会学』岩波書店.
井上章一　1984　『霊柩車の誕生』朝日新聞社.
井上忠司・サントリー不易流行研究所　1993　『現代家庭の年中行事——社会が変わる・家族が変わる』講談社現代新書.
井上輝子・江原由美子編　1999　『女性のデータブック［第 3 版］』有斐閣.
井上輝子ほか編　2002　『岩波女性学事典』岩波書店.
井上治代　2003　『墓と家族の変容』岩波書店.
井上治代　2007　「『家庭内』死者祭祀の多様化——仏壇（位牌）祭祀から遺骨祭祀へ」『宗教研究』351.
井上匡子　2011　「政治理論におけるジェンダー論の寄与と貢献」辻村みよ子編『かけがえのない個から——人権と家族をめぐる法と制度』岩波書店.
井之口章次　1975　『日本の俗信』弘文堂.
猪熊弘子　2014　『「子育て」という政治——少子化なのになぜ待機児童が生まれるのか？』角川 SSC 新書.
茨木尚子　2013　「障害者自立支援法から総合支援法への道程と総合支援法の課題」『福祉労働』139：12-24.
茨木尚子・大熊由紀子・尾上浩二・北野誠一・竹端　寛　2009　『障害者総合福祉サービス法の展望』ミネルヴァ書房.
今西富幸・上原康夫・高畑　幸　1996　『国際婚外子と子どもの人権』明石書店.
今村千弥子・真田順子・外山　義・林　玉子・山井和則編著　1994　『グループホームケアのすすめ——いま痴呆性老人は何を求めているか』朝日カルチャーセンター.
入江　宏　1996　『近世庶民家訓の研究——「家」の経営と教育』多賀出版.
岩崎美枝子　2001　「児童福祉としての養子制度——家庭養護促進協会からみた斡旋問題の実情」養子と里親を考える会編『養子と里親——日本・外国の未成年養子制度と斡旋問題』57-79 頁, 日本加除出版.
岩田正美監修・編著　2010　『貧困と社会福祉』日本図書センター.
イワニエク, D.　2003（1995）『情緒的虐待／ネグレクトを受けた子ども』（桐野由美子監修／麻生九美訳），明石書店.
岩渕功一編著　2014　『〈ハーフ〉とは誰か——人種混淆・メディア表象・交渉実践』青弓社.
岩本憲児　2007　『家族の肖像——ホームドラマとメロドラマ』森話社.
岩本通弥　1997　「初日の出考——近代日本の旭日崇拝」義江彰夫・山内昌之・本村凌二編『歴史の文法』東京大学出版会.
岩本通弥　1998　「民俗学における『家族』研究の現在」『日本民俗学』213.
岩本通弥　2002　「『家』族の過去・現在・未来」『日本民俗学』232.
岩本由輝編　2013　『歴史としての東日本大震災——口碑伝承をおろそかにするなかれ』刀水書房.

う

上杉富之　2003　「現代生殖医療と『多元的親子関係』——人類学のパースペクティブ」『成城文藝』181：17-32.
上杉富之編　2005　『現代生殖医療——社会科学からのアプローチ』世界思想社.
上野和男・森　謙二編　2006　『名前と社会——名づけの家族史［新装版］』早稲田大学出版部.
上野加代子　2011　『国境を越えるアジアの家事労働者——女性たちの生活戦略』世界思想社.
上野千鶴子　1990/2009　『家父長制と資本制——マルクス主義フェミニズムの地平』岩波書店.
上野千鶴子　2002　『家族を容れるハコ　家族を超えるハコ』平凡社.
上野千鶴子　2009　「家族の臨界——ケアの分配公正をめぐって」牟田和恵編『家族を超える社会学——新たな生の基盤を求めて』2-26頁，新曜社.
上野千鶴子　2011　『ケアの社会学——当事者主権の福祉社会へ』太田出版.
上野千鶴子・大熊由紀子・大沢真理・神野直彦・副田義也編　2008　『ケア——その思想と実践②　ケアすること』岩波書店.
ウォーデン，J.　1993（1991）　『グリーフカウンセリング——悲しみを癒すためのハンドブック』（鳴沢実監訳／大学専任カウンセラー会訳），川島書店.
ヴォルフェンスベルガー，W.　1982（1981）　『ノーマリゼーション——社会福祉サービスの本質』（中園康夫・清水貞夫編訳），学苑社.
浮ヶ谷幸代・井口高志編　2007　『病いと〈つながりの場〉の民族誌』明石書店.
宇治川妙子　2012　「ジェンダーと親族——女性と家内領域を中心に」河合利光編著『家族と生命継承——文化人類学的研究の現在』149-177頁，時潮社.
内田亜也子　2010　「家族法改正をめぐる議論の対立——選択的夫婦別氏制度の導入・婚外子相続分の同等化問題」『立法と調査』306：61-78.

え

エヴァンズ＝プリチャード，E.　1985（1951）　『ヌアー族の親族と結婚』（長島信弘・向井元子訳），岩波書店.
江口隆裕　2011　『「子ども手当」と少子化対策』法律文化社.
エスピン＝アンデルセン，G.　2000（1999）　『ポスト工業経済の社会的基礎——市場・福祉国家・家族の政治経済学』（渡辺雅男・渡辺景子訳），桜井書店.
江原由美子　2002　『自己決定権とジェンダー』岩波書店.
エーマー，J.　2008（2004）　『近代ドイツ人口史——人口学研究の傾向と基本問題』（若尾祐司・魚住明代訳），昭和堂.
遠藤智子　2007　『デートDV』（NPO法人全国女性シェルターネット協力），ベストセラーズ.

お

OECD　2005　『世界の児童労働』明石書店.
大井　玄　1989　『終末期医療』弘文堂.
大賀紀代子　2011　「産業革命期イングランドの女性手織工」『社会経済史学』77（2）.
大門正克　2000　『民衆の教育経験——農村と都市の子ども』青木書店.
大門正克編著　2012　『新生活運動と日本の戦後——敗戦から1970年代』日本経済評論社.
大川真由子　2010　『帰還移民の人類学——アフリカ系オマーン人のエスニック・アイデンティティ』明石書店.

大河原知樹　2009　「オスマン帝国時代末期のダマスカスの世帯――イスタンブルとの比較分析」落合恵美子・小島宏・八木透編『歴史人口学と比較家族史』235-259 頁，早稲田大学出版部.
大口勇次郎　1995　『女性のいる近世』勁草書房.
大阪弁護士会人権擁護委員会性暴力被害検討プロジェクトチーム編　2014　『性暴力と刑事司法』信山社.
大沢真理　2007　『現代日本の生活保障システム――座標とゆくえ』岩波書店.
大沢真理編　2002　『21 世紀の女性政策と男女共同参画社会基本法［改訂版］』ぎょうせい.
大塩まゆみ　1996　『家族手当の研究――児童手当から家族政策を展望する』法律文化社.
大竹秀男　1990　「江戸時代の老人観と老後問題」利谷信義・大藤修・清水浩昭編『老いの比較家族史』シリーズ家族史 5，三省堂.
大竹秀男・竹田 旦・長谷川善計編　1988　『擬制された親子――養子』シリーズ家族史 2，三省堂.
太田素子　2007　『子宝と子返し――近世農村の家族生活と子育て』藤原書店.
太田素子　2011　『近世の「家」と家族――子育てをめぐる社会史』角川学芸出版.
太田素子編著　1997　『近世日本マビキ慣行史料集成』刀水書房.
太田素子・森　謙二編　2006　『〈いのち〉と家族――生殖技術と家族Ⅰ』早稲田大学出版部.
大塚和夫　2001　「ジェンダー空間の変容――世俗化とイスラーム復興の混成現象として」大塚和夫編『現代アラブ・ムスリム世界――地中海とサハラのはざまで』世界思想社.
大塚和夫　2002　『いまを生きる人類学――グローバル化の逆説とイスラーム世界』中央公論新社.
大塚和夫　2003　「身内がヨメにくると――アラブ社会の父方平行イトコ婚をめぐって」田中真砂子・大口勇次郎・奥山恭子編『縁組と女性――家と家とのはざまで』31-53 頁，早稲田大学出版部.
大藤　修　2003　『近世村人のライフサイクル』山川出版社.
大藤　修　2005　「小経営・家・共同体」歴史学研究会・日本史研究会編『日本史講座 6　近世社会論』東京大学出版会.
大藤ゆき　1968　『児やらい』岩崎美術社.
大野更紗　2011　『困ってるひと』ポプラ社.
大野　俊　2010　「岐路に立つ台湾の外国人介護労働者受け入れ――高齢者介護の市場化と人権擁護の狭間で」『九州大学アジア総合政策センター紀要』5，69-83 頁.
大日向雅美　1988　『母性の研究――その形成と変容の過程：伝統的母性観への反証』川島書店.
大淵　寛・高橋重郷編　2004　『少子化の人口学』人口学ライブラリー 1，原書房.
大淵　寛・阿藤　誠編　2005　『少子化の政策学』人口学ライブラリー 3，原書房.
大村敦志　2010　『家族法［第 3 版］』有斐閣.
大村敦志　2011　『民法改正を考える』岩波書店.
大本憲夫・中込睦子　1985　「村制・族制」『日本民俗学』160.
岡崎陽一　1997　『現代人口政策論』古今書院.
岡崎陽一　1999　『人口統計学［増補改訂版］』古今書院.
岡田あおい　1990　「アナール学派の家族史研究――J.-L. フランドラン，M. セガレーヌの業績を中心として」『三田学会雑誌』83（1）.
岡田あおい　2006　『近世村落社会の家と世帯継承――家族類型の変動と回帰』知泉書館.
岡部耕典　2010　『ポスト障害者自立支援法の福祉政策――生活の自立とケアの自律を求めて』明石書店.
岡村重夫　1974　『地域福祉論』光世館.
岡村兵衛　2013　「「混血」をめぐる言説――近代日本語辞書に現れるその同意語を中心に」『国際文化学』26：23-47.

小ヶ谷千穂　2006　「女性の国際移動と越境する『家族』——グローバル化の文脈において」金井淑子編著『ファミリー・トラブル——近代家族／ジェンダーのゆくえ』明石書店.
小川眞里子　2014　「ノーベル賞量産国日本で，なぜ女性受賞者が出ないのか」『人文論叢』(三重大学) 31：47-59.
小川真理子　2015　『ドメスティック・バイオレンスと民間シェルター——被害当事者支援の構築と展開』世識書房.
荻野美穂　2008　『「家族計画」への道——近代日本の生殖をめぐる政治』岩波書店.
沖藤典子　2010　『介護保険は老いを守るか』岩波新書.
オーキン，S. M.　2013 (1989)　『正義・ジェンダー・家族』(山根純佳・内藤準・久保田裕之訳)，岩波書店.
奥田安弘　2010　『国籍法・国際家族法の裁判意見書集』中央大学出版部.
奥山眞紀子　2000　「児童虐待と心のケア」『母子保健情報』42：74-81.
小倉康嗣　2006　『高齢化社会と日本人の生き方——岐路に立つ現代中年のライフストーリー』慶應義塾大学出版会.
オグレディ，R.　1995 (1994)　『アジアの子どもとセックスツーリスト——続アジアの子どもと買春』(エクパット・ジャパン監修／京都YWCAアプト訳)，明石書店.
小此木啓吾　1982　『日本人の阿闍世コンプレックス』中公文庫.
小澤　温　2013　「障害者福祉制度の流れを理解する」佐藤久夫・小澤温『障害者福祉の世界［第4版補訂版］』71-107頁，有斐閣.
オースタハメル，J.　2005 (1995)　『植民地主義とは何か』(石井良訳)，論創社.
落合　茂　1984　『洗う風俗史』未来社.
落合恵美子　1989　『近代家族とフェミニズム』勁草書房.
落合恵美子　1994a　『21世紀家族へ——家族の戦後体制の見かた・超えかた』有斐閣.
落合恵美子　1994b　「近世末における間引きと出産」脇田晴子・S. B. ハンレー編『ジェンダーの日本史　上』東京大学出版会.
落合恵美子　1997　『21世紀家族へ——家族の戦後体制の見かた・超えかた［新版］』有斐閣.
落合恵美子　2000　『近代家族の曲がり角』角川書店.
落合恵美子　2004　『21世紀家族へ——家族の戦後体制の見かた・超えかた［第3版］』，有斐閣.
落合恵美子編著　2006　『徳川日本のライフコース——歴史人口学との対話』ミネルヴァ書房.
落合恵美子編　2013　『親密圏と公共圏の再編成——アジア近代からの問い』京都大学学術出版会.
落合恵美子・赤枝香奈子編　2012　『アジア女性と親密性の労働』京都大学出版会.
「夫 (恋人) からの暴力」調査研究会　1998　『ドメスティック・バイオレンス』有斐閣.
小内　透編著　2009　『在日ブラジル人の労働と生活』講座トランスナショナルな移動と定住——在日ブラジル人と地域社会　第1巻，御茶の水書房.
オニール，N. &オニール，G.　1975 (1972)　『オープン・マリッジ——新しい結婚生活』(坂根厳夫・徳田喜三郎訳)，河出書房.
折口信夫　1964　「年中行事」『折口信夫全集』15，中央公論社.
オールドリッチ，R.　2009 (2006)　『同性愛の歴史』(田中英史・田口孝夫訳)，東洋書林.

か

夏暁鵑　2002　『流離尋岸——資本国際化下的「外籍新娘」現象』唐山出版社.
海妻径子　2004　『近代日本の父性論とジェンダー・ポリティクス』作品社.
海渡双葉　2012　「夫婦間レイプの刑事法上の位置付け」『Law & Practice』6号.

戒能民江　2002　『ドメスティック・バイオレンス』不磨書房．
戒能民江編著　2001　『ドメスティック・バイオレンス防止法』尚学社．
戒能民江編著　2006　『DV防止とこれからの被害当事者支援』ミネルヴァ書房．
戒能民江編著（齊藤百合子・堀千鶴子・湯澤直美・吉田容子）　2013　『危機をのりこえる女たち――DV法10年，支援の新地平へ』信山社出版．
戒能民江ほか編著　2012　『講座ジェンダーと法　第3巻　暴力からの解放』日本加除出版．
カウフマン，F.G.　2011（2005）　『縮減する社会――人口減少とその帰結』（原俊彦・魚住明代訳），原書房．
風間　孝・河口和也　2010　『同性愛と異性愛』岩波新書．
梶田孝道　1994　『外国人労働者と日本』日本放送出版協会．
梶田孝道・丹野清人・樋口直人　2005　『顔の見えない定住化』名古屋大学出版会．
梶村太市　2008　「中川家族法学の今日的意義――ジェンダーの視点も加えて」同『家族法学と家庭裁判所』日本加除出版．
梶村太市・徳田和幸編　2007　『家事事件手続法［第2版］』有斐閣．
カス，L.R.編　2005（2003）　『治療を超えて――バイオテクノロジーと幸福の追求　大統領生命倫理評議会報告書』（倉持武監訳），青木書店．
数井みゆき　2009　「現状の概観　虐待を社会全体の問題として考える」『発達』117号．
春日キスヨ　2001　『介護問題の社会学』岩波書店．
春日キスヨ　2002/2011　『介護問題の社会学』岩波書店．
春日キスヨ　2010　『変わる家族と介護』講談社現代新書．
家族機能研究所編　2011　「特集　親権と児童虐待」『アディクションと家族』28巻1号．
加藤一郎・高西淳夫・菅野重樹　1990　『マイロボット』読売新聞社．
加藤悦子　2005　『介護殺人』クレス出版．
加藤友康・高埜利彦・長沢利明・山田邦明編　2009　『年中行事大辞典』吉川弘文館．
加藤文雄　2009　『渉外家事事件整理ノート［新版］』新日本法規．
加藤美帆　2012　『不登校のポリティクス――社会統制と国家・学校・家族』勁草書房．
金井　剛　2009　「児童相談所　虐待が生じる背景・メカニズムと支援」『発達』117号．
神奈川大学日本常民文化研究所　1986　『仕事着――東日本編』神奈川大学日本常民文化研究所調査報告11，平凡社．
金子　修　2012　『一問一答　家事事件手続法』一問一答シリーズ，商事法務．
金子　宏ほか編　2008　『法律学小事典［第4版補訂版］』有斐閣．
鹿野政直　2004　『現代日本女性史――フェミニズムを軸として』有斐閣．
釜野さおり　2008　「レズビアン家族とゲイ家族から『従来の家族』を問う可能性を探る」『家族社会学研究』20（1）：17-27．
上村くにこ　1998　「女性にとってバイセクシュアリティとは？」『ユリイカ』30巻2号，青土社．
嘉本伊都子　2001　『国際結婚の誕生――〈文明国日本〉への道』新曜社．
カリフィア，P.　1998（1994）　『パブリック・セックス――挑発するラディカルな性』（東玲子訳），青土社．
河合利光編著　2012　『家族と生命継承――文化人類学的研究の現在』時潮社．
川上郁雄　2001　『越境する家族――在日ベトナム系住民の生活世界』明石書店．
川口　章　2008　『ジェンダー経済格差』勁草書房．
河口和也　2003　『クイア・スタディーズ』岩波書店．
川端裕人　2008　『PTA再活用論――悩ましき現実を超えて』中公新書ラクレ．

川原謙一　1990　『アメリカの移民法』信山社出版.
川人　博　2006　『過労死と企業の責任』旬報社.
川人　博　2015　『過労自殺［第2版］』岩波新書.
河原崎やす子　1999　「アジア女性メールオーダー・ブライド論考──ジェンダー，エスニシティ，他者性」『女性学』7号.

き

菊池いづみ　2010　『家族介護への現金支払い──高齢者介護政策の転換をめぐって』公職研.
キティ，E.F.　2010（1999）　『愛の労働あるいは依存とケアの正義論』（岡野八代・牟田和恵監訳），白澤社.
ギデンズ，A.　1995（1992）　『親密性の変容──近代社会におけるセクシュアリティ，愛情，エロティシズム』（松尾精文・松川昭子訳），而立書房.
鬼頭　宏　1996　「日本の歴史人口学」『人口学研究』19号.
貴堂嘉之　2009　「アメリカ合衆国における『人種混交』幻想──セクシュアリティがつくる『人種』」竹沢泰子編『人種の表象と社会的リアリティ』岩波書店.
木下太志　2002　『近代化以前の日本の人口と家族』ミネルヴァ書房.
木下光生　2010　『近世三昧聖と葬送文化』塙書房.
木前利秋・亀山俊朗・時安邦治　2012　『変容するシティズンシップ』白澤社.
キム，ウォンほか　2011　『韓国の多文化主義──家族，教育そして政策』イメジン.（김원외　2011 『한국의 다문화주의──가족, 교육 그리고 정책』이매진）
キム，ミンギョン　2012　『結婚移民女性に対する文化的敏感性と受容』イダム.（김민경　2012 『결혼이민여성에 대한 문화적 민감성과 수용』이담）
木村涼子・伊田久美子・熊安喜美江編　2013　『よくわかるジェンダー・スタディーズ』ミネルヴァ書房.
木本喜美子　1995　『家族・ジェンダー・企業社会』ミネルヴァ書房.
キャタノ，J.W.　2002（1997）　『完璧な親なんていない！──カナダ生まれの子育てテキスト』（三沢直子監修），ひとなる書房.
キューブラー・ロス，E.　1998（1969）　『死ぬ瞬間』（鈴木晶訳），読売新聞社.
ギリガン，C.　1986（1982）　『もうひとつの声──男女の道徳観のちがいと女性のアイデンティティ』（生田久美子・並木美智子訳），川島書店.

く

グッドイナフ，W.H.　1977（1970）　『文化人類学の記述と比較』（寺岡襄・古橋政次訳），弘文堂.
工藤正子　2008　『越境の人類学──在日パキスタン人ムスリム移民の妻たち』東京大学出版会.
クニビレール，Y.・フーケ，C.　1994（1977）　『母親の社会史──中世から現代まで』（中嶋公子・宮本由美ほか訳），筑摩書房.
國弘暁子　2009　『ヒンドゥー女神の帰依者ヒジュラ──宗教・ジェンダー境界域の人類学』風響社.
久保明教　2007　「媒介としてのテクノロジー──エンターテインメント・ロボット『アイボ』の開発と受容の過程から」『文化人類学』71（4）：518-539.
久保忠行　2014　『難民の人類学──タイ・ビルマ国境のカレンニー難民の移動と定住』清水弘文堂書房.
久保紘章・石川到覚編　1998　『セルフヘルプ・グループの理論と展開──わが国の実践をふまえて』中央法規出版.

久保田裕之　2009　『他人と暮らす若者たち』集英社新書.
久保田裕之　2013　「EUにおける高齢者と若者の共同生活の試み――ホーム・シェアリングの国際比較に向けた調査報告」ひょうご震災記念21世紀研究機構『21世紀ひょうご』14：32-43.
クマラスワミ，R．2000（1996, 97, 98）『女性に対する暴力――国連人権委員会特別報告書』（クマラスワミ報告書研究会訳），明石書店.
クマラスワミ，R．2003（2003）『女性に対する暴力をめぐる10年――国連人権委員会特別報告者クマラスワミ最終報告書』（VAWW-NET ジャパン翻訳チーム訳），明石書店.
クライン，F．1997（1978）『バイセクシュアルという生き方』（河野貴代美訳），現代書館.
クラーク，R.E. ほか編著　2009（2007）『詳解　子ども虐待事典』（門脇陽子・森田由美訳），福村出版.
倉本智明編　2005　『セクシュアリティの障害学』明石書店.
栗本英世・井野瀬久美惠編　1999　『植民地経験――人類学と歴史学からのアプローチ』人文書院.
グリーン，J．2001（1999）『男だけの育児』（伊藤悟訳），飛鳥新社.
グループ・女の人権と性　1989　『ア・ブ・ナ・イ生殖革命』有斐閣選書.
クルプラントン，T．2012　「日本のタイ上座仏教」三木英・櫻井義秀編著『日本に生きる移民たちの宗教生活――ニューカマーのもたらす宗教多元化』ミネルヴァ書房.
黒須里美編著　2012　『歴史人口学からみた結婚・離婚・再婚』麗澤大学出版会.
桑山紀彦　1995　『国際結婚とストレス』明石書店.
桑山紀彦編著　1997　『ジェンダーと多文化――マイノリティを生きるものたち』明石書店.

け

経済企画庁　1999　『平成11年度版国民生活白書』
ケメニー，J．2014（1992）『ハウジングと福祉国家――居住空間の社会的構築』（祐成保志訳），新曜社.
ケラーマン，J．1996（1991）『子ども部屋――心なごむ場所の誕生と風景』（田尻三千夫訳），白水社.

こ

小池　誠・信田敏宏編　2013　『生をつなぐ家――親族研究の新たな地平』風響社.
礫川全次編　2003　『厠と排泄の民俗学』批評社.
小泉和子　1989　『道具が語る生活史』朝日新聞社.
小井土彰宏　2003　「岐路に立つアメリカ合衆国の移民政策――増大する移民と規制レジームの多重的再編過程」駒井洋監修／小井土彰宏編著『講座　グローバル化する日本と移民問題　第1期　第3巻　移民政策の国際比較』29-81頁，明石書店.
洪郁如　2003　「台湾人家庭のなかの外国人労働者」『接続』3：182-214，ひつじ書房.
公益社葬祭研究所編　2005　『新しい葬送の技術エンバーミング――遺体衛生保全』現代書林.
厚生統計協会　2012　『国民衛生の動向 2012/2013』Vol. 59, No. 9.
厚生労働省　2008　『情報通信機器を活用した在宅勤務の適切な導入及び実施のためのガイドライン』.
厚生労働省　2012　『働く女性の実情　平成24年版』.
厚生労働省　2015　『平成26年版国民生活基礎調査の概況』.
厚生労働省編　2012　『平成24年版　厚労省白書』.
厚生労働省雇用均等・児童家庭局家庭福祉課　2003　『子どもを健やかに養育するために――里親

として子どもと生活をするあなたへ』日本児童福祉協会.
厚生労働省大臣官房統計情報部編　2013　『平成二三年　人口動態統計（上巻）』厚生労働統計協会.
厚生労働省統計協会　2013　『図説　国民衛生の動向』.
厚生労働省脳死判定基準のマニュアル化に関する研究班（研究代表者：有賀徹）　2010　『法的脳死判定マニュアル』.
河野稠果　2000　『世界の人口』東京大学出版会.
河野稠果　2007　『人口学への招待——少子・高齢化はどこまで解明されたか』中公新書.
こうのとりのゆりかご検証会議　2010　『「こうのとりのゆりかご」が問いかけるもの——いのちのあり方と子どもの権利』明石書店.
コウハウジング研究会・デュレ, C.・マッカマン, K.　2000　『コウハウジング——欲しかったこんな暮らし！　子育て，安心，支えあう仲間たち……アメリカの新しい住まいづくり』風土社.
孝本　貢　1998　「現代日本における祖先祭祀の変容」比較家族史学会監修／石川利夫ほか編『生者と死者——祖先祭祀』シリーズ比較家族 1，三省堂.
孝本　貢　2001　『現代日本における先祖祭祀』御茶の水書房.
高齢者虐待防止研究会編　2004　『高齢者虐待に挑む——発見，介入，予防の視点』中央法規出版.
国際女性の地位協会編　2010　『コンメンタール女性差別撤廃条約』尚学社.
小口恵巳子　2009　『親の懲戒権はいかに形成されたか——明治民法編纂過程からみる』日本経済評論社.
国立社会保障・人口問題研究所　2013　『日本の地域別将来推計人口（平成 25 年 3 月推計）——平成 22（2010）～52（2040）年』人口問題研究資料 330 号.
国立社会保障・人口問題研究所　2014　「第 5 回全国家庭動向調査」.
国立社会保障・人口問題研究所編　2012　『平成 22 年　わが国独身層の結婚観と家族観——第 14 回出生動向基本調査』厚生労働統計協会.
国立社会保障・人口問題研究所編集・発行　2013　『人口統計資料集 2013』.
小島妙子・水谷英夫　2004　『ジェンダーと法 I　DV・セクハラ・ストーカー』信山社.
小島　優・原由利子　2010　『世界中から人身売買がなくならないのはなぜ？——子どもからおとなまで売り買いされているという真実』合同出版.
小杉礼子・原ひろみ　2011　『非正規雇用のキャリア形成』勁草書房.
小菅桂子　1998　『にっぽん台所文化史［増補版］』雄山閣.
小谷みどり　2000　『変わるお葬式，消えるお墓』岩波書店.
小谷みどり　2010　「死者祭祀の実態」『Life Design Report』2010 年 4 月号.
小谷みどり　2012　「遺品整理」『エコノミスト』90 巻 54 号.
小谷みどり　2014　「『わたしの死』の行方」国立歴史民俗博物館・山田慎也・鈴木岩弓編『変容する死の文化——現代東アジアの葬送と墓制』東京大学出版会.
小玉亮子　2001　「教育改革と家族」日本家族社会学会『家族社会学研究』12（2）：185-196.
小玉亮子　2011　「幼児教育をめぐるポリティクス——国民国家・階層・ジェンダー」日本教育社会学会編『教育社会学研究』88：7-25.
後藤澄江　2012　『ケア労働の配分と協働』東京大学出版会.
後藤澄江・小松理佐子・野口定久編著　2011　『家族／コミュニティの変貌と福祉社会の開発』中央法規出版.
後藤弘子　2010　「児童ポルノ規制をどう考えるか」『法学セミナー』2010 年 11 月号（671）：40-42.
後藤みち子　2002　『中世の家と女性』吉川弘文館.
ゴードン，T.　1977（1970）　『親業——新しい親子関係の創造』（近藤千恵訳），サイマル出版会.

小沼　正・地主重美・保坂哲哉編　1984　『社会保障概論』川島書店.
許斐　有　2001　『子どもの権利と児童福祉法——社会的子育てシステムを考える［増補版］』信山社出版.
小林篤子　2004　『高齢者虐待——実態と防止策』中央公論新社.
小林磨理恵　2012　「インドにおける『結婚持参金（ダウリー）問題』の諸相」『クァドランテ』（東京外国語大学海外事情研究所）14号.
小林康正　2009　『名づけの世相史——「個性的な名前」をフィールドワーク』風響社.
小松和彦　2006　『神になった人々』光文社.
小松美彦　2012　『生権力の歴史——脳死・尊厳死・人間の尊厳をめぐって』青土社.
小谷部育子編著　2004　『コレクティブハウジングで暮らそう——成熟社会のライフスタイルと住まいの選択』丸善.
小山静子　1991　『良妻賢母という規範』勁草書房.
小山静子　1999　『家庭の生成と女性の国民化』勁草書房.
小山静子　2002　『子どもたちの近代——学校教育と家庭教育』吉川弘文館.
小山静子　2009　『戦後教育のジェンダー秩序』勁草書房.
近藤　敦　2004　「『移民国家』化と家族呼び寄せの権利」『産業経営研究所報（九州産業大学）』36：112-116.
近藤　敦・塩原良和・鈴木江理子編　2010　『非正規滞在者と在留特別許可——移住者たちの過去・現在・未来』日本評論社.
近藤　斉　1983　『総説武家家訓の研究』風間書房.
コンネル，R. W.　2008（2002）　『ジェンダー学の最前線』（多賀太監訳），世界思想社.
小馬　徹　2000　「キプシギスの女性自助組合運動と女性婚——文化人類学はいかに開発研究に資することができるのか」青柳まちこ編『開発の文化人類学』古今書院.

さ

最高裁判所事務総局家庭局　2013　『成年後見関係事件の概況』最高裁判所.
サイード，E. W.　1993（1978）　『オリエンタリズム』（今沢紀子訳），平凡社ライブラリー.
斎藤　修編著　1988　『家族と人口の歴史社会学——ケンブリッジ・グループの成果』リブロポート.
齋藤純一　2000　『公共性』岩波書店.
齋藤純一編　2000　『親密圏のポリティクス』ナカニシヤ出版.
齋藤有紀子編　2002　『母体保護法とわたしたち——中絶・多胎減数・不妊手術をめぐる制度と社会』明石書店.
賽漢卓娜　2011　『国際移動時代の国際結婚——日本の農村に嫁いだ中国人女性』勁草書房.
賽漢卓娜　2014　「新たなライフステージに至った結婚移住女性への支援——地域ボランティアと移住女性の認識のズレをめぐって」『移民政策研究』6：116-131.
才村眞理編　2008　『生殖補助医療で生まれた子どもの出自を知る権利』福村出版.
阪上　孝　1999　『近代的統治の誕生——人口・世論・家族』岩波書店.
嵯峨座晴夫　1993　『エイジングの人間科学』学文社.
坂田　聡　2011　『家と村社会の成立』高志書院.
坂本佳鶴恵　1997　『〈家族〉イメージの誕生——日本映画にみる〈ホームドラマ〉の形成』新曜社.
坂本恭一　2011　「赤ちゃんポストをめぐって——ヨーロッパと日本」松岡悦子・小浜正子編『世界の出産——儀礼から先端医療まで』247-256頁，勉誠出版.
坂本洋一　2013　『図説 よくわかる障害者総合支援法』中央法規出版.

佐久間孝正　2006　『外国人の子どもの不就学』勁草書房．
佐々木勝　1988　『厄除け――日本人の霊魂観』名著出版．
サッセン，S．2004（1998）『グローバル空間の政治経済学――都市・移民・情報化』（田淵太一ほか訳），岩波書店．
サッセン，S．2008（2001）『グローバル・シティ――ニューヨーク・ロンドン・東京から世界を読む』（伊豫谷登士翁監訳），筑摩書房．
佐藤純一・土屋貴志・黒田浩一郎編　2010　『先端医療の社会学』世界思想社．
佐藤知正編　2004　『人と共存するコンピュータ・ロボット学――実世界情報システム』（東京大学21世紀COE実世界情報プロジェクト監修），オーム社．
佐藤博樹・武石恵美子編　2014　『ワーク・ライフ・バランス支援の課題――人材多様化時代における企業の対応』東京大学出版会．
佐貫浩・世取山洋介編著　2008　『新自由主義教育改革――その理論・実態と対抗軸』大月書店．
沢山美果子　1998　『出産と身体の近世』勁草書房．
沢山美果子　2003　「女性は自然に母親になる？――母性愛の神話と『母親業』」天野正子・木村涼子編『ジェンダーで学ぶ教育』世界思想社．
沢山美果子　2005　『性と生殖の近世』勁草書房．
沢山美果子　2008　『江戸の捨て子たち――その肖像』吉川弘文館．
沢山美果子　2013　『近代家族と子育て』吉川弘文館．

し

椎野若菜　2008　『結婚と死をめぐる女の民族誌――ケニア・ルオ社会の寡婦が男を選ぶとき』世界思想社．
椎野若菜　2014a　「結婚と家族」松田素二編『アフリカ社会を学ぶ人のために』155-167頁，世界思想社．
椎野若菜　2014b　「ケニアの村落と町・都市をまたぎ生きるシングル女性たちの素描」椎野若菜編『シングルのつなぐ縁』シングルの人類学2，275-288頁，人文書院．
椎野若菜編　2014a　『境界に生きるシングルたち』シングルの人類学1，人文書院．
椎野若菜編　2014b　『シングルのつなぐ縁』シングルの人類学2，人文書院．
ジェンダー法学会編　2012　『講座ジェンダーと法』全4巻，日本加除出版．
宍戸健夫　2014　『日本における保育園の誕生――子どもの貧困に挑んだ人びと』新読書社．
志田哲之　2009　「同性婚批判」志田哲之・関修編『挑発するセクシュアリティ』133-167頁，新泉社．
柴田純　2013　『日本幼児史』吉川弘文館．
柴田実編　1984　『御霊信仰』雄山閣．
柴山恵美子・中曽根佐織　2004　『EUの男女均等政策』日本評論社．
澁谷知美　2013　『立身出世と下半身――男子学生の性的身体の管理の歴史』洛北出版．
渋谷元宏・渋谷麻衣子　2012　『親権・監護権をめぐる法律と実務』清文社．
島野裕子　2012　「近世産育書における胎毒とその看護――『柏崎日記』を手がかりに」日本看護歴史学会編『日本看護歴史学会誌』25：74-84．
下夷美幸　2000　「「子育て支援」の現状と論理」藤崎宏子編『親と子――交錯するライフコース』271-295頁，ミネルヴァ書房．
下和田功　2014　『はじめて学ぶリスクと保険［第4版］』有斐閣．
社会的排除リスク調査チーム　2012　『社会的排除にいたるプロセス――若年ケース・スタディか

ら見る排除の過程』内閣官房社会的包摂推進室.
社会保障制度改革国民会議　2013　『社会保障制度改革国民会議報告書——確かな社会保障を将来世代に伝えるための道筋』.
ジャンケレヴィッチ，V. 1978（1966）『死』（仲沢紀雄訳），みすず書房.
首藤明和・落合恵美子・小林一穂編著　2008　『分岐する現代中国家族——個人と家族の再編成』明石書店.
城　忠彰・堤かなめ編　1999　『はざまに生きる子どもたち』法律文化社.
庄司順一編著　2009　『Q＆A里親養育を知るための基礎知識［第2版］』明石書店.
庄司洋子・原ひろ子・波田あい子　2003　『ドメスティック・バイオレンス——日本・韓国の比較研究』明石書店.
ジョージ，S. 2011（2005）『女が先に移り住むとき——在米インド人看護師のトランスナショナルな生活世界』（伊藤るり監訳），有信堂.
女性犯罪研究会編　2014　『性犯罪・被害——性犯罪規定の見直しに向けて』尚学社.
ショーター，E. 1987（1975）『近代家族の形成』（田中俊宏ほか訳），昭和堂.
白井千晶・岡野晶子　2009　『子育て支援制度と現場——よりよい支援への社会学的考察』新泉社.
白石太良　2009　『共同風呂——近代村落社会の入浴事情』岩田書院.
白川　静　1996　『字通』平凡社.
白水浩信　2004　『ポリスとしての教育——教育的統治のアルケオロジー』東京大学出版会.
シロタ・ゴードン，B. 1995　『1945年のクリスマス——日本国憲法に「男女平等」を書いた女性の自伝』柏書房.
シロタ・ゴードン，B. ほか　2006　『ベアテと語る「女性の幸福」と憲法』晶文社.
シンガー，P. 1998（1994）『生と死の倫理——伝統的倫理の崩壊』（樫則章訳），昭和堂.
新川敏光・ボノーリ，G. 編著　2004　『年金改革の比較政治学——経路依存性と非難回避』ミネルヴァ書房.
新谷尚紀　1992　『日本人の葬儀』紀伊國屋書店.
新谷尚紀　2007　『日本人の春夏秋冬』小学館.
新谷尚紀・波平恵美子・湯川洋司　2003　『暮らしの中の民俗学2——1年』吉川弘文館.
新谷尚紀・岩本通弥編　2006　『都市の暮らしの民俗③』吉川弘文館.
進藤久美子　2004　『ジェンダーで読む日本政治——歴史と政策』有斐閣.
神野由紀　2011　『子どもをめぐるデザインと近代——拡大する商品世界』世界思想社.
新村　拓　1991　『老いと看取りの社会史』法政大学出版局.

す

スアド　2004（2003）『生きながら火に焼かれて』（松本百合子訳），ソニー・マガジンズ.
末成道男　1983　「社会結合の特質」橋本萬太郎編著『漢民族と中国社会』山川出版社.
菅野則子　1999　『江戸時代の孝行者』吉川弘文館.
菅原憲二　1985　「近世京都の町と捨子」『歴史評論』1985年5月号.
菅原憲二　1994　「老人と子供」『岩波講座日本通史13　近世3』岩波書店.
菅原正子　2007　『中世の武家と公家の「家」』吉川弘文館.
杉岡直人　2013　「福祉社会におけるガバメントとガバナンス」福祉社会学会編『福祉社会学ハンドブック』110-111頁，中央法規出版.
杉田　敦　2000　『権力』岩波書店.
祐成保志　2008　『〈住宅〉の歴史社会学——日常生活をめぐる啓蒙・動員・産業化』新曜社.

鈴木江理子　2009　『日本で働く非正規滞在者――彼らは「好ましくない外国人労働者」なのか？』明石書店.
鈴木国弘　1981　「中世の親族と「イエ」」『歴史評論』371.
鈴木伸枝　2010　「日比結婚――コロニアル・グローバル・ナショナルの時空で」『比較家族史研究』24: 1-19.
鈴木英雄　1981　『アメリカの葬儀現状――エンバーミング技法』『アメリカの葬儀現状』刊行会.
鈴木由利子　2000　「選択される命」『日本民俗学』224号.
スパー，D.L.　2006（2006）　『ベビービジネス――生命を売買する新市場の実態』（椎野淳訳），ランダムハウス講談社.
スピッカー，P.　2001（1995）　『社会政策講義――福祉のテーマとアプローチ』（武川正吾・上村泰裕・森川美絵訳），有斐閣.
スミス，R.J.　1983（1974）　『現代日本の祖先崇拝――文化人類学からのアプローチ（下）』（前山隆訳），御茶の水書房.
スミス，R.J.　1996（1974）　『現代日本の祖先崇拝――文化人類学からのアプローチ［新版］』（前山隆訳），御茶の水書房.

せ

瀬川清子　1958　「晴着とかぶりもの」『日本民俗学大系』6，平凡社.
瀬川清子　1962　『女のはたらき――衣生活の歴史』未来社.
瀬川清子　1972　『若者と娘をめぐる民俗』未来社.
関口裕子　1993　『日本古代婚姻史の研究』上・下，塙書房.
関沢まゆみ　2002　「葬送儀礼の変化」国立歴史民俗博物館編『葬儀と墓の現在』201-226頁，吉川弘文館.
関沢まゆみ　2003　『隠居と定年――老いの民俗学的考察』臨川書店.
セジウィック，E.K.　2001（1985）　『男同士の絆――イギリス文学とホモソーシャルな欲望』（上原早苗・亀澤美由紀訳），名古屋大学出版会.
全国社会福祉協議会　2013　『権利擁護・虐待防止白書2012』.
全国保育団体連絡会・保育研究所　2013　『保育白書［2013年版］』ちいさいなかま社（発売：ひとなる書房）.
全国保育団体連絡会・保育研究所編　2014　『保育白書［2014年版］』ちいさいなかま社（発売：ひとなる書房）.
全国民生委員児童委員協議会編　1988　『民生委員制度七十年史』全国社会福祉協議会.
千田有紀　2011　『日本型近代家族』勁草書房.

そ

総務省統計局　2015　「労働力調査平成26年」.
園田恭一・西村昌記編　2008　『ソーシャル・インクルージョンの社会福祉――新しい〈つながり〉を求めて』ミネルヴァ書房.
손승영（ソンスンヨン）　2011　『한국가족과 젠더（韓国家族とジェンダー）』집문당（家文堂）.

た

高木博志　1997　『近代天皇制の文化史的研究』校倉書房.
高田　昇　2003　『コーポラティブハウス――21世紀型の住まいづくり』学芸出版社.

高野太輔　2008　『アラブ系譜体系の誕生と発展』山川出版社.
高橋眞一・中川聡史編著　2010　『地域人口からみた日本の人口転換』古今書院.
高橋秀樹　1996　『日本中世の家と親族』吉川弘文館.
高橋秀樹　2014　「中世の家と女性」『岩波講座日本歴史　中世2』岩波書店.
高橋美由紀　2005　『在郷町の歴史人口学――近世における地域と地方都市の発展』ミネルヴァ書房.
高畑　幸　2011　「興行から介護へ――在日フィリピン人，日系人，そして第二世代の経済危機の影響」駒井洋監修／明石純一編著『移住労働と世界的経済危機』明石書店.
滝川一廣　2012　『学校へ行く意味・休む意味――不登校ってなんだろう?』日本図書センター.
田口祐子　2007　「現代における初宮参りの意義に関する一考察」『國學院大學大学院紀要　文学研究科』39号.
田口祐子　2009　「現代の神社における初宮参りの実態について――東京都内の神社への調査から」『神道研究集録』23号.
田口祐子　2011　「現代の七五三に関する一考察」『女性と経験』36号.
竹井隆人　2005　『集合住宅デモクラシー』世界思想社.
武川正吾　2006　『地域福祉の主流化』法律文化社.
武川正吾　2007　『連帯と承認――グローバル化と個人化のなかの福祉国家』東京大学出版会.
武川正吾　2011　『福祉社会――包摂の社会政策［新版］』有斐閣.
武川正吾　2012　「福祉社会のガバナンス」『政策志向の社会学』53-74頁，有斐閣.
竹下節子　1998　『聖母マリア』講談社.
竹下節子　2007　『「弱い父」ヨセフ』講談社.
竹中恵美子・久場嬉子監修　2001-04　『叢書現代の経済・社会とジェンダー』全5巻，明石書店.
立岩真也　2008　『良い死』筑摩書房.
田中恵美子　2009　『障害者の「自立生活」と生活の資源――多様で個別なその世界』生活書院.
田中宣一　1992　『年中行事の研究』桜楓社.
田中宣一編著　2011　『暮らしの革命――戦後農村の生活改善事業と新生活運動』農山漁村文化協会.
田中俊之　2009　『男性学の新展開』青弓社.
田中久夫　1978　『祖先祭祀の研究』弘文堂.
田中由美子・大沢真理・伊藤るり　2002　『開発とジェンダー――エンパワーメントの国際協力』国際協力出版会.
田辺繁治　2008　『ケアのコミュニティ』岩波書店.
棚村政行編著　2013　『面会交流と養育費の実務と展望――子どもの幸せのために』日本加除出版.
谷口洋幸　2012　「性的マイノリティと法制度――性別二元制・異性愛主義への問いかけ」『講座ジェンダーと法　第4巻　ジェンダー法学が切り開く展望』67-79頁，日本加除出版.
谷口洋幸　2013　「同性間パートナーシップと法制度」シノドス（http://synodos.jp/society/3465）
谷口洋幸・齊藤笑美子・大島梨沙編　2011『性的マイノリティ判例解説』信山社.
谷口真由美　2007　『リプロダクティブ・ライツとリプロダクティブ・ヘルス』信山社.
谷沢英夫　2012　『スウェーデンの少子化対策――家族政策の展開と男女共同参画社会への挑戦』日本評論社.
田端泰子　1998　『日本中世の社会と女性』吉川弘文館.
田端泰子・上野千鶴子・服藤早苗編　1997　『ジェンダーと女性』早稲田大学出版部.
田渕六郎　2010　「家族戦略」日本社会学会社会学事典刊行委員会編『社会学事典』丸善.

田間泰子　2001　『母性愛という制度』勁草書房.
田丸尚美　2010　『乳幼児健診と心理相談』大月書店.
太郎丸博　2009　『若年非正規雇用の社会学』大阪大学出版会.
太郎丸博編　2006　『フリーターとニートの社会学』世界思想社.

ち

千田　航　2012　「ライフスタイル選択の政治学——家族政策の子育て支援と両立支援」宮本太郎編『福祉政治』37-51頁, ミネルヴァ書房.
장혜경・김영란외（張ヘキョン・金ヨンランほか）2012　『가족의 미래와 여성・가족정책의 전망 (Ⅱ) 家族の未来と女性・家族政策の展望（Ⅱ）』한국여성가족정책연구원（韓国女性政策研究院）.
中華人民共和国国家統計局編　2011　『中国統計年鑑2011』中国統計出版社.
張晋芬　2010　「台湾の女性労働力および職場におけるジェンダー不平等」野村鮎子・成田靜香編『台湾女性研究の挑戦』人文書院, 47-69頁.
チョーンシー, G.　2006（2004）　『同性婚——ゲイの権利をめぐるアメリカ現代史』（上杉富之・村上隆則訳）, 明石書店.
陳天璽　2009　「"Where is Home?"から"Home Everywhere"へ——漂泊する華僑・華人たちのネットワーク」『移民とともに変わる地域と国家』国立民族学博物館調査報告83, 29-40頁.
陳天璽　2010　『忘れられた人々——日本の「無国籍」者』明石書店.

つ

塚本　学　1983　『生類をめぐる政治』平凡社.
柘植あづみ　2012　『生殖技術——不妊治療と再生医療は社会に何をもたらすか』みすず書房.
辻村みよ子　2008　『ジェンダーと人権——歴史と理論から学ぶ』日本評論社.
辻村みよ子　2010　『ジェンダーと法［第2版］』不磨書房.
辻村みよ子　2011　『ポジティヴ・アクション——「法による平等」の技法』岩波新書.
辻村みよ子・稲葉　馨編　2005　『日本の男女共同参画政策——国と地方公共団体の現状と課題』東北大学21世紀COEプログラム　ジェンダー法・政策研究叢書, 東北大学出版会.
辻村みよ子監修　2004-08　『ジェンダー法・政策研究叢書（東北大学21世紀COEプログラム）』全12巻, 東北大学出版会.
土屋　葉　2002　『障害者家族を生きる』勁草書房.
土屋　葉　2010　「家庭生活と家族」松井亮輔・川島聡編著『概説障害者権利条約』219-245頁, 法律文化社.
土屋　葉　2012　「名付けられぬものとしての『介助』——障害の親をもつ子どものリアリティ」三井さよ・鈴木智之編著『ケアのリアリティ——境界を問いなおす』47-76頁, 法政大学出版局.
坪井節子　2003　「児童買春と児童ポルノ——日本の現状」『子どもの虐待とネグレクト』5(2)：314-319.
津谷典子　2007　「イベントヒストリー分析の歴史人口学への応用——近世日本の農村人口のライフコース分析の事例」稲葉寿編著『現代人口学の射程』ミネルヴァ書房.
靏理恵子　2003　「『テマ』から『労働の主体』へ——兼業化と農家助成の自己認識の変化」『日本民俗学』233号.
靏理恵子　2007　『農家女性の社会学——農の元気は女から』コモンズ.

て

出口　顯　1999　『誕生のジェネオロジー――人工生殖と自然らしさ』世界思想社.
出口　顯　2005　「スウェーデンの国際養子――その可能性と問題点」『産科と婦人科』72 (10)：1287-1293.
出口　顯　2011　「養父母になった国際養子たち」『国立歴史民俗博物館研究報告』169 号.
デボラ，A．　2004 (1997)　『ポリアモリー――恋愛革命』(堀千恵子訳)，河出書房新社.
寺崎弘昭　1998　「18・19 世紀イギリスにおける父親像――その強迫性と不安」『シリーズ比較家族　父親と家族――父性を問う』早稲田大学出版部.
寺崎弘昭　2001　『イギリス学校体罰史――「イーストボーンの悲劇」とロック的構図』東京大学出版会.
寺澤芳雄編　2010　『英語語源辞典 [縮刷版]』研究社.
寺田寅彦　1950a　「地震雑感」『寺田寅彦全集　文学篇第 2 巻』岩波書店.
寺田寅彦　1950b　「災難雑感」『寺田寅彦全集　文学篇第 5 巻』岩波書店.
寺本晃久・末永　弘・岩橋誠治・岡部耕典　2008　『良い支援？――知的障害／自閉の人たちの自立生活と支援』生活書院.
デ・ローレティス，T．　1996 (1991)　「クィア・セオリー――レズビアン／ゲイ・セクシュアリティイントロダクション」(大脇美智子訳)，『ユリイカ』28 巻 13 号，青土社.
天童睦子　2004　『育児戦略の社会学――育児雑誌の変容と再生産』世界思想社.

と

東京シューレ　2006　『子どもは家庭でじゅうぶん育つ――不登校，ホームエデュケーションと出会う』東京シューレ出版.
東北福祉会認知症介護研究・研修仙台センター　2012　『高齢者虐待防止・養護者支援法施行後の 5 年間――法施行後の動向，課題とヒント，ツールと資料』.
ドゥモース，L．　1987 (1982)　『親子関係の進化』(宮澤康人ほか訳)，海鳴社.
遠矢和希　2013　「性的マイノリティの家族形成と生殖補助医療」日比野由利編著『グローバル化時代における生殖技術と家族形成』日本評論社.
土佐弘之　2000　『グローバル／ジェンダー・ポリティクス――国際関係論とフェミニズム』世界思想社.
トッド，E．　1993 (1990)　『新ヨーロッパ大全 I・II』(石崎晴己訳)，藤原書店.
トッド，E．・クルバージュ，Y．　2008 (2007)　『文明の接近――「イスラーム vs 西洋」の虚構』(石崎晴己訳)，藤原書店.
富永智津子　2004　「『女子割礼』をめぐる研究動向――英語文献と日本語文献を中心に」『地域研究』6 (1)：169-197.
ドンズロ，J．　1991 (1977)　『家族に介入する社会――近代家族と国家の管理装置』(宇波彰訳)，新曜社.

な

内閣府　2013a　『少子化社会対策白書 [平成 25 年版]』勝美印刷.
内閣府　2013b　『男女共同参画白書 [平成 25 年版]』.
内閣府　2013c　『平成 24 年度版　自殺対策白書』.
内閣府　2013d　(経済社会総合研究所国民経済計算部地域・特定勘定課)「家事活動等の評価につ

いて――2011 年データによる再推計」.
内閣府男女共同参画局　2011　『男女共同参画白書』平成 23 年版「特集編 ポジティブ・アクションの推進――『2020 年 30％』に向けて」
内閣府男女共同参画局編　2000～　『男女共同参画白書』
内閣府男女共同参画局編　2014　『男女共同参画白書［平成 26 年度版］』
内政部　2012　「結婚人数按性別及原属国籍（地区）分」中華民国内政部.
中内敏夫　2001　『中内敏夫著作集Ⅷ　家族の人づくり十八世紀～二〇世紀日本』藤原書店.
中川善之助　1937　「養子制度論」河出孝雄編『家族制度全集 史論篇第三巻 親子』145-177 頁，河出書房.
中川善之助　1941　『身分法の総則的課題』岩波書店.
中川高男　1986　『第二の自然――特別養子の光芒』一粒社.
中川輝彦・黒田浩一郎編　2010　『よくわかる医療社会学』ミネルヴァ書房.
中川良延　1964　「親権と子どもの教育を受ける権利」『北大法学論集』14 巻.
中込睦子　2014　「家族・親族」『日本民俗学』277 号.
長坂　格　2009　『国境を越えるフィリピン村人の民族誌――トランスナショナリズムの人類学』明石書店.
中筋由紀子　2006　『死の文化の比較社会学――「わたしの死」の成立』梓出版社.
長瀬　修・東　俊裕・川島　聡編　2012　『障害者の権利条約と日本――概要と展望［増補改訂版］』生活書院.
永田千鶴　2009　『グループホームにおける認知症高齢者ケアと質の探求』ミネルヴァ書房.
中田裕康編　2010　『家族法改正――婚姻・親子関係を中心に』有斐閣.
中田瑞穂　2011　「EU のジェンダー平等政策と国内ジェンダー・パラダイム――チェコ共和国を事例に」『ジェンダーと比較政治学』（日本比較政治学会年報 13 号）101-133 頁.
中谷文美　2003　『「女の仕事」のエスノグラフィ――バリ島の布・儀礼・ジェンダー』世界思想社.
中根成寿　2006　『知的障害者家族の臨床社会学』明石書店.
長野ひろ子　2003　『日本近世ジェンダー論』吉川弘文館.
中野　泰　2005　『近代日本の青年宿――年齢と競争原理の民俗』吉川弘文館.
中野　泰　2006　「社会――民俗学における『社会』研究の過去と現在」『日本民俗学』247 号.
永原陽子編　2009　『「植民地責任」論――脱植民地化の比較史』青木書店.
中牧弘允編　1999　『社葬の経営人類学』東方出版.
永山幹夫　1984　『地域福祉組織論』全国社会福祉協議会.
奈倉京子　2012　『帰国華僑――華南移民の帰還体験と文化的適応』風響社.
泪谷のぞみ　2003　「『レズビアン・マザー』素描」『女性学年報』24：132-143.
波平恵美子　2004　『日本人の死のかたち』朝日新聞社.
成瀬　治　1984　『近代市民社会の成立――社会思想史的考察』東京大学出版会.
ナンダ，S.　1999（1990）　『ヒジュラ――男でも女でもなく』青土社.

に

西谷正浩　2006　『日本中世の所有構造』塙書房.
西村幹子　2014　「サブサハラアフリカにおけるジェンダーと基礎教育――ジェンダー・パリティからジェンダー平等へ」*Educational Studies*（『教育研究』〔国際基督教大学〕）54：13-25.
新田雅子　2013　「『孤独死』あるいは『孤立死』に関する福祉社会学的考察」『札幌学院大学人文学会紀要』93 号.

二宮周平　1993　『家族法改正を考える』日本評論社.
二宮周平　2007　『家族と法——個人化と多様化の中で』岩波新書.
二宮宏之ほか編訳　1983　『アナール論文選——家の歴史社会学』新評論.
日本住宅会議　2008　『若者たちに「住まい」を！——格差社会の住宅問題』岩波書店.
日本職業リハビリテーション学会編　2012　『職業リハビリテーションの基礎と実践——障害のある人の就労支援のために』中央法規出版.
日本生活学会編　2003　『衣と風俗の100年』ドメス出版.
日本ソーシャルインクルージョン推進会議　2007　『ソーシャル・インクルージョン——格差社会の処方箋』中央法規出版.
日本弁護士連合会高齢者・障害者の権利に関する委員会編　2006　『高齢者虐待防止法　活用ハンドブック』民事法研究会.
日本弁護士連合会両性の平等に関する委員会編　2011　『離婚と子どもの幸せ——面会交流・養育費を男女共同参画社会の視点から考える』世界人権問題叢書75，明石書店.
日本貿易振興会　2003　『米国の移民』日本貿易振興会.
日本法社会学会編　1967　『社会保障の権利』有斐閣.
日本労働研究機構研究所編　2002　『欧州のワークシェアリング——フランス，ドイツ，オランダ』日本労働研究機構研究所.
ニューマン，K.S.　2013（2012）　『親元暮らしという戦略——アコーディオン・ファミリーの時代』（萩原久美子・桑島薫訳），岩波書店.
認知症の人と家族の会編　2009　『死なないで！　殺さないで！　生きよう！』クリエイツかもがわ.

ぬ

額賀美紗子　2013　『越境する日本人家族と教育——「グローバル型能力」育成の葛藤』勁草書房.

ね

年金分割問題研究会編　2013　『離婚時年金分割の考え方と実務［第2版］——年金の基礎知識から分割のシミュレーションまで』民事法研究会.

の

野沢慎司・茨木尚子・早野俊明・SAJ編　2006　『Q＆Aステップファミリーの基礎知識——子連れ再婚家族と支援者のために』明石書店.
野沢慎司・菊地真理　2014　「若年成人継子が語る継親子関係の多様性——ステップファミリーにおける継親の役割と継子の適応」『研究所年報』（明治学院大学社会学部付属研究所）44号.
ノディングズ，N.　2007（1992）　『学校におけるケアの挑戦——もう一つの教育を求めて』（佐藤学監訳），ゆみる出版.
野々村淑子　2005　「近代初期英国における母親像の転回と教育——研究課題の整理のために」『九州大学大学院教育学研究紀要』6号（通巻49集）.
野村豊弘ほか　2007　「特集・家族法改正を考える——平成8年改正要綱から10余年を経て」『ジュリスト』1336：2-37.

は

萩原久美子　2008　『「育児休職」協約の成立——高度成長期と家族的責任』勁草書房.

橋本裕蔵　2003　『ストーカー行為等規制法の解説［新訂版］』一橋出版．
パーソンズ，T. & ベールズ，R.　1981（1951）　『家族——核家族と子どもの社会化』（橋爪貞雄ほか訳），黎明書房．
波田あい子・平川和子編著　1998　『シェルター——女が暴力から逃れるために』青木書店．
畠山輝雄　2012　「介護保険地域密着型サービスの地域差とその要因」『地理学評論』85（1）: 22-39.
バダンテール，E.　1998（1980）　『母性という神話』（鈴木晶訳），ちくま学芸文庫．
服部比呂美　2010　『子供集団と民俗社会』岩田書院．
バトラー，J.・ラクラウ，S.・ジジェク，E.　2002（2000）　『偶発性・ヘゲモニー・普遍性』（竹村和子・村山敏勝訳），青土社．
馬場優子　2004　「オセアニアにおける養取をめぐる贈与交換——北部ギルバート諸島における養子・里子慣行の考察」『大妻女子大学紀要　文系』36号．
ハーバーマス，J.　1994（1973）　『公共性の構造転換——市民社会の一カテゴリーについての探求［第2版］』（細谷貞雄・山田正行訳），未來社．
バフチーン，M.　1985（1965）　『フランソワ・ラブレーの作品と中世・ルネッサンスの民衆文化』（川端香男里訳），せりか書房．
浜井浩一　2009　『家族内殺人』洋泉社．
浜野潔　2007　『近世京都の歴史人口学的研究——都市町人の社会構造を読む』慶應義塾大学出版会．
浜野潔　2011　『歴史人口学で読む江戸日本』吉川弘文館．
濱英彦・山口喜一編著　1997　『地域人口分析の基礎』古今書院．
林猛　2006　「成人式の変容とその展望——時代の変革を受けて」『日欧比較文化研究』3号．
林研三　2013　『下北半島の法社会学——〈個と共同性の〉村落構造』法律文化社．
林陽子　2011　『女性差別撤廃条約と私たち』信山社．
早瀬保子・大淵寛編　2010　『世界主要国・地域の人口問題』人口学ライブラリー8, 原書房．
速水融　1973　『近世農村の歴史人口学的研究』東洋経済新報社．
速水融　1997　『歴史人口学の世界』岩波書店（岩波現代文庫, 2012; English edition [2001], *The Historical Demography of Pre-modern Japan.* Tokyo.）
速水融　2001　『歴史人口学で見た日本』文藝春秋．
速水融編訳　2003　『歴史人口学と家族史』藤原書店．
原伸子　2011　「ワーク・ライフ・バランス政策の論理——批判的考察」『経済志林』78（4）: 165-194.
ハラウェイ，D.　2013（2008）　『犬と人が出会うとき——異種協働のポリティクス』（高橋さきの訳），青土社．
原田恵理子・柴田弘子編著　2003　『ドメスティック・バイオレンス　女性150人の証言——痛み・葛藤そして自由へ』明石書店．
原田純孝　1988　「『『日本型福祉社会』論の家族像」東京大学社会科学研究所編『転換期の福祉国家（下）』303-392頁，東京大学出版会．
ハリス，J.　1995/1997/1999（1977）　『ウィリアム　ベヴァリッジ　その生涯』上・中・下（柏野健三訳），西日本法規出版．
パレニャス，R.　2007　「女はいつもホームにある——グローバリゼーションにおけるフィリピン女性家事労働者の国際移動」（小ヶ谷千穂訳）伊豫谷登士翁編『移動から場所を問う——現代移民研究の課題』127-147頁，有信堂．
バンクロフト，R. & シルバーマン，J.G.　2004（2002）　『DVにさらされる子どもたち——加害者と

しての親が家族機能に及ぼす影響』(幾島幸子訳), 金剛出版.
バーンズ, C.・マーサー, G.・シェイクスピア, T. 2004 (1999)『ディスアビリティ・スタディーズ——イギリス障害学概論』(杉野昭博・松波めぐみ・山下幸子訳), 明石書店.

ひ

比較家族史学会編　2002　『家族——世紀を超えて』日本経済評論社.
費孝通 (フェイシャオトン)　1998 (1947)　『郷土中国／生育制度』北京大学出版社.
ひつじ不動産　2010　『東京シェア生活』アスペクト.
PTA 史研究会　2004　『日本 PTA 史』学術出版会.
姫岡とし子　2008　『ヨーロッパの家族史』山川出版社.
碑文谷創　2009　『「お葬式」はなぜするの？』講談社.
平井晶子　2008　『日本の家族とライフコース——「家」生成の歴史社会学』ミネルヴァ書房.
平井　進　2007　『近代ドイツの農村社会と下層民』日本経済評論社.
平田　厚　2010　『親権と子どもの福祉』明石書店.
平沼　高・佐々木英一・田中萬年編著　2007　『熟練工養成の国際比較——先進工業国における現代の徒弟制度』ミネルヴァ書房.
平野千果子　2002　『フランス植民地主義の歴史——奴隷制廃止から植民地帝国の崩壊まで』人文書院.
平山敏治郎　1984　『歳時習俗考』法政大学出版局.
広井多鶴子・小玉亮子　2010　『現代の親子問題——なぜ親と子が「問題」なのか』日本図書センター.
広井良典　2006　『持続可能な福祉社会——「もうひとつの日本」の構想』ちくま新書.
広田照幸　1999　『日本人のしつけは衰退したか——教育する家族のゆくえ』講談社.

ふ

ファインマン, M. A.　2003 (1995)　『家族, 積み過ぎた方舟——ポスト平等主義のフェミニズム法理論』(上野千鶴子監訳／速水葉子・穐田信子訳), 学陽書房.
ファン・ヘネップ, A.　1977 (1909)　『通過儀礼』(綾部恒雄・綾部裕子訳), 弘文堂.
深海菊絵　2015　『ポリアモリー——複数の愛を生きる』平凡社新書.
福島原発事故記録チーム編／宮崎知己・木村英昭・小林剛　2013　『福島原発事故タイムライン 2011-2012』岩波書店.
福嶋由里子　2004　「外国籍女性に対する DV——改正『DV 防止法』の問題点」『国際公共政策研究』9 (1)：103-118.
福田アジオ・菊池健策・山崎祐子・常光　徹・福原敏男　2012　『知っておきたい　日本の年中行事事典』吉川弘文館.
服藤早苗　1991　『家成立史の研究』校倉書房.
服藤早苗・三成美保・石川照子・高橋裕子ほか編著　2009-11　『ジェンダー史叢書』全 8 巻. 明石書店.
服藤早苗・三成美保編　2011　『権力と身体』明石書店.
福原宏幸編著　2007　『社会的排除／包摂と社会政策』法律文化社.
富士川游　1969　『日本疾病史』平凡社東洋文庫.
藤崎宏子　2009　「介護保険制度と介護の『社会化』『再家族化』」『福祉社会学研究』6 号.
藤田幸一郎　1994　『手工業の名誉と遍歴職人——近代ドイツの職人世界』未来社.
藤田苑子　1992　「解説」ピエール・グベール著『歴史人口学序説——17・18 世紀ボーヴェ地方の人

口動態構造』岩波書店.
藤田英典　2005　『義務教育を問いなおす』ちくま新書.
藤田英典・大桃敏行編著　2010　『リーディングス日本の教育と社会 11　学校改革』日本図書センター.
藤見純子・西野理子編　2009　『現代日本人の家族——NFRJ からみたその姿』有斐閣.
藤村正之　2013a　「個人化・連帯・福祉」藤村正之編『協働性の福祉社会学——個人化社会の連帯』1-26 頁，東京大学出版会.
藤村正之　2013b　「福祉国家から福祉社会へ」福祉社会学会編『福祉社会学ハンドブック』108-109 頁，中央法規出版.
船越正啓・上和田茂・青木正夫　2007　「西日本地域の農漁村における隠居慣行の様相——隠居慣行の継承と変容に関する研究」『日本建築学会計画系論文集』614.
舩橋惠子　2006　『育児のジェンダー・ポリティクス』勁草書房.
舩橋惠子　2008　「育児期における家族生活と職業生活のバランス——ジェンダーと育児支援制度の観点から」舩橋惠子・宮本みち子編『雇用流動化のなかの家族——企業社会・家族・生活保障システム』99-119 頁，ミネルヴァ書房.
舩橋惠子・宮本みち子編著　2008　『雇用流動化のなかの家族』ミネルヴァ書房.
ブラン，O.　2010 (2003)　『オランプ・ドゥ・グージュ——フランス革命と女性の権利宣言』(辻村みよ子監訳)，信山社.
ブリントン，M. C.　2008 (2008)　『失われた場を探して——ロストジェネレーションの社会学』(池村千秋訳)，NTT 出版.
古川孝順　1982　『子どもの権利』有斐閣.
古川孝順　1985　「戦後日本における社会福祉サービスの展開過程」東京大学社会科学研究所編『日本の社会と福祉』193-249 頁，東京大学出版会.
古川貞雄　2003　『増補　村の遊び日——自治の源流を探る』農山漁村文化協会.
古川　誠　1995　「同性愛者の社会史」井上輝子・上野千鶴子・江原由美子編『男性学』岩波書店.
古橋エツ子　2007　『家族の変容と暴力の国際比較』明石書店.
古橋エツ子 (研究代表者)　2010　『近親者からの虐待・暴力に対する法制度の課題——各国比較をふまえて』(科学研究費補助金中間報告書)
ブルンナー，O.　1974 (1968)　『ヨーロッパ——その歴史と精神』(石井紫郎ほか訳)，岩波書店.
フレイザー，N.　1999 (1992)　「公共圏の再考——既存の民主主義批判のために」クレイグ・キャルホーン編『ハーバーマスと公共圏』(山本哲・新田滋訳)，未来社.
フレイザー，N.　2003 (1997)　『中断された正義——「ポスト社会主義」的条件をめぐる批判的省察』(仲正昌樹監訳)，御茶の水書房.
ブレークリー，E. J.・スナイダー，M. G.　2004 (1998)　『ゲーテッド・コミュニティ——米国の要塞都市』(竹井隆人訳)，集文社.
フロイト，S.　1970 (1917)　「悲哀とメランコリー」『フロイト著作集』第 6 巻 (井村恒郎・小此木啓吾ほか訳)，137-149 頁，人文書院.

へ

ヘイグ，G. ほか　2009 (2005)　『ドメスティック・バイオレンス——イギリスの反 DV 運動と社会政策』(堤かなめ監訳)，明石書店.
ヘイズ，P.・土生としえ　2011　『日本の養子縁組——社会的養護施策の位置づけと展望』(津崎哲雄監訳／土生としえ訳)，明石書店.

ベヴァリッジ，W. 1969（1942）『ベヴァリッジ報告　社会保険および関連サービス』（山田雄三監訳），至誠堂．
ベック，U. 1998（1986）『危険社会――新しい近代への道』（東廉・伊藤美登里訳），法政大学出版局．
ベーニング，U.，セラーノ・パスキュアル，A. 編著　2003（2001）『ジェンダー主流化と雇用戦略――ヨーロッパ諸国の事例』（高木郁朗・麻生裕子訳），明石書店．
ベフ，ハルミ編　2002　『日系アメリカ人の歩みと現在』人文書院．

ほ

法学セミナー　1976　『法学セミナー253号（臨時増刊）中川善之助　人と学問』日本評論社．
法務省　2012　『家庭内の重大犯罪に関する研究』（研究部報告）．
法務総合研究所　2012　「家庭内の重大犯罪に関する研究」『法律のひろば』65巻9号．
母子愛育会編　1975　『日本産育習俗資料集成』第一法規出版．
星加良司　2007　『障害とは何か――ディスアビリティの社会理論に向けて』生活書院．
星野英一　1994　『家族法』放送大学教育振興会．
母子保健推進研究会　2008　『母子保健法の解釈と運用［6訂］』中央法規出版．
細川　清　1987　「養子法の改正」『ジュリスト』894：44-53．
ホッブズ，T. 1992（1651）『リヴァイアサン』（水田洋訳），岩波文庫．
ホネット，A. 2003（1992）『承認をめぐる闘争――社会的コンフリクトの道徳的文法』（山本啓・直江清隆訳），法政大学出版局．
ボームスラグ，N.・ミッチェルズ，D.L. 1999（1995）『母乳育児の文化と真実』（橋本武夫監訳），メディカ出版．
堀尾輝久　2002　『教育の自由と権利――国民の学習権と教師の責務』青木書店．
本田由紀　2008　『「家庭教育」の隘路――子育てに強迫される母親たち』勁草書房．

ま

前田拓也　2009　『介助現場の社会学――身体障害者の自立生活と介助者のリアリティ』生活書院．
前之園幸一郎　1998　「フィレンツェ・インノチェンテイ捨子養育院の創設初期における子どもたち」『青山学院女子短期大学紀要』52．
牧下圭貴　2013　『放射能汚染と学校給食』岩波ブックレット．
牧野カツコ　1982　「乳幼児をもつ母親の生活と〈育児不安〉」『家庭教育研究所紀要』3：34-56．
幕内秀夫　2009　『変な給食』ブックマン社．
政岡伸洋　2001　「家族・親族研究の新たな展開と民俗学」『日本民俗学』227号．
真下道子　1990　「出産・育児における近世」女性史総合研究会編『日本女性生活史　第3巻　近世』東京大学出版会．
マーシャル，T.H. ＆ ボットモア，T. 1993（1992）『シティズンシップと社会的階級』（岩崎信彦・中村健吾訳），法律文化社．
増田幸弘　2011　「虐待防止法に関する総合的研究からみる検討」『法政論叢』47巻2号．
増山　均編著　1992　『子育て新時代の地域ネットワーク』大月書店．
松井亮輔・川島　聡編著　2010　『概説障害者権利条約』法律文化社．
松岡悦子　2014　『妊娠と出産の人類学――リプロダクションを問い直す』世界思想社．
松岡悦子・小浜正子編　2011　『世界の出産――儀礼から先端医療まで』勉誠出版．
松尾寿子　2005　『国際離婚』集英社新書．

松尾瑞穂　2013　『インドにおける代理出産の文化論――出産の商品化のゆくえ』風響社.
松木洋人　2013　『子育て支援の社会学――社会化のジレンマと家族の変容』新泉社.
松崎かおり　2004　「社会――人のつながりを問い直す視点」『日本民俗学』239号.
松崎憲三　2007　『ポックリ信仰――長寿と安楽往生祈願』慶友社.
松島如戒　2002　『死ぬ前に決めておくこと――葬儀・お墓と生前契約』岩波書店.
松田茂樹　2001　「性別役割分業と新・性別役割分業――仕事と家事の二重負担」岩井紀子編『現代日本の夫婦関係』日本家族社会学会全国家族調査（NFR）研究会.
松田茂樹　2013　『少子化論――なぜまだ結婚，出産しやすい国にならないのか』勁草書房.
松田妙子　1998　『家をつくって子を失う　中流住宅の歴史――子供部屋を中心に』財団法人住宅産業研修団.
松田智子　2010　「DV対策は進んだか」『佛教大学社会学部論集』50号.
松平　誠　1997　『入浴解体新書』小学館.
松本一生　2007　『認知症介護』河出書房新社.
松本由紀子　1997　「大都市における先祖祭祀と『家移動』」『宗教と社会』3号.
松本吉彦　2013　『二世帯住宅という選択――実例に見る同居の家族』平凡社.
マードック，G.P.　2001（1949）　『社会構造――核家族の社会人類学［新版］』（内藤莞爾訳），新泉社.
マリノウスキー，B.　1972（1927）　『未開社会における性と抑圧』（阿部年晴訳），社会思想社.

み

三上剛史　2010　『社会の思考――リスクと監視と個人化』学文社.
水島治郎　2012　『反転する福祉国家――オランダモデルの光と影』岩波書店.
水野紀子　1998　「中川理論――身分法学の体系と身分行為理論――に関する一考察」山畠正男・五十嵐清・藪重夫先生古稀記念論文集刊行発起人編『民法学と比較法学の諸相Ⅲ』信山社.
水林　彪　1987　『日本通史Ⅱ近世　封建制の再編と日本的社会の確立』山川出版社.
ミッテラウアー，M.　1994（1990）　『歴史人類学の家族研究――ヨーロッパ比較家族史の課題と方法』（若尾祐司ほか訳），新曜社.
三成美保　2005　『ジェンダーの法史学――近代ドイツの家族とセクシュアリティ』勁草書房.
三成美保　2008　「『ジェンダー史』の課題と展望」『西洋史学』229号.
三成美保　2012　「マスキュリニティの比較文化史――現状と課題」『女性史学』22号.
三成美保　2013　「LGBTIの権利保障」『歴史地理教育』813：18-25.
三成美保・笹沼朋子・立石直子・谷田川知恵　2015　『ジェンダー法学入門［第2版］』法律文化社.
三成美保編　2006　『ジェンダーの比較法史学――近代法秩序の再検討』大阪大学出版会.
三成美保編　2015　『同性愛をめぐる法と歴史――尊厳としてのセクシュアリティ』明石書店.
三成美保・姫岡とし子・小浜正子編　2014　『歴史を読み替える――ジェンダーから見た世界史』大月書店.
三富紀敬　2010　『欧米の介護保障と介護者支援――家族政策と社会的包摂，福祉国家類型論』ミネルヴァ書房.
三並敏克・小林　武編　2001　『企業社会と人権――「日本型」企業社会の構造と現況』法律文化社.
南野知惠子監修　2004　『解説　性同一性障害者性別取扱特例法』日本加除出版.
南野知惠子ほか監修　2001　『詳解DV防止法』ぎょうせい.
三宅勝雄　1943　「内鮮混血児の身体発育に就て――混血の民族生物学的研究」『人口問題』6（2）：105-154.

宮澤康人　1998　『大人と子供の関係史序説――教育学と歴史的方法』柏書房.
宮澤康人　2011　『〈教育関係〉の歴史人類学――タテ・ヨコ・ナナメの世代間文化の変容』学文社.
宮島　喬・藤巻秀樹・石原　進・鈴木江理子編　2014　『環』別冊20号，藤原書店.
宮田　登　1981　『江戸歳時記』吉川弘文館.
宮田　登・小松和彦・倉石あつ子編　2000　『人生儀礼事典』小学館.
宮本正興・松田素二編　1997　『新書アフリカ史』講談社現代新書.
宮本みち子　2012　『若者が無縁化する――仕事・福祉・コミュニティでつなぐ』ちくま新書.
宮本八惠子　1996　「衣生活と地域性」佐野賢治ほか編『現代民俗学入門』吉川弘文館.
三吉　明編　1963　『里親制度の研究』日本児童福祉協会.

む

椋野美智子・藪長千乃編　2012　『世界の保育保障――幼保一体改革への示唆』法律文化社.
牟田和恵　2013　『部長，その恋愛はセクハラです！』集英社.
牟田和恵編　2009　『家族を超える社会学――新たな生の基盤を求めて』新曜社.
村上　薫　2008　「ジェンダー（政治，経済，社会）」小杉泰・林佳世子・東長靖編『イスラーム世界研究マニュアル』362-367頁，名古屋大学出版会.
村上一博　2003　『日本近代婚姻法史論』法律文化社.
村上興匡　1990　「大正期東京における葬送儀礼の変化と近代化」『宗教研究』64巻1号.
村上興匡　1991　「都市化・近代化と葬送儀礼の変容1――地域の都市化と葬祭業務」『SOGI』4：105-109，表現文化社.
村上興匡　2001　「中江兆民の死と葬儀――最初の『告別式』と生の最終表現としての葬儀」『東京大学宗教学年報』19号.

め

妻鹿淳子　2008　『近世の家族と女性』清文堂.
目黒依子　1987　『個人化する家族』勁草書房.

も

森　謙二　1992　「総墓の諸形態と祖先祭祀」『国立歴史民俗博物館研究報告第41集　共同研究「家族・親族と先祖祭祀」』国立歴史民俗博物館.
森　謙二　2000　『墓と葬送の現在――祖先祭祀から葬送の自由へ』東京堂出版.
森　謙二　2004a　「家族研究の動向――森岡清美『華族社会の「家」戦略』（2002）と山田昌弘『希望格差社会』（2004）の書評を通じて」『比較家族史研究』19：79-96.
森　謙二　2004b　「少子高齢社会における墓地及び墳墓承継に関する法社会学的研究」平成13年度～平成15年度　日本学術振興会　科学研究補助金報告.
森ます美・浅倉むつ子編　2010　『同一価値労働同一賃金原則の実施システム――公平な賃金の実現に向けて』有斐閣.
森岡清美　1993　『現代家族変動論』ミネルヴァ書房.
森岡孝二　2013　『過労死は何を告発しているか――現代日本の企業と労働』岩波現代文庫.
森川美絵　2015　『介護はいかにして「労働」となったのか――制度としての承認と評価のメカニズム』ミネルヴァ書房.
森田　明　2005　『少年法の歴史的展開――「鬼面仏心」の法構造』信山社出版.
森田洋司・進藤雄三編　2006　『医療化のポリティクス――近代医療の地平を問う』学文社.

森山真弓・野田聖子　2005　『よくわかる改正児童買春・児童ポルノ禁止法』ぎょうせい.
両角道代　2012　「第二世代の両立支援と労働法——スウェーデン法を参考に」原伸子編『福祉国家と家族』87-110頁, 法政大学出版局.
モンツチ, J.　2011（2006）　『大好きなあなただから, 真実を話しておきたくて——精子・卵子・胚の提供により生まれたことを子どもに話すための親向けガイド』（才村眞理訳）, 帝塚山大学出版会.

や

八木　透　1992　「イエ・家族・通過儀礼——民俗学における族制研究の現在」『日本民俗学』190号.
八木　透　2001　『婚姻と家族の民俗的構造』吉川弘文館.
八木　透編　2001　『日本の通過儀礼』思文閣出版.
安井眞奈美編　2009　『産む・育てる・伝える——昔のお産, 異文化のお産を考える』風響社.
安井眞奈美編　2014　『出産の民俗学・文化人類学』勉誠出版.
安元　稔　1982　『イギリスの人口と経済発展』ミネルヴァ書房.
柳田國男　1946　「先祖の話」『定本柳田國男集10』筑摩書房, 1962（『柳田国男全集15』筑摩書房, 1998）.
柳田國男　1949　「年中行事覚書」『定本柳田國男集13』筑摩書房, 1969（『柳田国男全集16』筑摩書房, 1990）.
柳谷慶子　2007　『近世の女性相続と介護』吉川弘文館.
矢野敬一　2007　『「家庭の味」の戦後民俗誌——主婦と団欒の時代』青弓社.
藪田　貫　1996　『女性史としての近世』校倉書房.
藪田　貫　2011　「問題提起①　身分のとらえ方」大橋幸泰・深谷克己編『〈江戸〉の人と身分6　身分論をひろげる』吉川弘文館.
山内　昶・山内　彰　2011　『風呂の文化誌』文化科学高等研究院出版局.
山尾美香　2004　『きょうも料理』原書房.
山口昌伴　2000　『台所空間学』建築資料研究社.
山路勝彦・田中雅一編　2002　『植民地主義と人類学——人類学と歴史学の対話から生まれた共同研究』関西学院大学出版会.
山下泰子　2006　『女性差別撤廃条約の展開』勁草書房.
山下泰子・辻村みよ子・浅倉むつ子・二宮周平・戒能民江編　2011　『ジェンダー六法』信山社.
山住正巳・中江和恵　1976　『子育ての書　1〜3』平凡社.
山田慎也　2003　「越境する葬儀——日本におけるエンバーミング」篠原徹編『越境』朝倉書店.
山田慎也　2007　『現代日本の死と葬儀——葬祭業の展開と死生観の変容』東京大学出版会.
山田慎也　2013　「葬儀の変化と死のイメージ」『近代化のなかの誕生と死』岩田書院.
山田卓生　1987　『私事と自己決定』日本評論社.
山田千香子　2000　『カナダ日系社会の文化変容——「海を渡った日本の村」三世代の変遷』御茶の水書房.
山田昌弘　1994　『近代家族のゆくえ——家族と愛情のパラドクス』新曜社.
山田昌弘　1999　『パラサイト・シングルの時代』筑摩書房.
山田昌弘　2004a　「家族の個人化」『社会学評論』216：341-354.
山田昌弘　2004b　『パラサイト社会のゆくえ』筑摩書房.
山田昌弘　2005　『迷走する家族——戦後家族モデルの形成と解体』有斐閣.

山田昌弘　2007a　『家族ペット――ダンナよりもペットが大切!?』文藝春秋.
山田昌弘　2007b　『少子社会日本――もうひとつの格差のゆくえ』岩波書店.
山田昌弘編著　2010　『婚活現象の社会学』東洋経済新報社.
山田昌弘・白河桃子　2008　『「婚活」時代』ディスカヴァー・トゥエンティワン.
山田昌弘・開内文乃　2012　『絶食系男子となでしこ姫』東洋経済新報社.
山中永之佑ほか編　2001　『家族と介護』（比較家族史学会監修），早稲田大学出版部.
山中永之佑・山中　至・藪田　貫・白石玲子　1992　「シンポジウム報告　日本近世・近代国家の法構造と家長権」『法制史研究』42号.
山根純佳　2010　『なぜ女性はケア労働をするのか――性別分業の再生産を超えて』勁草書房.
山辺規子ほか　2005　「家族と血縁の紐帯」佐藤彰一ほか編著『西洋中世史研究入門［増補改訂版］』第4章，名古屋大学出版会.
山本起世子　2012　「日本の家族と優生政策」河合利光編『家族と生命継承――文化人類学的研究の現在』時潮社.
山本雅代　2010a　「バイリンガリズム――モノリンガル的視点からの脱却」西原鈴子編『言語と社会・教育』193-212頁，朝倉書店.
山本雅代　2010b　「バイリンガル幼児――『受容バイリンガル』はどのように言語を使用しているか」『日本語学（特集　言語接触の世界）』29(14)：170-182.
山本理奈　2013　『マイホーム神話の生成と臨界――住宅社会学の試み』岩波書店.

ゆ

湯沢雍彦　2001　「養子制度の概要と日本の実情」養子と里親を考える会編『養子と里親――日本・外国の未成年養子制度と斡旋問題』1-31頁，日本加除出版.
湯原悦子　2011　「介護殺人の現状から見出せる介護者支援の課題」『日本福祉大学社会福祉論集』125号.

よ

横田祥子　2008　「グローバル・ハイパガミー？――台湾に嫁いだベトナム人女性の事例から」『異文化コミュニケーション研究』20号.
横田祥子　2009　『グローバリゼーション下の婚姻と労働契約――台湾中部の地方都市からの考察』（東京都立大学大学院博士学位論文）
横田祥子　2011　「負債関係に働く力学――台湾中部の地方都市における国際ブローカー婚の互酬性」『白山人類学』14号.
横田冬彦　2011　「混血児追放令と異人遊郭の成立――『鎖国』における〈人種主義〉再考」ひろたまさき・横田冬彦編『異文化交流史の再検討――日本近代の〈経験〉とその周辺』平凡社.
横山浩司　1986　『子育ての社会史』勁草書房.
横山文野　2002　『戦後日本の女性政策』勁草書房.
義江明子　1986　『日本古代の氏の構造』吉川弘文館.
吉岡睦子・林　陽子編　2007　『実務ジェンダー法講義』民事法研究会.
吉川真美子　2007　『ドメスティック・バイオレンスとジェンダー――適正手続きと被害者保護』世織書房.
善積京子　1997　『〈近代家族〉を超える――非法律婚カップルの声』青木書店.
善積京子　2013　『離別と共同養育――スウェーデンの養育訴訟にみる「子どもの最善」』世界思想社.

善積京子編　2000　『結婚とパートナー関係——問い直される夫婦』ミネルヴァ書房．
吉田　孝　1983　『律令国家と古代の社会』岩波書店．
吉田容子監修／JNATIP 編　2004　『人身売買をなくすために——受入大国日本の課題』明石書店．
吉田良生・河野稠果編　2004　『国際人口移動の新時代』原書房．
ヨナル，A．　2013（2008）　『名誉の殺人』（安東建訳），朝日新聞出版．
米田眞澄・堀口悦子　2002　『Q＆Aで学ぶ　女性差別撤廃条約と選択議定書』明石書店．
米山　秀　2008　『近世イギリス家族史』ミネルヴァ書房．

ら 行

樂木章子　2010　「『養親—養子』家族における『産みの母』の位置——核家族への示唆」『集団力学』27：1-16．
リッチ，A．　1989（1981）　「強制的異性愛とレズビアン存在」『血，パン，詩．』（大島かおり訳），晶文社．
ル＝ゴフ，J．　2006（2003）　『中世の身体』（池田龍一・菅沼潤訳），藤原書店．
ルービン，G．　1991（1984）　「性を考える　セクシュアリティの政治に関するラディカルな理論のための覚書」（河口和也訳），『現代思想臨時増刊号（25 巻 6 号）総特集レズビアン／ゲイ・スタディーズ』青土社．
ルベイ，S．　2002（1996）　『クィア・サイエンス——同性愛をめぐる科学言説の変遷』（伏見憲明監修／玉野真路・岡田太郎訳），勁草書房．
レイヴ，J．・ウェンガー，E．　1993（1991）　『状況に埋め込まれた学習——正統的周辺参加』（佐伯胖訳），産業図書．
レヴィ＝ストロース，C．　2000（1967）　『親族の基本構造』（福井和美訳），青弓社．
連合　2008　「ワーク・ライフ・バランス（仕事と生活の調和）の基本的考え方」http://www.jtuc-rengo.or.jp/kurashi/worklifebalance/kihon.html

わ

若尾祐司編著　1998　『家族』近代ヨーロッパの探究 2，ミネルヴァ書房．
若尾祐司ほか　2006　「家族・女性史研究の諸問題」望田幸男ほか編著『西洋近現代史研究入門［第 3 版］』名古屋大学出版会．
脇田晴子　1992　『日本中世女性史論』東京大学出版会．
脇野幸太郎　2011　「高齢者虐待への法的対応と介護政策上の課題」『法政論叢』47 巻 2 号．
和田　健　2010　「民俗学は社会から何を見るのか？——場と個人をめぐる方法的態度」『日本民俗学』262 号．
和田正平　1988　『性と結婚の民族学』同朋舎．
渡戸一郎・鈴木江理子・A．P．F．S．編　2007　『在留特別許可と日本の移民政策——「移民選別」時代の到来』明石書店．
渡辺惺之監修／大谷美紀子・榊原富士子・中村多美子　2012　『渉外離婚の実務——離婚事件の基礎からハーグ条約まで』日本加除出版．

欧語文献

Adams, R. H. Jr. and Cuecuecha, A.　2010　*The Economic Impact of International Remittances on*

Poverty and Household Consumption and Investment in Indonesia. Policy Research Working Paper 5433, The World Bank.
Asian Development Bank 2013 *Impact of Global Crisis on Migrant Workers and Families : Gender Perspective.* Asian Development Bank.

Bailey, J. 2012 *Parenting in England, 1760-1830 : Emotion, Identity, and Generation.* Oxford University Press.
Baldassar, L. 2007 "Transnational Families and the Provision of Moral and Emotional Support : The Relationship between Truth and Distance." *Identities* 14 (4) : 385-409.
Banfield, E. 1958 *The Moral Basis of a Backward Society.* Free Press.
Barbagli, M. 1984 *Sotto lo stesso tetto : mutamenti della famiglia in Italia dal XV al XX secolo.* il Mulino.
Bengtsson, T., Campbell, C., Lee, J., et al. 2004 *Life under Pressure ; Mortality and Living Standards in Europe and Asia, 1700-1900.* The MIT Press.
Blackstone, W. 1765 *Commentaries on the Laws of England.* Dawsons of Pall Mall, London (1966).
Bohannan, P. and Bohannan, L. 1968 *Tiv Economy.* Northwestern University Press.
Boret Penmellen, S. 2014 *Japanese Tree Burial : Ecology, Kinship and the Culture of Death.* Routledge.
Bowie, F. (ed.) 2004 *Cross-Cultural Approaches to Adoption.* Routledge.
Boyd, M. 1989 "Family and Personal Networks in International Migration : Recent Development and New Agendas." *International Migration Review* 23 (3) : 638-670.
Burguière, A., et al. (dirs.) 1986 *Histoire de la famille.* A. Colin, 3 vols..

Carling, J., Menjivar, C. and Schmalzbauer, L. 2012 "Central Themes in the Study of Transnational Parenthood." *Journal of Ethnic and Migration Studies* 38 (2) : 191-217.
Chacón Jiménez, F. y Bestard-Camps, J. (dirs.) 2011 *Familias : historia de la sociedad española (del final de la Edad Media a nuestros días).* Cátedra.
Chambers, D. 2006 *New Social Ties : Contemporary Connections in a Fragmented Society.* Palgrave Macmillan.
Chambers, D. 2012 *A Sociology of Family Life : Change and Diversity in Intimate Relations. :* Polity Press.
Constable, N. 2003 *Romance on a Global Stage : Pen Pals, Virtual Ethnography, and "Mail Order" Marriages.* University of California Press.
Constable, N. (ed.) 2005 *Cross-Border Marriages : Gender and Mobility in Transnational Asia.* University of Pennsylvania Press.

Da Molin, G. 2008 *Famiglia e infanzia nella società del passato (secc. XVIII-XIX).* Cacucci.
Davies, D. and Rumble, H. 2012 *Natural Burial : Traditional-Secular Spiritualities and Funeral Innovation.* Continuum.
Davies, D. J. with Mates, L. H. 2005 *Encyclopaedia of Cremation.* Ashgate.
Douglass, M. 2010 Globalizing the Household in East Asia. *The Whitehead Journal of Diplomacy and International Relations* 11 (1) : 63-77.
Doumani, B. (ed.) 2003 *Family History in the Middle East.* Albany.

Evans-Pritchards, E. E. 1965a "Luo Tribes and Clans." In *The Position of Women in Primitive Societies and Other Essays in Social Anthropology*. Faber and Faber LTD.
Evans-Pritchards, E. E. 1965b "Marriage Custom of the Luo of Kenya." In *The Position of Women in Primitive Societies and Other Essays in Social Anthropology*. Faber and Faber LTD.

Ferragina, E. 2009 "Le teorie che non muoiono mai sono quelle che confermano le nostre ipotesi di base : cinquantánni di familismo amorale." in *Meridiana*, 65/66.
Foner, N. 1997 "The Immigrant Family : Cultural Legacies and Cultural Changes." *International Migration Review* 31（4）: 961-974.

Garrison, V. and Weiss, C. 1992 "Dominican Family Networks and United States Immigration Policy : A Case Study." In Sutton, C. R. and Chaney, E.（eds.）*Caribbean Life in New York City : Sociocultural Dimensions*. Center for Migration Studies of New York, Inc.
Gluckman, H. M. 1987 "Kinship and Marriage among the Lozi of Northern Rhodesia and The Zulu of Natal." In : Radcliff-Brown, A. R. and Forde, D.（eds.）, *African Systems of Kinship and Marriage*. pp. 166-206, Routledge and Kegan Paul.
Goody, E. N. 1982/2007 *Parenthood and Social Reproduction : Fostering and Occupational Roles in West Africa*. Cambridge University Press.
Goose, N. 2007 *Women's Work in Industrial England : Regional and Local Perspectives*. University of Hertfordshire Press.
Gottlieb, B. 1993 *The Family in the Western World from the Black Death to the Industrial Age*. Oxford University Press.
Green, A. H. 1981 "Family History in the Arab World : Archival History as a Complement to Ethnography." *International Journal of Sociology of the Family* 11 : 327-346.
Grotevant, H. D. 2006 "Open Adoption." Stolley, K. S. and Bullough, V. L.（eds.）*The Praeger Handbook of Adoption*. vol. 2. Praeger Publishers.

Hakim, C. 2000 *Work-Lifestyle Choices in the 21st Century*. Oxford University Press.
Howell, S. 2009 "Adoption of the Unrelated Child : Some Challenges to the Anthropological Study of Kinship." *Annu. Rev. Anthropol.* 38 : 149-166.
Human Right Watch 2014 *No Way Out : Child Marriage and Human Rights Abuses in Tanzania*.

Iida, T. 2010 *Ruppiner Bauernleben 1648-1806 : Sozial- und wirtschaftsgeschichtliche Untersuchungen einer ländlichen Gegend Ostelbiens*. Lukas Verlag.
Illouz, E. 2007 *Cold Intimacies : The making of Emotional Capitalism*. Polity Press.
Inglehart, R. and Norris, P. 2003 *Rising Tide : Gender Equality and Cultural Change around the World*. Cambridge University Press.
International Labour Organization 2013 *Marking progress against child labour : Global estimates and trends 2000-2012*.

Jamieson, L. 1998 *Intimacy : Personal Relationship in Modern Societies*. Polity Press.
Judd, E. R. 1994 *Gender and Power in Rural North China*. Stanford University Press

Kandiyoti, D. 1988 "Bargaining with Patriarchy." *Gender and Society*, 2(3)： 274-290.
Kapadia, K. 1995 *Siva and Her Sisters：Gender, Caste and Class in Rural South India*. Westview Press.
Kawano, S. 2010 *Nature's Embrace：Japan's Aging Urbanites and New Death Rites*. Hawaii University Press.
Kertzer, D. I. & Barbagli, M. (eds.) 2001-2003 *The History of the European Family*. Yale U. P., 3 vols.；Barbagli, M. & Kertzer, D. I. (a cura di) 2002-2005 *Storia della famiglia in Europa*. Laterza, 3 voll..
King, R., Wanes, T. and Williams, A. 2000 *Sunset Lives：British Retirement Migration to the Mediterranean*. Bloomsbury Academic.
Klasen, F., Oettingen, G., Daniels, J., Post, M. and Hubertus, A. 2010 "Posttraumatic resilience in former Ugandan child soldiers." *Child Development* July/Auguast 81 (4)： 1096-1113.
Kofman, E. 2004 "Family-Related Migration：A Critical Review of European Studies." *Journal of Ethnic Migration Studies* 30 (2)： 243-262.

Lee, Kyoung-won・Oh, Jeong-ok・Jin, Haeng-mi 2013 "Comparative study on outlook on international marriage between Korea and Japan" *International Journal of Family Welfare* (THE KOREAN FAMILY WELFARE ASSOCIATION). Vol. 4.
Lehr, V. 1999 *Queer Family Values：Debunking the Myth of the Nuclear Family*. Temple Univertisy Press.
Leinaweaver, J. 2013 *Adoptive Migration*. Duke University Press.
Lindeman, E. 1944 Symptomatology and management of acute grief. *American Journal of Psychiatry* 101： 141-148.
Lundh, C., Kurosu, S., et al. 2014 *Similarity in Difference：Marriage in Europe and Asia, 1700-1900*. The MIT Press.

Macry, P. 2002 *Ottocento：famiglia, élites e patrimoni a Napoli*. 2 ed., il Mulino. (1 ed.：1988 Einaudi)
Maher, J. M. and Chavkin, W. (eds.) 2010 *The Globalization of Motherhood：Deconstructions and reconstructions of biology and care*. Routledge.
Mani, L. 1998 *Contentious Traditions：The Debate on Sati in Colonial India*. Berkeley： University of California Press.
Meriwether, M. L. 1999 *The Kin Who Count：Family and Society in Ottoman Aleppo 1770-1840*. Austin.
Midford, P., Saito, Y., Campbell, J. C. and Edvardsen, U. (eds.) 2014 *Eldercare Politics in Japan and Scandinavia：Aging Societies East and West* Palgrave. Macmillan.

Ohno, S. (ed.) 2012 "International Migration of Southeast Asian Nurses and Care Workers to Japan under Economic Partnership Agreements." *Academic Journal of Southeast Asian Studies*. 49 (4) 541-669.
Oldenburg, V. T. 2010 *Dowry Murder：Reinvestigating a cultural whodunit*. Penguin Books.
Ong, Aihwa 1999 *Flexible Citizenship：The Cultural Logics of Transnationality*. Duke Universi-ty Press.

Pahl, R. 2000 *On Friendship*. Polity Press.
Parkinson, P. 2011 *Family Law and the Indissolubility of Parenthood*, Cambridge University Press.
Pfeister, C. 1994 *Bevölkerungsgeschichte und Historische Demogrpahie 1500-1800*. Oldenbourg Wissenschaftsverlag.
Powell, C. L. 1917 *English Domestic Relations 1467-1653*. Columbia University Press. (Reissued by Russell & Russell, 1972).
Pryor, J. (ed.) 2008 *The International Handbook of Stepfamilies : Policy and Practice in Legal, Research, and Clinical Environments*. John Wiley & Sons.

Radcliffe-Brown, A. R. and Forde, D. (eds.) 1950 *African systems of kinship and marriage*. Routledge & Kegan Paul.
Ramella, F. 1984 *Terra e telai : sistemi di parentela e manifattura nel Biellese dell'Ottocento*. Einaudi.
Ramesh, A., Srikumari, C. R., Sukumar, S. 1989 "Parallel Cousin Marriages in Madras, Tamil Nadu : New Trends in Dravidan Kinship." *Social Biology* 36 (3/4) : 248-254.
Reher, D. S. 2006 Peter Laslett and Family History in Spain. *Revista de Demografía Histórica*, 24 (2).
Rex, J. and Moore, R. 1967 *Race, Community and Conflict*. Oxford University Press.
Rowland, R. 1997 *População, família, sociedade : Portugal, séculos XIX-XX*. Celta.

Saunders, P. and Williams, P. 1988 The constitution of the home : Towards a research agenda. *Housing Studies* 38 (2) : 81-93.
Seccombe, W. 1993 *Weathering the Storm*. Verso.
Seligmann, L. 2013 *Broken Links, Enduring Ties*. Stanford University Press.
Still, G. F. 1931 *The History of Paediatrics : The Progress of the Study of Diseases of Children up to the End of the XVIII th Century*. Oxford UP.
Stroebe, M. S. 1992-1993 "Coping with bereavement : A review of the grief work hypothesis." *Omega* 26 : 19-42.
Stryker, S. 2006 "(De) Subjugated Knowledges, An Introduction to Transgender Studies." In Stryker, S. and Whittle, S. (eds.), *The Transgender Studies Reader*. Routledge.

Trask, B. S. 2010 *Globalization and Families : Accelerated Systemic Social Change*. Springer.
Tsong, Y. and Liu, Y. 2009 "Parachute Kids and Astronaut Families." In Tewari, N. and Alvarez, A. (eds.), *Asian American Psychology : Current Perspectives*. Taylor & Francis.
Tsuya, N.O. and Kurosu, S. 2010 "Family, Household, and Reproduction in Two Northeastern Japanese Villages, 1716-1870." in Tsuya, N.O., Wang, F., Alter, F.G., Lee, J.Z., et al., *Prudence and Pressure : Reproduction and Human Agency in Europe and Asia, 1700-1900*. pp. 249-285, The MIT Press.
Tsuya, N.O., Wang, F., Alter, G., Lee, J.Z., et al. 2010 *Prudence and Pressure : Reproduction and Human Agency in Europe and Asia, 1700-1900*. The MIT Press.

United Nations High Commissioner for Refugees (UNHCR) 2014 *GLOBAL TRENDS 2013*.

Vanhaute, E., Devos, I. & Lambrecht, T.(eds.)　2011　*Making a Living: Family, Labour and Income*. Brepols Publishers.

Warner, M.　1991　"Introduction: Fear of a Queer Planet." *Social Text* 9 (4): 29.
Weeks, J., Donovan, C. and Heaphy, B.　2001　*Same Sex Intimacies: Families of Choice and Other Life Experiments*. Routledge.
Wessells, M. G.　2006　*Child Soldiers: From Violence to Protection*. Harvard University Press.

Yamani, M.　2008　*Polygamy and Law in Contemporary Saudi Arabia*. Ithaca.
Yamashita S. et al. (eds.)　2008　*Transnational Migration in East Asia*. Senri Ethnological Reports 77.
Yan, Yunxiang　2009　*The Individualization of Chinese Society*. London School of Economics.
Yoshino, K.　2000　"The epistemic contract of bisexual erasure." *Stanford Law Review*, January 1.

Zentgraf, K. M. and Chinchilla, N. S.　2012　"Transnational Family Separation: A Framework for Analysis." *Journal of Ethnic and Migration Studies* 38 (2): 345-366.

索　引

1. 和文索引，欧文索引，人名索引の3種に分け，その順で掲載する。
2. 和文索引および人名索引は索引語の読みの五十音順に，欧文索引はアルファベット順に配列した。なお，音引き（ー）は配列用の読みには含めない。
3. 頁数を表す数字の後ろの l はその頁の左欄を，r は右欄を表す。また太字の数字は大見出し（2段通しの見出し）から採った索引語であることを意味する。
4. ILOなど欧文の略号は，和文索引の該当箇所に併記したものもある。
5. 別表記や略称，読みがななどは〔　〕内に併記した。ただし，人名の原綴は（　）内に入れた。また索引語中の（　）内は省略する場合があることを意味する。
6. 関連する索引語は⇨で示した。

和文索引

あ

IVFサロゲート　112r
ILO　98l, 156l, 158r, 172l
ILO第156号条約　170r
ILO第175号条約　174l
ILOパートタイム労働に関する条約　174l
アイデンティティ　114l, 116r, 120r
アヴェ・マリア　136r
青い芝の会　200l
赤ちゃんポスト　118r
空き室活用　303r
空巣家庭　37l
アコーディオン・ファミリー　165l
アジア女性基金　78l
阿闍世コンプレックス　135l
アストロノート家族　281r, 282l, 287l
新しい公共　190l
アットホームネス　306r
アトツギ　252l
アドバンス・ディレクティヴ　244l
アナール学派　21l
アファーマティブ・アクション　76r
アフリカ　**93**, 100l
アムネスティ　264l
アメリカにおける家族呼び寄せ　276l
アメリカの移民政策　279l
アラワニガル　86r
アルツハイマー病　209l
荒れる成人式　49r
アンペイド・ワーク　77l, 171r
安楽死　240l, 243l

い

慰安婦　78l
家　3l
――からの解放　29r
家財産複合　93r
家社会　11l
家制度　9r, 14l, 18l, 33l, 89r
いえの子ども　140l
「イエ」の成立　17r
家墓　252l
イキミタマ　55r
育児　**124**, 126r
育児・介護休業法　167r, 180r, 205r
育児・介護休業法改正　181l
育児休業（制度）　181l, 193l, 194r, 195l
育児サークル　130r
育児雑誌　128r
育児書　126r, 127r, 128r
育児不安　130l
育児放棄　121r
育成相談　230r
イクメン　181l

遺骨　254l
いじめ　143r
いじめ自殺事件　144l
いじめ防止対策推進法　144l
移住家事・介護労働者　284l
移住者家族　282r
移住労働者　11r, 280r, 283l
衣食住　**57**
イスラーム　261l
イスラーム家族史　**23**
イスラーム教徒　23l　⇨ムスリム
イスラーム世界におけるジェンダー　69r
イスラーム法　23l
異性愛規範性　291r
異性愛主義　297r, 298l
遺族　250r
依存　297r
遺体衛生保全　249l
一時保護　230l
1.5稼ぎモデル　167l
1.57ショック　180r, 193l
一人前　133r
逸失利益の男女格差　175r
一夫多妻　70l
イデオロギー装置　139r, 150r
遺伝子　109l
移動する人と留まる家族　**280**
移動〔移民〕の女性化　169r, 172l
位牌　255r
EPA　283r　⇨経済連携協定
遺品整理　250l

和文索引

い

イベントヒストリー分析 71
移民 121*l*, 277*l*
移民政策 273*r*
移民法 276*l*, 277*r*, 279*r*
癒し 300*l*
EU 均等待遇指令 168*r*
医療化された死 243*r*
医療資源の再分配 241*l*
衣類 60*l*
衣類の管理 60*l*
隠居 51*r*
インクルーシブな社会 202*l*
イングルハート＝ノリス命題 69*r*
インド寡婦殉死 86*l* ⇨サティー
インドネシア 263*l*

う

ヴェール 67*l*
氏 3*l*
氏神 49*l*
氏子 49*l*
氏子入り 49*l*
失われた 20 年 30*l*
乳母 126*l*
ウーマン・リブ 26*r*
「産めよ殖やせよ」政策 143*l*, 150*l*

え

嬰児遺棄 79*l*
嬰児殺 79*l*, 227*r*
エイジズム 236*l*
エイジング 206*l*
永代供養墓 253*l*
栄養教諭 145*r*
エコハウジング 305*r*
エコロジー 305*l*
越境結婚 258*l*
エディプス・コンプレックス 134*r*
胞衣〔胎盤〕 126*l*
『エミール』 131*r*
M 字型就労〔M 字カーブ〕 19*r*, 160*l*, 161*l*
選びとる家族 298*l*
LGBT〔LGB, LGBTI〕 83*l*, 84*l*, 88*l*, 114*r*, 119*l*, 175*l*
エレクトラ・コンプレックス 135*l*
遠距離育児 281*l*, 286*l*
縁故疎開 44*l*
エンゼルプラン 193*l*
エンディング・ノート 244*r*
エンバーミング 249*l*
エンパワーメント 74*l*
エンハンスメント 113*r*

お

延命医療 243*r*
延命措置 240*l*

お

オイコス 135*r*
応益負担 198*l*, 200*r*
欧州委員会 75*l*, 75*r*
大正月 54*l*
奥向 53*r*
幼子イエス 136*r*
御節料理 54*r*
夫専権離婚制説批判 18*l*
夫の懲戒権 218*l*
帯解 49*l*
オープン・アドプション 117*l*, 119*l*
オープン・マリッジ 294*l*, 294*r*
お宮参り 49*l*
親代わり 137*r*
親業 148*l*
親教育 148*l*
親孝行 284*r*
──の下請け 179*r*
親子関係 108*l*
親子二世帯 62*r*
親殺し 226*r*
親父 44*l*
親と子の共育ち 125*r*
親亡き後 198*l*
親の教育権 144*l*
親指のルール 214*l*
オールタナティブ〔代替的〕教育 144*r*
女大学 133*r*
オンラインの親密性 301*l*

か

海外送金 281*l*, 285*l*
海外の日系人 277*r*
介護 188*r*, 232*l*, 244*r*
──とジェンダー 178*r*
──の社会化 178*r*, 207*l*, 207*r*
介護休業制度 208*l*
外国人家事労働者 284*l*
外国人労働者 38*l*, 264*r*
外国籍介護労働者 38*l*
介護殺人 236*l*, 236*r*
介護心中 236*r*
介護疲れ 235*r*
介護等放棄 232*r*, 234*l*
介護福祉士 283*l*
介護保険制度 204*r*, 207*l*, 207*r*, 208*l*, 235*r*

介護保険法 207*l*, 210*l*
介護離職 245*l*
介護力 243*r*
皆婚社会 104*r*
買春禁止法 173*r*
介助者 201*r*
改正育児・介護休業法 181*l*
改正国籍法 271*l*
改正臓器移植法 241*l*
改葬 253*l*
外貌障害 175*r*
開放養取 119*l*
カイロ会議 81*l*
カイロ行動計画 81*l*
ガヴァネス 132*l*, 135*l*
家格 3*r*
科学的育児法 128*r*
家業 3*r*
核家族 62*r*, 108*l*
核家族化 245*r*, 250*r*
格差 242*l*
学童保育 196*r*
角餅 61*l*
隔離就寝 62*l*
学歴社会 137*l*
家訓 136*l*
家妻 17*r*
家産 3*r*
家事 178*r*
家事・育児・介護労働の外部化 284*l*
家事事件手続法 92*r*
家事使用人 179*r*
家事審判法 92*r*
家事労働 160*l*, 284*l*
──の外部化 285*l*
──としてのケア 176*l*
華人の家族 275*l*
家政書 124*r*, 128*l*
家政論 135*r*, 145*l*
仮設住宅 44*r*
家族
──と啓蒙 **145**
──と親密圏 **295**
──のオルタナティブ 14*r*
──の個人化 14*l*, **29**
──の承諾 241*r*
──の友人化 297*r*
──への教育 **145**
──を超える共同生活 **301**
──をめぐる暴力 **212**
家族移住 273*l*
家族介護 205*l*, 206*l*, 207*l*
家族介護支援事業 208*l*
家族介護者への支援 208*l*

和文索引　345

家族関係支援　227*l*
家族関係登録簿　41*r*
家族計画　110*l*, 188*l*, 194*l*
家族計画運動　150*l*
家族研究　10*l*
家族コンプレックス　134*r*
家族再結合　265*l*
家族支援事業　205*r*
家族主義　41*r*, 188*l*
家族ストレス　162*l*
家族政策　183*l*, 188*l*, 190*l*
家族戦略　161*r*
家族葬　48*l*, 246*l*, 247*l*
家族賃金　155*r*
家族手当　194*r*
家族的責任　156*l*
家族ドラマ　149*l*
家族復元フォーム　6*r*
家族復元法　6*l*
家族法改正　35*r*
家族呼び寄せ　265*l*, 273*r*, 279*l*
家族旅行　53*r*
形見分け　250*l*
家畜・ペットと家族　300*l*
家着　59*r*
家長　133*r*
家(父)長権　17*r*
学校　138*l*
学校給食　144*r*
学校給食法　145*l*
学校教育　132*l*, **138**
学校ぎらい　143*r*
学校選択制　141*r*
合葬墓　253*l*
割礼　84*r*
家庭教育　**130**, 130*l*, 140*l*
家庭教師　130*l*, 135*r*
家庭ジャーナリズム　149*r*
家庭城郭主義　306*r*
家庭小説　149*r*
家庭内暴力　228*r*, 268*l*, 271*r*
家庭の教育力　133*r*
家庭訪問　150*l*
カーテン・ルール　214*r*
家督相続　33*l*
カバーチュアの法理　214*r*, 218*l*
寡婦　97*r*
家風　61*l*
寡婦相続　97*l*
家父長制　17*l*, 65*l*, 120*r*, 158*r*
家父長制論争　17*r*
髪置　49*l*
仮名　48*l*
過労死　157*l*
過労自殺裁判　157*r*

過労死等防止対策推進法　157*r*
関係性　108*r*
監護教育権　229*l*
韓国　263*l*
──における国際結婚　263*l*
──の家族の変容　40
韓国DV法　220*l*
韓国人　268*l*
看護師　283*l*
緩少子化　193*l*
間接差別　90*l*, 172*r*
還暦　47*r*, 51*l*, 51*r*

き

忌明け　49*l*
帰化　270*l*
機会均等　75*r*
帰還移民　277*l*, 281*l*
企業社会　153*r*, 156*r*
棄児　227*r*, 228*r*
擬似家族　275*l*
喜寿　51*l*
擬制的親子関係　117*r*
既製服　58*l*
偽装結婚　266*l*
基礎シート〔BDS〕　6*r*
基礎年金　187*l*
記念日　57*r*
機能主義　153*l*
機能論　23*r*
義務教育　141*l*
虐待　235*l*
休日　56*r*
QOL〔生活の質〕　301*r*
教育　124*l*
──の公共性　144*r*
──の私事性　144*r*
教育家族　136*r*
教育基本法　146*l*
教育権　144*l*
教育支援　278*r*
教師　131*r*, 137*r*
行事食　59*l*
郷愁　149*r*
共生型集住　304*r*
強制結婚　98*l*, 99*l*
共同監護・共同養育　107*r*
協同組合　304*l*
共同生活援助　305*l*
共同生活介護　305*l*
共同体家族　20*l*
共用養取　119*l*
共用空間　304*l*
規律化　150*l*

近接性　301*l*
近代家族　19*l*, 62*l*, 66*l*, 87*l*, 135*r*, 153*r*, 157*l*
近代家族と労働　**159**
近代家族論　12*l*
近代情愛家族　125*l*
近代的結婚　104*l*
近代的子ども観　62*r*
近代ポリス論　146*l*
均等法改正　172*r*

く

クィア〔クイア〕　84*l*
クィア家族　290*l*
クィア家族論　295*l*
クィア研究　26*l*
クィア理論　291*r*
クォータ制　171*l*
国親思想〔パレンス・パトリエ〕　151*r*
国の教育権　144*l*
虞犯少年　151*r*
クリスマス　53*r*, 56*l*
グリーフワーク　249*l*
グループホーム　305*l*
グループリビング　302*l*
クローズド・アドプション　119*l*
グローバル化　163*r*, 189*l*, 259*l*, 268*r*
グローバル世帯保持　280*r*, 282*l*, 287*l*
グローバル・ハイパガミー　258*r*, 266*r*
グローバル・フェミニズム　69*l*

け

ケア　**175**, 296*r*
──の社会化　131*l*, 208*l*
──の倫理　169*l*, 176*r*
──をめぐる国際労働移動　179*l*
ケア・アプローチ　169*l*
ケアチェーン　284*r*
ケアハラスメント　236*l*
ケアホーム　302*l*
ケア役割　153*r*, 199*r*
ケアラー　177*r*
ケア労働　179*r*, 190*r*
ケアワーカー　207*r*
ゲイ　90*r*, 114*r*, 295*l*
計画出産　36*r*
ゲイ・コミュニティ　290*l*
経済的虐待　232*r*, 234*l*
経済的暴力　221*l*

経済連携協定　283r　⇨ EPA
継承者欠如　252r
継親　107r
啓蒙(と家族)　**145**
契約結婚〔イスラームの〕　97r
血縁　116r
血縁主義　109l
結婚　199r
　——と家族　**102**
　——と国籍　267l
　——の多様性　104l
結婚斡旋ビジネス〔結婚相手の斡旋〕
　　258r, 265l
結婚移住者のネットワーク　267r,
　　268l
結婚移民者　263l
結婚記念日　53r
結婚式　47l, 50l
結婚戦略　161r
結婚難　263r
血統主義　276l
ゲーテッド・コミュニティ　306l
限界集落　267l
健康診査　149l
言語の威信性　270l
顕彰神　251r
建設型コープ　304r
顕微授精　110r, 111l
ケンブリッジ・グループ　6l, 19l,
　　21l, 24l

こ

強姦　215r
強姦罪　221l
強姦被害者保護法　215r
後期近代　291l
公教育　138r
公共圏　296r, 297l, 298r
合計特殊出生率　79r, 88l, 192r,
　　193l
郷戸　2l
公告　253l
交叉イトコ婚　96r
公私二元論　65l
合祀墓　252l
公葬　252l
構築主義的家族論　12l
公的扶助　187l
高等女学校　142r
高度経済成長　57l
校内暴力　229l
河野談話　78l
幸福追求権　81r
合理的配慮　201l, 203l

高齢化　39r, 129r, 187r, 193l,
　　207l, 244r, 283l
高齢化社会　206l
高齢者
　——と暴力　**231**
　——の孤立死　237l
　——の心中　236l
　——のセクシュアリティ　208r
高齢社会　206l
高齢者虐待　231r, 234l, 235l,
　　235r, 236l
高齢者虐待防止法　231l, 234l, 235l
高齢者福祉施設　208r
高齢者福祉と家族　**204**
高齢者福祉の地域差　210l
子返し　227r
古稀　51r
国際移住の女性化　286r
国際移住労働　285l
国際刑事裁判所(ICC)　72l, 77r
国際結婚　11l, 40l, **258**, 262l,
　　263l, 266l, 267l, 268r, 269l,
　　269r, 282l, 283l
　——とDV　224l
　——と宗教　260r
　——の商業化　265l
国際結婚斡旋　266l
国際婚外子　271l
国際人道法　72l
国際組織犯罪防止条約・人身取引議
　　定書　217l
国際連れ子　261l
国際養子縁組　11l, 120l, 283l
国際離婚　260l, 271l
国際労働機関　98l, 158l　⇨ILO
国籍　259l
　結婚と——　267l
国籍法改正　269l, 270l
国葬　252l
国内避難民　217l
告別式　248l
国民皆保険・皆年金(体制)　186r,
　　204l
国民国家　258l
国連女性に対する暴力撤廃宣言
　　218l
国連女性の10年　215l
子殺し　227l
戸主　33l
小正月　54l
孤食　58r
個人化　162l, 163r, 184r
個人通報制度　76l
個人の尊厳と男女平等　33l
個人モデル　201l

子捨て　228l
戸籍　117l
五節供　54l, 55l
子育て　126r
子育て支援　130l, 195l, 195r, 196l
子育て不安　127l
国家のイデオロギー装置　146l
国家の子ども　140l
国境を越える家族　**273**
孤独死　237l
子ども　53l, 259r
　——と暴力　**224**
　——の教育　278l
　——の貧困　169l, 192r
　——の福祉　107l
　——のマスターベーション　143l
　——の労働　98l
子ども観　5l
子ども組　127l
子ども・子育て支援法　193r
子ども中心家族〔子ども中心主義〕
　　129l, 136r, 140l
子どもの権利条約〔児童の権利に関
　　する条約〕　213l, 273l
子どもの最善の利益　107l
子どもの発見　138l
子ども兵士　98l
子ども部屋　59l, 62l, 138l
子の看護休暇　180r
子の返還　272r
子の利益　229l, 272l
個別化　29r
コーポラティブ・ハウジング　304l
コミュニケーション　300r
コミュニティ・ケア　209r
コミュニティ・サービス　209r
コミュニティ・スクール　142l
コミュニティ・ワーク　209r
コモン・ロー　137r
雇用崩壊　166l
雇用流動化　165r, 167l
雇用劣化　166l
孤立死　239r, 242l
御霊信仰　251r
ゴールドプラン　204r
コレクティブハウス　304r
コロニアリズム　68l
衣替え　60r
婚姻　104l, 199l
婚姻準正　270r
婚姻制度　292l
婚姻仲介業　265r
婚外子　106l
婚活　105l
婚資　99r

和文索引 347

コンビネーション・シナリオ　167*r*
コンフルエント・ラブ　291*l*

さ

災害と家族　**42**
災害用伝言ダイヤル　43*l*
再家族化　205*r*
再雇用　51*l*
再婚　107*l*
財産分与　92*l*
再生産　95*r*
再生産機能　124*l*
再生産労働　258*r*
在宅勤務　167*l*
在宅死　243*l*
在宅福祉　204*r*
祭壇　248*r*
再定義　241*r*
最低生活費　187*l*
在留資格　268*r*, 272*l*
在留特別許可　264*l*
差序格局〔費孝通〕　35*r*
雑務　305*r*
サティー〔寡婦殉死〕　66*r*, 69*l*, 86*l*
里親子　289*l*
里親(里子)制度　118*r*, 121*l*
里親養育　100*l*
サービス残業　157*r*, 168*l*
サブスタンス　109*l*
産育習俗　127*l*
散骨　253*r*
産後のケア　48*l*
三歳児神話　129*r*, 161*r*
傘寿　51*r*
三世代世帯　38*l*
三世代同居　302*l*
三代同堂　38*l*
三人婚　293*l*
産婆〔アフリカ〕　99*l*
産婆術書　128*l*

し

死　**239**, 250*l*
――の自己決定　243*r*
CEDAW〔女性差別撤廃委員会、セダウ〕　75*r*, 172*l*
シェアハウス　303*r*
JK 産業　216*l*
GHQ　89*l*
ジェノサイド　77*r*
支援　262*r*
支援格差　223*r*
ジェンダー　9*r*, 12*l*, 25*l*, **87**,

142*r*, 190*r*, 199*l*
――〔イスラーム世界における〕　69*r*
――と学校教育　95*r*
――と空間利用　96*l*
――と文化　**65**
――と労働　168*l*
ジェンダー概念　4*l*
ジェンダー格差　94*r*
ジェンダーから見たアフリカの家・家族　**93**
ジェンダー関係　259*l*
ジェンダー規範　65*l*, 207*l*, 233*r*, 261*r*
ジェンダー・ギャップ指数　25*l*
ジェンダー研究　**25**
ジェンダー差別　96*l*
ジェンダー指数　90*l*
ジェンダー主流化　27*l*, **71**, 74*r*
ジェンダー政策　192*r*
ジェンダー秩序　65*l*
ジェンダー統計　77*l*
ジェンダー・バイアス　221*r*
ジェンダー平等　29*r*, 67*l*, **71**, 75*l*, 90*l*, 162*r*
ジェンダー平等と女性のエンパワーメントのための国連機関〔UN Women〕　71*l*
ジェンダー不平等　168*l*
ジェンダー分業　94*l*
ジェンダー法史学　18*l*
ジェンダー役割　66*l*
資格外就労　266*l*
事業内保育所　180*l*
自己決定権　81*r*
死後生殖　110*r*
仕事着　59*r*
仕事と生活の調和〔ワーク・ライフ・バランス〕憲章　170*l*
自殺　237*l*, 241*r*
自殺者数　241*r*
持参金　96*r*
持参金殺人　214*l*
私事化　29*l*
嗣子教育　133*r*
事実婚　106*l*, 289*l*
死者　256*r*
死者をまつる〔死者祭祀〕　**250**, 252*r*
自助グループ　298*r*
自助組織　268*l*
地震による災害　42*l*
地震の現象　42*l*
地震の予報　42*r*
システムキッチン　61*r*

次世代育成　139*l*
次世代育成支援対策推進法　168*l*, 170*l*
自然　300*l*
自然減少　32*l*
自然葬　253*r*
自然増減　31*l*
自然との調和　305*r*
子孫　252*l*
寺檀制度　255*l*
七五三　49*l*
しつけ　224*l*
失権制度　229*l*
シティズンシップ　186*l*, 189*l*
児童委員　147*r*
児童買春　216*l*
児童買春、児童ポルノ禁止法　216*l*, 216*r*
児童虐待　34*r*, 121*r*, 213*l*, 224*l*, 227*l*, 233*l*
――の定義　229*r*
児童虐待防止法　150*r*, 225*l*, 229*l*
児童婚　99*l*
児童相談所　116*r*, 230*l*
児童相談所長　230*l*
児童手当　194*r*
児童の権利に関する条約　114*l*
　⇒子どもの権利条約
児童福祉法　230*l*
児童ポルノ　216*r*
児童養護施設　119*r*
児童労働　19*r*, 158*r*
慈悲殺　243*r*
自分らしい最後　244*l*
市民社会　146*l*
社会学　**12**
社会権　186*l*
社会減少　31*r*
社会サービス　185*r*
社会政策　154*l*, 164*r*, 185*r*, 189*l*
社会増減　31*l*
社会的孤立　242*r*
社会的ダーウィニズム　68*r*
社会的な死　239*r*
社会的統合　187*l*
社会的排除　187*r*, 202*r*, 242*r*
社会的標準　202*l*
社会的不妊　115*l*
社会的包摂〔社会的包括、社会的包合〕　187*r*, 242*r*
社会的養護　118*l*
社会福祉法　210*l*
社会保険　186*r*
社会保険税　186*r*
社会保障　185*r*, 194*l*

社会保障改革　185r
社会問題　158r, 183l
社会問題化する高齢化社会　206l
若年者雇用対策　197l
若年性認知症　209l
若年ホームレス　302r, 304l
写婚妻　260l
写真結婚　260l
写真花嫁　260l, 273l
社葬　252l
シャリーア　23l
就学前教育　140r
就学率　95r
終活　244r
十三参り　46r
住宅に関連する死　242r
住宅レジーム　307r
集団論的家族論　13l
柔軟な人的結合　37r
終末期医療　240l
宗門改帳　6r
主観的家族論　12l
祝祭日　56r
出産　48l, **124**
　──の病院化　126r
出産奨励運動　150l
出産難民　48r
出自　93r, 97l
出生促進(政)策　188r, 194l, 194r
出生前診断　111r, 113r
出自を知る権利　114l, 116r
出入国管理及び難民認定法　224r, 264l
出入国管理政策　264r
授乳　126l
主婦化　130l, 142r, 160l
主婦論争　26r
樹木葬　253r
主流派言語　270l
准結婚　103r
純粋な関係性　291l, 298l
障害基礎年金　203l
障害厚生年金　203l
障害者
　──と介助　201l
　──の家族　199r
　──の所得保障　203l
　──のセクシュアリティ　201r
障害者加算　203l
障害者基本法　197l
障害者権利条約　202l
障害者雇用促進法　202l
障害者自立支援法　198r, 200l
障がい者制度改革推進会議　200r

障害者総合支援法　198r, 200r, 203l
障害者の権利に関する条約　199r, 201l
障害者福祉施設　203l
障害者福祉と家族　**197**
障害相談　230r
障害の社会モデル　201l
生涯未婚率　105r
渉外離婚　271r
商家家訓　136l
正月　54l, 61l
小教区帳簿　6l
少子化　39r, 129l, 192r, 195l, 196l
　──をめぐる福祉　**190**
少子化対策　129r, 191l, 193l
少子高齢化　31l, 247r
少子高齢化社会　129l
少子高齢化対策　41r
上昇婚〔ハイパガミー〕　96r, 258r, 266r
少数派言語　270l
情緒的サポート　301r
承認　296l
少年団　128l
小農経営　4r
消費　53r, 56l
情報　53r, 56l, 56r
食育基本法　145l
職業教育　20l
ジョグ・ジャカルタ原則　89l
職住分離　59l
織女・牽牛　55l
食寝分離　62r
食の外部化　58l
食の二極化　58l
植民地　261r
植民地主義　68l
『女権宣言』　66l, 67r
初婚継続型家族　106l
女子割礼　85l　⇒女性性器切除
女子差別撤廃条約　34l　⇒女性差別撤廃条約
女性移住家事労働者　286r
女性移住者　274r
女性夫　97l
女性学　26r
女性活躍推進法　73l
女性嫌悪〔ミソジニー〕　67r, 82r
女性興行労働者　271l
女性婚　97l
女性差別撤廃委員会　75r, 172r
　CEDAW〔セダウ〕
女性差別撤廃条約〔女子差別撤廃条約〕　34l, 72l, 74l, 75l, 86l,

215l, 267l, 270l
女性差別撤廃条約選択議定書　72l, 76l
女性差別撤廃宣言　267l
女性性器切除〔女子割礼〕　67l, 69l, 85l, 213l
女性政策　183l
女性相続人　5l
女性に対する暴力　67l, 69l, 74l, 75l, 77l, 215l, 219l
女性に対する暴力撤廃宣言　212l
女性二分論　82r
女性の財産権　17l
女性の社会進出　56l
女性の地位委員会　73r
女性の貧困　169r
女性ノーベル賞受賞者　70l
女性労働の周辺化　162r
自律性　30l
自立生活　200l
自立生活運動　201r
自立生活センター　200l
自律的個人　81l
資力調査　185l
シルバー・ビザ　279l
素人専門家　299l
シンガポール　284l
シングル　95r, 117l
シングルズ　289l
親権　229l, 230l
　──の壁　229l
親権者　230l
人権侵害　226r
親権喪失制度　229r
親権停止制度　229r
人口　**31**, 143l
人口移動　31l
人工化　300l
人口減少　31l, 193l
人工授精　111r
人口政策　191l, 193r
人口置換水準　192r, 194l, 194r
人口転換　194l, 194r, 206l
人口転換論　8l
人口と社会構造の歴史に関するケンブリッジ・グループ　6l, 19l, 21l, 24l　⇒ケンブリッジ・グループ
人工妊娠中絶　110l, 112l
真実告知　114r, 116l
新自由主義〔ネオリベラリズム〕　164l, 184l, 186r
新植民地主義　68l
人身売買　120r, 216r, 266l
人身売買罪　217l

人生儀礼　60*l*
新性別分業意識　160*r*
新性別役割分業　162*l*
神前結婚　50*l*
人前結婚　50*l*
親族殺　231*r*
親族里親　121*l*
親族集団　102*l*
親族のネットワーク　276*r*
身体性　300*r*
身体的虐待　227*l*, 232*r*, 234*l*
身体的暴力　221*l*
新中間層　147*l*
新中間層家族　137*l*
人道の措置　264*r*
人道に対する罪　77*r*
新日系人　271*l*
新マルサス主義　150*l*
親密圏　14*r*, 259*l*, 281*l*, **295**, 297*l*, 298*r*
親密性　208*r*, 298*l*
　——の変容　291*l*
心理的虐待　227*l*, 232*r*, 234*l*
人類学　**10**

す

水神　55*l*
水素爆発　44*l*
スクリーニング検査　112*l*
煤払い　54*l*
捨て子　4*l*, 228*l*
ステップ・ファミリー　88*r*, 107*r*, 289*l*
ストーカー規制法　222*r*
ストーカー行為　222*r*
ストーンウォール事件　292*r*
スワッピング　294*l*, 294*r*

せ

性愛　208*r*
生育儀礼　127*r*
性科学　143*l*
性革命　103*r*
聖家族　136*r*
生活改善運動　138*l*, 147*l*
生活扶助義務　15*l*
生活保護法　198*l*
生活保持義務　15*l*
正規雇用　161*r*
性器切除　84*r*
性教育　143*l*
正義論　177*l*
性現象　290*l*

性自認　78*l*
生社会コミュニティ　299*r*
生社会性　299*r*
生殖　**78**, **108**, 199*l*, 199*r*, 208*l*
生殖医療技術　10*r*, 104*r*
生殖革命　80*l*, 109*l*, 110*l*, 111*r*
生殖家族　199*l*, 281*l*
生殖中心主義　108*l*
生殖ツーリズム　110*r*
生殖補助医療　34*l*, 80*r*, 111*l*, 111*r*, 112*r*, 114*l*, 114*r*, 119*r*
成人式　47*l*, 49*r*
精神的暴力　221*l*
成人の日　49*r*
生前契約　254*l*
性選択技術　113*r*
生存戦略　11*r*, 280*l*
性的虐待　98*r*, 213*r*, 227*l*, 234*l*
性的指向　78*l*, 83*l*, 90*r*
性的自己決定権　88*r*
性的暴力　221*l*
性的マイノリティ　83*l*
性同一性障害　91*l*
性同一性障害者　34*r*, 120*l*
性同一性障害者特例法　89*l*, 91*l*
正統的周辺参加　138*l*
性と生殖の健康／権利〔リプロダクティブ・ヘルス／ライツ〕　77*l*, 80*l*, 80*r*
青年会〔青年団〕　128*l*
成年後見制度　34*r*, 235*l*
成年式　49*r*
性の二重基準　82*l*
生物的親子関係　115*l*
生物的な死　239*l*
性分化疾患　83*l*
性別違和　83*l*, 91*l*, 91*r*
性別適合手術〔性別再指定手術〕　91*r*
性別分業型家族　29*l*
性別役割分業〔性別分業，性別分離，性別役割分担〕　66*l*, 103*l*, 105*r*, 142*l*, 143*r*, 147*l*, 153*l*, 155*r*, 157*l*, 159*l*, 160*r*, 162*l*, 171*r*, 176*l*, 199*r*, 205*l*, 208*l*, 284*r*
性別役割分担家族　134*r*, 137*l*
歳暮　55*l*
聖母マリア　136*r*
性役割分業　⇨性別役割分業
世界女性会議　69*l*, 73*r*
世界人権宣言　217*r*
セカンド・レイプ　215*r*
籍帳　2*l*
セクシュアリティ　**78**, 290*l*, 291*r*
　——の多様性　**289**

セクシュアルな当惑感情　201*r*
セクシュアル・ハラスメント　75*r*, 96*l*, 173*l*, 174*r*
セクシュアル・マイノリティ　293*r*, 294*l*, 295*l*
世代間格差　187*l*
世代間継承　261*l*
世代間公平　186*l*
世代交代　63*r*
世代内公平　186*l*
世帯分離　187*r*
世帯保持　283*l*
CEDAW〔セダウ〕　75*r*, 172*r*
　⇨女性差別撤廃委員会
積極的改善措置　76*r*
積極的差別是正措置　76*r*
接近禁止命令　223*l*
節供　54*r*
セックス・ワーク　173*r*
石鹸　60*l*
絶対核家族　20*l*
セルフヘルプ・グループ　298*r*
専業母　134*r*
戦後移民　278*l*
選好　163*l*
選好理論　160*r*, 163*l*
戦後家族モデル　163*l*
戦災孤児　120*l*
先祖　256*r*
洗濯　58*l*, 60*l*
洗濯板　60*l*
選択的夫婦別氏制度〔選択的夫婦別姓〕　16*l*, 76*l*
銭湯　61*l*
洗脳　98*r*
専門里親　121*l*
専門的・技術的労働者　265*l*

そ

葬儀　245*l*, 247*l*, 248*l*
臓器移植法　240*l*
葬儀社　245*l*, 248*l*
葬儀場　248*l*
葬具　248*l*
双系制社会論　2*l*
総合結婚式場　47*l*, 50*l*
宗親会　275*l*
葬送　**245**
　——の個性化　247*r*
葬送儀礼　246*r*, 251*l*
葬送の自由をすすめる会　253*r*
宗族　35*l*
雑煮　61*l*
総墓　253*l*

俗信 50r
ソーシャルインクルージョン 187r
ソーシャル・ガバナンス 189r
祖先祭祀 250l, 255l, 256r
措置 204r
卒乳 126r
ソドミー 83l
祖名継承 48r
尊厳死 240l, 244l

た
体外受精 80l, 110r, 111r
体外受精・胚移植 111l
待機児童（問題） 180l, 195l, 196l
待機者 210l
胎教 126l
退去命令 223l
対偶婚 2r
対抗的公共圏 298l
太空人〔タイコンレン〕 275r
胎児超音波検査 112l
退職者の海外移住 278r
胎毒 126l
台所 61l
大都市圏 31l
第2の親による養子縁組 120l
体罰 225l
体罰等全面禁止法 225l
胎便〔かにばば〕 126l
代理夫 97r
代理出産 110r, 113l
代理母 113l
代理母出産 112l
台湾 265l
　　──における国際結婚 262r
　　──の家族 37
台湾DV法 220l
台湾社会変遷基本調査 37l
ダウリー 96r, 214l
ダウン症 111r
多元的親子関係 289l
堕胎 4l
堕胎罪 79l
堕胎・間引き禁止政策 129r
祟り神 251l
脱学校論 144r
脱ジェンダー化 154l
脱標準化 13l
脱法ハウス 304l
七夕 55l
「谷間」の障害 203r
WLB 168l
多文化家庭 40r
団塊ジュニア世代 32r

団塊の世代 32r
端午の節供 54l
単婚小家族 2l
短時間勤務制度 167r
男子割礼 84r
男児選好 79r
単純労働者 265l
誕生日 53r, 57l
男女産み分け 113r
男女共同参画 156l
男女共同参画社会基本法 75l,
　　75r, 76r, 89l
男女共同参画白書 90l
男女雇用機会均等法 34l
男性介護者 179l
男性学 27l
男性稼ぎ主〔稼ぎ手〕モデル 155r
男性単独稼得モデル 153l, 155r,
　　163l, 178l, 183r, 192l
単独親権 107r
単独世帯 40l
断乳 126l

ち
治安と家族 150r
地域移行 199l, 203r
地域と人口 31
地域福祉 209r
地域密着型サービス 210l
力餅 57l
父親 131r, 133r
父方平行イトコ婚 23r
「地中海家族」神話 22l
地中海型家族世帯 24l
知能化 301l
着床前遺伝子診断 112l, 113r
チャペル婚 50l
中間層 56r
中間組織 305r
中元 55l
中高一貫教育 141r
中国人 268l
中国の家族 35
中絶 91l, 110l, 118l
治癒共同体 299r
懲戒権 225l
弔辞 248l
長寿 51l
超少子化 192r
直葬 48l, 246r, 247l
直系家族 20l, 41l
直系家族世帯 7r

つ
追憶の庭 253r
通過儀礼 125l
通告義務 229l
つきまとい等 222l
つながり 10r
つながりにもとづく平等 177l
津波てんでんこ 43l
連れ去り 272l

て
定位家族 199l, 281l
DV〔ドメスティック・バイオレンス〕 40r, 212r, 218r, 220r
DV基本計画 223r
DV殺人事件 221l
DV（被害者）支援制度 223l
DV法 219l ⇨配偶者暴力防止法
DNA 109l
定期接種 148l
提供精子 111r
帝国 261r
帝国主義 68l
定住化 286l
定住支援 278r
定住者 278l
ディーセント・ワーク 73l, 168r
定年退職 51l, 278r
出稼ぎ 94r
デザイナーベビー 112l, 113r
デートDV 221l
手元供養 254l
テレワーク 167l
電気洗濯機 58l, 60r
天聖令 17l
伝統家族 19l
電話等禁止命令 223l

と
同一価値労働同一賃金の原則
　　168r, 172l
同居家族 43r
登校拒否 143r
当事者グループ 298l
同棲 103r, 106l
同性愛嫌悪〔ホモフォビア〕 26l
同性愛者 292r
同性カップル 117l
同性婚 11r, 88l, 103r, 104r, 292l
同竈 35l
統治 189r

特別養護老人ホーム　209*l*
特別養子縁組〔特別養子制度〕　34*l*, 118*l*, 119*r*
歳祝　51*r*
都市化　245*r*
都心回帰　32*l*
土地登記制度　94*r*
徒弟制(度)　137*r*, 158*r*
徒弟奉公　137*r*
留まる家族　**280**
ドメスティック・バイオレンス　218*r*　⇨DV
ドメスティック・パートナー　292*l*
トラウマ　98*l*
トラフィッキング　216*r*
トランスジェンダー　85*r*, 88*r*, 90*r*, 91*r*, 114*r*, 295*l*
トランスナショナル　274*r*, 277*l*
トランスナショナル家族　259*r*, 282*l*, 287*l*

な

内縁準婚理論　15*l*
内閣府男女共同参画局　75*l*
内婚制　23*r*
内務省　146*r*
中川理論〔中川哲学〕　14*r*, 15*r*
仲人　47*r*, 50*r*
ナショナル・ミニマム　185*l*
名付け　48*r*
名付け祝い　48*r*
七草粥　54*r*
習い事　55*l*
難病　203*r*
難民　121*l*, 277*l*
難民鎖国　276*l*
難民条約　217*r*, 276*l*
難民と家族〔難民の家族〕　217*r*, 275*r*
難民の地位に関する議定書　217*l*
難民の地位に関する条約　217*l*

に

二言語使用　269*r*
ニーズ　190*r*
二世帯住宅　62*r*
　——における独立性と共同性　62*r*
日系社会　260*r*
日系人　277*l*
日系二世三世　277*l*
日比結婚　261*r*
ニート〔NEET〕　166*r*

日本型福祉社会　154*l*, 157*l*, 188*l*, 198*l*
日本近世史　**4**
日本国憲法　89*l*
　——24条　87*l*
日本国籍　271*l*
日本古代・中世史　**2**
日本人移民　260*l*
日本政府レポート審議　172*r*
日本で働く日系人　278*l*
日本における家族法システムの変容　**87**
日本PTA全国協議会　141*r*
日本法制史　**16**
入国管理政策　258*r*
乳幼児家庭全戸訪問事業　150*r*
乳幼児健診　149*l*
乳幼児死亡率　129*l*
入浴　61*r*
認可保育所　180*l*
認証保育所　180*l*
認知症　209*l*, 232*r*, 236*r*
　——と高齢者虐待　234*r*
認定こども園　195*l*

ね

ネグレクト　121*r*, 227*l*, 235*l*
ネットカフェ難民　302*r*, 304*l*
年忌供養　250*r*
年金　51*l*
年金制度改革　187*l*
年金分割　92*l*
年中行事　**52**, 60*l*
年齢階級別労働力率　161*l*
年齢集団　127*r*

の

農家家訓　136*l*
納棺　249*l*
脳死　239*l*, 241*l*
農村経済更生運動　147*r*
農村花嫁　262*l*
ノーマライゼーション　202*l*, 305*l*

は

配偶子・胚提供　112*r*
配偶者　266*l*
配偶者間暴力　220*r*
配偶者選択　102*l*, 105*l*, 106*l*
配偶者暴力相談支援センター　220*r*, 223*l*, 223*r*
配偶者暴力防止法〔配偶者からの暴力の防止及び被害者の保護等に関する法律〕　219*l*, 220*r*, 222*l*, 222*r*　⇨DV法
売春　173*r*
売春防止法　173*r*
バイセクシュアリティ　293*r*
バイセクシュアル　114*r*, 295*l*
バイダゴーゴス　131*l*, 135*l*
胚提供　112*r*
排日運動　260*r*
ハイパガミー　⇨上昇婚
ハウジング・スタディーズ　307*l*
ハウスシェアリング制度　303*l*
墓　254*l*
　——の無縁化　254*l*
墓祭祀　246*r*
墓参り　55*r*
袴着　49*l*
墓守　252*l*, 254*l*
ハーグ条約　120*l*, 224*r*, 269*r*, 272*l*
派遣労働　166*l*
パターナリズム　199*l*
PACS〔連帯市民協約〕　106*r*
発見されない死　242*l*
発達支援　149*l*
初誕生　57*l*
初宮参り　46*l*, 49*l*
初詣　54*l*
パート化　160*l*
パートタイム労働　168*l*, 172*r*, 174*l*
パートナー関係と暴力　**218**
パート労働者　171*r*
パート労働法　174*r*
母親　130*r*, 132*l*, 134*l*
パパ・クォータ　169*l*
母中心的家族　281*l*
パパの月　181*l*
母の日　53*l*
パパ・ママ育休プラス　169*l*, 181*l*
ハビトゥス　146*l*
パーフェクト・チャイルド　132*r*
ハメル・ラスレット分類　7*r*
パラサイト・シングル　30*r*, 105*l*, 164*r*
パラシュート・キッズ　281*l*
晴れ着　60*l*
ハレの日　56*l*, 59*r*, 60*l*
バレンタインデー　53*r*, 56*l*
晩婚化　34*l*, 39*r*, 40*l*, 48*r*
犯罪　231*l*
晩産化　48*r*
ハンセン病　91*l*

ひ

ピア・カウンセリング　200*l*
ピア・グループ　296*l*
比較福祉国家論　307*r*
彼岸　55*r*
ひきこもり　302*r*
非継承墓　253*l*
非行少年　147*l*
非行相談　230*r*
非婚　104*r*, 289*l*
非婚化　34*l*, 206*l*
非婚志向　105*l*
ヒジュラ　83*l*, 86*r*
非親族　9*r*
非親族殺　231*r*
非正規雇用　161*r*, 165*r*, 166*l*, 170*r*, 174*l*, 197*l*
非正規滞在者　285*r*
非大都市圏　31*l*
悲嘆の作業　249*l*
非嫡出子　35*r*
――の相続差別　34*r*
PTA　141*r*
非道徳的家族主義　21*r*
人および市民の権利宣言〔フランス人権宣言〕　68*l*
人神信仰　251*l*
人の一生　46
ひとり親家族　107*l*, 196*l*
一人っ子政策　79*r*
避難所暮らし　44*r*
避妊　110*l*
非配偶者間人工授精　112*r*
PPK〔ピンピンコロリ〕　244*l*
　⇨ぽっくり信仰
火伏せ　61*l*
非法律婚　289*l*
病院死　243*l*
標準家族　29*l*
平等主義核家族　20*l*
火除け　61*l*
貧困　196*l*
ビント・アンム婚　23*r*

ふ

ファータダ　86*r*
ファミリーフレンドリー　160*r*
ファラオ型の施術　85*l*
封印令状　146*l*, 150*l*
夫婦　102*r*
夫婦間強姦　213*l*, 221*l*
夫婦国籍独立主義　267*l*
フェミニスト人類学　10*r*
フェミニズム　68*l*, 103*l*
――の第2の波　25*l*, 214*l*
フェミニズム研究　26*r*
複核家族　107*l*
複婚　70*l*, 98*l*
福祉ガバナンス　184*r*, 189*r*
福祉元年　204*r*
福祉国家　14*r*, 154*r*, 183*l*, 189*l*, 191*l*
――の脱ジェンダー化　185*r*
福祉社会　157*r*, 184*r*, 189*r*
福祉多元主義　190*l*
福祉と社会政策　**183**
福祉レジーム　154*r*, 301*l*, 307*r*
複檀家制　255*l*
父系血縁　35*l*
武家家訓　136*l*
父子家庭　196*l*
不浄　62*l*
父性　133*r*
部族　23*l*
普段着　59*r*
府中療育センター闘争　200*l*
普通養子縁組　119*l*
仏壇　255*l*
不登校　143*l*, 144*r*
不妊治療　116*l*, 118*l*
普遍的ケア提供者モデル　177*r*
「不法」就労者　286*l*
不法滞在者　285*r*
父母両系血統主義　270*l*
扶養義務　197*r*, 198*l*
プライバシーの権利　81*l*
フランス民法典〔ナポレオン法典〕　66*l*, 151*l*
フリーター　166*r*
ブレニード　254*r*
風呂　61*r*
プロイセン一般ラント法　214*r*
文化相対主義　67*l*
分節リネージ　23*l*
分断化　163*l*

へ

ペイ・エクイティ　168*r*, 172*l*
平行イトコ婚　97*l*
米寿　51*l*
ベヴァリッジ報告　183*r*, 185*l*
北京会議　74*l*
北京行動綱領　74*l*, 74*r*, 215*r*
北京宣言　74*l*
ペットの家族化　43*r*
ペットロボット・AIBO　296*r*
ベトナム　263*l*
ベビーM事件　113*l*
ベビーホテル　180*l*
編戸説　2*r*
便所　62*l*
便所神　62*l*

ほ

保育　140*r*, 193*l*
保育所　140*l*, 195*r*, 196*l*
保育所政策　180*l*
法学　**14**
法定後見人　235*r*
法的死　239*l*, 241*l*
「法は家庭に入らず」　214*r*, 220*l*
方面委員　148*l*
法律婚　102*r*
暴力　225*l*, 231*l*
　家族をめぐる――　**212**
　高齢者と――　**231**
　子どもと――　**224**
　女性に対する――　67*l*, 69*l*, 74*l*, 75*r*, 77*l*, 215*l*, 219*l*
牧民官　146*r*
母権　125*l*
保護者　141*r*, 197*l*
保護＝被保護関係　23*r*
保護命令（制度）　222*r*, 223*l*
母子家庭　196*l*
母子関係　125*l*
ポジティブ・アクション　76*r*, 90*l*, 168*l*, 170*l*
母子保健法　149*l*
補助生殖医療　109*l*, 110*r*
母性　128*r*, 134*l*
母性愛　134*l*
母性重視　140*r*
母性保護論争　134*l*
菩提寺　255*l*
母体保護法　80*r*, 90*l*
墓地管理者　252*r*
墓地整備　253*l*
ぽっくり信仰　244*l*　⇨PPK
ボード・ダイバーシティ　73*l*, 171*l*
母乳育（児）　128*r*, 131*l*
ホーム　306*l*
ホームシェア　305*l*
ホームスクール　144*r*
ホームドラマ　149*r*
ホームヘルパー　178*r*
ホームレスネス　306*r*
ホモエロティック　84*r*
ホモセクシュアル　84*r*
ホモソーシャル　66*r*, 84*r*

和文索引

ボランタリズム　188*l*
ポリアモリー　293*l*, 294*l*, 294*r*
盆　55*r*
本質主義　163*r*

ま

マクロ経済スライド　187*l*
マスキュリニティ　84*l*
マタニティ・ハラスメント　175*l*
全き家　135*r*
祭り　60*l*
間引き　4*l*, 227*r*
マリア信仰　136*r*
マルサス理論　7*r*
丸餅　61*l*

み

ミクロストーリア　21*r*
未婚化　40*l*
ミシン　58*l*
ミソジニー〔女性嫌悪〕　67*r*, 82*r*
密航者　286*l*
密葬　247*l*
看取り　243*l*
見習い労働　137*r*
身分行為論　14*r*
身分の周縁　6*l*
民間シェルター　223*r*
民生委員　147*r*
民俗学　8
民法　33*l*
民法改正　33, 102*r*
民法の一部を改正する法律案要綱　34*l*

む

無縁死　237*l*
無縁墳墓　252*r*
無国籍状態　276*l*
無償労働　171*l*
娘組　127*l*
ムスリム　23*l*　⇨イスラーム教徒
無年金障害者　203*l*
村山談話　78*l*
無理心中　236*l*

め

明治民法　33*l*, 102*r*
名誉　24*l*
名誉殺人　82*r*, 86*l*, 214*l*
迷惑施設〔NIMBY〕問題　306*r*

メディア　306*r*
メディカル・ツーリズム　279*l*
面会交流〔面接交渉〕　92*l*

も

喪　239*r*
餅　61*l*
喪の作業〔モーニングワーク〕　249*l*, 254*l*
モノセクシュアリティ　293*r*
モモカ〔百日〕　46*r*
桃の節供〔雛祭り〕　54*l*
貰い風呂　61*l*

や

厄年　47*r*, 50*r*
厄除け　51*l*
病の共同体　299*l*

ゆ

結納　47*l*, 50*r*
友人の家族化　297*r*
優生　110*l*
優生学　79*l*, 143*l*
優生思想　112*l*
優生保護法　80*l*, 90*r*, 110*l*
湯灌　249*l*
ユーラシア社会の人口・家族構造比較史研究〔EAP〕　7*l*

よ

養育　115, 286*l*
養育困難な出産　119*l*
養育里親　121*l*
養護者　235*l*
養護相談　230*r*
養子　119*l*, 120*l*
養子縁組　41*r*, 100*l*, 109*l*, 115*l*, 117*l*
養子縁組あっせん　116*l*
養子縁組希望里親　121*l*
洋式便所　62*l*
養嗣子　117*r*
養取　115, 117*l*
養取・養育〔アフリカ〕　100*l*
養親子　289*l*
羊水検査　112*l*
幼稚園　140*r*, 195*l*
幼年結婚　99*l*
幼保一元化　195*l*
要保護児童（対策）　118*l*, 230*r*

予期せぬ妊娠　119*l*
予防接種　148*r*
予防接種法　148*r*
「嫁」ジェンダー　18*r*
ヨーロッパ家族史〔イギリス・北欧・ドイツ〕　18
ヨーロッパ家族史〔南欧・フランス〕　20

ら

ライフ・クライシス　125*r*
ライフコース　4*l*, 12*l*, 164*l*, 206*l*
ライフサイクル　4*l*, 259*l*
ライフ・ヒストリー　9*l*
卵子提供　112*r*

り

離婚　99*r*, 106*r*
離婚率　106*r*
離散家族　276*r*, 279*r*
リスク　29*l*, 186*r*, 242*l*
離檀　255*l*
リネージ体系　93*l*
リビング・ウィル　243*l*
リプロダクション　82*l*
リプロダクティブ・ヘルス／ライツ　77*l*, 80*l*, 80*r*
流通　53*r*, 56*l*, 56*r*
流動化　30*l*
僚妻　70*r*
良妻賢母（主義）　127*l*, 130*l*, 134*l*, 142*l*
両立支援　193*r*, 194*l*
臨時教育審議会　133*l*, 141*l*
臨時接種　148*r*

る

類型論　8*l*
留守児童　36*r*
ルーツ探し　116*r*
ルームシェア　303*l*

れ

レイプ・シールド法　215*r*
レヴィレート　70*l*, 94*l*, 97*r*
歴史学の言語学的転回　22*l*
歴史人口学　6, 24*l*, 106*r*
レズビアン　114*r*, 295*l*
恋愛結婚　103*l*, 107*l*
連帯市民協約〔民事連帯契約，PACS〕　106*r*

ろ

労災認定基準　158*l*
老親虐待　235*l*
老人虐待　235*l*
老人福祉施設　209*l*
老人福祉法　204*r*
老人扶養　5*r*
労働　56*r*, 153
　──とジェンダー　168
　──の非正規化と家族　163
　近代家族と──　159
労働者世帯　19*r*
労働力　117*r*
老年人口割合　129*r*
老病心中　236*r*
老老介護　236*r*
炉心溶融　44*l*
ロボットと家族　300*r*
ローマ法　214*r*
ロマンティック・ラブ(・イデオロギー)　201*r*, 291*l*

わ

わが国の近年の社会保障改革　185*r*
若者組　127*r*
ワークシェアリング　155*l*
ワーク・ライフ・バランス〔WLB〕
　77*l*, 90*l*, 155*l*, 156*l*, 157*l*, 160*r*, 163*r*, 165*l*, 170*l*, 178*l*, 191*r*
ワーク・ライフ・バランス憲章　168*l*
わたしらしい死　246*l*
和服　60*r*

欧文索引

A

AA〔Alcoholics Anonymous〕　299*l*
advance directive　244*l*
affirmative action　76*r*
aged society　206*l*
aging society　206*l*
AI with donor's semen〔AID〕　111*r*
amoral familism　21*r*
Artificial insemination with donor's semen〔AID〕　112*r*
artificial insemination with husband's semen〔AIH〕　111*r*
Asian women's fund　78*l*
Assisted Reproductive Technology〔ART〕　111*l*, 112*r*
astronaut families　287*l*
at-homeness　307*l*

B

Battered child syndrome　226*l*
below-replacement fertility　192*r*
bilateral system　2*l*
biosociality　299*r*
Bisexual　114*r*
bisexuality　293*r*
building cooperative　304*r*

C

Cambridge Group for the History of Population and Social Structure　6*l*
CEDAW〔Committee on the Elimination of Discrimination against Women〕　75*r*, 172*r*
circumcision　84*l*
Colonialism　68*l*
community　302*l*
confluent love　291*l*
counterpublics　298*l*
co-wife　70*r*
cross-border marriage　258*l*

D

Death with Dignity　244*l*
Déclaration des droits de la femme et de la citoyenne　67*r*
dispensativa　135*r*
DNA　109*l*
Domestic Violence〔DV〕　40*r*, 212*r*, 218*r*, 220*r*
Donor insemination〔DI〕　111*r*, 112*r*
double standard of sexuality　82*l*
dowry　96*r*
dualist rental system　307*r*

E

education　124*l*
elder abuse　234*l*
elder maltreatment　234*l*
embryo donation　112*r*
EPA　283*r*
Equal pay for equal work　172*l*
European Commission　75*l*, 75*r*

F

family as friend　298*l*
family of choice　298*l*
Family Reconstitution Form　6*r*
family violence　219*l*
FC〔Female Genital Cutting〕　85*r*
FGM〔female genital mutilation〕　85*r*
fostering　100*l*
friend as family　298*l*
FTM　91*r*

G

(das) ganze Haus　135*r*
gated community　306*l*
Gay men　114*r*
GEM　77*l*
gender　25*l*
gender dysphoria〔GD〕　91*l*
gender equality　71*l*
gender identity disorder〔GID〕　91*l*
gender mainstreaming　71*l*, 74*r*
genital mutilation　84*r*
GGGI　77*l*
GHQ　89*l*
GII　77*l*
Global Care Chain　179*r*
global householding　280*r*, 283*l*, 287*l*
global hypergamy　266*r*
governance　189*r*
grief work　249*l*

H

Hijrā 86r
home 306r
homelesness 306r
homeshare 305l
house property complex 93r
householding 283l
housing class 307l
housing cooperative 304l
housing regime 307r
housing studies 307l

I

ICC 72l, 77r
ILO 98l, 156l, 158r, 172l
immunity 302r
Imperialism 68l
in loco parentis 137r
In Vitro fertilization (IVF) 111r
In Vitro Fertilization-Embryo Transfer (IVF-ET) 111l
integrated rental market 307r
(The) International Criminal Court (ICC) 72l, 77r
intimate sphere 296r, 297l
intimate violence against women 219l
Intra-Cytoplasmic Sperm Injection (ICSI) 111l
isolated death of elderly 237l
IVF surrogacy 112r

J

joint adoption 119r

L

lay expert 299l
Lesbian 114r
levirate 97r
LGBT (LGB, LGBTI) 83l, 84l, 88r, 114r, 119r, 175l
Living Will 243l
low fertility 192r

M

male breadwinner model 155r
masculinity 84l
matriarchy 65l
matrifocal family 281l

mercy killing 243r
misogyny 67r
mixed-status family 279r
moderately low fertility 193l
mono-sexual 290r, 293r
mourning work 249r
MTF 91r

N

neglect 121r
new social risk 184r
NIKKEI 277r
Nobody's Perfect 148l
Not in Education, Employment or Training (NEET) 166r

O

oocyte donation (OD) 112r
open adoption 119l
open marriage 294l
overseas contract workers 280r

P

PACS 106r
parachute kids 281r
parent education 148l
parent-teacher association (PTA) 141r
parental training 148l
parish register 6l
patriarchalism 65l
patriarchy 65l
PET (Parent Effectiveness Training) 148l
plastic sexuality 291r
polyamory 294r
polygamy 70l
polygyny 70l
positive action 76r, 171l
Pre-need 254r
preference 163l
procreation 108l
public sphere 296r
pure relationship 291l

Q

QOL 301r
Queer Family 290l

R

Rape shield law 215r
refugee 217r
registre paroissial 6l
relatedness 10r, 108r
reproduction 108l
Reproductive Health and Rights 80r
retirement migration 278r
return migration 277l

S

second parent adoption 120l
segregation 163l
sex orientation 90r
Sex Reassignment Surgery 91r
sexual diversities 289l
sexual intercourse 290l
sexuality 290r
shared-flats 303l
shared-rooms 303l
sharehouse 303r
social exclusion 187r
social infertility 115l
social integration 187r
Social Policy 183l, 185r
Social Security 185r
Social Services 185r
social wellfare 183l
Stamm 23l
stepfamily 107r
STEP (Systematic Training for Effective Parenting) 148l
surrogate mother 112r

T

tansnational families 11r
TG 91r
therapeutic community 299r
three marriage 293l
Transgender 114r
transnational familie(s) 282l, 287l
Trauerarbeit 249r
tribe 23l

U

UN Women 71l

V

very low fertility　193*l*
violence against women　67*r*, 215*l*

W

welfare regime　301*r*
well-being　183*l*

widow inheritance　97*r*
WLB　168*l*
woman marriage　97*l*
woman-to woman marriage　97*l*
work-life balance〔WLB〕　170*l*

人名索引

あ

青木美智子　5*l*
明石一紀　3*r*, 17*l*
足立政男　136*l*
足立眞理子　258*r*, 280*l*
渥美清　149*r*
アドラー（A. Adler）　148*l*
天田城介　204*l*
安良城盛昭　2*r*
アリエス（P. Ariès）　125*l*, 129*l*, 139*l*, 146*l*, 239*r*
アリストテレス（Aristoteles）　78*r*, 131*l*
有地亨　87*r*
有賀喜左衛門　251*l*
アルチュセール（L. Althusser）　139*r*, 145*r*
アルトマン（D. Altman）　83*r*
アーロンズ（C. Ahrons）　107*l*
アンリ（L. Henry）　6*l*

い

飯田恭　20*l*
飯沼賢司　3*l*, 17*l*
イエン・ユンシアン（Yan Yunxiang）　36*l*
井口高志　209*l*
池田温　17*r*
井ケ田良治　16*r*
石井紫郎　17*l*
石井良助　17*r*
石川義孝　31*l*
磯田朋子　29*r*
伊藤公雄　27*l*
伊藤るり　258*l*, 280*l*
稲垣知子　18*l*
稲田奈津子　17*r*
井上俊　13*r*, 159*l*
井上匡子　297*l*
イリイチ（I. Illich）　25*r*, 144*l*
入江宏　136*l*

岩崎美枝子　116*r*
岩渕功一　269*l*
岩本通弥　8*r*

う

ウィークス（J. Weeks）　290*l*
ウィリアムズ（P. Williams）　306*r*
植木枝盛　127*l*
上杉富之　11*l*
上野加代子　281*r*
上野千鶴子　13*r*, 26*r*, 159*l*, 205*r*, 296*l*
ウェーバー（M. Weber）　65*l*
ヴォルフェンスベルガー（W. Wolfensberger）　202*l*
宇田川妙子　108*l*
宇多天皇　136*l*
宇野文重　18*r*

え

エヴァンズ゠プリチャード（E. E. Evans-Pritchard）　23*r*, 93*l*
エスピン゠アンデルセン（G. Esping-Andersen）　154*r*, 189*r*, 301*l*, 307*l*
エドワーズ（R. Edwards）　111*r*
榎本淳一　17*r*
江原由美子　26*r*
エラスムス（D. Erasmus）　131*l*, 135*l*
エリクソン（E. H. Erikson）　117*l*
エル・ダリール（A. El-Dareer）　85*l*
エンゲルス（F. Engels）　2*l*, 65*r*

お

オーウェン（R. Owen）　304*l*
大門正克　137*l*
大口勇次郎　5*l*
大竹秀男　5*r*, 17*l*
大津透　17*l*
大藤修　4*r*

大藤ゆき　127*l*
岡田あおい　7*r*, 21*l*
岡村重夫　209*r*
岡村兵衛　269*l*
小ヶ谷千穂　259*l*
オーキン（S. M. Okin）　177*l*, 289*r*
小倉康嗣　206*l*
小澤温　197*l*
落合恵美子　6*l*, 7*r*, 13*r*, 26*r*, 29*r*, 37*l*, 87*r*, 160*l*
小津安二郎　149*r*
オニール夫妻（N. O'Neill & G. O'Neill）　294*l*
オランプ・ドゥ・グージュ（Olympe de Gouges）　66*l*, 67*r*

か

貝原益軒　126*r*
春日キスヨ　206*r*
カーステン（J. Carsten）　10*r*, 108*r*
カーツァー（D. I. Kertzer）　21*l*
香月牛山　126*r*, 128*r*, 227*l*
カドガン（W. Cadogan）　128*l*
鹿野政直　73*r*
鎌田浩　17*r*
嘉本伊都子　258*l*
カリフィア（P. Califia）　295*r*
ガレノス（Galenos）　78*r*
河合利光　10*r*
川口由彦　18*r*
川島武宜　15*r*
カンディヨティ（D. Kandiyoti）　70*l*

き

擬アリストテレス　135*r*
ギアツ（H. Geertz）　23*r*
菊池いづみ　205*r*
菊池寛　149*r*
キティ（E. F. Kittay）　177*l*
ギデンズ（A. Giddens）　29*l*, 291*l*, 298*l*

人名索引

鬼頭宏　7l
貴堂嘉之　258l
木下太志　7l
吉備真備　136l
ギリガン（C. Gilligan）　176r

く

クインティリアヌス（Quintilianus）　124r
クセノフォン（Xenophōn）　135l
工藤正子　11r, 259l, 261l, 282l
クマラスワミ（R. Coomaraswamy）　219l
グラックマン（H. M. Gluckman）　93r
グラムシ（A. Gramsci）　84l
久留島典子　17r
クルバージュ（Y. Courbage）　24r
クレアリー（E. Crary）　148l
黒須里美　7r
グロートヴァン（H. D. Grotevant）　119r

け

ケメニー（J. Kemeny）　307l
ケンプ（C.H. Kempe）　226l

こ

小池誠　11l
小口恵巳子　18r
後藤みち子　3l, 17r
ゴードン（T. Gordon）　148l
小林一穂　37l
小林宏　17l
小林磨理恵　214l
小松和彦　251r
小山静子　137l, 140l
コールバーグ（L. Kohlberg）　176r
近藤敦　273r
近藤千恵　148l
近藤斉　136l
コンネル（R. W. Connell）　84l

さ

サイード（E. Said）　69r
斎藤修　6r
斎藤純一　297l, 298l
才村眞理　116r
嵯峨座晴夫　206r
坂田聡　3r, 17r
嵯峨天皇　136l

サッセン（S. Sassen）　179r
沢山美果子　5l, 134r, 228l
サンガー（M. H. Sanger）　79r

し

志田哲之　290l
柴田純　5l
柴山恵美子　75r
清水新二　29r
ジャンケレヴィッチ（V. Jankélévitch）　239l
首藤明和　37l
シュナイダー（D. M. Schneider）　10l, 108l
ショーター（E. Shorter）　102r
ジョンソン（A. W. Johnson）　135l
白石玲子　18l
白河桃子　105r
シロタ（Beate Sirota）　89r
新谷尚紀　245l
神保文夫　18l

す

末成道男　35r
菅野則子　5r
菅原憲二　5r
菅原正子　3r, 17r
杉田敦　84l
スコット（J. W. Scott）　27l
鈴木国弘　3l
鈴木禄弥　15r
ストラザーン（M. Strathern）　10r
スパイロ（M. E. Spiro）　135l
スペンサー（H. Spencer）　68r
スミス（R. J. Smith）　251r, 254r
スミス（W. R. Smith）　23l

せ

関口裕子　2r, 17l
関沢まゆみ　245l
セジウィック（E. K. Sedgwick）　26l, 84l

そ

ソーンダース（P. Saunders）　306r

た

ダーウィン（C. Darwin）　68r
高木侃　18l
高橋眞一　31r

高橋秀樹　2r
高橋美由紀　7r
高畑幸　259r
田口菊汀　149r
ダグラス（M. Douglass）　282r
武川正吾　185l, 210l
田中由美子　74r
谷口洋幸　290l
谷口眞子　18l
田端泰子　3l, 17r
田間泰子　134r

ち

チェンバース（D. Chambers）　298l
チョーンシー（G. Chauncey）　292r

つ

塚本学　5r
土屋葉　197l
津谷典子　7l
鶴理恵子　9r

て

ティソー（S. A. Tissot）　143l
ティヨン（G. Tillion）　24l
出口顯　11r
寺田寅彦　42l
デ・ローレティス（T. de Lauretis）　295l

と

ドゥーベン（A. Duben）　24l
ドゥモース（L. DeMause）　227r
ドゥモロンブ（C. Demolombe）　225r
遠矢和希　115r
徳富蘆花　149r
利谷信義　87l
トッド（E. Todd）　20l, 24r
ドラマール（N. Delamare）　146l
ドンズロ（J. Donzelot）　145r

な

中内敏夫　138l
中江兆民　248l
中川聡史　31r
中川善之助　14r, 118l
中込睦子　8l
長坂格　274l
中曽根佐織　75r

中田薫　17r
中田瑞穂　75r
永田幹夫　209r
中谷文美　12r
中野卓　136l
長野ひろ子　4r
永原慶二　17r
波平恵美子　239r
成清弘和　17l

に

ニィリエ（B. Nirje）　202l
西川祐子　13r
西谷正浩　3r
西野理子　12l
二宮周平　16r
二宮宏之　21l
ニューマン（K. S. Newman）　165l

の

ノディングズ（N. Noddings）　296r
信田敏宏　11l

は

ハウエル（S. Howell）　119l
バウマン（Z. Bauman）　29l
バカン（W. Buchan）　128r
ハキム（C. Hakim）　160r, 163l
パーソンズ（T. Parsons）　134l, 153l
バダンテール（E. Badinter）　134l
バッハオーフェン（J. J. Bachofen）　65r
鳩山春子　134l
バトラー（J. P. Butler）　26l
ハーバーマス（J. Habermas）　296r, 298l
濱英彦　31l
浜井浩一　296l
浜野潔　7r
林平平　133r
林由紀子　18l
速水融　6r, 21l, 31r
バルバリ（M. Barbagli）　21l
バンク＝ミケルセン（N. E. Bank-Mikkelsen）　202l
ハンター（J. Hunter）　111r
バンフィールド（E. Banfield）　21r

ひ

ヒポクラテス（Hippokrates）　78l

姫岡とし子　19l
ヒューム（D. Hume）　68l
平井晶子　7r
平井進　20r
平井宜雄　15r
ヒルシュフェルト（M. Hirschfeld）　83r, 293l
広井多鶴子　18l
広田照幸　132l

ふ

ファイアストーン（S. Firestone）　65r
ファインバーグ（L. Feinberg）　85r
ファインマン（M. A. Fineman）　290r
フィルマー（R. Filmer）　65l
フェア（T. Phaer）　128r
費孝通〔フェイシャオトン〕　35r
服藤早苗　3l, 17r
藤崎宏子　205l
藤田苑子　6l
藤見純子　12l
藤原師輔　136l
藤原頼長　136l
プライス＝ウィリアムス（D. Price-Williams）　135l
ブラウン（L. Brown）　111r
ブラックストーン（W. Blackstone）　218l
フランドラン（J. L. Flandrin）　129l
プリンス（V. C. Prince）　85r
ブルデュー（P. Bourdieu）　25r, 161l
フルリ（M. Fleury）　6l
フレイザー（N. Fraser）　177r, 298l
フレーベル（F. Fröbel）　132l
フロイト（S. Freud）　135l, 147l, 249l

へ

ヘイナル（J. Hajnal）　19l
ペインター（W. Painter）　124l
ベヴァリッジ（W. H. Beveridge）　185l
ヘーゲル（G. W. F. Hegel）　146l
ペスタロッチ（J. H. Pestalozzi）　132l
ベック（U. Beck）　29l, 184r
ベハール（C. Behar）　24l
ベフ, ハルミ　273l

星野英一　14l
ボダン（J. Bodin）　145l
ホッブズ（T. Hobbes）　125l
穂積陳重　33l
ホネット（A. Honneth）　296l
ボハナン夫妻（P. Bohannan, L. Bohannan）　70l
ホルト（D. Holt）　120r
本田由紀　132r

ま

マーシャル（T. H. Marshall）　186l
マッカーサー（D. MacArthur）　89l
マッキノン（C. MacKinnon）　26l
マックリー（P. Macry）　21r
マードック（G. P. Murdock）　108l
マリノウスキー（B. Malinowski）　135l
マルサス（T. R. Malthus）　143l, 150l
丸山由紀子　17r

み

三島通良　127l
水田珠枝　26r
水野紀子　15r
水林彪　16r
ミッテラウアー（M. Mitterauer）　19l
三成美保　18l, 27l
宮負定雄　133r
宮澤康人　139l
宮本又次　136l
三吉明　121r
ミレット（K. Millet）　65r

む

ムーア（R. Moore）　307l
牟田和恵　14r
村上一博　18r
村上興匡　245l

め

妻鹿淳子　5r
目黒依子　29l
メリウェザー（M. L. Meriwether）　24r

も

森謙二　30*l*, 245*l*
森岡清美　301*r*
モンテスキュー（Montesquieu）　68*l*

や

安元稔　6*r*
柳田國男　127*l*, 250*r*
柳谷慶子　5*r*
矢野敬一　9*r*
藪田貫　5*l*
山鹿素行　126*r*
山口喜一　31*l*
山田慎也　245*l*
山田昌弘　13*r*, 26*r*, 29*l*, 105*r*
山中至　18*l*
山中永之佑　17*r*
山根純佳　205*l*
山辺規子　21*l*

ゆ

湯沢雍彦　116*l*

よ

吉井敏子　17*l*
義江明子　3*l*, 17*l*
吉田孝　2*r*, 17*l*

ら

ラスレット（P. Laslett）　6*l*, 19*l*, 21*l*
ラドクリフ＝ブラウン（A. R. Radcliffe-Brown）　97*r*

り

リグリィ（E. A. Wrigley）　6*l*
リッチ（A. Rich）　291*r*
リール（W. H. Riehl）　135*r*
リンデマン（E. Lindemann）　249*l*

る

ルソー（J.-J. Rousseau）　131*l*, 135*r*, 143*l*
ルービン（G. Rubin）　291*r*
ル・プレー（F. Le Play）　19*l*, 153*l*
ルベイ（S. LeVay）　293*l*

れ

レーア（V. Lehr）　290*r*
レーア（D. S. Reher）　22*r*
レヴィ＝ストロース（C. Lévi-Strauss）　11*l*, 93*l*, 104*l*
レックス（J. Rex）　307*l*

ろ

ローイ（R. Roy）　86*r*
ロック（J. Locke）　135*r*
ロールズ（J. Rawls）　177*l*

わ

若尾祐司　21*l*
我妻栄　14*r*, 87*r*
脇田晴子　3*l*, 17*r*
ワーナー（M. Warner）　291*r*

【編集委員】（*は委員長，**は副委員長）

八木　透*	小谷みどり
大野　啓**	小玉亮子
岡田あおい	坂田　聡
加賀谷真梨	椎野若菜
國方敬司	田渕六郎
久保田裕之	堀田幸義
小池　誠	三成美保
小口恵巳子	米村千代
小谷眞男	

現代家族ペディア

2015（平成27）年11月15日　初版1刷発行

編　者　比較家族史学会
発行者　鯉渕　友南
発行所　株式会社　弘文堂　101-0062　東京都千代田区神田駿河台1の7
　　　　TEL 03(3294)4801　　振替 00120-6-53909
　　　　　　　　　　　　http://www.koubundou.co.jp

装　幀
本文フォーマット　松村大輔
印　刷　三報社印刷
製　本　井上製本所

Ⓒ 2015　The Society for Comparative Family History. Printed in Japan.
JCOPY ＜(社)出版者著作権管理機構 委託出版物＞
本書の無断複写は著作権法上での例外を除き禁じられています。複写される場合は，そのつど事前に，(社)出版者著作権管理機構（電話 03-3513-6969，FAX 03-3513-6979，e-mail：info@jcopy.or.jp）の許諾を得てください。
また本書を代行業者等の第三者に依頼してスキャンやデジタル化することは，たとえ個人や家庭内での利用であっても一切認められておりません。

ISBN978-4-335-55170-3